AGB-Kontrolle von Arbeitsverträgen

Schriften zum Arbeitsrecht und Wirtschaftsrecht

Herausgegeben von Abbo Junker

Band 43

PETER LANG

Frankfurt am Main · Berlin · Bern · Bruxelles · New York · Oxford · Wien

Jens Günther

AGB-Kontrolle von Arbeitsverträgen

Analyse der deutschen Rechtslage nach der Schuldrechtsreform und vergleichende Betrachtung des österreichischen Kontrollsystems

PETER LANG
Internationaler Verlag der Wissenschaften

Bibliografische Information der Deutschen Nationalbibliothek
Die Deutsche Nationalbibliothek verzeichnet diese Publikation in der Deutschen Nationalbibliografie; detaillierte bibliografische Daten sind im Internet über <http://www.d-nb.de> abrufbar.

Zugl.: Göttingen, Univ., Diss., 2007

D 7
ISSN 1433-4666
ISBN 978-3-631-57331-0

www.peterlang.de

Meinen Eltern
und Großeltern

Vorwort

Die vorliegende Arbeit wurde im Sommersemester 2007 von der Juristischen Fakultät der Georg-August-Universität Göttingen als Dissertation angenommen. Rechtsprechung und Literatur konnten bis einschließlich Mai 2007 berücksichtigt werden.

Ich danke meinem Doktorvater Herrn Prof. Dr. Hansjörg Otto für die wissenschaftliche Betreuung. Er gab mir die Möglichkeit zur selbständigen Forschung und half in zahlreichen Gesprächen mit konstruktiven Hinweisen. Bei Frau Prof. Dr. Christiane Wendehorst bedanke ich mich für die zügige Erstellung des Zweitgutachtens.

Die Deutsche Forschungsgemeinschaft hat die Arbeit im Rahmen des Graduiertenkollegs „Die Zukunft des europäischen Sozialmodells" großzügig gefördert. Den Mitgliedern des Kollegs gilt Dank für interessante und fruchtbare Diskussionen.

Ganz besonders herzlich danke ich meinen Eltern. Sie haben mir meine Ausbildung ermöglicht und sind mir immer eine verlässliche Stütze. Ohne ihren Rückhalt und Zuspruch wäre diese Arbeit nicht möglich gewesen. Gleiches gilt für meine Großeltern, die die Entstehung der Arbeit mit großem Interesse verfolgt haben.

Besonderen Dank schulde ich meinem Bruder Jan Günther, der unermüdlich die Last des Korrekturlesens auf sich genommen hat.

Stuttgart, im August 2007 — Dr. Jens Günther

Inhaltsverzeichnis

Abkürzungsverzeichnis

a.A.	andere Ansicht
ABGB	Allgemeines Bürgerliches Gesetzbuch
ABlEG	Amtsblatt der Europäischen Gemeinschaften
AcP	Archiv für die civilistische Praxis
ADSp	Allgemeine Deutsche Spediteurbedingungen
AEntG	Arbeitnehmer-Entsendegesetz
a.F.	alte Fassung
AGB	Allgemeine Geschäftsbedingungen
AGBG	Gesetz zur Regelung des Rechts der Allgemeinen Geschäftsbedingungen
AGNB	Allgemeine Beförderungsbedingungen für den gewerblichen Güternahverkehr mit Kraftfahrzeugen
AiB	Arbeitsrecht im Betrieb
AngG	Angestelltengesetz
Anh	Anhang
AnwBl	Anwaltsblatt
AöR	Archiv des öffentlichen Rechts
AP	Arbeitsrechtliche Praxis; Nachschlagewerk des Bundesarbeitsgerichts
AR-Blattei, SD.	Arbeitsrecht – Blattei, Systematische Darstellungen
ArbG	Arbeitsgericht
ArbRB	Der Arbeits-Rechts-Berater
ArbVGE	Arbeitsvertragsgesetz-Entwurf
ArbZG	Arbeitszeitgesetz
ASG	Arbeits- und Sozialgericht
AT	Allgemeiner Teil
AuA	Arbeit und Arbeitsrecht
AÜG	Arbeitnehmerüberlassungsgesetz
AuR	Arbeit und Recht
AVR	Allgemeine Vertragsrichtlinien
BAG	Bundesarbeitsgericht
BAGE	Entscheidungen des Bundesarbeitsgerichts
BAT	Bundesangestelltentarifvertrag
BB	Der Betriebs-Berater
BBiG	Berufsbildungsgesetz
BErzGG	Bundeserziehungsgeldgesetz
BeschFG	Beschäftigungsförderungsgesetz
BetrAVG	Gesetz zur Verbesserung der betrieblichen Altersversorgung
BetrVG	Betriebsverfassungsgesetz

BGB	Bürgerliches Gesetzbuch
BGBl.	Bundesgesetzblatt
BGB-RE	Bürgerliches Gesetzbuch Regierungsentwurf
BGH	Bundesgerichtshof
BGHZ	Bundesgerichtshof, Entscheidungen in Zivilsachen
Blg	Beilage
BRAGO	Bundesgebührenordnung für Rechtsanwälte
BT-Drs.	Bundestagsdrucksache
BUrlG	Bundesurlaubsgesetz
BuW	Betrieb und Wirtschaft, Zeitschrift für Rechnungswesen, Steuern, Wirtschafts-, Arbeits- und Sozialrecht im Betrieb
BVerfG	Bundesverfassungsgericht
BWGZ	Zeitschrift für die Städte und Gemeinden für Stadträte, Gemeinderäte und Ortschaftsräte; Organ des Gemeindetags Baden-Württemberg; Vorgänger: Württembergische Gemeindezeitung
CDU	Christlich Demokratische Union
CR	Computer und Recht
DACH	Deutsch-Österreichisch-Schweizerisch-Liechtensteinische Anwaltsvereinigung e.V.
DAV	Deutscher Anwaltverein
DB	Der Betrieb
DRdA	Das Recht der Arbeit
DStR	Deutsches Steuerrecht
DVBl	Deutsches Verwaltungsblatt
EB	Erläuternde Bemerkungen
Ecolex	Ecolex, Fachzeitschrift für Wirtschaftsrecht
EDV	Elektronische Datenverarbeitung
EFZG	Entgeltfortzahlungsgesetz
EG	Europäische Gemeinschaft
EGBGB	Einführungsgesetz zum Bürgerlichen Gesetzbuch
ErfK	Erfurter Kommentar zum Arbeitsrecht
EvBl	Evidenzblatt der Rechtmittelentscheidungen (abgedruckt in Österreichischer Juristen-Zeitung)
EWiR	Entscheidungen zum Wirtschaftsrecht
EzA	Entscheidungssammlung zum Arbeitsrecht
FA	Fachanwalt Arbeitsrecht
FN	Fußnote

FS	Festschrift
GewO	Gewerbeordnung
GG	Grundgesetz
GK	Grundkurs
GmbH	Gesellschaft mit beschränkter Haftung
GmS	Gemeinsamer Senat
GOÄ	Gebührenordnung für Ärzte
GP	Gesetzgebungsperiode
GS	Großer Senat
HAG	Heimarbeitsgesetz
HGB	Handelsgesetzbuch
h.M.	herrschende Meinung
HOAI	Honorarordnung für Architekten und Ingenieure
Hrsg.	Herausgeber
hrsg.	herausgegeben
Hs.	Halbsatz
HS	Sammlung handelsrechtlicher Entscheidungen
i.F.	im Falle
infas	Informationen aus dem Arbeits- und Sozialrecht
JA	Juristische Arbeitsblätter
JAB	Justizausschussbericht
JArbSchG	Jugendarbeitsschutzgesetz
JBL	Juristische Blätter
JR	Juristische Rundschau
Jura	Juristische Ausbildung
JuS	Juristische Schulung
JZ	Juristen-Zeitung
Kap.	Kapitel
KG	Kommanditgesellschaft, Kreisgericht
KostO	Kostenordnung
KritV	Kritische Vierteljahresschrift für Gesetzgebung und Rechtswissenschaft
KSchG	Kündigungsschutzgesetz
LAG	Landesarbeitsgericht
LAGE	Entscheidung der Landesarbeitsgerichte
LG	Landesgericht

LM	Nachschlagewerk des Bundesgerichtshofs in Zivilsachen, herausgegeben von Lindenmaier und Möhring
MDR	Monatschrift für Deutsches Recht
MindArbG	Gesetz über Festsetzung von Mindestarbeitsbedingungen
MünchArbR	Münchener Handbuch zum Arbeitsrecht
m.w.N.	mit weiteren Nachweisen
NachwG	Gesetz über den Nachweis der für ein Arbeitsverhältnis geltenden wesentlichen Bestimmungen (Nachweisgesetz)
NJW	Neue Juristische Wochenschrift
NJW-RR	NJW-Rechtsprechungs-Report Zivilrecht
n.V.	nicht veröffentlicht
NZA	Neue Zeitschrift für Arbeitsrecht
NZA-RR	NZA-Rechtsprechungsreport Arbeitsrecht
öKSchG	(österreichisches) Konsumentenschutzgesetz
ÖBA	Österreichisches Bankarchiv
ÖJZ	Österreichische Juristen-Zeitung
OGH	Oberster Gerichtshof
OLG	Oberlandesgericht
PP	Personal-Profi
pVV	positive Vertragsverletzung
RdA	Recht der Arbeit
RdW	Österreichisches Recht der Wirtschaft
RegE	Regierungsentwurf
RG	Reichsgericht
RGZ	Entscheidungen des Reichsgerichts in Zivilsachen
RV	Regierungsvorlage
RVG	Rechtsanwaltsvergütungsgesetz
RVO	Reichsversicherungsordnung
SAE	Sammlung arbeitsrechtlicher Entscheidungen der Vereinigung der Arbeitgeberverbände
SPD	Sozialdemokratische Partei
StBGebV	Steuerberater – Gebührenverordnung
StGB	Strafgesetzbuch
STGG	Staatsgrundgesetz
St. Rspr.	Ständige Rechtsprechung
SZ	Sammlung Zivilsachen, Entscheidungssammlung

TVG	Tarifvertragsgesetz
TzBfG	Teilzeit- und Befristungsgesetz
Überbl.	Überblick
UKlaG	Gesetz über Unterlassungsklagen bei Verbraucherrechts- und anderen Verstößen
VOB	Verdingungsordnung für Bauleistungen
wbl	Wirtschaftsrechtliche Blätter
WiStG	Wirtschaftsstrafgesetz
WM	Zeitschrift für Wirtschafts- und Bankrecht, Wertpapiermitteilungen
WRV	Weimarer Reichsverfassung
ZAP	Zeitschrift für die Anwaltspraxis
ZAS	Zeitschrift für Arbeitsrecht und Sozialrecht
ZevKR	Zeitschrift für evangelisches Kirchenrecht
ZEuP	Zeitschrift für Europäisches Privatrecht
ZfA	Zeitschrift für Arbeitsrecht
ZGS	Zeitschrift für das gesamte Schuldrecht
ZIP	Zeitschrift für Wirtschaftsrecht; bis 1982: Zeitschrift für Wirtschaftsrecht und Insolvenzpraxis
ZPO	Zivilprozessordnung
ZRP	Zeitschrift für Rechtspolitik
ZTR	Zeitschrift für Tarifrecht

Einleitung

A. Anlass und Ziel der Untersuchung

Am 1. Januar 2002 trat das Schuldrechtsmodernisierungsgesetz[1] in Kraft. Zuvor waren „Verträge aus dem Bereich des Arbeitsrechts" gemäß § 23 Abs. 1 des Gesetzes zur Regelung des Rechts der Allgemeinen Geschäftsbedingungen (AGBG) vom sachlichen Anwendungsbereich des AGBG ausgeschlossen, so dass sie keiner Inhaltskontrolle nach den Vorgaben des AGBG unterzogen werden konnten. Stattdessen bediente sich die Rechtsprechung diverser Kontrollmethoden und verschiedener Rechtsgrundlagen, um den Inhalt der Arbeitsverträge zu messen. Mit dem Schuldrechtsmodernisierungsgesetz integrierte der Gesetzgeber die Vorschriften über die Allgemeinen Geschäftsbedingungen in das Bürgerliche Gesetzbuch (vgl. §§ 305 ff. BGB). Dabei nahm er auch inhaltliche Änderungen vor. So sieht die nun in § 310 Abs. 4 S. 1 BGB zu findende Bereichsausnahme für das Gebiet des Arbeitsrechts nur noch eine Beschränkung des Anwendungsbereichs für Kollektivvereinbarungen wie Tarifverträge und Betriebsvereinbarungen vor. Für sonstige Vereinbarungen auf dem Gebiet des Arbeitsrechts ist die Inhaltskontrolle anhand der jetzigen §§ 305 ff. BGB nunmehr eröffnet. Dabei sind nach § 310 Abs. 4 S. 2 BGB die „im Arbeitsrecht geltenden Besonderheiten angemessen zu berücksichtigen".

Die Untersuchung hat zum Ziel, die durch diese Gesetzesänderung aufgeworfenen Rechtsfragen für den Bereich der gerichtlichen Arbeitsvertragskontrolle herauszuarbeiten und einer Lösung zuzuführen. So soll der Frage nachgegangen werden, ob sich neben dem Umstand, dass die Rechtsgrundlage für die Kontrolle von Arbeitsverträgen nun deutlich festgelegt ist, auch tatsächlich eine materiell fassbare Änderung im Kontrollvorgang und Kontrollergebnis ergibt. Es gilt aufzuzeigen, welche Auswirkungen die teilweise Aufhebung der Bereichsausnahme des § 23 Abs. 1 AGBG für den Bereich des Arbeitsrechts hat. Anhand der diesbezüglich gefundenen Ergebnisse kann überprüft werden, ob der Gesetzgeber mit der vorgenommenen Änderung tatsächlich zumindest die Voraussetzungen geschaffen hat, um seine mit dem Gesetzesvorhaben verbundenen Intentionen zu erreichen.

Obwohl nunmehr seit Inkrafttreten der betreffenden Gesetzesänderung einige Zeit vergangen ist, besteht diesbezüglich noch Klärungsbedarf. Eine Einigkeit in Literatur und Rechtsprechung ist nicht auszumachen. Dies führt zu Unsicherheiten[2], welche nicht nur wegen der hohen praktischen Relevanz der Arbeits-

---

1 BGBl. I 2001, 3138.

2 Vgl. dazu z.B. das BB-Kurzinterview mit Rechtsanwalt *v. Steinau-Steinrück*, BB Heft 16/2004, IV, in welchem dieser von einem hohen Beratungsbedarf der Personal- und Rechtsabteilungen berichtet. Es sei eine große Verunsicherung in der Praxis zu spüren,

vertragsgestaltung problematisch sind. Diese Untersuchung soll deshalb in zentralen Punkten der Inhaltskontrolle von Arbeitsverträgen Orientierung bieten. Die Rechtsänderungen sollen derart eingeordnet werden, wie es die Dogmatik erfordert, wobei auf damit einhergehende Gefahren bzw. Problemlagen hinzuweisen ist.

B. Gang der Untersuchung

Der Gang der Untersuchung orientiert sich an folgendem gedanklichen Leitfaden. Zunächst ist in einem Überblick darzustellen, mit welcher Begründung die Verträge aus dem Gebiet des Arbeitsrechts vom Anwendungsbereich des früheren AGBG ausgenommen wurden und welcher Maßstäbe und Rechtsgrundlagen sich die Rechtsprechung stattdessen bediente, um den Inhalt derartiger Verträge zu messen.

Danach sollen die Erwägungen erläutert werden, die den Gesetzgeber dazu veranlasst haben, die Bereichsausnahme im jetzigen § 310 Abs. 4 BGB einzuschränken, bevor ein detailliertes Eingehen auf den eigentlichen Vorgang der Inhaltskontrolle im Sinne der §§ 305 ff. BGB folgt.

Dieses beginnt mit einer genauen Verifizierung des Kontrollgegenstands der §§ 305 ff. BGB. Mögliche Vertragstypen aus dem Bereich des Arbeitsrechts sind darauf zu untersuchen, ob sie der AGB-Kontrolle anhand der §§ 305 ff. BGB unterfallen. Dabei ist neben Formular- und Individualarbeitsverträgen auch an Aufhebungsvereinbarungen oder sonstige Austauschverträge zwischen Arbeitgeber und Arbeitnehmer zu denken. In diesem Zusammenhang gewinnt auch die Frage nach einer möglichen Verbrauchereigenschaft des Arbeitnehmers an Bedeutung. Bejaht man diese, so ist im Arbeitsvertrag ein Verbrauchervertrag im Sinne von § 310 Abs. 3 BGB zu erblicken und der Kontrollvorgang erfährt die dort genannten Modifizierungen[3].

---

wenn es darum gehe, die Arbeitsverträge zu vereinheitlichen bzw. auf den neuesten Stand zu bringen.

3 Handelt es sich bei einem Arbeitsvertrag um einen Verbrauchervertrag, werden die Anwendungsvoraussetzungen für eine Kontrolle anhand der §§ 305 ff. BGB gem. § 310 Abs. 3 BGB gelockert. Der Anwendungsbereich erfährt eine Erweiterung. Zum einen gelten die Allgemeinen Geschäftsbedingungen nach § 310 Abs. 3 Nr. 1 BGB als vom Unternehmer gestellt, es sei denn, dass sie durch den Verbraucher in den Vertrag eingeführt wurden. Zum anderen unterliegt gem. § 310 Abs. 3 Nr. 2 BGB selbst ein nur zur einmaligen Verwendung bestimmter Vertragstext der Inhaltskontrolle der §§ 305 ff. BGB, soweit der Arbeitnehmer aufgrund der Vorformulierung keinen Einfluss auf ihren Inhalt nehmen konnte. Im Rahmen dieser Inhaltskontrolle sind dann gem. § 310 Abs. 3 Nr. 3 BGB auch die den Vertragsschluss begleitenden Umstände zu berücksichtigen.

Um den Gegenstand der Inhaltskontrolle anhand der §§ 305 ff. BGB abschließend zu bestimmen, muss zudem die Reichweite der verbleibenden Bereichsausnahme nach § 310 Abs. 4 S. 1 BGB geklärt werden.

Ist dies geschehen, sind die Maßstäbe aufzuzeigen, an denen sich diese Kontrolle orientiert. Insbesondere für die in § 308 und § 309 BGB genannten Klauselverbote gewinnt dabei § 310 Abs. 4 S. 2 BGB an Bedeutung, der eine angemessene Berücksichtigung der im Arbeitsrecht geltenden Besonderheiten vorschreibt. Mit welchem Inhalt der Begriff der „Besonderheiten des Arbeitsrechts" zu füllen ist, klärt der Gesetzgeber nicht. Zudem handelt es sich bei diesem Begriff um einen Neologismus der Gesetzessprache[4], so dass es fraglich erscheint, ob zu seiner näheren Bestimmung auf bereits vorhandene Rechtsprechung zurückgegriffen werden kann.

Im Zusammenhang mit dem Prüfungsmaßstab muss auch § 310 Abs. 4 S. 3 BGB Erwähnung finden. Dieser stellt Tarifverträge, Betriebs- und Dienstvereinbarungen den Rechtsvorschriften im Sinne des § 307 Abs. 3 BGB gleich. Daraus wird im Schrifttum vereinzelt eine Richtlinienfunktion der Tarifverträge geschlussfolgert[5]. Zählte man Tarifverträge demnach zu den gesetzlichen Regelungen im Sinne von § 307 Abs. 2 Nr. 1 BGB, so dass sie Teil des Prüfungsmaßstabes wären, ermöglichte man eine bisher unbekannte Kontrolle von privatautonom getroffenen Entgeltvereinbarungen am tariflichen Lohnniveau.

Sodann rückt der Kern der Inhaltskontrolle – die Generalklausel des § 307 Abs. 1 S. 1 BGB, ihre Konkretisierungen in § 307 Abs. 2 BGB sowie das Transparenzgebot des § 307 Abs. 1 S. 2 BGB – in den Blickpunkt des Interesses. Die Bedeutung der Angemessenheitskontrolle im Sinne von § 307 Abs. 1 und 2 BGB für den arbeitsvertraglichen Bereich ist zu ermitteln. Anwendungsfälle sind darzulegen und allgemeingültige Kriterien zur Strukturierung des Kontrollvorgangs sollen erarbeitet werden.

Nachdem die Maßstäbe der Inhaltskontrolle geklärt wurden, ist die Rechtsfolge aufzuzeigen, die sich bei Feststellung der Unangemessenheit der fraglichen Klausel ergibt. Mit der Einengung der Bereichsausnahme unterfallen die entsprechenden Verträge auf dem Gebiet des Arbeitsrechts nunmehr auch dem Verbot der geltungserhaltenden Reduktion von an sich unwirksamen Klauseln, wie es § 306 Abs. 2 BGB vorsieht. Dies war bisher keine Maxime in der diesbezüglich uneinheitlichen arbeitsrechtlichen Rechtsprechung. So wurde zum einen eine Vertragsanpassung vorgenommen[6] und zum anderen die jeweilige

---

4 So die Terminologie bei *Thüsing*, NZA 2002, 591.

5 Vgl. *Däubler*, NZA 2001, 1329 (1334).

6 So hielt das BAG beispielsweise die fünfjährige Bindungsdauer einer Rückzahlungsklausel bzgl. Fortbildungskosten für unvereinbar mit dem aus Art. 12 Abs. 1 GG resultierenden Grundrecht des Arbeitnehmers auf freie Wahl des Arbeitsplatzes, erhielt die Klausel jedoch mit dem Inhalt einer dreijährigen Bindung mit linear fallender Erstattungspflicht aufrecht, BAG v. 11.4.1984, AP Nr. 8 zu § 611 BGB Ausbildungsbeihilfe.

Vertragsklausel für insgesamt unwirksam erachtet[7]. Somit ist fraglich, ob auch unter der Geltung des § 306 Abs. 2 BGB im Arbeitsvertragsrecht weiterhin in Einzelfällen eine Vertragsanpassung durchgeführt werden kann.

Der Kontrollablauf und die Bedeutung der bei der Betrachtung der aufgeworfenen Rechtsfragen gefundenen Ergebnisse für das Arbeitsvertragsrecht sollen anhand einer gängigen Vertragsklausel verdeutlicht werden. Hierzu wird die Zulässigkeit einer bis zur Gesetzesänderung üblichen vorformulierten Vertragsstrafenvereinbarung unter der Geltung des neuen Rechts untersucht.

Schließlich ist noch ein Blick auf das Arbeitsvertragskontrollsystem eines anderen Landes zu werfen, um für Probleme der eigenen nationalen Rechtslage sensibilisiert zu werden. Die Rechtslage Österreichs verspricht diesbezüglich Erkenntnisse, da dort mit der Regelung des § 879 Abs. 3 Allgemeines Bürgerliches Gesetzbuch (ABGB)[8] bereits seit 1979 eine AGB-rechtliche Generalklausel auf Arbeitsverträge Anwendung findet, welche der nunmehr in Deutschland für Arbeitsverträge geltenden Generalklausel des § 307 BGB ähnelt.

Am Ende der Untersuchung steht eine Analyse der gefundenen Ergebnisse im Verbund mit einer kritischen Auseinandersetzung mit den vom Gesetzgeber für die teilweise Aufhebung der Bereichsausnahme genannten Gründe. Hat die Gesetzesänderung zum Erreichen der vom Gesetzgeber angestrebten Ziele beigetragen? Wird eine tatsächliche Veränderung der Rechtsprechung ausbleiben? Oder erweist sich die hier zu untersuchende gesetzgeberische Maßnahme gar als kontraproduktiv?

C. Allgemein zur Inhaltskontrolle

Bevor nun auf die Situation der gerichtlichen Kontrolle von Arbeitsverträgen eingegangen wird, erfolgen an dieser Stelle zum besseren Verständnis und zur besseren Einordnung der Problematik erläuternde Ausführungen zur Inhaltskontrolle allgemein.

I. Definition der Inhaltskontrolle

Der Vorgang der *Inhaltskontrolle* lässt sich allgemein als am Maßstab der Angemessenheit orientierte Rechtskontrolle von Vertragsbedingungen umschreiben[9].

---

7 Z.B. bei Rückzahlungsklauseln, die gegen die Unklarheitenregelung verstoßen, vgl. BAG v. 14.6.1995, NZA 1995, 1034 (1036).

8 Nach § 879 Abs. 3 ABGB ist eine in AGB oder Vertragsformblättern enthaltene Bestimmung, die nicht eine der Hauptleistungen festlegt, jedenfalls dann nichtig, wenn sie unter Berücksichtigung aller Umstände des Falles einen Teil gröblich benachteiligt.

9 *Fastrich*, Richterliche Inhaltskontrolle im Privatrecht, S. 11; *Hönn*, JZ 1983, 677 (680).

In einem engeren Verständnis beinhaltet er die Kontrolle von Vertragsbedingungen an einem Maßstab unterhalb des Maßstabs von Sitten- und Gesetzeswidrigkeit[10]. Im Gegensatz zur Vertragsauslegung, welche der Sinnermittlung des übereinstimmenden Parteiwillens dient, beschreibt die Inhaltskontrolle die Grenze des Erlaubten[11]. Die Inhaltskontrolle hat den vereinbarten Vertragsinhalt zum Gegenstand, während die Auslegung diesen überhaupt erst feststellen soll[12]. Daraus lässt sich schließen, dass zunächst im Wege der Auslegung der Vertragsinhalt zu ermitteln ist, bevor der Vertrag einer Inhaltskontrolle unterzogen werden kann[13]. Die Inhaltskontrolle dient der Gültigkeitsprüfung im Hinblick auf den Verpflichtungsinhalt und das Zustandekommen des Vertrages[14]. Sie betrifft folglich die Frage der wirksamen Begründung eines mit einem bestimmten Inhalt versehenen vertraglichen Rechts[15]. Sie ist als eine

---

Teilweise wird eine Unterscheidung zwischen der Inhaltskontrolle im Rahmen des früheren AGBG bzw. der heutigen §§ 305 ff. BGB und der Inhaltskontrolle außerhalb des Anwendungsbereichs dieser Normen vorgenommen. Stellt die Inhaltskontrolle nach dem früheren AGBG weitgehend unbestritten eine Rechtskontrolle dar, vgl. *Brandner*, in: Ulmer/Brandner/Hensen, AGBG, § 9 Rn. 1; *Hönn*, Kompensation gestörter Vertragsparität, S. 159; *Lieb*, AcP 178 (1978), 196 (208/209); *Röttger*, Kernbereichslehre, S. 29 f.; Staudinger/*Coester*, Einl. zu §§ 8-11 AGBG Rn. 15, so wird die Rechtsnatur der Inhaltskontrolle außerhalb des früheren AGBG nicht einheitlich bewertet. Teilweise wird sie auch hier als Rechtskontrolle angesehen, vgl. *Blomeyer*, DB 1984, 926 (927); *Hönn*, JA 1987, 337 (339), *Lieb*, AcP 178 (1978), 196 (208 ff.). Es finden sich aber auch Stimmen, welche die Inhaltskontrolle als aliud der Rechtskontrolle gegenüberstellen, so etwa *Wiedemann*, WM 1990 Beilage 8, 16, oder sie in kritischer Tendenz als Vertragshilfe qualifizieren, vgl. *Boemke-Albrecht*, Rechtsfolgen unangemessener Bestimmungen in allgemeinen Geschäftsbedingungen, S. 107 ff.

10 Siehe *Hromadka*, in: FS Dieterich, 252.
Die Sittenwidrigkeit stellt einen Evidenzmaßstab auf, der der Vertragsfreiheit noch einen weiten Raum lässt. § 138 BGB bestimmt lediglich eine äußerste Toleranzgrenze, die generell nicht überschritten werden darf, lässt den Vertragsparteien dagegen innerhalb dieser Grenzen völlige Freiheit. Somit ist also nicht schon bereits jede inäquivalente oder sonst nicht angemessene Vereinbarung, die einer Inhaltskontrolle nicht standhält, auch sittenwidrig, vgl. dazu *Schlosser*, Jura 1980, 381; *Fastrich*, Richterliche Inhaltskontrolle im Privatrecht, S. 20; MünchKommBGB/ *Mayer-Maly/ Armbrüster*, § 138 Rn. 2.

11 *Fastrich*, Richterliche Inhaltskontrolle im Privatrecht, S. 21.

12 *Becker*, WM 1999, 709 (711).

13 *Larenz/Wolf*, BGB AT, § 43 Rn. 40; *Wolf*, in: Wolf/Horn/Lindacher, AGBG, § 9 Rn. 35.

14 *Becker*, WM 1999, 709 (710).

15 Dies unterscheidet die Inhaltskontrolle von der sog. Rechtsausübungskontrolle. Die aus § 242 BGB und im Speziellen aus dem Verbot des individuellen Rechtsmissbrauchs hergeleitete sog. Ausübungskontrolle versucht die Frage zu beantworten, ob der konkrete Gebrauch eines Rechts von diesem auch gedeckt ist und nicht gegen sonstige Pflichten innerhalb einer Sonderbeziehung verstößt. Das Recht selbst wird als solches nicht angezweifelt, sondern seine Ausübung unter den besonderen einzelfallbezogenen Umständen, vgl. dazu *Fastrich*, Richterliche Inhaltskontrolle im Privatrecht, S. 24 f; MünchKommBGB/*Roth*, § 242 Rn. 211.

Rechtskontrolle im Sinne einer Richtigkeitskontrolle zu begreifen, wobei das Recht den Maßstab des Richtigkeitsurteils markiert[16].

Dies unterscheidet die Inhaltskontrolle von der sog. *Billigkeitskontrolle.* Bei der Billigkeitskontrolle misst der Richter die vertragliche Regelung nicht am vorgegebenen Recht, weil dieses dazu nichts mehr aussagt. Der Inhaltskontrolle liegt eine generalisierend-typisierende Betrachtungsweise zugrunde, wohingegen die Billigkeit als individualisierender Maßstab zu begreifen ist, bei dem es um die Gerechtigkeit des Einzelfalls geht. Im Rahmen der Billigkeit sind keine rechtlichen Maßstäbe ausschlaggebend, sondern allein Zweckmäßigkeitserwägungen[17].

II. Gestörte Vertragsparität als Kontrollauslöser

Die Durchführung einer Inhaltskontrolle setzt voraus, dass aufgrund eines Funktionsdefizits an privatautonomer Gestaltung eines Vertragsteils eine gestörte Vertragsparität entsteht, wodurch letztlich die Richtigkeits- und Gerechtigkeitsgewähr bezüglich des Produkts dieser privatautonomen Gestaltung fehlt[18]. Sodann fällt ihr die Aufgabe zu, den einen Vertragspartner im Falle dieser gestörten Vertragsparität vor der einseitigen Inanspruchnahme der Vertragsfreiheit

---

16 *Von Hoyningen-Huene*, Billigkeit im Arbeitsrecht, S. 129.

17 Vgl. dazu *Stoffels*, Rechtsfindung und Inhaltskontrolle, S. 418; *Becker*, WM 1999, 709 (710); *Hanau/Preis*, Der Arbeitsvertrag, I C, Rn. 56; MünchArbR/*Richardi*, § 14 Rn. 48; *Bydlinski*, Methodenlehre, S. 365.
Bereits Aristoteles sah die Aufgabe der „Billigkeit" darin, dem Einzelfall mit seinen Besonderheiten gegenüber der generell-abstrakten Rechtsnorm entsprechende Berücksichtigung zu verschaffen. Daraus resultiert ein nicht ganz spannungsfreies Verhältnis zur „Gerechtigkeit", welche fordert, die einmal festgelegten, sachlich begründbaren Würdigkeitskriterien konsequent durchzuhalten. Somit lässt sich eine Art polare Spannung in der „Gerechtigkeitsidee" ausmachen. Ein generalisierender Maßstab dient der Gerechtigkeit im engeren Sinne als Leitfaden, während sich die Billigkeit einer individualisierenden Betrachtungsweise zuwendet. Festzuhalten bleibt jedenfalls, dass im Rahmen der Billigkeitskontrolle nur eine Betrachtung der beiden Partner der einzelnen Rechtsbeziehung stattfindet. Die Billigkeit ist demnach weder geeignet, noch darauf angelegt, eine objektive Regel zu sein. Zu dieser Thematik vergleiche eingehender *Bydlinski*, Methodenlehre, S. 363 ff.

18 Vgl. *Becker*, WM 1999, 709 (709/716); Teilweise wird der Begriff der „gestörten Vertragsparität" aber auch als ungeeignet für einen rechtlichen Anknüpfungspunkt gehalten, da er zu unbestimmt und zu wertungsabhängig sei. Eine eindeutigere Eingrenzung wäre über die Verwendung des Begriffs der „existentiellen Abhängigkeit" zu erreichen, wobei gerade die Bereiche Arbeit und Wohnen von existentieller Bedeutung wären, vgl. *Wellenhofer-Klein*, ZIP 1997, 774 (775); ebenfalls dazu *Wiedemann*, JZ 1990, 695 (697).

durch den anderen Vertragsteil zu schützen[19]. Mit ihrem eingreifenden Charakter steht sie somit in einem scheinbar antinomischen Gegensatz zur Privatautonomie und zum Grundsatz des *pacta sunt servanda*[20]. Sie agiert gleichsam im Spannungsfeld zwischen Vertragsfreiheit und Vertragsgerechtigkeit. Dabei sind Vertragsfreiheit und Vertragsgerechtigkeit nicht als zwei gegensätzliche, magnetengleich einander unnahbare Pole zu verstehen. Vielmehr bedingen sie sich in ihrer Wirksamkeit gegenseitig und stellen das Korrektiv des jeweilig anderen Wertes dar. Die Inhaltskontrolle lässt sich insofern als eine Art Bindeglied zwischen Freiheit und Gerechtigkeit auffassen, welches die Möglichkeit schafft, einen Ausgleich zwischen beiden Positionen zu erlangen[21].

III. Verfassungsrechtliche Pflicht zur Kontrolle

Das Bundesverfassungsgericht folgert aus der Privatautonomie als Ausdruck der allgemeinen Handlungsfreiheit nach Art. 2 Abs. 1 GG und aus dem Sozialstaatsprinzip (Art. 20 Abs. 1, Art. 28 Abs. 1 GG) eine Pflicht der Rechtsprechung, zu untersuchen, ob einer der Vertragsteile ein so starkes Übergewicht hat, dass er den Vertragsinhalt faktisch einseitig bestimmen kann. Stellt das Gericht ein derart gestörtes Verhandlungsgleichgewicht fest, welches zu einem für den unterlegenen Teil ungewöhnlich nachteiligem Vertragsschluss führt, so müsse es korrigierend eingreifen[22]. In einer früheren Entscheidung hatte das Bundesver-

---

19 So bereits *Hönn*, JZ 1983, 676 (679); *Zöllner* hingegen sieht – zumindest für den Bereich der Inhaltskontrolle von Einheitsbedingungen – den Grund für die Kontrolle nicht in einer gestörten Vertragsparität, die seiner Meinung nach eine verfehlte Vorstellung darstellt. So sei die Hinnahme vorgelegter Vertragsbedingungen ohne Gegenrede ein vollwertiger privatautonomer Akt. Von einem Funktionsdefizit in diesem Bereich könne deshalb keine Rede sein. Entscheidender Kontrollgrund sei vielmehr die Tatsache, dass durch Einheitsbedingungen die vom Gesetzgeber in dispositiven Regelungen aufgestellte „gute Ordnung“ beiseite geschoben werde, vgl. dazu *Zöllner*, RdA 1989, 152 (157).

20 Im kanonischen Recht entwickelter Grundsatz, dass Verträge ohne Rücksicht auf ihre Form klagbar seien, vgl. MünchKommBGB/*Emmerich*, § 311 Rn. 15; allgemeiner: „Verträge müssen erfüllt werden“, vgl. *Lieberwirth*, Latein im Recht, S. 216.

21 So *Becker*, WM 1999, 709 (710).

22 So BVerfG v. 5.8.1994, NJW 1994, 2749 f.: Hier stellt das BVerfG im Zusammenhang mit einer sittenwidrigen Bürgschaft naher Familienangehöriger ausdrücklich fest, dass nicht das Recht des Stärkeren gelten dürfe. Die Zivilrechtsordnung müsse dort korrigierend eingreifen, wo das tatsächliche Übergewicht einer der Vertragsteile dem Vertrag per se das maßgebliche Gepräge geben kann und damit Fremdbestimmung stattfindet. Für die Zivilgerichte folge daraus die Pflicht, zu überprüfen, ob der Inhalt eines Vertrages für eine Seite ungewöhnlich belastend und als Interessenausgleich offensichtlich unangemessen ist und ob die vereinbarte Regelung Folge strukturell ungleicher Verhandlungsstärke ist. Ist dies der Fall, müsse das Gericht gegebenenfalls entsprechende Korrekturen vornehmen.

fassungsgericht bereits ausgesprochen, dass der Gesetzgeber und hilfsweise die Gerichte verpflichtet sein können, im Privatrecht Vorkehrungen zum Schutz der Berufsfreiheit im Sinne des Art. 12 Abs. 1 GG gegen vertragliche Beschränkungen zu schaffen, wenn es an einem annähernden Kräftegleichgewicht der Beteiligten fehlt[23]. Das Bundesverfassungsgericht statuiert damit gleichsam eine Pflicht der Gerichte zur Inhaltskontrolle.

IV. Rechtsökonomische Analyse

Eine jüngere Ansicht kritisiert jedoch gerade mit Blick auf die Inhaltskontrolle in der Form einer AGB-Kontrolle die Annahme, dass das kontrollauslösende Moment eine gestörte Vertragsparität sei, die im Sinne eines Schutzbedürfnisses der „schwächeren" Vertragspartei gegen aufgezwungene Vertragsklauseln zu verstehen ist. Der Grund für die unwidersprochene Hinnahme der AGB durch den Kunden liege nicht darin, dass er sich der wirtschaftlichen, intellektuellen, informationellen oder psychologischen Überlegenheit des Verwenders schutzlos ausgeliefert sieht. Vielmehr „unterwerfe" sich der Kunde den AGB, weil es sich für ihn nicht lohne, Zeit und Geld in Bemühungen zu investieren, die nötig wären, um entweder durch Verhandlungen eine Abänderung der AGB zu erreichen oder andere Anbieter ausfindig zu machen, deren AGB in diesem oder jenem Punkt für ihn günstigere Regelungen enthalten. Im Sinne einer ökonomischen Kosten-Nutzen-Analyse würden die vom Kunden aufzuwendenden (Transaktions-)Kosten (Führen von Verhandlungen, Beschaffung von Informationen, etc.) in keinem angemessenen Verhältnis zum Nutzen, d.h. zum dadurch für ihn erreichbaren Vorteil stehen. Der Unternehmer nutze diesen Umstand aus, indem er durch seine AGB die vertraglichen Risiken auf den Kunden abwälzt und darauf spekuliert, dass dieser aus den erwähnten Gründen sich weder dagegen wehren noch zu einem anderen Anbieter übergehen werde. Dem Unternehmer gereiche dabei das Vorliegen einer „Informationsasymmetrie" zum Vorteil, d.h. die Tatsache, dass im Zeitpunkt des Vertragsschlusses die Informationen über Umstände, welche für den Abschluss und Inhalt des Vertrages von Bedeutung sind, unter den Parteien ungleich verteilt sind. Dies verlockt dazu, den Kunden mit einer vorteilhaften Regelung zu „ködern", um an anderer Stelle unbemerkt diesen Kundenvorteil durch andere Bedingungen wieder auszugleichen und be-

---

Die Fortsetzung dieser Rechtsprechung findet sich – ebenfalls wieder im Zusammenhang mit einer Bürgschaft naher Familienangehöriger - bei BVerfG v. 2.5.1996, NJW 1996, 2021.

[23] Nach BVerfG v. 7.2.1990, NJW 1990, 1469 = DVBl. 1990, 474 = JZ 1990, 691 = AP Nr. 65 zu Art. 12 GG besteht ein an den Richter gerichteter Schutzauftrag der Verfassung, den objektiven Grundentscheidungen der Grundrechte in Fällen gestörter Vertragsparität mit den Mitteln des Zivilrechts Geltung zu verschaffen.

sonders verwenderfreundliche Regelungen in den Vertragstext aufzunehmen. Dabei besteht insgesamt die Gefahr einer allgemeinen Qualitätsabsenkung der AGB im Sinne eines „race to the bottom“. Die Inhaltskontrolle von AGB diene deshalb dazu, für eine gewisse Mindestqualität der vorformulierten Vertragsbedingungen zu sorgen[24]. Letztlich ist die von dieser Ansicht in den Mittelpunkt gestellte Informationsasymmetrie aber ein Ausdruck der gestörten Vertragsparität und die bezweckte Mindestqualität vorformulierter Vertragsbedingungen dient dem Schutz der „schwächeren Vertragspartei“.

---

24 Zu diesem rechtsökonomischen Ansatz siehe beispielsweise *Kötz*, JuS 2003, 209 ff; *Stoffels*, AGB-Recht, Rn. 85 ff.

1. Teil: Arbeitsrechtliche Vertragskontrolle vor dem 1.1.2002

Um die Auswirkungen des Schuldrechtsmodernisierungsgesetzes im hier interessierenden Bereich der Vertragskontrolle erfassen und bewerten zu können, bedarf es zunächst einer Auseinandersetzung mit der Rechtslage, die vor der Schuldrechtsreform bestand. Als Zäsur in dem Zeitraum vor dem 1.1.2002 lässt sich das Inkrafttreten des Gesetzes zur Regelung des Rechts der Allgemeinen Geschäftsbedingungen (AGBG) am 1.4.1977[25] auffassen. Das AGBG stellte Voraussetzungen und Maßstäbe für die Kontrolle von vorformulierten Vertragsbedingungen auf. Im Folgenden soll demnach zunächst kurz die Zeit vor der Einführung des AGBG betrachtet werden. Anschließend gilt es, die Einführung des AGBG selbst zu beleuchten. Die Gründe des Gesetzgebers, das Arbeitsrecht von der Kontrolle nach dem AGBG auszunehmen und die damit eventuell einhergehenden Konsequenzen für die bisherige Kontrolle im Arbeitsrecht, werden aufgezeigt. Danach gilt es, die unterschiedlichen Legitimationsansätze bzw. die diversen Rechtsgrundlagen darzustellen, derer sich Literatur und Rechtsprechung bedienten, um eine Vertragskontrolle zu rechtfertigen.

A. Streit um Zulässigkeit der Angemessenheitskontrolle vor der AGBG-Einführung

Vor allem in den frühen 70er Jahren war die gerichtliche Angemessenheitskontrolle im Arbeitsrecht lebhaft umstritten.

Die Literatur sprach sich teilweise für die Zulässigkeit einer gerichtlichen Inhaltskontrolle von Arbeitsverträgen aus. So wurde den Gerichten das Recht zuerkannt, einzelne Vertragsklauseln zu beschränken und damit im Rahmen eines „erweiterten Ermessensspielraums" rechtsgestaltend tätig zu werden[26]. Die Legitimation der Inhaltskontrolle wurde dabei zum einen in der Regelung des § 315 BGB und zum anderen in dem Sozialstaatsprinzip erblickt. Dieses verlange, eingreifend tätig zu werden, wenn ein von Willkür und Missbrauch freies Aushandeln von Verträgen aufgrund eines Machtungleichgewichts nicht mehr vorliege, vielmehr ein Ausnutzen der Privatautonomie zu schutzunwürdigen Zwecken zu befürchten sei[27].

Andere Stimmen in der Literatur hielten die richterliche Angemessenheitskontrolle des Vertragsinhalts zudem nicht für ausreichend. Sie wirke nur punktuell und werde dem abstrakt-generellen Charakter von Allgemeinen Ar-

---

[25] Siehe BGBl. I 1976, 3317.

[26] *Söllner*, Einseitige Leistungsbestimmung im Arbeitsverhältnis, S. 121 ff.

[27] *Säcker*, Gruppenautonomie und Übermachtkontrolle im Arbeitsrecht, S. 205 ff.

beitsbedingungen[28] nicht gerecht. Deshalb vermöge sie nur in Einzelfällen einen angemessenen Interessenausgleich zwischen Arbeitgeber und Arbeitnehmer herzustellen. Die bis zu diesem Zeitpunkt praktizierte gerichtliche Inhaltskontrolle sei demnach nicht in der Lage, die fehlende Beteiligung der Arbeitnehmerseite an dem Aufstellungsakt von Allgemeinen Arbeitsbedingungen in vollem Umfang zu kompensieren. Aus diesem kritischen Ansatz heraus wurden über die gerichtliche Inhaltskontrolle hinausgehende rechtspolitische Maßnahmen entsprechend der dann später eingeführten §§ 9 – 11 AGBG gefordert[29].

Im Gegensatz dazu wurde teilweise eine über das zwingende Recht hinausgehende Gerichtskontrolle gänzlich abgelehnt. Die positive Gesetzesordnung enthalte keine gesicherte Grundlage für die gerichtliche Kontrolle. Es sei nicht Aufgabe der Gerichte, auf allen Gebieten des Arbeitsrechts schlechthin für Billigkeit[30] zu sorgen, denn im Gegensatz zur Legislative seien die Gerichte nicht demokratisch legitimiert, das geltende System generell um ein Billigkeitsrecht zu erweitern und die Grundsätze der Vertragsfreiheit und der Selbstverantwortung allgemein durch die Vertragsgerechtigkeit und Billigkeit zu verdrängen. Die Gerichtskontrolle sei demzufolge eine unzulässige Rechtsfortbildung *extra legem*[31].

B. Einführung des AGBG

I. Gründe für die AGBG-Einführung

Das AGBG vom 9.12.1976 trat am 1.4.1977 in Kraft[32]. Die Intention des Gesetzes bestand darin, den Untergerichten einen verbindlichen gesetzlichen Maßstab für die Inhaltskontrolle an die Hand zu geben und die zersplitterte und teilweise uneinheitliche Rechtsprechung zu ordnen und durch Gesetzeskraft zu stärken[33].

---

28 Unter dem Begriff der „Allgemeinen Arbeitsbedingungen" versteht man arbeitsvertragliche Einheitsregelungen, welche nicht individuell ausgehandelt, sondern einheitlich vorformuliert werden. Somit gleichen sie den Allgemeinen Geschäftsbedingungen im sonstigen Privatrecht, vgl. *Otto*, Arbeitsrecht, Rn. 118; *Söllner/Waltermann*, Arbeitsrecht, Rn. 115; *Junker*, GK Arbeitsrecht, Rn. 77.

29 So beispielsweise *Becker*, NJW 1973, 1913 (1918); vgl. auch *Gumpert*, BB 1974, 139 (142).

30 Billigkeit wird hier in einem anderen Sinne verstanden als bei der Beschreibung der Billigkeitskontrolle in Einleitung C. I. Billigkeit meint hier eher Angemessenheit nach rechtlichen Maßstäben und nicht einzelfallorientierte Sachgerechtigkeit.

31 Vgl. *Westhoff*, Die Inhaltskontrolle von Arbeitsverträgen, insb. das Schlusswort auf S. 138.

32 BGBl I 1976, 3317.

33 *Wolf*, in: Wolf/Horn/Lindacher, AGBG, Einl. Rn. 7.

Darüber hinaus wurde die Initiative zu einer gesetzlichen Regelung aber auch von der damals aktuell weitverbreiteten politischen Grundstimmung gefördert, die den Verbraucherschutz verstärken und allgemein einem als ungerecht empfundenen Missbrauch wirtschaftlicher Macht begegnen wollte[34]. So war die gerichtliche Inhaltskontrolle von AGB bis zu diesem Zeitpunkt größtenteils auf Verträge zwischen Unternehmern beschränkt, da die Verbraucher, etwa wegen Unkenntnis oder weil sich wegen eines verhältnismäßig geringen Streitwertes das Prozessrisiko nicht lohnte, ihre Rechte im Allgemeinen weniger in Anspruch nahmen[35].

II. Begründung der Bereichsausnahme

1. Begründung des Gesetzgebers

Diese Notwendigkeit einer gesetzlich statuierten Inhaltskontrolle sah der Gesetzgeber allerdings nicht auf dem Gebiet des Arbeitsrechts. So unterfiel dieses Rechtsgebiet nach § 23 Abs. 1 AGBG ausdrücklich nicht dem sachlichen Anwendungsbereich des AGBG.

Grund für diese Bereichsausnahme war ausweislich der Regierungsbegründung, die Annahme, der Schutz des schwächeren Vertragspartners im Arbeitsrecht sei bereits durch ein dichtes Netz von zwingenden Vorschriften und durch das besondere System kollektivrechtlicher Vereinbarungen – wie Tarifverträge und Betriebsvereinbarungen – verwirklicht. Soweit im Arbeitsrecht darüber hinaus noch eine Verbesserung des Schutzes vor unangemessenen Bedingungen erforderlich werde, sollte dieser durch arbeitsrechtliche Sondergesetze herbeigeführt werden[36]. Dieser Verweis auf ein möglicherweise noch folgendes Sondergesetz erklärt sich daraus, dass parallel zu den Vorarbeiten für

---

34 So wies zunächst die damalige Bundesregierung in ihrem Bericht zur Verbraucherpolitik vom 18.10.1971 ausdrücklich auf die Notwendigkeit eines wirksamen Schutzes der Verbraucher gegen unangemessene Vertragsbedingungen hin und kündigte eine amtliche Untersuchung dieser Fragen an (BT-Drs. 6/2724, S. 8). Die politischen Parteien erarbeiteten in der Folgezeit Reformvorschläge. Als zeitlich erste sind dabei die Beratungen und Vorschläge des rechtspolitischen Kongresses der SPD vom Mai 1972 zu erwähnen, die auf eine Präventivkontrolle für alle zur Verwendung im Rechtsverkehr bestimmten AGB gerichtet war (vgl. *Ramm*, in: Duden/Külz, Gerechtigkeit in der Industriegesellschaft, S. 73 ff.). Die CDU folgte im August 1974 mit einem Entwurf für ein Gesetz über Allgemeine Geschäftsbedingungen, welcher von der Fachkommission „Verbraucherschutz“ des Bundesarbeitskreises Christlich-Demokratischer Juristen erarbeitet wurde (BB 1974 Beilage 9 zu Heft 26).

35 So *Wolf*, in: Wolf/Horn/Lindacher, AGBG, Einl. Rn. 7.

36 BT-Drs. 7/3919, S. 41.

das AGBG die bereits seit 1970 bestehende Arbeitsgesetzbuchkommission getagt hatte. Der Gesetzgeber des AGBG war daher wohl davon ausgegangen war, dass eine Regelung für das Arbeitsrecht im Arbeitsgesetzbuch erfolgen würde[37]. Der Entwurf eines Arbeitsgesetzbuches ist dann im Jahr 1977 vorgelegt worden[38], aber bekanntermaßen nicht Gesetz geworden.

2. Inhaltliche Unterstützung im Schrifttum

Der Gesetzgeber stand mit dieser Sichtweise nicht isoliert da, sondern fand seine Position auch im Schrifttum verankert. So wurde beispielsweise darauf hingewiesen, dass sich Allgemeine Geschäftsbedingungen an zusammenhanglose, heterogene und durch keinerlei gemeinsame Interessen verbundene und auch kaum organisierbare Partner wenden. Im Gegensatz dazu ergehen Allgemeine Arbeitsbedingungen gegenüber Vertragspartnern, die eine weitgehend homogene, durch gleiche Interessen verbundene und durch die äußeren Verhältnisse zusammengefasste Gruppe bilden. Diese Gruppe sei in der Betriebsverfassung rechtlich organisiert und im Koalitionsrecht auf freiwilliger Basis organisierbar. Dieser Unterschied verdeutliche, dass eine auf den Einzelfall zugeschnittene Kontrolle, wie sie der Inhaltskontrolle von Allgemeinen Geschäftsbedingungen eigentümlich sei, für Allgemeine Arbeitsbedingungen nicht passe. Insbesondere im Hinblick auf den Gleichheitsgrundsatz erscheine es ausgeschlossen, über allgemeine Arbeitsbedingungen nur mit Wirkung für und mit Blick auf die anhängige Individualstreitigkeit zu entscheiden[39]. Zudem bedürfe die Privatautonomie im Arbeitsrecht im Hinblick auf bereits bestehende positionsschützende und positionssichernde Regelungen des Arbeitschutzrechts und dem System der Tarifverträge keiner weiteren Einschränkung[40].

III. Auswirkungen der AGBG-Einführung auf die Inhaltskontrolle von Arbeitsverträgen

Die Bereichsausnahme des § 23 Abs. 1 AGBG schloss im dort genannten jeweiligen Rechtsgebiet nur die unmittelbare Anwendung des AGBG aus, nicht aber

---

[37] So *Preis*, Grundfragen der Vertragsgestaltung im Arbeitsrecht, S. 243; *Hromadka*, FS Dieterich, 251 (252).

[38] Vgl. Entwurf eines Arbeitsgesetzbuches – Allgemeines Arbeitsvertragsrecht, September 1977, hrsg. vom Bundesminister für Arbeit und Sozialordnung.

[39] *Zöllner*, AcP 176 (1976), 221 (245), der seine Ansicht später allerdings relativiert in *Zöllner*, RdA 1989, 152 (158 ff.).

[40] *Zöllner*, AcP 176 (1976), 221 (246).

jegliche anderweitig begründbare Inhaltskontrolle[41]. Im AGBG war lediglich eine Teilkodifikation des Rechtsinstituts der Inhaltskontrolle privatrechtlicher Verträge zu erblicken[42]. Eine Inhaltskontrolle aufgrund anderer Rechtsnormen und Rechtsgrundsätze blieb demzufolge im Ausnahmebereich weiterhin möglich[43].

Die Bereichsausnahme des § 23 Abs. 1 AGBG ließ somit nach ganz herrschender Meinung im Schrifttum die bisherige arbeitsgerichtliche Inhaltskontrolle unberührt[44]. So lieferte auch die Begründung des Gesetzgebers für die Bereichsausnahme keine Anhaltspunkte dahingehend, dass durch die Nichtanwendbarkeit des AGBG der Inhaltskontrolle auf dem Gebiet des Arbeitsrechts eine völlige Absage erteilt werden sollte. Vielmehr stellte der Gesetzgeber ausdrücklich klar, dass die von der Rechtsprechung dort entwickelten Grundsätze weiter anwendbar und auch weiter fortschreibbar bleiben sollen[45]. Das BAG ging deshalb richtigerweise davon aus, dass der Gesetzgeber den status quo ante nicht verändern wollte[46].

Die einzige Folge der Einführung des AGBG für die Inhaltskontrolle auf dem Gebiet des Arbeitsrechts bestand darin, dass nunmehr, neben diverser anderer Legitimationsansätze und Rechtsgrundlagen für die Kontrolle, auch eine analoge Anwendung der AGBG-Vorschriften diskutiert wurde. Hierauf soll im Folgenden näher eingegangen werden.

C. Rechtslage nach der AGBG-Einführung

Nachdem die arbeitsrechtliche Inhaltskontrolle also nicht dem AGBG unterfiel, bemühte das BAG recht unterschiedliche Kontrollinstrumente. So führte es teilweise eine sogenannte Billigkeitskontrolle durch, die auf § 315 BGB gestützt wurde[47]. Es maß den Inhalt der Arbeitsverträge aber beispielsweise auch an

---

41 *Horn*, in: Wolf/Horn/Lindacher, AGBG, § 23 Rn. 8.

42 *Lieb*, AcP 178 (1978), 196 (197); *Wiedemann*, FS Max Kummer, 175 (181).

43 *Horn*, in: Wolf/Horn/Lindacher, AGBG, § 23 Rn. 39.

44 Vgl. *Koch/Stübing*, AGBG, § 23 Rn. 4; *v. Westphalen*, in: Löwe/Westphalen/Trinkner, AGBG, § 23 Rn. 17; *Bunte*, ZIP 1984, 1313 (1316); *Wellenhofer-Klein*, ZIP 1997, 774 (779).

45 BT-Drs. 7/3919, S. 41: „In den ausgenommenen Rechtsgebieten bleibt es für die Inhaltskontrolle vorformulierter Vertragsbedingungen bei den bisher geltenden Vorschriften."

46 Vgl. BAG v. 23.9.1992, AP Nr. 1 zu § 611 BGB Arbeitnehmerdarlehen; BAG v. 24.11. 1993, NZA 1994, 759 (760).

47 Vgl. z.B. BAG v. 21.12.1970, AP Nr. 1 zu § 305 BGB Billigkeitskontrolle; BAG v. 30.6.1976, AP Nr. 3 zu § 7 BUrlG Betriebsferien; BAG v. 28.9.1989, BB 1990, 634.

Grundrechten[48], bemühte § 138 BGB[49] oder arbeitete mit Rechtsfiguren wie der „funktionswidrigen Vertragsgestaltung durch Gesetzesumgehung“[50]. Diese und weitere unterschiedliche dogmatische Grundlagen sowie die diversen Kontrollmaßstäbe und die jeweiligen Einschätzungen des kritischen Schrifttums sollen im Weiteren dargelegt werden. Zunächst aber gilt es, sich der Frage nach einer möglichen analogen Anwendung der AGBG-Vorschriften im Arbeitsrecht anzunehmen.

I. Analoge AGBG-Anwendung

1. Rechtsprechung: Tendenz zur Analogie

Der klare Wortlaut des § 23 Abs. 1 AGBG schloss eine Anwendung des AGBG auf dem Gebiet des Arbeitsrechts unzweifelhaft aus. In der Rechtsprechung waren es vereinzelte Instanzgerichte, die die Ansicht vertraten, dass das ausdrückliche Anwendungsverbot des § 23 Abs. 1 AGBG einer analogen Anwendung der AGBG-Vorschriften jedoch nicht entgegenstünde[51]. Das BAG erwies sich mit Blick auf den Analogiegedanken hingegen zunächst als bremsende Kraft, indem es mögliche einschlägige Normen aus dem AGBG entweder gar nicht in Betracht zog[52] oder aber eine analoge Anwendung ausdrücklich ablehnte[53]. Im November 1995 jedoch urteilte das BAG, dass überraschende Klauseln in Formulararbeitsverträgen und in Allgemeinen Arbeitsbedingungen nicht Vertragsbestandteil werden, wobei es offen ließ, ob sich dies aus einer analogen Anwendung des damaligen § 3 AGBG oder aber aus § 242 BGB in Verbindung mit einem allgemeinen Rechtsgedanken ergibt, der in § 3 AGBG einen Niederschlag gefunden hat[54]. Damit sprach sich das BAG zwar nicht ausdrücklich für

---

48 Vgl. z.B. BAG v. 24.1.1963, AP Nr. 29 zu Art. 12 GG; BAG v. 6.12.1963, AP Nr. 28 zu § 611 BGB Gratifikation; BAG v. 6.9.1990, AP Nr. 1 zu § 611 BGB Seeschifffahrt.

49 Beispielsweise BAG v. 24.3.1988, AP Nr. 1 zu § 241 BGB; BAG v. 22.11.1973, AP Nr. 67 zu § 626 BGB.

50 Vgl. z.B. BAG v. 12.10.1960, AP Nr. 16 zu § 620 BGB Befristeter Vertrag; BAG v. 9.3. 1972, AP Nr. 12 zu § 622 BGB.

51 Siehe ArbG Herford v. 2.7.1981, NJW 1982, 1550 (1551), welches sich in seiner Entscheidung darauf stützt, dass der Auslöser für die gesetzgeberische Maßnahme in Form des AGBG, nämlich die sog. Vertragsdisparität, grundsätzlich auf dem Gebiet des Arbeitsrechts nicht anders zu beurteilen ist als bei der sonstigen Verwendung Allgemeiner Geschäftsbedingungen; ArbG Berlin v. 1.9.1980, NJW 1981, 479.

52 BAG v. 27.9.1988, BB 1989, 984 ff.

53 BAG v. 23.5.1984, BAGE 46, 50 = BB 1984, 2268 = NJW 1985, 91 (92) = AP Nr. 9 zu § 339 BGB; BAG v. 16.10.1991, AP Nr. 1 zu § 19 BErzGG.

54 BAG v. 29.11.1995, BB 1996, 908 = NZA 1996, 702.

eine Analogie aus, zeigte aber, dass es eine solche zumindest für möglich hielt, wenn nicht sogar mit ihr sympathisierte[55].

2. Teilanalogie

Insoweit positionierte sich das BAG in der Nähe eines Großteils der Literatur, der § 3 AGBG auch auf vom Arbeitgeber vorformulierte Arbeitsverträge und Allgemeine Arbeitsbedingungen analog anwenden wollte[56].

Das Schrifttum ging dabei nicht so weit, dass es eine vollständige, allumfassende analoge Anwendung des AGBG auf das Gebiet des Arbeitsrechts forderte[57]. Vielmehr betrachtete es einzelne Normen des AGBG und postulierte dabei das Erfordernis und die Zulässigkeit einer jeweiligen Teilanalogie. Dabei lässt sich eine grobe Gliederung der AGBG-Normen in Vorschriften der Einbeziehungskontrolle (§§ 2 bis 4 AGBG), welche einer Analogie zugänglich sein sollten, und der Vorschriften über die Inhaltskontrolle (§§ 9 bis 11 AGBG), für die eine Analogie größtenteils abgelehnt wurde, nachvollziehen[58].

---

55 So deutet dies beispielsweise *Pauly*, NZA 1997, 1030 (1032).

56 *Ulmer*, in Ulmer/Brandner/Hensen, AGBG, § 23 Rn. 4a; *Wolf*, in: Wolf/Horn/Lindacher, AGBG, § 23 Rn. 40; MünchKommBGB/*Basedow*, § 23 AGBG Rn. 3; *B. Preis*, AuR 1979, 97 (100 f.); *Heckelmann*, SAE 1980, 118 (122); *Fenski*, AuR 1989, 168 (169); *Zöllner*, RdA 1989, 152 (157), *Preis*, Grundfragen der Vertragsgestaltung im Arbeitsrecht, S. 260 ff.; *Preis*, ZIP 1989, 885 (889).

57 Vgl. *Pauly*, NZA 1997, 1030 (1031).

58 Vgl. diesbezüglich beispielsweise: MünchKommBGB/*Basedow*, § 23 AGBG Rn. 3 f. Einer Einbeziehungskontrolle nach §§ 2 bis 4 AGBG analog stehe § 23 Abs. 1 AGBG schon deshalb nicht entgegen, da die in der Begründung des Gesetzesentwurfs genannten arbeitsrechtlichen Besonderheiten sich nicht auf die Frage bezögen, ob Allgemeine Arbeitsbedingungen oder Klauseln in Formulararbeitsverträgen Vertragsbestandteile geworden sind, vgl. ArbG Berlin v. 1.9.1980, NJW 1981, 479; *Mook*, DB 1987, 2252 (2253); *Fenski*, AuR 1989, 168. Auf dem Gebiet der Einbeziehung von Vertragsbestandteilen und deren Auslegung gebe es auch keine derartigen arbeitsrechtlichen Besonderheiten, die eine Bereichsausnahme begründen könnten, *Koch/Stübing*, AGBG, § 23 Rn. 2; *B.Preis*, AuR 1979, 97 (101).
Die Zulässigkeit des Analogieschlusses bei den Vorschriften der Inhaltskontrolle, insbesondere bei der Zentralnorm § 9 AGBG, wurde vom Gros des Schrifttums hingegen verneint. Die Motive, die den Gesetzgeber zur Einführung der Bereichsausnahme des § 23 Abs. 1 AGBG veranlassten, kämen insoweit zum Tragen. Eine Regelungslücke liege nicht vor, so *Mook*, DB 1987, 2252 (2253); *Pauly*, NZA 1997, 1031 (1033); *Bunte*, ZIP 1984, 1313 (1316); MünchKomm/*Basedow*, § 23 AGBG Rn. 4; a.A. und damit für eine analoge Anwendung des § 9 AGBG im Arbeitsrecht, MünchArbR/*Richardi*, § 14 Rn. 69; differenzierterer Ansatz bei *Wolf*, RdA 1988, 270 (274): Ihm folgend kam eine analoge Anwendung des § 9 AGBG nur insoweit in Betracht als spezielle Rechtsfolgen weder aus Treu und Glauben noch aus sonstigen im Arbeitsrecht geltenden allgemeinen Rechtsgrundsätzen abgeleitet werden konnten.

Die Befürworter der Analogie verwiesen dabei insbesondere auf eine offensichtliche gesetzgeberische Fehleinschätzung. So überrasche an der Begründung des Regierungsentwurfs für die Bereichsausnahme des AGBG[59], dass der Gesetzgeber offenbar keine Notiz von der umfassenden gerichtlichen Inhaltskontrolle nahm, die das BAG gegenüber allen Arten arbeitsvertraglicher Bestimmungen seit Jahrzehnten vor der Einführung des AGBG ausgeübte hatte. Gerade die Existenz dieses richterrechtlich geprägten Instituts spreche jedoch eindeutig dafür, dass Gesetzgeber und Tarifparteien in der Vergangenheit den erforderlichen Schutz des Arbeitnehmers entgegen der Erwartung des Gesetzgebers gerade nicht in ausreichendem Maße gewährleistet haben[60].

3. Analogieverbot

Es fanden sich jedoch auch Stimmen, die eine analoge Anwendung der AGBG-Vorschriften auf Formulararbeitsverträge im Ganzen mit gewichtigen Argumenten negierten.

Ein Kritikansatz folgte dabei einer rechtsdogmatischen Betrachtungsweise. So ist allgemein anerkannt, dass maßgebliche Voraussetzung für eine Analogie – also der Übertragung von Rechtsgedanken – das Vorliegen einer planwidrigen Lücke ist[61]. Der Gesetzgeber habe aber das Problem von AGB im Arbeitsrecht gesehen und sich ausweislich der Begründung damit auseinandergesetzt. Somit fehle es an jeder Planwidrigkeit und die alleinige Feststellung einer ausfüllbaren und auch der Ausfüllung bedürftigen Lücke reiche eben zur Analogiebildung nicht aus[62].

Eine verfassungsrechtliche Kritik knüpfte an die Tatsache an, dass der Gesetzgeber die direkte Anwendung ausschließen wollte. Daraus folge naheliegenderweise, wenn nicht sogar zwingend, die Annahme der gleichsamen Unzulässigkeit der analogen Anwendung[63].

Die Vertragsfreiheit gemäß Art. 2 Abs. 1 GG und das Rechtsstaatsgebot gem. Art. 20 Abs. 2, Abs. 3 GG halten dazu an, formal korrekt abgeschlossene Abmachungen zwischen Rechtssubjekten als solche zu akzeptieren und die Unwirksamkeit lediglich mit den hierfür gesetzlich anerkannten Mechanismen zu überprüfen. Deshalb sei Zurückhaltung geboten, wenn im Widerspruch zu einer gesetzlichen Regelung neue Unwirksamkeitsgründe gegen vertragliche Abmachungen eingeführt werden sollen, wie eben auch bei der Anwendung des

---

59 Siehe oben 1. Teil B. II. 1.

60 So *Pauly*, NZA 1997, 1030 (1031).

61 Vgl. beispielsweise Soergel/*Hefermehl*, Anh § 133 BGB, Rn. 12;.*Larenz/Wolf*, AT des BGB, § 4 Rn. 69; *Larenz/Canaris*, Methodenlehre der Rechtswissenschaft, S. 202 ff.

62 *Schwarz*, BB 1996, 1434 (1435).

63 *Schwarz*, BB 1996, 1434 (1435).

AGBG im Arbeitsrecht entgegen § 23 Abs. 1 AGBG[64]. Entgegen der eindeutigen Regelung des § 23 Abs. 1 AGBG die Vorschriften des AGB-Rechts analog im Arbeitsrecht anzuwenden, durchbreche die verfassungsrechtlich vorgesehene Grenze der Gewaltenteilung. Die Gerichte würden bei einer derartigen Vorgehensweise auf bedenkliche Art und Weise die verbindlichen Entscheidungen des demokratischen Gesetzgebers außer Kraft setzen[65].

Besondere Zweifel wurden der befürworteten Teilanalogie entgegen gebracht. Es sei äußerst fragwürdig, ob eine Teilanalogie deshalb vertretbar sei, weil sie im Gegensatz zur Gesamtanalogie die Grundentscheidung des Gesetzgebers nur ein „bisschen" unterlaufe. Zudem berge die Durchführung von Teilanalogien im Prozess der praktischen Rechtsanwendung auch immer die Gefahr der Entwicklung hin zu einer allgemein als zulässig betrachteten Gesamtanalogie in sich[66].

Darüber hinaus wurden strukturelle Unterschiede zwischen dem Verbraucherschutz und dem Arbeitnehmerschutzrecht angeführt, welche ebenfalls gegen die erwähnten Teilanalogien sprächen. So gelte das AGBG für Leistungen, die häufig auf einen einfachen Warenumschlag gerichtet sind, beispielsweise den Erwerb eines Fernsehgerätes auf Kredit, bei dem der unerfahrene Kunde vor dem Klauselwerk der Vertragspartner geschützt werden muss, weil der Verbraucher sich nur sehr selten in der Situation befindet, ein solches Geschäft abzuschließen. Der Arbeitsvertrag stelle dagegen ein Dauerschuldverhältnis dar, welches aufgrund der beabsichtigten Langlebigkeit und der damit verbundenen Vielzahl von Problemfeldern eine andere Behandlung als z.B. ein einmaliges Kaufvertragsgeschäft erfordere. Zudem sei der Arbeitsplatz dem einzelnen deutlich näher und vertrauter als beispielsweise der erwähnte Ratenkauf eines Fernsehers. Mit Blick auf den Arbeitsplatz gehe es deshalb nicht um den äußeren Schutz vor bestimmten Bedingungen, sondern vielmehr um die inhaltliche Angemessenheit der Vertragsbedingungen. Aufgrund dieser als gravierend bezeichneten Unterschiede zwischen Verbraucherschutz und Arbeitsrecht fehle es an einer tragfähigen Basis für eine Teilanalogie[67].

4. Heranziehung allgemeiner Rechtsgedanken statt Analogiebegründung

Sprachen somit zwar durchaus gewichtige Argumente sowohl gegen eine Teil- als auch Gesamtanalogie, gab es dennoch einen weiteren Weg, den materiellen Regelungsgehalt der AGB-Normen anzuwenden. So traf die Rechtsprechung

64 *Przytulla*, NZA 1998, 521 (522).

65 *Schwarz*, BB 1996, 1434 (1436); *Przytulla*, NZA 1998, 521 (522).

66 So *Przytulla*, NZA 1998, 521 (523).

67 Auf diese strukturellen Unterschiede zwischen Arbeitsrecht und Verbraucherschutz hinweisend: *Schwarz*, BB 1996, 1434 (1436); *Przytulla*, NZA 1998, 521 (523).

Entscheidungen, in denen sie auf allgemeine Rechtsgedanken hinwies, die ihren Niederschlag im AGBG gefunden haben könnten. Da es sich insoweit aber um allgemeine Rechtsgedanken handele, sei in solchen Konstellationen ein Rückgriff auf die Bestimmungen des AGBG nicht erforderlich[68].

Doch auch gegen diese Methode, die gewünschten Wertungen des AGBG heranzuziehen, erhoben sich kritische Stimmen.

Zunächst wurde auch hier auf den nach dem Prinzip der Gewaltenteilung zu respektierenden Willen des Gesetzgebers hingewiesen. So erscheine es fragwürdig, wie der ausschließlich für die Rechtssetzung zuständige Gesetzgeber die Anwendung eines bestimmten Rechtsgedankens in einem bestimmten Rechtsgebiet verbindlich ausschließen solle, wenn nicht durch ein eindeutiges Verbot wie es § 23 Abs. 1 AGBG aufweist[69].

Des Weiteren sei klarzustellen, dass es sich bei dem AGBG um ein Verbraucherschutzgesetz handele. Verbraucherschutzgesetze seien Ausnahmeregelungen. Somit nähme das AGBG eine Sonderstellung ein. In der juristischen Methodenlehre gäbe es aber kein Verfahren, um von Sonderregeln auf allgemeine Regeln zurückzuschließen. Folglich könne das AGBG selbst nicht als Grundlage für verallgemeinerungsfähige Rechtsgedanken herangezogen werden[70].

Dem Ansatz, im AGBG hätten bereits vorher existierende allgemeine Rechtsgedanken ihren Niederschlag gefunden, wurde entgegenhalten, dass man sich auf die der Einführung des AGBG vorhergehende Rechtsprechung, nach

---

68 Vgl. BAG v. 23.5.1984, BAGE 46, 50 = BB 1984, 2268 = NJW 1985, 91 = AP Nr. 9 zu § 339 BGB: Hier hatte das BAG über eine arbeitvertragliche Vertragsstrafenvereinbarung für den Fall des Vertragsbruchs oder einer fristlosen Entlassung wegen schuldhaften vertragswidrigen Verhaltens des Arbeitnehmers zu entscheiden. Dabei wies es zunächst ausdrücklich darauf hin, dass weder eine direkte, noch eine analoge Anwendung von AGB-Vorschriften, hier insbesondere § 11 Nr. 6 AGBG, möglich wäre. Damit sei aber nicht ausgeschlossen, dass in das AGBG allgemeine Rechtsgedanken aufgenommen wurden, die auch für Arbeitsverhältnisse gelten. Einer Heranziehung des AGBG bedürfe es dann nicht mehr.
Das LAG Berlin v. 18.1.1993, BB 1993, 1291, hatte über eine formularmäßige Ausgleichsquittung zu entscheiden, die ohne eine drucktechnische Hervorhebung die Bestimmung enthielt, es würden keine Einwendungen gegen die Kündigung erhoben werden. Dabei stellte es fest, dass in § 3 AGBG ein allgemeiner Rechtsgedanke über die Zurechnung von Formularerklärungen zum Ausdruck komme. Wegen des überraschenden Charakters der Klausel innerhalb der Ausgleichsquittung könne die entsprechende Willenserklärung dem Arbeitnehmer nicht zugerechnet werden.
Das ArbG Berlin v. 1.9.1980, NJW 1981, 479 f. traf bezüglich einer Vertragsstrafenklausel die Feststellung, dass sich die Anwendung des in § 3 AGBG enthaltenen Grundsatzes über § 242 BGB ergebe. Aus § 242 BGB ergebe sich das Verbot widersprüchlichen Verhaltens im Rechtsverkehr, welches in § 3 AGBG lediglich eine Konkretisierung für das Recht des Vertragsschlusses erfahren habe.

69 *Schwarz*, BB 1996, 1434 (1435).

70 *Schwarz*, BB 1996, 1434 (1435).

der beispielsweise überraschende Klauseln gemäß § 242 BGB nicht Vertragsbestandteil wurden, nicht mehr berufen könne. Nachdem die dahingehende Rechtsprechung weithin kodifiziert worden sei, gelte nunmehr nur noch das AGBG. Der Gesetzgeber habe die Anwendungen der AGB-Lösungen auf das Arbeitsrecht ausgeschlossen. Die Kodifikation der AGB-Rechtsprechung wäre sinnlos gewesen, wenn dem positiven Recht entgegenstehende richterrechtliche Maximen weitergelten sollten. Es sei davon auszugehen, dass die Kodifikation der AGB-Rechtsprechung das Recht der Allgemeinen Geschäftsbedingungen umfassend und abschließend regele. Darüber hinaus sei die alte Rechtsprechung schon nach der *lex posterior*-Regel obsolet[71]. Die Anwendung des Regelungsgehaltes einzelner AGB-Normen auf Verträge aus dem Gebiet des Arbeitsrechts mit dem Hinweis auf einen allgemeinen Rechtsgedanken war nach dieser Auffassung also unzulässig.

5. Zusammenfassung

Die diversen Argumentationsstränge zeigen, dass durch die AGBG-Einführung und die dabei erfolgte Bereichsausnahme für das Arbeitsrecht auf diesem Gebiet kein Fortschritt in Richtung Rechtsklarheit erzielt wurde. Im Gegenteil wurden unterschiedliche Schlussfolgerungen bezüglich der Bedeutung der Bereichsausnahme des § 23 Abs. 1 AGBG gezogen. Ablehnung oder Befür-wortung einer Teilanalogie sowie Annahme oder Verneinung allgemeiner Rechtsgedanken, die die Anwendung der Regelungsgehalte einzelner AGBG-Normen rechtfertigen, waren die Folge.

Hinsichtlich einer Teilanalogie und der Annahme allgemeiner Rechtsgedanken lässt sich feststellen, dass sie in der Rechtsanwendungspraxis ohne erkennbaren Unterschied blieben. Letztlich dienten beide als Konstruktionen dazu, den jeweiligen Inhalt der AGBG-Norm für die arbeitsrechtliche Praxis fruchtbar zu machen[72]. Somit mussten sich beide Ansätze auch der genannten berechtigten Kritik stellen, insbesondere der Missachtung des gesetzgeberischen Willens und damit der Verletzung des Gewaltenteilungsprinzips. Der Ansatz einer Teilanalogie erwies sich – die Probleme der Analogie wohl wissend, sie aber für einzelne Normen ausblendend – zudem als widersprüchlich.

---

71 So *Schwarz*, BB 1996, 1434 (1435). Auch der eine Teilanalogie befürwortende *Pauly*, NZA 1997, 1030 (1032), vertritt die Ansicht, dass für die vor dem Inkrafttreten des AGBG erfolgte Rechtsprechung, also der Anwendung des § 242 BGB und der dort verankerten Inhaltskontrolle, nunmehr kein Raum mehr bleibt.

72 Ebenfalls auf die Gemeinsamkeit von Analogie und allgemeinen Rechtsgedanken hinweisend: Staudinger/*Schlosser*, § 23 AGBG Rn. 1c.: „Einen Grundsatz zwischen Analogie und Heranziehung allgemeiner Rechtsgedanken aufzubauen, ist überspitzt".

II. Diverse dogmatische Kontrollansätze

Nachdem die frühere Kontroverse um eine analoge Anwendung der AGBG-Normen auf Verträge aus dem Gebiet des Arbeitsrechts aufgezeigt wurde, sollen im Folgenden die unterschiedlichen methodischen Ansätze der Arbeitsgerichte bei der Vertragskontrolle dargestellt werden. Zudem werden die Kritik an diesen Ansätze und Lösungsvorschläge des Schrifttums geschildert.

1. Auslegung als Kontrollinstrument

Das BAG benutzte im Rahmen seiner Rechtsprechung zu Widerrufsklauseln in Versorgungszusagen das Mittel der Auslegung, um den jeweiligen Klauseln einen neuen Sinn zu geben. Das BAG hatte in diesem Zusammenhang über die Klausel einer Unterstützungskassensatzung zu entscheiden, die einen Rechtsanspruch auf Leistungen irgendwelcher Art ausschloss, Zahlungen als freiwillig deklarierte und unter die Möglichkeit des jederzeitigen Widerrufs stellte. Diese Klausel deutete das BAG im Wege der Auslegung in einen Widerrufsvorbehalt um, welcher an billiges Ermessen und somit an einen sachlichen Grund gebunden war[73]. Diese Auslegung widersprach jedoch dem klaren Wortlaut sowie auch dem für den Erklärungsempfänger eindeutig zu erkennenden Sinn der Klausel, dass der Arbeitgeber sich für die Zukunft nicht binden möchte[74].

In einem anderen Fall beschäftigte sich das BAG mit einem Diplom-Ingenieur, der nebenberuflich Schulunterricht geben wollte[75]. Sein Arbeitsvertrag wies bezüglich Nebentätigkeiten eine Klausel auf, die besagte, dass der Angestellte seine Arbeitskraft und seine Kenntnisse uneingeschränkt in den Dienst des Arbeitgebers zu stellen habe und eine entgeltliche Nebenbeschäftigung ihm ohne schriftliche Genehmigung des Arbeitgebers nicht gestattet sei. Diese Klausel legte das BAG dahingehend aus, dass ein Nebentätigkeitsverbot nur dann zulässig sei, wenn der Arbeitgeber hieran ein berechtigtes Interesse habe[76]. Auch dieses Ergebnis lässt sich dem Wortlaut der Klausel jedoch nicht entnehmen.

---

[73] BAG v. 4.8.1955, AP Nr. 6 zu § 242 BGB Ruhegehalt – Unterstützungskassen. Des weiteren korrigierte der BAG auch Anrechnungsklauseln in Ruhegeldordnungen im Wege der Auslegung, vgl. BAG v. 10.5.1955, AP Nr. 2 zu § 242 BGB Ruhegehalt.

[74] *Hanau/Preis*, Der Arbeitsvertrag, I C, Rn. 19; *Fastrich*, Die richterliche Inhaltskontrolle im Privatrecht, S. 168.

[75] BAG v. 3.12.1970, AP Nr. 60 zu § 626 BGB.

[76] BAG v. 3.12.1970, AP Nr. 60 zu § 626 BGB, wobei das BAG eine „verfassungskonforme" Auslegung im Sinne des Art. 12 GG vornahm. Zur Problematik der „unmittelbaren Drittwirkung der Grundrechte" und deren Rolle bei der Inhaltskontrolle aber noch später 1. Teil C. II. 2. b).
Weitere Entscheidungen des BAG, in denen es diese Art der verfassungskonformen Auslegung bestätigt hat: BAG v. 26.8.1976, AP Nr. 68 zu § 626 BGB; BAG v.

Zwar handelt es sich dabei nicht um einen Fall der Gesetzesauslegung, bei der der Wortlaut die Grenzen zulässiger Auslegung festsetzt[77]. Vielmehr wird hier die sogenannte Rechtsgeschäftsauslegung vorgenommen, die sogar ein „Verbot der Buchstabenauslegung“[78] kennt. Der Wortlaut ist demnach nur Ausgangspunkt, aber nicht Richtschnur der Auslegung. So ist es möglich und zulässig, dass dem Rechtsgeschäft abweichend vom Wortlaut ein ganz anderer Sinn zukommen soll, als man dies bei unbefangener Betrachtungsweise zunächst angenommen hat[79]. Maßgebend ist beim Vorliegen empfangsbedürftiger Willenserklärungen, wie sie der Erklärungsempfänger nach Treu und Glauben und unter Berücksichtigung der Verkehrssitte verstehen musste[80]. Allerdings ist der Wortlaut eben der Ausgangspunkt der Auslegung. Die Erklärung müsste überhaupt auslegungsfähig sein. Hat die Erklärung aber ihrem Wortlaut und Zweck nach einen eindeutigen Inhalt, bleibt für die Auslegung kein Platz mehr[81]. Diesen eindeutigen Charakter wiesen die soeben beispielhaft aufgeführten Klauseln auf, so dass die Anwendung der Auslegungsregeln in diesen Fällen gar als unzulässig bezeichnet werden kann.

13.11.1979, EzA § 1 KSchG Verhaltensbedingte Kündigung Nr. 6; BAG v. 18.11.1988, AP Nr. 3 zu § 611 Doppelarbeitsverhältnis; BAG v. 6.9.1990, BAG AP Nr. 47 zu § 615 BGB = SAE 1991, 215. Ein weiteres Beispiel dieser problematischen „Auslegung“ findet sich in der Rechtsprechung des BAG zu den sog. Bindungsklauseln in Gratifikationsregelungen. Bei diesen Klauseln handelt es sich um Stichtagsregelungen, die bestimmen, dass solche Arbeitnehmer keine Gratifikation erhalten, die an einem bestimmten Stichtag des Folgejahres bereits aus dem Arbeitsverhältnis ausgeschieden sind oder sich in einem gekündigten Arbeitsverhältnis befinden. Das BAG hat solche Bindungsklauseln, soweit sie Teil einer individualvertraglichen oder betriebsverfassungsrechtlichen Regelung waren, einschränkend dahingehend „ausgelegt“, dass im Zweifel der Fall der betriebsbedingten Kündigung durch den Arbeitgeber nicht erfasst sei, vgl. BAG v. 27.4.1972, AP Nr. 72 zu § 611 BGB Gratifikation.

Aus dem Blickwinkel des objektiven Empfängerhorizonts sprach für eine solche Auslegung jedoch wenig. Die betriebsbedingte Kündigung lässt sich geradezu als der Normalfall einer Beendigung des Arbeitsverhältnisses begreifen, so dass kaum anzunehmen ist, dass der Arbeitgeber ausgerechnet diesen Fall nicht gemeint haben sollte, wenn er von beendetem oder gekündigtem Arbeitsverhältnis spricht, vgl. *Fastrich*, Richterliche Inhaltskontrolle im Privatrecht, S. 23.

77 Vgl. *Köhler*, BGB-AT, § 4 III 3. a); *Bork*, Allgemeiner Teil des BGB, Rn. 126 zur sog. sprachlich-grammatikalischen bzw. philologischen Auslegung, der insbesondere eine begrenzende Funktion zukomme: „Deutungsmöglichkeiten, die mit dem Wortlaut nicht zu vereinbaren sind, müssen von vorneherein ausscheiden.“.

78 So *Köhler*, BGB-AT, § 16 IV. 1.; Palandt/*Heinrichs*, § 133 Rn. 14; BGH v. 19.12.2001, NJW 2002, 1260.

79 *Bork*, Allgemeiner Teil des BGB, Rn. 545.

80 BGH v. 5.10.1961, BGHZ 36, 30 (33); BGH v. 23.1.1986, NJW 1986, 1681 (1683); Palandt/*Heinrichs*, § 133 Rn. 9; *Medicus*, BGB AT, Rn. 323.

81 *Zerres*, Bürgerliches Recht. II, 2. b) dd).

So wurde diese Form der Auslegung durch das BAG von der Literatur auch als „kaschierte Inhaltskontrolle" entlarvt[82]. Das BAG nähme tatsächlich eine geltungserhaltende Reduktion der problematischen Klauseln vor. Diese setze aber die Inhaltskontrolle und nicht die Auslegung voraus[83].

2. § 134 BGB als Kontrollmaßstab

Nach § 134 BGB ist ein Rechtsgeschäft nichtig, wenn es gegen ein gesetzliches Verbot verstößt. Dieser Grundsatz findet unbestritten auch im Arbeitsrecht Anwendung. Gerade in diesem Bereich existieren zahlreiche Vorschriften, die Verbotsnormen im Sinne des § 134 BGB darstellen, beispielsweise Beschäftigungsverbote wie §§ 5, 7 JArbSchG oder Kündigungsverbote wie § 613a Abs. 4 S. 1 BGB[84]. Neben dieser grundsätzlichen Anwendbarkeit nahm die Rechtsprechung § 134 BGB jedoch auch als Grundlage, um eine weitere Kontrollfigur zu entwickeln.

a) Funktionswidrige Vertragsgestaltung durch objektive Gesetzesumgehung

So begründete die Rechtsprechung eine Reihe von Eingriffen in die Vertragsgestaltungsfreiheit mit dem Gedanken der objektiven Gesetzesumgehung[85]. Eine Gesetzesumgehung liege dabei dann vor, wenn der Zweck der zwingenden Rechtsnorm dadurch vereitelt werde, dass andere rechtliche Gestaltungsmöglichkeiten missbräuchlich verwendet würden. Dabei komme es nicht auf eine Umgehungsabsicht oder eine bewusste Missachtung des zwingenden Rechtssatzes an. Entscheidend sei allein die objektive Funktionswidrigkeit des Rechtsgeschäfts[86].

---

82 So *Hanau/Preis*, Der Arbeitsvertrag, I C, Rn. 19; *Fastrich*, Richterliche Inhaltskontrolle im Privatrecht, S. 167 ff., wählt den Begriff der „verkappten Inhaltskontrolle".

83 *Preis*, Grundfragen der Vertragsgestaltung im Arbeitsrecht, S. 357 ff.

84 Genannt sei beispielhaft noch das Gesetz zur Bekämpfung der Schwarzarbeit (BGBl 1995 I, 165); arbeitsrechtliche Verbotsnormen im Überblick bei: MünchKommBGB/*Mayer-Maly/Armbrüster*, § 134 Rn. 75 ff.; Erman/*Palm*, § 134 Rn. 25.

85 Bei dem Verbot von Umgehungsgeschäften handelt es sich um einen allgemein anerkannten Rechtsgrundsatz, vgl. bereits RG v. 1.6.1937, RGZ 155, 138 (146); BGH v. 30.11. 1955, LM Nr. 19 zu § 134 BGB.

86 BAG v. 12.10.1960, AP Nr. 16 zu § 620 BGB Befristeter Arbeitsvertrag (unter C I der Gründe).
Der Umgehungsgedanke blieb dabei nicht unkritisiert, vgl. *Wolf*, RdA 1988, 270 (271), der fragt, welchen eigenständigen Sinn eine Befristung noch haben solle, wenn die rechtliche Beurteilung befristeter Arbeitsverträge faktisch der Rechtslage bei der Kündigung

Das BAG erklärte beispielsweise die Befristung eines Arbeitsvertrages wegen Umgehung der Kündigungsschutzvorschriften für unwirksam[87]. Der im Kündigungsschutz verwirklichte Gedanke des Bestandsschutzes als Ausdruck der Sozialstaatlichkeit bilde eine Grenze für die Vertragsfreiheit und führe dazu, dass unsachliche Befristungen wegen objektiver Umgehung der Kündigungsschutzbestimmungen unwirksam seien[88]. Ebenso hat das BAG Kündigungserschwerungen unter Hinweis auf eine unzulässige Umgehung von § 622 Abs. 6 BGB (= § 622 Abs. 5 BGB a.F.) als nichtig verworfen. Auch bei formal gleichen Kündigungsfristen sei die Erschwerung der Kündigung durch eine Vertragsstrafe für den Fall einer fristgemäßen Kündigung ein unmittelbarer Verstoß gegen § 622 Abs. 6 BGB[89]. Bedingte Aufhebungsverträge mussten sich ebenfalls einer Überprüfung durch die Rechtsprechung auf eine mögliche objektive Gesetzesumgehung aussetzen. So wurde beispielsweise eine Vereinbarung mit einem alkoholgefährdeten Arbeitnehmer, nach welcher das Arbeitsverhältnis ende, falls dieser Alkohol zu sich nehme, wegen einer unzulässigen Umgehung des Kündigungsschutzvorschriften als nichtig erachtet[90].

Diese extensive Anwendung des Instituts der Gesetzesumgehung blieb jedoch nicht unkritisiert. Denn offensichtlich kann eine Norm nur dann umgangen werden, wenn sie an sich anwendbar ist. Aber gerade im angesprochenen Bereich der befristeten Arbeitsverträge, in dem das BAG die Kündigungsschutzvorschriften umgangen sah, ist das KSchG gerade nicht unmittelbar anwendbar[91]. Das BAG wollte das KSchG aber auch nicht analog heranziehen[92]. Somit konnte das BAG nur den Grundgedanken bzw. die Wertungen des KSchG einer Kontrolle der Befristungen zugrundelegen[93]. Eine derartige Orientierung an gesetzlichen Wertungen ist allerdings eher einer Inhaltskontrolle im Sinne einer

---

angeglichen wird. Eingehender zur allgemeinen Problematik der Rechtsfigur der Gesetzesumgehung: *Teichmann*, Die Gesetzesumgehung, S. 15 ff.

87 BAG v. 12.10.1960, AP Nr. 16 zu § 620 BGB Befristeter Arbeitsvertrag.

88 BAG v. 12.10.1960, AP Nr. 16 zu § 620 BGB Befristeter Arbeitsvertrag.

89 BAG v. 9.3.1972, AP Nr. 12 zu § 622 BGB.
Ebenfalls unter Hinweis auf die Umgehung von § 622 Abs. 5 BGB a.F. urteilte das BAG über den Verfall einer gestellten Kaution im Falle fristgerechter Kündigung, vgl. BAG v. 11.3.1971, AP Nr. 9 zu § 622 BGB. Das LAG Hamm wählte diese Begründung bei einem einseitigen Ausschluss der Kündigung vor Dienstantritt, vgl. LAG Hamm v. 15.3.1989, LAGE § 622 BGB Nr. 14.

90 LAG München v. 29.10.1987, BB 1988, 348.

91 So die einleuchtende Argumentation von *Hildebrandt*, Disparität und Inhaltskontrolle im Arbeitsrecht, S. 29; *Gamillscheg*, AcP 164 (1964), 385 (393); *Wolf*, RdA 1988, 270 (271).

92 BAG v. 12.10.1960, AP Nr. 16 zu § 620 BGB Befristete Arbeitsverträge; BAG v. 29.8. 1979, AP Nr. 50 zu § 620 BGB Befristete Arbeitsverträge.

93 *Fastrich*, Richterliche Inhaltskontrolle im Privatrecht, S. 171; *Gamillscheg*, AcP 164 (1964), 385 (393).

bloßen Angemessenheitskontrolle als einer Überprüfung nach den Maßstäben des § 134 BGB im Falle einer „echten" Gesetzesumgehung zuzuordnen[94].

b) Drittwirkung der Grundrechte

Teilweise zog die Rechtsprechung Grundrechtsartikel – insbesondere Art. 12 GG – als „Verbotsgesetze" heran, beispielsweise zur Begrenzung übermäßiger Rückzahlungsklauseln bei Gratifikationen, Prämien oder Ausbildungsbeihilfen. Das BAG hat dabei etwa im Zusammenhang mit Ausbildungs- und Schulungskosten den allgemeinen Satz aufgestellt, dass die Bindung des Kündigungsrechts an Zahlungspflichten dann mit Art. 12 GG vereinbar sei, wenn sie unter Berücksichtigung aller Umstände des Einzelfalls nach Treu und Glauben dem Arbeitnehmer zuzumuten sei und vom Standpunkt eines verständigen Betrachters aus einem begründeten und zu billigendem Interesse des Arbeitgebers entspreche[95]. Zahlungsverpflichtungen, die an die vom Arbeitnehmer ausgehende Kündigung anknüpfen, können daher nach Auffassung des BAG das Grundrecht auf freie Wahl des Arbeitsplatzes nach Art. 12 GG beeinträchtigen[96]. Des Weiteren hielt das BAG ein Verbot der Nebentätigkeit wegen eines Verstoßes gegen § 134 BGB in Verbindung mit Art. 12 GG für unwirksam[97].

Die Betrachtung der Grundrechte als Verbotsgesetze im Sinne des § 134 BGB ist allerdings nur dann möglich, wenn man der Lehre der unmittelbaren Drittwirkung der Grundrechte folgt[98]. Gegen die Lehre der unmittelbaren Drittwirkung, nach der die Grundrechte unmittelbar auf privatrechtliche Rechtsverhältnisse einwirken[99], wurden jedoch umfassende Bedenken erhoben. Das BAG setzte sich mit der Anerkennung der Lehre der unmittelbaren Drittwirkung nicht

---

94 *Hanau/Preis*, Der Arbeitsvertrag, I C, Rn. 13/14; *Fastrich*, Richterliche Inhaltskontrolle im Privatrecht, S. 171.

95 So BAG v. 29.6.1962, AP Nr. 25 zu Art. 12 GG; BAG v. 29.6.1962, AP Nr. 26 zu Art. 12 GG; ebenfalls zu Rückzahlungsklauseln: BAG v. 24.1.1963, AP Nr. 29 zu Art. 12 GG; BAG v. 6.12.1963, AP Nr. 28 zu § 611 BGB Gratifikation; BAG v. 6.9.1990, AP Nr. 1 zu § 611 Seeschifffahrt.

96 BAG v. 11.4.1990, EzA § 611 Ausbildungsbeihilfe Nr. 6.

97 BAG v. 18.11.1988, AP Nr. 3 zu § 611 Doppelarbeitsverhältnis.

98 *Hanau/Preis*, Der Arbeitsvertrag, I C, Rn.20; *Fastrich*, Richterliche Inhaltskontrolle im Privatrecht, S. 173.

99 *Nipperdey*, Grundrechte und Privatrecht, S. 14 ff..: „ Eine ganze Reihe von ihnen [Grundrechte] hat ferner die wichtige Funktion von Ordnungssätzen oder Grundsatznormen für die gesamte Rechtsordnung. Sie binden daher auch den Privatrechtsverkehr unmittelbar..."; vgl. auch *Leisner*, Grundrechte und Privatrecht, S. 356 ff.; *Gamillscheg*, AcP 164 (1964), 386 (419 ff.); *Schwabe*, Die sogenannte Drittwirkung, S. 67 ff.; *Steindorff*, Persönlichkeitsschutz im Zivilrecht, S. 12 f.

nur in Widerspruch zur Rechtsprechung des BGH[100] und des BVerfG[101], sondern auch zur ganz überwiegenden Meinung der Literatur. Insbesondere der Hinweis auf die geschichtliche Entwicklung der Grundrechte als Abwehrrechte gegenüber dem Staat und die Unvereinbarkeit der direkten Anwendung der Grundrechte im Privatrechtsverkehr mit dem Wesen der Privatautonomie untermauerten die Ablehnung dieser Lehre[102]. Diese Einwände haben dazu geführt, dass die Lehre von der unmittelbaren Drittwirkung heutzutage als überholt angesehen werden kann und im Allgemeinen nur noch von einer lediglich mittelbaren Wirkung der Grundrechte im Privatrechtsverkehr ausgegangen wird. Die Grundrechte entfalten sich demnach über die das Arbeitsrecht beherrschenden Rechtsvorschriften, vor allem bei der Auslegung von Generalklauseln und unbestimmten Rechtsbegriffen[103]. In diesem Zusammenhang spricht man von „Einbruchstellen" der Grundrechte in das Privatrecht[104].

Die Kritik hat letztlich auch das BAG bewogen, von der Lehre der unmittelbaren Drittwirkung Abschied zu nehmen. So geht auch das BAG seit einer Entscheidung des Großen Senats aus dem Jahr 1985[105] von der mittelbaren Grundrechtsbindung im Verhältnis von Arbeitnehmern und Arbeitgebern aus[106].

Die vom BAG unter Hinweis auf die unmittelbare Drittwirkung von Grundrechten aufgestellten Rechtssätze zu den Grenzen der Vertragsfreiheit bedürfen demzufolge einer anderweitigen dogmatischen Verortung und Absicherung[107].

---

100 BGH v. 25.5.1954, BGHZ 13, 334 (338); BGH v. 8.5.1956, BGHZ 20, 345 (351 f.); BGH v. 2.4.1957, BGHZ 24, 72 (76 f.); BGH v. 14.2.1958, BGHZ 26, 349 (353 f.).

101 BVerfG v. 22.11.1951, BVerfGE 7, 198 (205 f.); BVerfG v. 10.2.1960, BVerfGE 10, 302 (322); BVerfG v. 26.2.1969, BVerfGE 25, 256 (263); BVerfG v. 14.2.1973, BVerfGE 34, 269 (280); BVerfG v. 23.4.1986, NJW 1987, 827.

102 *Dürig*, FS Nawiasky, 157 (176 ff.); vgl. zur weiteren Kritik aus der Literatur: *Canaris*, AcP 184 (1984), 201 (208 ff.); *ders.* JuS 1989, 161 (162); *Kirchhof*, Private Rechtssetzung, S. 519 ff.; *Söllner*, Arbeitsrecht, § 6 III. 2.; *Zöllner/Loritz*, Arbeitsrecht, § 7 I.1.; *Hildebrandt*, Disparität und Inhaltskontrolle im Arbeitsrecht, S. 41.

103 *Otto*, Arbeitsrecht, Rn. 116 f.: *Söllner/Waltermann*, Grundriss des ArbR, § 6 II. 2. b); MünchArbR/*Richardi*, § 10 Rn. 37; *Söllner*, NZA 1996, 897 (901); *Zöllner/Loritz*, Arbeitsrecht, § 7 I.1.

104 Vgl. BVerfG v. 22.11.1951, BVerfGE 7, 198 (206).

105 BAG (GS) v. 27.2.1985, BAGE 48, 122 (138 f.) = NZA 1985, 702 ff.

106 Vgl. hierzu auch: BAG v. 22.10.1986, BB 1987, 1461 (1462); BAG v. 20.12.1984, AP Nr. 27 zu § 611 BGB Direktionsrecht.

107 So *Fastrich*, Richterliche Inhaltskontrolle im Privatrecht, S. 174 f.
Vgl. zur Bedeutung der Grundrechte in der Rechtsprechung des BAG auch *Otto*, FS Zöllner, 879 ff.

3. § 138 BGB als Kontrollgrundlage

Die Rechtsprechung zog auch die Sittenwidrigkeit gem. § 138 BGB als Kontrollmaßstab für die Vertragskontrolle heran. Die Sittenwidrigkeit stellt dabei grundsätzlich einen Evidenzmaßstab auf, welcher der Vertragsfreiheit noch einen weiten Raum lässt[108]. § 138 BGB bestimmt lediglich eine äußerste Toleranzgrenze, die generell nicht überschritten werden darf, lässt den Vertragsparteien dagegen innerhalb dieser Grenzen völlige Freiheit[109]. Das BAG nutzte § 138 BGB aber nicht im Rahmen dieses eigentlichen Bedeutungsgehalts. Stattdessen stellte es etwa im Zusammenhang mit Mankoklauseln unter Berufung auf § 138 BGB fest, dass Abweichungen von den allgemein geltenden Haftungsgrundsätzen durch betriebliche Erfordernisse gerechtfertigt und durch eine zusätzliche Vergütung abgegolten werden müssen. Bei der Kontrolle nach § 138 BGB gehe es dabei um die Sicherung einer „angemessenen Risikoverteilung"[110]. Zudem entschied das BAG, dass Verfallklauseln für abdingbare Ansprüche aus dem Arbeitsverhältnis einer Inhaltskontrolle nach § 138 BGB unterliegen. Im Rahmen dieser Inhaltskontrolle prüfte das BAG, „ob die Verfallklausel gleichermaßen auf beide Parteien des Arbeitsverhältnisses Anwendung findet, ob sie inhaltlich ausgewogen ist und nicht Rechte des Arbeitnehmers einseitig beschneidet"[111].

Im Schrifttum wurde diese Vorgehensweise zu Recht als kaschierte Angemessenheitskontrolle betrachtet. Die unter der Berufung auf § 138 BGB verwandten Prüfungsmaßstäbe des BAG lassen sich nicht aus den allgemeinen Schranken der Sittenwidrigkeit gewinnen. Vielmehr wird ein wesentlich engerer Maßstab angelegt, der dem hier verwendeten Begriff der Inhaltskontrolle im Sinne einer Angemessenheitskontrolle entspricht[112]. Ein fehlender „sachlicher Grund" oder das Nichtvorhandensein eines „berechtigten Interesses" begründen keinesfalls bereits die Sittenwidrigkeit einer Vereinbarung. Vielmehr sind die Fälle der Inhaltskontrolle im Sinne einer Angemessenheitskontrolle der Sittenwidrigkeitsschranke vorgelagert[113]. Anders ausgedrückt kann man konstatieren, dass zwischen den aus § 138 BGB abzuleitenden Grenzen und der durch die In-

108 Vgl. *Schlosser*, Jura 1980, 381; *Fastrich*, Richterliche Inhaltskontrolle im Privatrecht, S. 20.

109 MünchKommBGB/*Mayer-Maly/Armbrüster*, § 138 Rn. 2.

110 BAG v. 22.11.1973, AP Nr. 67 zu § 626 BGB.

111 BAG v. 24.3.1988, AP Nr. 1 zu § 241 BGB.

112 Siehe zum Begriff der Inhaltskontrolle Einleitung C. I.

113 *Fastrich*, Richterliche Inhaltskontrolle im Privatrecht, S. 169; *Hildebrandt*, Disparität und Inhaltskontrolle im Arbeitsrecht, S. 25.

haltskontrolle bedingten Einschränkung der Vertragsfreiheit ein Unterschied in der „Schwellenhöhe" liegt[114].

Die Rechtsprechung sah sich also der fundierten Kritik ausgesetzt, eine Angemessenheitskontrolle auf der Grundlage von § 138 BGB durchzuführen, die durch diese Norm jedoch nicht gerechtfertigt ist.

4. Die Billigkeitskontrolle nach § 315 BGB

Die Rechtsprechung entwickelte neben den bereits aufgeführten dogmatischen Konstruktionen für eine Vertragskontrolle die sogenannte Billigkeitskontrolle, Diese Billigkeitskontrolle sollte ihre Verortung in § 315 BGB finden. Die Regelung des § 315 BGB betrifft eigentlich die einseitige Leistungsbestimmung und stellt selbige unter den Vorbehalt der Ausübung nach billigem Ermessen.

Das BAG unterwarf in diesem Zusammenhang beispielsweise die Ausschüttung von Sondervergütungen den Anforderungen der Billigkeit und Gerechtigkeit. Es begründete diesen Schritt damit, dass das Schuldrecht auf dem Gedanken der Vertragsgerechtigkeit beruhe. Diese sei in aller Regel dadurch gewährleistet, dass gleichstarke Vertragspartner jeweils in Wahrnehmung ihrer eigenen Interessen im Wege des Aushandelns einen billigen Ausgleich schaffen. Dadurch rechtfertige sich die Vertragsfreiheit und die Vertragsgestaltung bedarf deshalb im Allgemeinen keiner gerichtlichen Überprüfung. Anders sei es dann, wenn kein Gleichgewicht der Vertragspartner einen angemessenen Vertragsinhalt gewährleiste, weil entweder die Vertragsparität gestört sei oder eine Partei aus anderen Gründen allein den Inhalt des Vertragsverhältnisses gestalten könne. Dies sei der Fall bei der sogenannten vertraglichen Einheitsregelung oder Gesamtzusage, die praktisch nicht zwischen dem Arbeitgeber und den einzelnen Arbeitnehmern vereinbart, sondern vom Arbeitgeber allein erlassen werde, ferner bei der Bestimmung der vertraglichen Leistung durch den Arbeitgeber (§ 315 BGB) und bei solchen Tatbeständen, in denen der Arbeitgeber freiwillige Leistungen unter Ausschluss des Rechtsanspruchs verteilt. In allen drei Fällen werden Leistungen, die der Arbeitnehmer erhält, und damit der Inhalt des Arbeitsverhältnisses, nicht in Vertragsfreiheit unter den Beteiligten abgesprochen, sondern sie werden nur von einer der Vertragsparteien – dem Arbeitgeber – festgesetzt. Da deshalb die Vertragsparität einen Interessenausgleich nicht mehr gewähre, dürfe der Arbeitgeber nicht nur seine Interessen verfolgen. Vielmehr müsse er seinerseits auch den Interessen des Arbeitnehmers Rechnung tragen. Seine Leistungsbestimmung müsse billig und gerecht sein. Und ob sie dies ist,

[114] So *v. Arnim*, Die Verfallbarkeit von betrieblichen Ruhegeldanwartschaften, S. 157; vgl. auch *Wolf*, Rechtsgeschäftliche Entscheidungsfreiheit und vertraglicher Interessenausgleich, S. 37 f.; *Lieb*, AcP 178 (1978), 196 (197); *Westhoff*, Die Inhaltskontrolle von Arbeitsverträgen, S. 90 ff.

müssten die Gerichte im Einzelfall nachprüfen. Sei dies für den Fall der Bestimmung einer vertraglichen Leistung durch eine Vertragspartei ausdrücklich in § 315 BGB geregelt, so sei für den Fall der vertraglichen Einheitsregelung die Bindung des Arbeitgebers und die gerichtliche Billigkeitskontrolle kraft Richterrechts allgemein anerkannt[115].

Als Beispiel für die Anwendung dieser Billigkeitskontrolle sei zum einen die Judikatur zu vertraglichen Urlaubsregelungen genannt, deren Wirksamkeit von einem angemessenen Interessenausgleich abhänge[116]. Zum anderen ist die Entscheidung zu erwähnen, die einer Arbeitsvertragsklausel die Wirksamkeit verweigerte, in welcher der Arbeitgeber seine Haftung für die im Betrieb abgestellten Fahrzeuge der Arbeitnehmer ausschließen wollte[117].

Diese Vorgehensweise des BAG fand dabei durchaus Rückhalt in Teilen der Literatur. Dabei wurde hauptsächlich darauf hingewiesen, dass es keinen Unterschied mache, ob die einseitige Rechtsgestaltung einer Vertragspartei dem Vertragsschluss nachfolge, wie dies bei § 315 BGB der Fall sei, oder ob sie, wie bei der einseitigen Festlegung der Vertragsbedingungen, dem Vertragsschluss vorausgehe[118].

Andere Stimmen in der Literatur beäugten die Anwendung des § 315 BGB auch bei der Kontrolle von Vertragsbedingungen jedoch kritisch. Der eigentliche Regelungsgehalt des § 315 BGB sei nicht vergleichbar mit der Situation, welche die Kontrolle von Vertragsbedingungen auslöse. In § 315 BGB werde der Fall geregelt, dass einer Partei rechtsgeschäftlich die Festlegung des Vertragsinhalts überlassen wird, wobei der Verzicht auf die eigene Mitwirkung in Ausübung des Selbstbestimmungsrechts erfolge. § 315 BGB bezwecke somit den Schutz des-

---

[115] BAG v. 21.12.1970, AP Nr. 1 zu § 305 BGB Billigkeitskontrolle.

[116] BAG v. 30.6.1976, AP Nr. 3 zu § 7 BUrlG Betriebsferien; BAG v. 13.8.1980, AP Nr. 1 zu § 1 BUrlG Unbezahlter Urlaub.

[117] BAG v. 28.9.1989, BB 1990, 634 (635).
Weitere Rechtsprechungsbeispiele für die Anwendung der sogenannten Billigkeitskontrolle:
Überprüfung des Ausschlusses einer Witwenrente bei Spätheirat oder einem Altersunterschied von mehr als 25 Jahren, der in einer Leistungsordnung des Arbeitgebers geregelt war, BAG v. 18.7.1972, AP Nr. 158 zu § 242 BGB Ruhegehalt.
Beanstandung von Anrechnungsklauseln in mehrfach gleichlautend abgeschlossenen Ruhegehaltsverträgen leitender Angestellter, die auch eine Anrechnung von solchen Rentenanteilen der gesetzlichen Rentenversicherung vorsahen, die der Arbeitnehmer aus einer freiwilligen Weiterversicherung ohne Beteiligung des Arbeitgebers erworben hat, BAG v. 26.10.1973, AP Nr. 161 zu § 242 BGB Ruhegehalt.
Beanstandung eines Leistungsvorbehalts in einer Versorgungsordnung, welcher die endgültige Gewährung der Versorgung von Fall zu Fall dem Ermessen der Geschäftsleitung unterwarf, BAG v. 31.10.1969, AP Nr. 1 zu § 242 Ruhegehalts-Unterstützungskassen.

[118] *Schwerdtner*, AP Nr. 40 zu § 242 BGB Gleichbehandlung; *Söllner*, AP Nr. 144 zu § 242 BGB Ruhegehalt; *Säcker*, Gruppenautonomie und Übermachtkontrolle im Arbeitsrecht, S. 224 ff.

jenigen, der „sein Recht dem anderen zu treuen Händen übertragen hat“[119]. Die Fälle einseitiger Durchsetzung von Vertragsbedingungen würden jedoch unter Ausnutzung einer Machtposition geschehen und entbehrten somit das dem § 315 BGB inhärentem Freiwilligkeitsmoment[120].

Darüber hinaus wurde darauf hingewiesen, dass es sich bei der sogenannten Billigkeitskontrolle von arbeitsvertraglichen Einheitsregelungen nicht um eine tatsächliche Billigkeitskontrolle im engeren Sinne handele. Zum einen deshalb, weil § 315 BGB voraussetze, dass die Leistungsbestimmung bei Vertragsschluss noch offen sei und zum anderen, weil der Billigkeitsmaßstab des § 315 BGB für generelle Regelungen wie arbeitsvertragliche Einheitsregelungen nicht geeignet sei[121].

Auf dieser Erkenntnis aufbauend wurde behauptet, dass die vom BAG angewandte Billigkeitskontrolle letztendlich eine Inhaltskontrolle im Sinne einer Angemessenheitskontrolle darstelle[122]. Die Rechtsprechung des BAG unter dem Oberbegriff der Billigkeitskontrolle umfasse demnach keine reinen Billigkeitsentscheidungen im engeren Sinne, die sich an der Einzelfallgerechtigkeit orientieren. Vielmehr wendet das BAG generelle Maßstäbe an, wenn es etwa den Maßstab der Redlichkeit bemüht[123] oder den sozial denkenden Arbeitgeber ins Feld führt[124].

Unter diesem Gesichtspunkt erwies sich also auch die Vertragskontrolle aufgrund von § 315 BGB als fragwürdig, wenn die vom BAG tatsächlich vorgenommene Kontrolle sich nicht an den Maßstäben dieser Norm orientierte, sondern den allgemeinen Maßstab einer Angemessenheitskontrolle zugrunde legte. Die unter dem Schlagwort Billigkeitskontrolle vorgenommene Kontrollwirklichkeit konnte demnach ihre dogmatische Grundlage nicht in § 315 BGB finden.

5. Der Grundsatz von Treu und Glauben gemäß § 242 BGB als Kontrollgrundlage

Im Zusammenhang mit einer arbeitsvertraglichen Verfallklausel stellte das BAG Ende des Jahres 2000 fest, dass eine solche Klausel, wenn sie denn überraschend sei, nicht Vertragsbestandteil werde, weil es gegen Treu und Glauben gemäß

---

119 *Westhoff*, Die Inhaltskontrolle von Arbeitverträgen, S. 70.

120 So im Ergebnis *Hildebrandt*, Disparität und Inhaltskontrolle im Arbeitsrecht, S. 23 f.

121 *V.Hoyningen-Huene*, Die Billigkeit im Arbeitsrecht, S. 155 ff.; siehe auch *Gamillscheg*, Arbeitsrecht I, S. 150.

122 *Fastrich*, Richterliche Inhaltskontrolle im Privatrecht, S. 164 f.

123 BAG v. 31.10.1969, AP Nr. 1 zu § 242 BGB Ruhegehalt-Unterstützungskassen.

124 BAG v. 31.10.1969, AP Nr. 1 zu § 242 BGB Ruhegehalt-Unterstützungskassen; BAG v. 19.6.1970, AP Nr. 144 zu § 242 BGB Ruhegehalt.

§ 242 BGB verstoße, wenn ein Arbeitgeber die Unerfahrenheit seines Vertragspartners dadurch ausnutzt, dass er ihm durch Verwendung eines vorformulierten Regelwerkes in einer Weise eine Vertragsklausel unterschiebt, mit welcher dieser auf Grund der Umstände des Einzelfalls nicht zu rechnen brauchte und auf die er auch nicht auf Grund der Gestaltung der Vertragsurkunde aufmerksam werden musste. Neben dieser Frage der wirksamen Einbeziehung der fraglichen Klausel befasste sich das Gericht in dieser Entscheidung mit der von ihm selbst so genannten „richterlichen Inhaltskontrolle" und bezeichnete dabei den Grundsatz von Treu und Glauben gemäß § 242 BGB als ein Kriterium auf dessen Einhaltung hin sich arbeitsvertragliche Vereinbarungen überprüfen lassen müssten[125]. Weitere Entscheidungen, bei denen die Rechtsprechung ihre Befugnis zu einer richterlichen Inhaltskontrolle aus § 242 BGB zog, finden sich beispielsweise wiederum im Zusammenhang mit überraschenden Klauseln[126] oder mit unangemessenen Rückzahlungsklauseln[127].

In anderen Fälle zog das BAG die *Fürsorgepflicht* des Arbeitgebers heran, welche sich als eine den Besonderheiten des Arbeitsverhältnisses angepasste Ausprägung des § 242 BGB verstehen lässt[128], die nunmehr im Rahmen der

---

[125] BAG v. 13.12.2000, RdA 2002, 38 = DB 2001, 928 = AP Nr. 2 zu § 241 BGB, wobei das BAG die fragliche Verfallklausel allerdings für zulässig hielt.

[126] BAG v. 29.11.1995, NZA 1996, 702 f., wonach eine vertragliche Ausschlussfrist nicht Vertragsbestandteil wird, wenn sie der Verwender ohne besonderen Hinweis und ohne drucktechnische Hervorhebung unter falscher oder missverständlicher Überschrift einordnet. Dabei zieht das BAG sowohl § 242 BGB i.V.m. mit einem allgemeinen Rechtsgedanken, der in § 3 AGBG seinen Niederschlag gefunden hatte, als auch eine analoge Anwendung von § 3 AGBG als Grundlage für seine Entscheidung in Erwägung. Siehe hierzu bereits oben 1. Teil C. I. 1.

[127] BAG v. 16.3.1994, AP Nr. 18 zu § 611 BGB Ausbildungsbeihilfe, hier nimmt das BAG bezüglich einer einzelvertraglichen Klausel, durch die sich der Arbeitnehmer zur Rückzahlung von Weiterbildungskosten verpflichtet, eine richterliche Inhaltskontrolle vor. Dabei kommt es zu dem Ergebnis, dass der Arbeitgeber nur den Betrag zurückverlangen könne, den er tatsächlich aufgewandt hat, höchstens jedoch den vereinbarten Betrag. Es postuliert dabei zugleich eine Darlegungspflicht des Arbeitgebers, substantiiert vorzutragen, wie sich die Forderung zusammensetzt.

[128] So bereits *Hueck/Nipperdey*, Lehrbuch des ArbR, Bd. I, S. 391; *Fastrich*, Richterliche Inhaltskontrolle, S. 172; ähnlich *Zöllner/Loritz*, Arbeitsrecht, S. 177 f. / 209; auch *Söllner/Waltermann*, Arbeitsrecht, Rn. 768 ff.; *Hanau/Adomeit*, Arbeitsrecht, Rn. 604 ff., die auf den jüngeren Begriff der „Schutzpflicht" abstellen; a.A., d.h. ganz ablehnend: *Schwerdtner*, Fürsorgetheorie und Entgelttheorie im Recht der Arbeitsbedingungen, S. 79 ff.; *E.Wolf*, Das Arbeitsverhältnis – Personenrechtliches Gemeinschaftsverhältnis oder Schuldverhältnis, S. 30 f., wonach eine Fürsorgepflicht zwingend ein „Fürsorgerecht" voraussetze, also ein Recht des Arbeitgebers, die Person des Arbeitnehmers betreffende Entscheidungen zu treffen, die nach dem Inhalt des Persönlichkeitsrechts diesem zustehen. Ein derartiges „Fürsorgerechte" existiere jedoch nach dem Inhalt des Arbeitsverhältnisses nicht.

Schuldrechtsmodernisierung eine Stütze in § 241 Abs. 2 BGB gefunden hat[129]. Die Fürsorgepflicht beinhaltet dabei die Verpflichtung des Arbeitgebers, sich für den Arbeitnehmer einzusetzen, ihm Schutz und Fürsorge zuteil werden zu lassen sowie Schädigungen des Arbeitnehmers zu unterlassen und zu verhindern[130]. Insbesondere im Zusammenhang mit Gratifikationszahlungen generierte das BAG spezifisch arbeitsrechtliche Schranken der Inhaltsfreiheit aus dieser Fürsorgepflicht. So durften etwa Vereinbarungen über freiwillige nachträgliche Jahreserfolgsprämien, von denen solche Arbeitnehmer ausgeschlossen sind, die am Tage der Auszahlung der Prämie bereits aus dem Arbeitsverhältnis ausgeschieden waren, nicht mit einer Kündigungserschwerung verbunden sein, die gegen die Fürsorgepflicht des Arbeitgebers verstößt[131]. Ebenso könne die Vereinbarung einer unbestimmten oder unangemessen langen Zeit in einer Rückzahlungsklausel zu einem Verstoß gegen die Fürsorgepflicht des Arbeitgebers führen[132].

Insbesondere der Rückgriff auf die Fürsorgepflicht blieb im Schrifttum nicht unkritisiert. So setze das Entstehen einer Fürsorgepflicht zunächst einmal ein bestehendes Arbeitsverhältnis voraus. Eine in Bezug auf die Einhaltung der Fürsorgepflicht vorgenommene Kontrolle könne somit nur die Rechtsausübung, nicht aber die für die Inhaltskontrolle interessierende Rechtsbegründung betreffen[133]. Der Gedanke der Fürsorgepflicht liefere folglich kein Kriterium für die Schranken der Vertragsgestaltungsfreiheit, sondern regele nur, wie ein innerhalb dieser Schranken wirksam zustande gekommener Vertrag erfüllt werden muss[134].

Diese Kritik zur Fürsorgepflicht im Speziellen setzte sich an der Heranziehung des § 242 BGB als Kontrollmaßstab im Allgemeinen fort. Der Grundsatz von Treu und Glauben gemäß § 242 BGB habe nur die Funktion, innerhalb des Vertrages „für Ordnung zu sorgen“, nicht aber, Einfluss auf die Gestaltung der

---

129 *Otto*, Arbeitsrecht, Rn. 376; Palandt/*Heinrichs*, § 241 Rn. 6 ff.

130 *Hueck/Nipperdey*, Arbeitsrecht I, S. 390; *Hildebrandt*, Disparität und Inhaltskontrolle im Arbeitsrecht, S. 21; vgl. eine Aufzählung diverser Fürsorge- bzw. Schutzpflichten bei *Hanau/Adomeit*, Arbeitsrecht, Rn. 606; MünchKommBGB/*Roth*, § 241 Rn. 94.

131 BAG v. 8.12.1960, AP Nr. 20 zu § 611 BGB Gratifikation.

132 BAG v. 10.5.1962, AP Nr. 22 zu § 611 BGB Gratifikation; BAG v. 10.5.1962, AP Nr. 23 zu § 611 BGB Gratifikation.
Weiteres Rechtsprechungsbeispiel zur Fürsorgepflicht:
In BAG v. 5.3.1959, AP Nr. 26 zu § 611 BGB Fürsorgepflicht, beanstandete das BAG eine Freizeichnung des Arbeitgebers für die Haftung für vom Arbeitnehmer eingebrachte Sachen unter dem Gesichtspunkt der Fürsorgepflicht.

133 *Westhoff*, Die Inhaltskontrolle von Arbeitsverträgen, S. 23 f.; vgl. auch *Annuß*, BB 2002, 458 (458); *ders.*, BB 2001, 1898 (1900).

134 So schon *Raiser*, Recht der AGB, S. 281 f.; *Wolf*, Rechtsgeschäftliche Entscheidungsfreiheit und vertraglicher Interessenausgleich, S. 200 f.; vgl. auch *Gamillscheg*, AP Nr. 63 zu § 611 Gratifikation, unter II a.

vertraglichen Erklärungen zu nehmen[135]. Zu bedenken sei vor allem, dass der Inhalt der Fürsorgepflicht maßgeblich durch die Parteivereinbarungen bestimmt werde. Somit seien die Fürsorgepflicht wie auch alle anderen Pflichten aus Treu und Glauben den Parteivereinbarungen grundsätzlich untergeordnet und damit als solche zur Begründung inhaltlicher Schranken unzureichend[136]. Zudem sei die Formel „Treu und Glauben" des § 242 BGB schlichtweg zu allgemein und umfassend. Sie sei zu vage, um als hinreichend konkretisierte Rechtsgrundlage der Inhaltskontrolle anerkannt werden zu können[137].

Ein Großteil des Schrifttums plädierte allerdings im Sinne der oben genannten Entscheidungen dafür, die Inhaltskontrolle auf den Grundsatz von Treu und Glauben aufzubauen. So sei das Arbeitsverhältnis typischerweise ein Dauerschuldverhältnis, welches den Arbeitnehmer in mannigfacher Weise erfasse. Die daraus resultierende persönliche Betroffenheit des Arbeitnehmers von den arbeitsrechtlichen Beziehungen und Pflichten könne zu gar nichts anderem führen als der Verpflichtung des Arbeitgebers zur Einhaltung all jener Grenzen, die guter Treue entsprechen[138]. Darüber hinaus wurde auf die Rechtsprechung des BGH verwiesen, der stets – mit einer Ausnahme – die Inhaltskontrolle bei vorformulierten Vertragsbedingungen auf § 242 BGB gestützt hat[139]. Diese Rechtsprechung habe der Gesetzgeber aufgenommen und insbesondere durch § 9 AGBG die allgemeine Norm des § 242 BGB sachnah konkretisiert. Der Maßstab des § 242 BGB stimme also mit dem Maßstab anderer Rechtsgrundlagen der Inhaltskontrolle wie § 9 AGBG überein[140]. Diese rechtssystematische Entscheidung des Gesetzgebers habe jedenfalls in ihren prinzipiellen Grundlagen Einfluss auf die Kontrolle der vom AGBG nicht erfassten, jedoch in der Sache vergleichbar vorformulierten Vertragswerke[141].

Die Befürworter einer Kontrolle nach den Maßstäben des § 242 BGB wiesen dabei feine Unterschiede in der Verifizierung der konkreten Rechtsgrundlage auf. Sollten teilweise die „immanenten Grenzen arbeitsvertraglicher Regelungen"[142] aus § 242 BGB und den gesteigerten arbeitsrechtlichen Treuebindungen

---

[135] *Westhoff*, Die Inhaltskontrolle von Arbeitsverträgen, S. 24.

[136] *Molitor*, SAE 1962, 180 f.; *Fastrich*, Richterliche Inhaltskontrolle im Privatrecht, S. 172.

[137] *Hildebrandt*, Disparität und Inhaltskontrolle im Arbeitsrecht, S. 20.

[138] So *Zöllner*, RdA 1989, 152 (158).

[139] Siehe dazu im einzelnen *Preis*, Grundfragen der Vertragsgestaltung im Arbeitsrecht, S. 184 ff., mit einigen Rechtsprechungshinweisen.

[140] *Wolf*, RdA 1988, 270 (272); *Hanau/Preis*. Der Arbeitsvertrag, I C, Rn. 2.; vgl. auch *von Hoyningen-Huene*, Die Billigkeit im Arbeitsrecht, S. 156; *Hönn*, Kompensation gestörter Vertragsparität, S. 159. Ebenfalls § 242 BGB als Rechtsgrundlage der arbeitsrechtlichen Inhaltskontrolle sieht *Pauly*, NZA 1997, 1030 (1034), der in Abgrenzung zu § 315 BGB darauf abstellt, dass es sich bei der Inhaltskontrolle um eine reine Rechtskontrolle zur Sicherung der Privatautonomie handele und keinesfalls um eine Billigkeitskontrolle.

[141] *Hanau/Preis*. Der Arbeitsvertrag, I C, Rn. 2.

[142] So lautet der Titel des Aufsatzes von *Zöllner*, RdA 1989, 152 ff.

entwickelt werden[143], so wurde von anderen vorgeschlagen, den Kontrollmaßstab des § 242 BGB durch den damaligen § 9 AGBG zu konkretisieren, welcher seinerseits für das Arbeitsrecht sachgebietsbezogen zu konkretisieren sei[144].

6. Zusammenfassung

Der arbeitsrechtlichen Rechtsprechung zur Vertragskontrolle mangelte es an einer klaren Richtschnur. Stattdessen gediehen die unterschiedlichsten dogmatischen Ansätze, die den jeweiligen Eingriff in die Vertragsfreiheit rechtfertigen sollten. Diese fehlende Einheitlichkeit und die Tatsache, dass sich jede einzelne Kontrollgrundlage einer gewissen Kritik ausgesetzt sah, legen den Schluss auf eine Rechtsunsicherheit auf dem Gebiet der arbeitsvertraglichen Vertragskontrolle nahe.

Als besonderer Kritikpunkt ist herauszustellen, dass sich die von der Rechtsprechung im Einzelfall gewählte Kontrollgrundlage mit der daraufhin durchgeführten Kontrollwirklichkeit nicht deckte. Maßstäbe und Voraussetzungen der jeweiligen Grundlage rechtfertigten nicht die Kontrolle, die vom Gericht dann tatsächlich vorgenommen wurde, wenn z.B. im Rahmen von § 138 BGB generelle Angemessenheitsmaßstäbe herangezogen wurden[145].

Die Kontrollwirklichkeit näherte sich damit eher dem hier verwendeten Begriff der Inhaltskontrolle an[146].

---

143 *Zöllner*, RdA 1989, 152 (158).

144 *Preis*, Grundfragen der Vertragsgestaltung im Arbeitsrecht, S. 266; zustimmend *Hromadka*, FS Dieterich, 252 (254).

145 Siehe dazu schon oben 1. Teil C. II. 3.

146 Zum Begriff der Inhaltskontrolle siehe Einleitung C. I.
Deshalb wählt *Fastrich*, Richterliche Inhaltskontrolle im Privatrecht, S. 181, beispielsweise auch den Begriff der „verkappten Inhaltskontrolle“, die das BAG unter wechselnden dogmatischen Figuren betreibe.

2. Teil: Reformgründe des Gesetzgebers zur inhaltlichen Änderung und Integration des AGB-Gesetzes in das BGB

Im Zuge der Schuldrechtsmodernisierung hat der Gesetzgeber zum 1. Januar 2002 das AGBG aufgehoben. Der verfahrensrechtliche Teil des früheren AGBG ist nunmehr im Gesetz über Unterlassungsklagen bei Verbraucherrechts- und anderen Verstößen (UKlaG) normiert. Die materiell-rechtlichen Vorschriften sind als §§ 305 – 310 in das BGB integriert worden. Der Gesetzgeber trägt damit der Tatsache Rechnung, dass das AGB-Recht seit langem für die Rechtspraxis eine der wichtigsten Rechtsmaterien darstellt[147]. Die materiellen Vorschriften sind systematisch nach wie vor in einem Abschnitt zusammengefasst (en-bloc-Lösung) und in das Allgemeine Schuldrecht eingeordnet worden.

Die Regelung im Rahmen des Allgemeinen Schuldrechts kann allerdings durchaus als systematisch fehlerhaft betrachtet werden. Die Vorschriften über die Einbeziehung von Allgemeinen Geschäftsbedingungen in einen Vertrag und die Auslegung gehören inhaltlich eher in den Allgemeinen Teil des BGB[148]. Viele Regelungen der früheren §§ 10, 11 AGBG betreffen hingegen spezielle Verträge und wären im Besonderen Schuldrecht anzusiedeln gewesen[149]. Die Tatsache, dass die AGB-Regelungen auch im Sachenrecht anwendbar sind und sich dies durch die Schuldrechtsreform auch nicht ändern sollte, spricht zudem wiederum für eine Einordnung in den Allgemeinen Teil des BGB[150].

Ungeachtet dieser grundsätzlichen Kritik gilt es vorliegend, sich auf die mit der Integration in das BGB erfolgte Änderung der Bereichsausnahme zu konzentrieren. Im Vergleich zum früheren § 23 Abs. 1 AGBG nimmt § 310 Abs. 4 BGB das Arbeitsrecht nicht mehr generell vom Anwendungsgebiet der AGBG-Regelungen aus. Kollektive Vereinbarungen wie Tarifverträge oder Betriebsvereinbarungen bleiben zwar weiterhin gem. § 310 Abs. 4 S. 1 BGB der Kontrolle nach den §§ 305 ff. BGB entzogen, sonstige Verträge aus dem Gebiet des Arbeitsrechts unterfallen aber nunmehr dem Anwendungsbereich der AGB-Kontrolle. Nach § 310 Abs. 4 S. 2 BGB sind dabei die „Besonderheiten des Arbeitsrechts" zu berücksichtigen.

Der Regierungsentwurf enthielt zunächst noch die ungeänderte Bereichsausnahme, nach der das AGB-Recht auf dem Gebiet des Arbeitsrechts keine Anwendung fand[151]. Der Bundesrat wies in seiner Stellungnahme darauf hin, dass

---

147 Palandt/*Heinrichs*, Überbl v § 305 Rn. 1.

148 *Krebs*, DB 2000 Beilage 14, 25; *Wolf/Pfeiffer*, ZRP 2001, 303 f.

149 *Pfeiffer*, in: Ernst/Zimmermann, Zivilrechtswissenschaft und Schuldrechtsreform, 481 (503); *Ulmer*, JZ 2001, 491 ff.

150 *Rüthers/Stadler*, AT des BGB, § 21 Rn. 3a; Palandt/*Heinrichs*, Überbl v § 305 Rn. 1.

151 § 310 Abs. 4 i.F. des RegE, BT-Drs. 14/6040, S. 12.

das BAG bei der Kontrolle von Arbeitsvertragsbedingungen auf der Grundlage von §§ 242 und 315 BGB bereits so vorgehe, als fände jedenfalls § 9 AGBG auf sie Anwendung. Nachdem der Bundesrat die Bundesregierung bat, zu überprüfen, ob die Ausnahme für das Arbeitsrecht noch sachgerecht sei[152], trat während des Gesetzgebungsverfahrens in letzter Minute die Wende ein. In der Gegenstellungnahme vertrat die Bundesregierung die Auffassung, dass die Bereichsausnahme des Arbeitsrechts hinsichtlich des AGBG im Grundsatz aufzuheben sei[153]. Dabei betonte sie insbesondere das existenzielle Angewiesensein des Arbeitnehmers auf einen Arbeitsplatz, welches trotz des Schutzes durch zwingende gesetzliche Vorschriften und kollektive Vereinbarungen auch im Arbeitsrecht ein Bedürfnis nach richterlicher Kontrolle der einseitig vom Arbeitgeber festgesetzten Arbeitsbedingungen schaffe. Das Fallmaterial der BAG-Rechtsprechung zu Arbeitsvertragsmodalitäten zeige, dass eine „sich selbst überlassene" Vertragsfreiheit nicht in der Lage wäre, insgesamt einen ausreichenden Schutz der Arbeitnehmer vor unangemessenen Vertragsbedingungen zu gewährleisten. Zur Untermauerung dieser Behauptung wies die Bundesregierung zutreffend auf die oben bereits aufgezeigte[154] uneinheitliche Rechtsprechung des BAG auf diesem Gebiet hin. Einerseits würden AGB-Normen zwar nicht unmittelbar, aber doch mittelbar über §§ 242 und 315 BGB zur Anwendung gebracht, andererseits aber souverän ignoriert, wie in einer jüngeren Entscheidung zur Frage der Ausschlussfristen bzw. verkürzten Verjährungsfristen[155], die als Auslöser für den Sinneswandel der Bundesregierung betrachtet werden kann. Durch die Streichung der Bereichsausnahme sollte die durch die uneinheitliche Rechtsprechung herbeigeführte Rechtsunsicherheit behoben und das Schutzniveau der Vertragsinhaltskontrolle im Arbeitsrecht an dasjenige des Zivilrechts angeglichen werden. Der Rechtsausschuss schloss sich der Stellungnahme der Bundesregierung an und empfahl deshalb die Regelung, wie sie in § 310 Abs. 4 BGB Gesetz wurde[156].

[152] BT-Drs. 14/6857, S. 17.
[153] BT-Drs. 14/6857, S. 54.
[154] Siehe 1. Teil C. II.
[155] BAG v. 13.12.2000, RdA 2002, 38 = DB 2001, 928 = AP Nr. 2 zu § 241 BGB.
[156] BT-Drs. 14/7052, S. 189.

3. Teil: Gegenstand der Inhaltskontrolle nach §§ 305 ff. BGB

A. Kontrollobjekte

Zunächst sollen die Merkmale Allgemeiner Geschäftbedingungen dargestellt werden, bevor darauf eingegangen wird, welche Vereinbarungen zwischen Arbeitnehmer und Arbeitgeber die beschriebenen Merkmale aufweisen und somit einer Kontrolle anhand der §§ 305 ff. BGB unterfallen.

I. Begriff der Allgemeinen Geschäftsbedingungen

Der nun in § 305 Abs. 1 S. 1 BGB verwendete Begriff der Allgemeinen Geschäftsbedingungen ist dem früheren § 1 Abs. 1 S. 1 AGBG inhaltsgleich entnommen worden. Unter Allgemeinen Geschäftsbedingungen versteht man daher „alle für eine Vielzahl von Verträgen vorformulierten Vertragsbedingungen, die eine Vertragspartei (Verwender) der anderen Vertragspartei bei Abschluss eines Vertrages stellt“.

Vertragsbedingungen stellen rechtlich verbindliche Regelungen dar, die den Vertragsinhalt gestalten sollen. Bloße Wünsche oder Bitten unterfallen demnach nicht dem Begriff der Allgemeinen Geschäftsbedingungen[157].

Diese Vertragsbedingungen sind dann *„vorformuliert“*, wenn sie vor dem Vertragsschluss fertig vorliegen, um in künftige Vertragsverhandlungen einbezogen zu werden. Voraussetzung ist demnach, dass der Vertrag oder einzelne Teile hieraus vom Verwender nicht ad hoc für den konkreten Vertragsschluss entworfen werden, sondern als Grundlage oder Rahmen für mehrere gleichartige Rechtsverhältnisse aufgestellt sind[158]. Dürfte die schriftliche Aufzeichnung der Bedingungen wohl den Regelfall darstellen, so ist sie dennoch nicht erforderlich. Ausreichend ist ebenso die Fixierung in sonstiger Weise, etwa innerhalb einer Computerdatei oder auf einem Tonband[159]. Auch eine bloß „geistig“ vorformulierte Erklärung wird als ausreichend betrachtet, so dass es genügt, wenn die jeweiligen Klauseln aus dem Gedächtnis in den Vertrag eingefügt werden[160]. Die Vertragsbedingungen müssen dabei nicht vom Verwender selbst abgefasst sein. Es genügt, wenn er auf von Dritten entworfene Klauseln oder Musterverträge zurückgreift, etwa auf einen Formularmietvertrag des Vereins der Haus- und

---

[157] Palandt/*Heinrichs*, § 305 Rn. 3; *Ulmer*, in: Ulmer/Brandner/Hensen, AGBG, § 1 Rn. 11a.
[158] *Ulmer*, in: Ulmer/Brandner/Hensen, AGBG, § 1 Rn. 21.
[159] BGH v. 12.6.2001, NJW 2001, 2635 (2636); Palandt/*Heinrichs*, § 305 Rn. 8.
[160] BGH v. 10.3.1999, BGHZ 141, 108 (110); Erman/*Hefermehl/Werner*, § 1 AGBG Rn. 10.

Grundstückseigentümer oder auf ein von einem Arbeitgeberverband herausgegebenes Vertragsmuster[161].

Für eine Vielzahl von Fällen sind die Vertragsbedingungen dann vorformuliert, wenn der Verwender eine mindestens dreimalige Verwendung plant[162]. Entscheidend ist dabei die Absicht der Mehrfachverwendung. Die §§ 305 ff. BGB gelten bereits im ersten Anwendungsfall[163]. Sind dabei derjenige, der die Bedingungen vorformuliert hat und derjenige, der sie verwendet, verschiedene Personen, so genügt es, wenn der Erstere sie für eine Vielzahl von Verträgen vorformuliert hat, mag der Letztere sie auch nur in einem Einzelfall verwenden[164]. Somit wird eine Qualifizierung als Allgemeine Geschäftsbedingungen nicht schon dadurch ausgeschlossen, dass sich der Arbeitgeber zum Abschluss eines einzelnen Vertrages eines Vertragsmusters seines Anwalts bedient, welches dieser häufiger verwendet[165].

Des Weiteren müssen die Vertragsbedingungen von einer Vertragspartei *„gestellt"* sein. Dies ist der Fall, wenn ihr Einbezug in den Vertrag auf Veranlassung des Verwenders geschieht, dieser also ein konkretes Einbeziehungsangebot macht[166]. Werden die Bedingungen von einem Dritten vorgeschlagen, beispielsweise einem Notar, sind die Voraussetzungen des § 305 Abs. 1 BGB grundsätzlich nicht erfüllt. Dies kann aber anders zu bewerten sein, wenn der Dritte im Auftrag einer Partei ein Vertragsformular entwickelt hat[167]. Ein einseitiges Stellen im Sinne von § 305 Abs. 1 BGB kommt auch dann in Betracht, wenn beim Abschluss eines Arbeitsvertrages Rechtsanwälte beratend beteiligt sind. Entscheidend ist in einer derartigen Situation, ob die Tätigkeit des Anwalts einer Vertragspartei wie eigenes Handeln zugerechnet werden kann[168]. Dies dürfte jedenfalls dann zutreffen, wenn sich der Arbeitgeber bei der Vorbereitung und dem Abschluss von Arbeitsverträgen oder einzelnen Vertragsbestimmungen seines „Hausanwalts" bedient. In einer derartigen Situation sind die Vertragsbedingungen auch dann im Sinne von § 305 Abs. 1 BGB gestellt worden, wenn

---

161 Vgl. *Rüthers/Stadler*, AT des BGB, § 21 Rn. 7; *Gotthardt*, ZIP 2002, 277 (278); *Vogel/Kümmel*, BWGZ 2002, 706 (706).

162 MünchKommBGB/*Basedow*, § 1 AGBG Rn. 18; BGH v. 15.4.1998, NJW 1998, 2286 (2287); *Medicus*, BGB AT, Rn. 404, argumentiert dabei mit dem Wortlaut des Begriffs "Vielzahl", der mindestens drei Verträge meine, da zwei Verträge lediglich eine "Mehrzahl" wären.

163 Palandt/*Heinrichs*, § 305 Rn. 9; *Wolf*, in: Wolf/Horn/Lindacher, AGBG, § 1 Rn. 13.

164 MünchKomm/*Basedow*, § 1 AGBG Rn. 19.

165 So *Grobys*, DStR 2002, 1002 (1003).

166 BGH v. 24.5.1995, BGHZ 130, 50 (57 f.); OLG Düsseldorf v. 13.2.1997, BB 1997, 754 (755).

167 Palandt/*Heinrichs*, § 305 Rn. 11.

168 Erman/*Hefermehl/Werner*, § 1 AGBG Rn. 15; *Wolf*, in: Wolf/Horn/Lindacher, AGBG, § 1 Rn. 25.

sie nicht unmittelbar auf Veranlassung des Arbeitgebers, sondern auf Vorschlag seines Anwalts in den Vertrag aufgenommen wurden[169].

Vertragsbedingungen sind dann nicht gestellt und gemäß § 305 Abs. 1 S. 3 BGB keine Allgemeinen Geschäftsbedingungen, wenn sie zwischen den Parteien ausgehandelt wurden. „Aushandeln" bedeutet dabei mehr als „verhandeln". Die bloß erklärte Verhandlungsbereitschaft reicht nicht, da der Gegner mit ihr oft nichts anfangen kann[170]. Vielmehr muss der Verwender den gesetzesfremden Kerngehalt seiner AGB inhaltlich ernsthaft zur Disposition stellen und dem anderen Teil Gestaltungsfreiheit zur Wahrung eigener Interessen einräumen. Der Vertragspartner muss eine reale Möglichkeit zur Abänderung der Vertragsbestimmungen inne gehabt haben, damit das Vorliegen Allgemeiner Geschäftsbedingungen verneint werden kann[171]. Kommt der andere Teil dabei nach gründlicher Erörterung zu dem Ergebnis, dass es sich durchaus um sachgerechte Regelungen handelt, bedarf es dabei sogar keinerlei Veränderung des Vertragstextes[172].

II. Formulararbeitsvertrag

Im Bereich der Arbeitsverträge werden dabei in den meisten Fällen Vertragsbedingungen vorliegen, die die obigen Voraussetzungen erfüllen und somit als Allgemeine Geschäftsbedingungen im Sinne von § 305 Abs. 1 BGB betrachtet werden können. Arbeitsbedingungen werden typischerweise nicht individuell ausgehandelt, sondern einer kollektiven Ordnung entnommen. Arbeitsverträge sind im Regelfall bereits aus Praktikabilitätsgründen im hier geforderten Sinne vorformuliert. Die Personalabteilung kommt insbesondere in größeren Unternehmen kaum umhin, für bestimmte Beschäftigungsgruppen, beispielsweise Sekretärin, Sachbearbeiter oder Außendienstmitarbeiter, fertig formulierte Verträge als Muster vorzuhalten. Dies erweist sich bereits aus Gründen der Vereinheitlichung als geboten, um nicht in Hunderten oder Tausenden Personalakten den Überblick über die mit den einzelnen Arbeitnehmern getroffenen Vereinbarungen zu verlieren[173]. Zudem wird durch die Verwendung von Formulararbeitsverträgen die Erfüllung der Nachweispflicht aus § 2 Abs. 1 und Abs. 2 NachwG[174] erleichtert. Händigt der Arbeitgeber dem Arbeitnehmer einen

---

169 So *Grobys*, DStR 2002, 1002 (1003).

170 BGH v. 5.5.1986, BGHZ 98, 24 (28).

171 Palandt/*Heinrichs*, § 305 Rn. 21.

172 Vgl. BGH v. 26.2.1992, NJW 1992, 2283 (2285); BGH v. 3.4.1998, NJW 1998, 2600 (2601); BGH v. 3.11.1999, NJW 2000, 1110 (1112).

173 So *Grobys*, DStR 2002, 1002 (1003).

174 Vom 20. Juli 1995, BGBl. I, 946. Das NachwG geht auf die Richtlinie 91/533/EWG (ABlEG 1991 Nr. L 288, S. 32 v. 18.10.1991) über die Pflicht des Arbeitgebers zur Unter-

schriftlichen Arbeitsvertrag mit den notwendigen Angaben aus, so entfällt gemäß § 2 Abs. 4 NachwG bereits die Nachweispflicht aus § 2 Abs. 1 und Abs. 2 NachwG. Indem der Arbeitgeber auf Musterarbeitsverträge zurückgreift, stellt er sicher, dass er die notwendigen Angaben macht. Kleinere Betriebe werden oftmals aus Scheu vor dem Zeitaufwand oder Furcht vor fehlendem Sachverstand auf die selbständige Ausarbeitung eines Arbeitsvertrages verzichten und sich der Vordrucke eines Formularhandbuches oder des Vertragsmusters eines Arbeitgeberverbandes bedienen.

Unter den oben erläuterten Begriff der Allgemeinen Geschäftsbedingungen fallen demnach alle Regelungen, die man zuvor unter den Stichworten der Allgemeinen Arbeitsbedingungen und der arbeitsvertraglichen Einheitsregelungen erfasst hat[175].

Ein Großteil der Arbeitsverträge werden also in Form von Formularverträgen abgeschlossen und unterfallen der AGB-Kontrolle im Sinne der §§ 305 ff. BGB[176].

III. Arbeitsvertrag als Verbrauchervertrag?

Falls es sich bei einem Arbeitsvertrag um einen Verbrauchervertrag handelt, werden die Anwendungsvoraussetzungen für eine Kontrolle anhand der §§ 305 ff. BGB gem. § 310 Abs. 3 BGB gelockert. Der Anwendungsbereich erfährt eine Erweiterung. Zum einen gelten die Allgemeinen Geschäftsbedingungen nach § 310 Abs. 3 Nr. 1 BGB als vom Unternehmer gestellt, es sei denn, dass sie durch den Verbraucher in den Vertrag eingeführt wurden. Zum anderen unterliegt gem. § 310 Abs. 3 Nr. 2 BGB selbst ein nur zur einmaligen Verwendung bestimmter Vertragstext der Inhaltskontrolle der §§ 305 ff. BGB, soweit der Arbeitnehmer aufgrund der Vorformulierung auf ihren Inhalt keinen Einfluss nehmen konnte. Im Rahmen dieser Inhaltskontrolle sind dann gem.

---

richtung des Arbeitnehmers über die für seinen Arbeitsvertrag oder sein Arbeitsverhältnis geltenden Bedingungen (Nachweis-RL) zurück.

175 Zu dem Begriff der Allgemeinen Arbeitsbedingungen vgl. bereits oben FN 27.
Von einer arbeitsvertraglichen Einheitsregelung spricht man, wenn Arbeitgeber und Arbeitnehmer den Vertragsinhalt nicht individuell aushandeln, sondern ihn durch Verweisung auf vom Arbeitgeber für eine Vielzahl von Verträgen vorformulierte Arbeitsbedingungen festlegen, vgl. MünchArbR/*Richardi*, § 12 Rn. 42. Somit ergibt sich im Grunde kein Unterschied zwischen arbeitsvertraglichen Einheitsregelungen einerseits und Allgemeinen Arbeitsbedingungen andererseits. Beide wurden schon früher als den Allgemeinen Geschäftsbedingungen ähnlich angesehen, deren Definition sie letztlich auch unterfallen.
Zur abändernden Betriebsübung als Vertragsbedingung vgl. *Ulrici*, BB 2005, 1902 (1904).

176 Vgl. zur AGB-Kontrolle der Anstellungsverträge von Vorstandsmitgliedern *Bauer/Arnold*, ZIP 2006, 2337 ff.

§ 310 Abs. 3 Nr. 3 BGB auch die den Vertragsschluss begleitenden Umstände zu berücksichtigen. Nach der Legaldefinition des § 310 Abs. 3 BGB setzt ein Verbrauchervertrag den Vertragsabschluss zwischen einem Unternehmer und einem Verbraucher voraus.

1. Unternehmereigenschaft des Arbeitgebers

Zunächst einmal müsste der Arbeitgeber beim Abschluss eines Arbeitsvertrages als Unternehmer im Sinne von § 14 Abs. 1 BGB handeln. Er müsste also in Ausübung seiner „gewerblichen oder selbständigen beruflichen Tätigkeit" zur Vertragsunterzeichnung schreiten. Im Regelfall dürfte der Arbeitgeber somit dem Unternehmerbegriff unterfallen. Zwingend ist dies jedoch nicht. Die Begriffe Arbeitgeber und Unternehmer sind nicht deckungsgleich. So kann der Abschluss eines Arbeitsvertrages auch zu rein privaten Zwecken erfolgen, bei welchem der Arbeitgeber weder in Ausübung seiner gewerblichen noch selbständigen Tätigkeit vorgeht. Dies ist z.B. bei der Beschäftigung einer Haushaltshilfe oder eines Gärtners zur Pflege des privaten Gartens der Fall[177]. Schließt der Arbeitgeber jedoch – wie wohl weitestgehend üblich – den Arbeitsvertrag im Rahmen seines Erwerbsgeschäfts ab, so ist er als Unternehmer im Sinne von § 14 BGB zu klassifizieren[178]. Diese Voraussetzung für das Vorliegen eines Verbrauchervertrages wäre demnach im Regelfall erfüllt.

2. Fehlende Verbrauchereigenschaft des Arbeitnehmers

Im Folgenden bleibt zu klären, ob der Arbeitnehmer beim Arbeitsvertragsabschluss als Verbraucher im Sinne von § 13 BGB auftritt[179].

a) Wortlaut

Dieser Frage soll zunächst mit Blick auf den Wortlaut der Regelung des § 13 BGB nachgegangen werden. Dieser definiert den Verbraucher als natürliche Person, die ein Rechtsgeschäft zu einem Zweck abschließt, der weder ihrer ge-

---

177 Auf dieses mögliche Auseinanderfallen von Arbeitgeber- und Unternehmereigenschaft weisen ebenfalls hin: *Däubler*/Dorndorf, AGB-Kontrolle im Arbeitsrecht, Einleitung Rn. 74; *Hjort/Bufalica*, Arbeitsverträge, S. 30.

178 *Thüsing*, BB 2002, 2666 (2668); *Hümmerich*, NZA 2004, 809 (814); *Kraushaar*, AuR 2004, 374 (375); *Däubler*/Dorndorf, AGB-Kontrolle im Arbeitsrecht, Einleitung Rn. 74; *Hjort/Bufalica*, Arbeitsverträge, S. 30.

179 Zur Frage der Verbrauchereigenschaft des GmbH-Geschäftsführers vgl. *Hümmerich*, NZA 2006, 709 ff.

werblichen noch ihrer selbständigen beruflichen Tätigkeit zugerechnet werden kann.

Dass der Arbeitnehmer eine natürliche Person darstellt, bedarf keiner Erläuterung. Dass er Arbeitsverträge nicht zum Zwecke einer selbstständigen beruflichen Tätigkeit abschließt, steht ebenso außer Frage: Als selbständig gilt eine Person nämlich dann, wenn sie ihre Tätigkeit inhaltlich weitgehend selbst bestimmen und zudem auch über Ort, Zeit und Art und Weise der Leistungserbringung selbst entscheiden kann[180]. Nach herrschender Meinung kennzeichnet den Arbeitnehmer hingegen, dass er unter Eingliederung in die betriebliche Organisation eines anderen weisungsgebunden tätig ist[181], also einer unselbständigen Tätigkeit nachgeht. Ebenso wenig dient der Abschluss des Arbeitsvertrages einer gewerblichen Tätigkeit des Arbeitnehmers: Die §§ 13, 14 BGB enthalten keine Legaldefinition für die gewerbliche Tätigkeit, so dass diesbezüglich auf den von Lehre und Rechtsprechung zu § 1 Abs. 2 HGB entwickelten Gewerbebegriff zurückgegriffen werden muss. Ein Gewerbe liegt demnach vor, wenn eine planvolle, auf gewisse Dauer angelegte, selbständige und wirtschaftliche Tätigkeit ausgeübt wird und dies nach Außen hervortritt[182]. Eine gewisse Autonomie ist folglich Wesensmerkmal der gewerblichen Tätigkeit. Wer nicht-selbständig tätig ist, kann nach deutscher Rechtsauffassung keine gewerbliche Tätigkeit ausüben[183]. Aufgrund der Unselbständigkeit der Tätigkeit von Arbeitnehmern kommt somit auch ein gewerblicher Zweck des Arbeitsvertrags nicht in Betracht[184].

Deshalb besteht weitgehend Einigkeit darüber, dass der Arbeitnehmer vom Wortlaut des § 13 BGB prinzipiell erfasst wird[185].

---

180 MünchKommHGB/*v.Hoyningen-Huene*, § 84 HGB Rn.26; *Schaub*, Arbeitsrechtshandbuch, § 11 Rn. 1.

181 *Otto*, Einführung in das Arbeitsrecht, Rn. 59; *Söllner/Waltermann*, Grundriss des Arbeitsrecht, § 4 Rn. 61; MünchArbR/*Richardi*, § 24 Rn. 1.

182 MünchKommBGB/*Micklitz*, § 14 Rn. 12.

183 MünchKommBGB/*Micklitz*, § 14 Rn. 15.

184 *Reim*, DB 2002, 2434 (2435); *Boemke*, BB 2002, 96 (97).

185 *Däubler*, NZA 2001, 1329 (1333); *Boemke*, BB 2002, 96 (97); *Schleusener*, NZA 2002, 949 (950); *Hümmerich/Holthausen*, NZA 2002, 173 (175); *Wedde*, AiB 2002, 267 (269); *Reim*, DB 2002, 2434 (2435); *Lingemann*, NZA 2002, 181 (184); *Henssler*, RdA 2002, 129 (134); *Hromadka*, NJW 2002, 2523 (2524); *Reineke*, DB 2002, 583 (587); *Thüsing*, BB 2002, 2666 (2668); *Thüsing/Leder*, BB 2004, 42 (43); *Sartorius/Rambach*, ZAP 2002, 541 (543); *Gotthardt*, ZIP 2002, 277 (278); *Boudon*, ArbRB 2003, 150 (150); *Singer*, RdA 2003, 194 (195); *Preis*, NZA 2003 Beilage 16, 19 (23); Soergel/*Pfeiffer*, § 13 Rn. 44; *Hjort/Bufalica*, Arbeitsverträge, S. 30; *Däubler*/Dorndorf, AGB-Kontrolle im Arbeitsrecht, Einleitung Rn. 63; *Lakies*, AR-Blattei, SD. 35, Rn. 56 f.; *Lindemann*, AuR 2004, 201 (207); *dies.*, Flexible Gestaltung von Arbeitsbedingungen nach der Schuldrechtsreform, S. 94; Kroiß/*Fell*, Klauselbuch Schuldrecht, § 3 Rn. 38; *Lorenz/Riehm*, Lehrbuch zum neuen Schuldrecht, Rn. 93; *Hönn*, ZfA 2003, 325 (344); *Schlodder*, Der Arbeitsvertrag im neuen Schuldrecht, S. 165.

Dieses Bild ergibt sich aber vor allen Dingen daraus, dass der Wortlaut der §§ 13, 14 BGB und die gewählte Definition des Verbrauchers in der Form einer Negativabgrenzung den Eindruck eines reinen Alternativverhältnisses von Verbraucher und Unternehmer erwecken. Diesem Eindruck folgend wäre jeder Vertragspartner beim Abschluss eines Vertrages entweder Unternehmer oder Verbraucher. Schließt er den Vertrag für seine gewerblichen oder freiberuflichen Zwecke, so ist er Unternehmer, andernfalls Verbraucher. Eine andere Qualifizierung erscheint nicht möglich[186]. Durch seine Beschränkung auf natürliche Personen verdeutlicht die Regelung des § 13 BGB allerdings selbst, dass es beim Vertragsschluss eine dritte Kategorie neben Unternehmer und Verbraucher geben muss. So ist eine gemeinnützige juristische Person bzw. ein karitativer Verein bei Abschluss eines Vertrages weder Unternehmer noch Verbraucher, da Verbraucher nur natürliche Personen sein können. Somit muss es neben den Kategorien Verbraucher und Unternehmer zwangsläufig eine weitere, dritte, vom Gesetzgeber nicht ausdrücklich angesprochene Kategorie geben. Verbraucher- und Unternehmerbegriff dürfen deshalb nur insoweit als kontradiktorisch begriffen werden, als niemand zugleich als Verbraucher und Unternehmer handeln kann[187]. Die Unterscheidung in Unternehmer, Verbraucher und eine weitere Kategorie entspricht der bereits seit langem bekannten Unterscheidung zwischen beiderseitigen Unternehmer-, Verbraucher- und Zivilgeschäften[188]. Somit ist eine Einordnung des Arbeitnehmers als Verbraucher nicht schon deshalb zwingend, weil er eben kein Unternehmer ist. Vielmehr gilt es zu klären, ob er nicht einer dritten, vom Gesetz nicht genannten Kategorie zuzuordnen ist.

---

186 Nach *Henssler*, RdA 2002, 129 (134), trüge diese Dichotomie „seltsame Früchte", da dann beispielsweise jeder familienrechtliche Vertrag ein Vertrag zwischen zwei Verbrauchern sei. Liege zu Weihnachten eine Spielzeugeisenbahn unter dem Baum, wären sowohl Vater als Schenker und Sohn als Beschenkter Verbraucher. Ebenso wären der private Vermieter, der private Verkäufer und selbst der Bürge beim Abschluss des Vertrages Verbraucher. Soweit *Henssler* aus diesem Umstand jedoch „seltsame Ergebnisse" schlussfolgert, kann ihm nicht zugestimmt werden. Denn aus der Qualifizierung etwa des privaten Vermieters als Verbraucher ergibt sich für sich allein genommen noch keine Rechtsfolge. Die verbraucherschützenden Regelungen setzen nämlich einen Vertrag zwischen Verbraucher und Unternehmer voraus, so dass sich etwaige Schutzrechte nur aus diesen einzelnen Regelungen ergeben, vgl. *Rieble/Klumpp*, ZIP 2002, 2153 (2158); *Reuter*, in: Eckert/Delbrück, Reform des deutschen Schuldrechts, 99 (105).

187 Auf die verfehlte Annahme eines reinen Alternativverhältnisses hinweisend: *Henssler*, RdA 2002, 129 (134); *ders.*, in: Dauner-Lieb/Konzen/Schmidt, Das neue Schuldrecht in der Praxis, 615 (631); a.A.: *Preis*, NZA 2003 Beilage 16, 19 (23), der das dichotome Konzept des BGB nicht aufspalten möchte.

188 Vgl. *Krebs*, DB 2002, 517 (520), der der Frage der Einordnung von BGB-Gesellschaften, die kein Unternehmen betreiben, von nicht eingetragenen Idealvereinen, eingetragenen Idealvereinen und von rechtsfähigen Stiftungen im Sinne des § 80 BGB nachgeht. Dabei wählt er für die dritte Kategorie neben Verbraucher und Unternehmer den Begriff „Zivilperson".

Dem steht auch nicht die Tatsache entgegen, dass – wie oben aufgezeigt – dem reinen Wortlaut folgend, der Arbeitnehmer vom Anwendungsbereich des § 13 BGB erfasst wird. So darf bei der Auslegung eines Gesetzesbegriffs dessen möglicher Wortsinn zwar nicht überschritten werden, eine Unterschreitung des nach dem Wortsinn möglichen Anwendungsbereichs einer Norm, also dessen teleologische Reduktion, ist hingegen nicht nur zulässig, sondern auch weithin üblich[189].

Somit vermag die Betrachtung des Wortlauts von § 13 BGB keine hinreichenden Aufschlüsse für die Qualifizierung des Arbeitnehmers zu liefern. Im Folgenden muss daher weiteren Argumenten nachgegangen werden, die entweder den Wortlaut des § 13 BGB bekräftigen und den Arbeitnehmer somit als Verbraucher erscheinen lassen oder eher für eine soeben angesprochene Unterschreitung des Wortlauts bzw. eine Reduzierung des Anwendungsbereichs von § 13 BGB streiten.

b) Gesetzessystematik

Teilweise wird mit der Gesetzessystematik argumentiert, die aufzeige, dass der Gesetzgeber den Arbeitnehmer als Verbraucher angesehen habe, als er das frühere AGB-Gesetz ins BGB integrierte[190]. So nimmt § 310 Abs. 4 S. 2 Hs. 2 BGB lediglich § 305 Abs. 2 und 3 BGB aus dem Anwendungsbereich der AGB-Vorschriften für den Arbeitsvertrag aus, nicht aber die hier in Rede stehende Vorschrift über Verbraucherverträge nach § 310 Abs. 3 BGB. Der hieraus angeblich resultierende Schluss auf die Verbrauchereigenschaft des Arbeitnehmers ist allerdings keinesfalls zwingend. Gegenteilig lässt sich sagen, dass der Gesetzgeber eine Erwähnung von § 310 Abs. 3 BGB in § 310 Abs. 4 S. 2 Hs. 2 BGB deshalb für nicht notwendig hielt, weil er den Arbeitnehmer nicht als Verbraucher ansah und sich deshalb die Unanwendbarkeit des § 310 Abs. 3 BGB für den fraglichen Anwendungsbereich bereits aus sich heraus ergibt. Hätte der Gesetzgeber § 310 Abs. 3 BGB aus dem Anwendungsbereich des § 310 Abs. 4 BGB ausdrücklich ausgenommen, so würde dies den Umkehrschluss auf die Verbraucherstellung erst begründen[191].

---

189 So *Fiebig*, DB 2002, 1608 (1609); *Hönn*, ZfA 2003, 325 (348).

190 Vgl. *Thüsing*, BB 2002, 2666 (2668); *Däubler*, NZA 2001, 1329 (1334); *Hümmerich/Holthausen*, NZA 2002, 173 (177); *Gotthardt*, ZIP 2002, 277 (279); *Lindemann*, Flexible Gestaltung von Arbeitsbedingungen nach der Schuldrechtsreform, S. 96; *Derleder*, AuR 2004, 361 (363 f.).

191 *Lingemann*, NZA 2002, 181 (184); *Schlodder*, Der Arbeitsvertrag im neuen Schuldrecht, S. 165. Ebenso *Hönn*, ZfA 2003, 325 (346), der zudem betont, dass die gleichzeitige Anwendbarkeit der eher kontrollverschärfenden Regelung des § 310 Abs. 3 BGB und der eher kontrollerleichternden Regelung in § 310 Abs. 4 S. 2 BGB zu einer „hochkomplexen

Für die Verbrauchereigenschaft des Arbeitnehmers als solchen wird darüber hinaus die systematische Stellung des § 13 BGB im Allgemeinen Teil des BGB angeführt. Da sich die Definition des Verbrauchers im Allgemeinen Teil befinde, erlange sie Gültigkeit für alle vertraglichen Schuldverhältnisse, also auch für den Arbeitsvertrag[192]. Der Schluss auf die Verbrauchereigenschaft des Arbeitnehmers ist aber auch hier nicht zwingend. Die prinzipielle Anwendbarkeit der Definition auf alle Schuldverhältnisse bedeutet schließlich nicht zugleich, dass in allen Fällen die Voraussetzungen der Definition sinn- und zweckgerecht erfüllt werden. Des weiteren täuscht diese Argumentation eine Eigenständigkeit des Verbraucherbegriffs in § 13 BGB vor, die in dieser Form nicht existent ist. Der Verbraucherbegriff hat keinen eigenständigen positiven Gehalt. Erst im Zusammenspiel mit der jeweiligen verbraucherschützenden Regelung entfaltet er Rechtswirkungen[193].

Die Gesetzessystematik spricht also nicht zweifelsohne für die generelle Einordnung des Arbeitnehmers als Verbraucher. Die getrennte Regelung von Verbraucher- und Arbeitsverträgen in zwei unterschiedlichen Absätzen des § 310 BGB weist sogar eher darauf hin, dass für den Gesetzgeber Arbeitsverträge nicht per se Verbraucherverträge sind[194].

c) Gesetzesmotive

Die Befürworter der Annahme einer Verbraucherstellung des Arbeitnehmers führen zur Untermauerung ihrer Position einzelne Gesetzesbegründungen ins Feld.

So deute die Gesetzesbegründung zu dem ebenfalls durch die Schuldrechtsmodernisierung neu eingeführten § 474 BGB (Verbrauchsgüterkauf) auf eine

---

und undurchsichtigen Gesamtregelung" führen würde, welche der Rechtssicherheit nicht zuträglich wäre.

[192] So *Lindemann*, Flexible Gestaltung von Arbeitsbedingungen nach der Schuldrechtsreform, S. 94; *dies.*, AuR 2004, 201 (207); *Derleder*, AuR 2004, 361 (363); *Preis*, NZA 2003 Beilage 16, 19 (23); *Däubler*/Dorndorf, AGB-Kontrolle im Arbeitsrecht, Einleitung, Rn. 64.

[193] *Reuter*, in: Eckert/Delbrück, Reform des deutschen Schuldrechts, 99 (105); *Lieb*, FS Ulmer, 1231 (1236). *Hromadka*, NJW 2002, 2523 (2524), führt in diesem Zusammenhang an, dass es dem Gesetzgeber bei der Regelung der Verbraucherdefinition im Allgemeinen Teil des BGB nicht darum ging, den Arbeitsvertrag dem Verbraucherschutzrecht zu unterstellen. Vielmehr beabsichtigte er, mehr „Transparenz und Verständlichkeit" zu erreichen und ein Auseinanderdriften der Rechtsgebiete zu verhindern, siehe dazu BT-Drs. 14/6040, S. 97.

[194] *Bauer/Kock*, DB 2002, 42 (43); *Fiebig*, DB 2002, 1608 (1610)

Verbrauchereigenschaft von Arbeitnehmern hin[195]. Der von dieser Regelung betroffene Personenkreis richtet sich nach § 13 BGB. § 13 BGB gehe – so der Gesetzgeber – in seinem Regelungsgehalt über die europäische Verbrauchsgüterrichtlinie hinaus, indem er lediglich die selbständige berufliche Tätigkeit aus dem Verbraucherbegriff ausnehme. Nicht ausgeschlossen sollen dagegen Personen werden, die als abhängig Beschäftigte eine Sache zu einem Zweck kaufen, der auch ihrer beruflichen Tätigkeit dient. Dabei wird ausdrücklich darauf hingewiesen, dass dies auch für die Rechtsbeziehungen des Arbeitnehmers zu seinem Arbeitgeber gilt[196]. Dieser Hinweis auf die Rechtsbeziehungen zwischen Arbeitnehmer und Arbeitgeber wird dabei als generell und losgelöst von einzelnen Rechtsgeschäften verstanden. Im Sinne eines sogenannten „absoluten Verbraucherbegriffs" werde die Beziehung zwischen Arbeitgeber und Arbeitnehmer somit generell zu einer Beziehung zwischen Unternehmer und Verbraucher[197].

Gleiches folge aus dem Bericht des Rechtsausschusses zu § 310 Abs. 4 BGB. Zur Rechtfertigung der Herausnahme des Arbeitsrechts aus dem Anwendungsbereich des UKlaG[198] (vgl. § 15 UKlaG) heißt es dort mit Blick auf die Klagebefugnis von Verbraucherverbänden, auch Arbeitnehmer seien Verbraucher, so dass sich theoretisch Gewerkschaften als sogenannte qualifizierte Einrichtungen, d.h. Verbraucherverbände mit Klagebefugnis, registrieren lassen könnten[199]. Hieraus ergebe sich eine eindeutig manifestierte gesetzgeberische Wertung für eine Verbrauchereigenschaft des Arbeitnehmers auch beim Abschluss eines Arbeitsvertrages[200].

---

[195] So *Reim*, DB 2002, 2434 (2436); *Hümmerich/Holthausen*, NZA 2002, 173 (176); *Stoffels*, NZA 2004 Beilage 1, 19 (22); Kroiß/*Fell*, Klauselbuch Schuldrecht, § 3 Rn. 38; *Kraushaar*, AuR 2004, 374 (375); *Holtkamp*, AuA 2002, 250 (252); *Sartorius/Rambach*, ZAP 2002, 541 (543); *Lindemann*, Flexible Gestaltung von Arbeitsbedingungen nach der Schuldrechtsreform, S. 96 f.; *Däubler*/Dorndorf, AGB-Kontrolle im Arbeitsrecht, Einleitung Rn. 68.

[196] Siehe BT-Drs. 14/6040, S. 243.

[197] So beispielsweise *Hümmerich/Holthausen*, NZA 2002, 173 (176).

[198] Gesetz über Unterlassungsklage bei Verbraucherrechts- und anderen Verstößen (Unterlassungsklagegesetz), Artikel 3 des Schuldrechtsmodernisierungsgesetzes, vgl. BGBl. I 2001, 3138.

[199] Vgl. BT-Drs. 14/7052, S. 190.

[200] *Däubler*, NZA 2001, 1329 (1333); *ders.*/Dorndorf, AGB-Kontrolle im Arbeitsrecht, Einleitung Rn. 70; *Reim*, DB 2002, 2434 (2436); *Hümmerich/Holthausen*, NZA 2002, 173 (177); *Schleusener*, NZA 2002, 949 (950); *Preis*, NZA 2003 Beilage 16, 19 (23); *Lakies*, AR-Blattei, SD. 35, Rn. 57; *Hjort/Bufalica*, Arbeitsverträge, S. 32; *Lindemann*, Flexible Gestaltung von Arbeitsbedingungen nach der Schuldrechtsreform, S. 95 f.; *dies.*, AuR 2004, 201 (207); Kroiß/*Fell*, Klauselbuch Schuldrecht, § 3 Rn. 39; *Sartorius/Rambach*, ZAP 2002, 541 (543); *Holtkamp*, AuA 2002, 250 (252); *Kraushaar*, AuR 2004, 374 (375); *Stoffels*, NZA 2004 Beilage 1, 19 (22).

Die gesetzgeberische Wertung ist jedoch keinesfalls so eindeutig, wie es obige Argumentation erscheinen lässt. Obige Gedankenführung erweist sich bei genauer Betrachtung vielmehr als unsauber, da sie den jeweiligen Kontext der Aussage, auch Arbeitnehmer seien Verbraucher, nicht ausreichend würdigt. Im Zusammenhang mit dem Begriff des Verbrauchsgüterkaufs nach § 474 BGB führt der Gesetzgeber wörtlich aus: „Das gilt auch für die Rechtsbeziehungen des Arbeitnehmers zu seinem Arbeitgeber“[201]. Dieser Satz kann nicht isoliert betrachtet werden, da er sich eindeutig auf die vorhergehenden Äußerungen bezieht. Diese bestehen in der Aufzählung von Rechtsgeschäften, die abhängig Beschäftigte vornehmen, um Sachen zu einem Zweck zu erwerben, der zumindest auch ihrer beruflichen Tätigkeit dient, beispielsweise die Anschaffung eines Computers durch einen Lehrer, der diesen auch für die Erstellung von Klassenarbeiten nutzt. Auf jeden Fall aber handelt es sich bei den aufgeführten Beispielen um Warenaustauschverträge. Die Stellungnahme des Gesetzgebers bezieht sich somit ersichtlich nur auf Warenaustauschverträge zwischen Arbeitgeber und Arbeitnehmer und ermöglicht deshalb keine Rückschlüsse mit Blick auf Arbeitsverträge[202].

Ähnliches gilt für den Verweis auf die Begründung des Rechtsausschusses zu § 310 Abs. 4 BGB. Der Rechtsausschuss erklärt die Herausnahme des Arbeitsrechts aus dem Anwendungsbereich des neuen UKlaG mit dem Hinweis, der Arbeitnehmer sei Verbraucher. Auch diese Aussage bezieht sich ebenfalls nicht notwendig auf Arbeitsverträge. So nimmt § 15 UKlaG nicht speziell „Arbeitsverträge“ gem. § 310 Abs. 4 BGB aus, sondern allgemein „das Arbeitsrecht“ und damit auch Warenaustauschverträge zwischen Arbeitgeber und Arbeitnehmer. Die Ausführungen des Rechtsausschusses bestätigen damit lediglich nur die ohnehin unstreitige Tatsache, dass Arbeitnehmer „auch“ Verbraucher sein können. Sie besagen jedoch nicht, dass der Arbeitnehmer als solcher generell als Verbraucher anzusehen ist[203]. Mit der Begründung des Rechtsausschusses sollte demnach auch nicht ein Hinweis auf die Bevorzugung des absoluten Verbraucherbegriffs erfolgen[204]. Schließlich gilt es zu bedenken, dass die Äuße-

---

201 BT-Drs. 14/6040, S. 243.

202 *Brors*, DB 2002, 2046 (2047); *Lingemann*, NZA 2002, 181 (184); *Fiebig*, DB 2002, 1608 (1609); *Singer*, RdA 2003, 194 (195); *Hromadka*, NJW 2002, 2523 (2524); *Rieble/Klumpp*, ZIP 2002, 2153 (2156); *Henssler*, in: Dauner-Lieb/Konzen/Schmidt, Das neue Schuldrecht in der Praxis, 615 (632); Soergel/*Pfeiffer*, § 13 Rn. 44; *Schlodder*, Der Arbeitsvertrag im neuen Schuldrecht, S. 170; *Hönn*, ZfA 2003, 325 (345).

203 *Lingemann*, NZA 2002, 181 (184); Soergel/*Pfeiffer*, § 13 Rn. 44; *Hönn*, ZfA 2003, 325 (345).

204 So stellt *Hromadka*, NJW 2002, 2523 (2524), fest, dass es dem Gesetzgeber in diesem Zusammenhang nicht um das Verhältnis zwischen Verbraucherschutz und Arbeitsvertrag, sondern um die Klagebefugnis der Gewerkschaften gegangen sei. *Derleder*, AuR 2004, 361 (364), bezweifelt, dass in den Beratungen zu verfahrensrechtlichen Behelfen grundlegende materiellrechtliche Orientierung gefunden werden könne. *Schlodder*, Der Arbeits-

rung des Rechtsausschusses zeitlich nach dem Inkrafttreten des § 13 BGB erfolgte. Deshalb erscheint es mehr als zweifelhaft, ob sie zur historisch-genetischen Interpretation dieser Norm herangezogen werden darf[205].

Die Gesetzesmotive lassen also keinesfalls einen eindeutigen Schluss auf eine generelle Verbrauchereigenschaft des Arbeitnehmers zu.

d) Herkunft aus § 24a AGBG

Gegen die Einstufung des Arbeitnehmers als Verbraucher spricht nach der Ansicht einiger, dass die jetzige Regelung des § 13 BGB ihren Ursprung im früheren § 24a AGBG hat[206]. So hat der Gesetzgeber als „Ansatz" die Definition des Verbrauchers in § 24a S. 1 AGBG gewählt und diese „inhalts- und wortgleich" ins BGB übernommen[207]. Wenn der Gesetzgeber aber die frühere Regelung des § 24a AGBG als Vorbild für die Neuregelung genommen habe, so sei der damalige Anwendungsbereich der entsprechenden Norm zu berücksichtigen. Da das Arbeitsrecht gem. § 23 Abs. 1 AGBG vom Anwendungsbereich des AGBG ausgenommen war, wurde auch der Arbeitnehmer nicht als Verbraucher im Sinne von § 24a AGBG angesehen. Soll § 24a AGBG dem vom Gesetzgeber angesprochenen Vorbildcharakter gerecht werden, so müsse der Anwendungsbereich des § 13 BGB mit demjenigen des § 24a AGBG deckungsgleich sein. Folglich umfasse der Verbraucherbegriff des § 13 BGB ebenso nicht die Person des Arbeitnehmers.

Gerade der enge Zusammenhang zwischen der sachlichen Bereichsausnahme des früheren § 23 AGBG und dem Umfang des Verbraucherbegriffs in § 24a AGBG wird dieser Ansicht jedoch entgegengehalten. Bestehe doch gar ein zwingender Zusammenhang zwischen Bereichsausnahme und Verbraucherbegriff, so habe sich diese Rechtslage durch das Schuldrechtsmodernisierungsgesetz wesentlich geändert. Wenn nunmehr die §§ 305 ff. BGB gem. § 310 Abs. 4 S. 2 BGB grundsätzlich auch für Allgemeine Geschäftsbedingungen auf dem Gebiet des Arbeitsvertragsrechts gelten, so erstrecke sich auch der Verbraucherbegriff auf den Arbeitnehmer. Der einzige Grund für die Reduktion des Verbraucherbegriffs in § 24a AGBG, die in der Herausnahme des Arbeitsrechts durch § 23 AGBG begründet war, sei nunmehr durch die im Gesetz festgelegte Erstreckung auf das Arbeitsrecht weggefallen. Der Begriff des Verbrauchers in

---

vertrag im neuen Schuldrecht, S. 171 und *Rieble/Klumpp*, ZIP 2002, 2153 (2156), schreiben dem Rechtsausschuss gar einen „Rechtsirrtum" zu.

205 Darauf hinweisend: *Singer*, RdA 2003, 194 (196); Soergel/*Pfeiffer*, § 13 Rn. 44.

206 Vgl. *Bauer/Kock*, DB 2002, 42 (43); *Fiebig*, DB 2002, 1608 (1609); *Singer*, RdA 2003, 194 (195); *Schlodder*, Der Arbeitsvertrag im neuen Schuldrecht, S. 168; *Rieble/Klumpp*, ZIP 2002, 2153 (2156).

207 Vgl. Gesetzesbegründung, BT-Drs. 14/2658, S. 47.

§ 13 BGB sei somit zwar mit der Definition in § 24a AGBG wortgleich, jedoch im Hinblick auf die Erstreckung der AGB-Kontrolle auf das Individualarbeitsrecht nicht inhaltsgleich[208].

Folglich vermag auch die Tatsache, dass der Gesetzgeber die Regelung des § 13 BGB aus dem früheren § 24a AGBG generierte, nicht zu einer eindeutigen Klärung des Umfangs des Verbraucherbegriffs beitragen.

e) Berücksichtigung des Europarechts – richtlinienkonforme Auslegung

Teilweise wird auf eine richtlinienkonforme Auslegung des Verbraucherbegriffs gedrängt. § 13 BGB finde seinen Ursprung nicht nur in dem soeben erwähnten § 24a AGBG, sondern auch in der Fernabsatz-, der Verbraucherkredit- und der Haustürgeschäfterichtlinie[209]. Diese definieren den Verbraucher jedoch enger als das BGB. Hiernach ist der Verbraucher eine natürliche Person, die einen Vertrag zu einem Zweck abschließt, der weder einer gewerblichen noch einer beruflichen Tätigkeit zugerechnet werden kann. Jeder Bezug des Vertrages zu einer beruflichen Tätigkeit schließt danach die Verbrauchereigenschaft aus. Die richtlinienkonforme Auslegung spreche also gegen die Einordnung des Arbeitnehmers als Verbraucher bei Abschluss eines Arbeitsvertrages[210].

Dieses Argument begegnet aber bereits deshalb Zweifeln, weil die durch § 13 BGB in das nationale Recht transformierten Richtlinien den Mitgliedstaaten ausdrücklich eine Ausweitung der festgelegten Verbraucherschutzstandards gestatten[211]. Folglich stellen sie hinsichtlich des personellen Anwendungsbereichs der Umsetzungsvorschriften lediglich einen Mindeststandard auf, der vom nationalen Gesetzgeber nicht unterschritten werden darf. Dieser nationale Gesetzgeber ist allerdings nicht daran gehindert, einen den

---

[208] *Hümmerich/Holthausen*, NZA 2002, 173 (177); *Schleusener*, NZA 2002, 949 (950); *Däubler*/Dorndorf, AGB-Kontrolle im Arbeitsrecht, Einleitung Rn. 67; *Preis*, NZA 2003 Beilage 16, 19 (24).

[209] Vgl. Art. 2 Nr. 2 der Fernabsatzrichtlinie RL 97/7/EG, ABlEG Nr. L 144/19 v. 20.5.1997, Art. 1 Abs. 2 lit.a der Verbraucherkreditrichtlinie RL 87/102/EWG, ABlEG Nr. L 42/48 v. 22.12.1987 und Art. 2 Haustürgeschäfterichtlinie RL 85/577/EWG, ABlEG Nr. L 372/31 v. 31.12.1985.

[210] So *Bauer/Kock*, DB 2002, 42 (43); *Lingemann*, NZA 2002, 181 (184); *Singer*, RdA 2003, 194 (196). Soergel/*Pfeiffer*, § 13 Rn. 44, erkennt zwar, dass der enge europäische Verbraucherbegriff den deutschen Gesetzgeber nicht an einer Ausweitung des Begriffs hindert, sieht in ihm aber ein Indiz für den Ausschluss des Arbeitsvertragsrechts aus dem Verbraucherrecht. In diese Richtung auch *Reichold*, ZTR 2002, 202 (203).

[211] Vgl. Art. 14 der Fernabsatzrichtlinie RL 97/7/EG, ABlEG Nr. L 144/19 v. 20.5.1997, Art. 15 der Verbraucherkreditrichtlinie RL 87/102/EWG, ABlEG Nr. L 42/48 v. 22.12.1987; Art. 8 der Haustürgeschäfterichtlinie RL 85/577/EWG, ABlEG Nr. L 372/31 v. 31.12. 1985.

EG-Vorgaben übersteigenden Schutz zu gewähren[212]. Deswegen kann im Wege einer richtlinienkonformen Auslegung keine Einschränkung der durch den nationalen Gesetzgeber erfolgten Festlegung des Verbraucherbegriffs erfolgen. Soweit der europarechtliche Verbraucherbegriff Arbeitnehmer nicht erfasst, steht dies ihrer Einbeziehung in § 13 BGB somit nicht entgegen[213].

Liefert ein Blick in das europäische Sekundärrecht damit zwar kein Argument für eine enge Auslegung des nationalen Verbraucherbegriffs, so folgt daraus aber nicht gleich im Umkehrschluss, dass die Regelung des § 13 BGB weit zu verstehen ist. Ob der Gesetzgeber von der ihm durch die entsprechenden Richtlinien eingeräumten Option, den personellen Anwendungsbereich und damit das Schutzniveau zu erhöhen, Gebrauch gemacht hat, muss anderweitig festgestellt werden.

f) Sinn und Zweck des § 13 BGB

Wortlaut, Gesetzessystematik, Gesetzesbegründungen, Ursprung der Regelung und auch ein Blick ins europäische Sekundärrecht liefern keine eindeutige, zufriedenstellende Antwort auf die hier interessierende Frage, ob der Arbeitnehmer beim Abschluss eines Arbeitsvertrages als Verbraucher handelt. Deshalb bedarf es der Annäherung an den Regelungskern des § 13 BGB. Welchen Sinn und welchen Zweck verfolgt § 13 BGB bzw. das Verbraucherschutzrecht? Und ist die Situation eines Arbeitnehmers beim Abschluss eines Arbeitsvertrages von dieser Regelungsintention umfasst?

Teile der Literatur schließen bereits aus dem etymologischen Bedeutungsgehalt des Begriffs Verbraucher, dass sich der Arbeitnehmer nicht in das Konstrukt des Verbraucherschutzrechts einfüge. So wird unter „Verbraucher" allgemein eine Person verstanden, die Waren kauft oder verbraucht[214] bzw. ein Käufer von Waren und Dienstleistungen zur eigenen Bedürfnisbefriedigung ist[215]. Der Arbeitnehmer verpflichtet sich jedoch bei Abschluss eines Arbeitsvertrages selbst zur Erbringung einer Dienstleistung und wird – zumindest in der Haupt-

---

212 *Reim*, DB 2002, 2434 (2436); *Schleusener*, NZA 2002, 949 (950).

213 *Hümmerich/Holthausen*, NZA 2002, 173 (176); *Fiebig*, DB 2002, 1608 (1609); *Gotthardt*, Arbeitsrecht nach der Schuldrechtsmodernisierung, Rn. 166; *Reim*, DB 2002, 2434 (2436); *Schleusener*, NZA 2002, 949 (950); *Schlodder*, Der Arbeitsvertrag im neuen Schuldrecht, S.166; *Holtkamp*, AuA 2002, 250; *Hjort/Bufalica*, Arbeitsverträge, S.32; *Lindemann*, AuR 2004, 201 (207); *dies.*, Flexible Gestaltung von Arbeitsbedingungen nach der Schuldrechtsreform, S. 96; *Stoffels*, NZA 2004 Beilage 1, 19 (22); *Däubler*/Dorndorf, AGB-Kontrolle im Arbeitsrecht, Einleitung Rn. 68 f.; *Preis*, NZA 2003 Beilage 16, 19 (24); *Reuter*, in: Eckert/Delbrück, Reform des deutschen Schuldrechts, 99 (106).

214 *Müller/Eckey/Drosdowski (Hrsg.)*, Duden, Bedeutungswörterbuch.

215 *Brockhaus*, Die Enzyklopädie, 23. Band.

sache – Gläubiger eines Zahlungsanspruchs. Somit fehle jeglicher Bezug zu Kauf und Verbrauch von Waren oder Dienstleistungen[216]. Zwar könne der Arbeitnehmer seinen realisierten Zahlungsanspruch auch verbrauchen, indem er ihn etwa in Konsum umsetzt. Damit werde er aber gegenüber seinem Arbeitgeber nicht zum Verbraucher. Vielmehr diene sein Arbeitsvertrag der Beschäftigung zum Zwecke des Erwerbs. Der Arbeitnehmer erwerbe, um verbrauchen zu können. Dadurch sei der Arbeitsvertrag selbst aber nicht auf einen irgendwie gearteten Verbrauch ausgerichtet[217]. Also handele der Arbeitnehmer beim Abschluss des Arbeitsvertrags mangels Nachfragerrolle nicht als Verbraucher[218].

Zwar ist es richtig, dass die Person des Verbrauchers im allgemeinen Sprachverständnis im Zusammenhang mit Rechtsgeschäften gesehen wird, die einen *konsumtiven Zweck* verfolgen. Allerdings muss der Unterschied zwischen Umgangs- und Rechtssprache beachtet werden. Der Gesetzgeber ist frei, Begriffe losgelöst vom allgemeinen Sprachverständnis zu definieren. Dies ist mit dem Verbraucherbegriff in § 13 BGB geschehen. Die dortige Definition fordert gerade keinen konsumtiven Zweck des Verbraucherhandelns[219]. Der Hinweis auf den umgangssprachlichen Bedeutungsgehalt des Verbraucherbegriffs ist deshalb zu kurz gegriffen und führt nicht weiter. Vielmehr muss tiefer gegraben werden nach dem *Sinn und Zweck des § 13 BGB*, um klären zu können, ob danach auch der Arbeitnehmer als solcher von diesem Schutzzweck umfasst wird.

Hinter der Regelung des § 13 BGB verbirgt sich die gesetzgeberische Absicht, durch die Einbeziehung eines Rechtsgeschäfts in den Bereich der Verbrauchergeschäfte der als Verbraucher auftretenden Vertragspartei einen erhöhten Schutz zuteil werden zu lassen. Die Notwendigkeit dazu ergibt sich daraus, dass sich bei Verbraucherverträgen regelmäßig nicht zwei gleich starke Vertragsparteien gegenüberstehen, sondern der Anbieter einer Ware oder Dienstleistung aufgrund seiner wirtschaftlichen Überlegenheit gegenüber dem Privatkunden meist über eine stärkere Verhandlungsposition verfügt. Während dem Verbraucher aufgrund nahezu identischer Vertragsbedingungen bei anderen Anbietern mangels Alternativen hinsichtlich potentieller Vertragspartner praktisch keine realistische Ausweichmöglichkeit zur Verfügung steht, ist der Unter-

---

216 *Bauer/Kock*, DB 2002, 42 (43); *Henssler*, RdA 2002, 129 (134); *ders.* in: Dauner-Lieb/Konzen/Schmidt, Das neue Schuldrecht in der Praxis, 615 (631), *Lingemann*, NZA 2002, 181 (184).

217 Darauf richtigerweise hinweisend *Natzel*, NZA 2002, 595 f.; *Clemens*, ZGS 2003, 79 (80).

218 *Hromadka*, NJW 2002, 2523 (2524); *Bauer/Kock*, DB 2002, 42 (43); *Henssler*, RdA 2002, 129 (134); *ders.* in: Dauner-Lieb/Konzen/Schmidt, Das neue Schuldrecht in der Praxis, 615 (631), *Lingemann*, NZA 2002, 181 (184); *Clemens*, ZGS 2003, 79 (80); *Mankowski*, EWiR § 312 BGB 1/03, 15; Soergel/*Pfeiffer*, § 13 Rn. 44; *Eckert/Wallstein*, Das neue Arbeitsvertragsrecht, S. 166.

219 *Preis*, NZA 2003 Beilage 16, 19 (23); *Hümmerich*, AnwBl 2002, 671 (672); *Däubler*/Dorndorf, AGB-Kontrolle im Arbeitsrecht, Einleitung Rn.63; *Hjort/Bufalica*, Arbeitsverträge, S.31; *Singer*, RdA 2003, 194 (195); *Lindemann*, AuR 2004, 201 (207).

nehmer im Regelfall nicht darauf angewiesen, mit einem bestimmten Kunden einen Vertrag zu schließen[220]. Zudem verfügt der Anbieter in Bezug auf die für das Rechtsgeschäft maßgeblichen Rahmenbedingungen üblicherweise über einen Informationsvorsprung gegenüber dem Kunden[221]. So entscheidet meist der Unternehmer darüber, wie viele und welche Informationen über die Ware bzw. Dienstleistung er diesem zukommen lässt. Die daraus resultierende Überlegenheit bei Vertragsverhandlungen versetzt ihn in die Lage, dem Vertragspartner diesen einseitig belastende Vertragsbedingungen zu diktieren. Dem sollen die Regelungen des Verbraucherschutzes entgegenwirken[222].

Teile der Literatur erkennen in diesem Verbraucherschutzzweck eine Parallele zum Arbeitnehmerschutz. Es bestehe eine strukturelle Identität der allgemeinen gesetzgeberischen Zielrichtung, die sowohl dem Verbraucherschutzrecht als auch dem Arbeitsrecht immanent sei. In beiden Rechtsgebieten gehe es darum, die wirtschaftlich schwächere Partei gegenüber einem wirtschaftlich überlegenen Vertragspartner rechtlich besonders zu schützen. Gemeinsamer Ausgangspunkt von Verbraucherschutzrecht und Arbeitsrecht sei der Ausgleich von Paritätsdefiziten. Somit verfolgten beide Rechtsgebiete mit dem beabsichtigten „Schutz des Schwächeren" die gleiche Zielrichtung[223]. Der Arbeitnehmer befinde sich zudem in einer mit der Situation des Verbrauchers vergleichbaren Interessenlage. In beiden Fällen stehe eine vertraglich wenig bewanderte Privatperson einem professionell agierenden Vertragspartner gegenüber[224]. Dabei sei die Unterlegenheit des Arbeitnehmers beim Abschluss eines Arbeitsvertrages noch größer als die soeben beschriebene Unterlegenheit in der üblichen Verbrauchersituation. So sei der Arbeitsvertrag – anders als z.B. der Erwerb eines elektronischen Unterhaltungsgerätes – von existentieller Bedeutung und der Arbeitnehmer habe bei Vertragsschluss oftmals noch weniger Wahlmöglichkeiten bezüglich des potentiellen Vertragspartners. Die Schutzbedürftigkeit des Arbeitnehmers vor einseitig vom Arbeitgeber festgesetzten Vertragsbedingungen

---

[220] Zur Annahme einer allgemeinen strukturellen Unterlegenheit des Verbrauchers gegenüber dem Unternehmer vgl. *Dreher*, JZ 1997, 164 ff.; *Roth*, JZ 2001, 475 ff.; *Dauner-Lieb*, Verbraucherschutz durch Ausbildung eines Sonderprivatrechts für Verbraucher, S. 63 ff.

[221] Vgl. zur Verhandlungsdisparität bei Verbraucherverträgen wegen Informationsvorsprungs des Anbieters *Fleischer*, Informationsasymmetrie im Vertragsrecht, S. 203 ff.; *Däubler*, BGB-Kompakt, Kap. 11 Rn. 58; *Brors*, DB 2002, 2046 (2047).

[222] *Reim*, DB 2002, 2434 (2435).

[223] Vgl. *Wedde*, AiB 2002, 267 (269); *Preis*, NZA 2003 Beilage 16, 19 (22); *Lindemann*, AuR 2004, 201 (207); *dies.*, Flexible Gestaltung von Arbeitsbedingungen nach der Schuldrechtsreform, S. 97. Nach *Derleder*, AuR 2004, 361 (364f), ergebe sich die teleologische Gemeinsamkeit aus den verfassungsrechtlichen Vorgaben. Gemeinsamer Kern des Arbeits- und Verbrauchervertragsrechts sei demnach die Grundrechtsstruktur des Unterlegenenschutzes.

[224] *Hjort/Bufalica*, Arbeitsverträge, S. 31.

reiche daher noch weiter als die des Käufers oder Werkbestellers[225]. Befinden sich Arbeitnehmer und Verbraucher demnach also in einer vergleichbaren Interessenlage und verfolgt § 13 BGB nach dieser Ansicht den gleichen Zweck, der auch dem Arbeitsschutzrecht immanent ist, so spreche dies für eine Einbeziehung von Arbeitnehmern in den Geltungsbereich dieser Norm[226].

Dieser Argumentation begegnen jedoch Bedenken. Sie reduziert die Anwendungsvoraussetzungen des § 13 BGB auf das Vorliegen einer allgemeinen wirtschaftlichen Zweckdivergenz zwischen den Vertragsparteien[227]. Die Regelung des § 13 BGB erscheint dadurch als eine Art Generalklausel zum Schutz des Schwächeren[228]. Dies wird dem teleologischen Gehalt des Verbraucherschutzes jedoch nicht in vollem Umfang gerecht. Das Verbraucherschutzrecht reagiert nicht nur auf eine allgemeine strukturelle Unterlegenheit eines Vertragspartners. Vielmehr will es auch einem Schutzbedürfnis gerecht werden, welches erst aus einer konkreten, besonderen Verhandlungs- bzw. Vertragsabschlusssituation resultiert[229]. So soll z.B. das Widerrufsrecht bei Haustürgeschäften gerade auch eine besondere Druck- und Überrumpelungssituation kompensieren[230]. Kernpunkt des durch den Verbraucherschutz veränderten Vertragsrechts sind zudem Informationspflichten. Gleich verteilte Informationen sind Basis eines rationalen Vertragschlusses und Bedingung für eine gewisse Ausgeglichenheit und Gerechtigkeit der getroffenen Vereinbarung. Die Verhinderung einer dies gefährdenden Informationsasymmetrie ist oberste Zielsetzung des Verbraucherschutzes. Er geht dabei vom Bild eines aufgeklärten, seine Ziele und die dazu aufgewendeten Mittel rational abwägenden Menschen aus, dem es aber möglicherweise im Verhältnis zu seinem potentiellen Vertragspartner an einer vergleichbaren Möglichkeit des Zugangs zu Informationen mangelt. Die Vorschriften des Verbraucherschutzrechts zielen demnach nicht darauf ab, den Verbraucher vor einer irrationalen Entscheidung zu bewahren. Der Vertragsinhalt bleibt letztlich den Parteien überlassen. Das Verbraucherschutzrecht dient demzufolge in erster Linie als Ausgleich marktbedingter Informationsdefizite. Es reagiert auf eine

---

225 *Reim*, DB 2002, 2434 (2435); *Däubler*/Dorndorf, AGB-Kontrolle im Arbeitsrecht, Einleitung Rn. 71; *Preis*, NZA 2003 Beilage 16, 19 (24).

226 *Reim*, DB 2002, 2434 (2435); *Wedde*, AiB 2002, 267 (269); *Däubler*/Dorndorf, AGB-Kontrolle im Arbeitsrecht, Einleitung Rn.71; *ders.*, NZA 2002, 1329 (1333); *Preis*, NZA 2003 Beilage 16, 19 (24); *Lindemann*, AuR 2004, 201 (207f); *dies.*, Flexible Gestaltung von Arbeitsbedingungen nach der Schuldrechtsreform, S. 97 f.; *Hjort/Bufalica*, Arbeitsverträge, S. 31 f.

227 So z.B. *Däubler*, NZA 2001, 1329 (1333), wenn er die Merkmale „Unternehmer" und „Verbraucher" nur als Hilfsfiguren zur Umschreibung dieser Zweckdivergenz begreift.

228 *Henssler*, RdA 2002, 129 (134).

229 *Rieble/Klumpp*, ZIP 2002, 2153 (2157); *Reuter*, in: Eckert/Delbrück, Reform des deutschen Schuldrechts, 99 (104).

230 *Rieble/Klumpp*, ZIP 2002, 2153 (2157).

gewisse Marktintransparenz[231]. Das Verbraucherschutzrecht verfolgt also nicht einfach einen generellen Schutz des Schwächeren, so dass einer schlichten Gleichsetzung von Arbeitsrecht und Verbraucherschutzrecht als allgemeiner Unterlegenenschutz schon aus diesem Grund zu widersprechen ist. Die Annahme, dass die Situation des Arbeitnehmers mit der Situation des Verbrauchers vergleichbar sei, weil beide jeweils die schwächere Verhandlungsposition einnehmen, ergibt sich zudem aus einer zu abstrakten Betrachtung, die nicht hinreichend gründlich auf die jeweiligen tatsächlichen Situationen eingeht[232]. Es ist intensiver zu hinterfragen, ob die Schutzrechte des Arbeitnehmers ihre Legitimation in derselben Funktionsschwäche des Vertrages finden, vor der auch der Verbraucher geschützt werden soll[233].

Diesbezüglich ist zum einen bereits fraglich, ob eine vergleichbare Marktintransparenz, wie sie der Verbraucherschutz auszugleichen versucht, auch im Arbeitsrecht besteht[234]. So beschränkt sich das Arbeitsrecht auch nicht im Kern auf den Ausgleich von Informationsdefiziten, sondern reagiert auf die wesentlich komplexere Situation beim Abschluss eines Arbeitsvertrages. Diese ist geprägt durch die Merkmale Dauerschuldverhältnis, Existenzgrundlage und Machtgefälle[235].

Das *Machtgefälle* drückt sich durch das bestehende Ungleichgewicht zwischen den Vertragsparteien aus. Indem der Arbeitnehmer seine Arbeitskraft einem anderen zur Verfügung stellt, tritt er zu diesem in ein Unterordnungsverhältnis. Der Arbeitgeber ist dabei typischerweise der wirtschaftlich stärkere und wissensmäßig überlegene Partner, da er sich leichter die Ressourcen der rechts- und wirtschaftsberatenden Berufe erschließen kann. So geht beispielsweise das Nachweisgesetz von einem Wissensvorsprung des Arbeitgebers aus, da es ihn verpflichtet, den Arbeitnehmer auch über gesetzliche Arbeitsbedingungen zu informieren, vgl. § 2 Abs. 1 S. 2 NachwG. In der Praxis wird dieses Machtungleichgewicht dadurch deutlich, dass fast ausschließlich vom Arbeitgeber vorformulierte Vertragstexte zum Einsatz kommen. Darin liegt durchaus eine Parallele zur Situation des Verbrauchers, der ebenfalls mit standardisierten Bedingungen vorlieb nehmen muss. Insofern erscheint eine ähnliche Schutzrichtung von Verbraucher- und Arbeitschutzrecht noch plausibel. Bleiben aber noch die weiteren besonderen Merkmale des Arbeitsverhältnisses, nämlich Dauerschuldcharakter und Existenzgrundlage zu betrachten.

---

231 Vgl. dazu *Brors*, DB 2002, 2046 (2047 f.); *Annuß*, BB 2002, 458 (461).

232 *Hönn*, ZfA 2003, 325 (358), kann deshalb in einer entsprechenden Gleichstellung der Schutzpositionen „dogmatisch nicht unbedingt einen Fortschritt" erkennen.

233 Vgl. *Brors*, DB 2002, 2046; ähnlicher Ansatz auch bei *Hönn*, ZfA 2003, 325 (349).

234 *Vogel/Kümmel*, BWGZ 2002, 706 und *Annuß*, BB 2002, 458 (461), stellen fest, dass es eine zum Nachteil des Arbeitnehmers wirkende Marktintransparenz wie sie für Verbraucherverträge typisch sei im Arbeitsrecht nicht gebe.

235 Siehe dazu *Junker*, Grundkurs Arbeitsrecht, Rn. 7 ff.

Aus dem *Dauerschuldcharakter* des Arbeitsverhältnisses folgt, dass sich der Arbeitnehmer, soweit er arbeitsvertraglich gebunden ist, der Möglichkeit begibt, selbst unternehmerisch am Markt aufzutreten. Bereits aus dieser Gebundenheit des Arbeitnehmers an ein Unternehmen ergibt sich seine besondere Schutzbedürftigkeit[236]. Dieses Schutzbedürfnis des Arbeitnehmers wird dadurch verstärkt, dass das Arbeitsverhältnis typischerweise die *Existenzgrundlage* des Arbeitnehmers sichert. Für die Mehrheit der Bevölkerung stellt das Arbeitsverhältnis das wichtigste Rechtsgeschäft dar, weil der Arbeitnehmer mit seiner Arbeitskraft den Lebensunterhalt bestreiten muss. Deshalb ist er darauf angewiesen, dass er eine angemessene Vergütung erhält, dass seine Gesundheit nicht durch die Arbeit beeinträchtigt wird und dass ihm der Arbeitsplatz möglichst erhalten bleibt[237].

Schon diesen Bedürfnissen des Arbeitnehmers ist nicht nur durch den Ausgleich von Informationsdefiziten gerecht zu werden. Die Schutzfunktion des Arbeitsrechts muss also weiter greifen als diejenige des Verbraucherschutzrechts. Auch die oben dargestellte These, der Arbeitnehmer sei aufgrund der existentiellen Angewiesenheit auf einen Arbeitsplatz noch schutzbedürftiger als der „typische“ Verbraucher, weshalb auf ihn erst recht § 13 BGB Anwendung finden müsse, überzeugt nicht. Einen seiner Lage gerecht werdenden Schutz kann der Arbeitnehmer nicht dadurch erlangen, dass ein Schutzsystem wie das Verbraucherschutzrecht, welches nicht auf seine speziellen Bedürfnisse zugeschnitten ist, einfach auf seine Situation übertragen wird. Ihm ist besser gedient mit einem Regelungssystem, das die speziellen Disparitäten eines Arbeitsverhältnisses berücksichtigt.

Greift das Verbraucherschutzrecht – wie oben beschrieben – nicht in die inhaltlichen Vereinbarungen der Parteien ein, sondern will primär Informationsasymmetrien ausgleichen, so geht das Arbeitsschutzrecht denn auch weiter. Es stellt materielle Mindestbedingungen auf, von denen nicht zum Nachteil des Arbeitnehmers abgewichen werden darf. Es bestehen folglich besondere arbeitsrechtliche Schutzmechanismen, die in keiner Weise mit den Schutzmechanismen des Verbraucherschutzes ineinander greifen[238].

Zwar hat durch die Integration einiger arbeitsrechtlicher Vorschriften und des Verbraucherrechts in das BGB[239] durchaus eine gewisse Annäherung von

---

236 MünchArbR/*Richardi*, § 1 Rn. 11.

237 *Junker*, Grundkurs Arbeitsrecht, § 1 Rn. 8.

238 *Natzel*, NZA 2002, 595 (596).

239 So geschehen durch das Gesetz über Fernabsatzverträge und andere Fragen des Verbraucherrechts sowie zur Umstellung von Vorschriften auf den Euro v. 27.6.2000, BGBl. I, 897, berichtigt 1139, und durch das Gesetz zur Modernisierung des Schuldrechts v. 26.11.2001, BGBl. I, 3138.
Beispiele für arbeitsrechtliche Normen im BGB: § 275 Abs. 3 (persönliche Leistungshindernisse), § 615 S. 3 (Rechte und Pflichten beim Betriebsübergang), § 619a (Beweislast-

Arbeits- und Verbraucherschutzrecht stattgefunden[240]. Daraus aber zu schlussfolgern, dass es sich nicht mehr um getrennte Rechtsgebiete handelt[241], würde zu weit führen. Denn noch immer bestehen entscheidende Unterschiede. Arbeitsrecht und Verbraucherrecht knüpfen an unterschiedliche Schutzaspekte an. Das Arbeitsrecht schützt den Arbeitnehmer in seiner sozialen Rolle im Rahmen der abhängigen Arbeit. Ausgangspunkt für arbeitsrechtliche Schutzmaßnahmen ist die aus dieser sozialen Rolle entspringende strukturelle Unterlegenheit[242]. Das Verbraucherschutzrecht knüpft hingegen nicht primär an eine derartige strukturelle Ungleichheit, sondern an situations- und gegenstandsbezogene Überforderungen an. Maßgeblich ist hier, dass in bestimmten Situationen die wirtschaftliche Zweckdivergenz zwischen gewerblich oder beruflich handelndem Unternehmer und dem privat handelndem Verbraucher zu einer Gefährdungslage für die wirtschaftliche Selbstbestimmung führen kann. Indem das Verbraucherschutzrecht auf die Korrektur der in diesen Situationen gegebenen Informationsasymmetrie abzielt, setzt es im Gegensatz zum Arbeitsrecht verstärkt auf Freiheit, d.h. auf die Fähigkeit des Verbrauchers zur Selbstbestimmung[243]. Die unterschiedlichen Schutzaspekte führen zu qualitativ anderen Schutzbedürfnissen. Das eine Schutzbedürfnis folgt aus der weitgehend vom Arbeitgeber bestimmten Struktur des Arbeitsverhältnisses, während das andere aus dem Sorgfaltsgefälle zwischen selbständig-beruflichem bzw. gewerblichem und privatem Geschäftsabschluss herrührt. Diese *unterschiedlichen Schutzbedürfnisse* haben dazu geführt, dass beide Rechtsgebiete eigenständige, getrennte Schutzsysteme entwickelt haben[244]. Die beschriebene Annäherung von Verbraucherschutzrecht und Arbeitsrecht hat nichts daran geändert, dass beide Systeme noch immer auf unterschiedliche Schutzbedürfnisse zugeschnitten sind. Ein Verlust der Eigenständigkeit beider Rechtsgebiete kann nicht konstatiert werden[245].

---

verteilung bei der Arbeitnehmerhaftung), § 622 (Kündigungsfristen bei Arbeitsverhältnissen).

240 *Hönn*, ZfA 2003, 325 (355); *Reuter*, in: Eckert/Delbrück, Reform des deutschen Schuldrechts, 99 (111). *Rieble/Klumpp*, ZIP 2002, 2153 (2157), sprechen in diesem Zusammenhang von der „Berührung" zweier getrennter Rechtsmaterien.

241 So aber *Preis*, NZA 2003 Beilage 16, 19 (24); *Holtkamp*, AuA 2002, 250; *Däubler*/Dorndorf, AGB-Kontrolle im Arbeitsrecht, Einleitung Rn. 64.

242 *Reichold*, ZTR 2002, 202 (203); *Hönn*, ZfA 2003, 325 (357).

243 *Reuter*, in: Eckert/Delbrück, Reform des deutschen Schuldrechts, 99 (103 f.); *Reichold*, ZTR 2002, 202 (203).

244 *Lieb*, FS Ulmer, 1231 (1235); *Hönn*, ZfA 2003, 325 (358).

245 So im Ergebnis *Bauer/Kock*, DB 2002, 42 (43); *Rieble/Klumpp*, ZIP 2002, 2153 (2161); *Lieb*, FS Ulmer, 1231 (1235); *Hönn*, ZfA 2003, 325 (358); *Hromadka*, NJW 2002, 2523 (2524); *Olzen/Wank*, Die Schuldrechtsreform, Rn. 487; Soergel/*Pfeiffer*, § 13 Rn. 44. Auch *Däubler*, NZA 2001, 1329 (1332 f.), eigentlich ein Befürworter der Einordnung des Arbeitnehmers als Verbraucher, räumt ein, dass es im einen Fall um disparitätische Bezie-

Arbeitsrecht und Verbraucherschutzrecht reagieren also mit unterschiedlichen Schutzmechanismen auf unterschiedliche Funktionsdefizite. Die Situation des Arbeitnehmers beim Abschluss des Arbeitsvertrages ist damit nicht von der Regelungsintention des § 13 BGB umfasst. Sinn und Zweck des § 13 BGB sprechen gegen die Annahme einer Verbrauchereigenschaft des Arbeitnehmers als solchen[246].

Für diese Sichtweise spricht auch der Umstand, dass sich im Gesetzgebungsverfahren keine allgemeine Konzeption erkennen lässt, die zum Ziel haben könnte, den Arbeitnehmer als solchen dem Verbraucherschutz zu unterstellen. Vielmehr scheint die momentane objektive Gesetzeslage, die die Diskussion um die Verbrauchereigenschaft ermöglicht hat, eher zufällig herbeigeführt worden zu sein. Bei der Schaffung des § 24a AGBG war die Frage der Verbrauchereigenschaft des Arbeitnehmers wegen der Bereichsausnahme des § 23 Abs. 1 AGBG noch irrelevant. Mit der Einführung des § 13 BGB wurde primär eine Begriffsvereinheitlichung für die Verbrauchervertragstypen bezweckt. Im Zusammenhang mit der Aufhebung der Bereichsausnahme in § 310 Abs. 4 BGB wurden die Arbeitsverträge dann derart dem AGB-Recht unterstellt, dass die Frage, ob sie auch als Verbraucherverträge zu qualifizieren sind, aktuell wurde. Eine solche zentrale und auch symbolische Entscheidung wie die Einordnung des Arbeitnehmers als Verbraucher hätte aber einer eindeutigen Manifestation des gesetzgeberischen Willens bedurft und ist nicht im Wege einer Gesetzesauslegung herbeizuführen[247].

g) Zwischenfazit

Nach der Auseinandersetzung mit einigen Argumentationssträngen, die keine eindeutige Lösung herbeiführen, führt die Betrachtung des Sinn und Zwecks von Verbraucherschutzrecht einerseits und Arbeitsschutzrecht andererseits zu der Erkenntnis, dass der Arbeitnehmer beim Abschluss eines Arbeitsvertrages nicht in Verbrauchereigenschaft gem. § 13 BGB handelt[248].

---

hungen auf dem Markt für Güter und Dienstleistungen und im anderen Fall um die ungleiche Verhandlungssituation auf dem Arbeitsmarkt geht.

246 *Rieble/Klumpp*, ZIP 2002, 2153 (2161), befürchten diesbezüglich, dass eine mögliche Anwendung des Verbraucherschutzes auf das eigenständige Schutzsystem des Arbeitsrechts mehr Schaden als Nutzen stiften würde.

247 Zum Fehlen eines systematischen Konzepts des Gesetzgebers: *Hönn*, ZfA 2003, 325 (344); *Derleder*, AuR 2004, 361 (364); *Lieb*, FS Ulmer, 1231 (1235); *Rieble/Klumpp*, ZIP 2002, 2153 (2157).

248 Ebenso eine generelle Verbrauchereigenschaft des Arbeitnehmers ablehnend: *Reichold*, FS 50 Jahre BAG, 153 (174); *Hönn*, ZfA 2003, 325 (347); *Lieb*, FS Ulmer, 1231 (1236); *ders.*, Arbeitsrecht, Rn. 111; *Otto*, Arbeitsrecht, Rn. 231; *Rieble/Klumpp*, ZIP 2002, 2153 (2157); *Olzen/Wank*, Die Schuldrechtsreform, Rn. 487; Soergel/*Pfeiffer*, § 13 Rn. 44; *Lö-*

h) Position des BAG

Das BAG sieht im Arbeitnehmer beim Abschluss des Arbeitsvertrages einen Verbraucher im Sinne von § 13 BGB[249]. Trotz der aufgezeigten berechtigten Einwände stellt das BAG auf den Wortlaut von § 13 BGB ab. Der Gesetzgeber habe sich bei der Definition des Verbrauchers vom allgemeinen Sprachgebrauch gelöst und verlange keinen konsumtiven Zweck. Ferner spreche die Stellung der Norm im Allgemeinen Teil des BGB für eine Anwendung des § 13 BGB auf alle Rechtsgeschäfte, also auch auf Arbeitsverträge. Darüber hinaus führt das BAG die Entstehungsgeschichte des § 13 BGB an. Die Übernahme des § 24a AGBG in § 13 BGB und § 310 Abs. 3 BGB stehe einem engen Verbraucherbegriff ent-

wisch, NZA 2001, 465 (466); *Hromadka*, NJW 2002, 2523 (2524); *Reichold*, ZTR 2002, 202 (204); *Annuß*, BB 2002, 458 (461); *Mankowski*, EWiR § 312 BGB 1/03, 15; *Clemens*, ZGS 2003, 79 (80); *Henssler*, in: Dauner-Lieb/Konzen/Schmidt, Das neue Schuldrecht in der Praxis, 615 (631 ff.); *ders.*, RdA 2002, 129 (133 f.); *Schlodder*, Der Arbeitsvertrag im neuen Schuldrecht, S. 165 ff.; *Singer*, RdA 2003, 194 ff.; Palandt/*Heinrichs*, § 13 Rn. 3; *Vogel/Kümmel*, BWGZ 2002, 706; *Bauer/Kock*, DB 2002, 42 (43); *Natzel*, NZA 2002, 595 ff.; *Lingemann*, NZA 2002, 181 (184); *Fiebig*, DB 2002, 1608 ff.; *Wisskirchen*, in: Tschöpe, Anwaltshandbuch Arbeitsrecht, Teil I C Rn. 378.

Für eine Verbrauchereigenschaft des Arbeitnehmers: *Däubler*/Dorndorf, AGB-Kontrolle im Arbeitsrecht, Einleitung Rn.72; *ders.*, ZIP 2004, 2209 (2211); *ders.*, NZA 2001, 1329 (1333); *Holtkamp*, AuA 2002, 250 (251); *Preis*, FS 50 Jahre BAG, 123 (136); *ders.*, NZA 2003 Beilage 16, 19 (21ff); *Boudon*, ArbRB 2003, 150; *Kraushaar*, AuR 2004, 374 (375f); *Stoffels*, NZA 2004 Beilage 1, 19 (22); *Reuter*, in: Eckert/Delbrück, Reform des deutschen Schuldrechts, 99 (105); Kroiß/*Fell*, Klauselbuch Schuldrecht, § 3 Rn. 40; *Lindemann*, AuR 2004, 201 (207); *dies.*, Flexible Gestaltung von Arbeitsbedingungen nach der Schuldrechtsreform, S. 89 ff.; *Hjort/Bufalica*, Arbeitsverträge, S. 30 ff.; *Sartorius/Rambach*, ZAP 2002, 541 (543); *Lakies*, AR-Blattei, SD. 35, Rn. 56 f.; *ders.*, BB 2004, 1903 (1905); *Walter*, AiB 2002, 380 (381); *Lorenz/Riehm*, Lehrbuch zum neuen Schuldrecht, 2002, Rn. 93; *Hümmerich*, NZA 2004, 809 (814); *ders.*, NZA 2003, 753; *Hümmerich/Holthausen*, NZA 2002, 173 ff.; *Thüsing/Leder*, BB 2004, 42 (43); *Thüsing*, BB 2002, 2666 (2668); *Gotthardt*, ZIP 2002, 277 (279); *Reinecke*, DB 2002, 583 (587); *ders.*, NZA 2004 Beilage 18, 27 (35); *Schleusener*, NZA 2002, 949 (951); *Reim*, DB 2002, 2434 ff.; *Wedde*, AiB 2002, 267 (269); *Boemke*, BB 2002, 96 (97).

Teilweise wird als Argument für eine Verbraucherstellung des Arbeitnehmers die Regelung des § 288 Abs. 2 BGB angeführt. Der erhöhte Zinssatz des § 288 Abs. 2 BGB sei für die Arbeitsvertragsparteien unpassend, weshalb es dem Interesse beider Parteien entspreche, den Arbeitnehmer als Verbraucher im Sinne von § 13 BGB zu qualifizieren, so z.B. *Reinecke*, DB 2002, 583 (587). Dieser ergebnisorientierten Argumentation kann jedoch nicht gefolgt werden. Die Regelung des § 288 Abs. 2 BGB führt nicht zu der Notwendigkeit, den Arbeitnehmer als Verbraucher anzusehen, da bereits eine richtlinienkonforme Auslegung des § 288 Abs. 2 BGB die Nichtanwendbarkeit des § 288 Abs. 2 BGB auf Arbeitsverträge ergibt, vgl. dazu *Joussen*, NZA 2001, 745 (749); *Bauer/Kock* DB 2002, 42 (46); *Henssler*, RdA 2002, 129 (135); *Fiebig*, DB 2002, 1608 (1610); *Natzel*, NZA 2002, 595 (597); *Pick*, ZIP 2001, 1173 (1181).

[249] BAG v. 25.5.2005, DB 2005, 2136 (2139); BAG v. 31.8.2005, NZA 2006, 324 (328).

gegen. Der Verbraucherbegriff habe durch die Aufhebung der früheren Bereichsausnahme für das Gebiet des Arbeitsrechts in § 23 Abs. 1 AGBG einen Bedeutungswandel erfahren. Dies zeige der Gesetzgeber auch durch den ausdrücklichen Ausschluss des Arbeitsrechts in § 15 UKlaG[250]. Das BAG misst dem Verbraucherbegriff des § 13 BGB keinen abstrakt zu bestimmenden Sinn zu. Es will die sachgerechte Anwendung der auf den Verbraucher bezogenen Schutzvorschriften nicht auf der Statusebene, sondern bei der konkret in Rede stehenden Norm vornehmen[251].

3. Fazit

Aufgrund der fehlenden Verbrauchereigenschaft des Arbeitnehmers handelt es sich – entgegen der Auffassung des BAG – bei einem Arbeitsvertrag nicht um einen Verbrauchervertrag. Eine direkte Anwendung des § 310 Abs. 3 BGB auf Arbeitsverträge scheidet damit aus.

4. Analoge Anwendung der AGB-rechtlichen Verbraucherschutzbestimmungen

Die ratio des § 310 Abs. 3 BGB und eine diesbezüglich eventuell vergleichbare Situation von Verbraucher und Arbeitnehmer könnten eine auf diese Vorschrift begrenzte Analogie rechtfertigen. Die Anwendung des § 310 Abs. 3 BGB ergibt sich dann nicht aus einer generellen Qualifizierung des Arbeitnehmers als Verbraucher im Sinne von § 13 BGB, sondern aus einer speziellen Schutzbedürftigkeit bei einem Vertragsschluss unter AGB-Verwendung, die sowohl beim Verbraucher als auch beim Arbeitnehmer gegeben ist[252].

Der Blick auf die Regelung des § 310 Abs. 3 Nr. 1 BGB erregt in diesem Zusammenhang kein Aufsehen. § 310 Abs. 3 Nr. 1 BGB erleichtert die Feststellung, dass der Arbeitgeber der Verwender der vorformulierten Vertragsbedingungen ist. Dies dürfte in der Praxis sowieso der Regelfall sein. Der Arbeitnehmer wird die Vertragsbedingungen nur in Ausnahmefällen in den Arbeitsvertrag einführen, z.B. falls es sich um eine vielumworbene Spitzenkraft han-

---

250 BAG v. 25.5.2005, DB 2005, 2136 (2139).

251 BAG v. 25.5.2005, DB 2005. 2136 (2140).

252 Ebenso eine separate Überprüfung der Analogiefähigkeit jeder einzelnen verbraucherschützenden Norm statt einer generellen Anwendbarkeit des Verbraucherschutzes auf den Arbeitnehmer befürwortend: *Rieble/Klumpp*, ZIP 2002, 2153 (2158); *Singer*, RdA 2003, 194 (196 ff.); *Henssler*, in: Dauner-Lieb/Konzen/Schmidt, Das neue Schuldrecht in der Praxis, 615 (633 ff.); *ders.*, RdA 2002, 129 (134 f.); *Lieb*, FS Ulmer, 1231 (1236 f.).

delt. Die Regelung hat deshalb nur eine geringe praktische Relevanz[253]. Sollte es doch einmal zum Streit kommen, trägt der Arbeitgeber die Beweislast dafür, dass die fragliche Klausel vom Arbeitnehmer eingeführt wurde oder eine ausgehandelte Individualvereinbarung vorliegt[254].

§ 310 Abs. 3 Nr. 2 BGB dehnt den Schutz der §§ 305c Abs. 2, 306 BGB und §§ 307 – 309 BGB auf sog. Einmalbedingungen aus, sofern der Verbraucher auf deren Inhalt keinen Einfluss nehmen konnte. Damit trägt die Regelung des § 310 Abs. 3 Nr. 2 BGB dem Umstand Rechnung, dass der Verbraucher mangels Einflussnahmemöglichkeit auch dann schutzbedürftig ist, wenn die Allgemeinen Geschäftsbedingungen nur ihm gegenüber angewendet werden[255]. Der Arbeitnehmer befindet sich beim Abschluss des Arbeitsvertrags gegenüber dem Arbeitgeber typischerweise in der schwächeren Position und wird deshalb im Regelfall nicht mehr Möglichkeiten als der Verbraucher haben, die vorformulierten Vertragsbedingungen inhaltlich zu beeinflussen. Aufgrund der gleichartigen Unterlegenheitsstruktur beim Abschluss von AGB-Verträgen verfügt der Arbeitnehmer in diesem Fall über das gleiche Schutzbedürfnis wie der Verbraucher. Eine diesbezügliche Gleichstellung im Sinne einer analogen Anwendung des § 310 Abs. 3 Nr. 2 BGB auf Arbeitnehmer beim Abschluss eines nur zur einmaligen Verwendung vom Arbeitgeber vorformulierten Arbeitsvertrages ist deshalb gerechtfertigt[256].

---

[253] Ebenso *Henssler*, in: Dauner-Lieb/Konzen/Schmidt, Das neue Schuldrecht in der Praxis, 615 (633 ff.); *Lakies*, AR-Blattei, SD. 35, Rn. 58; *Preis*, NZA 2003 Beilage 16, 19 (26). Gegen die Anwendbarkeit des § 310 Abs. 3 Nr. 1 BGB auf Arbeitsverträge: *Hromadka*, NJW 2002, 2523 (2524). Demnach soll es dabei bleiben, dass in jedem Einzelfall geprüft werden muss, ob der Arbeitgeber die Allgemeinen Geschäftsbedingungen gestellt hat. Kritisch ebenfalls: *Hönn*, ZfA 2003, 325 (346); *Annuß*, BB 2002, 458 (461).

[254] *Lakies*, AR-Blattei, SD. 35, Rn. 58; *Thüsing*, BB 2002, 2666 (2668); *Hjort/Bufalica*, Arbeitsverträge, S. 29; Däubler/*Dorndorf*, AGB-Kontrolle im Arbeitsrecht, § 310 BGB Rn. 6; vgl. zur Beweislast auch schon *Ulmer*, in: Ulmer/Brandner/Hensen, AGBG, § 24a Rn. 35/39.

[255] *Lieb*, FS Ulmer, 1231 (1236 f.).

[256] So *Singer*, RdA 2003, 194 (197); *Henssler*, in: Dauner-Lieb/Konzen/Schmidt, Das neue Schuldrecht in der Praxis, 615 (634); *ders.*, RdA 2002, 129 (135); *Lieb*, FS Ulmer, 1231 (1237); *Derleder*, AuR 2004, 361 (367); *Reichold*, FS 50 Jahre BAG, 153 (175), befürwortet ebenfalls eine analoge Anwendung des § 310 Abs. 3 BGB. Er begründet diese aber nicht mit einer vergleichbaren intellektuellen oder wirtschaftlichen Unterlegenheit von Verbraucher und Unternehmer. Grund für die Analogie sei vielmehr, dass beide jeweils aufgrund mangelnder Informationen die schwächere Partei darstellen würden.
Kommt der Arbeitsvertrag durch eine selbständige Mitgestaltung des Arbeitnehmers zustande, z.B. beim Vertragsabschluss mit einer Führungskraft, liegt hingegen eine Individualabrede vor, bei der § 310 Abs. 3 Nr. 2 BGB nicht einschlägig ist. Die §§ 305c Abs. 2, 306 BGB und §§ 307-309 BGB finden dann weiterhin keine Anwendung.
Gegen die analoge Anwendung des § 310 Abs. 3 Nr. 2 BGB: *Annuß*, BB 2002, 458 (461).

Das Merkmal „vorformuliert“ hat bei § 310 Abs. 3 Nr. 2 BGB denselben Bedeutungsgehalt wie bei § 305 Abs. 1 BGB. Demnach sind Vertragsbedingungen „vorformuliert“, wenn sie dem Arbeitnehmer vor Abschluss des Arbeitsvertrags in einem einseitig vorformulierten Entwurf vorgelegt werden und sich die Parteien dann auf diesen Entwurf einigen[257]. Die Voraussetzung der fehlenden Einflussnahmemöglichkeit kann gleichgesetzt werden mit dem negativen Begriffsmerkmal des § 305 Abs. 1 S. 3 BGB, wonach Allgemeine Geschäftsbedingungen nicht vorliegen, wenn die Vertragsbedingungen nicht im Einzelnen ausgehandelt wurden[258]. Die Beweislast für das Fehlen einer Einflussnahmemöglichkeit trägt der Arbeitnehmer[259]. Zur Erleichterung dieses negativen Beweises kann er sich im Wege des Anscheinsbeweises auf Indizien berufen[260].

Das gleichartige Schutzbedürfnis von Verbraucher und Arbeitnehmer beim Vertragsschluss unter Zugrundelegung von vorformulierten Bedingungen rechtfertigt auch die analoge Anwendung des § 310 Abs. 3 BGB[261]. Demnach sind bei der Beurteilung der Unangemessenheit arbeitsvertraglicher Klauseln auch die Begleitumstände des Vertragsschlusses zu berücksichtigen[262].

IV. Individuell ausgehandelte Arbeitsverträge

Die angesprochenen Formulararbeitsverträge sind von individuell ausgehandelten Arbeitsverträgen zu unterscheiden. Nicht zu verwechseln sind diese Individualarbeitsverträge mit der Regelungsituation des § 310 Abs. 3 Nr. 2 BGB, der

---

[257] Däubler/*Dorndorf*, AGB-Kontrolle im Arbeitsrecht, § 310 BGB Rn. 9.

[258] Däubler/*Dorndorf*, AGB-Kontrolle im Arbeitsrecht, § 310 BGB Rn. 12; Palandt/*Heinrichs*, § 310 Rn. 17; *Horn*, in: Wolf/Horn/Lindacher, § 24a Rn. 36; Erman/*Werner*, § 24a AGBG Rn. 35; a.A.: *Ulmer*, in: Ulmer/Brandner/Hensen, AGBG, § 24a Rn. 47; Staudinger/*Schlosser*, § 24a AGBG Rn. 48., der geringere Anforderungen an die Einflussnahmemöglichkeit als an das „Aushandeln“ i.S.v. § 305 Abs. 1 S. 3 BGB stellt. Demnach sei eine Einflussnahmemöglichkeit schon gegeben, wenn der Unternehmer dem Verbraucher seine ernsthafte Bereitschaft zu Änderungen signalisiere, wohingegen ein „Aushandeln“ voraussetze, dass der Verbraucher aktiv geworden sei.

[259] *Lindemann*, Flexible Gestaltung von Arbeitsbedingungen nach der Schuldrechtsreform, S. 100; Palandt/*Heinrichs*, § 310 Rn. 17; *Horn*, in: Wolf/Horn/Lindacher § 24a Rn. 37; Erman/*Werner*, § 24a AGBG Rn. 23; *Ulmer*, in: Ulmer/Brandner/Hensen, AGBG, § 24a Rn. 51; a.A, also die Beweislast beim Unternehmer sehend: *Bunte*, DB 1996, 1389 (1392); *von Westphalen*, DB 1996, 2110 (2103).

[260] Palandt/*Heinrichs*, § 310 Rn. 17; *Horn*, in: Wolf/Horn/Lindacher, § 24a Rn. 37; *Ulmer*, in: Ulmer/Brandner/Hensen, AGBG, § 24a Rn. 48.

[261] Ebenso *Singer*, RdA 2003, 194 (197); *Henssler*, in: Dauner-Lieb/Konzen/Schmidt, Das neue Schuldrecht in der Praxis, 615 (634); *Lieb*, FS Ulmer, 1231 (1237); *Derleder*, AuR 2004, 361 (367), a.A.: *Hönn*, ZfA 2003, 325 (346); *Annuß*, BB 2002, 458 (461).

[262] Ausführlicher zur Berücksichtigung der Begleitumstände im Rahmen der Angemessenheitskontrolle siehe unten 4. Teil C. III. 2. b).

zwar von einer bloß einmaligen Verwendung spricht, dabei aber dennoch von vorformulierten Vertragsbedingungen ausgeht.

1. Fehlende Differenzierung zwischen Formular- und Individualarbeitsvertrag

Die arbeitsgerichtliche Rechtsprechung hat bislang oftmals nicht zwischen Formular- und Individualarbeitsvertrag unterschieden. Zum einen ist in Urteilen von „Einzelarbeitsverträgen“ oder schlicht „Arbeitsverträgen“ die Rede, obwohl aus der auszugsweisen Wiedergabe im Tatbestand des Urteils eigentlich klar ersichtlich ist, dass es sich um eine typisierte, vorformulierte oder an Vertragsmuster angelehnte Bestimmung handelte[263]. Zum anderen wurden die oben beschriebenen Kontrollmittel und Kontrollmaßstäbe bei der Inhaltskontrolle von Arbeitsverträgen[264] ohne Rücksicht auf die jeweilige Art und Weise des Zustandekommens und der formalen Ausgestaltung des Arbeitsvertrages gleichermaßen angewendet. So unterwarf das BAG einen individuell ausgehandelten Vertrag ausdrücklich einer gerichtlichen Billigkeitskontrolle. Dass der dabei unpersönlich gehaltene Text des Arbeitsvertrages zumindest andeutete, der Arbeitgeber könnte ein vorgefertigtes Vertragsformular benutzt haben, würdigte der betreffende Senat dabei mit keinem Wort. Die Billigkeitskontrolle erfolgte ohne Hinweis auf die Vorformulierung und damit, ohne seine Rechtfertigung aus der besonderen Situation Allgemeiner Arbeitsbedingungen zu ziehen[265]. Der Unterschied zwischen Formular- und Individualarbeitsvertrag schien folglich für das Gericht bedeutungslos zu sein[266].

Diese fehlende Differenzierung blieb nicht unkritisiert, führte sie nach einer Ansicht doch dazu, dass die Bestandskraft von Arbeitverträgen auch dort relativiert werde, wo an sich das Vertragsmodell einer individuell ausgehandelten

---

263 Siehe beispielsweise BAG v. 24.3.1988, AP Nr. 1 zu § 241 BGB zu einer vertraglichen Ausschlussfrist, deren Klauseltext sich wortgleich in Tarifverträgen und Vertragsvorlagen findet.

264 Siehe dazu 1. Teil C. II.

265 BAG v. 4.7.1972, SAE 1974, 155 ff.

266 So wurden in der Vergangenheit z.B. Arbeitsverträge mit Führungskräften einer Inhaltskontrolle unterzogen, ohne dabei näher auf die Frage einzugehen, ob die entsprechenden Vertragsbedingungen eventuell individuell ausgehandelt wurden, vgl. BAG v. 21.12.1970, AP Nr. 1 zu § 305 BGB Billigkeitskontrolle; BAG v. 22.12.1970, AP Nr. 2 zu § 305 BGB Billigkeitskontrolle.
Weitere Beispiele für eine gerichtliche Inhaltskontrolle frei ausgehandelter Vertragsbestimmungen: BAG v. 6.5.1998, AP Nr. 28 zu § 611 BGB Ausbildungsbeihilfe = AuR 1998, 492; LAG Düsseldorf v. 18.5.1995, NZA-RR 1996, 363.

Vereinbarung funktioniere. Dadurch werde das Prinzip der Privatautonomie in bedrohlicher Weise unterlaufen[267].

2. Generelle Zulässigkeit der Inhaltskontrolle von Individualarbeitsverträgen

Damit stellt sich zunächst einmal die Frage nach der generellen Zulässigkeit der Inhaltskontrolle im Sinne eine Angemessenheitskontrolle von individuell vereinbarten Arbeitsverträgen. Dabei lässt sich eine Ansicht ausmachen, die unter Berufung auf die mögliche Verletzung der Privatautonomie zu einer Beschränkung der Inhaltskontrolle auf Allgemeine Arbeitsbedingungen tendiert. So liege eben nur bei diesen Allgemeinen Arbeitsbedingungen eine die Kontrolle rechtfertigende generelle Paritätsstörung vor, weil der Verwender auf die individuelle Position seines Vertragspartners keine Rücksicht nehmen könne, mit der Folge, dass er ganz allgemein auf eine inhaltlich optimale Ausgestaltung seiner Rechtsposition gegenüber dem Vertragspartner bedacht sei. Eine derartige Störung der Verhandlungsparität sei bei Individualvereinbarungen nicht in gleicher Weise als einheitliche Lebenserscheinung greifbar. Im Einzelnen ausgehandelte Vertragsbedingungen unterlägen demgemäß keiner verschärften Kontrolle, sondern seien im Rahmen der §§ 134, 138 BGB zulässig[268].

Einige Stimmen im Schrifttum[269] sehen diese Ansicht durch die Schuldrechtsreform bestätigt. Die durch den Reformgesetzgeber vorgenommene Verortung der arbeitsrechtlichen Inhaltskontrolle im Abschnitt über die Kontrolle Allgemeiner Geschäftsbedingungen sei als gesetzgeberische Entscheidung

---

267 Siehe dazu *Preis*, Der Arbeitsvertrag, I C Rn. 48; *Thiele*, SAE 1974, 158 (158).

268 *Preis*, Der Arbeitsvertrag, I C Rn. 62.
Eine Ausnahme sei aber dort zu machen, wo im Einzelfall auch bei einer Individualvereinbarung von einer Störung der Verhandlungsparität gesprochen werden kann. So finde eine Inhaltskontrolle auch bei nicht vorformulierten Vertragsbedingungen statt, wenn diese nicht ausgehandelt, sondern einseitig auferlegt werden. Demnach müsse im Einzelfall die Vornahme einer Inhaltskontrolle von der Feststellung des Grundes und des Ausmaßes der jeweiligen Vertragsstörung abhängen, vgl. *Reinecke*, DB 2002, 583 (587); *Schmidt-Salzer*, BB 1995, 733 (734); *Wolf*, FS H.E.Brandner, 299 (308); *Preis*, Grundfragen der Vertragsgestaltung im Arbeitsrecht, S. 256.
Es erscheint jedoch fragwürdig, wie im konkreten Fall als eine Art Vorfrage einer möglichen Inhaltskontrolle festgestellt werden soll, ob eine Verhandlungsparität tatsächlich vorgelegen hat. Die Betrachtung des Ergebnisses der Vertragsverhandlungen, etwa einem Missverhältnis der zu erbringenden Leistungen, mag hier zwar ein Indiz, aber kein hinreichender Hinweis auf eine solche Paritätsstörung darstellen.

269 *Lieb*, Arbeitsrecht, § 1 Rn. 117; ErfK/*Preis*, §§ 305-310 BGB Rn. 27; Kroiß/*Fell*, Klauselbuch Schuldrecht, § 3 Rn. 32; *Lindemann*, Flexible Gestaltung von Arbeitsbedingungen nach der Schuldrechtsreform, S. 102, *dies.*, AuR 2002, 81 (85); *Rolfs*, FS Schwerdtner, 151 (162); *Söllner*, ZfA 2003, 145 (159ff.); *Reuter*, FS 50 Jahre BAG, 177 (181 ff.).

zu interpretieren, die bisher das Zivilrecht prägende Unterscheidung zwischen Formular- und Individualarbeitsvertrag auch in das Arbeitsrecht hineinzutragen und künftig Individualvereinbarungen von der Inhaltskontrolle freizustellen. Die gesetzgeberische Grundwertung, ausgehandelte Einzelabreden im Arbeitsrecht nicht der Inhaltskontrolle anhand der Maßstäbe der §§ 307 ff. BGB zu unterstellen, dürfe nicht durch die Anwendung anderer Rechtsinstitute – z.B. einer Angemessenheitskontrolle nach § 242 BGB – umgangen werden[270]. Vielmehr dürfe nur eine Rechtskontrolle vorgenommen werden, in deren Rahmen lediglich die Einhaltung der Grenzen der §§ 134, 138 BGB und der anwendbaren Tarifverträge und Betriebsvereinbarungen zu überprüfen sei[271].

Die generelle Ablehnung einer Inhaltskontrolle von Individualarbeitsverträgen berücksichtigt jedoch nicht ausreichend die besondere Situation des Arbeitnehmers. Diese ist geprägt durch das existentielle Angewiesensein des Arbeitnehmers auf einen Arbeitsplatz, welches ihn daran hindert, bloß um der Verbesserung irgendwelcher Nebenbedingungen willen einen angebotenen Arbeitsplatz auszuschlagen oder den vorhandenen Arbeitsplatz aufzugeben[272]. Abstrakter ausgedrückt ist die Lage des durchschnittlichen Arbeitnehmers durch eine qualifizierte Abhängigkeit, namentlich das existentielle Angewiesensein einer Vertragsseite auf die Vertragsleistung bei gleichzeitiger dauernder Unausgewogenheit der Marktverhältnisse, gekennzeichnet[273]. Dabei darf in diesem Zusammenhang nicht nur eine rein wirtschaftliche Betrachtung vorgenommen werden. Das existentielle Angewiesensein auf einen Arbeitsplatz geht über die ökonomischen Bedürfnisse hinaus. So bestreitet der Arbeitnehmer mit seiner Arbeit im Normalfall nicht nur seinen Lebensunterhalt. In der Leistungsgesellschaft bestimmt die Arbeit vielmehr auch über seinen sozialen Standort. Gesellschaftlich anerkannte Arbeit, die weitestgehend mit bezahlter Arbeit gleichgesetzt werden kann, wirkt für das Leben sinnstiftend. Daraus wird deutlich, dass das Arbeitsverhältnis für den Arbeitnehmer aus der individuellen Perspektive eine ungleich größere Bedeutung hat als für den Arbeitgeber. Für den Arbeitgeber ist der Arbeitnehmer im Regelfall in letzter Konsequenz ersetzbar, sei es durch einen anderen Arbeitnehmer oder ein rationalisiertes Verfahren. Mag es auch für den Unternehmer mit Mühe und Kosten verbunden sein, einen gleichwertigen Ersatz für einen scheidenden Arbeitnehmer zu finden, so muss der Arbeitnehmer aber unter Umständen nicht nur den Arbeitgeber wechseln, sondern auch seinen ge-

---

270 So insb. ErfK/*Preis*, §§ 305-310 BGB Rn. 27; *ders.*, NZA 2003 Beilage 16, 19 (20); *Preis/Bender*, NZA-RR 2005, 337 (339); Kroiß/*Fell*, Klauselbuch Schuldrecht, § 3 Rn. 32.

271 Vgl. *Lindemann*, Flexible Gestaltung von Arbeitsbedingungen nach der Schuldrechtsreform, S. 102; *Rolfs*, FS Schwerdtner, 151 (162); *Preis*, NZA 2003 Beilage 16, 19 (20).

272 *Otto*, FS Zöllner, 879 (890); *Fastrich*, Inhaltskontrolle im Privatrecht, S. 187; vgl. auch *Geißler*, JuS 1991, 617 (621).

273 *Fastrich*, Inhaltskontrolle im Privatrecht, S. 279.

wohnten Lebenskreis aufgeben und möglicherweise sogar eine Trennung von der Familie in Kauf nehmen[274]. Der Einfluss, den der Abschluss oder die Beendigung eines Arbeitsvertrages auf den Lebensverlauf des jeweiligen Arbeitnehmers hat, kann von enormer Größe geprägt sein. Sofern die Vertragsgestaltung nicht auf einem Wunsch des Arbeitnehmers beruht, ist dessen Verhandlungsposition deshalb bei einer individuellen Festlegung nicht unbedingt stärker als bei Einheitsarbeitsbedingungen[275]. Aus der existentiellen Angewiesenheit ergibt sich vielmehr, abseits von der durch die Verwendung von Musterformularen entstehenden Disparität, eine Verhandlungsdisparität, die eine Kontrolle auch ausgehandelter Arbeitsverträge rechtfertigt.

Zudem ist der Hauptanwendungsbereich Allgemeiner Arbeitsbedingungen in größeren und mittleren Unternehmen zu sehen. Dort ist die Gefahr unangemessener Arbeitsbedingungen aber eher gering. So gibt es in der Regel Betriebsräte, die beim Arbeitsvertrag zwar kein Mitbestimmungsrecht besitzen, aber im Zweifel durchaus darauf achten, dass Auswüchse unterbleiben. Kontrollbedürftigkeit besteht vielmehr im typischen Anwendungsbereich der Individualvereinbarungen, den kleineren Betrieben, denn dort fehlen zumeist nicht nur Betriebsräte, sondern auch häufig ausreichende Rechtskenntnisse[276]. Bereits aus diesem Grund erweist sich die generelle Ablehnung einer Inhaltskontrolle von einzeln ausgehandelten Arbeitsverträgen als zweifelhaft.

Aber auch die Einbeziehung vorformulierter Arbeitsverträge in die Inhaltskontrolle nach §§ 307 ff. BGB muss nicht zwangsläufig den Ausschluss jeglicher Angemessenheitskontrolle von individuell ausgehandelten Arbeitsverträgen bedeuten. Zum einen stellen die §§ 307 ff. BGB nur eine Teilkodifikation der Inhaltskontrolle privatrechtlicher Verträge dar und entfalten somit im Falle ihrer Nichtanwendbarkeit keine Sperrwirkung gegenüber einer Inhaltskontrolle nach anderen Generalklauseln wie dem § 242 BGB[277]. Zum anderen ist die Ratio des § 310 Abs. 4 BGB zu beachten. Zweck der teilweisen Aufhebung der arbeitsrechtlichen Bereichausnahme war die Erweiterung des Arbeitnehmerschutzes, nicht aber seine Reduzierung. Deshalb kann es nicht die Absicht des Gesetzgebers gewesen sein, der bisherigen Inhaltskontrolle von arbeitsvertragli-

---

274 *Hromadka*, FS Dieterich, 251 (255).

275 *Zöllner*, AcP 196 (1996), 1 (34); *ders.*, RdA 1989, 152 (156); *Hromadka*, FS Dieterich, 251 (256); vgl. auch *Dieterich*, RdA 1995, 129 (135); *Hildebrandt*, Disparität und Inhaltskontrolle im Arbeitsrecht, S. 99.

276 *Däubler*/Dorndorf, AGB-Kontrolle im Arbeitsrecht, § 305b Rn. 11; *Hromadka*, NJW 2002, 2523 (2525); *ders.*, FS Dieterich, 251 (256); *Zöllner*, AcP 196 (1996), 1 (34); *ders.*, RdA 1989, 152 (156); vgl. auch *Dieterich*, RdA 1995, 129 (135); *Hildebrandt*, Disparität und Inhaltskontrolle im Arbeitsrecht, S. 99.

277 *Lakies*, AR-Blattei, SD. 35, Rn. 61; *Schlodder*, Der Arbeitsvertrag im neuen Schuldrecht, S. 237; vgl. auch schon *Lieb*, AcP 178 (1978), 196 (197); *Coester*, Jura 2005, 251 (254); *Schmalenberg*, FS 25 Jahre Arbeitsgemeinschaft Arbeitsrecht im DAV, 155 (169).

chen Individualvereinbarungen die Grundlage zu entziehen[278]. Die Situation ist somit vergleichbar mit der Einführung des AGBG und der damaligen Bereichsausnahme bezüglich des Arbeitsrechts (§ 23 AGBG), die ebenfalls nicht die bis dato vorgenommene richterliche Inhaltskontrolle von Arbeitsverträgen ausschließen wollte[279].

Einzeln ausgehandelte Arbeitsverträge müssen also auch zukünftig nicht nur den Maßstäben der §§ 134, 138 BGB genügen. Eine Angemessenheitskontrolle bleibt möglich[280].

3. Maßstab der individualvertraglichen Inhaltskontrolle

Ist somit die generelle Zulässigkeit der richterlichen Inhaltskontrolle zu bejahen, bleibt doch der Maßstab, an dem sich eine derartige Kontrolle auszurichten hat, zunächst im Unklaren. Fanden die von der Rechtsprechung entwickelten Kontrollinstrumentarien arbeitsvertraglicher Vereinbarungen in der Vergangenheit regelmäßig ohne Rücksicht auf die Art und Weise ihrer formalen Ausgestaltung Anwendung, wird sich dies durch die Schuldrechtsmodernisierung ändern müssen. Die Rechtsprechung wird durch sie zu einem größeren Differenzierungsbewusstsein gezwungen. Die Unterscheidung zwischen Formulararbeitsverträgen und ausgehandelten Individualabreden muss sich demnach auch im Kontrollmaßstab niederschlagen[281].

Die in der Ausweitung des sachlichen Anwendungsbereichs des AGB-Rechts auf Arbeitsverträge zum Ausdruck kommende gesetzgeberische Entscheidung, vorformulierte Vertragsklauseln einer strengeren Kontrolle zu unterziehen, gilt es dabei zu akzeptieren. Einzeln ausgehandelte Arbeitsvertragsbedingungen sind deshalb weder direkt noch analog an den Maßstäben der §§ 307

---

278 *Däubler*/Dorndorf, AGB-Kontrolle im Arbeitsrecht, § 305b Rn. 11; *Hönn*, ZfA 2003, 325 (358); *Thüsing*, BB 2002, 2666 (2667); *Hromadka*, NJW 2002, 2523 (2525), warnt in diesem Zusammenhang davor, die Entscheidung des Gesetzgebers zur Änderung der Bereichsausnahme mit der Annahme eines zukünftigen Ausschlusses der Inhaltskontrolle von arbeitsvertraglichen Individualabreden über zu interpretieren.

279 Siehe dazu schon 1. Teil B. III.

280 Ebenso *Lakies*, AR-Blattei, SD. 35, Rn. 61; *Däubler*/Dorndorf, AGB-Kontrolle im Arbeitsrecht, § 305b Rn. 11; *Hönn*, ZfA 2003, 325 (358); *Schlodder*, Der Arbeitsvertrag im neuen Schuldrecht, S. 237; *Hromadka*, NJW 2002, 2523 (2525); *Thüsing*, BB 2002, 2666 (2667); *ders.*, NZA 2002, 591 (594 f.); *ders.*, FS Wiedemann, 559 (578 f.).

281 Hinsichtlich dieses Differenzierungserfordernisses besteht weitestgehend Einigkeit, vgl. z.B. *Preis*, Der Arbeitsvertrag, I A Rn. 97; *ders.*, NZA 2003 Beilage 16, 19 (20); *Thüsing*, BB 2002, 2666 (2667); *Stoffels*, NZA 2004 Beilage 1, 19 (22).

ff. BGB zu messen[282]. Erst recht muss die Anwendung strengerer Maßstäbe ausscheiden[283].

Die Kontrolle arbeitsvertraglicher Individualabreden kann aber in Zukunft grundsätzlich anhand der hierzu beispielsweise am Maßstab der Billigkeit (§ 315 BGB) oder des Grundsatzes von Treu und Glauben (§ 242 BGB) in der Vergangenheit entwickelten arbeitsgerichtlichen Rechtsgrundsätzen weitererfolgen. Mit Blick auf die dargestellte gesetzgeberische Intention, die vorformulierten Arbeitsverträge einer tiefgreifenderen Kontrolle zu unterstellen, bleibt aber darauf zu achten, dass im Einzelfall keine höheren Wirksamkeitsvoraussetzungen an den Inhalt der Individualabrede gestellt werden als die §§ 307 ff. BGB für den Fall der Vorformulierung aufstellen[284]. Dies führt durchaus zu einem „Mehr" an Vertragsfreiheit im Bereich der arbeitsvertraglichen Individualabreden, wobei die Beweislast, dass es sich um ausgehandelte Vertragsbedingungen handelt, beim Arbeitgeber als Verwender liegt[285].

V. Aufhebungsverträge

Ein Aufhebungsvertrag ist eine Vereinbarung über das vorzeitige Ausscheiden eines Arbeitnehmers aus einem Dauerarbeitsverhältnis[286]. Er ist seinem Regelungsgehalt nach auf eine alsbaldige Beendigung der arbeitsvertraglichen Beziehungen gerichtet. Das bringen die Parteien durch die Wahl einer zeitnahen Beendigung, die sich häufig an der jeweiligen Kündigungsfrist orientiert, und weiterer Vereinbarungen über Rechte und Pflichten aus Anlass der vorzeitigen Vertragsbeendigung zum Ausdruck[287].

Nach der teilweisen Aufhebung der arbeitsrechtlichen Bereichsausnahme unterfallen Aufhebungsverträge nunmehr prinzipiell dem Regelungsbereich der §§ 305 ff. BGB. Gegen eine AGB-rechtliche Inhaltskontrolle derartiger Verträge könnten jedoch die Form ihrer Vereinbarung und das Fehlen eines strukturellen Ungleichgewichts beim Vertragsabschluß sprechen.

---

282 *Gotthardt*, ZIP 2002, 277 (279); ErfK/*Preis*, §§ 305-310 BGB Rn. 27; *ders.*, NZA 2003 Beilage 16, 19 (20); *Hönn*, ZfA 2003, 325 (358 f.).

283 *Däubler*/Dorndorf, AGB-Kontrolle im Arbeitsrecht, § 305b Rn. 11; *Thüsing*, BB 2002, 2666 (2667); *Thüsing/Leder*, BB 2005, 938 (940); *Coester*, Jura 2005, 251 (254).

284 *Däubler*/Dorndorf, AGB-Kontrolle im Arbeitsrecht, § 305b Rn. 11; *Hönn*, ZfA 2003, 325 (358 f.); Thüsing, NZA 2002, 591 (594); *ders.*, BB 2002, 2666 (2667).

285 Vgl. für das allgemeine Zivilrecht: BGH v. 3.4.1998, NJW 1998, 2600.

286 BAG v. 26.8.1997, AP Nr. 8 zu § 620 BGB Aufhebungsvertrag.

287 Vgl. BAG v. 13.11.1996, AP Nr. 4 zu § 620 BGB Aufhebungsvertrag.

1. Keine Kontrolle der Hauptleistungspflichten

Teilweise wird angeführt, dass der Aufhebungsvertrag typischerweise ausgehandelt werde und als Individualvereinbarung bereits per Definition nicht der AGB-Kontrolle unterfalle[288].

Dieser Einwand wirkt jedoch nur bezüglich der *Hauptbestimmungen* des Aufhebungsvertrags. Die Aufhebung als solche wird regelmäßig zum Verhandlungsgegenstand erhoben und vom Arbeitgeber auch durchaus zur Disposition gestellt, indem er auf die Alternative der Kündigung verweist. Die Aufhebungsabrede an sich und die Höhe einer etwaigen Abfindung werden in der Regel individuell vereinbart, so dass sie nach § 305b BGB der AGB-Kontrolle entzogen sind[289]. Selbst bei einer Vorformulierung wären diese Hauptleistungspflichten aber schon nach allgemeinen AGB-rechtlichen Grundsätzen von der Kontrolle ausgenommen. Der Zeitpunkt der Arbeitsvertragsbeendigung und die Höhe der Abfindung stellen die essentialia negotii des Aufhebungsvertrags dar. Diese umschreiben das Äquivalenzverhältnis, welches den Kernbereich privatautonomer Vertragsgestaltung ausmacht. Für das Verhältnis von Leistung und Gegenleistung fehlt es deshalb an Rechtsvorschriften. Mit Blick auf Aufhebungsverträge gibt es somit keinen rechtlichen Maßstab dafür, was eine angemessene Gegenleistung für den Verzicht auf den Arbeitsplatz bzw. den Bestandsschutz sein soll. Nach § 307 Abs. 3 BGB sind aber gerade nur solche Vereinbarungen kontrollierbar, die von Rechtsvorschriften abweichen oder diese ergänzen[290].

Anders als bei den Hauptbestimmungen verhält es sich jedoch mit den *Nebenbestimmungen* eines Aufhebungsvertrags, z.B. der sogenannten *Ausgleichs-*

---

288 *Reinecke*, NZA 2004 Beilage 18, 27 (36); *Sartorius/Rambach*, ZAP 2002, 541 (544); *Bauer*, NZA 2002, 169 (173); *Ernst*, Aufhebungsverträge zur Beendigung von Arbeitsverhältnissen, S. 192

289 *Stoffels*, NZA 2004 Beilage 1, 19 (23); *Gotthardt*, in: Henssler/Willemsen/Kalb, Anh. §§ 305-310 BGB Rn. 4; *Birnbaum*, NZA 2003, 944 (950).

290 Die AGB-Kontrolle der Hauptbestimmungen „Beendigung des Arbeitsvertrags" und „Abfindung" aus diesem Grund ablehnend: BAG v. 27.11.2003, NZA 2004, 597 (603 f.) = FA 2004, 241; *Stoffels*, NZA 2004 Beilage 1, 19 (23); ErfK/*Müller-Glöge*, § 620 BGB Rn. 14; *Gotthardt*, in: Henssler/Willemsen/Kalb, Anh. §§ 305-310 BGB Rn. 4; *Lakies*, AR-Blattei, SD. 35, Rn. 74; *Thüsing/Leder*, BB 2004, 42 (44); *Thüsing*, RdA 2005, 257 (267); *Reinecke*, NZA 2004 Beilage 18, 27 (36); *Preis*, NZA 2003 Beilage 16, 19 (31); *Bauer*, NZA 2002, 169 (172); *Lingemann*, NZA 2002, 181 (185); *Ernst*, Aufhebungsverträge zur Beendigung von Arbeitsverhältnissen, S. 192; a.A. zumindest teilweise *Däubler*/Dorndorf, AGB-Kontrolle im Arbeitsrecht, Einleitung Rn. 158, der die Abfindung als Nebenbestimmung einordnet und selbige deshalb nach § 307 Abs. 1 BGB auf ihre Angemessenheit überprüfen möchte.
Zur fehlenden Kontrollierbarkeit von essentialia negotii im Allgemeinen vgl. BGH v. 19.11.1991, NJW 1992, 688; BGH v. 26.9.1996, NJW 1997, 135; BGH v. 24.9.1998, NJW 1999, 864.

quittung[291]. Diese ist in der Praxis durchaus in vom Arbeitgeber vorformulierten Textbausteinen enthalten. Aufhebungsverträge werden ebenso standardisiert verwendet wie Arbeitsverträge. Die Tatsache, dass einzelne Inhalte des Aufhebungsvertrags (Beendigungszeitpunkt, Abfindung) ausgehandelt werden, nimmt ihm ebenso wenig den AGB-Charakter wie dem Arbeitsvertrag, bei dem der Vertragsbeginn und die Lohnhöhe individuell besprochen werden[292].

2. Fehlen eines strukturellen Ungleichgewichts als „Besonderheit des Arbeitsrechts"?

Prinzipiell unterfallen damit vorformulierte Nebenbestimmungen eines arbeitsrechtlichen Aufhebungsvertrags der AGB-Kontrolle. Fehlt es aber eventuell beim Abschluss des Aufhebungsvertrags an einer strukturellen Unterlegenheit des Arbeitnehmers gegenüber seinem Arbeitgeber und ist dieser Umstand als „Besonderheit des Arbeitsrechts" i.S.v. § 310 Abs. 4 S. 2 Hs. 1 BGB[293] zu werten, so könnte die Kontrollierbarkeit derartiger Nebenbestimmungen doch ausgeschlossen oder zumindest stark eingeschränkt sein.

Dazu müsste die Regelung des § 310 Abs. 4 S. 2 Hs. 1 BGB zunächst einmal auf Aufhebungsverträge anwendbar sein. Dies ist keine Selbstverständlichkeit, da die Norm nach ihrem Wortlaut die angemessene Berücksichtigung der im Arbeitsrecht geltenden Besonderheiten nur bei der Anwendung der AGB-Regeln auf Arbeitsverträge fordert. Es ist aber kein Grund ersichtlich, warum für den Vertrag, der ein Arbeitsverhältnis begründet, etwas anderes gelten solle als für den Vertrag, der ein Arbeitsverhältnis beendet. § 310 Abs. 4 S. 2 Hs. 1 BGB ist somit auf den Aufhebungsvertrag als actus contrarius zum Arbeitsvertrag anwendbar[294].

---

291 Dabei handelt es sich um eine Verzichtserklärung. Der Arbeitnehmer erklärt, keinerlei Ansprüche mehr aus dem Vertragsverhältnis gegen den Arbeitgeber zu haben, vgl. *Schaub*, Arbeitsrechtshandbuch, § 72 Rn. 7; *Bauer*, Arbeitsrechtliche Aufhebungsverträge, IV Rn. 375. *Lelley/Kaufmann*, FA 2006, 7 (8), gehen davon aus, dass sich die Beratungspraxis nach der Einführung der AGB-Kontrolle im Arbeitsrecht von der Verwendung einer umfassenden und kompensationslosen Ausgleichsquittung engültig verabschieden muss.

292 Nebenbestimmungen in Aufhebungsverträgen als vorformuliert erkennend und deshalb einer Kontrolle nach §§ 305 ff. BGB für zugänglich haltend: *Hümmerich*, NJW 2004, 2921 (2930); *ders.*, NZA 2004, 809 (816); *Gotthardt*, in: Henssler/Willemsen/Kalb, Anh. §§ 305-310 BGB Rn. 4; *Preis*, NZA 2003 Beilage 16, 19 (31); *Stoffels*, NZA 2004 Beilage 1, 19 (23).

293 Ausführlicher zum Inhalt des Begriffs der "Besonderheiten des Arbeitsrechts" siehe 4. Teil A.

294 ErfK/*Müller-Glöge*, § 620 BGB Rn. 14; *Gotthardt*, in: Henssler/Willemsen/Kalb, Anh. §§ 305-310 BGB Rn. 3; *Däubler*/Dorndorf, AGB-Kontrolle im Arbeitsrecht, Einleitung Rn. 27; *Lakies*, AR Blattei, SD. 35, Rn. 73; *Franz*, Der Abschluss eines Aufhebungs-

Selbst wenn man § 310 Abs. 4 S. 2 Hs. 1 BGB hier nicht anwenden möchte, könnte ein etwaiges Fehlen des strukturellen Ungleichgewichts beim Abschluss des Aufhebungsvertrags zu einem Ausschluss der Inhaltskontrolle führen. So hat das BVerfG[295] im Beschluss zur Inhaltskontrolle von Bürgschaftsverträgen das Vorliegen eines strukturellen Ungleichgewichts bzw. einer strukturellen Ungleichheit zur Mindestvoraussetzung richterlicher Inhaltskontrolle erhoben. Das BVerfG stellte fest, dass die Vertragsfreiheit nach Art. 2 Abs. 1 GG geschützt sei, wobei ihre Ausgestaltung ein Problem der praktischen Konkordanz sei. An einem Vertrag seien immer mehrere Parteien beteiligt, die alle gleichermaßen Grundrechte hätten. Deshalb könne nicht nur das Recht des Stärkeren gelten. Zwar könne das Gesetz nicht alle Fälle einer mehr oder weniger starken Beeinträchtigung des Verhandlungsgleichgewichts berücksichtigen. Das verbiete schon die Rechtssicherheit. Liege jedoch eine typisierbare Fallgestaltung vor, die eine strukturelle Unterlegenheit des einen Vertragsteils erkennen lasse, und seien die Folgen des Vertrags für den unterlegenen Vertragsteil ungewöhnlich belastend, so müsse die Zivilrechtsordnung darauf reagieren und Korrekturen ermöglichen. Das folge aus der Privatautonomie (Art. 2 Abs. 1 GG) und dem Sozialstaatsprinzip (Art. 20 Abs. 1 und 28 Abs. 1 GG). Liegt nun keine derartige strukturelle Unterlegenheit des Arbeitnehmers beim Abschluss des Aufhebungsvertrags vor, erschiene eine Inhaltskontrolle demnach nicht gerechtfertigt.

So entspricht es durchaus der Rechtsprechung des BAG[296], welche Zustimmung in der Literatur[297] erfahren hat, beim Abschluss eines Aufhebungsvertrages eine strukturelle Unterlegenheit des Arbeitnehmers zu verneinen. Dem Ar-

---

vertrages, S. 153. Ebenso *Henssler*, RdA 2002, 129 (139); *ders.*, in: Dauner-Lieb/Konzen/Schmidt, Das neue Schuldrecht in der Praxis, 615 (647); *ders.*/von Westphalen, Praxis der Schuldrechtsreform, § 310 Rn. 29; *Bauer*, NZA 2002, 169 (172), die darauf hinweisen, dass das gesetzgeberische Anliegen, nur eine „teilweise Aufhebung der Bereichsausnahme für das Arbeitsrecht" herbeizuführen, dafür spreche, den Begriff „Arbeitsvertrag" als „jeder arbeitsrechtlicher Vertrag" zu lesen. So fehle in der Gesetzesbegründung jeglicher Hinweis darauf, dass bestimmte Bereiche des Arbeitsrechts, welche bislang jeglicher Inhaltskontrolle entzogen wurden, nun in vollem Umfang den §§ 305 ff. BGB unterliegen sollen. *Birnbaum*, NZA 2003, 944 (949), folgert die Anwendbarkeit des § 310 Abs. 4 S. 2 Hs. 1 BGB auf Aufhebungsverträge aus einer systematischen Betrachtung des § 310 Abs. 4 BGB.

Die Anwendbarkeit des § 310 Abs. 4 S. 2 Hs. 1 BGB auf Aufhebungsverträge ablehnend, da es sich bei diesen eben nicht um Arbeitsverträge handele: *Däubler*/Dorndorf, AGB-Kontrolle im Arbeitsrecht, Einleitung Rn. 156; *Thüsing/Leder*, BB 2004, 42 (44); *Hümmerich*, NJW 2004, 2921 (2930); *ders.*, NZA 2004, 809 (816).

295 BVerfG v. 19.10.1993, DB 1993, 2580 f.

296 BAG v. 30.9.1993, NZA 1994, 209; BAG v. 14.12.1996, NZA 1996, 811.

297 Vgl. beispielsweise *Ernst*, Aufhebungsverträge zur Beendigung von Arbeitsverhältnissen, S. 133; *Bauer*, Arbeitsrechtliche Aufhebungsverträge, I Rn. 217; *Bengelsdorf*, ZfA 1995, 229 (263); *Weber/Ehrich/Burmester*, Handbuch der arbeitsrechtlichen Aufhebungsverträge, Teil 1 Rn. 809b; *Bauer/Diller*, DB 1995, 1810.

beitnehmer, welcher dem Ansinnen des Arbeitgebers gegebenenfalls nur ein schlichtes „Nein“ entgegenzusetzen brauche, könne nicht die zur Durchsetzung seiner berechtigten Interessen erforderliche Verhandlungsmacht abgesprochen werden. Vielmehr habe er die Möglichkeit, sowohl das „Ob“ als auch das „Wie“ und „Wann“ der Vertragsbeendigung von seinem vollen Konsens abhängig zu machen. Der Arbeitnehmer habe – insbesondere durch seine starke kündigungsrechtliche Stellung, die ihm bewusst sein muss (§ 4 KSchG) – eine verhältnismäßig starke Position, die es ihm ermögliche, ein Gespräch über die Aufhebung des Arbeitsverhältnisses abzulehnen, den Arbeitgeber auf den risikoreichen Weg der Kündigung zu verweisen oder seinerseits Bedingungen zu stellen. Lehne der Arbeitnehmer den Abschluss eines Aufhebungsvertrages ab, sei es Sache des Arbeitgebers, ihn davon zu überzeugen, dass die Bedingungen des Aufhebungsvertrags fair sind. Will der Arbeitnehmer den Arbeitsplatz nicht aufgeben oder sind ihm die Konditionen zu schlecht, beispielsweise die Abfindung zu niedrig, so könne der Arbeitgeber nur noch versuchen, den Arbeitnehmer durch ein verbessertes Angebot umzustimmen. Nach Teilen der Literatur hat der Arbeitnehmer deshalb gegenüber seinem Arbeitgeber eine zumindest gleichwertige strukturelle Verhandlungsmacht[298], wenn nicht sogar „die besseren Karten“[299].

Diese Annahme einer zumindest gleichwertigen Verhandlungsstärke zwischen Arbeitnehmer und Arbeitgeber, die den Aufhebungsvertrag mit der prozessualen Richtigkeitsgewähr des Aushandelns versehen sieht[300], entspringt jedoch einer allzu theoretischen Betrachtungsweise, die auf ein rein formales Verhandlungsgleichgewicht abstellt. Die Augen dürfen nicht vor den Umständen verschlossen werden, unter denen die konkrete Verhandlungssituation in den meisten Fällen tatsächlich stattfindet[301].

Typischerweise wird der Arbeitnehmer für ihn überraschend mit der Situation der drohenden Auflösung des Arbeitsverhältnisses konfrontiert werden. Oftmals wird er unmittelbar im Anschluss an ein etwaiges Fehlverhalten in die Geschäftsräume des zuständigen Entscheidungsträgers zitiert, der ihm die Wahl zwischen dem Abschluss eines Aufhebungsvertrages oder dem Aussprechen einer Kündigung seitens des Arbeitgebers offeriert. Dies stellt eine psychologische Ausnahmesituation für den Arbeitnehmer dar, für den der Verlust des Arbeitsplatzes – gerade in Zeiten der Arbeitsmarktmisere – existenzgefährdende Auswirkungen haben kann. Für den Arbeitgeber mag der Abschluss eines Aufhebungsvertrages hingegen nur einer von vielen unternehmerischen Entschei-

---

298 *Henssler*, RdA 2002, 129 (139); *ders.*, in: Dauner-Lieb/Konzen/Schmidt, Das neue Schuldrecht in der Praxis, 615 (647); *ders.*/von Westphalen, Praxis der Schuldrechtsreform, § 310 Rn. 29; *Bauer*, NZA 2002, 169 (172); *Lingemann*, NZA 2002, 181 (185).

299 So *Birnbaum*, NZA 2003, 944 (949).

300 Zur Annahme einer Richtigkeitsgewähr durch den Mechanismus der Einigung mittels übereinstimmender Willenserklärung, vgl. *Zoller*, JZ 1991, 850 (853).

301 Vgl. dazu auch *Fromm*, AuR 2005, 177 (178).

dungen sein, der einem Routinevorgang gleicht. Der Arbeitnehmer bangt dabei nicht nur um seinen Arbeitsplatz, sondern darüber hinaus um eine weitere Verschlechterung seiner „Vermarktungschancen". So würde der Makel einer fristlosen Kündigung – sei sie auch noch so unberechtigt – dem Arbeitnehmer bei der Suche nach einem neuen Arbeitsplatz anhaften. Hinzu kommt der Zeitdruck, da der Arbeitgeber regelmäßig auf einer sofortigen Entscheidung bestehen wird. Ein möglicherweise ausdauerndes Hinwirken durch den Arbeitgeber auf den Abschluss des Aufhebungsvertrags vermag den Druck auf den Arbeitnehmer zusätzlich zu erhöhen. Diese so skizzierte Ausnahmesituation kann den Arbeitnehmer aus dem Gleichgewicht bringen und eine ruhige Überlegung entfallen lassen.

Darüber hinaus wird sich der Arbeitnehmer bei derartigen Gesprächen bezüglich eines Aufhebungsvertrags nicht in der Lage des Handelnden, sondern des Reagierenden befinden. Denn der Regelfall ist wohl, dass ein Arbeitgeber sich von einem Arbeitnehmer trennen will und sich daran entweder durch besondere Kündigungsvorschriften gehindert sieht oder die Kosten und eventuelle gerichtliche Auseinandersetzungen scheut, die eine Kündigung nach sich ziehen kann. Kraft seines Direktionsrechts hat der Arbeitgeber auch die Macht, die Verhandlungssituation und das Verfahren der Verhandlungen über Aufhebungsverträge zu beeinflussen. Macht er davon in einer Art Gebrauch, die eine abgewogene und selbständige Entscheidung des Arbeitnehmers unmöglich macht, so zeigt sich daran seine strukturelle Überlegenheit. Ebenso veranschaulicht die Tatsache, dass der Arbeitgeber mit einer Kündigung drohen und damit das Verhandlungsverhalten nicht ganz unerheblich beeinflussen kann, seine überlegene Position.

Selbst wenn der Arbeitgeber kein Stressgespräch herbeiführt, vermögen seine gegenüber dem Arbeitnehmer eingenommene Vorgesetztenposition und der Umstand, dass auf Arbeitgeberseite oftmals mehrere Personen auftreten (Vorgesetzter, Mitarbeiter der Personal- und eventuell auch Rechtsabteilung), wohingegen der Arbeitnehmer regelmäßig ohne jeden Beistand dasteht, den Arbeitnehmer einzuschüchtern. Von einem strukturellen Verhandlungsgleichgewicht kann unter diesen Umständen nicht die Rede sein[302].

Sicherlich sind auch Verhandlungssituationen denkbar, in denen die Verhandlungsmacht durchaus gleich verteilt ist, z.B. wenn sich das Gespräch bzgl. einer Vertragsaufhebung – etwa wegen einer langwierigen Krankheit – für den Arbeitnehmer angedeutet hat und er sich deshalb innerlich auf die Situation ein-

---

[302] In diesem Sinne das Fehlen einer strukturellen Ungleichheit zwischen Arbeitnehmer und Arbeitgeber beim Abschluss eines Aufhebungsvertrages anzweifelnd: *Hümmerich*, NJW 2004, 2921 (2929); *ders.*, NZA 2004, 809 (815); *Reinecke*, NZA 2004 Beilage 18, 27 (34); *Thüsing/Leder*, BB 2004, 42 f.; *Thüsing*, NZA 2002, 591 (594 f.); *ders.*, BB 2002, 2666 (2669); *Singer*, RdA 2003, 194 (196); *Richter/Richter*, AiB 1988, 140 (143); *Däubler*, Das Arbeitsrecht 2, Rn. 1232; *Zwanziger*, DB 1994, 982 ff.

stellen und Rechtsbeirat einholen konnte. Dies dürfte jedoch keinesfalls der Regelfall sein. Ein generelles strukturelles Verhandlungsgleichgewichts zwischen Arbeitnehmer und Arbeitgeber beim Abschluss eines Aufhebungsvertrags, welches als Besonderheit des Arbeitsrechts nach § 310 Abs. 4 S. 2 Hs. 1 BGB zum Ausschluss der Aufhebungsverträge von der AGB-Kontrolle führt, kann deshalb nicht konstatiert werden.

3. Fazit

Die Hauptleistungspflichten des Aufhebungsvertrags – die Beendigung des Arbeitsvertrags als solche und die Höhe einer eventuellen Abfindung – unterliegen nicht der AGB-Kontrolle. Um gegen die Aufhebung des Arbeitsverhältnisses an sich vorzugehen, bleibt dem Arbeitnehmer die – in der Praxis jedoch oft nicht sonderlich aussichtsreiche – Anfechtung wegen Drohung gem. § 123 BGB[303]. In diesem Zusammenhang wird zudem die Anwendbarkeit des Widerrufsrechts nach §§ 312, 355 BGB auf arbeitsvertragliche Aufhebungsverträge diskutiert[304]. Das BAG hat diesbezüglich festgestellt, dass § 312 BGB zumindest im Personalbüro geschlossene Aufhebungsverträge nicht erfasse. Nach der Entstehungsgeschichte, der gesetzlichen Systematik sowie nach Sinn und Zweck des § 312 BGB unterfielen derartige Vereinbarungen nicht dem Anwendungsbereich der Norm. Sie würden nicht in einer für das abzuschließende Rechtsgeschäft atypischen Umgebung abgeschlossen. Vielmehr sei das Personalbüro des Arbeitgebers ein Ort, an dem typischerweise arbeitsrechtliche Fragen geregelt würden. Von einer überraschenden Situation auf Grund des Verhandlungsortes, wie sie dem Widerrufsrecht bei Haustürgeschäften als „besonderer Vertriebsform“ zugrunde liege, könne deshalb keine Rede sein[305].

Vorformulierte Nebenbestimmungen unterfallen hingegen den §§ 305 ff. BGB. Dem steht auch nicht ein generelles Verhandlungsgleichgewicht zwischen Arbeitnehmer und Arbeitgeber beim Abschluss des Aufhebungsvertrags entge-

---

303 Vgl. dazu BAG v. 16.2.1983, NJW 1983, 2958 = AP Nr. 22 zu § 123 BGB; *Reinecke*, NZA 2004 Beilage 18, 27 (36f); *Benecke*, RdA 2004, 147 ff.

304 Für ein derartiges Widerrufsrecht plädieren z.B. *Derleder*, AuR 2004, 361 (366); *Däubler*/Dorndorf, AGB-Kontrolle im Arbeitsrecht, Einleitung Rn. 134; *Schuster*, AiB 2002, 274 f.; *Singer*, RdA 2003, 194 (195 f.). Die Anwendbarkeit des § 312 BGB auf arbeitsrechtliche Aufhebungsverträge hingegen ablehnend: *Lieb*, FS Ulmer, 1231 (1238); *Wolff*, AuA 2003, 15 (16); *Preis*, NZA 2003 Beilage 16, 19 (30); *Stoffels*, NZA 2004 Beilage 1, 19 (23); *Bauer*, NZA 2002, 169 (172).

305 BAG v. 27.11.2003 – 2 AZR 135/03, NZA 2004, 597 ff. = FA 2004, 241; BAG v. 27.11.2003 - 2 AZR 177/03, BB 2004, 1858 f. Auf die mit Blick auf § 312 BGB noch offenen Fragen, ob der Arbeitnehmer Verbraucher sei und ein arbeitsrechtlicher Aufhebungsvertrag eine entgeltliche Leistung zum Vertragsgegenstand habe, musste das BAG dabei nicht eingehen.

gen. Dessen Existenz ist vielmehr in Zweifel zu ziehen. Dennoch sind bei Verhandlungen hinsichtlich eines Aufhebungsvertrags durchaus eher Situationen denkbar, in denen typischerweise von einem Verhandlungsgleichgewicht der Parteien ausgegangen werden kann als bei Verhandlungen bezüglich eines Arbeitsvertrags. Ist eine Fallgestaltung gegeben, deren Umstände typischerweise für ein Gleichgewicht zwischen den Verhandlungspartnern sprechen – z.B. weil dem Arbeitnehmer Inhalt und Zeitpunkt des Gesprächs eine ausreichende Zeit vorher angekündigt wurden –, kann dies über die Regelung des § 310 Abs. 4 S. 2 Hs. 1 BGB dazu führen, dass ein weniger strenger Kontrollmaßstab anzulegen ist. Einige Stimmen in der Literatur ordnen den Aufhebungsvertrag als Verbrauchervertrag im Sinne des § 310 Abs. 3 BGB ein, um über § 310 Abs. 3 Nr. 3 BGB die Umstände des Einzelfalls und damit ein eventuell bestehendes Verhandlungsgleichgewicht berücksichtigen zu können[306].

VI. Sonstige Austauschverträge

Austauschverträge außerhalb des Arbeitsvertrags, insbesondere Darlehens-, Miet- und Kaufverträge zwischen Arbeitgeber und Arbeitnehmer, wurden nach herrschender Meinung bereits von der früheren Bereichsausnahme des § 23 Abs. 1 AGBG nicht umfasst[307]. Bei diesen sogenannten Mitarbeiterverträgen zwischen Arbeitgeber und Arbeitnehmer handelt es sich im Unterschied zu Arbeitsverträgen um Austauschverträge mit einem gegenüber den Arbeitsverträgen klar abgrenzbaren, eigenständigen Regelungsgehalt, die den arbeitsrechtlichen Schutzvorschriften nicht unterliegen. Für diese Ansicht und gegen das Eingreifen der arbeitsrechtlichen Bereichsausnahme sprach, dass derartige Mitarbeiterverträge zwar oftmals einen Sachzusammenhang mit dem Arbeitsvertrag aufweisen, aber rechtlich als Austauschverträge des besonderen Schuldrechts zu qualifizieren sind, weshalb die für sie maßgeblichen Wertungen nicht dem Arbeitsrecht entstammen. Selbiges ergibt sich auch aus der Gesetzesbegründung zu § 23 Abs. 1 AGBG[308]. Denn danach beruhte die arbeitsrechtliche Bereichsausnahme darauf, dass der Schutz des schwächeren Vertragspartners auf dem Gebiet des Arbeitsrechts bereits durch ein dichtes Netz von zwingenden Normen und durch das besondere System der kollektivrechtlichen Vereinbarungen verwirklicht werde. Ein derartiger Sonderschutz des

---

[306] *Thüsing/Leder*, BB 2004, 42 (44); *Thüsing*, BB 2002, 2666 (2669); *Däubler*/Dorndorf, AGB-Kontrolle im Arbeitsrecht, Einleitung Rn. 156; *Stoffels*, NZA 2004 Beilage 1, 19 (22 f.); *Reinecke*, NZA 2004 Beilage 18, 27 (36).
Zur fehlenden generellen Verbrauchereigenschaft des Arbeitnehmers vgl. bereits 3. Teil A. III. 2.

[307] *Ulmer*, in: Ulmer/Brandner/Hensen, AGBG, § 23 Rn. 5a.

[308] BT-Drs. 7/3919, S. 41.

Arbeitnehmers besteht jedoch nicht bei den hier in Frage stehenden Austauschverträgen, so dass eine Ausnahme vom AGB-Gesetz für sie nicht angezeigt war[309].

Die Gegenmeinung sah Darlehens-, Miet- oder Kaufverträge zwischen Arbeitgeber und Arbeitnehmer dem Anwendungsbereich des AGB-Gesetzes entzogen, soweit sie sich auf das bestehende Arbeitsverhältnis bezogen. Sie verwies darauf, dass § 87 Abs. 1 Nr. 9 und 10 BetrVG gewisse Mitbestimmungsrechte des Betriebsrates im Bereich der Vermietung von Wohnungen sowie der betrieblichen Lohngestaltung vorsehen und zudem die Möglichkeit tarifvertraglicher Regelungen besteht[310]. Dieser Ansicht ist jedoch berechtigterweise entgegenzuhalten, dass der in der Gewährung von derartigen Mitbestimmungsrechten bestehende Schutz bei Betrieben ohne Betriebsrat versagt und sich der Betriebsrat zudem bei seiner Mitbestimmung in der Regel an arbeitsrechtlichen und nicht an den durch die besonderen schuldrechtlichen Probleme der einzelnen Vertragstypen bedingten zivilrechtlichen Wertungen orientiert[311].

Dementsprechend hat das Bundesarbeitsgericht bisher schon die Regelungen des AGB-Rechts direkt auf derartige Verträge angewendet[312]. Dieser Rechtspraxis wird es auch in Zukunft ohne Einschränkungen nachgehen können. So gilt auch die Bereichseinschränkung des § 310 Abs. 4 S. 2 BGB, welche zur Beachtung der „Besonderheiten des Arbeitsrechts" anhält, nicht für derartige Austauschverträge, sondern nur für den eigentlichen arbeitsvertraglichen Bereich.[313]

---

[309] BAG v. 26.5.1993, ZIP 1993, 1251 (1252); *Lingemann*, NZA 2002, 181 (184); *Ulmer*, in: Ulmer/Brandner/Hensen, AGBG, § 23 Rn. 5a; *Wolf*, in: Wolf/Horn/Lindacher, AGBG, § 23 Rn. 36.

[310] So z.B. *Nicolai*, ZIP 1995, 359 (360 f.).

[311] *Ulmer*, in: Ulmer/Brandner/Hensen, AGBG, § 23 Rn. 5a.

[312] Zu Darlehensverträgen vgl. beispielsweise BAG v. 23.9.1992, AP Nr. 2 zu § 3 AGBG; zu Kaufverträgen BAG 26.5.1993, AP Nr. 3 zu § 23 AGBG; BAG v. 26.5.1993, ZIP 1993, 1251 (1252).
Das BAG beurteilte in diesem Zusammenhang einen Liefervertrag über einen Jahreswagen, in dem sich der Arbeitnehmer verpflichtete, bei Veräußerung des Fahrzeugs vor Ablauf der Bindungsfrist den Preisnachlass zurückzuzahlen. In dieser Regelung sah es einen Verstoß gegen das damals aus § 9 Abs. 1 AGBG unmittelbar hergeleitete Transparenzgebot, wenn der Preisnachlass nicht nominal oder prozentual angegeben war, vgl. BAG v. 26.5.1993, AP Nr. 3 zu § 23 AGBG.
Auch benachteiligte eine formularmäßige Bürgschaft zur Sicherung aller künftigen Forderungen aus einem Arbeitsverhältnis die bürgende Privatperson regelmäßig unangemessen und war daher in direkter Anwendung von § 9 AGBG unwirksam, vgl. BAG v. 27.4.2000, AP Nr. 1 zu § 765 BGB.

[313] *Lingemann*, NZA 2002, 181 (184).

Bei den sogenannten Mitarbeiterverträgen handelt es sich grundsätzlich um Verbraucherverträge[314]. Unerheblich ist für diese Einordnungsfrage die Tatsache, dass diese Verträge in Anknüpfung an das Arbeitsverhältnis abgeschlossen werden, z.B. beim verbilligten Verkauf von Waren an Arbeitnehmer von Einzelhandelsgeschäften oder beim Verkauf sogenannter Jahreswagen eines Automobilherstellers an seine Arbeitnehmer[315]. Derartige Verträge unterliegen der Kontrolle anhand der §§ 305 ff. BGB daher nach Maßgabe des § 310 Abs. 3 BGB[316].

VII. Bereichsausnahmen innerhalb des Arbeitsrechts

Wie bereits erwähnt erfolgte im Rahmen der Schuldrechtsreform in Bezug auf die AGB-Regelungen nur eine teilweise Aufhebung der arbeitsrechtlichen Bereichsausnahme. § 310 Abs. 4 S. 1 BGB nimmt auch weiterhin Tarifverträge, Betriebs- und Dienstvereinbarungen ausdrücklich von der Kontrolle anhand der §§ 305 ff. BGB aus. Um den Gegenstand der AGB-Kontrolle für das Gebiet des Arbeitsrechts abschließend beschreiben zu können, muss der Umfang dieser Bereichsausnahme näher ergründet werden.

1. Tarifverträge

a) Reine Rechtskontrolle der Tarifverträge

Die Unanwendbarkeit der AGB-Kontrolle auf Tarifverträge rechtfertigt sich aus zwei Gründen. Zum einen wird hier aufgrund des durch den Zusammenschluss zur Gewerkschaft gesicherten Verhandlungsgleichgewichts von Arbeitnehmer- und Arbeitgeberseite die Angemessenheit des Verhandlungsergebnisses vermutet. Es wird allgemein davon ausgegangen, dass die Vertragsparität beim Abschluss dieses kollektiven Regelungswerks gewahrt ist[317]. Zum anderen bedarf

---

314 Soergel/*Pfeiffer*, § 13 Rn. 42; *Hönn*, ZfA 2003, 325 (343); *Henssler*, in: Dauner-Lieb/Konzen/Schmidt, Das neue Schuldrecht in der Praxis, 615 (632); *Clemens*, ZGS 2003, 79 (80).

315 Vgl. *Bauer/Kock*, DB 2002, 42 (45); *Henssler*, RdA 2002, 129 (134), auch zur weiterführenden Frage, ob derartige Kaufverträge, in deren Rahmen teilweise erhebliche Preisnachlässe gewährt werden, den Regelungen des Verbrauchsgüterkaufs der §§ 474 ff. BGB unterworfen werden sollen.

316 Zur Frage der generellen Verbrauchereigenschaft des Arbeitnehmers vgl. bereits 3. Teil A. III. 2.; zu den Anwendungsauswirkungen des § 310 Abs. 3 BGB vgl. 3. Teil A. III.

317 *Vogel/Kümmel*, BWGZ 2002, 706 (707); *Henssler*, RdA 2002, 129 (136); *Thüsing*, BB 2002, 2666 (2669); *Grobys*, DStR 2002, 1002 (1002); *Lindemann*, AuR 2003, 81 (86);

es der Beachtung der Grundsätze der Tarifautonomie. So sind Tarifverträge nicht nur zwischen den Kollektivvertragsparteien ausgehandelte Verträge, sondern zugleich Rechtsnormen, welche unmittelbar und zwingend für die Arbeitsverhältnisse der tarifgebundenen Arbeitnehmer gelten. Der Gesetzgeber sieht demnach einen den Tarifvertragsparteien überlassenen normsetzenden Bereich, in den eine AGB-Kontrolle nicht eingreifen kann und darf[318].

Darüber hinaus sind Tarifverträge allerdings bereits an sich keine Allgemeinen Geschäftsbedingungen im Sinne von § 305 Abs. 1 S. 1 BGB. Tarifverträge werden zwischen tariffähigen Parteien geschlossen, also den Gewerkschaften und den Arbeitgeberverbänden bzw. den einzelnen Arbeitgebern. Es gibt keinen Tarifvertrag, der von einer Partei einseitig vorformuliert und der anderen sodann gestellt wird. Folglich sind Tarifverträge keine Allgemeinen Geschäftsbedingungen und unterfallen schon deshalb nicht dem AGB-Recht. Die Regelung des § 310 Abs. 4 S. 1 BGB mag insofern als überflüssig betrachtet werden oder aber – wohlwollender ausgedrückt – einen rein klarstellenden Charakter haben[319].

Dies bedeutet allerdings keinesfalls, dass Tarifverträge jeglicher gerichtlichen Kontrolle entzogen sind. Selbstverständlich müssen Tarifverträge dem vorrangigen Gesetzesrecht entsprechen. Sie unterliegen daher auch wie schon vor der Änderung der AGB-Regelungen der Rechtskontrolle, die darauf gerichtet ist, ob Tarifverträge gegen die Verfassung, anderes höherrangiges zwingendes Recht oder gegen die guten Sitten verstoßen[320]. Eine Tarifzensur findet nicht statt. Sie wäre mit der durch Art. 9 Abs. 3 GG garantierten Tarifautonomie unvereinbar. Eine über die Rechtskontrolle hinausgehende Inhaltskontrolle, etwa auf Zweckmäßigkeit, Ausgewogenheit oder Billigkeit, findet nicht statt[321]. In

---

Lakies, AR-Blattei, SD. 35, Rn. 78; *ders.*, BB 2004, 1903 (1904); *ders.*, NZA 2004, 569 (571).

Ebenso sieht die Rechtsprechung beim Abschluss von Kollektivverträgen eine Vermutung für die Angemessenheit und Richtigkeit des Vereinbarten, vgl. BVerfG v. 26.6.1991, AP Nr. 117 zu Art. 9 GG Arbeitskampf; BAG v. 6.9.1995, AP Nr. 22 zu § 611 Ausbildungsbeihilfe; BAG v. 6.2.1985, AP Nr. 1 zu § 1 TVG Tarifverträge Süßwarenindustrie.

318 BT-Drs. 14/6857, S. 54; vgl. auch *Däubler*/Dorndorf, AGB-Kontrolle im Arbeitsrecht, § 310 BGB Rn. 23; *Schlodder*, Der Arbeitsvertrag im neuen Schuldrecht, S. 201.

319 Vgl. dazu auch *Joost*, FS Ulmer, 1199 (1205); *Witt*, NZA 2004, 135 (136).

320 *Richardi*, NZA 2002, 1057 (1059); *Däubler*, NZA 2001, 1329 (1334); *Lakies*, AR-Blattei, SD. 35, Rn. 78; *Schlodder*, Der Arbeitsvertrag im neuen Schuldrecht, S. 201; *Witt*, NZA 2004, 135.

Die Rechtskontrolle von Tarifverträgen entspricht der ständigen Rechtsprechung, vgl. beispielsweise BAG v. 19.12.1958, AP Nr. 3 zu § 2 TVG; BAG v. 6.9.1995, AP Nr. 22 zu § 611 BGB Ausbildungsbeihilfe; BAG v. 6.11.1996, AP Nr. 1 zu § 10a AVR Caritasverband = EzA § 611 BGB Ausbildungsbeihilfe Nr. 16. Vgl. allgemein zur gerichtlichen Inhaltskontrolle von Tarifverträgen: *Schierbaum*, in: Berscheid/Kunz/Brand, Praxis des Arbeitsrechts, Teil 2 B, Rn. 1584.

321 *Löwisch/Rieble*, TVG, § 1 Rn. 213 ff.; *Schliemann*, FS Hanau, 577 (581).

letzter Zeit häufen sich jedoch Stimmen, die bezweifeln, dass jedem Tarifvertrag Richtigkeitsgewähr zukomme, und die deshalb das Verbot einer Tarifzensur nicht für sakrosankt halten. So bleibe mit Blick auf den Umfang tariflicher Forderungen bzw. des Tarifinhalts durchaus – wenn auch sehr begrenzt – Raum für eine Anwendung von § 242 BGB im Fall unzumutbarer bzw. rechtsmissbräuchlicher Interessendurchsetzung durch einen Tarifpartner[322].

b) Sonderfall: Einzelvertragliche Inbezugnahme von Tarifverträgen

Scheidet also eine direkte Inhaltskontrolle von Tarifverträgen anhand der Maßstäbe von §§ 305 ff. BGB aus, stellt sich die Frage, wie Einzelarbeitsverträge zu behandeln sind, in denen auf Tarifverträge Bezug genommen wird, so dass die kollektive Regelung für das Einzelarbeitsverhältnis zur Geltung gelangt[323].

---

322 Ausführlich zu dieser Thematik *Otto*, FS Konzen, 663 ff.

323 Allgemein zur sogenannten *Bezugnahmeklausel*:
Rechtliche Zulässigkeit: Die rechtliche Zulässigkeit der arbeitsvertraglichen Verweisung auf Tarifnormen ist – jedenfalls dem Grundsatz nach – allgemein anerkannt. Ein etwaiger Urheberschutz steht dem nicht entgegen, da zwar zum Beispiel Musterverträge in den Genuß eines solchen gelangen, Tarifverträge aber nicht. Hinsichtlich des Inhalts einer einzelvertraglichen Bezugnahme besteht – was die materiell-rechtliche Seite anbelangt – somit weitgehende Gestaltungsfreiheit.
Zweck: Bei einem tarifgebundenen Arbeitgeber soll durch eine einzelvertragliche Bezugnahme auf einen für den Betrieb einschlägigen Tarifvertrag regelmäßig erreicht werden, dass nicht- oder anders organisierte Arbeitnehmer so behandelt werden, als wäre eine gesetzliche Tarifbindung vorhanden. Es wird folglich eine gewisse Gleichstellung erreicht. So weiß der Arbeitgeber aufgrund seiner fehlenden Berechtigung, nach der Gewerkschaftszugehörigkeit zu fragen, oftmals nicht, ob die tariflichen Regelungen auf Grund der Tarifgebundenheit gemäß § 4 Abs. 1 TVG gelten oder er die Anwendbarkeit durch eine arbeitsvertragliche Bezugnahmeklausel herbeiführen muss.
Nicht zuletzt folgt die praktische Bedeutung der Bezugnahmeklausel aus dem Standardisierungsinteresse des Arbeitgebers, der mit ihrer Hilfe eine Vereinfachung der Vertragsgestaltung erreicht.
Zudem kommt der Arbeitgeber mit der Benennung des anzuwendenden Tarifvertrags in dem schriftlich abgefassten Tarifvertrag auch seinen Dokumentationspflichten nach, die ihm durch das Nachweisgesetz auferlegt werden.
Typisierung: Es lassen sich unterschiedliche Typen von Bezugnahmeklauseln ausmachen. Zunächst lässt sich nach dem Umfang der Bezugnahme zwischen Global-, Teil-, und Einzelverweisung differenzieren. Die Klausel kann einen Tarifvertrag aus dem für das jeweilige Arbeitsverhältnis fachlichen Geltungsbereich in Bezug nehmen oder aber auf einen branchenfremden Tarifvertrag verweisen.
Darüber hinaus lassen sich auch noch unterschiedliche Dynamisierungsgrade ausmachen. Sofern im Arbeitsvertrag auf einen bestimmten, an einem näher definierten Stichtag gültigen Tarifvertrag verwiesen wird, ist von einer sog. statischen Verweisung auszugehen. Spätere tarifliche Änderungen bleiben in diesem Fall ohne Auswirkungen. Alternativ

aa) Inhaltskontrolle des in Bezug genommenen Tarifvertrages

Stünde für diesen jeweiligen Einzelarbeitsvertrag die Inhaltskontrolle nach §§ 305 ff. BGB nun uneingeschränkt offen, läge damit mittelbar auch die kollektive Regelung beziehungsweise der jeweils einbezogene Tarifvertrag auf dem Kontrolltisch der AGB-Regelungen. Ließe man eine derartige sogenannte „mittelbare Tarifzensur“ zu, drohten die oben genannten Gründe für die Bereichsausnahme, z.B. die Tarifautonomie, unterlaufen zu werden. Um dies zu verhindern, stellt der Gesetzgeber in § 310 Abs. 4 S. 3 BGB die Tarifverträge den Rechtsvorschriften im Sinne von § 307 Abs. 3 BGB gleich. Nach § 307 Abs. 3 S. 1 BGB findet eine Kontrolle Allgemeiner Geschäftsbedingungen nicht statt, sofern diese Rechtsvorschriften weder ergänzen noch von ihnen abweichen.

Eine Inhaltskontrolle nach AGB-Regeln findet demnach auf den ersten Blick also nur statt, wenn im Einzelarbeitsvertrag von einem Tarifvertrag abgewichen, nicht aber, wenn im Arbeitsvertrag auf ihn verwiesen wird.

(1) Prinzipielle Kontrollfreiheit bei deklaratorischer und normativer Inbezugnahme

Die Rechtslage gestaltet sich aber komplizierter, wenn man den Regelungszweck des früheren § 8 AGBG und heutigen § 307 Abs. 3 BGB betrachtet. Ein wesentlicher Zweck des § 307 Abs. 3 BGB wird allgemein in der Klarstellung gesehen, dass die AGB-Kontrolle nicht dazu dienen soll, gesetzliche Interessen-

---

können die Arbeitsvertragsparteien die Bezugnahme in zeitlicher Hinsicht dynamisch gestalten, indem sie auf den für das Unternehmen einschlägigen oder auch einen branchenfremden Tarifvertrag in seiner jeweils gültigen Fassung verweisen (sog. kleine dynamische Bezugnahmeklausel). Soll die Bezugnahme zudem auch fachlich dynamisch ausgestaltet sein, ist es möglich, den jeweils für den Betrieb einschlägigen Tarifvertrag in seiner jeweiligen Fassung in Bezug zu nehmen (sog. große dynamische Bezugnahmeklausel).

Rechtliche Wirkung: Besteht eine beiderseitige Tarifbindung der Arbeitsvertragspartner, so hat die Bezugnahmeklausel einen rein deklaratorischen Charakter. Anderenfalls wirkt sie konstitutiv. Sie weist dabei eine rein schuldrechtliche Wirkung auf. So entspricht es heute einhelliger Meinung, dass der Verweis auf Tarifbedingungen in Einzelverträgen keine normative Wirkung gemäß § 4 Abs. 1 TVG begründet. Die Bezugnahme führt vielmehr dazu, dass die tariflichen Bestimmungen individualrechtlich als Inhalt des Einzelarbeitsvertrags Geltung erlangen.

Hierzu und zu hier nicht näher interessierenden Einzelfragen bezüglich derartiger Bezugnahmeklauseln, z.B. die Erfüllung der Voraussetzungen des Nachweisgesetzes oder die Auswirkungen von Verbandsaustritt, -wechsel oder Betriebsübergang auf die Wirkung der Klausel, vgl.: *Gaul*, ZfA 2003, 75 ff.; *Oetker*, FS Wiedemann, 383 ff.; *Preis*, FS Wiedemann, 425 ff.; *Thüsing/Lambrich*, NZA 2002, 1361 ff.; *dies.*, RdA 2002, 193 ff.

bewertungen zu überprüfen[324]. Das trifft jedoch nur zu, soweit es sich um für das konkrete Rechtsverhältnis unmittelbar einschlägige Rechtsvorschriften handelt. Allgemeine Geschäftsbedingungen, welche diese gesetzlichen Regelungen lediglich wiederholen, werden keiner Inhaltskontrolle nach AGB-Recht unterzogen. Eine derartige Kontrolle wäre auch sinnlos. Denn würde die Klausel für unwirksam erklärt – was ohnehin seltsam anmuten würde –, träte an ihre Stelle gemäß § 306 Abs. 2 BGB erneut die gesetzliche Regelung. § 307 Abs. 3 BGB hat also solche gesetzliche Bestimmungen im Auge, die ohne weiteres Zutun der Parteien auf das Vertragsverhältnis Anwendung finden würden, wenn die Parteien hierzu nichts vereinbart hätten. Von § 307 Abs. 3 BGB nicht betroffen ist daher die Kontrollwürdigkeit einzelvertraglicher Abreden, durch die Rechtsvorschriften außerhalb ihres unmittelbaren Anwendungsbereichs konstitutiv zur Geltung gebracht werden[325].

Überträgt man diese Gedanken auf die Gleichstellungsanordnung in § 310 Abs. 4 S. 3 BGB, gelangt man konsequenterweise zu der Erkenntnis, dass eine Freistellung von der Inhaltskontrolle gemäß § 307 Abs. 3 BGB nur erfolgen soll, soweit arbeitsvertragliche Regelungen mit solchen Regelungen in Tarifverträgen übereinstimmen, die ohnehin normativ auf das Arbeitsverhältnis einwirken[326]. Aus dem Zusammenspiel mit § 307 Abs. 3 BGB ließe sich also schließen, dass die Inhaltskontrolle von Regelungen, die durch Bezugnahme auf einen Tarifvertrag Inhalt des Einzelarbeitsvertrages werden, dann möglich sei, wenn der Tarifvertrag, auf den Bezug genommen wird, für das Arbeitverhältnis nicht zwingend gilt. Die Inhaltskontrolle fiele folglich nur dann weg, wenn der Tarifvertrag für das entsprechende Arbeitsverhältnis sowieso normative Geltung entfaltet. Die durch § 310 Abs. 4 S. 3 BGB i.V.m. § 307 Abs. 3 BGB bezweckte Vermeidung einer mittelbaren Tarifzensur würde demnach nur bei deklaratorischen, nicht aber bei konstitutiven Bezugnahmeklauseln erfolgen.

Eine solche Interpretation der Gleichstellungsanordnung in § 310 Abs. 4 S. 3 BGB spräche ihr allerdings zugleich Sinn und Bedeutung ab. So ist für die Inhaltskontrolle generell kein Platz, soweit die vertragliche Regelung im Konflikt mit zwingendem Gesetzesrecht steht. In diesem Fall ergibt sich bereits aus dem Verstoß gegen das zwingende Gesetzesrecht, dass die fragliche Bestimmung unwirksam ist. Nichts anderes kann gelten, soweit Tarifnormen aufgrund der beiderseitigen Tarifgebundenheit unmittelbar und zwingend gelten. So wird bei einer Abweichung zu Lasten der Arbeitnehmer ein Verstoß gegen § 4 TVG anzunehmen sein. Eine unangemessene Benachteiligung des Arbeitnehmers ist

---

324 Siehe beispielsweise *Wolf*, in: Wolf/Horn/Lindacher, AGBG, § 8 Rn. 1.

325 Vgl. *Wolf*, in: Wolf/Horn/Lindacher, AGBG, § 8 Rn. 25 ff. Zur in diesem Zusammenhang interessierenden Frage der Unterscheidung von deklaratorischen und nicht deklaratorischen Vertragsabreden vgl. *Wolf*, in: Wolf/Horn/Lindacher, AGBG, § 8 Rn. 22; vgl. auch *Bayreuther*, RdA 2003, 81 (90).

326 Dies feststellend: *Annuß*, BB 2002, 458 (460); *Reichel*, AuR 2003, 366 (367).

somit durch die tarifrechtliche lex specialis von vornherein ausgeschlossen. Eine Inhaltskontrolle ist in diesem Bereich daher funktionslos[327]. Durch die Möglichkeit der Abweichung von Tarifverträgen zugunsten der Arbeitnehmer wird zwar der Anwendungsbereich der Inhaltskontrolle des § 307 BGB eröffnet, es handelt sich dann aber um eine Regelung, die den Arbeitnehmer wohl kaum entgegen den Geboten von Treu und Glauben unangemessen benachteiligt. Ob eine unangemessene Benachteiligung sich möglicherweise aus dem normativ geltenden Tarifvertrag ergibt, kann offen bleiben, da die Gesetzesregelung für die Inhaltskontrolle – wie bereits erwähnt – nach § 310 Abs. 4 S. 1 BGB keine Anwendung findet[328].

Findet demnach eine AGB-rechtliche Inhaltskontrolle zwingend geltender tarifvertraglicher Regelungen praktisch nicht statt, würde die Gleichstellungsanordnung, nähme sie nur solche Bezugnahmeklauseln von der Kontrolle aus, die auf zwingend geltende Tarifverträge verweisen, ohne eigenständigen Regelungsgehalt dastehen. Deshalb muss § 310 Abs. 4 S. 3 BGB i.V.m § 307 Abs. 3 BGB auch solche Klauseln von der Kontrolle ausnehmen, die auf Tarifverträge Bezug nehmen, die keine normative Geltung für das jeweilige Vertragsverhältnis beanspruchen.

Dies deckt sich mit der Intention des Gesetzgebers, der mit dieser Regelung erreichen wollte, dass auch Einzelarbeitsverträge, die Bezug auf einen Tarifvertrag nehmen, ohne dass eine beiderseitige Tarifbindung besteht oder die mit Kollektivverträgen übereinstimmen und lediglich deren Inhalt wiedergeben, ebenfalls nicht der Inhaltskontrolle unterliegen, sondern nur am Transparenzgebot zu messen sind[329]. Ebenso deutet der Wortlaut des § 310 Abs. 4 S. 3 BGB darauf hin, auch konstitutive Bezugnahmeklauseln in die Ausnahmeregelung aufzunehmen, denn er spricht von „Tarifverträgen" schlechthin[330]. Zudem würde es zu wenig nachvollziehbaren Widersprüchen in einem arbeitgeberseitig tarifgebundenen Betrieb führen, wären lediglich die Arbeitsverträge der organisierten Arbeitnehmer, nicht aber die im Ergebnis gleichlautenden der Außenseiter von der Kontrolle ausgenommen. Eine in diesem Sinne „gespaltene Bereichsausnahme" wird vom Gesetzgeber wohl kaum beabsichtigt gewesen sein[331]. Auf die beiderseitige Tarifbindung kommt es also im Rahmen des § 310 Abs. 4 S. 3 BGB i.V.m § 307 Abs. 3 BGB nicht an[332].

---

[327] Vgl. *Berger-Delhey*, ZTR 2002, 66 (68); *Hadeler*, FA 2002, 66 (68); *Joost*, FS Ulmer, 1199 (1207); *Lieb*, FS Ulmer, 1231 (1244).

[328] Siehe dazu *Richardi*, NZA 2002, 1057 (1061); *Hadeler*, FA 2002, 66 (68).

[329] Vgl. BT-Drs. 14/6857, S. 54.

[330] *Bayreuther*, RdA 2003, 81 (90); *Witt*, NZA 2004, 135 (137).

[331] *Däubler*, NZA 2001, 1329 (1335); *Bayreuther*, RdA 2003, 81 (90).

[332] So auch *Witt*, NZA 2004, 135 (137); *Däubler*, NZA 2001, 1329 (1335); *Bayreuther*, RdA 2003, 81 (90); *Schlodder*, Der Arbeitsvertrag im neuen Schuldrecht, S. 209, die das Fehlen eines Kontrollbedürfnisses sowohl bei deklaratorisch als auch bei konstitutiv wirkenden einzelvertraglichen Bezugnahmen auf Tarifverträge annimmt.

(2) Kontrollfreiheit nur bei Inbezugnahme eines prinzipiell einschlägigen Tarifvertrags

Nach der Gesetzesbegründung scheint die Bezugnahme auf jeden erdenklichen Tarifvertrag zu genügen, um die Inhaltskontrolle auszuschließen. Im Folgenden soll deshalb darauf eingegangen werden, ob tatsächlich jede Vertragsbestimmung, die mit irgendeiner Klausel in irgendeinem – beispielsweise auch branchenfremden – Tarifvertrag übereinstimmt, von der Inhaltskontrolle ausgenommen ist oder ob an die Qualität der Bezugnahme, welche die Inhaltskontrolle ausschließt, weitere Anforderungen gestellt werden müssen.

Dabei gilt es, den Grund für die hinsichtlich der Tarifverträge bestehende Bereichsausnahme im Hinterkopf zu behalten. Dieser liegt wie bereits erwähnt in der Vermutung der Angemessenheit einer Regelung, die ihren Ausdruck im Kompromiss zweier gleichstarker Verhandlungspartner gefunden hat. Es muss also jeweils gefragt werden, ob die in Bezug genommene kollektive Regelung für das Arbeitsverhältnis, für das sie konkret vereinbart wurde, noch die Vermutung einer angemessenen Regelung in sich trägt[333].

Demzufolge dürfte beispielsweise fragwürdig sein, ob eine tarifvertragliche Regelung aus dem Bankengewerbe auch für ein Arbeitsverhältnis aus dem metallverarbeitenden Bereich einen angemessenen Kompromiss darstellt. Die Vermutung der Angemessenheit dürfte vielmehr nur bei einem Tarifvertrag mit entsprechendem Branchenbezug bestehen. Wird hingegen ein branchenfremder Tarifvertrag in Bezug genommen, so stellt dies eine Abweichung von Rechtsvorschriften im Sinne von § 307 Abs. 3 S. 1 BGB dar und die Inhaltskontrolle ist eröffnet[334].

Ein Blick auf sogenannte Tariföffnungsklauseln untermauert die Richtigkeit dieser Annahme. Mit derartigen Tariföffnungsklauseln erlaubt der Gesetzgeber den Parteien des Einzelarbeitsvertrages bei fehlender Tarifgebundenheit im Geltungsbereich des Tarifvertrages die Anwendung der von dem zwingenden Gesetzesrecht abweichenden tarifvertraglichen Bestimmungen zu vereinbaren (vgl. z.B. § 622 Abs. 4 S. 2 BGB, § 7 Abs. 3 ArbZG oder § 4 Abs. 4 EFZG). Der Grund für die Gestattung der Abweichung von zwingendem Gesetzesrecht liegt dabei darin, dass die Tarifverträge innerhalb ihres Geltungsbereichs eine Ordnungsfunktion erfüllen, so dass eine tarifliche Regelung auch dann, wenn sie von zwingendem Gesetzesrecht abweicht, als angemessen angesehen wird. Bei

---

[333] So auch *Gotthardt*, ZIP 2002, 277 (281).

[334] So *Henssler*, RdA 2002, 129 (136); *Gotthardt*, ZIP 2002, 277 (281); *Lindemann*, AuR 2003, 81 (86); *dies.*, Flexible Gestaltung von Arbeitsbedingungen nach der Schuldrechtsreform, S. 136; Kroiß/*Fell*, Klauselbuch Schuldrecht, § 3 Rn. 27; *Däubler*/Dorndorf, AGB-Kontrolle im Arbeitsrecht, § 310 BGB Rn. 50; *Schlodder*, Der Arbeitsvertrag im neuen Schuldrecht, S. 211; *Lakies*, AR-Blattei, SD. 35, Rn. 89; *ders.*, NZA 2004, 569 (571).

der Übernahme einer tarifvertraglichen Regelung durch die Arbeitsvertragsparteien ist daher der Zweck, den der Gesetzgeber mit der Tarifdisponibilität seiner Regelung verfolgt, nur erreicht, wenn auf einen Tarifvertrag Bezug genommen wird, unter den das Arbeitsverhältnis bei Tarifgeltung fallen würde. Soweit ein Tarifvertrag Bestimmungen trifft, die von tarifdispositivem Gesetzesrecht abweichen, ist deshalb insoweit eine Einbeziehungsabrede in den Arbeitsvertrag nur wirksam, wenn das Arbeitsverhältnis unter den Geltungsbereich des Tarifvertrags fällt. Haben die Parteien einen anderen Tarifvertrag in Bezug genommen, so ist die Abweichung von der tarifdispositiven Gesetzesbestimmung unwirksam. Dieser Gedanke ist auf die einzelvertragliche Inbezugnahme von Tarifverträgen zu übertragen. Somit kann nicht jede Bezugnahme auf irgendeinen Tarifvertrag die AGB-rechtliche Inhaltskontrolle ausschließen. Vielmehr kann – wie bei der Tariföffnungsklausel im zwingenden Gesetzesrecht – von einer Angemessenheit des Regelungsgehalts nur ausgegangen werden, wenn der in Bezug genommene Tarifvertrag bei Tarifgebundenheit von Arbeitgeber und Arbeitnehmer für das Arbeitsverhältnis Tarifgeltung hätte[335]. Anders ausgedrückt spricht der vorgenommene Vergleich mit der Situation bei Tariföffnungsklauseln dafür, die Branchenüblichkeit des Tarifvertrages als Voraussetzung für einen Ausschluss der Inhaltskontrolle anzusehen.

Allerdings hat der Gesetzgeber im Zusammenhang mit dem Phänomen arbeitsvertraglicher Verweisungen auf zumindest fachlich nicht einschlägige Tarifverträge auch eine Regelung getroffen, die Gegenteiliges vermuten lässt. So ordnet § 22 Abs. 2 TzBfG an, dass bei Abweichungen von bestimmten Vorgaben des TzBfG durch einen Tarifvertrag für den öffentlichen Dienst dessen Bestimmungen auch zwischen nicht tarifgebundenen Arbeitgebern und Arbeitnehmern außerhalb des öffentlichen Dienstes gelten, wenn ihre Anwendung einzelvertraglich vereinbart ist und die Arbeitgeber die Kosten überwiegend mit Zuwendungen im Sinne des Haushaltsrechts decken. Es wird also deutlich, dass der Gesetzgeber durchaus die Vereinbarung der Anwendung von Tarifnormen auch außerhalb ihres Geltungsbereichs für angemessen hält. Dies könnte ein Hinweis dafür sein, dass die Grenze der normativen Geltung nicht zwangsläufig mit der Grenze der Angemessenheitsvermutung übereinstimmen muss[336].

Ob dies eine verallgemeinerungsfähige Wertung ist, scheint allerdings fragwürdig. Zum einen spricht schon der Ausnahmecharakter des § 22 Abs. 2 TzBfG gegen eine Generalisierung seines Regelungsgehalts[337]. Zum anderen ist den Tarifpartnern gemäß Art. 9 Abs. 3 GG die Befugnis zur normativen Rege-

---

335 Vgl. dazu *Richardi*, NZA 2002, 1057 (1062); *Preis*, FS Wiedemann, 425 (443); *Lindemann*, Flexible Gestaltung von Arbeitsbedingungen nach der Schuldrechtsreform, S. 136 f.; Kroiß/*Fell*, Klauselbuch Schuldrecht, § 3 Rn. 27.

336 Dies aufzeigend: *Thüsing/Lambrich*, NZA 2002, 1361 (1363); *Diehn*, NZA 2004, 129 (131).

337 *Däubler*/Dorndorf, AGB-Kontrolle im Arbeitsrecht, § 310 BGB Rn. 50.

lung der Arbeits- und Wirtschaftsbedingungen gerade deshalb übertragen worden, weil dies im Vergleich zur Reglementierung durch Gesetz zu einer sachnäheren Gestaltung führt. Sachnähe der tariflichen Regelung ist jedoch vornehmlich innerhalb der Zuständigkeit der tarifschließenden Parteien anzunehmen. In verschiedenen Branchen liegen ganz unterschiedliche ökonomische und betriebliche Bedingungen vor, so dass das Risiko groß ist, dass ein sachfremder Tarifvertrag eine für diese anderen Bedingungen unangemessene Regelung darstellt[338]. Diese Gefahr besteht auch bei einem Verweis auf einen ortsfremden Tarifvertrag. Ökonomische und betriebliche Bedingungen können auch regional differieren, so dass sich die Angemessenheitsvermutung des Tarifvertrags nicht nur auf die entsprechende Branche, sondern auch auf seinen räumlichen Geltungsbereich beschränkt[339].

Des weiteren ist zu beachten, dass der Geltungsbereich einer Norm gleichsam zu ihrem Inhalt gehört[340]. Regelungen eines anderen Rechtsgebiets haben einen anderen sachlichen Geltungsbereich. Vorgängervorschriften einer Norm haben einen anderen zeitlichen Geltungsbereich. Bei einer verständigen Auslegung des § 307 Abs. 3 BGB ist eine von Rechtsvorschriften abweichende Regelung deshalb anzunehmen, wenn etwa auf nicht mehr in Kraft befindliche Vorgängerschriften oder auf Normen eines anderen Rechtsgebietes verwiesen wird[341].

Da § 310 Abs. 4 S. 3 BGB Tarifverträge nun mit Rechtsvorschriften gleichstellt, ist auch bei diesen die Angemessenheitskontrolle daher nur im Rahmen ihres Geltungsbereichs ausgeschlossen, das heißt bei Verweis auf den fachlich, geographisch und zeitlich generell einschlägigen Tarifvertrag[342].

---

338 *Preis*, FS Wiedemann, 425 (442); *Thüsing/Lambrich*, NZA 2002, 1361 (1363); *Diehn*, NZA 2004, 129 (131); *Däubler*/Dorndorf, AGB-Kontrolle im Arbeitsrecht, § 310 BGB Rn. 50; *Hjort/Bufalica*, Arbeitsverträge, S. 59; *Lindemann*, Flexible Gestaltung von Arbeitsbedingungen nach der Schuldrechtsreform, S. 136; *Schrader/Schubert*, NZA-RR 2005, 225 (237).

339 *Lakies*, AR-Blattei, SD. 35, Rn. 89; *ders.*, NZA 2004, 569 (571); *Witt*, NZA 2004, 135 (137), begründet die Zulässigkeit einer Inhaltskontrolle von in Bezug genommenen ortsfremden Tarifregelungen damit, dass in einer derartigen Situation die Gefahr einer mittelbaren Tarifzensur nicht vorliege, weil sich der Regelungswille der Tarifvertragsparteien des entsprechenden Tarifvertrags nicht auf dieses ortsfremde Arbeitsverhältnis erstrecke.

340 *Löwisch/Rieble*, TVG, § 3 Rn. 264.

341 *Thüsing/Lambrich*, NZA 2002, 1361 (1363); *Diehn*, NZA 2004, 129 (131); *Witt*, NZA 2004, 135 (137).

342 So *Gaul*, ZfA 2003, 75 (89); *Richardi*, NZA 2002, 1057 (1062); *Gotthardt*, ZIP 2002, 277 (281); *Henssler*, RdA 2002, 129 (136); *Thüsing/Lambrich*, NZA 2002, 1361 (1363); *Preis*, FS Wiedemann, 425 (442); *Bayreuther*, RdA 2003, 81 (91); *Hjort/Bufalica*, Arbeitsverträge, S. 59; *Reinecke*, NZA 2004 Beilage 18, 27 (30); *Diehn*, NZA 2004, 129 (131); *Witt*, NZA 2004, 135 (137); *Däubler*/Dorndorf, AGB-Kontrolle im Arbeitsrecht, § 310 BGB Rn. 50; *Lakies*, AR-Blattei, SD. 35, Rn. 89; *ders.*, BB 2004, 1903 (1904); *ders.*, NZA 2004, 569 (571); *Hönn*, ZfA 2003, 325 (335); *Derleder*, AuR 2004, 361 (367);

(3) Kontrollfreiheit nur bei Inbezugnahme eines gesamten Tarifvertrages

Neben der Frage der prinzipiellen Einschlägigkeit des in Bezug genommen Tarifvertrages ist für einen Kontrollausschluss des weiteren entscheidend, in welchem Umfang jeweils auf den entsprechenden Tarifvertrag verwiesen wird. Dabei ist wiederum der Grund für die den Tarifvertrag betreffende Bereichsausnahme zu beachten – die vermutete Richtigkeitsgewähr[343]. Es besteht ein Unterschied zwischen der Angemessenheitsvermutung eines insgesamt in Bezug genommenen Tarifvertrages und der Angemessenheitsvermutung bei einer Verweisung auf einzelne Passagen oder gar nur eine einzelne Regelung. Deshalb ist im Folgenden danach zu differenzieren, ob der Tarifvertrag als Ganzes (Globalverweisung), ein Regelungskomplex (Teilverweisung) oder nur einzelne Regelungen (Einzelverweisung) des Tarifvertrags in Bezug genommen werden.

Bei einer *Einzelverweisung* wird nicht ein von gleich starken (Tarif-)Parteien ausgehandeltes Vertragswerk in Bezug genommen, sondern nur einzelne Regelungen desselben. Hat der Tarifvertrag im Prinzip die Funktion einer sachgerechten, für beide Seiten mit Vor- und Nachteilen verbundenen Gesamtregelung, gleicht er im Zusammenhang mit einer Einzelverweisung eher einem Vertragshandbuch, aus dem sich der Arbeitgeber die ihm einen Vorteil verschaffenden Klauseln heraussucht. Besteht also für den Arbeitgeber die Möglichkeit der Übernahme von „Rosinenausschnitten“ zu seinen Gunsten, kann von einer Angemessenheits- oder Richtigkeitsgewähr keinesfalls mehr ausgegangen werden. Denn die Richtigkeitsgewähr von Tarifverträgen bezieht sich nicht auf jede isoliert betrachtete einzelne Tarifnorm[344]. Die Gefahr des Ausnutzens der stärkeren Position durch den Arbeitgeber ist bei Einzelverweisungen im gleichen Maß gegeben wie bei der Aufstellung von Formulararbeitsverträgen. Die Ausnahmeregelung des § 310 Abs. 4 BGB verliert hier ihre Rechtfertigung. Ein Absehen von der Inhaltskontrolle wäre bei einem bloßen Verweis auf eine einzelne tarifvertragliche Regelung unangebracht[345].

Rieble/Klebeck, BB 2006, 885 (890); *Lindemann*, Flexible Gestaltung von Arbeitsbedingungen nach der Schuldrechtsreform, S. 136; Kroiß/*Fell*, Klauselbuch Schuldrecht, § 3 Rn. 27; *Reuter*, FS 50 Jahre BAG, 177 (195).

[343] Siehe 3. Teil A. VII. 1 a).

[344] *Reinecke*, NZA 2000 Beilage 3, 23 (29); *ders.*, NZA 2004 Beilage 18, 27 (30); *Lindemann*, Flexible Gestaltung von Arbeitsbedingungen nach der Schuldrechtsreform, S. 134 f.; *Diehn*, NZA 2004, 129 (131); *Däubler*/Dorndorf, AGB-Kontrolle im Arbeitsrecht, § 310 BGB Rn. 51; *Lakies*, AR-Blattei, SD. 35, Rn. 100; *ders.*, NZA 2004, 569 (572); *Derleder*, AuR 2004, 361 (367); *Preis*, ZIP 1989, 885 (887).

[345] So auch *Bayreuther*, RdA 2003, 81 (91); *Preis*, FS Wiedemann, 425 (443/444); Lindemann, AuR 2003, 81 (86); *Hönn*, ZfA 2003, 325 (335); *Schlodder*, Der Arbeitsvertrag im neuen Schuldrecht, S. 211; *Henssler*, in: Dauner-Lieb/Konzen/Schmidt, Das neue Schuldrecht in der Praxis, 615 (639), der herausstellt, dass bei einer Inhaltskontrolle derartiger einzeln in Bezug genommener Tarifregelungen keine mittelbare Tarifzensur drohe.

Im Gegensatz zur Einzelverweisung wird bei der *Globalverweisung* ein gesamter Tarifvertrag in Bezug genommen. Dies hat zur Folge, dass meist ein Großteil der Arbeitsbedingungen in einem außerhalb des eigentlichen Arbeitsvertrags liegenden Vertragswerk geregelt ist. Die vorrangige Intention des Gesetzgebers bestand darin, durch die Regelung der §§ 310 Abs. 4 S. 3, 307 Abs. 3 BGB genau diese Globalverweisungen sowie die wörtliche Wiedergabe des Tarifvertragstextes von der Inhaltskontrolle auszuschließen[346]. So besteht auch weitgehend Einigkeit über den Inhaltskontrollausschluss bei derartigen Verweisungen[347]. Bereits vor dem Inkrafttreten der Schuldrechtsreform sah die Rechtsprechung im Falle von Globalverweisungen für ihre damals praktizierte Billigkeitskontrolle[348] keinerlei Raum[349]. Dies lässt sich darauf zurückführen, dass der einbezogene Tarifvertrag letztlich der gleichen Richtigkeitsgewähr unterliegt wie die eigentliche Tarifvertragsnorm selbst[350]. Hinsichtlich der Frage der Angemessenheit der Regelungen ist es deshalb gleichgültig, ob die selbigen auf einem normativ oder schuldrechtlich geltenden Tarifvertrag beruhen[351]. Bei einer Globalverweisung auf einen prinzipiell einschlägigen Tarifvertrag, durch die also lediglich die fehlende Tarifgebundenheit ersetzt werden soll, findet eine Inhaltskontrolle nach AGB-Regelungen nicht statt.

Die *Teilverweisung* liegt in ihrer Regelungswirkung zwischen Global- und Einzelverweisung. Dabei werden bestimmte Regelungskomplexe des Tarifvertrags in Bezug genommen. Fraglich ist nun, ob die Regelungen, die durch eine solche Teilverweisung zum Inhalt des Arbeitsvertrages gemacht werden, ebenfalls wie die Globalverweisung einer AGB-rechtlichen Inhaltskontrolle entzogen sind.

Gegen einen derartigen Kontrollausschluss spricht bereits der Wortlaut der §§ 307 Abs. 3, 310 Abs. 4 S. 3 BGB. Danach gilt die Inhaltskontrolle nur für vertragliche Bestimmungen, durch die von Tarifverträgen abgewichen oder diese ergänzende Regelungen vereinbart werden. Von einer Abweichung von

---

346 BT-Drs. 14/6857, S. 54.

347 Vgl. beispielsweise *Gaul*, ZfA 2003, 75 (89); *Oetker*, FS Wiedemann, 383 (399); *Däubler*, NZA 2001, 1329 (1335); *Henssler*, RdA 2002, 129 (136); *Bayreuther*, RdA 2003, 81 (91); *Schlodder*, Der Arbeitsvertrag im neuen Schuldrecht, S. 210; *Reinecke*, NZA 2004 Beilage 18, 27 (30); *Lakies*, AR-Blattei, SD. 35, Rn. 88; *ders.*, BB 2004, 1903 (1904); *ders.*, NZA 2004, 569 (571); *Diehn*, NZA 2004, 129 (130); *Lindemann*, Flexible Gestaltung von Arbeitsbedingungen nach der Schuldrechtsreform, S. 135; *Stoffels*, NZA 2004 Beilage 1, 19 (25); *Hjort/Bufalica*, Arbeitsverträge, S. 61; *Reichel*, AuR 2003, 366 (367); a.A. *Annuß*, BB 2006, 1333.

348 Zur Billigkeitskontrolle siehe 1. Teil C. II. 4.

349 BAG v. 6.9.1995, AP Nr. 22 zu § 611 BGB Ausbildungsbeihilfe; BAG v. 6.2.1985; AP Nr. 1 zu § 1 TVG Tarifverträge Süßwarenindustrie; BAG 14.12.1982, AP Nr. 1 zu § 1 BetrAVG Besitzstand.

350 Vgl. z.B. MünchArbR/*Löwisch/Rieble*, § 269 Rn. 17.

351 *Preis*, FS Wiedemann, 425 (443 f.); *Lakies*, AR-Blattei, SD. 35, Rn. 88.

einem Tarifvertrag kann aber bereits durchaus schon dann gesprochen werden, wenn er nicht in seiner Gesamtheit in Bezug genommen wird[352]. Diese Auslegung findet ihre Bestätigung in den Gesetzesmaterialien, wonach eine Inhaltskontrolle insoweit nicht stattfinden soll, als auf den Tarifvertrag als ganzes verwiesen wird[353]. Die Annahme einer gerichtlichen Zuständigkeit zur Inhaltskontrolle nicht nur bei Einzelverweisungen, sondern auch bei Teilverweisungen auf tarifvertragliche Regelungskomplexe würde zudem im Einklang mit der bisherigen AGB-rechtlichen Judikatur des BGH stehen. Das Problem der vertraglichen Verweisung auf andere komplexe Regelungswerke spielt dort eine Rolle im Bereich des Baurechts im Zusammenhang mit der Verweisung auf die Verdingungsordnung für Bauleistungen, Teil B (VOB/B). Der BGH hat eine Inhaltskontrolle immer nur dann für entbehrlich gehalten, wenn die VOB/B insgesamt einbezogen wurde. Sie soll aber stattfinden, wenn Zusatzvereinbarungen die VOB in ihrem Kernbereich abwandeln, so dass sie nicht mehr als ganzes Vertragsbestandteil ist[354]. Der Gesetzgeber hat diese Rechtsprechung in § 308 Nr. 5 BGB und § 309 Nr. 5 b) ff) BGB ausdrücklich übernommen.

Dennoch wird teilweise befürwortet, von einer Inhaltskontrolle abzusehen, wenn auf einen geschlossenen Regelungskomplex verwiesen wird, der mehrere Einzelregelungen wie Urlaubsdauer, Urlaubsgeld, Wartezeit usw. enthält, so dass zumindest theoretisch die Möglichkeit der Kompensation zwischen nachteiligen und vorteilhaften Einzelregelungen besteht[355]. Eine Inhaltskontrolle sei außerdem nicht vorzunehmen, wenn die Tarifvertragsparteien den in Bezug genommenen Teil des Tarifvertrags auch als isolierten Tarifvertrag geschlossen hätten[356].

Dieser Ansatz begegnet zum einen praktischen Abgrenzungsproblemen. So ist schwer zu bestimmen, wann ein Regelungskomplex zumindest die Möglichkeit einer ausgewogenen Regelung aufweist oder zu einem separaten Tarifvertrag hätte führen können[357]. Zum anderen überdehnt er die dem Tarifvertrag zugeschriebene Angemessenheitsvermutung. Letztlich muss davon ausgegangen werden, dass allein der Tarifvertrag als Ganzes diese Richtigkeitsvermutung in

---

352 *Thüsing/Lambrich*, NZA 2002, 1361 (1363).

353 BT-Drs. 14/6857, S. 54.

354 BGH v. 25.1.1996, BGHZ 131, 392 (397) = NJW 1996, 1346; BGH v. 17.9.1987, BGHZ 101, 357 = NJW 1988, 55; BGH v. 16.12.1982, BGHZ 86, 135 (141f) = NJW 1983, 816; MünchKommBGB/*Basedow*, § 23 AGBG Rn. 88.

355 *Preis*, FS Wiedemann, 425 (446); *Lindemann*, AuR 2004, 201 (204); *dies.*, Flexible Gestaltung von Arbeitsbedingungen nach der Schuldrechtsreform, S. 138 f.; Kroiß/*Fell*, Klauselbuch Schuldrecht, § 3 Rn. 27; *Diehn*, NZA 2004, 129 (131).

356 So *Witt*, NZA 2004, 135 (138).

357 *Däubler*/Dorndorf, AGB-Kontrolle im Arbeitsrecht, § 310 BGB Rn. 52; *Hjort/Bufalica*, Arbeitsverträge, S. 61; auch *Witt*, NZA 2004, 135 (138), räumt diese Abgrenzungsschwierigkeiten ein.

sich trägt[358]. Der Tarifvertrag stellt im Allgemeinen nur in einer Gesamtschau einen ausgewogenen Kompromiss dar. Ein Entgegenkommen der Arbeitnehmerseite in einem Regelungspunkt muss auch in Tarifverträgen stets mit Gegenleistungen in anderen Teilen des Gesamtvertrages erkauft werden[359]. Somit enthält der Tarifvertrag im Regelfall zum Ausgleich für den Arbeitnehmer nachteiliger Regelungen an anderer Stelle arbeitnehmerfreundliche Klauseln. Dies birgt ebenso wie bei der Einzelverweisung die Gefahr in sich, dass der Arbeitgeber sich wiederum nur die „Rosinen" rauspickt, das heißt nur arbeitgeberfreundliche Regelungen in Bezug nimmt und dadurch den Arbeitsvertrag sachwidrig zu seinen Gunsten gestaltet[360]. Diese Gefahr rechtfertigt es, ebenso wie bei der Einzelverweisung auch bei der Teilverweisung eine Inhaltskontrolle der in Bezug genommenen Regelungen durchzuführen[361].

(4) Tarifkonkurrenz / Tarifpluralität

Kommen für ein Unternehmen mehrere Tarifverträge in Betracht, weil verschiedene Gewerkschaften miteinander konkurrieren, so dass ein und die selbe Regelungsmaterie in einem Arbeitsverhältnis von den Rechtsnormen mehrerer Tarifverträge erfasst wird (sog. Tarifkonkurrenz[362]), stellt sich die Frage, ob bei Einbeziehung eines dieser Tarifverträge eine Abweichung von dem anderen potentiell ebenfalls anwendbaren Tarifvertrag vorliegt, mit der Folge, dass eine Inhaltskontrolle möglich wäre. § 310 Abs. 4 S. 3 BGB geht allerdings davon aus, dass jedem der denkbaren Tarifverträge die Richtigkeit seiner Regelungen innewohnt. Alle miteinander konkurrierenden Tarifverträge sind als angemessen

---

[358] *Reinecke*, NZA 2004 Beilage 18, 27 (30); *Däubler*/Dorndorf, AGB-Kontrolle im Arbeitsrecht, § 310 BGB Rn. 53; *Hjort/Bufalica*, Arbeitsverträge, S. 60; *Reichel*, AuR 2003, 366 (367); *Lakies*, AR-Blattei, SD. 35, Rn. 106; *ders.*, NZA 2004, 569 (572).

[359] *Henssler*, RdA 2002, 129 (136).

[360] ErfK/*Dieterich*, Art. 2 GG Rn. 35; *Däubler*, NZA 2001, 1329 (1335 f.); *ders.*/Dorndorf, AGB-Kontrolle im Arbeitsrecht, § 310 BGB Rn. 51.

[361] Dieser Ansicht im Ergebnis folgend: *Thüsing/Lambrich*, NZA 2002, 1361 (1363); *Däubler*, NZA 2001, 1329 (1335 f.); *ders.*, AGB-Kontrolle im Arbeitsrecht, § 310 BGB Rn. 53; *Reinecke*, NZA 2000 Beilage 3, 23 (29); *Joost*, FS Ulmer, 1199 (1209); *Schlodder*, Der Arbeitsvertrag im neuen Schuldrecht, S. 201; *Hjort/Bufalica*, Arbeitsverträge, S. 60 f.; *Lakies*, AR-Blattei, SD. 35, Rn. 106; *ders.*, NZA 2004, 569 (572).
Auch bei einer Teilverweisung eine Inhaltskontrolle zumindest in Betracht ziehend: *Henssler*, RdA 2002, 129 (136); *Preis*, FS Wiedemann, 425 (444 f.); *Gotthardt*, ZIP2002, 277 (281); *Gaul*, ZfA 2003, 75 (88); *Lindemann*, AuR 2003, 81 (86), *dies.*, Flexible Gestaltung von Arbeitsbedingungen nach der Schuldrechtsreform, S. 138 f.; *Diehn*, NZA 2004, 129 (131); *Witt*, NZA 2004, 135 (138).

[362] Siehe hierzu *Otto*, Einführung in das Arbeitsrecht, Rn. 460; *Junker*, Grundkurs Arbeitsrecht, Rn. 559 f.

zu betrachten[363]. Dies gilt ebenso bei Tarifpluralität, die vorliegt, wenn in einem Betrieb für zwei oder mehrere Arbeitsverhältnisse zwei oder mehrere Tarifverträge Geltung beanspruchen[364].

(5) Verbleibender Anwendungsbereich des AGB-Rechts bei prinzipiellem Kontrollausschluss

Ist beim Vorliegen einer Gesamtverweisung auf tarifvertragliche Bestimmungen nach dem oben Gesagten die Inhaltskontrolle dieser kollektiven Regelungen generell ausgeschlossen, so berührt dies allerdings nicht die *Transparenzkontrolle* nach § 307 Abs. 1 S. 2 BGB[365]. Diese ist zwar systematisch gesehen ein Teil der Inhaltskontrolle, nimmt aber dennoch eine Sonderstellung ein. Die Transparenzkontrolle ist – wie auch schon vor der Schuldrechtsreform[366] – unabhängig von der Möglichkeit einer Angemessenheitskontrolle durchführbar[367]. Wie § 307 Abs. 3 S. 2 BGB nunmehr auch noch einmal klarstellt, können in Bezug genommene Tarifverträge, obwohl sie keiner Einbeziehungs- und Angemessenheitskontrolle unterliegen, auf ihre Transparenz hin kontrolliert werden.

Dies kann dazu führen, dass der mit der Bezugnahmeklausel u.a. verfolgte Zweck der Gleichbehandlung der Arbeitnehmer unabhängig von ihrer Tarifbindung nicht immer erreicht werden kann. So können aufgrund der Regelung des § 307 Abs. 1 S. 2 BGB intransparente Regelungen für nicht tarifgebundene Arbeitnehmer nicht Vertragsinhalt werden, während sie bei tarifgebundenen Arbeitnehmern wegen der normativen Wirkung zur Geltung gelangen[368].

Des weiteren ist zu beachten, dass die in § 310 Abs. 4 S. 3 BGB angeordnete Gleichstellung von Tarifverträgen mit Rechtsvorschriften im Sinne des § 307 Abs. 3 S. 1 BGB allein eine Freistellung von der Inhaltskontrolle anhand der §§ 307 ff. BGB bezweckt. Die *Einbeziehungskontrolle* nach § 305c BGB bleibt davon unberührt[369]. Deshalb sind einzelvertraglich in Bezug genommene

---

[363] *Bayreuther*, RdA 2003, 81 (91); *Gotthardt*, ZIP 2002, 277 (281); *Däubler*/Dorndorf, AGB-Kontrolle im Arbeitsrecht, § 310 BGB Rn. 45; *Witt*, NZA 2004, 135 (137).

[364] *Richardi*, NZA 2002, 1057 (1062). Zur Tarifpluralität siehe: *Otto*, Einführung in das ArbR, Rn. 461; *Junker*, Grundkurs Arbeitsrecht, Rn. 561 ff.

[365] Allgemein zur Transparenzkontrolle siehe 4. Teil C. I.

[366] Vgl. Palandt/*Heinrichs*, § 8 AGBG Rn. 1a; MünchKommBGB/*Basedow*, § 8 AGBG Rn. 20; *Brandner*, in: Ulmer/Brandner/Hensen, AGBG, § 8 Rn. 8a; *Lindacher*, in: Wolf/Horn/Lindacher, AGBG, § 3 Rn. 15; OLG Köln v. 23.8.2000, ZIP 2000, 1836; OLG Stuttgart v. 28.5.1999, ZIP 1999, 1970.

[367] Dies stellt der Gesetzgeber in BT-Drs. 14/6857, S. 54 klar. Vgl. auch *Ring*, BuW 2003, 69 (71); *Witt*, NZA 2004, 135 (138); *Diehn*, NZA 2004, 129 (134); *Lakies*, AR-Blattei, SD. 35, Rn. 90.

[368] Hierauf hinweisend: *Preis*, FS Wiedemann, 425 (447).

[369] *Witt*, NZA 2004, 135 (138); *Diehn*, NZA 2004, 129 (134).

Tarifregelungen nach § 305c Abs. 1 BGB darauf zu kontrollieren, ob sie nach den Umständen so ungewöhnlich sind, dass der Arbeitnehmer mit ihnen nicht zu rechnen braucht[370]. Nach § 305c Abs. 2 BGB sind mehrdeutige Klauseln in dem in Bezug genommenen Tarifvertrag zu Lasten des Verwenders der AGB und damit im Regelfall zu Lasten des Arbeitgebers auszulegen.

bb) Inhaltskontrolle der Bezugnahmeklausel

Von der Kontrolle der in Bezug genommenen Kollektivregelungen ist die Kontrolle der Bezugnahmeklausel selbst zu unterscheiden. Falls die entsprechende Klausel des Arbeitsvertrags ihrerseits für eine Vielzahl von Fällen vorformuliert wurde, sieht sie sich insbesondere dem Verbot überraschender Klauseln (§ 305c Abs. 1 BGB), der Unklarheitenregel (§ 305c Abs. 2 BGB) und dem Transparenzgebot (§ 307 Abs. 1 S. 2 BGB) ausgesetzt[371].

(1) Verbot überraschender Klauseln - § 305c Abs. 1 BGB

Mit dem Verbot überraschender Klauseln gem. § 305c Abs. 1 BGB soll der Gefahr entgegengewirkt werden, dass der Vertragspartner vom Verwender der AGB durch Einbeziehung bestimmter Klauseln überrumpelt wird. Der jeweilige Vertragspartner des Verwenders soll sich darauf verlassen können, dass sich die einzelnen Regelungen im großen und ganzen im Rahmen dessen halten, was nach den Umständen bei Abschluss des Vertrages erwartet werden darf[372]. Im Zusammenhang mit arbeitsvertraglichen Bezugnahmeklauseln interessieren diesbezüglich vor allem zwei Problemfelder: Zum einen die Verweisung auf einen orts- oder branchenfremdem Tarifvertrag und zum anderen die einer dynamischen Verweisung inhärenten zukünftigen Änderungen der kollektiven Regelungen.

Enthält ein Vertragsangebot des Arbeitgebers einen Verweis auf Tarifnormen, wird der Arbeitnehmer regelmäßig davon ausgehen, dass es sich um einen für den jeweiligen Betrieb einschlägigen Tarifvertrag handelt. Deshalb erscheint es durchaus als angebracht, für eine davon abweichende Bezugnahme auf orts- oder branchenfremde Tarifvertragsregelungen eine ausdrückliche Individualabrede oder aber zumindest eine besondere Hervorhebung in den AGB zu verlangen und eine standardisierte Verweisungsklausel auf den nicht einschlägigen

---

[370] Zur Regelung des § 305c Abs. 1 BGB siehe ausführlicher 3. Teil B. II.

[371] Vgl. *Gaul*, ZfA 2003, 75 (87).

[372] Vgl. *Ulmer*, in: Ulmer/Brandner/Hensen, AGBG, § 3 Rn. 2; *Lindacher*, in: Wolf/Horn/Lindacher, AGBG, § 3 Rn. 2; *Ring*, BuW 2003, 69 (70).
Allgemein zur Regelung des § 305c Abs. 1 BGB siehe 3. Teil B. II.

Tarifvertrag ansonsten als überraschend im Sinne von § 305c Abs. 1 BGB anzusehen[373]. Ist die Inbezugnahme auch orts- oder branchenfremder Tarifverträge hingegen im Einzelfall durchaus üblich, so dass der Arbeitnehmer mit einer derartigen Verweisung rechnen musste, kann jedoch nicht ohne weiteres von einer „Überrumpelung" des Arbeitnehmers und somit einem Verstoß gegen § 305c Abs. 1 BGB ausgegangen werden[374].

Eine arbeitsvertragliche Bezugnahmeklausel kann ihren Überraschungseffekt nicht nur im Zeitpunkt des Vertragsschlusses zeigen. Bei dynamischen Verweisungsklauseln kann ein derartiger Effekt aufgrund der mangelnden Vorhersehbarkeit der inhaltlichen Entwicklung des in Bezug genommenen Tarifvertrags auch erst zu einem späteren Zeitpunkt auftreten. Daraus folgt, dass bei jeder Änderung des entsprechenden Tarifvertrags erneut der Frage nachgegangen werden muss, ob der neue Inhalt – hätte er bei Abschluss des Arbeitsvertrags bereits Gültigkeit gehabt – das Arbeitsverhältnis in einer Weise gestaltet, mit welcher der Arbeitnehmer gemeinhin nicht rechnen musste, so dass die Bezugnahme in der geänderten Form beim Vertragsschluss dem Verbot des § 305c Abs. 1 BGB nicht Stand gehalten hätte[375].

Zu Recht wird zwar darauf aufmerksam gemacht, dass hierin ein gewisser Widerspruch zum Ausschluss einer mittelbaren Tarifzensur liegt.[376] Auch der Hinweis darauf, dass eine Ungewissheit des einzelnen Arbeitnehmers bezüglich der zukünftigen Entwicklung der Arbeitsbedingungen auch bei einer unmittelbaren Tarifbindung der Fall sei[377], leuchtet zunächst ein. Bei näherer Betrachtung werden aber Unterschiede zwischen der Situation des organisierten Arbeitnehmers und derjenigen des schuldrechtlich an den jeweiligen Tarifvertrag gebundenen Arbeitnehmers offenbar. Sofern der Verweis auf Tarifnormen zwischen nicht organisierten Arbeitsvertragsparteien vereinbart wird, fehlt es an jeglicher innerverbandlicher Einflussnahmemöglichkeit auf die Tarifpolitik. Gerade diese Einflussnahme wird jedoch als wesentliches Merkmal für die mitgliedschaftliche Legitimation tariflicher Regelungen erachtet[378], so dass es umgekehrt nicht ge-

---

[373] So *Gotthardt*, ZIP 2002, 277 (280); *ders.*, Arbeitsrecht nach der Schuldrechtsreform, Rn. 232; *Thüsing/Lambrich*, NZA 2002, 1361 (1365); *Preis*, FS Wiedemann, 425 (433); *Lakies*, AR-Blattei, SD. 35, Rn. 95; *Reinecke*, NZA 2004 Beilage 18, 27 (30). Zum überraschenden Charakter eines Verweises auf branchen- oder ortsfremde Tarifverträge bereits *Seibert*, NZA 1985, 730 (732).

[374] Richtigerweise diese Einschränkung vornehmend: *Gotthardt*, ZIP 2002, 277 (280); *Diehn*, NZA 2004, 129 (133).

[375] So *Thüsing/Lambrich*, NZA 2002, 1361 (1365); *Stoffels*, NZA 2004 Beilage 1, 19 (26).

[376] Siehe *Preis*, Der Arbeitsvertrag, II V 40 Rn. 53.

[377] Vgl. dazu LAG Hamburg v. 29.11.1995, CR 1996, 299 (301); *Etzel*, NZA 1987 Beilage 1, 19 (27).

[378] Siehe dazu bereits *Rieble*, Arbeitsmarkt und Wettbewerb, Rn. 1727; *Hueck/Nipperdey*, Lehrbuch des Arbeitsrechts, Bd. II/1, S. 101 f. /400; *Biedenkopf*, Grenzen der Tarifautonomie, S. 53 f.

rechtfertigt erscheint, Arbeitnehmer, die sich am internen Willensbildungsprozess des Verbandes nicht beteiligen können, dennoch ohne weiteres der Tarifpolitik der Koalitionen zu unterwerfen[379]. Deshalb ist zum Schutz des Arbeitnehmers der Widerspruch zum Ausschluss einer mittelbaren Tarifzensur hinzunehmen, da ihm regelmäßig keine Wahl bleibt, ob er eine im vorformulierten Arbeitsvertrag enthaltene dynamische Bezugnahmeklausel akzeptieren möchte oder nicht[380]. Allerdings müssen im Hinblick auf die prinzipielle Zulässigkeit von dynamischen Bezugnahmeklauseln und der damit verbundenen generellen Billigung der Gefahr einer nachträglichen Verschlechterung der Rechtsposition des Arbeitnehmers hohe Anforderungen an das Überraschungsverdikt gestellt werden. Die neue Tarifnorm muss sich als schlechterdings nicht vorhersehbar und zugleich als ungewöhnlich belastend erweisen, damit eine Anwendung des § 305c Abs. 1 BGB in Betracht kommt[381].

(2) Unklarheitenregelung - § 305c Abs. 2 BGB

Die Unklarheitenregelung des § 305c Abs. 2 BGB geht davon aus, dass es dem Verwender Allgemeiner Geschäftsbedingungen obliegt, diese hinreichend klar und unmissverständlich zu formulieren. Zweifel bei der Auslegung Allgemeiner Geschäftsbedingungen gehen somit zu Lasten des Verwenders. Folglich sind hinsichtlich Inhalt und Reichweite unklare Bezugnahmeklauseln nach § 305c

---

379 *Lakies*, AR-Blattei, SD. 35, Rn. 96.

380 *Thüsing/Lambrich*, NZA 2002, 1361 (1365); *Lakies*, AR-Blattei, SD. 35, Rn. 96; *Stoffels*, NZA 2004 Beilage 1, 19 (26).

381 So *Stoffels*, NZA 2004 Beilage 1, 19 (26). *Reichel*, AuR 2003, 366 (369), verlangt diesbezüglich eine Beschränkung auf „extreme Fälle". Anhaltspunkte lassen sich eventuell in der Rechtsprechung zum Widerruf freiwilliger Leistungen ausmachen. Danach muss der Arbeitnehmer selbst bei einem Widerrufsvorbehalt nicht mit einer Kürzung freiwilliger Leistungen um mehr als 25 bis 30 % rechnen (vgl. BAG v. 13.5.1987, NZA 1988, 95 = AP Nr. 4 zu § 305 BGB Billigkeitskontrolle). Hieraus könnte sich die allgemeine Richtlinie entwickeln, dass etwa eine Verdienstminderung um mehr als ein Viertel als nicht voraussehbar und damit als überraschend im Sinne von § 305c Abs. 1 BGB einzuordnen ist, so *Thüsing/Lambrich*, NZA 2002, 1361 (1365). Bereits eine Verringerung um ein Fünftel als problematisch betrachtend: *Rieble*, Arbeitsmarkt und Wettbewerb, Rn. 1732; *Lakies*, AR-Blattei, SD. 35, Rn. 96. Kritisch *Kania*, NZA 2000 Beilage 3, 45 (46), der der Ansicht ist, dass es zwar rückblickend auf den Zeitpunkt des Vertragsschlusses durchaus überraschend erscheinen könne, wenn sich die tariflichen Arbeitsbedingungen im Rahmen eines Zeitraums von mehreren Jahren erheblich nach oben oder auch nach unten verändern. Dieser Umstand erzeuge aber noch kein Bedürfnis nach einem Schutz vor unangemessener Benachteiligung. Im Gegenteil wäre es unangemessen, wenn die Tarifvertragsparteien auf Änderungen der Rahmenbedingungen nicht reagieren würden.

Abs. 2 BGB im kundenfreundlichsten bzw. in diesem Kontext arbeitnehmergünstigsten Falle auszulegen[382].

Eine unklare Bezugnahmeklausel in diesem Sinne liegt allerdings nicht bereits schon dann vor, wenn sich die Arbeitsvertragsparteien über ihren Inhalt oder ihre Reichweite im Streit befinden. Vielmehr ist die Anwendbarkeit der Unklarheitenregel an die Voraussetzung geknüpft, dass nach Ausschöpfung der in Betracht kommenden Auslegungsmethoden ein nicht behebbarer Zweifel bleibt und mindestens zwei Auslegungsalternativen rechtlich vertretbar sind[383]. Die Regelung muss also mehrere Bedeutungen haben können, ohne dass erkennbar wird, welcher dieser Bedeutungen unter Berücksichtigung des Willens der Parteien bei Abschluss des Vertrags der Vorzug zu geben ist („objektive Mehrdeutigkeit“)[384]. Um diese objektive Mehrdeutigkeit zu verhindern, muss das Bezugsobjekt, vorliegend also der einbezogene Tarifvertrag, hinreichend genau beschrieben sein. Es muss klar ersichtlich sein, ob eine Global-, Teil- oder Einzelverweisung beabsichtigt ist. Überdies muss sich unmissverständlich ergeben, ob die Bezugnahmeklausel in zeitlicher Hinsicht statisch oder dynamisch ausgestaltet ist, ob der Arbeitnehmer also einen Anspruch auf Teilhabe an zukünftigen Tarifentwicklungen haben soll oder nicht[385]. Unter Hinweis auf die beabsichtigte Zukunftswirkung des Arbeitverhältnisses und dem mit einer Verweisung auf Tarifnormen verfolgten Zweck der Gleichstellung nicht tarifgebundener Arbeitnehmer mit tarifgebundenen Arbeitnehmern stellte das BAG bislang in einer unklaren Situation die Behauptung auf, dass im Zweifel eine dynamische Bezugnahmeklausel vereinbart werden sollte[386]. Diese Zweifelsregelung des BAG deckt sich jedoch nur dann mit den Prinzipien der Unklarheitenregelung des § 305c Abs. 2 BGB, wenn mit der Anpassung an den geänderten Tarifvertrag fortlaufend eine Verbesserung der Arbeitsbedingungen für den Arbeitnehmer erreicht wird, die dynamische Bezugnahmevariante also die für ihn günstigste Alternative darstellt. Dies dürfte so generell aber nur für Zeiten des wirtschaftlichen Erfolges gelten, in denen die Tarifentwicklung problemlos im

[382] Palandt/*Heinrichs*, § 305c Rn. 19; *Lindacher*, in: Wolf/Horn/Lindacher, AGBG, § 5 Rn. 24; *Thüsing/Lambrich*, NZA 2002, 1361 (1366).

[383] Palandt/*Heinrichs*, § 305c Rn. 18; BAG v. 14.6.2007, NZA 2007, 221; BGH v. 22.3.2002, NJW 2002, 2102 (2103); *Gaul*, ZfA 2003, 75 (87); *Reinecke*, DB 2006, 555 (557).

[384] So *Bayreuther*, DB 2002, 1005 (1010); *Diehn*, NZA 2004, 129 (134).

[385] *Thüsing/Lambrich*, NZA 2002, 1361 (1366). Vgl. zur Bedeutung der Tarifbindung für die Auslegung der Bezugnahmeklausel *Hanau*, NZA 2005, 489 ff.; *Klebeck*, NZA 2006, 15 ff. Eine Klausel, die offen lässt, ob es sich um eine statische oder dynamische Bezugnahme handelt, lautet z.B.: „Im Übrigen gilt der Tarifvertrag der Metall- und Elektroindustrie Nordrhein-Westfalen“, vgl. dazu auch *Gaul*, ZfA 2003, 75 (87).

[386] BAG v. 20.3.1991, AP Nr. 20 zu § 4 TVG Tarifkonkurrenz; BAG v. 29.1.1991, DB 1991, 1836; BAG v. 16.8.1988, NZA 1989, 102 = AP Nr. 8 zu § 1 BetrAVG Beamtenversorgung.

Sinne eines „Einbahnstraßenprinzips“[387] stetig steigende Löhne und kürzere Arbeitszeiten produziert. Gerät der Wirtschaftsmotor jedoch ins Stottern und wächst der Druck durch ständig steigende Arbeitslosenzahlen, kann nicht mehr von einer stetigen Verbesserung der Arbeitskonditionen ausgegangen werden. Die generelle Annahme einer dynamischen Verweisungsklausel kann somit im Prinzip auch zu einer Verschlechterung der Arbeitsbedingungen führen. Dann spräche § 305c Abs. 2 BGB dafür, die Bezugnahme als statisch zu verstehen. In der heutigen Wirtschaftslage und unter der Geltung des § 305c Abs. 2 BGB kann demnach einer generellen Vermutung, im Zweifel sei eine dynamische Bezugnahme vereinbart, nicht mehr gefolgt werden[388]. Vielmehr muss in jedem Einzelfall sehr genau überprüft werden, ob eine statische oder eine dynamische Verweisung die für den Arbeitnehmer günstigere Alternative darstellt. Das BAG geht hingegen auch bei der Anwendung des § 305c Abs. 2 BGB im Zweifel von der Vereinbarung einer zeitdynamischen Verweisung aus. Es bleibt bei der Annahme, dass die Vergütung in Entgeltverträgen in der Regel für den Arbeitnehmer verbessert und nicht verschlechtert wird[389].

(3) Transparenzkontrolle - § 307 Abs. 1 S. 2 BGB

Arbeitsvertragliche Bezugnahmeklauseln bewirken aufgrund ihrer Verweisungstechnik naturgemäß eine Einbuße an Transparenz. Deshalb sind sie insbesondere an dem nun ausdrücklich in § 307 Abs. 1 S. 2 BGB normierten Transparenzgebot zu messen[390]. Das Transparenzgebot besagt, dass sich eine unangemessene Benachteiligung im Sinne des § 307 Abs. 1 BGB auch daraus ergeben kann, dass eine Bestimmung nicht klar und verständlich ist. Insbesondere im Hinblick auf die den Tarifvertrag in seiner jeweils gültigen Fassung in Bezug nehmenden *dynamischen Bezugnahmeklauseln* könnte man an der erforderlichen Klarheit, das heißt konkret an der Vorhersehbarkeit der zukünftig für den Arbeitnehmer geltenden Inhalte Zweifel hegen[391].

Die generelle Zukunftsgerichtetheit des Arbeitsverhältnisses verlangt jedoch eine Vertragsgestaltung, die es ermöglicht, die für das einzelne Arbeitsverhältnis geltenden Lohn- und Arbeitsbedingungen der allgemeinen lohn- und sozialpolitischen Entwicklung anzupassen. Um diesem Bedürfnis gerecht zu werden und aus Gründen der Vertragsvereinfachung ist die prinzipielle Zulässigkeit dynami-

---

387 So *Zöllner*, ZfA 1988, 265 (273).

388 Siehe dazu *Thüsing/Lambrich*, NZA 2002, 1361 (1366); *Reinecke*, BB 2006, 2637 (2639); a.A. *Diehn*, NZA 2004, 129 (134).

389 BAG v. 9.11.2005, NZA 2006, 202 (204); BAG v. 17.1.2006, BB 2006, 2532.

390 Allgemein zur Regelung des § 307 Abs. 1 S. 2 BGB siehe 4. Teil C. I.

391 Zur Problematik der Staffelverweisung auf verschiedene Tarifverträge vgl. *Brors*, BB 2006, 101 (103).

scher Bezugnahmeklauseln in Arbeitsverträgen allgemein anerkannt[392]. Dem Bestimmtheitsgebot und damit auch den Anforderungen des § 307 Abs. 1 S. 2 BGB ist entsprochen, wenn die in Bezug genommene Regelung im Zeitpunkt ihrer jeweiligen Anwendung bestimmbar ist[393]. Diese Auffassung wird normativ durch Regelungen des NachwG gestützt. Dieses verlangt in § 2 Abs. 1 Nr. 10 und Abs. 3 NachwG lediglich einen in allgemeiner Form gehaltenen Hinweis auf die Tarifverträge, die auf das Arbeitsverhältnis anzuwenden sind. Zudem befreit es in § 3 S. 2 NachwG den Arbeitgeber sogar von der Pflicht, dem Arbeitnehmer die Änderungen des Tarifvertrags mitzuteilen. Um Widersprüche zu dieser gesetzgeberischen Wertung zu vermeiden, ist die dynamische Bezugnahmeklausel mit Blick auf das Transparenzgebot für prinzipiell zulässig zu erachten[394].

2. Betriebsvereinbarungen

a) „Billigkeitskontrolle" von Betriebsvereinbarungen vor der Schuldrechtsreform

In der Terminologie des BAG unterlagen Betriebsvereinbarungen bisher einer allgemeinen Billigkeitskontrolle[395]. Die dogmatische Begründung für diese Billigkeitskontrolle schwankte jedoch. Einerseits wurde sie aus dem Gesichtspunkt der Übermachtkontrolle gerechtfertigt. Die Billigkeitskontrolle sei erforderlich, weil der Betriebsrat – im Vergleich zur tarifschließenden Gewerk-

---

392 BAG v. 20.3.1991, AP Nr. 20 zu § 4 TVG Tarifkonkurrenz; BAG v. 10.8.1982, AP Nr. 7 zu § 5 BetrAVG; BAG v. 6.4.1955, AP Nr. 7 zu Art. 3 GG.

393 BAG v. 8.7.1980, AP Nr. 7 zu § 1 TVG Form; *Diehn*, NZA 2004, 129 (134); *Stoffels*, NZA 2004 Beilage 1, 19 (25).

394 *Stoffels*, NZA 2004 Beilage 1, 19 (25); *Diehn*, NZA 2004, 129 (134); *Däubler*, NZA 2001, 1329 (1336); *Oetker*, FS Wiedemann, 383 (396); *Gaul*, ZfA 2003, 75 (88); *Thüsing/Lambrich*, NZA 2002, 1361 (1364).

395 So die ständige Rechtsprechung des BAG, vgl. BAG v. 30.1.1970, AP Nr. 142 zu § 242 BGB Ruhegehalt; BAG v. 13.9.1974, AP Nr. 84 zu § 611 BGB Gratifikation; BAG v. 11.6.1975, AP Nr. 1 zu § 77 BetrVG 1972 Auslegung; BAG v. 11.3.1976 und 13.10.1976, AP Nr. 11 und 15 zu § 242 BGB Ruhegehalt - Unverfallbarkeit; BAG v. 17.2.1981, 24.3.1981, 9.12.1981 und 26.7.1988, AP Nr. 11, 12, 14 und 45 zu § 112 BetrVG 1972; BAG v. 8.12.1981 AP Nr. 1 zu § 1 BetrAVG Unterstützungskasse; BAG v. 12.8.1982, AP Nr. 4 zu § 77 BetrVG 1972; BAG v. 17.3.1987, AP Nr. 9 zu § 1 BetrAVG Ablösung; BAG v. 25.4.1991, AP Nr. 138 zu § 611 BGB Gratifikation; BAG v. 1.12.1992, AP Nr. 3 zu § 77 BetrVG 1972 Tarifvorbehalt; BAG v. 27.8.1996, AP Nr. 22 zu § 1 BetrAVG Ablösung; BAG v. 21.1.1997, EzA § 242 BGB Betriebliche Übung Nr. 36. Vgl. auch *Otto*, FS Stahlhacke, 395 (413), der zwischen abstrakter und konkreter Billigkeitskontrolle unterscheidet.

schaft – nur begrenzte Mittel zur Durchsetzung der Interessen der Arbeitnehmer zur Verfügung hat (fehlende Streikbefugnis, vgl. § 74 Abs. 2 S. 1 BetrVG) und in nicht unerheblichem Maße vom Arbeitgeber abhängig sei[396]. Andererseits wurde auf eine entsprechende Anwendung der Leistungsbestimmungsvorschrift § 315 BGB abgestellt[397]. Des weiteren stellte das BAG auf § 75 Abs. 1 BetrVG (Beachtung der Grundsätze von Recht und Billigkeit) beziehungsweise die entsprechenden Anwendung des § 76 Abs. 5 S. 3 BetrVG (Kriterien für den Spruch der Einigungsstelle) ab[398]. Das BAG behandelte Betriebsvereinbarungen anders als Tarifverträge, da erstere nicht im selben Maße wie der Tarifvertrag autonom und der gerichtlichen Kontrolle entzogen seien[399].

Die Kontrollpraxis des BAG blieb nicht unkritisiert. Zum einen wurde dem BAG vorgeworfen, für die Billigkeitsprüfung keinen eindeutigen spezifischen Maßstab herausgearbeitet zu haben. Die Vielfalt an dogmatischen Grundlagen führe zu einer Rechtsunsicherheit[400]. Zum anderen wurde gegen eine derartige Kontrolle von Betriebsvereinbarungen vorgebracht, die Annahme gestörter Vertragsparität zwischen Betriebsrat und Arbeitgeber würde die vom BetrVG gewährleistete Grundkonzeption der betrieblichen Mitbestimmung in Frage stellen. Denn das BetrVG vertraue darauf, dass die Betriebspartner in der Lage seien, die betrieblichen Angelegenheiten „richtig“ und angemessen zu ordnen, und der Betriebsrat auch beim Abschluss von Betriebsvereinbarungen zu kraftvoller Wahrnehmung der Arbeitnehmerinteressen fähig sei. Das Gesetz unterwerfe allein die Sprüche der Einigungsstelle im Rahmen der Zwangsschlichtung in eingeschränkter Form der gerichtlichen Ermessenskontrolle, vgl. § 76 Abs. 5 S. 4 BetrVG[401]. Auch das Arbeitskampfverbot könne nicht als Ausdruck von Schwäche des Betriebsrates gewertet werden, da sich seine betriebverfassungsrechtlich relevante Stärke – anders als die der Gewerkschaften – nicht nach effektiven Machtmitteln beurteilt, sondern allein nach der gesetzlichen Ausgestaltung seiner Beteiligungsbefugnisse und seines funktionellen Zuständigkeitsbereichs bis hin zur Konfliktlösung durch verbindliche Entscheidungen der Einigungs-

---

[396] BAG v. 30.1.1970, AP Nr. 142 zu § 242 BGB Ruhegehalt; *Berg*, in: Däubler/Kittner/Klebe, BetrVG, § 77 Rn. 84; *Däubler*, Das Arbeitsrecht 1, Rn. 804.

[397] BAG v. 8.12.1981, AP Nr. 1 zu § 1 BetrAVG Ablösung.

[398] BAG v. 9.12.1981, AP Nr. 14 zu § 112 BetrVG 1972, BAG v. 11.3.1976, AP Nr. 11 zu § 242 BGB Ruhegehalt – Unverfallbarkeit; BAG v. 26.10.1994, AP Nr. 18 zu § 611 BGB Anwesenheitsprämie.

[399] BAG v. 30.1.1970, BAGE 22, 252 (267); BAG v. 16.11.1967 und 17.10.1968 AP Nr. 63 und 66 zu § 611 BGB Gratifikation; siehe auch *Richardi*, BetrVG, § 77 Rn.117.

[400] *Fitting*, BetrVG, § 77 Rn. 198; GK-BetrVG/*Kreutz*, § 77 Rn. 301; *Kreutz*, Grenzen der Betriebsautonomie, S. 8.

[401] *Thiele*, FS Larenz, 1043 (1057); GK-BetrVG/*Kreutz*, § 77 Rn. 302

stelle[402]. Dementsprechend sei hinsichtlich einer Kontrolle von Betriebvereinbarungen eher Zurückhaltung geboten[403].

Diese Kritik beruhte jedoch im Wesentlichen auf einem terminologisch bedingten Missverständnis. Das BAG sprach in seinen Urteilen zwar von einer Billigkeitskontrolle. Bei genauerer Betrachtung der vom BAG vorgenommenen Inhaltskontrolle von Betriebsvereinbarungen stellt sich aber heraus, dass der herangezogene Prüfungsmaßstab in der Regeln nicht über den einer Rechtskontrolle hinausging[404]. In den Fällen der gerichtlichen Überprüfung von Betriebsvereinbarungen ging es nicht um Billigkeit im Sinne einer Ergänzung des Vertragsinhalts. Vielmehr führte die Gerichtskontrolle zur Kassation der Regelung. Das BAG nahm keine Billigkeitskontrolle im hier verstandenen Sinne vor[405]. Es orientierte sich an rechtlichen Maßstäben und stellte nicht allein auf die einzelfallorientierte Sachgerechtigkeit ab. So bemühte es keinen individualisierenden Maßstab, sondern ergriff eine generalisierend-typisierende Betrachtungsweise, indem es z.B. nach einer möglichen Verletzung von Belegschaftsinteressen oder einer Benachteiligung eines Teils der Arbeitnehmer gegenüber dem anderen Teil fragte[406]. Das BAG ist in jüngeren Entscheidungen auch selbst dazu übergegangen, die Bezeichnung „Rechtskontrolle" zu verwenden[407].

b) Keine Änderung durch die Schuldrechtsreform

Nach § 310 Abs. 4 S. 1 BGB sind Betriebsvereinbarungen von der AGB-Kontrolle ausgenommen. Dies begründet der Gesetzgeber wie bei den Tarifverträgen mit dem normativen Charakter dieser kollektiven Regelungen. Sofern der Gesetzgeber aber darauf verweist, dass es insoweit gewissermaßen einen „normsetzenden Bereich" der Kollektivparteien gäbe, in den eine AGB-Kontrolle wegen

---

402 *Jobs*, AuR 1986, 147 (148). Gegen ein strukturelles Ungleichgewicht auch *Schliemann*, Festschrift Hanau, 577 (603 f.), der auf die starken Mitbestimmungsrechte des Betriebsrates, die Benachteiligungsverbote der §§ 37 Abs. 2 bis 4, 78 BetrVG und den besonderen Kündigungsschutz nach § 15 KSchG und § 103 BetrVG verweist. Aufgrund von Schulungsmaßnahmen sowie des Beistandes von Gewerkschaften und Rechtsanwälten sei auch eine intellektuelle Unterlegenheit des Betriebsrats nicht gegeben.

403 *Fitting*, BetrVG, § 77 Rn. 198; *Schliemann*, Festschrift für Hanau, 577 (602). Weitere Hinweise zur Kritik an der von der Rechtsprechung praktizierten Billigkeitskontrolle siehe v.a. GK-BetrVG/*Kreutz*, § 77 Rn. 299 ff.

404 *Richardi*, NZA 2002, 1057 (1059 f.); *ders.*, BetrVG, § 77 Rn. 118; *Lieb*, Arbeitsrecht, Rn. 119; *Schlodder*, Der Arbeitsvertrag im neuen Schuldrecht, S. 203; *Lakies*, AR-Blattei, SD. 35, Rn. 81.

405 Vgl. Einleitung C. I.

406 BAG v. 21.1.1997, NZA 1997, 1009 (1011).

407 BAG v. 26.10.1994, AP Nr. 18 zu § 611 BGB Anwesenheitsprämie; BAG v. 22.5.1990, NZA 1990, 813 ff. = AP Nr. 3 zu § 1 BetrAVG Betriebsvereinbarung; BAG v. 16.7.1996, NZA 1997, 533 – AP Nr. 21 zu § 1 BetrAVG Ablosung.

der Tarifautonomie nicht eingreifen dürfe[408], mutet diese Begründung mit Blick auf Betriebsvereinbarungen seltsam an[409]. Betriebsvereinbarungen können keinesfalls als Ausfluss der Tarifautonomie verstanden werden. Trotz dieses Begründungsmangels ist der Wortlaut des § 310 Abs. 4 S. 1 BGB hinsichtlich der auf Betriebsvereinbarungen bezogenen Bereichsausnahme aber eindeutig[410]. Betriebsvereinbarungen sind demnach keiner Kontrolle anhand der §§ 307 ff. BGB zu unterziehen.

Der Ausschluss der AGB-Kontrolle von Betriebsvereinbarungen führt nicht zur Unzulässigkeit jeglicher andersartiger inhaltlicher Überprüfung von Betriebsvereinbarungen. Dies ergibt sich zwangsläufig daraus, dass der Gesetzgeber mit der Neuregelung in § 310 Abs. 4 BGB eine Stärkung, nicht aber eine Minderung des Arbeitnehmerschutzes erreichen wollte[411]. Auch die Gleichstellung mit Tarifverträgen, bei denen eine Rechtskontrolle mit Blick auf zwingendes höherrangiges Recht allgemein anerkannt ist, zeigt auf, dass keine absolute Kontrollfreiheit beabsichtigt sein kann.

Eine weitgehende Inhaltskontrolle am Maßstab von Treu und Glauben würde die Bereichsausnahme des § 310 Abs. 4 BGB jedoch konterkarieren, da diese eine derartige Angemessenheitskontrolle gerade verhindern soll. Die Kontrollintensität bei Betriebvereinbarungen muss deshalb hinter der Intensität der AGB-Kontrolle zurückbleiben[412]. Mit Blick auf die Neuregelung des § 310 Abs. 4 BGB ist die Rechtsprechung deshalb gehalten, bei der Kontrolle von Betriebsvereinbarungen Zurückhaltung zu üben. Das BAG hat folgerichtig festgestellt, dass die Regelung eines Widerrufsvorbehalts in einer Betriebsvereinbarung nicht der Inhaltskontrolle nach §§ 305 ff. BGB unterliegt, sondern an § 75 BetrVG zu messen ist[413]. In seiner Entscheidung betont das BAG, dass der fragliche Widerrufsvorbehalt aber „selbst" bei Übertragung der Grundsätze für die Angemessenheitskontrolle nach §§ 305 ff. BGB nicht zu beanstanden wäre. Das Gericht schätzt die Maßstäbe der AGB-Kontrolle folglich strenger ein als die eigentlich nach § 75 BetrVG heranzuziehenden.

Im Regelfall dürfte also einer Fortsetzung der auf § 75 BetrVG gestützten Rechtsprechung nichts entgegen stehen[414].

---

408 BT-Drs. 14/6857, S.54.

409 Siehe dazu auch *Annuß*, BB 2002, 458 (459).

410 *Däubler*/Dorndorf, AGB-Kontrolle im Arbeitsrecht, § 310 BGB Rn. 32.

411 *Thüsing*, BB 2002, 2666 (2669); *Däubler*/Dorndorf, AGB-Kontrolle im Arbeitsrecht, § 310 BGB Rn. 33; *Schlodder*, Der Arbeitsvertrag im neuen Schuldrecht, S. 203, weist zudem darauf hin, dass die §§ 305 ff. BGB lediglich eine Teilkodifikation der Inhaltskontrolle enthalten.

412 *Däubler*/Dorndorf, AGB-Kontrolle im Arbeitsrecht, § 310 BGB Rn.33; *ders.*, NZA 2001, 1329 (1334) *Thüsing*, BB 2002, 2666 (2669); *Annuß*, BB 2002, 458 (459).

413 BAG v. 1.2.2006, BB 2006, 1057 ff.; BAG v. 18.7.2006, BB 2007, 221 ff.

414 *Lakies*, AR-Blattei, SD. 35, Rn. 81; *Reuter*, FS Wiedemann, 448 (490); *Lindemann*, Flexible Gestaltung von Arbeitsbedingungen nach der Schuldrechtsreform, S. 102; *Däub-*

c) Kein Anwendungsbereich der § 310 Abs. 4 S. 3 BGB i.V.m. § 307 Abs. 3 BGB bei Betriebsvereinbarungen

Durch die Regelung des § 310 Abs. 4 S. 3 BGB stellt der Gesetzgeber neben Tarifverträgen auch Betriebsvereinbarungen den Rechtsvorschriften des § 307 Abs. 3 BGB gleich. Soweit er dadurch gewährleisten möchte, dass Betriebsvereinbarungen auch bei einer Einbeziehung in den Arbeitsvertrag keiner Inhaltskontrolle anhand der §§ 305 ff. BGB ausgesetzt sind, erweist sich diese Regelung jedoch als nicht notwendig.

Betriebsvereinbarungen gelten nach § 77 Abs. 4 S. 1 BetrVG zwingend und unmittelbar für alle Arbeitnehmer ihres Geltungsbereichs, wobei die Rechtsprechung es den Arbeitsvertragsparteien ermöglicht hat, zugunsten des Arbeitnehmers von den Regelungen der Betriebsvereinbarung abzuweichen[415]. Im Regelfall ist die Einbeziehung der Betriebsvereinbarung in den Arbeitsvertrag deshalb rein deklaratorischer Natur. Bei einer deklaratorischen Einbeziehungsabrede ist die Inhaltskontrolle schon deshalb sinnwidrig, weil an die Stelle der unwirksamen Klausel wiederum die Betriebsvereinbarung träte[416]. Nur wenn das Arbeitsverhältnis nicht ohnehin schon in den Geltungsbereich der einbezogenen Betriebsvereinbarung fällt, hat die Einbeziehungsklausel einen konstitutiven Charakter. Ähnlich wie bei der Bezugnahme auf einen branchenfremden Tarifvertrag[417] dürfte aber auch bei einer derartigen Inbezugnahme einer „betriebsfremden" Betriebsvereinbarung nicht mehr von einer Angemessenheitsvermutung ausgegangen werden. Dann rechtfertigt sich aber die mit der Regelung des § 310 Abs. 4 S. 3 BGB i.V.m. § 307 Abs. 3 BGB bezweckte Verhinderung der mittelbaren Zensur nicht mehr.

Unterliegen demnach deklaratorische Einbeziehungsabreden bezüglich Betriebsvereinbarungen generell keiner Inhaltskontrolle gem. der §§ 305 ff. BGB und fehlt bei einer konstitutiven Inbezugnahme jegliche die Herausnahme aus der Kontrolle rechtfertigende Angemessenheitsvermutung, kann es mit Blick auf Betriebsvereinbarungen den Anwendungsfall des § 310 Abs. 4 S. 3 BGB i.V.m. § 307 Abs. 3 BGB nicht geben[418].

---

ler/Dorndorf, AGB-Kontrolle im Arbeitsrecht, § 310 BGB Rn. 33; *Coester*, Jura 2005, 251 (252); vgl. auch *Junker*, NZA 2006, Beilage 3, 147 (152); *Eich*, NZA 2006, 1014 (1019).

415 Siehe zur Anerkennung des Günstigkeitsprinzips: BAG (GS) v. 16.9.1986, NZA 1987, 168 = AP Nr. 17 zu § 77 BetrVG 1972; BAG (GS) v. 7.11.1989, NZA 1990, 816 = AP Nr. 46 zu § 77 BetrVG 1972.

416 Zur Inhaltskontrolle von deklaratorischen Einbeziehungsabreden vgl. auch schon im Zusammenhang mit Tarifverträgen 3. Teil A. VII. 1. b) aa) (1).

417 Siehe 3. Teil A. VII. 1. b) aa) (2).

418 Vgl. zu dieser Problematik *Richardi*, NZA 2002, 1057 (1062); *Diehn*, NZA 2004, 129 (131); *Schlodder*, Der Arbeitsvertrag im neuen Schuldrecht, S. 212.

3. Kirchliche Arbeitsrechtsregelungen

Die Arbeitsverhältnisse der Dienstnehmer in den Kirchen und ihren karitativen und diakonischen Einrichtungen unterliegen ungeachtet der Rechtsform des jeweiligen Trägers durchweg nicht Tarifverträgen, sondern kirchlichen Arbeitsrechtsregelungen[419].

Anders als Tarifverträge, Betriebs- und Dienstvereinbarungen sind diese kirchlichen Arbeitsvertragsrichtlinien nicht in der Bereichsausnahme des § 310 Abs. 4 Satz 1 BGB aufgeführt. Daraus ließe sich schlussfolgern, dass derartige Arbeitsvertragsrichtlinien der vollen gerichtlichen Inhaltskontrolle nach §§ 305 ff. BGB ausgesetzt sind[420]. Ob dies tatsächlich der Fall ist, erscheint allerdings zumindest zweifelhaft.

---

[419] Kirchliche Arbeitsverhältnisse sind durch den besonderen Umstand geprägt, dass nach dem Dienstverständnis der katholischen und evangelischen Kirchen Dienstgeber und Dienstnehmer eine Gemeinschaft bilden, welche einen Arbeitskampf ausschließt. Diese Gemeinschaft ist so sehr durch das Miteinander im Dienste Gottes und seines Auftrages an die Kirchen geprägt, dass die Gemeinsamkeit des Ziels und der Aufgabe es ausschließen, durch offenen Druck gegeneinander die Änderung der Arbeitsbedingungen erstreben zu wollen. Die Gemeinschaft gäbe ihren Sendungsauftrag preis, wollte sie ihre Glaubensverkündigung und die Werke der Nächstenliebe unter den Vorbehalt der wechselseitigen Druckausübung stellen, vgl. dazu *Thüsing*, EzA § 611 BGB Ausbildungsbeihilfe Nr. 16; *ders.*, ZTR 1999, 298 (299).
Aus diesem Verständnis heraus entwickelte sich ein eigenständiges kirchliches Beteiligungsmodell – der sog. „Dritte Weg". Dieses Modell ist dadurch gekennzeichnet, dass die Inhalte der kirchlichen Arbeitsverhältnisse kraft Vereinbarung im jeweiligen Arbeitsvertrag durch kirchliche Arbeitsrechtsregelungen bestimmt werden. Diese Arbeitsrechtsregelungen werden von auf Kirchenverfassungsrecht gegründeten, von der Kirchenleitung unabhängigen und paritätisch besetzten Arbeitsrechtlichen Kommissionen verhandelt und als eigene Regelungswerke beschlossen, vgl. ausführlicher zum „Dritten Weg" und zu den Arbeitsrechtlichen Kommissionen MünchArbR/*Otto*, § 285 Rn. 214 ff.; *Richardi*, ArbR in der Kirche, § 13 Rn. 1; *Thüsing*, ZTR 1999, 298 (299); *Schliemann*, FS Hanau, 577 (594); BAG v. 6.11.1996, AP Nr. 1 zu § 10a AVR Caritasverband = EZA § 611 BGB Ausbildungsbeihilfe Nr. 16.

[420] Bisherige gerichtliche Kontrollwirklichkeit: Zunächst verstand das BAG Mitte der 70er Jahre kirchliche Arbeitsrechtsregelungen als allgemeine Arbeitsbedingungen und unterzog sie deshalb konsequenterweise wie diese einer allgemeinen Billigkeitskontrolle, ohne sich näher mit den Einzelheiten ihres Zustandekommens auseinander zu setzen, vgl. BAG v. 4.2.1976, BAGE 28, 14 (19) = EzA § 242 BGB Gleichbehandlung Nr. 10 = AP Nr. 40 zu § 242 BGB Gleichbehandlung. Später entschied ein Senat des BAG abweichend, indem er die Billigkeitskontrolle kirchlicher Arbeitsrechtsregelungen nicht auf das Erfordernis einer Übermachtkontrolle zur Kompensation gestörter Vertragsparität stützte, wie es typischerweise bei arbeitsvertraglichen Einheitsregelungen erfolgte, sondern auf § 317 BGB, da die paritätisch zusammengesetzte, unabhängige Arbeitsrechtliche Kommission als Dritter im Sinne des § 317 Abs. 1 BGB zu verstehen sei, vgl. 10. Senat des BAG v. 17.4.1996, BAG AP Nr. 24 zu § 611 BGB Kirchendienst = AuR 1996, 372. Im selben Jahr grenzte sich ein

Zwar kommt den kirchlichen Arbeitsvertragsrichtlinien nach ständiger Rechtsprechung des BAG *keine normative Wirkung* zu Tarifverträgen zu[421]. Eine Gegenüberstellung von kirchlichen Arbeitsvertragsrichtlinien und profanen Tarifverträgen könnte dennoch die Notwendigkeit ihrer Gleichbehandlung verdeutlichen. Bei Tarifverträgen beruht der Ausschluss einer arbeitsgerichtlichen Angemessenheitsprüfung auf der materiellen Richtigkeitsgewähr von Kollektivverträgen, die durch gleichberechtigte Partner mit gleichem Durchsetzungsvermögen abgeschlossen werden[422]. Zudem kann in dem Ausschluss die Anerkennung einer größeren Sachnähe der Sozialpartner und der leichteren Anpassungsmöglichkeit des tariflichen Normsetzungsverfahren gegenüber einer eventuell im Rahmen der AGB-Kontrolle als Maßstab dienenden gesetzlichen Regelung gesehen werden[423]. Findet sich solch eine Parität, die die Richtigkeit der Richtlinien gewährt, und eine vergleichbare Sachnähe auch im kirchlichen System der Arbeitsrechtskommissionen, wäre ein Ausschluss aus der AGB-Kontrolle ebenfalls gerechtfertigt.

Eine *größere Sachnähe* der kirchlichen Arbeitsrechtskommissionen in dem Sinne, dass sie regelmäßig den Besonderheiten des kirchlichen Dienstes in einem größeren Maße Rechnung tragen dürften als dies die allgemeinen Gesetzesregelungen zu leisten vermögen, ist unbestritten. Ähnlich wie im Tarifvertragssystem kann auch hier eine Änderung und Anpassung der Arbeitsbedingungen an veränderte wirtschaftliche Umstände flexibler gehandhabt werden als dies für den parlamentarischen Gesetzgeber möglich wäre[424].

Fraglich bleibt aber, ob den Arbeitsvertragsrichtlinien die Chance eines angemessenen Interessenausgleichs der Dienstgeber- und Dienstnehmerseite im

---

anderer Senat des BAG deutlich von dieser Entscheidung ab und wählte einen restriktiveren Umgang mit dem Instrument der Kontrolle. Danach seien für eine Inhaltskontrolle arbeitsvertraglich in Bezug genommener kirchlicher Arbeitsvertragsrichtlinien die für Tarifverträge geltenden Maßstäbe heranzuziehen, soweit in diese kirchlichen Arbeitsvertragsrichtlinien Tarifvertragsregelungen ganz oder mit im Wesentlichen gleichen Inhalten übernommen werden. Aufgrund der grundsätzlichen Richtigkeitsgewähr der einbezogenen Tarifvertragsnormen sei nur nach einem Verstoß gegen höherrangiges Recht Ausschau zu halten, vgl. 5. Senat des BAG v. 6.11.1996, BAG AP Nr. 1 zu § 10a AVR Caritasverband = EZA § 611 BGB Ausbildungsbeihilfe Nr. 16. Dem schloss sich in der Folgezeit auch der zunächst eine Billigkeitskontrolle nach Maßgabe der § 317 BGB favorisierende Senat an und verzichtete ebenfalls auf eine Inhaltskontrolle kirchlicher Arbeitsvertragsrichtlinien, soweit eine Bezugnahme auf Tarifverträge vorlag, vgl. BAG v. 28.1.1998, AP Nr. 11 zu § 12 AVR-Caritas = ZevKR 1999, 90.

421 BAG v. 14.6.1995, AP Nr. 7 zu § 12 AVR Caritasverband.

422 So BAG Urteil des 5 Senats v. 6.11.1996, AP Nr. 1 zu § 10a AVR Caritasverband = EZA Nr. 16 zu § 611 BGB Ausbildungsbeihilfe.

423 So im Zusammenhang mit gesetzlicher Tarifdispositivität: *Wiedemann*, TVG, Einl. Rn. 389.

424 *Thüsing*, RdA 1997, 163 (168); *ders.*, ZevKR, 52 (63 ff.); *Müller-Volbehr*, NZA 2002, 301 (304).

gleichen Maße innewohnt wie dem Tarifvertrag. Dies ist umstritten. Für eine *Richtigkeitsgewähr* der kirchlichen Arbeitsvertragsrichtlinien spricht die Unabhängigkeit der Kommission dank der Weisungsfreiheit ihrer Mitglieder, ihre paritätische Zusammensetzung[425] sowie die Selbstbindung der Kirche an den Grundsatz der Lohngerechtigkeit[426]. Gegen eine Richtigkeitsgewähr lässt sich die Differenzierung zwischen formeller und materieller Parität ins Feld führen. Formell sind die Mitglieder kirchlicher Arbeitsrechtskommissionen zwar unabhängig und weisungsfrei, die Dienstgeber könnten jedoch mittelbar Einfluss auf die Beschlüsse der Kommissionen nehmen, so dass ihr materieller Einfluss nicht zu unterschätzen oder gar zu leugnen wäre. Da das Arbeitsrecht jedoch nicht an formelle, sondern materielle, tatsächliche Machtverhältnisse anknüpft, um deren Ausgleich es bemüht ist, ließe sich die Frage aufwerfen, ob die innere kirchenrechtliche Differenzierung zwischen kirchlichen Dienstgebern und kirchlichen Arbeitsrechtskommissionen ausreicht, um die generelle Vermutung eines gerechten Ergebnisses zu bejahen[427]. Des weiteren ist zu beachten, dass die derzeit praktizierte Form des „Dritten Weges"[428] keine Arbeitskampfmaßnahmen zur Regelung von Konflikten vorsieht, weshalb ein entscheidendes Druckpotenzial zur Herstellung der gleichgewichtigen Durchsetzungsfähigkeit von Arbeitnehmer- und Arbeitgeberseite fehlt[429]. Darüber hinaus spricht das bischöfliche beziehungsweise synodale Letztentscheidungsrecht gegen das Vorliegen einer Verhandlungsparität[430].

Lässt sich somit zwar nicht zweifelsfrei feststellen, dass den kirchlichen Arbeitsvertragsrichtlinien eine aus der Verhandlungsparität folgende Richtigkeitsgewähr wie Tarifverträgen innewohnt, so folgt ein Gleichstellungsgebot aber aus der Verfassungsgarantie des kirchlichen Selbstbestimmungsrechts gem. Art. 140 GG i.V.m. Art. 137 Abs. 3 WRV. Das *kirchliche Selbstbestimmungsrecht* würde

---

425 BAG v. 28.1.1998, ZevKR 1999 (44), 90 (95); *Thüsing*, ZTR 1999, 298 (300). *Dütz*, FS Listl, 573 (583); *Richardi*, ArbR in der Kirche, § 15 Rn. 22, verweisen zudem darauf, dass sich die Vertreter der Mitarbeiter bei der Erfüllung ihrer Aufgaben von ihren Verbänden unterstützen lassen können und somit über die nötige Fachkompetenz verfügen.

426 Ein kirchlicher Arbeitgeber muss demnach auch dann, wenn er wegen fehlender Vertragsparität seine Interessen theoretisch durchsetzen könnte, auf Grund des kirchlichen Selbstverständnisses seiner Dienstgemeinschaft seine Leistungsbestimmung billig und gerecht treffen. Kirchliche Arbeitsvertragsrichtlinien dürfen deshalb nicht bloß als Produkt eines Marktresultates gewertet werden, vgl. *Thüsing*, ZevKR 1999 (44), 90 (101), *ders.*, NZA 2002, 306 (311).

427 So *Hammer*, AuR 2002, 49 (53).

428 Zum sog. „Dritten Weg" vgl. FN. 403.

429 Vgl. *Hammer*, AuR 2002, 49 (57); *Deinert*, ZTR 2005, 461 (466 ff.), spricht sich ebenfalls gegen eine Richtigkeitsgewähr kirchlicher Arbeitsvertragsrichtlinien aus.

430 So beispielsweise *Pahlke*, Kirche und Koalitionsrecht, S. 219 ff.; *ders.*, NJW 1986, 350 (354).

verletzt werden, wenn staatliche Gerichte gegenüber Arbeitsvertragsordnungen und Arbeitsvertragsrichtlinien, die in einem kirchlichen Arbeitsrechtsregelungsverfahren durch eine paritätisch besetzte Kommission festgelegt werden, eine Inhaltskontrolle ausübten, auf die sie gegenüber Tarifverträgen verzichten[431]. Dem lässt sich auch nicht entgegenhalten, die Kirche habe wie „jedermann" die Möglichkeit, den Zweiten Weg zu beschreiten, also Tarifverträge abzuschließen[432]. Denn gewährt die Verfassung den Kirchen das Recht, neben dem Tarifvertragssystem ein eigenes Beteiligungsverfahren zur Regelung ihrer Arbeitsbedingungen aufzustellen, so muss man auch die auf diesem Wege entstandenen Regelungen grundsätzlich gleich mit Tarifverträgen behandeln[433].

Zudem lässt sich ein „Erst-Recht-Schluss" für die Erstreckung der Bereichsausnahme auf kirchliche Arbeitsvertragsrichtlinien anführen: Wenn der Gesetzgeber entgegen der vorangegangenen ständigen Rechtsprechung des BAG[434] Betriebsvereinbarungen von einer Inhaltskontrolle freistellt, dann muss dies erst recht für die Regelungen des Dritten Weges gelten, die bereits in der bisherigen Rechtsprechung[435] weitgehend der Inhaltskontrolle entzogen waren und nur dann, wenn sie nicht im Wesentlichen tarifvertragliche Regelungen übernahmen, der vergröberten Billigkeitskontrolle nach § 317 BGB unterfielen[436].

Entgegen dem Wortlaut des § 310 Abs. 4 S. 1 BGB unterliegen die kirchlichen Arbeitsvertragsordnungen bzw. –richtlinien somit nicht der AGB-Kontrolle. Mit Blick auf Art. 140 GG i.V.m. Art. 137 Abs. 3 WRV ist im Sinne einer verfassungskonformen Auslegung des § 310 Abs. 4 S. 1 BGB die dortige Bereichsausnahme auch auf kirchliche Arbeitsvertragsrichtlinien auszudehnen[437].

---

431 So *Ritter*, NZA 2005, 447 (448); *Richardi*, NZA 2002, 1057 (1062); *ders.*, ArbR in der Kirche, § 15 Rn. 42; *Spengler*, NZA 1987, 833 (838).
Daneben wird das Gebot der Gleichbehandlung von kirchlichen Arbeitsvertragsrichtlinien und Tarifverträgen auch aus dem Gleichheitssatz des Art. 3 Abs. 1 BGB gefolgert, vgl. *Richardi*, NZA 2002, 1057 (1063); *Müller-Volbehr*, NZA 2002, 301 (304); *Thüsing*, RdA 1997, 163 (170).

432 So aber *Deinert*, ZTR 2005, 461 (469).

433 *Thüsing*, ZTR 2005, 507 (510).

434 BAG v. 26.7.1988, DB 1988, 2464; BAG (GS) v. 7.11.1989, NZA 1990, 815 = DB 1990, 1724; BAG v. 26.10.1994, NZA 1995, 266 = DB 1995, 830.

435 BAG v. 17.4.1996, BAG AP Nr. 24 zu § 611 BGB Kirchendienst = AuR 1996, 372; BAG v. 6.11.1996, AP Nr. 1 zu § 10a AVR Caritasverband = EzA § 611 BGB Ausbildungsbeihilfe Nr. 16; BAG v. 28.1.1998, AP Nr. 11 zu § 12 AVR-Caritas = ZevKR 1999, 90.

436 Dazu *Thüsing*, NZA 2002, 306 (310).

437 *Ritter*, NZA 2005, 447 (449); *Thüsing*, ZTR 2005, 507 (513); a.A.: *Lakies*, AR-Blattei, SD. 35, Rn. 77; *Däubler*, NZA 2001, 1329 (1334); *ders.*/Dorndorf, AGB-Kontrolle im Arbeitsrecht, § 310 BGB Rn. 39 ff.; *Annuß*, BB 2002, 458 (460, siehe dort Fn. 28), *Hammer*, AuR 2002, 49 ff.; *Deinert*, ZTR 2005, 461 (476).

B. Einbeziehung von Allgemeinen Geschäftsbedingungen

Nachdem soeben dargestellt wurde, welche arbeitsrechtlichen Vertragstypen generell einer AGB-Kontrolle anhand der §§ 305 ff. BGB unterfallen, gilt es anschließend zu klären, unter welchen Voraussetzungen eine vorformulierte Vertragsbedingung im Einzelfall überhaupt Bestandteil des jeweiligen Vertrages wird. Denn nur bei wirksamer Einbeziehung unterliegt die vorformulierte Vertragsbedingung der weitergehenden Inhaltskontrolle des AGB-Rechts.

I. Ausnahme von § 305 Abs. 2 BGB – Einbeziehung nach allgemeinen rechtsgeschäftlichen Regeln

Generell werden Allgemeine Geschäftsbedingungen gem. § 305 Abs. 2 BGB nur dann Vertragsbestandteil, wenn der Verwender bei Abschluss des Vertrages die andere Partei auf eben diese hinweist und ihr die Möglichkeit verschafft, in zumutbarer Weise von den vorformulierten Vertragsbedingungen Kenntnis zu nehmen. Zudem muss sich für eine wirksame Einbeziehung der Allgemeinen Geschäftsbedingungen die andere Vertragspartei mit ihrer Geltung einverstanden erklären. Neben dem Element des ausdrücklichen Hinweises beinhaltet § 305 Abs. 2 BGB somit auch das Konsensprinzip[438]. Die Regelung des § 305 Abs. 2 BGB modifiziert die allgemeinen vertragsrechtlichen Grundsätze zum Schutz des unterlegenen Vertragspartners. Der erforderliche Hinweis des Verwenders auf die Allgemeinen Geschäftsbedingungen bei Vertragsschluss schränkt die Möglichkeiten einer konkludenten Einbeziehung der vorformulierten Vertragsbedingungen ein. Die Aufnahme des Konsensprinzips in die Regelung schließt eine heimliche und einseitige Einbeziehung von Allgemeinen Geschäftsbedingungen in das Vertragsverhältnis aus. Insgesamt soll der Einbeziehungsvorgang durch § 305 Abs. 2 BGB transparent gemacht werden[439].

Nach § 310 Abs. 4 S. 2 Hs. 2 BGB ist diese Einbeziehungsregelung des § 305 Abs. 2 BGB allerdings auf Arbeitsverträge nicht anzuwenden[440]. Dies begründet der Gesetzgeber damit, dass Arbeitnehmer vor der Unkenntnis der Vertragsbedingungen bereits ausreichend durch § 2 Abs. 1 NachwG geschützt seien.

---

[438] *Ring*, BuW 2003, 69 (70).

[439] *Thüsing*, BB 2002, 2666 (2670); *Joost*, FS Ulmer, 1199 (1200); *Wolf*, in: Wolf/Horn/Lindacher, AGBG, § 2 Rn. 1/5.

[440] § 310 Abs. 4 S. 2 Hs. 2 BGB schließt auch die Anwendung des § 305 Abs. 3 BGB aus. Die dort vorgesehene Rahmenvereinbarung würde im Arbeitsverhältnis jedoch ohnehin im Zweifel nicht praktisch werden, vgl. *Lingemann*, NZA 2002, 181 (185). Deshalb bleibt die Nichtanwendbarkeit des § 305 Abs. 3 BGB im Bereich des Arbeitsrechts im Folgenden ausgeklammert.

Führt man sich Regelungszweck und Regelungsinhalt des NachwG vor Augen, so mutet diese Begründung seltsam an. Nach § 2 Abs. 1 NachwG besteht eine Nachweispflicht in schriftlicher Form nach dem Vertragsabschluss. Demnach ist der Arbeitgeber verpflichtet, spätestens einen Monat nach dem vereinbarten Beginn des Arbeitsverhältnisses den geforderten Nachweis zu erbringen, der sich auf die wesentlichen Vertragsbedingungen beschränkt. Für Vertragsbedingungen, die sich vor allem auf die Rechtsstellung des Arbeitnehmers im Arbeitsverhältnis beziehen, genügt nach § 2 Abs. 3 NachwG ein Hinweis auf die einschlägigen Tarifverträge, Betriebs- und Dienstvereinbarungen sowie ähnliche Regelungen, die für das Arbeitsverhältnis gelten. Damit verfolgt das NachwG das einfache Anliegen, die Arbeitnehmer mittels eines schriftlichen Nachweises besser über die Rechte und Pflichten aus dem Arbeitsverhältnis zu informieren und somit mehr Rechtssicherheit und Rechtsklarheit zu schaffen[441]. Der Nachweis der Vertragsbedingungen hat insofern rein deklaratorische Wirkungen[442]. Die Bedingungen gelten nur, wenn sie zwischen den Vertragsparteien vereinbart oder gesetzlich bzw. kollektivrechtlich geregelt sind. Fehlt dem Nachweis aber jegliche konstitutive Wirkung, so hat das Unterlassen eines solchen auch keinen Einfluss auf die Wirksamkeit der Vertragsbedingungen. Dies zeigt sich schon daran, dass § 2 Abs. 1 NachwG keine mit § 125 BGB vergleichbare Formvorschrift enthält[443]. Des weiteren fehlt dem NachwG auch jegliche Sanktionsmöglichkeit bei Verstößen gegen die Dokumentationspflicht. Ein etwaiger Pflichtverstoß des Arbeitgebers ist – mit Ausnahme von § 16 Abs. 1 Nr. 8 AÜG – nicht einmal bußgeldbewehrt. In Betracht kommt jedoch ein möglicher Schadensersatzanspruch, wenn dem Arbeitnehmer aufgrund der Verletzung der Nachweispflicht durch den Arbeitgeber ein Schaden entstanden ist. Ein solcher kann gegeben sein, wenn der Arbeitnehmer aufgrund Unkenntnis seiner Rechte und Pflichten ungünstige Vermögensdispositionen trifft, z.B. eine Ausschlussfrist versäumt und deshalb Ansprüche verliert. Da es sich bei dem NachwG um kein deliktsrechtliches Schutzgesetz handelt, kann der Arbeitnehmer zwar nicht nach § 823 Abs. 2 BGB vorgehen. In der Verletzung der Nachweispflicht liegt jedoch zugleich eine Nebenpflichtverletzung des Arbeitsvertrags, so dass die §§ 280 ff. BGB einschlägig sind[444].

Nach all dem besteht zwischen der Regelung des § 305 Abs. 2 BGB und den Vorschriften des NachwG keinerlei funktionale Identität[445]: Während der Hinweis und das Einigsein im Rahmen von § 305 Abs. 2 BGB im Zeitpunkt des

---

441 ErfK/*Preis*, Einf. NachwG Rn. 1.

442 Zur deklaratorischen Bedeutung der Niederschrift BAG v. 21.8.1997, AP Nr. 1 zu § 4 BBiG; *Müller-Glöge*, RdA 2001 Beilage 5, 46 (49).

443 *Friese*, AuA 2003, 16 (18); *Thüsing*, BB 2002, 2666 (2670); *Annuß*, BB 2002, 458 (460); *Gotthardt*, ZIP 2002, 277 (280);

444 *Joost*, FS Ulmer, 1199 (1200); *Friese*, AuA 2003, 16 (18); *Schwarze*, ZfA 1997, 43 (62).

445 So *Thüsing*, BB 2002, 2666 (2670); *Joost*, FS Ulmer, 1199 (1201).

Vertragsschlusses vorliegen müssen, begründet das NachwG eine Pflicht nach Vertragsschluss. Das Versäumnis der Nachweispflicht bringt für den jeweiligen Vertrag keine relevanten direkten Rechtsfolgen mit sich, während bei Nichtvorliegen der Voraussetzungen des § 305 Abs. 2 BGB die jeweiligen vorformulierten Vertragsbedingungen erst gar kein Vertragsbestandteil werden. An der mangelnden konstitutiven Bedeutung der Einhaltung der Nachweispflicht ändert sich auch nichts durch den oben erwähnten ausdrücklichen Hinweis des Gesetzgebers auf § 2 Abs. 1 S. 1, Abs. 3 NachwG in der Begründung zu § 310 Abs. 4 BGB[446]. Die Tatsache, dass der Gesetzgeber in der Begründung zur hier interessierenden Ausnahmeregelung auf den ausreichenden Schutz des Arbeitnehmers durch das Nachweisgesetz verweist, bedeutet nicht, dass das Nachweisgesetz die gleichen Anforderungen stellt wie § 305 Abs. 2 BGB. Anderenfalls könnte der Arbeitgeber den zwischen den Parteien vereinbarten Inhalt des Arbeitsvertrags allein durch das Nichterbringen des Nachweises einseitig abändern. Der Arbeitgeber könnte den Arbeitnehmer mit besonders vorteilhaften, aber nachweispflichtigen Arbeitsbedingungen zum Abschluss des Vertrags und auch zur Aufnahme der Tätigkeit bewegen, diese Bedingungen dann aber einseitig zu Fall bringen, indem er sie schlicht nicht mit in den Nachweis aufnimmt. Dies würde den Gesichtspunkt des Arbeitnehmerschutzes konterkarieren. Um den mündlich vereinbarten, nicht nachgewiesenen wesentlichen Bedingungen dennoch Geltung zu verschaffen, müsste man eine dem § 305b BGB (Vorrang der Individualabrede) entsprechende Regelung in das Nachweisgesetz hineinlesen. Dafür finden sich im Nachweisgesetz aber keinerlei Anhaltspunkte. Zudem muss der Nachweis u.a. die Namen der Vertragsparteien, die Arbeitszeit und die Höhe des Entgelts, also die essentialia des Arbeitsvertrags enthalten. Legte man den Nachweis als Wirksamkeitsvoraussetzung aus, würde sich die Frage aufdrängen, ob bei Nichterteilen der gesamte Arbeitsvertrag unwirksam wäre und ein rein faktisches Arbeitsverhältnis vorläge. Außerdem bestünde für Arbeitsverhältnisse, die auf einen Monat befristet sind, eine andere Regelung hinsichtlich der Wirksamkeit der wesentlichen Vertragsbedingungen als für alle anderen Arbeitsverhältnisse[447].

Das NachwG enthält somit keine Regelung zum Zustandekommen von Verträgen, sondern setzt vielmehr gerade einen wirksam geschlossenen Arbeitsvertrag voraus[448].

Hat das NachwG aber einen anderen Regelungsgehalt als § 305 Abs. 2 BGB, so vermag der Hinweis auf eben dieses NachwG die Nichtanwendbarkeit des § 305 Abs. 2 BGB auf arbeitsrechtliche Verträge nicht zufriedenstellend zu rechtfertigen.

---

446 *Gotthardt*, ZIP 2002, 277 (280); *Thüsing*, BB 2002, 2666 (2670).

447 So *Preis*, FS Wiedemann, 425 (431 f.).

448 *Boudon*, ArbRB 2003, 150 (150).

Gleichwohl herrscht Einigkeit darüber, dass aufgrund der eindeutigen Regelung des § 310 Abs. 4 S. 2 Hs. 2 BGB der § 305 Abs. 2 BGB in diesem Bereich keinerlei Anwendung finden kann[449].

Eine akzeptable Begründung für dieses Ergebnis lässt sich eventuell aus der Kritik an dem früheren § 2 Abs. 1 AGBG gewinnen, der in § 305 Abs. 2 BGB aufgegangen ist[450]. In den Einbeziehungsanforderungen des § 2 Abs. 1 AGBG sah man teilweise eine unnötige Erschwerung des Rechtsverkehrs[451]. Greift man diesen Gedanken wieder auf, lässt sich argumentieren, dass die durch den § 305 Abs. 2 BGB aufgestellten Erfordernisse für eine wirksame Einbeziehung im Arbeitsrecht stärker als in anderen Rechtsgebieten zu unnötigen Erschwerungen des Rechtsverkehrs führen würden. Eine solche Argumentationslinie – die sich in der Gesetzesbegründung nicht wiederfindet – hätte zumindest näher gelegen als der unlogische Verweis auf das NachwG.

Da der § 310 Abs. 4 S. 2 Hs. 2 BGB nunmehr aber trotz aller Ungereimtheiten in der Begründung unzweifelhaft die Anwendbarkeit des § 305 Abs. 2 BGB ausschließt, erfolgt die Einbeziehung von allgemeinen Vertragsbedingungen in Arbeitsverträge nach den allgemeinen rechtsgeschäftlichen Regeln der §§ 145 ff. BGB[452]. Der Vertragsschluss und damit auch die Einbeziehung Allgemeiner Geschäftsbedingungen kann also auch konkludent oder durch betriebliche Übung erfolgen.

Praktische Bedeutung erlangt die – durch § 305 Abs. 2 BGB eigentlich erschwerte – konkludente Einbeziehung von Vertragsbedingungen bei der Bezugnahme auf Tarifverträge oder anderer allgemeiner Regelwerke. Eine konkludente Einbeziehung wäre diesbezüglich etwa im Wege der stillschweigenden Gewährung von tariflichen Leistungen gegeben. Aus der Möglichkeit der konkludenten Einbeziehung von Vertragsbedingungen ergibt sich sodann die Frage, welche Anforderungen sie erfüllen muss, um eine wirksame Einbeziehung darzustellen. Vor der Einführung des § 2 AGBG stellte die Rechtsprechung nur geringe Anforderungen an die Wirksamkeit einer konkludenten Einbeziehung. Eine Einbeziehung konnte auch ohne Einverständnis des Kunden erfolgen, sofern dieser nur von der Verwendung der Allgemeinen Geschäftsbedingungen Kenntnis hätte haben müssen, z.B. weil die Verwendung derartiger Allgemeiner

---

449 Vgl. u.a. *Lindemann*, AuR 2003, 81 (86); *Eckert*, PP 2002, 18 (20); *Thüsing*, BB 2002, 2666 (2670).

450 Diesen Weg aufzeigend: *Joost*, FS Ulmer, 1199 (1201).

451 Vgl. mit weiteren Nachweisen: MünchKommBGB/*Basedow*, § 2 AGBG Rn. 2.

452 LAG Niedersachsen v. 18.3.2005, NZA-RR 2005, 401 (402); *Boudon*, ArbRB 2003, 150 (150); *Thüsing*, BB 2002, 2666 (2670); *Lindemann*, AuR 2003, 81 (86); *Annuß*, BB 2002, 458 (460); *Gotthardt*, ZIP 2002, 277 (280).
Preis, FS Wiedemann. 425 (431), weist darauf hin, dass aufgrund der eindeutigen gesetzgeberischen Entscheidung auch eine analoge Anwendung des § 305 Abs. 2 BGB nicht in Betracht kommt.

Geschäftsbedingungen branchenüblich war oder der Verkehrssitte entsprach[453]. Diese Rechtsprechung ist allerdings im Laufe der Zeit aufgegeben worden. Eine Rückkehr zu diesen geringen Anforderungen ist nicht zu erwarten. So stellte der BGH im Zusammenhang mit einem Handelsgeschäft fest, bei dem der damalige § 2 AGBG aufgrund des § 24 S. 1 Nr. 1 AGBG keine Anwendung fand, dass die Nichtanwendbarkeit des § 2 AGBG lediglich dazu führe, dass die durch § 2 AGBG gegenüber dem allgemeinen Vertragsrecht formalisierten Einbeziehungsvoraussetzungen gegenüber einem Kaufmann nicht erfüllt werden müssen. Es bleibe jedoch dabei, dass auch im kaufmännischen Geschäftsverkehr Allgemeine Geschäftsbedingungen nur kraft rechtsgeschäftlicher Vereinbarung Vertrags-bestandteil werden können. Notwendig sei demgemäß eine ausdrückliche oder stillschweigende Willensübereinstimmung der Vertragspartner zur Geltung der Allgemeinen Geschäftsbedingungen. Dazu sei erforderlich, dass der eine Teil zum Ausdruck bringt, dass neben dem individualvertraglich Vereinbarten auch bestimmte Allgemeine Geschäftsbedingungen Vertragsinhalt werden sollen, und der andere Teil damit einverstanden ist. Ein stillschweigendes Zustandekommen setze in diesem Zusammenhang ein entsprechendes Verhalten des Verwenders voraus, das – gegebenenfalls in Verbindung mit sonstigen konkreten Umständen – einen dem Vertragspartner zweifelsfrei erkennbaren Erklärungswert des Inhalts besitzt, dass seine Allgemeinen Geschäftsbedingungen in den konkreten Vertrag einbezogen werden sollen. Verlangt wird heute für eine konkludente Einbeziehung also, dass der Verwender erkennbar auf die Allgemeinen Geschäftsbedingungen hinweist und der Vertragspartner ihrer Geltung nicht widerspricht[454]. Diesen Anforderungen sollte zum Schutz des Arbeitnehmers, der typischerweise einen erschwerten Zugang zu den für das Arbeitsverhältnis entscheidenden Informationen hat, auch eine wirksame konkludente Einbeziehung von Arbeitsbedingungen genügen müssen[455].

Die Regelung des § 310 Abs. 4 S. 2 Hs. 2 BGB könnte derart weitreichend verstanden werden, dass durch den Ausschluss des § 305 Abs. 2 BGB nicht nur der Hinweis auf die Allgemeinen Geschäftsbedingungen und die Möglichkeit der Kenntnisnahme betroffen sei, sondern auch das in § 305 Abs. 2 BGB für notwendig erklärte Einverständnis des Vertragspartners des Verwenders. Dem Wortlaut nach könnte § 310 Abs. 4 S. 2 Hs. 2 BGB demnach auch das Konsensprinzip ausschließen. Mit Blick auf die grundlegende Bedeutung des Konsensprinzips für das Zustandekommen eines Vertrages und die Bestimmung seines Inhalts kann dem aber nicht gefolgt werden. Zum einen ist § 310 Abs. 4 BGB in

---

[453] Siehe dazu *Wolf*, in: Wolf/Horn/Lindacher, AGBG, § 2 Rn. 1; MünchKomm/*Basedow*, § 2 AGBG Rn. 1.

[454] Vgl. BGH v. 12.2.1992, BGHZ 117, 190 (194f) = ZIP 1992, 404.

[455] Zur konkludenten Einbeziehung von Arbeitsbedingungen vgl. *Boudon*, ArbRB 2003, 150; *Thüsing*, BB 2002, 2666 (2670); *Lindemann*, AuR 2003, 81 (86); *Gotthardt*, ZIP 2002, 277 (280).

der Art und Weise teleologisch zu reduzieren, dass er nur die eher formalen Erschwerungen des § 305 Abs. 2 BGB für die Einbeziehung ausschließen will, nicht aber gleich das ganze vertragsrechtliche Konsensprinzip[456]. Zum anderen ist zu bedenken, dass bei einem Anwendungsaussschluss des § 305 Abs. 2 BGB an dessen Stelle die allgemeinen rechtsgeschäftlichen Regelungen der §§ 145 ff. BGB über Angebot und Annahme treten. Diese Regelungen sind geprägt vom Konsensprinzip, so dass der Ausschluss des § 305 Abs. 2 BGB ohnehin nicht zu dessen Verlust führt.

Aus der Nichtanwendbarkeit des § 305 Abs. 2 BGB ergeben sich somit keinerlei nennenswerte Nachteile für den Arbeitnehmer. Die statt dessen anwendbaren allgemeinen rechtsgeschäftlichen Regelungen beinhalten ebenfalls das Konsensprinzip, so dass ein „Aufdrücken" von Vertragsbedingungen gegen den Willen des Arbeitnehmers nicht möglich ist. Des weiteren birgt die mögliche Einbeziehung von Vertragsbedingungen auf stillschweigende Art und Weise seit der oben beschriebenen Rechtsprechungsänderung hin zu höheren Einbeziehungsanforderungen keine unübersichtlichen Risiken mehr in sich. Eine Grenze erfährt die Möglichkeit der Einbeziehung von Vertragsbedingungen zudem auch aus dem im Folgenden zu betrachtenden Verbot überraschender Klauseln gem. § 305c Abs. 1 BGB.

II. Verbot überraschender Klauseln - § 305c Abs. 1 BGB

Die Einbeziehung von Allgemeinen Geschäftsbedingungen in einen arbeitsrechtlichen Vertrag scheitert, wenn es sich um sogenannte überraschende Klauseln im Sinne von § 305c Abs. 1 BGB handelt. Nach § 305c Abs. 1 BGB werden den Arbeitnehmer benachteiligende Bestimmungen nicht Vertragsbestandteil, die „nach den Umständen, insbesondere nach dem äußeren Erscheinungsbild des Vertrags, so ungewöhnlich sind, dass der Vertragspartner nicht mit ihnen zu rechnen braucht". Das Überraschungsmoment kann sich also zum einen aus dem Inhalt der Klausel ergeben oder aber auch aus der äußeren Gestalt des Vertrags. Damit sind vor allem solche Fälle gemeint, in denen eine an sich nicht ungewöhnliche Klausel in den Allgemeinen Geschäftsbedingungen „versteckt" worden ist, beispielsweise an einer Stelle, an die sie systematisch nicht gehört, oder unter einer irreführenden Überschrift[457]. Der Grund dafür, dass derartig überraschende Klauseln bereits von vorneherein nicht einbezogen werden, liegt darin, dass sich das notwendige Einverständnis der anderen Vertragspartei nicht auf diese bezieht und der Verwender mit einem solchen Einver-

[456] *Joost*, FS Ulmer, 1199 (1201).
[457] *Rüthers/Stadler*, AT des BGB, § 21 Rn. 23; *Medicus*, BGB AT, Rn. 415 ff.

ständnis redlicherweise auch gar nicht rechnen darf[458]. Der sachlich und sprachlich unverändert aus dem § 3 AGBG hervorgegangene § 305c Abs. 1 BGB will der Gefahr entgegen treten, dass der Vertragspartner vom Verwender durch Einbeziehung bestimmter AGB-Klauseln überrumpelt wird. Der Vertragspartner soll darauf vertrauen können, „dass sich die einzelnen Regelungen im großen und ganzen im Rahmen dessen halten, was nach den Umständen bei Abschluss des Vertrags erwartet werden kann“[459].

Der nun in § 305c Abs. 1 BGB verkörperte Rechtsgrundsatz, dass der Vertragspartner sich durch die Einbeziehungsabrede nur solchen Allgemeinen Geschäftsbedingungen unterwerfe, mit denen er billigerweise rechnen müsse, geht bereits auf eine langjährige höchstrichterliche Rechtsprechung aus der Zeit vor dem Inkrafttreten des AGBG zurück und war als allgemeine Regel anerkannt. Die damit verbundene Einschränkung der Vertragsfreiheit wurde mit einem Rückgriff auf § 242 BGB gerechtfertigt[460].

Auch im Arbeitsrecht war der Ausschluss überraschender Klauseln bereits in der Vergangenheit ein fester Bestandteil der Rechtsprechung. Während der Geltung des AGBG hielt die Rechtsprechung einen Rückgriff auf die damalige Regelung des § 3 AGBG, dessen Anwendungsbereich durch die frühere Bereichsausnahme des § 23 Abs. 1 AGBG für das Arbeitsrecht nicht eröffnet war, nicht für notwendig, weil ein entsprechender Grundsatz auch schon vor dem Inkrafttreten des AGB-Rechts als Ausfluss des § 242 BGB bestanden habe[461]. In der Literatur wurde demgegenüber kontrovers eine analoge Anwendung des § 3 AGBG auf Arbeitsverträge diskutiert[462]. Entscheidend ist jedoch, dass in der Sache das Verbot überraschender Klauseln in vorformulierten Vertragsbedingungen von den Arbeitsgerichten auch schon vor der Schuldrechtsreform angewandt wurde. Deshalb besteht große Einmütigkeit darüber, dass außer der vorteilhaften

---

458 *Hennrichs*, in: Dauner-Lieb/Heidel/Lepa/Ring, Das neue Schuldrecht in der anwaltlichen Praxis, § 6 Rn. 21.

459 BT-Drs. 7/3919, S. 19.
Der Übergang zwischen dem Verbot überraschender Klauseln nach § 305 c Abs. 1 BGB und dem Verbot unangemessener Benachteiligung wie es der § 307 Abs. 1 BGB ausspricht scheint fließend. Inhaltlich überraschende Klauseln werden regelmäßig zugleich auch eine unangemessene Benachteiligung darstellen, so dass sie spätestens einer Inhaltskontrolle nach § 307 Abs. 1 BGB „zum Opfer fallen“. Die Rechtsprechung bezieht sich dann oftmals – systematisch nicht ganz korrekt – sowohl auf § 305 c Abs. 1 BGB als auch auf § 307 Abs. 1 BGB, vgl. dazu *Rüthers/Stadler*, AT des BGB, § 21 Rn. 23; *Medicus*, BGB AT, Rn. 415 ff.

460 BGH v. 8.3.1955, BGHZ 17, 1 (3); BGH v. 29.6.1960, BGHZ 33, 216 (219); BGH v. 29.10.1962, BGHZ 38, 183 (185)

461 Vgl. BAG v. 16.3.1982, DB 1982, 1728; BAG v. 29.11.1995, DB 1996, 989 = NZA 1996, 702.

462 Siehe hierzu bereits ausführlich 1. Teil C. I. und *Pauly*, NZA 1997, 1030 (1031 f.); *Schwarz*, BB 1996, 1434 (1435 f.); *Przytulla*, NZA 1998, 521 (522 f.).

Entwicklung, dass nun mit § 305c Abs. 1 BGB eine eindeutig feststehende Rechtsgrundlage gegeben ist, keine entscheidenden Änderungen in der arbeitsgerichtlichen Praxis im Umgang mit überraschenden Klauseln zu erwarten sind[463]. Folgerichtig setzen sich erste arbeitsgerichtliche Urteile mit § 305c Abs. 1 BGB auseinander[464]. Auch in Zukunft werden also Bestimmungen, die ungewöhnlich sind und mit deren Einführung in den Vertrag der Arbeitnehmer bei Vertragsschluss nicht zu rechnen braucht, nur dann Vertragsbestandteil, wenn der Arbeitgeber hierauf – gegebenenfalls in drucktechnisch hervorgehobener Form – bei Vertragsschluss eindeutig hinweist[465]. Für die Qualifizierung einer Klausel als ungewöhnlich ist auf die Erwartungen eines Arbeitnehmers bei vertragsüblicher Gestaltung der Arbeitsbedingungen abzustellen. Es ist zu fragen, ob ein Arbeitnehmer nach den individuellen Begleitumständen des Vertragsschlusses vernünftigerweise mit einer derartigen Klausel rechnen musste oder nicht[466].

Praktische Bedeutung gewinnt § 305c Abs. 1 BGB beispielsweise im Zusammenhang mit arbeitsvertraglichen *Freiwilligkeitsvorbehalten*, die verhindern sollen, dass bei Zahlung von Gratifikationen und anderen freiwilligen Sonderleistungen durch betriebliche Übung ein Anspruch des Arbeitnehmers entsteht. Derartige Klauseln sind problematisch, weil sie aus der Sicht des Arbeitnehmers eine wichtige Pflicht des Arbeitgebers verhindern können. Insbesondere wenn die betreffende Sondervergütung einen nicht unerheblichen Teil der Gesamtvergütung ausmacht, kann ein Freiwilligkeitsvorbehalt unter Umständen für den Arbeitnehmer überraschend sein[467].

Auch in Bezug auf *Verweisungsklauseln* kann das Verbot überraschender Klauseln zur Geltung gelangen[468]. Soll ein nicht bereits aufgrund der Tarifbindung geltender Tarifvertrag durch einzelvertragliche Verweisung einbezogen werden, findet § 305c Abs. 1 BGB Anwendung. Die Verweisungsklausel wird man dann in der Regel als überraschend betrachten müssen, wenn in einem vor-

---

463 *Boudon*, ArbRB 2003, 150 (151); *Lingemann*, NZA 2002, 181 (186); *Grobys*, DStR 2002, 1002 (1005); *Reichold*, ZTR 2002, 202 (205); *Thüsing*, BB 2002, 2666 (2670); *Gotthardt*, ZIP 2002, 277 (280); *Reinecke*, DB 2002, 583 (584); *Hadeler*, FA 2002, 66 (67).

464 BAG v. 23.2.2005, BB 2005, 1795 ff.; BAG v. 13.7.2005, DB 2005, 2415; BAG v. 27.7. 2005, NZA 2006, 37 ff.; LAG Schleswig-Holstein v. 2.2.2005, NZA-RR 2005, 351 ff.

465 *Grobys*, DStR 2002, 1002 (1005).

466 So *Richardi*, NZA 2002, 1057 (1059); *Thüsing*, BB 2002, 2666 (2670).

467 Vgl. *Bartz*, AuA 2002, 62 (64); *Vogel/Kümmel*, BWGZ 2002, 706 (708). Bei der Formulierung eines Freiwilligkeitsvorbehalts ist zudem auf eine hinreichend klare Abgrenzung zum Widerrufsvorbehalt zu achten. Das LAG Brandenburg v. 13.10.2005, DB 2006, 160 ff., hat eine Klausel, dass Sonderzuwendungen als „freiwillige, unter dem Vorbehalt jederzeitigen Widerrufs stehende Leistungen gewährt werden", für mehrdeutig i.S.v. § 305c Abs. 2 BGB gehalten. Es sei unklar, ob ein „echter" Freiwilligkeitsvorbehalt oder ein „bloßer" Widerrufsvorbehalt gemeint sein soll.

468 ErfK/*Preis*, §§ 305-310 BGB Rn. 33.

formulierten Arbeitsvertrag auf einen branchen- oder ortsfremden Tarifvertrag verwiesen wird[469].

§ 305c Abs. 1 BGB kann auch bei einer anderen arbeitsrechtlichen Formularvereinbarung, der sogenannten *Ausgleichsquittung*, Anwendung erfahren. Durch eine derartige Ausgleichsquittung verzichtet der Arbeitnehmer bei Beendigung des Arbeitsverhältnisses auf etwaige Ansprüche aus dem Arbeitsverhältnis oder auf anlässlich seiner Beendigung entstehender Ansprüche[470]. Selbst weitgefasste Ausgleichsquittungen, in denen der Arbeitnehmer „alle Ansprüche aus dem Arbeitsverhältnis" für abgegolten erklärt, wurden von der Rechtsprechung prinzipiell als wirksam betrachtet[471]. Diverse Ansprüche, wie Ansprüche auf Ruhegeld und Anwartschaften[472], Rechte aus einem vertraglichen Wettbewerbsverbot[473] oder Zeugnisansprüche[474], sind aber auch von einer solchen weiten Formulierung nicht erfasst. Klauseln, die auf den Ausschluss solcher Ansprüche abzielen, können zukünftig möglicherweise als überraschend im Sinne von § 305c Abs. 1 BGB eingestuft werden, falls auf sie nicht gesondert hingewiesen wird oder zumindest eine drucktechnische Hervorhebung erfolgt[475]. Das BAG hat eine allgemeine Ausgleichsklausel, nach welcher sämtliche Ansprüche „gleich nach welchem Rechtsgrund sie entstanden sein mögen, abgegolten und erledigt sind", wegen eines Verstoßes gegen § 305c Abs. 1 BGB verworfen, da sich die Klausel unter der Überschrift „Rückgabe ihrer Unterlagen" befand. Der Arbeitnehmer habe deshalb nicht mit einem Anspruchsverzicht rechnen müssen[476].

---

469 Vgl. zu diesem Komplex der einzelvertraglichen Inbezugnahme von Tarifverträgen bereits 3. Teil A. VII. 1. b).

470 Allgemein zur Ausgleichsquittung z.B. *Bauer*, Arbeitsrechtliche Aufhebungsverträge, IV Rn. 375.

471 BAG v. 3.5.1979, DB 1979, 1465; nach LAG Düsseldorf v. 13.4.2005, DB 2005, 1463 (1465) benachteiligen Ausgleichsquittungen jedoch in aller Regel den Arbeitnehmer unangemessen. Eine gegen Treu und Glauben verstoßende unangemessene Benachteiligung sei jedenfalls dann indiziert, wenn der Arbeitnehmer einseitig und unentgeltlich, ohne kompensatorische Gegenleistung des Arbeitgebers, auf seine Rechte und Ansprüche aus dem Arbeitsverhältnis verzichtet.

472 BAG v. 9.11.1973, DB 1974, 487.

473 BAG v. 29.10.1981, DB 1982, 907.

474 BAG v. 16.9.1974, DB 1975, 155.

475 Vgl. *Thüsing*, BB 2002, 2666 (2670); *Hümmerich/Holthausen*, NZA 2002, 173 (179).

476 BAG v. 23.2.2005, BB 2005, 1795 (1799).

4. Teil: Maßstäbe der Inhaltskontrolle

Nachdem es im vorherigen Kapitel darum ging, zu beleuchten, welche Vereinbarungen der Kontrolle anhand der §§ 305 ff. BGB überhaupt unterliegen, rückt im Folgenden die Frage in den Mittelpunkt, nach welchen Maßstäben und Kriterien sich diese Kontrolle zu richten hat. Dabei sollen drei Komplexe beleuchtet werden. Zunächst gilt es, sich mit der im Rahmen der Änderung der Bereichsausnahme eingeführten Neuregelung des § 310 Abs. 4 S. 2 BGB zu beschäftigen, wonach bei der Anwendung der Regelungen über die Kontrolle Allgemeiner Geschäftsbedingungen auf Arbeitsverträge die im Arbeitsrecht geltenden Besonderheiten angemessen zu berücksichtigen sind. Anschließend bedarf es der Klärung der Frage, ob durch die Gleichstellung von Tarifverträgen mit Rechtsvorschriften im Sinne von § 307 Abs. 3 BGB durch den § 310 Abs. 4 S. 3 BGB Tarifverträge nunmehr auch Maßstab der Inhaltkontrolle sind, so dass in letzter Konsequenz eine bisher unbekannte Kontrolle von privatautonom getroffenen Entgeltvereinbarungen am tariflichen Lohnniveau ermöglicht würde. Letztlich sollen die allgemeinen Kriterien der Angemessenheitskontrolle des § 307 Abs. 1 BGB auf ihre Tauglichkeit bei der Anwendung auf Arbeitsverträge untersucht werden.

A. Arbeitsrechtliche Besonderheiten

Der Gesetzgeber hat die arbeitsrechtliche Bereichsausnahme des AGB-Rechts mit Blick auf Arbeitsverträge aufgehoben und zugleich eine Relativierung dieser Aufhebung in den Gesetzestext aufgenommen. Nach § 310 Abs. 4 S. 2 BGB sind bei der Anwendung der Vorschriften über die AGB-Kontrolle auf Arbeitsverträge die im Arbeitsrecht geltenden Besonderheiten angemessen zu berücksichtigen. Das Abstellen auf arbeitsrechtliche Besonderheiten stellt dabei nicht nur ein gesetzgeberisches Novum dar[477]. Die Regelung des § 310 Abs. 4 S. 2 BGB nimmt vielmehr auch eine zentrale Rolle im Rahmen der AGB-Kontrolle von Arbeitsverträgen ein. Durch das Auffinden arbeitsrechtlicher Besonderheiten lassen sich Ausnahmen von den AGB-Vorschriften rechtfertigen. Für die Reichweite der Änderungen, die die Schuldrechtsreform für die Inhaltskontrolle von Arbeitsverträgen gebracht hat, ist die Frage, was sich hinter dem Begriff der arbeitsrechtlichen Besonderheiten verbirgt, deshalb von entscheidender Bedeutung. Vollkommen zu Recht wird die Bestimmung des § 310 Abs. 4 S. 2 BGB

[477] Weshalb *Thüsing*, NZA 2002, 591, in diesem Zusammenhang von einem „Neologismus der Gesetzessprache" spricht.

als „Kernstück des Schuldrechtsmodernisierungsgesetzes in arbeitsrechtlicher Hinsicht" bezeichnet[478].

Um so mehr wird zum Dilemma, dass § 310 Abs. 4 S. 2 BGB eine unscharfe generalklauselartige Regelung darstellt, zu deren Konkretisierung der Gesetzgeber keinen hinreichenden Beitrag geleistet hat. Vielmehr bleibt diese Aufgabe Wissenschaft und Praxis überlassen. Eine allenthalben gegebene Einmütigkeit bei der Suche nach einer Definition der arbeitsrechtlichen Besonderheiten war nicht ernsthaft zu erwarten und trat folgerichtig auch nicht ein. Stattdessen führen die unterschiedlichen Deutungsversuche zu einer momentan nicht unerheblichen Rechtsunsicherheit[479]. So wird teilweise versucht, die Auswirkungen des Schuldrechtsmodernisierungsgesetzes auf das Arbeitsrecht unter Zuhilfenahme der Bestimmung des § 310 Abs. 4 S. 2 BGB zu marginalisieren: Aufgrund der Berücksichtigung arbeitsrechtlicher Besonder-heiten seien kaum Änderungen für die arbeitsgerichtliche Inhaltskontrolle zu erwarten[480]. Andere rechnen den betreffenden Änderungen im Rahmen des früheren AGB-Gesetzes dagegen durchaus Konsequenzen zu, wobei sich diese in ihren Reichweiten unterscheiden. Die gemäßigte Auffassung verweist zunächst einmal darauf, dass es nicht der Intention des Gesetzgebers entsprechen könne, über den Hinweis auf die nach § 310 Abs. 4 S. 2 BGB zu beachtenden arbeitsrechtlichen Besonderheiten den Anwendungsbereich der zwingenden Klauselkontrollvorschriften der §§ 307 ff. BGB gänzlich gegen Null zu reduzieren[481]. Eine radikalere Sichtweise verneint das Vorliegen jeglicher relevanter arbeitsrechtlicher Besonderheiten mit dem Hinweis darauf, dass, wenn es sie gäbe, sie regelmäßig „Missbräuche" seien[482]. Die Annahme, die Besonderheit des Arbeitsrecht sei die Unterlegenheit des Arbeitnehmers, weshalb die Inhaltskontrolle besonders streng durchgeführt werden müsse, geht darüber noch hinaus[483]. Neben der Meinungsvielfalt in der Literatur finden sich auch divergierende Positionen in den ersten zu dieser Frage

---

478 So *Annuß*, BB 2002, 458 (460).

479 Auf diese Problematik des ausfüllungsbedürftigen Begriffs der „arbeitsrechtlichen Besonderheiten" ebenfalls hinweisend: *Bartz*, AuA 2002, 62; *Grobys*, DStR 2002, 1002 (1005); *Schnitker/Grau*, BB 2002, 2120; *Annuß*, BB 2002, 458 (460); *Thüsing*, NZA 2002, 591; *Richardi*, NZA 2002, 1057 (1061); *Vogel/Kümmel*, BWGZ 2002, 706 (707); *Singer*, RdA 2003, 194 (198).

480 *Lingemann*, NZA 2002, 181 (187); *Berkowsky*, AuA 2002, 11 (15); *Bauer/Kock*, DB 2002, 42 (45).

481 So *Gotthardt*, ZIP 2002, 277; *Schnitker/Grau*, BB 2002, 2120.

482 So Henssler/*v. Westphalen*, Praxis der Schuldrechtsreform, 1. Aufl. (2002), § 310 Rn. 7., wobei allerdings *Henssler* in der 2. Auflage die Kommentierung mit der gegenteiligen Tendenz fortführt, vgl. *Henssler*/v. Westphalen, Praxis der Schuldrechtsreform, 2. Aufl. (2003), § 310 Rn. 6.

483 Vgl. *Klevemann*, AiB 2002, 579 (582).

ergangenen Urteilen[484], die das Ausmaß an Rechtsunsicherheit aufzeigen. Das BAG hat im Zusammenhang mit Vertragsstrafenvereinbarungen[485] und Ausschlussfristen[486] Stellung bezogen.

I. Anwendungsbereich des § 310 Abs. 4 S. 2 BGB

Fraglich ist, auf welche AGB-rechtlichen Normen die arbeitsrechtlichen Besonderheiten Einfluss nehmen. Diesbezüglich ist zu klären, ob sie im Rahmen der gesamten Inhaltskontrolle oder nur bei § 307 Abs. 1 BGB, nicht jedoch bei den speziellen Klauselverboten zu berücksichtigen sind. Diese Frage stellt sich insbesondere hinsichtlich § 309 BGB, der ausweislich seiner amtlichen Überschrift gerade Klauselverbote ohne Wertungsmöglichkeit enthält.

Diese Überschrift wird deshalb auch teilweise zum Anlass genommen, eine Einflussnahme der arbeitsrechtlichen Besonderheiten auf die Klauselverbote des § 309 BGB zu verneinen[487]. Bei den in § 309 BGB geregelten Klauselverboten ohne Wertungsmöglichkeit formuliere das Gesetz die unwiderlegliche Vermutung, dass solche Klauseln unangemessen seien, und zwar ohne Rücksicht auf vermeintliche Besonderheiten eines Rechtsverhältnisses. Damit entgegen dieser Vermutung im Rahmen von § 309 BGB eine angemessene Berücksichtigung arbeitsrechtlicher Besonderheiten stattfinden könne, müsste entweder im § 309 BGB eine Ausnahme für das Arbeitsrecht eingebaut werden oder aber eine ausdrückliche Klarstellung bei § 310 Abs. 4 S. 2 BGB erfolgen, dass die Besonderheiten des Arbeitsrechts nicht nur bei den Klauselverboten mit Wertungsmöglichkeit i.S.v. § 308 BGB und der unangemessenen Benachteiligung i.S.v. § 307 BGB zu berücksichtigen seien, sondern auch bei § 309 BGB. Da dies aber nicht der Fall sei, stünde der eindeutige Wortlaut des § 309 BGB einer Anwendbarkeit des § 310 Abs. 4 S. 2 BGB auf diese Vorschrift entgegen[488]. Auch in der Rechtsprechung wird vereinzelt eine Hinzuziehung der arbeitsrechtlichen Besonderheiten bei der Prüfung von § 309 BGB unter Hinweis auf dessen Charakter als

---

484 Die Beurteilung eventuell vorliegender arbeitsrechtlicher Besonderheiten i.S.v. § 310 Abs. 4 S. 2 BGB hatte die Rechtsprechung dabei bisher vornehmlich im Zusammenhang mit Vertragsstrafenklauseln vorzunehmen. Eine recht weite Auffassung von den betreffenden Besonderheiten weisen die Entscheidungen vom; ArbG Duisburg v. 14.8.2002, DB 2002, 1943 und ArbG Freiburg v. 16.1.2003, LAGE § 309 BGB 2002 Nr. 2, auf. Eine engere Auffassung vertreten ArbG Bochum v. 8.7.2002, DB 2002, 1659; LAG Baden-Württemberg v. 10.4.2003, DB 2003, 2551; Hessisches LAG v. 25.4.2003, AuR 2004, 273 = ZTR 2004, 325; Hessisches LAG v. 7.5.2003 – 2 Sa 53/03, n.V.

485 BAG v. 4.3.2004, BB 2004, 1740 ff.

486 BAG v. 25.5.2005, DB 2005, 2136 ff.

487 So *Klevemann*, AiB 2002, 577 (581).

488 *Klevemann*, AiB 2002, 577 (581); in der Tendenz auch *Lakies*, AR-Blattei, SD. 35, Rn. 200.

Klauselverbote ohne Wertungsmöglichkeit verneint. Für eine richterliche Wertung sei bei den Klauselverboten nach § 309 BGB kein Raum. § 309 BGB sei lex specialis gegenüber § 310 BGB[489].

Dieser Ansicht widerspricht die Gesetzesbegründung[490] allerdings in seltener Klarheit, indem sie feststellt, dass „vor allem die besonderen Klauselverbote ohne Wertungsmöglichkeit im Arbeitsrecht nicht zwingend uneingeschränkt zur Anwendung kommen. Vielmehr sollten hier die besonderen Bedürfnisse eines Arbeitsverhältnisses berücksichtigt werden können." Somit ist dem Willen des Gesetzgebers entsprechend davon auszugehen, dass – entgegen der amtlichen Überschrift des § 309 BGB – bei der Anwendung auch dieser Vorschrift Wertungsspielräume entstehen[491]. Die Einordnung des § 309 BGB als lex specialis zu § 310 BGB erscheint zudem zumindest zweifelhaft. So bildet § 310 BGB den Abschluss der Vorschriften über die AGB-Kontrolle und regelt den Anwendungsbereich der voranstehenden Normen, also auch des § 309 BGB[492]. Das BAG berücksichtigt Besonderheiten des Arbeitsrechts im Rahmen von § 309 BGB, da ansonsten nur dort Raum zur Anwendung von § 310 Abs. 4 S. 2 BGB bliebe, wo ohnehin eine richterliche Wertungsmöglichkeit eröffnet sei, nämlich vor allem bei §§ 307, 308 BGB. Hierdurch verlöre die Norm aber nahezu jeden Regelungsgehalt[493].

Sind arbeitsrechtliche Besonderheiten also bei den speziellen Klauselverboten zu berücksichtigen, wird daraus sogar ein vollkommener Ausschluss der §§ 308, 309 BGB geschlussfolgert. Arbeitsverträge seien demnach nur am Maßstab des § 307 BGB zu messen[494]. Die Annahme eines pauschalen Ausschlusses der §§ 308, 309 BGB erweist sich jedoch mit Blick auf den Wortlaut des § 310 Abs. 4 S. 2 BGB und die bereits genannte Gesetzesbegründung als zu weitgehend. Die Forderung nach einer „angemessenen Berücksichtigung" arbeitsrechtlicher Besonderheiten lässt mehr auf eine möglicherweise notwendige Modifikationen der einzelnen Klauselverbote, als auf eine generelle

---

489 So ArbG Bielefeld vom 2.12.2002, EzA-SD 2003, Nr. 2, 11-12 = AuR 2003, 124.

490 BT-Drs. 14/6857, S. 54.

491 Einer Berücksichtigung der „arbeitsrechtlichen Besonderheiten" im Sinne von § 310 Abs. 4 S. 2 BGB bei der Prüfung von § 309 BGB ebenfalls zustimmend: *Richardi*, NZA 2002, 1057 (1061); *Grobys*, DStR 2002, 1002 (1005); *Reichold*, ZTR 2002, 202 (204); *Joost*, FS Ulmer, 1199 (1202); *ders.*, ZIP 2004, 1981 (1982); *Lieb*, FS Ulmer, 1231 (1240); *Hromadka*, NJW 2002, 2523 (2528); *Nägele/Chwalisz*, MDR 2002, 1341 (1344); *Morgenroth/Leder*, NJW 2004, 2797; *v. Steinau-Steinrück/Hurek*, NZA 2004, 965; *Schlodder*, Der Arbeitsvertrag im neuen Schuldrecht, S. 220, weist darauf hin, dass es sich bei der Überschrift „Klauselverbote ohne Wertungsmöglichkeit" für den Bereich des Arbeitsrechts nunmehr um eine Falschbezeichnung handelt.

492 Gerade der Wortlaut des § 310 Abs. 4 BGB („Dieser Abschnitt findet keine Anwendung....") zeigt, dass die Regelung alle vorangehenden Normen betrifft.

493 BAG v. 4.3.2004, BB 2004, 1740 (1743).

494 So *Lingemann*, NZA 2002, 181 (183).

Nichtanwendbarkeit schließen. Bezweckt der Gesetzgeber, dass „die Klauselverbote ohne Wertungsmöglichkeit im Arbeitsrecht nicht zwingend uneingeschränkt zur Anwendung kommen“[495], so lässt dies doch gerade zumindest eine eingeschränkte Anwendbarkeit zu[496].

Somit bleibt festzuhalten, dass „arbeitsrechtliche Besonderheiten“, deren Inhalt es im Folgenden noch zu klären gilt, sowohl den Vorgang zur Feststellung einer möglichen unangemessenen Benachteiligung im Sinne von § 307 Abs. 1 BGB beeinflussen als auch zu einer Modifikation der speziellen Klauselverboten der §§ 308, 309 BGB führen können.

II. Keine generelle Übernahme der bisherigen Rechtsprechung im Sinne eines Kontinuitätsgebots

Zählt man die bisherige arbeitsgerichtliche Rechtsprechung auf dem Gebiet der Vertragskontrolle zu den arbeitsrechtlichen Besonderheiten im Sinne von § 310 Abs. 4 S. 2 BGB, so sind keine wesentlichen Veränderungen bei der Beurteilung vorformulierter Arbeitsverträge zu erwarten. Teilweise wird ein derartiges Kontinuitätsgebot statuiert, da der Vorbehalt der Besonderheiten des Arbeitsrechts vor allem deshalb ins Gesetz aufgenommen worden sei, um die bisher von der Rechtsprechung diesbezüglich entwickelten Strukturen nicht vollends über Bord zu werfen, sondern im Interesse der Rechtssicherheit fortbestehen zu lassen[497]. Als Maßstab für die zukünftige arbeitsrechtliche AGB-Kontrolle sei „wie bisher“ die Rechtsprechung des BAG zur sogenannten Billigkeitskontrolle arbeitsvertraglicher Vereinbarungen zu berücksichtigen, die in Anlehnung an das AGB-Gesetz und dessen grundlegende Rechtsgedanken ergangen sei[498].

Eine aus dieser Ansicht resultierende Fortführung von Tradiertem in dem Sinne, dass sich der Kontrollmaßstab durch die Streichung der arbeitsrechtlichen Bereichsausnahme nicht geändert hat, mutet allerdings fragwürdig an.

So ist es schon unzutreffend, dass sich die arbeitsgerichtliche Rechtsprechung allgemein an das AGB-Gesetz angelehnt hätte. Schließlich war es ausweislich der Gesetzesbegründung[499] nicht zuletzt eine Entscheidung des BAG[500], welche einen Rückgriff auf AGB-Grundsätze nachdrücklich abgelehnt hatte, die den Gesetzgeber zur Streichung der Bereichsausnahme motivierte. Gestaltete sich die bisherige Rechtsprechung jedoch uneinheitlich und bezweckt der Ge-

---

495 BT-Drs. 14/6857, S. 54.

496 Ebenso *Schlodder*, Der Arbeitsvertrag im neuen Schuldrecht, S. 220; *Hjort/Bufalica*, Arbeitsverträge, S. 68 f.

497 So *Thüsing*, BB 2002, 2666 (2673); *ders.*, NZA 2002, 591 (593).

498 So *Bauer/Kock*, DB 2002, 42 (45); vgl. auch *Grobys*, DStR 2002, 1002 (1005).

499 BT-Drs. 14/6857, S. 54.

500 BAG v. 13.12.2000, RdA 2002, 38 = DB 2001, 928 = AP Nr. 2 zu § 241 BGB.

setzgeber mit seiner Neuregelung eine Vereinheitlichung der Judikatur, so strebt er jedenfalls eine partielle Änderung derselben an. Soll die bisherige Rechtsprechung daher also ersichtlich einer Revision unterzogen werden, entspricht ein Kontinuitätsgebot zugunsten der Rechtsprechung nicht der gesetzlichen Neufassung[501]. Aus diesem Grund hat das BAG im Zusammenhang mit einer befristeten Erhöhung der Arbeitszeit festgestellt, dass aus § 310 Abs. 4 S. 2 BGB nicht das Gebot zur Beibehaltung der von der bisherigen Rechtsprechung vor Inkrafttreten des Schuldrechtsmodernisierungsgesetzes entwickelten Grundsätze zur Kontrolle von Arbeitsverträgen hergeleitet werden könne[502].

Des weiteren darf nicht außer Acht gelassen werden, dass die frühere Rechtsprechung zur Vertragskontrolle gerade im Hinblick auf die für das frühere AGB-Recht gesetzlich normierte Bereichsausnahme des Arbeitsrechts erfolgte. Mit Wegfall dieser Bereichsausnahme ist der entsprechenden Rechtsprechung aber die Grundlage entzogen, so dass ein Kontinuitätsgebot auch aus diesem Grunde widersinnig wäre[503]. Darüber hinaus vermag auch der Hinweis auf eine ansonsten bestehende Rechtsunsicherheit die Annahme eines Kontinuitätsgebots nicht zu rechtfertigen. Zwar stellt die Kontinuität der höchstrichterlichen Rechtsprechung ein hohes Gut dar, welches aus Gründen der Rechtssicherheit nicht leichtfertig preisgegeben werden darf. Allerdings kann dies gerade nicht gelten, wenn der Gesetzgeber – wie vorliegend – der bisherigen Rechtsprechung kritisch gegenübersteht und aus diesem Grunde das Gesetz ändert. Niemand kann und darf in einem solchen Fall auf die Fortsetzung der Rechtsprechung vertrauen[504].

Ein generelles Beibehalten der bisherigen Rechtsprechung zur Inhaltskontrolle ist folglich abzulehnen. Vielmehr kann sie nur als ein Kriterium im Rahmen der zu treffenden Abwägung herangezogen werden, wobei jeder richterrechtliche Grundsatz daraufhin zu überprüfen ist, ob eine Abweichung im Ar-

---

501 Zur Uneinheitlichkeit der bisherigen Rechtsprechung vgl. 1. Teil C. II.
Auf den gesetzgeberischen Willen hinweisen, eine Rechtsprechungsänderung herbeizuführen: *Reinecke*, DB 2002, 583 (585); *Annuß*, BB 2002, 458 (460/461); *Singer*, RdA 2003, 194 (198); *Hönn*, ZfA 2003, 325 (334); Kroiß/*Fell*, Klauselbuch Schuldrecht, § 3 Rn. 31; *Stoffels*, NZA 2004 Beilage 1, 19 (20); *Lakies*, AR-Blattei, SD. 35, Rn. 203; *Hjort/Bufalica*, Arbeitsverträge, S. 68; *Preis*, NZA 2003 Beilage 16, 19 (26).

502 BAG v. 27.7.2005. NZA 2006, 40 (45).

503 Vgl. LAG Baden-Württemberg v. 10.4.2003, DB 2003, 2551; *Birnbaum*, NZA 2003, 944 (948). Däubler/*Dorndorf*, AGB-Kontrolle im Arbeitsrecht, § 310 BGB Rn. 68, hält ein Kontinuitätsgebot für einen „logischen Unsinn", da es bei der Anwendung des § 310 Abs. 4 S. 2 BGB gerade darum gehe herauszufinden, ob die bisherige Rechtsprechung fortgeführt werden könne oder nicht. In die selbe Richtung geht *Schlodder*, Der Arbeitsvertrag im neuen Schuldrecht, S. 221, die in einem derartigen Kontinuitätsgebot einen unzulässigen Zirkelschluss erblickt.

504 Darauf richtigerweise hinweisend: *Singer*, RdA 2003, 194 (199).

beitsrecht unter der geänderten Rechtslage – namentlich der Kodifikation durch die §§ 305 ff. BGB – weiterhin gerechtfertigt ist.

III. Keine Begrenzung auf rechtliche Besonderheiten

Dem Begriff der Besonderheiten in § 310 Abs. 4 S. 2 BGB könnten nur rechtliche oder auch faktische Umstände zuzuschreiben sein. Hält man sich eng an den Wortlaut der Norm, der von „im Arbeits*recht geltenden* Besonderheiten" spricht, scheint es, als seien nur die rechtlichen Besonderheiten eines Arbeitsverhältnisses, nicht aber seine tatsächlichen Momente zu berücksichtigen. Eine derartige Auffassung findet sich dementsprechend auch in der Literatur und der überwiegenden bisher ergangenen Rechtsprechung wieder[505]. Neben der Betonung der Silbe „Recht" im Begriff Arbeitsrecht und dem Hinweis, dass eben nur rechtliche, nicht aber tatsächliche Momente „gelten" könnten, wird auch ein Vergleich mit der weiteren Formulierung des § 310 Abs. 1 S. 2 Hs. 2 BGB angeführt, wonach auf die im Handelsverkehr geltenden Gewohnheiten und Gebräuche angemessen Rücksicht zu nehmen ist. Eine Beschränkung auf rechtliche Besonderheiten ist dort nicht auszumachen. Der abweichend gewählte Wortlaut des § 310 Abs. 4 S. 2 BGB lege im Gegensatz dazu aber genau eine solche Beschränkung nahe[506]. Deshalb sei eine Abweichung vom allgemeinen Prüfungsmaßstab also nicht auf die Existenz von Tarifverträgen, sondern nur auf die Regelungen und Wertungen des TVG zu stützen, nicht auf Betriebsvereinbarungen, sondern auf das BetrVG[507].

Diese enge Ansicht wird teilweise etwas aufgelockert. Demnach müssten zwar einerseits tatsächliche Umstände bei der Beurteilung des Vorliegens von arbeitsrechtlichen Besonderheiten unberücksichtigt bleiben, andererseits sei eine Beschränkung auf rein positivrechtliche Besonderheiten aber ebenfalls nicht angezeigt. Vielmehr seien auch die dem Arbeitsverhältnis als Rechtsverhältnis in-

---

505 Vgl. *Thüsing*, BB 2002, 2666 (2673); *ders.*, NZA 2002, 591 (592); *Reinecke*, NZA 2004 Beilage 18, 27 (33); *Preis*, NZA 2003 Beilage 16, 19 (26); *Lindemann*, AuR 2004, 201 (204); *Hjort/Bufalica*, Arbeitsverträge, S. 69; *Lakies*, AR-Blattei, SD. 35, Rn. 201; *ders.*, BB 2004, 1903 (1908); *ders.*, NZA 2004, 569 (575); LAG Schleswig-Holstein v. 24.9.2003, BB 2004, 608 (610); LAG Baden-Württemberg v. 10.4.2003, DB 2003, 2551; Hessisches LAG v. 25.4.2003, AuR 2004, 273 = ZTR 2004, 325; Hessisches LAG v. 7.5.2003 – 2 Sa 53/03, n.V.; a.A. innerhalb der Rechtsprechung: ArbG Freiburg v. 16.1.2003, LAGE § 309 BGB 2002 Nr. 2. Das BAG v. 4.3.2004, BB 2004, 1740 (1742 f.), hat diese Frage offen gelassen.

506 *Reinecke*, NZA 2004 Beilage 18, 27 (33); *Preis*, NZA 2003 Beilage 16, 19 (26); *Thüsing*, NZA 2002, 591 (592).

507 *Thüsing*, NZA 2002, 591 (592).

newohnenden Besonderheiten zu berücksichtigen, z.B. die Rechtsnatur des Arbeitsverhältnisses als Dauerschuldverhältnis[508].

Doch auch diese Ausweitung dessen, was man unter rechtlichen Besonderheiten zu subsumieren vermag, überzeugt nicht restlos. So zeigt gerade der Hinweis auf den Dauerschuldcharakter des Arbeitsverhältnisses, dass eine Trennung zwischen rechtlichen und tatsächlichen Momenten nicht sauber durchzuführen ist. Denn aus dem rechtlichen Charakter als Dauerschuldverhältnis folgen erst die faktischen Umstände, die das Arbeitsverhältnis als etwas Besonderes umschreiben. Sei es der Umstand, dass Arbeitnehmer über einen längeren Zeitraum bei einem Arbeitgeber beschäftigt sind, so dass wirtschaftliche Abhängigkeiten und auch wachsende persönliche Beziehungen dazu führen, dass das Arbeitsverhältnis eine herausragende Rolle in der Lebensplanung des einzelnen spielt. Sei es auf Arbeitgeberseite der Umstand, dass bei Änderungen der tatsächlichen Begebenheiten, die das Arbeitsverhältnis umgeben, ein unter Umständen Jahrzehnte währendes Dauerschuldverhältnis der Anpassung bedarf. Eine saubere Differenzierung zwischen rechtlichen und tatsächlichen Besonderheiten erscheint deshalb unmöglich. Die Unterscheidung von tatsächlichen und rechtlichen Besonderheiten fällt auch aufgrund der logischen Verknüpfung von Tatbestand und Rechtsfolge schwer. Tatsächliche Besonderheiten können wegen dieser logischen Struktur des Rechtssatzes in aller Regel auch als rechtliche Besonderheiten aufgefasst werden[509]. Da eine Aufspaltung in rechtliche und tatsächliche Besonderheiten also nicht zufriedenstellend vorzunehmen ist, kann eine Begrenzung auf rein rechtliche Umstände bei der Bestimmung arbeitsrechtlicher Besonderheiten nur fehlschlagen[510].

---

[508] *Preis*, NZA 2003 Beilage 16, 19 (26).

[509] Darauf hinweisend: *Singer*, RdA 2003, 194 (199); ; *v. Steinau-Steinrück/Hurek*, NZA 2004, 965 (967); *Birnbaum*, NZA 2003, 944 (946), der feststellt, dass eine Differenzierung schon deshalb schwierig ist, weil das Arbeitnehmerschutzrecht in vielerlei Hinsicht erst die tatsächlichen Besonderheiten des Arbeitsrechts schafft. Als Beispiel nennt er den § 3 BUrlG: Dass der Arbeitnehmer nach dieser Norm einen gesetzlichen Mindesturlaub hat, sei zunächst einmal eine rechtliche Regelung. Diese führe aber zum tatsächlichen Umstand, dass Arbeitnehmer mindestens vier Wochen im Jahr Urlaub machen.

[510] *V. Steinau-Steinrück*, BB 2004, 608 (612); *ders./Hurek*, NZA 2004, 965 (967); *Morgenroth/Leder*, NJW 2004, 2797 (2798); *Schlodder*, Der Arbeitsvertrag im neuen Schuldrecht, S. 218 f.; *Birnbaum*, NZA 2003, 944 (946); *Singer*, RdA 2003, 194 (199); *Joost*, FS 50 Jahre BAG, 49 (55), verweist als Beispiel für die Abgrenzungsschwierigkeiten zwischen rechtlichen und tatsächlichen Umständen auf das Tarifvertragssystem. Tarifverträge seien eine Erscheinung des Arbeitsrechts, aber auch ein tatsächlicher Umstand. Da Tarifverträge für den einzelnen nicht gewerkschaftsangehörigen Arbeitnehmer keine rechtsnormativen Wirkungen entfalten, sei es für diesen Arbeitnehmer eher ein tatsächlicher Umstand, dass es Tarifverträge gibt und er sich durch den Beitritt zur Gewerkschaft die Schutzwirkung von Tarifverträgen verschaffen könnte. Andererseits sei aber gerade dies auch wieder ein rechtlicher Aspekt seines Arbeitsverhältnisses; a.A.: Däubler/*Dorndorf*, AGB-Kontrolle im Arbeitsrecht, § 310 BGB Rn. 64, der trotz der praktischen Abgren-

Der Hinweis darauf, dass nur rechtliche Begebenheiten „gelten“ könnten, vermag ebenso wenig zu überzeugen. So sind letztlich auch tatsächliche Begebenheiten dem Wandel der Zeit unterworfen und können deshalb in einem Moment Geltung bzw. Bestand haben, in dem anderen aber nicht[511].

Darüber hinaus spricht auch die Gesetzesbegründung gegen die Annahme, unter den Besonderheiten des Arbeitsrechts seien lediglich rechtliche Besonderheiten des Arbeitsverhältnisses zu verstehen. Ausweislich der Begründung sollen die „besonderen Bedürfnisse eines Arbeitsverhältnisses berücksichtigt werden können“[512]. Diese weite Formulierung lässt auch nach Ansicht des BAG erkennen, dass rein tatsächliche Umstände eines Arbeitsverhältnisses ebenfalls zu beachten sind[513].

Somit zählen sowohl rechtliche als auch tatsächliche Begebenheiten zu den arbeitsrechtlichen Besonderheiten im Sinne von § 310 Abs. 4 S. 2 BGB.

IV. Keine Begrenzung auf exklusive Besonderheiten

Diejenige Literatur und Rechtsprechung, die eine Begrenzung der bei § 310 Abs. 4 S. 2 BGB relevanten Umstände auf nur rechtliche Besonderheiten befürwortet, verengt den Umfang der zu beachtenden Gegebenheiten noch darüber hinaus. Als *Besonderheiten* des Arbeitsrechts werden aus der Gesamtheit der auf ein Arbeitsverhältnis anwendbaren Rechtsnormen von vorneherein nur diejenigen anerkannt, die nur für Arbeitsverträge, nicht aber auch für andere Vertragstypen gelten. Gesetzesnormen, die auch in anderen Rechtsgebieten als dem Arbeitsrecht eingreifen, können nach dieser Ansicht keine Besonderheiten im Sinne von § 310 Abs. 4 S. 2 BGB sein[514]. Im Zusammenhang mit der Beurtei-

---

zungsschwierigkeiten für eine scharfe Trennung zwischen tatsächlichen und rechtlichen Begebenheiten eintritt.

511 *Birnbaum*, NZA 2003, 944 (946).

512 BT-Drs. 14/6857, S. 54.

513 BAG v. 25.5.2005, DB 2005, 2136 (2137). Die Gesetzesbegründung in diesem Zusammenhang ebenfalls anführend: *Conein-Eikelmann*, DB 2003, 2546 (2548); *Singer*, RdA 2003, 194 (199); *Schlodder*, Der Arbeitsvertrag im neuen Schuldrecht, S. 219; *Joost*, ZIP 2004, 1981 (1986); *v. Steinau-Steinrück/Hurek*, NZA 2004, 965 (967). *Henssler*, in *Henssler*/v. Westphalen, Praxis der Schuldrechtsreform, § 310 Rn. 6, verweist zudem darauf, dass die Einschränkung des § 310 Abs. 4 S. 2 BGB – stellte man nur auf rechtliche Besonderheiten ab – letztlich wirkungslos wäre, da eine Freistellung von der Inhaltskontrolle nur erfolgen könnte, wenn im konkreten Fall ein identischer Schutz auch über arbeitsrechtliche Bestimmungen erzielt würde.

514 So LAG Baden-Württemberg v. 10.4.2003, DB 2003, 2551; Hessisches LAG v. 25.4.2003, AuR 2004, 273 = ZTR 2004, 325; Hessisches LAG v. 7.5.2003 – 2 Sa 53/03, n.V.; *Thüsing*, BB 2002, 2666 (2673); *ders.*, NZA 2002, 591 (592); *Reinecke*, NZA 2004 Beilage 18, 27 (33); *Hjort/Bufalica*, Arbeitsverträge, S. 69; *Roloff*, NZA 2004, 1191

lung von Vertragsstrafeklauseln wird beispielsweise die im Vollstreckungsverbot des § 888 Abs. 3 ZPO konkretisierte erschwerte Durchsetzungsfähigkeit einer Beschäftigungspflicht im Arbeitsverhältnis nicht als Besonderheit des Arbeitsrechts anerkannt, weil diese Norm gleichermaßen auch für Dienstverträge gilt, die nicht Arbeitsverträge sind[515].

Ebenso wie die Begrenzung auf nur rechtliche Besonderheiten geht auch dieser Versuch der Einengung zu weit. § 310 Abs. 4 S. 2 BGB will solche Vorschriften, die außer für den Arbeitsvertrag auch noch für andere Vertragstypen gelten, nicht von vorneherein ausschließen. Wenn etwa – um beim obigen Beispiel zu bleiben – § 888 Abs. 3 ZPO die Vollstreckung von Dienstverpflichtungen verbietet, dann kann es sich dabei prinzipiell auch um eine arbeitsrechtliche Besonderheit handeln, obwohl die Vorschrift nicht nur bei Arbeitsverträgen, sondern bei sämtlichen Dienstverträgen Anwendung findet. Entscheidend für die Einordnung als Besonderheit ist auch nach der Auffassung des BAG nicht, ob die Norm ausschließlich im Arbeitsrecht Anwendung findet, sondern ob sie sich im Arbeitsrecht besonders auswirkt[516]. Dies kann durch eine quantitativ besonders breite Anwendung oder eine besondere qualitative Bedeutung geschehen[517]. Der Begriff „Besonderheit“ fordert das Vorliegen von etwas Ungewöhnlichem, das aber nicht zwangsläufig etwas Einzigartiges sein muss[518].

V. Bezugspunkt der Besonderheiten

Zur abschließenden Beschreibung der arbeitsrechtlichen Besonderheiten ist das Vergleichsobjekt zu bestimmen, anhand dessen festgestellt werden kann, ob der betreffende Umstand im zu beurteilenden Fall abweicht, also etwas Besonderes ist. Dabei sind zwei mögliche Ansätze denkbar: Zum einen kann man nach den Besonderheiten des Arbeitsrechts als solchem fragen. Entscheidend ist dabei

---

(1197); *Nebendahl*, FS 25 Jahre Arbeitsgemeinschaft Arbeitsrecht im DAV, 113 (124); *Schielke*, BB 2007, 378 (379).

515 LAG Hamm v. 24.1.2003, DB 2003, 2549 (2550); LAG Baden-Württemberg v. 10.4. 2003, DB 2003, 2551 (2552); Hessisches LAG v. 25.4.2003, AuR 2004, 273 = ZTR 2004, 325; Hessisches LAG v. 7.5.2003 – 2 Sa 53/03, n.V.; *Herbert/Oberrath*, NZA 2004, 121 (126); *Klevemann*, AIB 2002, 577 (581); *Thüsing*, NZA 2002, 591 (694); *Reinecke*, NZA 2004 Beilage 18, 27 (33). Ausführlicher zur Zulässigkeit von formularmäßigen Vertragsstrafevereinbarungen nach der Schuldrechtsreform vgl. 6. Teil.

516 BAG v. 4.3.2004, BB 2004, 1740 (1744); *Morgenroth/Leder*, NJW 2004, 2797 (2798); *v. Steinau-Steinrück/Hurek*, NZA 2004, 965 (967); *Joost*, ZIP 2004, 1981 (1983); *ders.*, FS 50 Jahre BAG, 49 (57); *Singer*, RdA 2003, 194 (199).

517 Däubler/*Dorndorf*, AGB-Kontrolle im Arbeitsrecht, § 310 BGB Rn. 71; *ders.*, FS 50 Jahre BAG, 19 (22).

518 Ebenso *Joost*, ZIP 2004, 1981 (1983), der das Besondere als Abgrenzung zum Allgemeinen begreift.

also eine Abgrenzung des Rechtsgebiets Arbeitsrecht von anderen Rechtsgebieten. Gefragt wird nach den Begebenheiten, die dazu führen, dass sich das Arbeitsrecht an sich von anderen Rechtsbereichen unterscheidet[519]. Zum anderen kann ein engerer Ansatzpunkt gewählt werden. Dann richtet sich das Augenmerk auf die Besonderheiten innerhalb des Arbeitsrechts in Abgrenzung zum übrigen Arbeitsrecht. Gefragt wird somit nach den Eigentümlichkeiten des Arbeitsrechts im Sinne von teilweise sehr spezifischen Ausprägungen, die in Einzelfällen der starren Anwendung der AGB-Regelungen entgegen stehen. Bei dieser Betrachtungsweise unterliegt grundsätzlich das gesamte Arbeitsrecht der vollständigen, nicht durch die Besonderheitenregelung des § 310 Abs. 4 S. 2 BGB eingeschränkten Inhaltskontrolle anhand der AGB-Vorschriften. Nur einzelne Ausschnitte des Arbeitsrechts unterlägen einer „modifizierten" Inhaltskontrolle, die sich auf gewisse Besonderheiten innerhalb des Arbeitsrechts gründet, welche eine derartige Modifizierung erforderlich machen[520]. Als solche „arbeitsrechtsinternen" Besonderheiten können zum Beispiel der Tendenzschutz[521], spezielle Normen des Handelsvertreterrechts[522] oder anderweitig besondere Arbeitsverhältnisse wie etwa das „Arbeitsverhältnis auf Abruf" im Sinne von § 12 TzBfG[523] angesehen werden.

---

[519] So BAG v. 4.3.2004, BB 2004, 1740 (1743); *Schrader/Schubert*, NZA-RR 2005, 169 (172); *Lakies*, AR-Blattei, SD. 35, Rn. 200; *ders.*, NZA 2004, 569 (575); *Lindemann*, AuR 2004, 201 (204); *Preis*, NZA 2003 Beilage 16, 19 (26); *Joost*, ZIP 2004, 1981 (1983); *Morgenroth/Leder*, NJW 2004, 2797; *Henssler*/v. Westphalen, Praxis der Schuldrechtsreform, § 310 Rn. 6; *Richardi*, NZA 2002, 1057 (1061); *Gotthardt*, ZIP 2002, 277.

[520] Diesen engen Ansatz vertretend: LAG Schleswig-Holstein v. 24.9.2003, BB 2004, 608 (610); *Boudon*, ArbRB 2003, 190; *Birnbaum*, NZA 2003, 944 (946 ff.); *v. Steinau-Steinrück*, BB 2004, 608 (612); *Hümmerich*, NZA 2003, 753; *ders.*, AnwBl 2002, 671 (679); *Hümmerich/Holthausen*, NZA 2002, 173 (177f); wohl auch *Oetker*, FS Wiedemann, 383 (395); vgl. auch Däubler/*Dorndorf*, AGB-Kontrolle im Arbeitsrecht, § 310 BGB Rn. 86, der den Begriff der Besonderheiten in doppelter Weise versteht und sowohl gegenüber dem allgemeinen Zivilrecht als auch gegenüber besonderen arbeitsrechtsinternen Umständen abgrenzen möchte.

[521] Vgl. *Hümmerich*, NZA 2003, 753; *Birnbaum*, NZA 2003, 944 (946), der auch auf die bereits bestehende betriebsverfassungsrechtliche Sonderstellung der Tendenzbetriebe gem. § 118 BetrVG hinweist und anführt, dass bei derartigen Arbeitsverhältnissen wohl ohne Zweifel ein anerkennenswertes Interesse des Arbeitgebers an der vertraglichen Vereinbarung von Freistellungsklauseln bestehe. Wohingegen im „normalen" Arbeitsverhältnis derartige Klauseln aufgrund eines Verstoßes gegen § 307 Abs. 2 Nr. 2 BGB nunmehr unwirksam sein dürften.

[522] So Däubler/*Dorndorf*, AGB-Kontrolle im Arbeitsrecht, § 310 BGB Rn. 72.

[523] In diesem Zusammenhang weist *Birnbaum*, NZA 2003, 944 (946), darauf hin, dass bei einem derartigen Arbeitsverhältnis das einseitige Leistungsbestimmungsrecht des Arbeitgebers hinsichtlich der Arbeitszeit ein wesensimmanenter Bestandteil sei, weshalb die Unwirksamkeit einer derartigen Vereinbarung aufgrund eines Verstoßes gegen § 307 Abs. 2 Nr. 2 BGB sinnwidrig wäre.

In der Literatur finden sich diverse Definitionsansätze für die „Besonderheiten“ im Sinne von § 310 Abs. 4 S. 2 BGB. Sie werden als die aus dem speziellen Pflichtenkreis des Arbeitsverhältnis resultierenden Besonderheiten[524] oder die arbeitsrechtlichen Gestaltungsfaktoren (Gesetz, Tarifvertrag, Betriebs-/Dienstvereinbarung und Arbeitsvertrag) und die ihnen zu Grunde liegenden Strukturen des Arbeitsverhältnisses[525] beschrieben. Bei der Anwendung des § 310 Abs. 4 S. 2 BGB seien die dem Arbeitsverhältnis als Rechtsverhältnis innewohnenden Besonderheiten[526] oder die Umstände, die die frühere Bereichsausnahme begründeten, wie die Vielzahl arbeitsrechtlicher Schutznormen[527] zu berücksichtigen. Des weiteren wird als arbeitsrechtliche Besonderheit angesehen, dass der Arbeitnehmer beim Arbeitsvertragsschluss eine ausreichende Möglichkeit zur Überprüfung des Vertragsinhalts habe, da er nur selten unter Zeitdruck stehe und es ihm aufgrund der erheblichen Bedeutung des Arbeitsverhältnisses für die private Lebensführung zumutbar sei, rechtliche Beratung in Anspruch zu nehmen[528]. Diese Ansätze führen zu einer Abgrenzung des Arbeitsrechts von anderen Rechtsgebieten bzw. von anderen Vertragstypen. Insofern folgen sie also dem oben erstgenannten Ansatz.

Für eine Begrenzung der Besonderheiten wird der Wortlaut des § 310 Abs. 4 S. 2 BGB angeführt. Das Wort „in“ sei als verkürzte Form von „innerhalb“ zu begreifen. Dann gehe es aber nicht um die Frage, welche Besonderheiten das Rechtsgebiet Arbeitsrecht auszeichnen, sondern um die Frage, welche Besonderheiten innerhalb dieses Rechtsgebietes gelten[529]. Zudem untermauere die Gesetzesbegründung den engeren Ansatz. Dort heißt es[530]: *„Der Ausschuss verbindet mit der vorgesehenen Formulierung die Erwartung, dass den Besonderheiten spezifischer Bereiche des Arbeitsrechts wie z.B. des kirchlichen Arbeitsrechts angemessen Rechnung getragen wird.“* Es stehe durchaus im Einklang mit der gesetzgeberischen Intention, das Schutzniveau der Vertragsin-

---

Hümmerich, AnwBl 2002, 671 (679), nennt als weitere Besonderheiten innerhalb des Arbeitsrechts Einarbeitungsverträge nach längerer Krankheit oder Gruppenarbeitsverträge.

524 *Henssler*/v. Westphalen, Praxis der Schuldrechtsreform, § 310 Rn. 6; *Richardi*, NZA 2002, 1057 (1061).

525 *Hromadka*, NJW 2002, 2523 (2528).

526 *Gotthardt*, ZIP 2002, 277; *Preis*, NZA 2003 Beilage 16, 19 (26).

527 *Lingemann*, NZA 2002, 181 (183); *Annuß*, BB 2002, 358 (461); *Vogel/Kümmel*, BWGZ 2002, 706 (707).

528 *Schlodder*, Der Arbeitsvertrag im neuen Schuldrecht, S. 221; *Annuß*, BB 2002, 458 (463).

529 *Birnbaum*, NZA 2003, 944 (948); *Hönn*, ZfA 2003, 325 (331); Däubler/*Dorndorf*, AGB-Kontrolle im Arbeitsrecht, § 310 BGB Rn. 72.

530 BT-Drs. 14/7052, S. 189. Ebenfalls in diesem Sinne auf die Gesetzesbegründung verweisend: LAG Schleswig-Holstein v. 24.9.2003, BB 2004, 608 (610); *Hümmerich*, AnwBl 2002, 671 (679); *ders.*, NZA 2003, 753; *Hümmerich/Holthausen*, NZA 2002, 173 (178); *Lorenz/Riehm*, Arbeitsrecht, Rn. 93.

haltskontrolle im Arbeitsrecht dem des Zivilrechts anzugleichen[531], dass arbeitsvertragliche Klauseln generell der Überprüfung nach den allgemeinen Grundsätzen der AGB-Kontrolle unterliegen und nur Eigentümlichkeiten innerhalb des Arbeitsrechts eine Ausnahme hiervon rechtfertigen können[532].

Tatsächlich rechtfertigen aber weder Gesetzesbegründung noch Intention des Gesetzgebers diese Annahme. So stellt der Gesetzgeber klar, dass vor allem bei den Klauselverboten ohne Wertungsmöglichkeit die *besonderen Bedürfnisse eines Arbeitsverhältnisses* berücksichtigt werden sollen[533]. Dies zeigt, dass § 310 Abs. 4 S. 2 BGB seinen Regelungsgehalt in allen Arbeitsverhältnissen entfalten soll. Bei der Anführung des kirchlichen Arbeitsrechts handelt es sich nach Ansicht des BAG richtigerweise um ein Beispiel, aber nicht um eine Anwendungsbegrenzung[534].

Demnach sind die Besonderheiten des Arbeitsrechts aus einem Vergleich zwischen Arbeitsrecht und allgemeinen Zivilrecht zu gewinnen.

VI. Fazit

Der Begriff der „im Arbeitsrecht geltenden Besonderheiten", wie ihn § 310 Abs. 4 S. 2 BGB statuiert, umfasst nicht nur rechtliche und exklusive Umstände, sondern auch tatsächliche Begebenheiten und solche Besonderheiten, die das Arbeitsrecht eventuell auch mit anderen Rechtgebieten teilt. Unter den zu beachtenden Besonderheiten sind nicht nur Eigentümlichkeiten innerhalb des Arbeitsrechts, sondern auch diejenigen Besonderheiten des Arbeitsrechts zu verstehen, die dieses Rechtsgebiet von anderen Rechtsgebieten unterscheidet.

VII. Prüfungsablauf

Die Berücksichtigung „der im Arbeitsrecht geltenden Besonderheiten" ist im Rahmen der Prüfung einer fragwürdigen Vertragsklausel folgendermaßen vorzunehmen: Zunächst gilt es in einem *ersten Schritt* festzustellen, ob diese im Arbeitsverhältnis verwandte Vertragsklausel mit dem Recht der Allgemeinen Geschäftsbedingungen im Einklang steht oder ob ein Verstoß gegen die §§ 305 – 309 BGB gegeben ist. Liegt ein solcher Verstoß vor, so ist in einem zweiten Schritt zu schauen, ob eventuell Besonderheiten im Sinne von § 310 Abs. 4 S. 2 BGB zu erleichterten Kontrollhürden führen, ob also die vertraglich getroffene Regelung trotz Verstoßes gegen AGB-Recht im Lichte der Besonderheitenre-

---

531 Vgl. BT-Drs. 14/6857, S. 54.
532 Ähnlich *Boudon*, ArbRB 2003, 150.
533 BT-Drs. 14/6857, S. 54.
534 BAG v. 4.3.2004, BB 2004, 1740 (1743).

gelung Bestand hat[535]. Für den *zweiten Schritt*, die Berücksichtigung der arbeitsrechtlichen Besonderheiten, liegt dabei die Begründungs- und Argumentationslast bei demjenigen, der sich zur Recht-fertigung der Klausel auf solche Besonderheiten beruft[536]. § 310 Abs. 4 S. 2 BGB schreibt jedoch nicht einfach nur die Berücksichtigung der im Arbeitsrecht geltenden Besonderheiten vor, sondern er verlangt deren „angemessene" Berücksichtigung[537]. Demnach kann die bloße Feststellung arbeitsrechtlicher Besonderheiten allein eine Abweichung von den §§ 305 ff. BGB nicht rechtfertigen. Vielmehr kommt es darüber hinaus noch auf einen Abwägungsprozess dergestalt an, ob die gesetzlichen Wertungen der §§ 305 ff. BGB trotz der arbeitsrechtlichen Besonderheiten maßgeblich sind[538]. Im Rahmen des § 310 Abs. 4 S. 2 BGB ist zunächst zu definieren, was im Arbeitsrecht geltende Besonderheiten seien. Danach bedarf es eines weiteren Schritts, um eine Abweichung von den §§ 305 ff. BGB zu begründen. Auch die bereits ergangene Rechtsprechung nimmt einen Abwägungsprozess vor, indem sie fragt, ob die jeweiligen Besonderheiten von einem solchen Gewicht sind, dass eine Modifizierung des allgemeinen Prüfungsmaßstabs des AGB-Rechts notwendig erscheint[539]. Der Gesetzgeber hat mit der Einfügung des Wortes „angemessen" also erreicht, dass das bloße Vorhandensein einer im Arbeitsrecht geltenden Besonderheit noch nicht automatisch zu einer Abänderung des AGB-rechtlichen Prüfungsmaßstab führen muss. Bevor dieser Schluss gezogen werden kann, gilt es noch einmal inne zu halten und zu fragen, ob diese in der konkreten Situation gegebene Besonderheit tatsächlich eine derartige Abweichung rechtfertigen kann.

---

535 *Henssler*, RdA 2002, 129 (137); *Hümmerich*, NZA 2003, 753 (754); *Birnbaum*, NZA 2003, 944 (945); *Nägele/Chwalisz*, MDR 2002, 1341 (1344); *Singer*, RdA 2003, 194 (199); *Joost*, FS Ulmer, 1199 (1203 f.); *Reinecke*, NZA 2005, 953 (961); *Thüsing/Leder*, BB 2005, 938 (944).

536 So *Singer*, RdA 2003, 194 (199); *Hönn*, ZfA 2003, 325 (335).

537 An der Einfügung dieses Wertungskriteriums entzündete sich Kritik. *Joost*, FS Ulmer, 1199 (1205), behauptet, die Einschränkung, die arbeitsrechtlichen Besonderheiten nur „angemessen" zu berücksichtigen, sei allenfalls geeignet, Verwirrung zu stiften. *Hümmerich/Holthausen*, NZA 2002, 173 (178), vermuten, bei dem Erfordernis der „angemessenen" Berücksichtigung könne es sich um einen unbestimmten Rechtsbegriff handeln, der das Gebot verfassungsrechtlicher Bestimmtheit nach Art. 20 Abs. 3 GG nicht ausreichend beachtet.

538 *V. Steinau-Steinrück/Hurek*, NZA 2004, 965 (966); *Coester*, Jura 2005, 251 (256); *Lakies*, AR-Blattei, SD. 35, Rn. 202; *ders.*, BB 2004, 1903 (1908); *ders.*, NZA 2004, 569 (575), spricht diesbezüglich von einer „doppelten Einschränkung" des § 310 Abs. 4 S. 2 BGB: Zunächst einmal seien nur bestimmte Besonderheiten zu berücksichtigen. Darüber hinaus sollen diese Besonderheiten nur eine „angemessene" Berücksichtigung finden.

539 So Hessisches LAG v. 25.4.2003, AuR 2004, 273 = ZTR 2004, 325; Hessisches LAG v. 7.5.2003 – 2 Sa 53/03, n.V.; LAG Düsseldorf v. 8.1.2003, NZA 2003, 382. Bei BAG v. 4.3.2004, BB 2004, 1740 ist eine derartige Abwägung allerdings nicht auszumachen.

B. Der Tarifvertrag als Maßstab einer möglichen Entgeltkontrolle?

Der durch die Schuldrechtsreform neu geschaffene § 310 Abs. 4 S. 3 BGB stellt Tarifverträge den Rechtsvorschriften im Sinne von § 307 Abs. 3 BGB gleich[540]. Dies nehmen vereinzelte Stimmen in der Literatur[541] zum Anlass, eine bisher nicht gekannte Angemessenheitskontrolle des arbeitsvertraglich vereinbarten Entgelts am Maßstab des Tarifvertrags zu statuieren. Ob eine derartige Ausrichtung des individuell im Rahmen eines Formulararbeitsvertrags vereinbarten Entgelts am Tariflohn tatsächlich eine Stütze im Gesetz findet, soll im Folgenden beurteilt werden. Zu diesem Zweck erfolgt zunächst ein Blick auf die Zulässigkeit einer AGB-rechtlichen Entgelt- bzw. Preiskontrolle im allgemeinen Zivilrecht.

I. AGB-rechtliche Preiskontrolle im allgemeinen Zivilrecht

Die unmittelbare Preisabrede, also die vertragliche Bestimmung des vom Erwerber eines Leistungsgegenstandes als Gegenleistung zu entrichtenden Geldbetrages, kann als vorformulierte Vertragsbedingung in den AGB des Verwenders enthalten sein. Dies ist zum Beispiel bei einer Bezugnahme auf einseitig aufgestellte Tarife, Preisverzeichnisse oder Gebührenordnungen der Fall[542]. Aus dem früheren § 8 AGBG und jetzigen § 307 Abs. 3 BGB folgt der Grundsatz,

540 Zu den Rechtswirkungen dieser Gleichstellung und der hinter ihr stehenden gesetzgeberischen Intention siehe 3. Teil A. VII. 1. b) aa).
§ 310 Abs. 4 S. 3 BGB stellt auch Betriebs- und Dienstvereinbarungen den Rechtsvorschriften i.S.v. § 307 Abs. 3 BGB gleich. Diese scheiden jedoch von vorneherein als Kontrollmaßstäbe für eine Entgeltkontrolle aus. Diese Kollektivregelungen sind immer auf alle Arbeitnehmer ihres Geltungsbereichs zwingend anzuwenden. Eine Abweichung zu Ungunsten der Arbeitnehmer ist in ihrem Anwendungsbereich nicht möglich, so dass insoweit eine Inhaltskontrolle nicht stattfinden kann. Einer etwaigen Ausrichtung an Betriebs- und Dienstvereinbarungen stehen zudem auch erhebliche praktische Hindernisse entgegen. So ist fraglich, an welchen Betriebsvereinbarungen und in welchem Umfang zum Beispiel ein Arbeitgeber, in dessen Betrieb kein Betriebsrat besteht, die mit seinen Arbeitnehmern abgeschlossenen einzelvertraglichen Regelungen messen soll. So muss ein etwaiger Rückgriff auf ein „ortsübliches" Betriebsvereinbarungsniveau schon aufgrund fehlender ausreichender Publizität ausscheiden, vgl. dazu *Berger-Delhey*, ZTR 2002, 66 (68); *Däubler*, NZA 2001, 1329 (1335); *Hromadka*, NJW 2002, 2523 (2527); *Grobys*, DStR 2002, 1002 (1008).

541 *Däubler*, NZA 2002, 1329 (1335); *Kittner*, Arbeitsrecht, § 15 Rn. 52; *Reim*, JuS 2006, 120 (122); in diese Richtung tendieren auch *Hjort/Bufalica*, Arbeitsverträge, S. 69; *Lakies*, NZA-RR 2002, 337 (344); sich nicht festlegend, aber eine Kontrolle des Lohnes am Tarifvertrag auch nicht ausschließend: *Reinecke*, DB 2002, 583 (585).

542 *Brandner*, in: Ulmer/Brandner/Hensen, AGBG, § 8 Rn. 14.

dass derartige preisbestimmende Klauseln nicht der Inhaltskontrolle nach AGB-Recht zu unterziehen sind. Die essentialia negotii eines Vertrages sind nicht an den Vorschriften zur AGB-Kontrolle zu messen[543]. § 307 Abs. 2 S. 1 BGB beschränkt die Kontrolle auf risikoumverteilende („von Rechtsvorschriften abweichende") und auf spezialisierende („Rechtsvorschriften ergänzende") Regelungen. Als Prüfungsmaßstab kommen nur dispositive Gesetzesbestimmungen in Betracht, da nur von ihnen abgewichen werden kann. Gesetzliche Bestimmungen, welche die vertraglichen Hauptkonditionen regeln, sind aber grundsätzlich nicht existent, so dass in der Festlegung der essentialia negotii durch die Vertragsparteien weder eine Abweichung von Rechtsvorschriften noch eine Ergänzung der selben gesehen werden kann. Wesentlicher Anknüpfungspunkt für den Verzicht auf eine Inhaltskontrolle ist somit das Fehlen rechtlicher Kontrollmaßstäbe[544]. Dieses Fehlen gesetzlicher Bestimmungen über die vertraglichen Hauptkonditionen resultiert aus der gegebenen Rechts- und Wirtschaftsordnung, in der sich der angemessene Preis grundsätzlich nicht aus Rechtsvorschriften ergibt, sondern unter Wettbewerbsbedingungen in privatautonomer Entscheidung am Markt gebildet wird[545]. Der Ausschluss der Preiskontrolle gilt dabei in erster Linie für die Preishöhe[546]. Von der Kontrollfreiheit erfasst sind aber auch Klauseln, die nur die Grundsätze der Preisberechnung festlegen[547] und letztlich das Äquivalenzverhältnis im Sinne der Angemessenheit des Preis-Leistungs-Verhältnisses an sich. So kann nicht überprüft werden, ob dem Preis eine angemessene Leistung gegenübersteht[548].

Hält der Gesetzgeber vereinzelt ein Eingreifen in dieses freie Spiel der Marktwirtschaft für geboten und erlässt deshalb gesetzliche Vergütungsbestim-

---

[543] *Brandner*, in: Ulmer/Brandner/Hensen, AGBG, § 8 Rn. 5; Palandt/*Heinrichs*, § 307 BGB Rn. 54; *Preis*, NZA 2003 Beilage 16, 19 (31); *Preis/Bender*, NZA-RR 2005, 337 (340); *Tschöpe*, DB 2002, 1830; *Lieb*, FS Ulmer, 1231 (1242); *Richardi*, NZA 2002, 1057 (1061); *Lingemann*, NZA 2002, 181 (188); *Grobys*, DStR 2002, 1002 (1008); *Weick*, JZ 2002, 442 (444); *Stoffels*, JZ 2001, 843 ff.; BGH v. 26.9.1996, NJW 1997, 135; BGH v. 24.9.1998, NJW 1999, 864.

[544] *Wolf*, in: Wolf/Horn/Lindacher, AGBG, § 8 Rn. 13; *Reichold*, ZTR 2002, 202 (205); *Hromadka*, NJW 2002, 2523 (2526); *Sartorius/Rambach*, ZAP 2002, 541 (545).

[545] *Wolf*, in: Wolf/Horn/Lindacher, AGBG, § 8 Rn. 13; *Brandner*, in: Ulmer/Brandner/Hensen, AGBG, § 8 Rn. 10; *Ziemann*, FA 2002, 312 (313); Grobys, DStR 2002, 1002 (1008); *Tschöpe*, DB 2002, 1830; *Annuß*, BB 2002, 458 (460).

[546] Unbeachtlich ist dabei, ob es sich um einen Gesamtpreis für alle Leistungen oder um Teilpreise für Teilleistungen handelt, vgl. *Horn*, WM 1997 Beilage 1, 8; *Brandner*, in: Ulmer/Brandner/Hensen, AGBG, § 8 Rn. 18.
Derartige kontrollfreie Regelungen der Preishöhe stellen etwa Vereinbarungen über Darlehenszinsen (vgl. BGH v. 10.7.1986, NJW 1986, 2565) oder Gebühren im Rahmen ein Girovertrags (OLG Frankfurt v. 11.2.1993, NJW 1993, 1402) oder auch Kreditkartenvertrags (BGH v. 14.10.1997, BGHZ 137, 27) dar.

[547] Vgl. BGH v. 6.2.1985, NJW 1985, 3013.

[548] So BGH v. 9.12.1992, NJW-RR 1993, 375.

mungen, z.B. weil er aus sozialen Gründen einen unbeschränkten Preiswettbewerb in einem bestimmten Gebiet als schädlich ansieht, ergibt sich eine Ausnahme von der AGB-rechtlichen Kontrollfreiheit der vertraglich vereinbarten Entgeltklauseln, da nunmehr ein tauglicher Kontrollmaßstab vorliegt. Derartige Vergütungsbestimmungen stellen z.B. die gesetzlichen Gebührenordnungen für Rechtsanwälte (RVG), Notare (KostO), Ärzte (GOÄ), Steuerberater (StBGebV) oder Architekten, Statiker, Bauingenieure und Innenarchitekten (HOAI) dar[549]. Der BGH hat daher eine gegen die frühere Gebührenordnung für Rechtsanwälte (BRAGO) verstoßende standardisierte Vergütungsabrede verworfen[550]. Für kontrollfähig erachtete das Gericht auch vorformulierte Honorarscheine von Ärzten, mit denen die in der GOÄ vorgeschriebene Regelgebühr überschritten und meist der gesetzlich vorgeschriebene Begründungszwang abbedungen wurde[551].

Von den kontrollfreien Preisabreden sind die der AGB-Kontrolle unterliegenden Preisnebenabreden zu unterscheiden. *Preisabreden* stellen Regelungen dar, die für sich allein oder in Verbindung mit anderen Abreden aus der Sicht des Vertragspartners klar und verständlich die in Geld geschuldete Hauptleistung festlegen oder die zukünftige, bei Vertragsschluss noch nicht bezifferbare Geldforderung nach allgemeinen Kriterien deutlich bestimmbar umschreiben[552]. Die demgegenüber kontrollfähigen *Preisnebenabreden* sind nach der Definition des BGH solche Abreden, die zwar mittelbare Auswirkungen auf Preis und Leistung haben, an deren Stelle aber bei Fehlen einer vertraglichen Vereinbarung dispositives Gesetzesrecht, allgemeine Rechtsgrundsätze oder aus der Natur des Vertrags im Wege der ergänzenden Vertragsauslegung ableitbare Rechte oder Pflichten treten[553]. Preisnebenabreden regeln nicht das Ob und den Umfang von Entgelten, sondern die Art und Weise ihrer Erbringung und etwaige Modifikationen als ergänzende Regelung „neben" einer bereits existenten Preishauptabrede. Preisnebenabreden regeln beispielsweise die Voraussetzungen unter denen an sich bestehende Vergütungsansprüche im einzelnen entstehen oder wegfallen. Kontrollfähige Preisnebenabreden stellen z.B. Klauseln über Zahlungsbedingungen wie Zahlungsort, Zahlungsart und Fälligkeiten dar[554]. Das

---

549 *Brandner*, in: Ulmer/Brandner/Hensen, AGBG, § 8 Rn. 16; *Wolf*, in: Wolf/Horn/Lindacher, AGBG, § 8 Rn. 16; Staudinger/*Coester*, § 8 AGBG Rn. 20.

550 BGH v. 17.9.1998, NJW 1998, 3567.

551 BGH v. 30.10.1991, NJW 1992, 746.
Ein weiteres Beispiel stellt die Unwirksamkeit einer Vorschrift in einem Architektenformularvertrag dar, nach der das Architektenhonorar auf einer von der HOAI abweichenden Grundlage berechnet werden sollte, vgl. BGH v. 9.7.1981, NJW 1981, 2351.

552 *Brandner*, in: Ulmer/Brandner/Hensen, AGBG, § 8 Rn. 19.

553 BGH v. 24.11.1988, NJW 1989, 222; BGH v. 30.11.1993, NJW 1994, 318; BGH v. 15.7.1997, NJW 1997, 2752.

554 *Wolf*, in: Wolf/Horn/Lindacher, AGBG, § 8 Rn. 17 ff.

BAG hält z.B. eine Befristung der Arbeitszeiterhöhung für eine kontrollfähige (Neben-)Abrede[555]. Die befristete Änderung der synallagmatischen Pflichten aus dem Arbeitsverhältnis stelle eine Änderung des Hauptleistungsversprechens dar, die einer Kontrolle nach den §§ 305 ff. BGB unterliege. Gegenstand der Inhaltskontrolle sei nicht die vereinbarte Erhöhung der Arbeitszeit und damit der Umfang der vom Arbeitnehmer zu erbringenden Arbeitsleistung als Hauptleistungspflicht aus dem Arbeitsverhältnis, sondern deren zeitliche Einschränkung durch die Befristung.

Grundsätzlich kennt das AGB-Recht keine Angemessenheitskontrolle von Preisvereinbarungen. Gleichsam ist ihm eine solche Kontrolle aber auch nicht vollkommen fremd, da unter bestimmten Ausnahmebedingungen – beispielsweise bei Vorliegen gesetzlicher Gebührenordnungen – auch Vereinbarungen bzgl. des Preises am Maßstab der Angemessenheit überprüft werden.

II. Entgeltkontrolle im Arbeitsrecht vor der Schuldrechtsreform

1. Keine Angemessenheitskontrolle – kein gesetzlicher Mindestlohn

Der Angemessenheitskontrolle arbeitsvertraglicher Entgeltregelungen anhand der AGB-Vorschriften stand die Bereichsausnahme des § 23 Abs. 1 AGBG entgegen. Darüber hinaus gibt es aber auch keinen gesetzlichen Mindestlohn, von dem im Sinne des § 8 AGBG hätte abgewichen werden können. Neben die bereits aufgeführten Gründe für die gesetzgeberische Zurückhaltung im Bereich gesetzlicher Preisfestsetzungen – *Privatautonomie* und herrschende Markt- und Wirtschaftsordnung – tritt im Arbeitsrecht noch die *Tarifautonomie*. Die Tarifautonomie wird vom BVerfG als ein Bereich umschrieben, in dem die Tarifvertragsparteien ihre Angelegenheiten grundsätzlich selbstverantwortlich und ohne staatliche Einflussnahme regeln können[556]. Die gesetzliche Regelung der Arbeitsbedingungen – und somit also auch des Arbeitslohns – stellt deshalb rechtlich und faktisch die Ausnahme dar[557]. Derartige ausnahmsweise bestehenden Möglichkeiten zur gesetzlichen Entgeltfestsetzung finden sich in Sonderbereichen, wobei sich die dort anzufindenden Lohnansprüche des Arbeitnehmers gegen den Arbeitgeber auf echte Mindestregelungen beschränken. So sieht § 92a HGB für selbständige Handels- und Versicherungsvertreter die Festsetzung ei-

---

Weitere kontrollfähige Regelungen betreffen z.B. Stundungsvergütungen (BGH v. 19.9.1985, NJW 1986, 46) und Überziehungszinsen (BGH v. 29.3.1994, NJW 1994, 1532).

555 BAG v. 27.7.2005, NZA 2006, 40 (45).

556 BVerfG v. 4.7.1995, NZA 1995, 754.

557 *Boudon*, ArbRB 2003, 150 (151); *Lakies*, NZA-RR 2002, 337.

ner unteren Grenze der vertraglichen Leistungen des Unternehmers durch Rechtsverordnung vor. Eine derartige Rechtsverordnung ist allerdings bis dato noch nicht erlassen worden[558]. Für den Bereich der Heimarbeit erlaubt § 19 HAG „bindende Festsetzungen" von Entgelten und anderweitigen Vertragsbedingungen durch die Heimarbeitsausschüsse (§ 4 HAG), falls es mangels hinreichender Organisierung nicht zum Abschluss von Tarifverträgen kommt (vgl. auch §§ 21, 22 HAG). Eine generelle Festsetzung von Mindestentgelten wäre schließlich über § 1 Abs. 2 MindArbG zum Beispiel dann möglich, wenn dies „zur Befriedigung der notwendigen sozialen und wirtschaftlichen Bedürfnisse der Arbeitnehmer erforderlich erscheint". Das Gesetz über die Festsetzung von Mindestarbeitsbedingungen vom 11. Januar 1952 war als Absicherung für den Fall gedacht, dass sich das durch das Tarifvertragsgesetz vom 9. April 1949 eingeführte Tarifvertragssystem mit Blick auf die Gewährleistung von Mindestarbeitsbedingungen nicht als tauglich erweisen und ein staatliches Eingreifen notwendig werden sollte. Es ist bis heute nicht angewandt worden[559].
Im Berufsbildungsgesetz findet sich eine Regelung, die die ansonsten unzulässige Angemessenheitskontrolle der gezahlten Vergütung ausdrücklich vorschreibt. Nach § 10 Abs. 1 Satz 1 BBiG hat der Ausbildende dem Auszubildenden eine angemessene Vergütung zu zahlen. Das Gesetz trifft dabei keine Aussage darüber, unter welchen Bedingungen es eine Vergütung noch als angemessen erachtet, sondern überlässt die nähere Ausgestaltung der Rechtsprechung. Das BAG sieht eine Ausbildungsvergütung als angemessen an, wenn sie hilft, die Lebenserhaltungskosten zu bestreiten und zugleich eine Mindestentlohnung für die Leistungen des Auszubildenden darstellt[560]. Sofern keine Tarifbindung besteht, ist es aber zunächst Sache der Vertragspartner, die Höhe der Vergütung festzulegen, wobei sie einen gewissen Spielraum haben. Die gerichtliche Überprüfung erstreckt sich dann nur auf die Frage, ob die vereinbarte Vergütung die Mindesthöhe erreicht, die noch als angemessen anzusehen ist[561]. Erreicht eine Abrede die Mindesthöhe nicht, so ist sie gem. § 134 BGB unwirksam[562]. Als Vergleichsmaßstab ist zunächst der für den Ausbildungsbetrieb bei Tarifbindung

---

[558] Siehe zu der Regelung des § 92a HGB *Andelewski*, Staatliche Mindestarbeitsbedingungen, S. 156 ff.

[559] *Andelewski*, Staatliche Mindestarbeitsbedingungen, S. 126.
Weitere Beispiele im Zusammenhang mit einer möglichen staatlichen Entgeltfestsetzung finden sich bei *Lakies*, NZA-RR 2002, 337 f.

[560] Vgl. beispielsweise BAG v. 11.10.1995, DB 1996, 1086 = NZA 1996, 698 = AP Nr. 6 zu § 10 BBiG.

[561] BAG v. 10.4.1991, DB 1991, 1524 = NZA 1991, 773 = AP Nr. 3 zu § 10 BBiG; BAG v. 11.10.1995, DB 1996, 1086 = NZA 1996, 698 = AP Nr. 6 zu § 10 BBiG; BAG v. 30.9.1998, DB 1999, 338 = NZA 1999, 265 = AP Nr. 8 zu § 10 BBiG.

[562] *Tschöpe*, DB 2002, 1830 (1831).

einschlägige Tarifvertrag heranzuziehen[563]. Fehlen fachlich einschlägige Tarifverträge, ist auf branchenübliche Sätze bzw. die Verkehrsauffassung des betreffenden Wirtschaftszweigs abzustellen[564]. Die Angemessenheit kann sich in einem solchen Fall aber auch nach dem Tarifvertrag einer anderen, verwandten Branche beurteilen, falls die entsprechenden Tätigkeiten denen des Auszubildenden ähneln[565]. Letztlich können die Empfehlungen berufsständischer Kammern oder Innungen herangezogen werden. Diese sind zwar nicht verbindlich[566], jedoch ein wichtiges Indiz für die Angemessenheit der empfohlen Sätze[567]. Unabhängig davon, welcher der genannten Vergleichsmaßstäbe im Einzelfall bemüht wird, gilt die Ausbildungsvergütung nach der Rechtsprechung des BAG stets dann als unangemessen, wenn der jeweilige Vergleichsmaßstab um mehr als 20% unterschritten wird[568]. Weitergehende Abweichungen nach unten sollen nur dann möglich sein, wenn das Ausbildungsverhältnis ausschließlich durch die öffentliche Hand finanziert wird[569].

2. Sittenwidrigkeitskontrolle nach § 138 BGB – Lohnwucher

Vor der Schuldrechtsreform lag der Schwerpunkt der gerichtlichen Entgeltkontrolle bei der Überprüfung der Vereinbarung auf einen möglichen Verstoß

---

[563] BAG v. 10.4.1991, DB 1991, 1524 = NZA 1991, 773 = AP Nr. 3 zu § 10 BBiG; BAG v. 11.10.1995, DB 1996, 1086 = NZA 1996, 698 = AP Nr. 6 zu § 10 BBiG.

[564] BAG v. 30.9.1998, DB 1999, 338 = NZA 1999, 265 = AP Nr. 8 zu § 10 BBiG.

[565] So hat das BAG die Angemessenheit der Ausbildungsvergütung einer Altenpflegerin anhand der tariflichen Bestimmungen für Krankenpflegeschüler beurteilt, BAG v. 7.3.1990, DB 1991, 101.

[566] BVerwG v. 26.3.1981, NJW 1981, 2209.

[567] BAG v. 30.9.1998, DB 1999, 338 = NZA 1999, 265 = AP Nr. 8 zu § 10 BBiG.

[568] BAG v. 10.4.1991, DB 1991, 1524 = NZA 1991, 773 = AP Nr. 3 zu § 10 BBiG; BAG v. 30.9.1998, DB 1999, 338 = NZA 1999, 265 = AP Nr. 8 zu § 10 BBiG; BAG v. 11.10.1995, DB 1996, 1086 = NZA 1996, 698 = AP Nr. 6 zu § 10 BBiG.

[569] Bei einer vollständigen Finanzierung mit öffentlichen Mitteln können auch Vergütungen noch angemessen sein, die allein die Lebenshaltungskosten des Auszubildenden decken. Somit können auch Vergütungen, die erheblich unter den tariflichen Ausbildungsvergütungen der Ausbildungsbetriebe liegen, noch angemessen i.S.v. § 10 Abs. 1 BBiG sein. Dies jedenfalls dann, wenn der ausbildende Betrieb – im vom Gericht zu entscheidenden Fall handelte es sich um einen gemeinnützigen Verein – die Leistungen des Auszubildenden nicht kommerziell verwerten kann und ihm die Ausbildung damit keinerlei finanzielle Vorteile bringt, so BAG v. 11.10.1995, DB 1996, 1086 = NZA 1996, 698 = AP Nr. 6 zu § 10 BBiG. Kritisch zu dieser Rechtsprechung *Spindler H.*, AuR 1999, 296 (297 f.).
Wird die finanzielle Last eines Ausbildungsverhältnisses zwischen einer überbetrieblichen Bildungseinrichtung und einem beruflichen Rehabilitanden nach § 97 SGB III vollständig von der Bundesagentur für Arbeit getragen, soll gar die Nichtanwendung von § 10 Abs. 1 S. 1 BBiG geboten sein, so dass Vergütungsansprüche des auszubildenden Rehabilitanden gar nicht bestehen, so BAG v. 15.11.2000, NZA 2001, 1248 = AP Nr. 9 zu § 10 BBiG.

gegen § 138 BGB. § 138 BGB markiert jedoch lediglich ein „unumgängliches rechtsethisches Minimum“[570], so dass die Wirksamkeitshürde bei einer Sittenwidrigkeitskontrolle weitaus niedriger ist als bei einer Angemessenheitskontrolle im Sinne des AGB-Rechts. Ein Rechtsgeschäft ist nach der Rechtsprechung dann als sittenwidrig zu bezeichnen, wenn es gegen das Anstandsgefühl aller billig und gerecht Denkenden verstößt[571]. Mit Blick auf das Austauschverhältnis ist eine Regelung allgemein dann sittenwidrig oder wucherisch, wenn zwischen Leistung und Gegenleistung ein krasses Missverhältnis besteht, das auf einer verwerflichen Gesinnung der begünstigten Partei beruht, wobei das Vorliegen eines besonders auffälligen Missverhältnisses regelmäßig die verwerfliche Gesinnung indiziert[572]. Mit Blick auf das Arbeitsrecht spricht man von Lohnwucher, wenn der Arbeitnehmer gegen eine unverhältnismäßig niedrige Vergütung arbeiten soll, gegen eine durchschnittliche Vergütung zahlreiche Nebenverpflichtungen übernehmen muss oder ihm ohne ausreichende Vergütung das wirtschaftliche Risiko überbürdet wird[573].

Im Zusammenhang mit der Frage, ob nunmehr nach der Schuldrechtsreform eine Angemessenheitskontrolle der Vergütungsvereinbarungen am Maßstab von Tarifverträgen möglich ist, ist von Interesse, welche Rolle Tarifverträge im Rahmen der Sittenwidrigkeitskontrolle einnehmen. Das BAG stellt bei der Prüfung des § 138 BGB zwar auch auf die einschlägigen Tarifverträge ab. Dem Gericht kommt es aber vor allem auf die Arbeitsleistung als solche und damit auf das Verhältnis zwischen dem Marktwert der Arbeit und der gewährten Vergütung an[574]. § 138 BGB verlange eine Gesamtbetrachtung, weshalb eine starre Betrachtung einzelner Merkmale dem Zweck des § 138 BGB nicht gerecht werden könne. Das BAG sieht deshalb eine Vergütung nicht schon dann als sittenwidrig an, wenn lediglich das Niveau des für die Branche im Übrigen geltenden Tariflohns unterschritten wird. Der Tariflohn sei vielmehr nur einer von mehreren Bemessungsfaktoren bei der Beantwortung der Frage, was billig und gerecht sei[575].

Die Rechtsprechung zur Sittenwidrigkeit von Löhnen ist vielfältig und hat in der Vergangenheit viele unterschiedliche Blüten getrieben. Als sittenwidrig verworfen wurde z.B. eine Regelung, die nur 32,5% der durchschnittlichen Vergütung für eine bestimmte Berufsgruppe – es handelte sich um Rechtsanwälte –

[570] BAG v. 24.1.1963, DB 1963, 589 = AP Nr. 29 zu Art. 12 GG.
[571] BGH v. 9.7.1953, BGHZ 10, 228 (232); BGH v. 29.9.1977, BGHZ 69, 295 (297); BAG v. 1.4.1976, NJW 1976, 1958 = AP Nr. 34 zu § 138 BGB.
[572] BAG v. 10.9.1959, AP Nr. 1 zu § 138 BGB; BGH v. 30.1.1981, DB 1981, 1131.
[573] Vgl. *Schaub*, Arbeitsrechtshandbuch, § 35 Rn. 4; *Lakies*, NZA-RR 2002, 337 (340).
[574] BAG v. 11.1.1973, AP Nr. 30 zu § 138 BGB.
[575] BAG v. 11.1.1973, AP Nr. 30 zu § 138 BGB; BAG v. 4.2.1981, AP Nr. 45 zu § 242 BGB Gleichbehandlung.

vorsah[576]. Entgeltabreden, die rund 42%[577] oder 57%[578] der durchschnittlichen Vergütung beinhalteten, verstießen ebenfalls gegen § 138 BGB. Ein auffälliges Missverhältnis zwischen Leistung und Gegenleistung wurde auch bei einer vereinbarten Vergütung bejaht, die rund 60% der branchenüblichen Vergütung[579] bzw. 59,3% des Durchschnittslohns für eine Tätigkeit in der einschlägigen Branche[580] betrug. Ein anderes mal nahm die Rechtsprechung einen Lohnwucher bei einer Unterschreitung des Marktlohns um 36% an[581]. Diese Uneinheitlichkeit resultiert zum einen daraus, dass die Gerichte einzelfallorientiert auf die Arbeitsleistung, ihre Dauer und ihren Schwierigkeitsgrad oder die dafür erforderliche körperliche und geistige Beanspruchung abgestellt haben[582]. Zum anderen hatten die Gerichte aber jeweils auch nur über die im konkreten Einzelfall vereinbarte Lohnhöhe zu entscheiden. Das einzelne Gericht war nicht berufen, eine Aussage darüber zu treffen, ab welchem Abweichungsgrad eine Vergütungsvereinbarung generell als sittenwidrig anzusehen ist. Betrachtet man die Zahlen der vorgenannten Entscheidungen, scheint sich aber eine Scheidegrenze zur Sittenwidrigkeit bei ca. 70% des üblichen Gehalts heraus zu kristallisieren[583].

Kommt die Rechtsprechung zum Ergebnis, dass die jeweilige Vergütungsabrede sittenwidrig ist, wird dem Benachteiligten eine entsprechende Aufstockung gemäß § 612 Abs. 2 BGB gewährt[584].

3. Strafgerichtliche Kontrolle – Verstoß gegen § 134 BGB i.V.m. § 291 StGB

Neben § 138 BGB kommt als weiterer Grund für die Nichtigkeit einer Entgeltabrede ein Verstoß gegen den strafrechtlichen Wuchertatbestand gemäß § 134 BGB i.V.m. § 291 Abs. 1 S. 1 Nr. 3 StGB in Betracht[585]. Seit einer Entscheidung des BGH aus dem Jahre 1997 ist davon auszugehen, dass das Arbeitsverhältnis ein „Austauschverhältnis" und Lohnzahlungen im Rahmen eines Ar-

---

576 LAG Hessen v. 28.10.1999, NZA-RR 2000, 521 = NJW 2000, 3372.

577 LAG Berlin v. 20.2.1998, LAGE § 138 BGB Nr. 11.

578 ArbG Reutlingen v. 16.1.1996, AiB 1996, 499.

579 ArbG Herne v. 5.8.1998, AiB 2000, 366.

580 ArbG Bremen v. 30.8.2000, NZA-RR 2001, 27.

581 ArbG Ludwigshafen v. 8.7.1996 – 3 Ca 278/98 n.V.

582 *Tschöpe*, DB 2002, 1830 (1831).

583 So auch *Tschöpe*, DB 2002, 1830 (1831). BAG 23.5.2001, AuR 2001, 509, verneint dementsprechend die Sittenwidrigkeit bei einer Vergütungsabrede, die das übliche Gehalt um weniger als 30% unterschreitet.

584 LAG Hessen v. 28.10.1999, NZA-RR 2000, 521 = NJW 2000, 3372; *Tschöpe*, DB 2002, 1830 (1831).

585 Vgl. BAG v. 23.5.2001, AuR 2001, 509; *Spindler H.*, AuR 1999, 296 (297); *Müller/Hauck*, FA 2001, 198 (199).

beitsverhältnisses „sonstige Leistungen“ i.S.d. § 291 Abs. 1 S. 1 Nr. 3 StGB sind, so dass Lohnwucher unter bestimmten Umständen strafbar sein kann[586]. Die geleistete Arbeit kann jedenfalls dann als ein Vermögensvorteil im Sinne dieser strafrechtlichen Vorschrift angesehen werden, wenn sich der Erfolg wirtschaftlich zu Gunsten des Arbeitgebers auswirkt. Davon dürfte regelmäßig auszugehen sein. Das Vorliegen eines Missverhältnisses ist im Einzelfall anhand eines Vergleichs des Wertes der Leistung mit dem der Gegenleistung zu ermitteln. Dabei kann der einzelvertraglich vereinbarte mit dem tarifvertraglich geregelten Lohn ins Verhältnis gesetzt werden[587]. Der BGH hatte in der erwähnten Entscheidung einen Arbeitgeber strafrechtlich verurteilt, weil er tschechische Grenzgänger als Maurer für einen Stundenlohn von 12,70 DM brutto beschäftigte, während er deutschen Maurern zu diesem Zeitpunkt 21,00 DM pro Stunde zahlte und der Tariflohn bei 19,05 DM lag[588]. Die an die tschechischen Arbeitnehmer gezahlte Vergütung betrug damit zwei Drittel des tariflichen Lohns. Daraus wird abgeleitet, dass ein strafbarer Lohnwucher vorliegt, wenn der vereinbarte Lohn die tarifliche Vergütung um mindestens ein Drittel unterschreitet[589].

Im zivilrechtlichen Bereich kann die strafgerichtliche Vergütungskontrolle allerdings kaum eine eigenständige Bedeutung für sich in Anspruch nehmen, da die Strafbarkeitsschwelle jedenfalls nicht unterhalb der Sittenwidrigkeitsgrenze anzusiedeln ist. So wird bei Vorliegen eines strafbaren Lohnwuchers gemäß § 291 StGB die entsprechende vertragliche Vergütungsabrede nicht allein gemäß § 134 BGB, sondern auch bereits gemäß § 138 BGB nichtig sein[590].

---

586 BGH v. 22.4.1997, NZA 1997, 1167 = AuR 1997, 453 = AP Nr. 52 zu § 138 BGB, damals noch zum gleichlautenden § 302a Abs. 1 S. 1 Nr. 3 StGB.

587 *Lakies*, NZA-RR 2002, 337 (340).

588 BGH v. 22.4.1997, NZA 1997, 1167 = AuR 1997, 453 = AP Nr. 52 zu § 138 BGB.

589 So z.B. *Nägele*, BB 1997, 2162 (2163); *Linnenkohl/Tente*, AuA 2001, 25 (26); kritisch dazu *Lakies*, NZA-RR 2002, 337 (340), der darauf hinweist, dass der BGH in seiner Entscheidung ausdrücklich betont hat, dass die Entscheidung, ob im Einzelfall die Ungleichgewichtigkeit von Leistung und Gegenleistung als Missverhältnis i.S.v. § 291 StGB zu bewerten ist, dem Tatrichter obliege. Der BGH als Revisionsgericht könne das Ergebnis der tatrichterlichen Bewertung nicht durch seine eigene ersetzen, sondern nur eingreifen, wenn ein Rechtsfehler vorliege. *Lakies* hält es deshalb nicht für ausgeschlossen, dass der BGH auch eine andere tatrichterliche Bewertung akzeptiert hätte. Gleichwohl empfiehlt er als Leitlinie für die Praxis, dass mit einem Verstoß gegen § 291 StGB zu rechnen ist, wenn die vereinbarte Vergütung weniger als zwei Drittel der tariflichen Vergütung beträgt.

590 Dies klarstellend: *Tschöpe*, DB 2002, 1830 (1831).

4. Die übliche Vergütung nach § 612 Abs. 2 BGB

Die Regelung des § 612 Abs. 2 BGB besagt, dass in Ermangelung einer Parteivereinbarung die übliche Vergütung als vereinbart gilt. Tatsächlich getroffene Entgeltabreden sind folglich nicht an § 612 Abs. 2 BGB und seinem Maßstab der Üblichkeit zu messen[591]. § 612 Abs. 2 BGB greift nur dann ein, wenn keine Vergütung vereinbart wurde. Die Bestimmung kommt nur dann zur Anwendung, wenn eine Vergütungsregelung nichtig ist oder ein Arbeitnehmer qualitativ oder quantitativ Mehrleistungen oder Sonderleistungen erbringt[592]. Für diesen Fall hält § 612 Abs. 2 BGB eine sekundäre Regelung vor, um Lücken im Vertrag zu schließen[593]. Er bestimmt aber nicht die Höhe der Vergütung. Die gesetzliche Regelung bildet somit aus sich heraus keinen Angemessenheitsmaßstab, sondern bedarf der richterlichen Bestimmung der üblichen Vergütung[594].

Üblich ist in diesem Zusammenhang nach vorherrschender Ansicht die in gleichen oder ähnlichen Gewerben oder Berufen am gleichen Ort für vergleichbare Tätigkeiten unter der Berücksichtigung der persönlichen Verhältnisse des Arbeitnehmers gezahlte Vergütung[595]. Dabei ist auf die Umstände des Einzelfalls abzustellen[596]. Tarifverträgen kommt in diesem Zusammenhang eine wichtige Indizfunktion zu, da davon auszugehen ist, dass die tarifliche Entlohnung im Regelfall auch die übliche darstellt[597].

5. Zwischenfazit

Vor der Schuldrechtsreform existierte eine Angemessenheitskontrolle der Vergütungsvereinbarungen nur im Ausbildungsverhältnis gem. § 10 BBiG. Im Übrigen unterlagen Entgeltabreden nur dem weit weniger strengen Maßstab des Lohnwuchers, sei es in der zivilrechtlichen Variante des § 138 BGB oder der strafrechtlichen des § 291 StGB. Der Tariflohn stellte dabei ein wichtiges Kriterium, aber nicht das allein ausschlaggebende dar.

---

591 *Ziemann*, FA 2002, 312 (315); *Gotthardt*, ZIP 2002, 277 (282) und ErfK/*Preis*, § 612 BGB Rn. 35, weisen darauf hin, dass der gesetzlichen Regelung des § 612 Abs. 2 BGB keine normative Richtlinienfunktion zukommt; a.A.: Erman/*Hefermehl/Werner*, § 8 AGBG Rn. 11.

592 ErfK/*Preis*, § 612 BGB Rn. 2, 16 u. 18.

593 Palandt/*Weidenkaff*, § 612 BGB Rn. 1; *Ziemann*, FA 2002, 312 (315).

594 *Ziemann*, FA 2002, 312 (315).

595 So *Bayreuther*, RdA 2003, 81 (87).

596 Palandt/*Weidenkaff*, § 612 Rn. 8.

597 BAG v. 26.5.1993, AP Nr. 2 zu § 612 BGB Diskriminierung; BAG v. 28.9.1994, AP Nr. 38 zu § 2 BeschFG 1985; ErfK/*Preis*, § 612 BGB Rn. 38; Palandt/*Weidenkaff*, § 612 Rn. 8.

III. Änderungen durch die Schuldrechtsreform – Tarifvertrag als Maßstab im Rahmen der AGB-rechtlichen Angemessenheitskontrolle?

Nach § 310 Abs. 4 Satz 3 BGB stehen nun Tarifverträge den Rechtsvorschriften im Sinne von § 307 Abs. 3 BGB gleich. Daraus wird teilweise geschlussfolgert, dass vorformulierte Arbeitsverträge nunmehr auch an Tarifverträgen zu messen seien. Tarifverträge sind in der Form von Lohn- und Gehaltstarifverträgen anzutreffen. Sie beinhalten oftmals auch Regelungen über Urlaubsgeld, Weihnachtsgeld und sonstige Jahressonderzahlungen. Auf jeden Fall fixieren sie also die Höhe des Entgelts. Würden Tarifverträge nunmehr als Angemessenheitsmaßstab im Sinne von § 307 Abs. 2 Nr. 1 BGB dienen, so unterlägen Abweichungen vom Tariflohn „nach unten" zukünftig der gerichtlichen Kontrolle[598]. Dies hätte zur Folge, dass Tarifverträge auf neuem Wege Allgemeinverbindlichkeit erlangen würden, nämlich als Vergleichsmaßstab bei der AGB-Kontrolle von Arbeitsbedingungen[599]. Es käme zu einer mittelbaren Erstreckung von Tarifbindungen auf Außenseiter. Die Geltung der Tarifnormen wäre für die Außenseiter zwar nicht normativ, hätte aber die gleiche Wirkung[600].

1. Relevanz

a) Voraussetzungen des § 305 Abs. 1 BGB

Eine AGB-Kontrolle arbeitsvertraglicher Vergütungsbedingungen kommt nur in Betracht, wenn der Anwendungsbereich des AGB-Rechts gemäß § 305 Abs. 1 BGB eröffnet ist[601]. Bei den fraglichen Entgeltabreden muss es sich also um vorformulierte Arbeitsbedingungen handeln. Diese können Inhalt von Allgemeinen Arbeitsbedingungen, arbeitsvertraglichen Einheitsregelungen, Gesamtzusagen, betrieblichen Übungen oder Formulararbeitsverträgen sein. Eine Angemessenheitskontrolle nach AGB-Recht muss jedoch ausscheiden, sobald die Vergü-

---

598 So *Däubler*, NZA 2001, 1329 (1334); *Kittner*, Arbeitsrecht, § 15 Rn. 52; *Lakies*, NZA-RR 2002, 337 (344); sich nicht festlegend, aber eine Kontrolle des Lohnes am Tarifvertrag auch nicht ausschließend: *Reinecke*, DB 2002, 583 (585).

599 *Richardi*, NZA 2002, 1057 (1061); *Boudon*, ArbRB 2003, 150 (151).

600 *Bayreuther*, RdA 2003, 81 (82), der anführt, dass es für den Außenseiter im Ergebnis keinen Unterschied mache, ob ein Gesetz anordnet, dass eine durch Dritte erfolgte Inhaltsbestimmung aus sich selbst heraus normativ gilt (wie zum Beispiel durch § 5 TVG) oder ob es einen generellen Geltungsbefehl (wie dann § 307 Abs. 1 und 2 BGB) enthält, der durch inhaltliche Vorgaben Dritter ausgefüllt wird. Denn unbeschadet der gänzlich anderen dogmatischen Grundlagen wären vom Tarifvertrag abweichende Bestimmungen so oder so unwirksam.

601 Allgemein zu § 305 Abs. 1 BGB siehe 3. Teil A. I.

tungsregelung zwischen den Arbeitsvertragsparteien im einzelnen im Sinne von § 305 Abs. 1 S. 3 BGB ausgehandelt wurde. Mag es auch zutreffen, dass die Hauptpflichten eines Vertragsverhältnisses in aller Regel nicht im Rahmen Allgemeiner Geschäftsbedingungen, sondern individualvertraglich vereinbart werden[602], so dürfte bei Arbeitsverträgen – gerade im Niedriglohnsegment – der Arbeitgeber einseitig die Höhe der Vergütung vorgeben[603]. Zum Vorliegen einer Individualabrede müsste der Arbeitgeber seine vorformulierte Entgeltklausel ernsthaft zur Disposition stellen und der Arbeitnehmer die reale Möglichkeit erhalten, den Inhalt der Vergütungsregelung zu beeinflussen[604]. Dies dürfte im angesprochenen Bereich der nur niedrig vergüteten Tätigkeiten auch aufgrund des mit der steigenden Arbeitslosigkeit verbundenen hohen Angebots an Arbeitssuchenden faktisch nicht der Fall sein. Die Relevanz einer möglichen AGB-rechtlichen Vergütungskontrolle darf deshalb nicht unterschätzt werden.

b) Irrelevant bei Tarifbindung

Einer möglichen Kontrolle einzelvertraglich vereinbarter Entgeltabreden an § 307 BGB kommt bei beiderseitiger Tarifbindung keine Bedeutung zu. Nach § 4 Abs. 1 TVG sind die tariflichen Regelungen für beiderseits Tarifgebundene ohnehin zwingend und Abweichungen „nach unten“ schon aufgrund eines Verstoßes gegen das Günstigkeitsprinzips nach § 4 Abs. 3 TVG nichtig[605]. Eine Abweichung zugunsten des Arbeitnehmers ist zwar zulässig und eröffnet prinzipiell den Anwendungsbereich der Inhaltskontrolle nach § 307 BGB. Es handelt sich dann aber im Regelfall kaum um eine Regelung, die den Arbeitnehmer entgegen dem Gebot von Treu und Glauben unangemessen benachteiligt[606]. Enthält ein Tarifvertrag eine Öffnungsklausel und wird bei deren Ausnutzung das Tarifniveau unterschritten, könnte man eventuell auch bei beiderseitiger Tarifbindung darüber nachdenken, eine allgemeine Inhaltskontrolle nach § 307 BGB zuzulassen. Dies setzt jedoch voraus, dass man – entgegen dem oben aufgeführten Grundsatz der Kontrollfreiheit der Hauptkonditionen – generell eine AGB-

---

602 *Weick*, JZ 2002, 442 (445). Eine formularmäßige Vereinbarung auch im Arbeitsrecht für im Zweifel eher nicht gegeben ansehend: *Reichold*, ZTR 2002, 202 (206).

603 *Lakies*, NZA-RR 2002, 337 (343).

604 *Lakies*, NZA-RR 2002, 337 (343); *Hennrichs*, in: Dauner-Lieb/Heidel/Lepa/Ring, Das neue Schuldrecht in der anwaltlichen Praxis, § 6 Rn. 14; *Ziemann*, FA 2002, 312.

605 *Lieb*, FS Ulmer, 1231 (1244); *Annuß*, BB 2002, 458 (460); *Berger-Delhey*, ZTR 2002, 66 (68); *Joost*, FS Ulmer, 1199 (1207); *Hadeler*, FA 2002, 66 (68), *Schlodder*, Der Arbeitsvertrag im neuen Schuldrecht, S. 213; *Hromadka*, NJW 2002, 2523 (2526).

606 *Richardi*, NZA 2002, 1057 (1061); *Hadeler*, FA 2002, 66 (68); *Schlodder*, Der Arbeitsvertrag im neuen Schuldrecht, S. 213.

rechtliche Entgeltkontrolle zulässt[607]. Dies gilt es im Folgenden erst zu diskutieren.

c) *Irrelevant bei Inbezugnahme von Tarifverträgen*

Für die Inhaltskontrolle kann es letztlich keinen Unterschied machen, ob Tarifbindung besteht oder im Arbeitsvertrag auf einen Tarifvertrag Bezug genommen wird[608]. Zumindest bei der Verweisung auf einen branchennahen Tarifvertrag im Ganzen liegt die Richtigkeitsgewähr des Kollektivvertrags auch bei einer Inbezugnahme vor[609]. Aufgrund dieser Richtigkeitsgewähr hat das BAG in der Vergangenheit derartige Bezugnahmen inhaltlich nur sehr restriktiv kontrolliert[610]. Der Gesetzgeber hielt diesen von der Rechtsprechung vorgezeichneten Weg für richtig und bezweckte mit der Regelung des § 310 Abs. 4 S. 3 BGB unstreitig, dass auch Einzelarbeitsverträge, die Bezug auf einen Tarifvertrag nehmen, nicht der Inhaltskontrolle unterliegen[611].

2. Argumente für eine Entgeltkontrolle am Tarifvertragsniveau

Die Befürworter einer Entgeltkontrolle am Tarifvertragsniveau stützen sich zunächst auf den Wortlaut des § 310 Abs. 4 S. 3 BGB i.V.m. § 307 Abs. 3 BGB. Dieser besagt, dass die Inhaltskontrolle gemäß § 307 Abs. 1 BGB nur für Bestimmungen in Allgemeinen Geschäftsbedingungen gelte, „durch die von Tarifverträgen abweichende oder diese ergänzende Regelungen vereinbart werden". Da gesetzliche Bestimmungen im Sinne von § 307 Abs. 3 S. 1 BGB allgemein gelten, könne die Verweisung in § 310 Abs. 4 Satz 3 nur so verstanden werden, dass der jeweils einschlägige Tarifvertrag eine „Allgemeinwirkung" wie ein Gesetz bzw. eine sonstige Rechtsvorschrift erzeuge[612]. Darüber hinaus wird auf die Qualifikation des Tarifvertrags als Rechtsvorschrift im Sinne von Art. 2 EGBGB[613] verwiesen. Aufgrund dieser Einordnung seien tarifliche Regelungen auch unabhängig von § 310 Abs. 4 Satz 3 BGB unter den Begriff der „Rechts-

[607] *Annuß*, BB 2002, 458 (460).

[608] *Hadeler*, FA 2002, 66 (68); *Berger-Delhey*, ZTR 2002, 66 (68).

[609] Siehe dazu 3. Teil A. VII. 1. b) aa) (2).

[610] Vgl. BAG v. 24.3.1988, AP Nr. 1 zu § 241 BGB.

[611] Siehe BT-Drs. 14/6857, S. 54.

[612] *Lakies*, NZA-RR 2002, 337 (344). Letztlich stützt sich wohl auch *Däubler*, NZA 2001, 1329 (1334 f.), der Argumente für die von ihm vertretene Rechtsansicht nicht ausdrücklich nennt, auf den Wortlaut der Regelung.

[613] Ständige Rechtsprechung: Vgl. beispielsweise BAG v. 28.10.1987, NZA 1988, 425; BAG v. 9.12.1981, BAGE 37, 228.

vorschriften“ im Sinne des § 307 Abs. 3 BGB zu fassen[614]. Bisher sei die Frage, ob tarifliche Normen „Rechtsvorschriften“ im Sinne des § 8 AGBG (dem jetzigen § 307 Abs. 3 BGB) seien, nur deshalb nicht aufgeworfen worden, weil sich diese Frage wegen der Bereichsausnahme des Arbeitsrechts in § 23 Abs. 1 AGBG nicht stellte. Unbestritten seien Rechtsvorschriften im Sinne des § 8 AGBG aber alle Gesetze im materiellen Sinne gewesen, also auch Verordnungen und Satzungen[615] sowie ungeschriebene Rechtsgrundsätze und Richterrecht[616]. Dementsprechend hätten nach dieser Ansicht auch Tarifverträge als „Rechtsvorschriften“ im Sinne von § 8 AGBG eingeordnet werden müssen[617]. Die ausdrückliche Erstreckung von § 307 Abs. 3 BGB auf Tarifverträge könne nur in der Art zu verstehen sein, dass diese Kollektivverträge als Kontrollmaßstab auch für solche Arbeitsverhältnisse gelten sollen, auf die sich ihre Geltung nicht unmittelbar erstreckt. Andernfalls hätte § 310 Abs. 4 S. 3 BGB kaum praktische Bedeutung[618]. Dem Hinweis auf die generelle Unzulässigkeit der Preiskontrolle wird entgegen gehalten, dass dieses Kontrollverbot zwar dort greife, wo keine preisregulierende Rechtsvorschrift existiere, im Arbeitsrecht mit dem Tarifvertrag eine solche Rechtsvorschrift im Sinne des § 307 BGB aber gerade vorliege[619].

3. Praktische Hindernisse

Schließt man sich den soeben genannten Argumenten an und macht Tarifverträge zum Angemessenheitsmaßstab im Rahmen der Inhaltskontrolle, ergeben sich allerdings diverse Folgeprobleme. Praktische Hindernisse tun sich auf.

So ist bereits fraglich, welcher Tarifvertrag aus dem Heer der bestehenden Tarifverträge im konkreten Fall den Vergleichsmaßstab bilden sollte[620]. Da es zahllose Tarifverträge gibt, die keinen gemeinsamen Nenner im Sinne eines einheitlichen Tarifniveaus bilden, müsste im Einzelfall eine Entscheidung getroffen werden, an welchem konkreten Tarifvertrag die Ausrichtung zu erfolgen hat[621]. Einigkeit besteht zumindest insoweit, dass branchenferne Tarifverträge von vorneherein als Vergleichsmaßstab ausscheiden müssten. Ein Tarifvertrag könnte

---

614 *Kittner*, Arbeitsrecht, § 15 Rn. 52; *Lakies*, NZA-RR 2002, 337 (344).
615 Siehe dazu Palandt/*Heinrichs*, § 8 AGBG Rn. 7.
616 Vgl. BGH v. 10.12.1992, BGHZ 121, 13 = NJW 1993, 721.
617 *Lakies*, NZA-RR 2002, 337 (344).
618 *Kittner*, Arbeitsrecht, § 15 Rn. 52; *Reinecke*, DB 2002, 583 (585).
619 *Lakies*, NZA-RR 2002, 337 (344).
620 *Lindemann*, Flexible Gestaltung von Arbeitsbedingungen nach der Schuldrechtsreform, S. 169; *Berger-Delhey*, ZTR 2002, 66 (68).
621 Auf das fehlende einheitliche Tarifniveau hinweisend: *Joost*, FS Ulmer, 1199 (1207).

nur dann als maßgebend angesehen werden, wenn er branchenüblich wäre[622]. Problematisch erscheint dann aber die Situation der Tarifkonkurrenz, in der mehrere der Sache nach einschlägige Tarifverträge gibt, diese aber inhaltlich nicht unwesentlich voneinander abweichen.

Weitere Fragen stellen sich auch dann, wenn tariflich vorgesehene Vergütungsarten wie Urlaubsgeld oder Weihnachtsgeld im Arbeitsvertrag nicht vorgesehen sind. Hier ist fraglich, ob in der arbeitsvertraglichen Nichtregelung eine kontrollfähige Negativregelung zu erblicken ist. Auf diese Weise könnte eine derartige Nichtregelung oder eine einzelne eventuell unangemessene arbeitsvertragliche Vereinbarung zur Stundenvergütung über die Unwirksamkeit dieser Regelung zur Geltung sämtlicher tariflicher Vergütungsregelungen führen[623].

Würde man eine Entgeltkontrolle nach AGB-Recht bejahen, schlösse sich sodann die Frage nach der „Schwelle" an, deren Überschreitung zur Unangemessenheit der Vergütungsvereinbarung führen würde. Vorgeschlagen wird eine Höchstgrenze von 20 % unter dem als Maßstab heranzuziehenden Tarifniveau[624]. Dieser Vorschlag basiert auf der Rechtsprechung zur angemessenen Vergütung im Sinne des § 10 BBiG. Nach dem BAG sind vertraglich vereinbarte Ausbildungsvergütungen jedenfalls dann nicht mehr angemessen im Sinne des § 10 Abs. 1 S. 1 BBiG, wenn sie die in einem für den Betrieb prinzipiell einschlägigen Tarifvertrag enthaltenen Vergütungen um 20 % unterschreiten[625]. Ob diese Rechtsprechung zum § 10 Abs. 1 S. 1 BBiG allerdings in der Art und Weise generalisierungsfähig ist, dass sie eine Leitlinie für eine allgemeine Angemessenheitskontrolle von arbeitsvertraglichen Vergütungsvereinbarungen darstellen kann, ist mehr als fragwürdig. So liegt dem § 10 Abs. 1 S.1 BBiG eine ganz andere, nämlich bildungspolitische Motivation zu Grunde. Die Pflicht des Ausbildenden zur Entrichtung einer Vergütung ist rechtstechnisch gesehen keine Hauptpflicht des Ausbildungsverhältnisses. Die Vergütung nach § 10 Abs. 1 S. 1 BBiG stellt kein Arbeitsentgelt im engeren Sinne dar. Sie ist kein Äquivalent für eine Arbeitsleistung des Auszubildenden und daher weder Lohn noch Gehalt. Sie ist vielmehr nur eine finanzielle Hilfe, die dem Auszubildenden ermöglichen

---

622 *Hromadka*, NJW 2002, 2523 (2527); *Däubler*, NZA 2001, 1329 (1335), der zur Bestimmung der Branchenüblichkeit auf die zu § 77 Abs. 3 BetrVG entwickelten Grundsätze zurückgreifen möchte.

623 *Ziemann*, FA 2002, 312 (314).

624 *Reinecke*, DB 2002, 583 (585); *Lakies*, NZA-RR 2002, 337 (344); *Däubler*, NZA 2001, 1329 (1335), der sich zugleich auch auf eine mietrechtliche Regelung stützt, die eine „Mietpreisüberhöhung" (§ 5 Abs. 2 WiStG) verbietet. Eine solche werde angenommen, wenn die ortsübliche Vergleichsmiete um mehr als 20 % überschritten sei. Zudem bemüht er eine Arbeitsgerichtsentscheidung aus den frühen 60'er Jahren (ArbG Göttingen v. 8.12. 1960, DB 1961, 882), nach der eine Bezahlung von 20 % unter Tarif zwar als unangemessen, aber nicht als sittenwidrig anzusehen sei.

625 BAG v. 10.4.1991, BAGE 68, 10 = DB 1991, 1524 = NZA 1991, 773 = AP Nr. 3 zu § 10 BBiG.

soll, seine Berufsausbildung in „angemessener Weise“ durchzuführen[626]. Gegen die Festlegung eines allgemeingültigen Grenzwertes spräche zudem trotz der Vorteile der Operationalisierbarkeit und Berechenbarkeit der Rechtsanwendung, dass auf diese Weise die Umstände des Einzelfalls vernachlässigt würden[627]. Nicht zuletzt bleibt die Schwierigkeit, innerhalb der Angemessenheitskontrolle den objektiven Wert der Arbeit zu ermitteln. Der objektive Wert der Arbeit dürfte wohl nicht immer zwangsläufig mit dem auf dem Markt gezahlten Preis für Arbeit gleichzusetzen sein, zumal letzterer noch von verschiedenen Bedingungen wie der Marktlage abhängt. Ein Mangel an Arbeitskräften treibt den Preis in die Höhe, ein Überschuss lässt ihn sinken[628]. Bei einer vor Gericht ausgetragenen Diskussion um den Wert der Arbeit dürften politisch und weltanschaulich gefärbte Auseinandersetzungen unvermeidbar sein. Der Rechtssicherheit wäre dies keinesfalls zuträglich.

Eine etwaige Entgeltkontrolle am Maßstab des Tarifvertrags brächte also eine Fülle von Durchführungsproblemen mit sich, die den Rechtsanwender auf lange Zeit verunsichern dürften[629].

4. Rechtssystematische Bedenken

Gegen eine Angemessenheitskontrolle von Vergütungsvereinbarung am Tarifniveau sprechen diverse rechtssystematische Bedenken. Diese ergeben sich zunächst aus der genauen Betrachtung des Verweisungsumfangs des § 310 Abs. 4 S. 3 BGB und dem Verhältnis der einzelnen Absätze des § 307 BGB untereinander. Schließlich lassen auch die Art und Weise des Zustandekommens von Tarifverträgen und deren Rechtsqualität Zweifel aufkommen.

a) Systematische Betrachtung der §§ 310 Abs. 4 S. 3, 307 BGB

Der Wortlaut des § 310 Abs. 4 S. 3 BGB beschränkt die Gleichstellung der Tarifnormen mit Rechtsvorschriften ausdrücklich auf die Regelungsaussage des

---

626 *Bayreuther*, RdA 2003, 81 (90).

627 *Lakies*, NZA-RR 2002, 337 (341).

628 *Lakies*, NZA-RR 2002, 337 (341).

629 So wäre darüber hinaus auch noch zu klären, ob die Angemessenheitskontrolle statisch oder dynamisch vorzunehmen ist. Bei einer statischen Kontrolle wäre allein der Zeitpunkt des Abschlusses der Vergütungsvereinbarung maßgebend. Bei einer dynamischen Kontrolle wäre zum Zeitpunkt des Vertragsschlusses und zu allen späteren Zeitpunkten der Tarifvergütungsänderungen jeweils eine Angemessenheitskontrolle durchzuführen. Dies könnte dazu führen, dass eine anfänglich noch für angemessen befundene Vergütungsvereinbarung aufgrund der Tarifentwicklung zu einem späteren Zeitpunkt als unangemessen eingestuft würde, vgl. *Ziemann*, FA 2002, 312 (314).

§ 307 Abs. 3 BGB. Ein Verweis auf § 307 Abs. 1 und Abs. 2 BGB erfolgt nicht, so dass Tarifverträge nicht schlechthin zu Rechtsvorschriften im Sinne des § 307 BGB erklärt werden[630]. Der Verweis auf § 307 Abs. 3 BGB darf auch nicht ohne weiteres vom Rechtsanwender auf den Rest der Vorschrift ausgedehnt werden. So stellen § 307 Abs. 1 und Abs. 2 BGB auf der einen und § 307 Abs. 3 BGB auf der anderen Seite zwar einen einheitlichen Regelungskomplex dar, weisen aber doch einen unterschiedlichen Regelungsgehalt auf. § 307 Abs. 3 BGB bestimmt die Reichweite der Kontrolle, indem er sich nur auf die gegebenenfalls zu kontrollierenden oder eben von der Kontrolle ausgenommenen vertraglichen Regelungen als eventuellen Gegenstand der Kontrolle bezieht, aber keine Aussage über den Kontrollmaßstab trifft. Dieser ist vielmehr in den vorangehenden Absätzen des § 307 BGB geregelt[631]. Darüber hinaus bedient sich der Gesetzgeber auch unterschiedlicher Begrifflichkeiten. Spricht er im Rahmen von § 307 Abs. 3 BGB von „Rechtsvorschriften", so ist bei § 307 Abs. 2 Nr. 1 BGB von „gesetzlichen Regelungen" die Rede. § 310 Abs. 4 S. 3 BGB stellt Tarifverträge aber gerade ausdrücklich mit „Rechtsvorschriften" gleich und nicht mit „gesetzlichen Regelungen"[632]. Hätte der Gesetzgeber beabsichtigt, Tarifnormen generell als Rechtsnormen im Sinne des § 307 BGB einzustufen, wäre der spezielle Verweis des § 310 Abs. 4 S. 3 BGB auf § 307 Abs. 3 BGB überflüssig gewesen. So gesehen enthält der Wortlaut des § 310 Abs. 4 S. 3 BGB gar ein gewichtiges Indiz dafür, dass nach der gesetzlichen Konzeption Tarifnormen gerade keine „gesetzlichen Regelungen" im Sinne der § 307 Abs. 1 und Abs. 2 BGB sind[633].

Dieses restriktive Verständnis findet eine Stütze im systematischen Standort des § 310 Abs. 4 S. 3 BGB. § 310 BGB enthält mit Ausnahme der speziellen Verbraucherschutzvorschrift des Abs. 3 keine Erweiterungen der Inhaltskontrolle. Vielmehr fasst er alle Beschränkungen des Anwendungsbereichs der §§ 305 ff. BGB zusammen, indem er die sogenannten Bereichsausnahmen aufzählt. In diesem Kontext würde sich eine Erweiterung der Inhaltskontrolle,

---

630 *Thüsing/Lambrich*, RdA 2002, 193 (196); *Preis*, NZA 2003 Beilage 16, 19 (31); *Gotthardt*, ZIP 2002, 277 (282); *Bayreuther*, RdA 2003, 81 (85); *Lingemann*, NZA 2002, 181 (188); *Henssler*, RdA 2002, 129 (136); *ders.*/v.Westphalen, Praxis der Schuldrechtsreform, § 310 Rn. 31; *ders.*, in Dauner-Lieb/Konzen/Schmidt, Das neue Schuldrecht in der Praxis, 615 (637); *Schlodder*, Der Arbeitsvertrag im neuen Schuldrecht, S. 213; *Lindemann*, Flexible Gestaltung von Arbeitsbedingungen nach der Schuldrechtsreform, S. 170; *dies.*, AuR 2002, 81 (86 f.).

631 *Lieb*, FS Ulmer, 1231 (1243); *Schlodder*, Der Arbeitsvertrag im neuen Schuldrecht, S. 214.

632 Darauf hinweisend: *Lindemann*, Flexible Gestaltung von Arbeitsbedingungen nach der Schuldrechtsreform, S. 170; *dies.*, AuR 2002, 81 (86 f.).

633 *Preis*, NZA 2003 Beilage 16, 19 (31); *Gotthardt*, ZIP 2002, 277 (282); *Henssler*, RdA 2002, 129 (136); *ders.*/v.Westphalen, Praxis der Schuldrechtsreform, 2. Aufl., 2003, § 310 Rn. 31; *ders.*, in Dauner-Lieb/Konzen/Schmidt, Das neue Schuldrecht in der Praxis, 615 (637).

wie sie von den Befürwortern einer Richtlinienfunktion der Tarifverträge angedacht wird, als systemfremd erweisen[634].

Eine Richtlinienfunktion der Tarifverträge würde zudem das Regel-Ausnahme-Verhältnis der AGB-rechtlichen Inhaltskontrolle verkennen. Danach ist zunächst einmal davon auszugehen, dass Allgemeine Geschäftsbedingungen ganz grundsätzlich der Inhaltskontrolle unterliegen. § 307 Abs. 3 BGB macht hiervon nur eine Ausnahme bei Klauseln, die mit Gesetzen übereinstimmen. Die Prüfung, ob die fragliche Klausel in einem Tarifvertrag eine Entsprechung findet oder nicht, stellt also gar keine „Eingangsweichenstellung" dar, die über die Anwendbarkeit des § 307 Abs. 1 und Abs. 2 BGB entscheiden würde. Es verhält sich genau umgekehrt: § 307 Abs. 1 und Abs. 2 BGB stellen den allgemeinen Grundtatbestand dar, während § 307 Abs. 3 BGB diesem gegenüber nur ein systematisch nachgelagerter Ausnahmetatbestand ist. Da eine Ausnahmeregelung aber nicht den Grundtatbestand definieren kann, ist dem § 307 Abs. 3 BGB nichts Entscheidendes für die Ausfüllung des § 307 Abs. 1 und Abs. 2 BGB zu entnehmen[635].

b) Unterschiede zwischen Tarifvertrag und Gesetz

Der Tarifvertrag erweist sich als ungeeignet für einen Kontrollmaßstab im Rahmen einer Angemessenheitskontrolle des Arbeitsentgelts. Nach § 307 Abs. 2 Nr. 1 BGB ist eine unangemessene Benachteiligung im Zweifel dann anzunehmen, wenn von „wesentlichen Grundgedanken" einer Regelung abgewichen wird. „Wesentliche Grundgedanken" sind jedoch bei einem Tarifvertrag nicht unmittelbar wie bei einem Gesetz durch Auslegung zu ermitteln. Tarifverträge sind das Ergebnis von Verhandlungen gleichberechtigter Partner, so dass deren Ergebnisse nur eingeschränkt Vorgaben für andere Vertragsparteien liefern können, die sich diese Ergebnisse bewusst nicht zu eigen machen wollen[636]. Dies gilt um so mehr, wenn als Vergleichsmaßstab immer nur einzelne Regelungen aus der Gesamtheit des Tarifvertrags herausgebrochen werden. Gesetzesbestimmungen enthalten ihren Gerechtigkeitsgehalt absolut in sich. Gesetze beanspruchen Geltung unabhängig von einer wie auch immer gearteten Gegenleistung. Kollektivvereinbarungen wie Tarifverträge sind jedoch auf Austauschgerechtigkeit gerichtet. Der Gerechtigkeitsgehalt der einzelnen Vorschrift ist hier relativ. Während

---

[634] So *Henssler*, in: Dauner-Lieb/Konzen/Schmidt, Das neue Schuldrecht in der Praxis, 615 (637 f.); *ders.*, RdA 2002, 129 (136); *Diehn*, NZA 2004, 129 (135); *Reinecke*, NZA 2004 Beilage 18, 27 (29).

[635] *Bayreuther*, RdA 2003, 81 (82).

[636] *Bayreuther*, RdA 2003, 81 (84 f.); *Lingemann*, NZA 2002, 181 (189); *Hadeler*, FA 2002, 66 (68); *Berger-Delhey*, ZTR 2002, 66 (68).

Gesetzesbestimmungen jeweils für sich allein verwirklicht werden wollen, verwirklichen vertragliche Bestimmungen Gerechtigkeit erst in ihrer Gesamtheit. Die Angemessenheitsvermutung kann einem Tarifvertrag deshalb nur als gesamte, in sich geschlossene und ausgewogene Regelung zugeschrieben werden. Werden nun für die Kontrolle einzelne Regelungen aus dem „Gesamtpaket" des Tarifvertrags herausgenommen, kann das Richtigkeitsargument auf sie folglich nur sehr eingeschränkt zutreffen[637].

Des weiteren ist zu bedenken, dass „Rechtsvorschriften" im Sinne von § 307 Abs. 3 BGB nur solche Regelungen sein können, die auf den konkreten Sachverhalt anwendbar sind[638]. Diese Regelungen würden bei fehlender vorformulierter Bestimmung für das konkrete Vertragsverhältnis gelten und können deshalb bei Unangemessenheit der vorformulierten Bestimmung nach § 306 Abs. 2 BGB an deren Stelle treten[639]. Sind die Vertragsparteien aber nicht nach § 3 Abs. 1 TVG tarifgebunden – und nur in dieser Situation ist die hier diskutierte Entgeltkontrolle relevant[640] –, würde die Tarifvertragsnorm mangels Tarifbindung nicht an die Stelle der verworfenen unangemessenen Klausel treten können. Während die grundsätzlich durch vorformulierte Vertragsbestimmungen verdrängbaren Rechtsvorschriften als Maßstab und Auffangrechtsordnung herhalten können, kann die Tarifnorm folglich nicht als Auffangnorm dienen. Ihr fehlt die universelle Geltung der für die Angemessenheitskontrolle heranzuziehenden Normen[641].

Die Einordnung des Tarifvertrags als Rechtsnorm im Sinne von Art. 2 EGBGB ändert nichts an den soeben dargelegten Unterschieden, die die verschiedene Natur von Gesetzen und Tarifverträgen charakterisieren[642]. Tarifverträge sind aus den dargelegten Gründen als allgemeingültiger Maßstab im Rahmen einer Angemessenheitskontrolle von Vergütungsvereinbarungen ungeeignet.

---

637 *Thüsing*, BB 2002, 2666 (2671); *Tschöpe*, DB 2002, 1830 (1833); *Bayreuther*, RdA 2003, 81 (84); *Hromadka*, NJW 2002, 2523 (2527); *Hadeler*, FA 2002, 66 (68). Vgl. dazu auch 3. Teil A. VII. 1. b) aa) (3).

638 Siehe *Wolf*, in: Wolf/Horn/Lindacher, AGBG, § 8 Rn. 6.

639 *Ziemann*, FA 2002, 312 (315).

640 Siehe 4. Teil B. III. 1. b).

641 *Grobys*, DStR, 2002, 1002 (1008); *Joost*, FS Ulmer, 1199 (1207); *Ziemann*, FA 2002, 312 (315); *Reinecke*, NZA 2004 Beilage 18, 27 (29).

642 So *Hromadka*, NJW 2002, 2523 (2527). Das BAG hat – wenn auch in einem anderen Zusammenhang – noch einmal klargestellt, dass selbst für allgemeinverbindlich erklärte tarifvertragliche Regelungen keine „gesetzlichen Bestimmungen" sein können, siehe BAG v. 16.5.2001, EzA § 3 TVG Nr. 23.

5. Beachtung des Gesetzeszwecks

Eine Richtlinienfunktion des Tarifvertrags folgt auch nicht aus der mit der Regelung des § 310 Abs. 4 S. 3 BGB verfolgten gesetzgeberischen Intention. Der Gesetzgeber wollte mit der betreffenden Verweisung lediglich sicherstellen, dass Tarifverträge nicht über den Umweg einer einzelvertraglichen Bezugnahme der Inhaltskontrolle unterliegen[643]. Den Tarifvertrag aber umgekehrt selbst zum Maßstab der Inhaltskontrolle zu machen, war offensichtlich nicht beabsichtigt[644]. Die Regelung des § 310 Abs. 4 S. 3 BGB ist damit auch bei Ablehnung einer Maßstabseigenschaft des Tarifvertrags nicht – wie teilweise behauptet[645] – ohne Sinn oder praktische Relevanz. Während § 310 Abs. 4 S. 1 BGB durch eine teilweise Aufrechterhaltung der bisherigen Bereichsausnahme nur Tarifverträge als solche von der Angemessenheitskontrolle nach AGB-Recht ausnimmt, regelt § 310 Abs. 4 S. 3 BGB, welche Folgen die Wiedergabe tariflicher Regelungen in einem Arbeitsvertrag mit sich bringt. An dieser Stelle statuiert das Gesetz das Verbot der sogenannten „mittelbaren Tarifzensur“[646].

Zudem war es Ziel des Gesetzgebers, das Schutzniveau der Vertragsinhaltskontrolle im Arbeitsrecht an das im Zivilrecht vorherrschende anzugleichen[647]. Bei der Kontrolle der Hauptvergütung bleibt das Arbeitsrecht aber gerade nicht hinter dem Schutzniveau des allgemeinen Zivilrechts zurück. Vielmehr findet auch dort – wie bereits oben dargestellt[648] – eine Preiskontrolle prinzipiell nicht statt. Ließe man diese im Arbeitsrecht nun zu, wäre mit der Gesetzesänderung keine Angleichung, sondern eine Verschärfung der Vertragsinhaltskontrolle verbunden. Dies würde eine gravierende Neuerung für das Arbeitsrecht bedeuten,

---

643 Vgl. BT-Drs. 14/6587, S. 54: „Im Satz 3 der vorgeschlagenen Neufassung von § 310 Abs. 4 BGB-RE wird klargestellt, dass Tarifverträge, Betriebs- und Dienstvereinbarungen Rechtsvorschriften im Sinne § 307 Abs. 3 BGB-RE gleichstehen. Daraus folgt, dass auch Einzelarbeitsverträge, die Bezug auf einen Tarifvertrag nehmen, ohne dass eine beiderseitige Tarifbindung besteht oder die mit Kollektivverträgen übereinstimmenden und lediglich deren gesamten Inhalt wiedergeben, ebenfalls nicht der Inhaltskontrolle unterliegen, sondern nur am Transparenzgebot zu messen sind.“

644 So *Thüsing/Lambrich*, RdA 2002, 193 (196); *Gotthardt*, ZIP 2002, 277 (282), *Lieb*, FS Ulmer, 1231 (1243); *Henssler*, in: Dauner-Lieb/Konzen/Schmidt, Das neue Schuldrecht in der Praxis, 615 (638); *ders.*, RdA 2002, 129 (136); *ders.*/v.Westphalen, Praxis der Schuldrechtsreform, § 310 Rn. 31; *Singer*, RdA 2003, 194 (198); *Grobys*, DStR 2002, 1002 (1008); *Lingemann*, NZA 2002, 181 (189); *Hromadka*, NJW 2002, 2523 (2527); *Schlodder*, Der Arbeitsvertrag im neuen Schuldrecht, S. 214; *Lindemann*, Flexible Gestaltung von Arbeitsbedingungen nach der Schuldrechtsreform, S. 170.

645 So *Kittner*, Arbeitsrecht, § 15 Rn. 52; *Reinecke*, DB 2002, 583 (585).

646 *Schlodder*, Der Arbeitsvertrag im neuen Schuldrecht, S. 214; *Henssler*, in: Dauner-Lieb/Konzen/Schmidt, Das neue Schuldrecht in der Praxis, 615 (638); *ders.*, RdA 2002, 129 (136). Zur „mittelbaren Tarifzensur“ vergleiche schon 3. Teil A. VII. 1. b).

647 BT-Drs. 14/6587, S. 54.

648 Siehe 4. Teil B. I.

die der Gesetzgeber nicht einfach „nebenbei“ im Rahmen der AGB-Rechtsänderung hätte einführen können, ohne darüber auch nur ein Wort zu verlieren. Vielmehr hätte eine solche einschneidende Maßnahme einer klaren Stellungnahme des Gesetzgebers und einer eindeutigen Regelung – z.B. in der Form eines Verweises auf § 307 Abs. 2 BGB – bedurft[649]. Der Gesetzgeber ging aber selbst davon aus, dass mit der Integration des AGB-Gesetzes in das Bürgerliche Gesetzbuch „lediglich geringe Änderungen“ der bislang geltenden Vorschriften, jedoch keine „richtungsweisenden Änderungen“ verbunden seien[650], zu denen zweifellos eine AGB-rechtliche Entgeltkontrolle im Arbeitsrecht zählen würde. Im Rahmen des Gesetzgebungsverfahrens wurde klargestellt, dass preisbestimmende und leistungsbestimmende Klauseln nur dann der Inhaltskontrolle unterliegen sollen, wenn sie unklar und unverständlich sind[651]. In der Beschlussempfehlung des Rechtsausschusses heißt es dazu: „Leistungs- und Entgeltregelungen, die an sich nach § 307 Abs. 3 BGB von der AGB-Kontrolle ausgenommen sind, müssen dann der AGB-Kontrolle unterliegen, wenn sie intransparent sind“[652]. Aus diesen Äußerungen folgt eindeutig, dasss die Hauptleistungspflichten mit Ausnahme des Sonderfalls der Transparenzkontrolle nicht Gegenstand der AGB-Kontrolle sind[653].

6. Kollision mit dem Institut der Allgemeinverbindlicherklärung gemäß § 5 TVG

Würden Tarifverträge zum Maßstab der Angemessenheitskontrolle, so wären auch Außenseiter, also Arbeitgeber und Arbeitnehmer, die keiner Tarifbindung unterliegen, faktisch gezwungen, sich bei der Arbeitsvertragsgestaltung an den Tarifbedingungen zu orientieren. In der Wirkung käme dies somit einer Allgemeinverbindlicherklärung nach § 5 TVG gleich.

Fehlt es an einer mitgliedschaftlichen Legitimation der normsetzenden Gewalt der Tarifvertragsparteien, so bedarf es grundsätzlich eines staatlichen Rechtssetzungsakts, um die Wirkung der Tarifnormen auf Außenseiter auszudehnen[654]. § 5 TVG ist ein solcher staatliche Rechtssetzungsakt und stellt dabei hohe Anforderungen auf. Zunächst bedarf es eines speziellen sachlichen Grundes, der die Allgemeinverbindlicherklärung rechtfertigt. Dieser liegt, sieht man

---

[649] Darauf ebenfalls hinweisend: *Tschöpe*, DB 2002, 1830 (1833); *Lindemann*, Flexible Gestaltung von Arbeitsbedingungen nach der Schuldrechtsreform, S. 170; *Bayreuther*, RdA 2003, 81 (90) und auch *Reinecke*, DB 2002, 583 (585).
[650] So der Fraktionsentwurf von SPD/Bündnis 90-Grüne, BT-Drs. 14/6040, S. 153.
[651] So der Fraktionsentwurf von SPD/Bündnis 90-Grüne, BT-Drs. 14/6040, S. 154.
[652] BT-Drs. 14/7052, S. 188.
[653] So *Bayreuther*, RdA 2003, 81 (88).
[654] BVerfG v. 24.5.1977, BVerfGE 44, 322 (347).

einmal von der besonderen Situation des sozialen Notstands gemäß § 5 Abs. 1 S. 2 TVG ab, in einem öffentlichen Interesse nach § 5 Abs. 1 S. 1 Nr. 2 TVG[655]. Darüber hinaus ist die Einhaltung eines geregelten Verfahrens nötig. Bevor der zuständige Bundesminister einen Tarifvertrag für allgemeinverbindlich erklären kann, muss zunächst Einvernehmen mit einem aus Vertretern der Arbeitgeber- und Arbeitnehmerspitzenorganisationen bestehenden Ausschuss erzielt werden (§ 5 Abs. 1 S. 1 TVG). Des weiteren hat eine Beteiligung von staatlichen Behörden und potentiell Betroffenen zu erfolgen. Diese besonderen Anforderungen würden unterlaufen, wenn man über die AGB-Kontrolle eine „Quasi-Allgemeinverbindlichkeit" von Tarifverträgen erzeugen würde. § 5 TVG hätte kaum noch eine eigene praktische Relevanz[656].

Die Allgemeinverbindlicherklärung nach § 5 TVG bezieht sich jeweils nur auf einen einzigen, ganz konkreten Tarifvertrag. Die Angemessenheitskontrolle nach § 307 Abs. 1 und Abs. 2 BGB würde hingegen ohne jedes geordnete Verfahren sämtliche aktuellen und zukünftigen Tarifverträge zum Maßstab hervorheben. Es entstünde eine dynamische Verweisung auf den jeweils einschlägigen Tarifvertrag ohne Rücksicht auf dessen Inhalt. Damit hätte der Gesetzgeber nicht nur die Verantwortung für den Inhalt der privat veranlassten, eventuell grundrechtsbeschränkenden Wirkung[657] aus der Hand gegeben. Vielmehr wäre für niemanden vorab ersichtlich, welcher Tarifvertrag bzw. welche seiner Regelungen in einem späteren Einzelprozess dann tatsächlich auf Außenseiter erstreckt werden[658].

Somit bleibt festzuhalten, dass die Maßstabseigenschaft von Tarifverträgen zu einer Art Allgemeinverbindlicherklärung führen würde, welche die strengen Voraussetzungen des § 5 TVG unterliefe und die notwendige verfahrensrechtliche Legitimation vermissen ließe[659].

---

655 An das Vorliegen eines öffentlichen Interesses stellt die Rechtsprechung dabei hohe Anforderungen, vgl. dazu BVerfG v. 17.7.1980, AP Nr. 17 zu § 5 TVG.

656 *Lindemann*, Flexible Gestaltung von Arbeitsbedingungen nach der Schuldrechtsreform, S. 171.

657 Dazu sogleich 4. Teil B. III. 8.

658 So *Bayreuther*, RdA 2003, 81 (84). Zu den praktischen Problemen, die eine Maßstabseigenschaft von Tarifverträgen mit sich bringen würde siehe 4. Teil B. III. 3.

659 So *Reuter*, FS 50 Jahre BAG, 177 (194 f.); *Thüsing*, BB 2002, 2666 (2671); *Gotthardt*, ZIP 2002, 277 (282); *Lindemann*, Flexible Gestaltung von Arbeitsbedingungen nach der Schuldrechtsreform, S. 171; *Hromadka*, NJW 2002, 2513 (2527); *Bayreuther*, RdA 2003, 81 (84/90); Kroiß/*Fell*, Klauselbuch Schuldrecht, § 3 Rn. 108, betont ebenfalls die alleinige staatliche Kompetenz, Tarifverträge für allgemeinverbindlich zu erklären.

7. Richtlinienkonforme Auslegung

Die Verbrauchervertragsrichtlinie[660] spricht ebenfalls für eine enge Auslegung des § 307 Abs. 3 BGB und eine Beschränkung seiner Regelungswirkung auf die bezweckte Verhinderung einer sogenannten „mittelbaren Tarifzensur“[661]. Nach Art. 4 Abs. 2 der Verbrauchervertragsrichtlinie in Verbindung mit Randnummer 19 der Erwägungsgründe betrifft die Missbräuchlichkeit der Klausel, sofern sie klar und verständlich abgefasst ist, „weder den Hauptgegenstand des Vertrages noch die Angemessenheit zwischen dem Preis bzw. dem Entgelt und den Dienstleistungen bzw. dem Entgelt“. Zwar ermöglicht Art. 8 der Richtlinie den Mitgliedstaaten einen strengeren Verbraucherschutz einzuführen. Doch ist der Arbeitnehmer als solcher gerade kein Verbraucher im Sinne dieser Richtlinie[662]. Die richtlinienkonforme Auslegung des § 307 Abs. 3 BGB steht einer Vergütungskontrolle im Arbeitsrecht somit entgegen[663].

8. Verfassungsrechtliche Bedenken

Die mögliche Maßstabseigenschaft des Tarifvertrags im Rahmen der AGB-rechtlichen Inhaltskontrolle ist zudem problematisch mit Blick auf die negative Koalitionsfreiheit. In der Literatur wird für diesen Fall oftmals ohne nähere Betrachtung und Begründung ein Verstoß gegen Art. 9 Abs. 3 GG[664] konstatiert[665].

---

660 Richtlinie 93/13/EWG des Rates vom 5.4.1993 über missbräuchliche Klauseln in Verbraucherverträgen, ABlEG Nr. L 95 v. 21.4.1993, S. 29 ff.

661 Zur mit der Regelung des § 307 Abs. 3 BGB verfolgten gesetzgeberischen Intention, eine Kontrolle von tarifvertraglichen Regelungen über den Umweg einer einzelvertraglichen Bezugnahmeklausel zu verhindern, siehe 3. Teil A. VII. 1. b).

662 A.A. BAG v. 25.5.2005, DB 2005, 2136 ff. Vgl. dazu auch 3. Teil A. III.

663 *Lingemann*, NZA 2002, 181 (189).

664 Teilweise wird als Rechtsgrundlage für die negative Koalitionsfreiheit nicht der Art. 9 Abs. 3 GG, sondern der eine geringere Schutzintensität aufweisende Art. 2 Abs. 1 GG angenommen, vgl. z.B. *Zachert*, AR-Blattei SD 1650.1, Rn. 64; *Gamillscheg*, Die Differenzierung nach der Gewerkschaftszugehörigkeit, S. 59; *Biedenkopf*, Grenzen der Tarifautonomie. S. 44; *Säcker*, Grundprobleme der kollektiven Koalitionsfreiheit, S. 22 ff. Richtigerweise arbeitet jedoch z.B. *Ingelfinger*, Arbeitsgestaltung durch Betriebsnormen, S. 162 ff, heraus, dass weder eine bestimmte Rangfolge aus positiver und negativer Koalitionsfreiheit noch das Sozialstaatsprinzip und auch nicht die historische Entwicklung eine Verortung der negativen Koalitionsfreiheit im Art. 2 Abs. 1 GG rechtfertigen. Vielmehr ist der allgemeinen Grundrechtslehre zu folgen, nach der bei Freiheitsrechten allgemein zwischen dem positiven Recht zu Handeln und einer negativen Komponente unterschieden wird. Ein Rückgriff auf die allgemeine Handlungsfreiheit findet nicht statt. Demzufolge ist als Rechtsgrundlage für die negative Koalitionsfreiheit richtigerweise der Art. 9 Abs. 3 GG anzunehmen, ebenso: *Richardi*, ZfA 1970, 85 (90 f.), *Wiedemann*, TVG, Einl. Rn. 278; BVerfG v. 14.6.1983, BVerfGE 64, 208 (213 f.).

Die Prüfung der Angemessenheit von Arbeitsbedingungen am Tarifniveau hätte ohne Zweifel zur Folge, dass sich auch nicht tarifgebundene Arbeitgeber und Arbeitnehmer bei der Arbeitsvertragsgestaltung nach den tariflichen Vorgaben richten müssten, um der Gefahr einer gerichtlichen Unwirksamkeitsfeststellung zu entgehen. Über den Umweg der Angemessenheitskontrolle erhielten Tarifnormen damit eine faktische Geltung auch für Nichtmitglieder. Ein Verstoß gegen die negative Koalitionsfreiheit kann darin aber nur erblickt werden, wenn der Schutzbereich des Art. 9 Abs. 3 GG auch das Recht des einzelnen umfasst, den Auswirkungen tariflicher Normen entgehen zu können.

a) Eingriff in den Schutzbereich der negativen Koalitionsfreiheit durch Entgeltkontrolle am Tarifniveau

Die Literatur reduziert die negative Koalitionsfreiheit teilweise auf den Mitgliedsstatus. Erfasst sei einzig das Recht, sich keinem Verband anschließen bzw. aus ihm austreten zu müssen. Art. 9 Abs. 3 GG schütze aber nicht vor allen Lebensäußerungen der Koalitionen und vor jeder Fernwirkung ihrer kollektiven Interessenwahrung. Insbesondere sei Art. 9 Abs. 3 GG nicht zuständig für den Schutz vor fremdbestimmter Normierung. Nichtorganisierte haben zwar das Recht, den entsprechenden Verbänden fernzubleiben, aber kein Recht auf „negative Tarifgebundenheit“[666]. Begründet wird diese Ansicht damit, dass die Koalitionsbetätigung – verstanden als Freiheit gegenüber dem Staat – gerade auf dem positiven Zusammenschluss einzelner zu einer Koalition und der ihr übertragenen Befugnisse beruhe. Nicht die jeweiligen Mitglieder, sondern die Zusammenschlüsse seien deshalb Schutzobjekt der Betätigungsfreiheit des Art. 9 Abs. 3 GG. Können sich die Mitglieder somit nicht einzeln positiv betätigen, sondern benötigen hierfür den Zusammenschluss, so folge daraus im Umkehrschluss, dass Nichtmitglieder für sich nicht in Anspruch nehmen könnten, von derartigen Betätigungsergebnissen in vollem Umfang ausgeschlossen zu werden[667]. Demnach wäre die Verletzung der negativen Koalitionsfreiheit durch

---

665 Vgl. *Hromadka*, NJW 2002, 2523 (2527); *Berger-Delhey*, ZTR 2002, 66 (68); *Hadeler*, FA 2002, 66 (68); *Boudon*, ArbRB 2003, 150 (151); *Thüsing/Lambrich*, RdA 2002, 193 (196); *Lieb*, FS Ulmer, 1231 (1244); *Henssler*, RdA 2002, 129 (136); *Singer*, RdA 2003, 194 (198); *Bartz*, AuA 2002, 62 (65); *Grobys*, DStR 2002, 1002 (1008); *Henssler*, in: Dauner-Lieb/Konzen/Schmidt, Das neue Schuldrecht in der Praxis, 615 (638); Kroiß/*Fell*, Klauselbuch Schuldrecht, § 3 Rn. 108; *Diehn*, NZA 2004, 129 (135).

666 Siehe *Höfling*, in Sachs, GG, Art. 9 Rn. 65; MünchArbR/*Löwisch/Rieble*, § 244 Rn. 4 f.; ErfK/*Dieterich*, Art. 9 GG Rn. 34; *Wiedemann*, TVG, Einl. Rn. 278.

667 Vgl. *Wiedemann*, TVG, Einl. Rn. 278; *Biedenkopf*, Grenzen der Tarifautonomie, S. 100; *Ossenbühl*, Tarifautonomie und staatliche Gesetzgebung, S. 36 f. Siehe auch *Schubert*, RdA 2001, 202 f., die vertritt, dass aus der „Spiegelung“ der kollektiven Koalitionsfreiheit keine negative, individuelle Koalitionsfreiheit zu gewinnen sei.

eine Kontrolle von Außenseiterarbeitsverträgen am Tarifniveau von vorneherein ausgeschlossen.

Die Befürworter dieses engen Schutzbereichs stützen sich auf eine Rechtsprechung, die die negative Koalitionsfreiheit scheinbar auf ein bloßes Fernbleiberecht beschränkt[668]. So haben sowohl das BAG als auch das BVerfG entschieden, dass dem Außenseiter durch das negative Koalitionsgrundrecht nur garantiert werde, einer Koalition fernbleiben zu dürfen, nicht aber, von der Anwendung von Tarifnormen unberührt zu bleiben[669]. Die Gerichte sehen die negative Koalitionsfreiheit dann als verletzt an, wenn die nicht tarifgebundenen Arbeitnehmer sozialinadäquatem Druck ausgesetzt sind[670]. Das BVerfG erkennt in der Allgemeinverbindlicherklärung von Tarifverträgen durchaus eine Kollision zwischen Koalitionsbetätigung und negativer Koalitionsfreiheit. Die negative Koalitionsfreiheit sei aber nur verletzt, wenn von der Allgemeinverbindlicherklärung sozialinadäquater Druck auf die Außenseiter ausgehen würde, um einer größeren Einflussmöglichkeit willen Mitglied einer Tarifpartei zu werden[671]. Der Fokus der Rechtsprechung scheint also tatsächlich allein auf dem Zwang zur Mitgliedschaft zu liegen.

Gleichwohl ist die Rechtsprechung diesbezüglich nicht so eindeutig wie es auf den ersten Blick scheint[672]. Das BVerfG weist in seinen Entscheidungen ausdrücklich darauf hin, dass sich die durch Art. 9 Abs. 3 GG gewährleistete Normsetzungsbefugnis der Koalitionen grundsätzlich nur auf die Mitglieder der tarifvertragsschließenden Parteien erstreckt und eine Normerstreckung auf nicht tarifgebundene Arbeitnehmer nicht grundrechtlich gewährleistet sei[673]. Es stellt zudem fest, dass der Staat seine Normsetzungsbefugnis nicht in beliebigem Umfang außerstaatlichen Stellen überlassen und den Bürger schrankenlos der normsetzenden Gewalt autonomer Gremien ausliefern dürfe, die ihm gegenüber nicht demokratisch bzw. mitgliedschaftlich legitimiert seien[674]. Aus diesen Aussagen

---

[668] So *Schubert*, RdA 2001, 199, die dabei auf folgende Entscheidungen des Bundesverfassungsgerichts Bezug nimmt: BVerfG v. 20.7.1971, BVerfGE 31, 297 (302); BVerfG v. 24.5.1977, BVerfGE 44, 322 (342ff); BVerfG v. 1.3.1979, BVerfGE 50, 290 (367).

[669] BVerfG v. 20.7.1971, BVerfGE 31, 297 (302); BVerfG v. 24.5.1977, 44, 322 (342); BVerfG v. 15.7.1980, BVerfGE 55, 7 (23); BVerfG v. 14.6.1983, BVerfGE 64, 208 (215); BAG (GS) v. 29.11.1967, AP Nr. 13 zu Art. 9 GG.

[670] BAG (GS) v. 29.11.1967, AP Nr. 13 zu Art. 9 GG; BVerfG v. 19.10.1966, BVerfGE 20, 312 (323f); BVerfG v. 15.7.1980, BVerfGE 55, 7 (22).

[671] BVerfG v. 19.10.1966, BVerfGE 20, 312 (323f); BVerfG v. 15.7.1980, BVerfGE 55, 7 (22).

[672] Ebenso *Fritzsche*, Die Vereinbarkeit des Arbeitnehmer-Entsendegesetzes sowie der erfassten Tarifverträge mit höherrangigem Recht, S. 253.

[673] BVerfG v. 24.5.1977, BVerfGE 44, 322 (347 f.); siehe auch BVerfG v. 15.7.1980, BVerfGE 55, 7 (24); BVerfG v. 14.6.1983, BVerfGE 64, 208 (215).

[674] BVerfG v. 24.5.1977, BVerfGE 44, 322 (348); BVerfGE 33, 125 (158).

folgt, dass das Gericht in der negativen Koalitionsfreiheit nicht nur das Recht sieht, einer Koalition mitgliedschaftlich fernzubleiben, sondern auch das Recht, sich dem Wirkbereich der Koalitionen generell zu entziehen[675].

Dieser Ansatzpunkt lässt sich aufgreifen und argumentativ untermauern. Die unmittelbar mit der Mitgliedschaft verbundenen Belastungen sind nur gering und erschöpfen sich in der Regel in der Bezahlung des Mitgliedsbeitrages. Eine Begrenzung der negativen Koalitionsfreiheit auf ein reines Fernbleiberecht würde Art. 9 Abs. 3 GG diesbezüglich zu einem Grundrecht rein formalen Charakters ohne eigentliche Bedeutung verkommen lassen. Begreift man als entscheidendes Element der Koalitionszugehörigkeit die Tatsache, dass das Mitglied den Regeln des Tarifvertrags unterworfen wird, so scheint im Umkehrschluss gerade die Ausdehnung dieser wesentlichen Wirkung auf Außenseiter ein Eingriff in die negative Koalitionsfreiheit zu sein. Koalitionsfreiheit kann sich deshalb nicht lediglich darin erschöpfen, rechtsformal die Mitgliederstellung zu vermeiden. Ihr wesentlicher Sinn kann nur darin liegen, dass der einzelne sich der Machtsphäre des Verbandes entziehen darf. Dazu gehört dann unzweifelhaft auch das Recht, außerhalb des entsprechenden Rechtssetzungsbereichs zu verbleiben bzw. sich dem Einfluss des unmittelbaren Wirkbereichs der Koalitionen zu entziehen[676].

Etwas anderes folgt auch nicht aus dem Umstand, dass Schutzobjekt der positiven Koalitionsfreiheit grundsätzlich nur die Zusammenschlüsse sind. Zwar schützt die negative Koalitionsfreiheit verstanden als Individualgrundrecht nicht die Zusammenschlüsse selbst, jedoch wird diesen – sozusagen als Reflex – ebenfalls grundrechtlicher Schutz zu teil, indem die negative Koalitionsfreiheit dem Gesetzgeber verbietet, Arbeitgeber- oder Arbeitnehmerkoalitionen zu Zwangsverbänden umzugestalten[677]. Die Kritik an den unterschiedlichen Schutzobjekten von positiver und negativer Koalitionsfreiheit vermag deshalb nicht zu greifen[678].

---

675 So auch *Schüren*, RdA 1988, 138 (139 f.).

676 So *Ingelfinger*, Arbeitsgestaltung durch Betriebsnormen, S. 162/168; *Schlodder*, Der Arbeitsvertrag im neuen Schuldrecht, S. 215; *Schüren*, RdA 1988, 138 (139); *Schwarze*, Der Betriebsrat im Dienst der Tarifvertragsparteien, S. 195. Grundlegend dazu bereits: *Zöllner*, Rechtsnatur der Tarifnormen nach deutschem Recht, S. 22 f.; *Wiedemann*, RdA 1969, 321 (330); *Richardi*, Kollektivgewalt und Individualwille bei der Gestaltung des Arbeitsverhältnisses, S. 214 f.

677 *Ingelfinger*, Arbeitsgestaltung durch Betriebsnormen, S. 161 f.

678 Ebenso verhält es sich mit der dargestellten „Drucktheorie“ der Rechtsprechung. Ist zum einen schon fraglich, ob ein einzelner Arbeitnehmer tatsächlich diesen Beitrittsdruck empfindet, da er realistischerweise davon ausgehen wird, dass er allein keinen großen Einfluss auf die Tarifvertragsgestaltung hat, bietet sie auch keine geeigneten Kriterien, um eine sachlich-inhaltliche Begrenzung der tariflichen Regelungskompetenz vorzunehmen. Sie beschreibt letztlich nur die Schranken, die es einzuhalten gilt, um einen Verstoß gegen die negative Koalitionsfreiheit zu vermeiden. Aus diesen Schranken lassen sich aber keine

Die negative Koalitionsfreiheit umfasst folglich das Recht, den wesentlichen Wirkungen der Verbandsmitgliedschaft fernzubleiben, also keinen fremdbestimmten Regelungen einer Koalition unterworfen zu werden, zu deren Normadressaten man nicht gehört[679].

Würde der Gesetzgeber über den Verweis in § 310 Abs. 4 S. 3 BGB auf § 307 Abs. 3 BGB Tarifverträge zum Maßstab der arbeitsvertraglichen Angemessenheitskontrolle machen, so wäre es den tariflichen Außenseitern faktisch unmöglich, sich dem normsetzenden Wirkbereich der Tarifparteien zu entziehen. In diesem Fall wäre ein Eingriff in den Schutzbereich der negativen Koalitionsfreiheit folglich zu bejahen.

b) Keine verfassungsrechtliche Rechtfertigung

Art. 9 Abs. 3 GG gewährleistet sowohl die positive Koalitionsfreiheit als auch die negative Koalitionsfreiheit ohne einen Gesetzesvorbehalt. Diese vorbehaltlose Gewährleistung ist aber nicht einer schrankenlosen Gewährleistung gleichzusetzen. Aus der Einheit der Verfassung folgt nach allgemeiner Ansicht, dass Einschränkungen zum Schutz der Grundrechte Dritter oder anderer verfassungsrechtlich geschützter Rechtsgüter auch bei vorbehaltlos gewährleisteten Grundrechten möglich sind[680].

Rückschlüsse auf den Inhalt des Grundrechts ziehen, vgl. *May*, Die verfassungsmäßige Zulässigkeit der Bindung von Außenseitern durch Tarifverträge, S. 120 ff.; *Ingelfinger*, Arbeitsgestaltung durch Betriebsnormen, S. 179 f.

679 Ebenso *Ingelfinger*, Arbeitsgestaltung durch Betriebsnormen, S. 162/168; *Schüren*, RdA 1988, 138 (139); *Schlodder*, Der Arbeitsvertrag im neuen Schuldrecht, S. 215; *Schwarze*, Der Betriebsrat im Dienst der Tarifvertragsparteien, S. 195; Grundlegend dazu bereits: *Zöllner*, Die Rechtsnatur der Tarifnormen nach deutschem Recht, S. 22 f.; *Wiedemann*, RdA 1969, 321 (330); *Wagenitz*, Die personellen Grenzen der Tarifmacht, S. 44 f.; *Richardi*, Kollektivgewalt und Individualwille bei der Gestaltung des Arbeitsverhältnisses, S. 214 f.
Eine weite Auffassung vom Schutzbereich der negativen Koalitionsfreiheit ist aufgrund der relativ geringen Einflussnahmemöglichkeit des einzelnen Verbandsmitglieds auf die Tarifpolitik der Koalitionen schon aus ihrem „demokratisierenden“ Effekt heraus erstrebenswert. Ist die innerverbandliche Möglichkeit, auf die Verbandspolitik Einfluss zu nehmen, nur sehr gering, so verbleibt den Mitgliedern faktisch nur noch eine „Abstimmung mit den Füßen“, also ein Verbandsaustritt, um zu verdeutlichen, dass das Verbandsinteresse mit ihrem individuellen Interesse nicht mehr konform läuft, vgl. dazu *Schüren*, RdA 1988, 138 (142).

680 *Pieroth/Schlink*, Grundrechte Staatsrecht II, Rn. 756 ff.; Ingelfinger, Arbeitsgestaltung durch Betriebsnormen, S. 177 f.; *Schwarze*, Der Betriebsrat im Dienst der Tarifvertragsparteien, S. 196; BVerfG v. 1.8.1978, BVerfGE 49, 24 (56); BVerfG v. 24.4.1996, BVerfGE 94, 268 (284).

aa) Effektivität der Tarifautonomie und Sicherung der Funktionsfähigkeit der Koalitionen keine Rechtfertigungsgründe

Das BVerfG hält die Allgemeinverbindlicherklärung von Tarifnormen nach § 5 TVG für zulässig, weil dadurch der Kernbereich spezifisch koalitionsmäßiger Betätigung garantiert werde, indem das Vorrecht der Verbände gestärkt wird, die Arbeits- und Wirtschaftsbedingungen durch eigene Normsetzung zu wahren und zu fördern[681]. Hieraus könnte gefolgert werden, dass eine ähnliche Wirkungserstreckung der Tarifnormen auf Außenseiter durch die Richtlinienfunktion i.R.d. Angemessenheitskontrolle ebenfalls durch diese Effektivitätserwägungen gerechtfertigt ist. Allerdings knüpft das BVerfG die Zulässigkeit der Allgemeinverbindlicherklärung an enge Voraussetzungen wie die Mitwirkung der Koalitionen und das Vorliegen eines öffentlichen Interesses, welche es durch die Regelung des § 5 TVG gewahrt sieht[682].

Zwar erleichtert § 1 Abs. 3a AEntG die Möglichkeit Tarifnormen auf Außenseiter zu erstrecken. Doch auch bei dem Erlaß einer Rechtsverordnung nach § 1 Abs. 3a AEntG sind bestimmte Voraussetzungen einzuhalten. Eine Richtlinienfunktion des Tarifvertrags im Rahmen der AGB-rechtlichen Angemessenheitskontrolle wäre aber nicht an derartige verfahrenstechnische und materielle Voraussetzungen geknüpft. Der angedachte Rückschluss entbehrt also jeglicher Grundlage und kann nicht gezogen werden.

Teilweise wird angenommen, dass die Koalitionen nur funktionsfähig seien, wenn ihnen gegenüber dem Individuum grundsätzlich der Vorrang eingeräumt würde und der einzelne seine Rechte an den Belangen und Interessen der Allgemeinheit ausrichten müsste[683]. Ohne eine Erstreckung der tariflichen Regelungsmacht sei eine Zerstörung der Tarifautonomie zu befürchten, da eine sinnvolle Ordnung des Arbeitslebens allein auf der Grundlage der Koalitionsmitglieder nicht möglich sei. Eine Unterbindung der Außenwirkung auf Nichtorganisierte würde eine ernsthafte Bedrohung der Tarifautonomie darstellen[684]. Deshalb wird pauschal von einem Vorrang der Koalitionsbetätigungsfreiheit gegenüber der negativen Koalitionsfreiheit ausgegangen[685]. Ein derartiger genereller

---

681 BVerfG v. 24.5.1977, BVerfGE 44, 322 (352).

682 BVerfG v. 24.5.1977, BVerfGE 44, 322 (344 ff.).

683 So *Wagenitz*, Die personellen Grenzen der Tarifmacht, S. 48.

684 *Gamillscheg*, Die Differenzierung nach der Gewerkschaftszugehörigkeit, S. 95.

685 So z.B. *Wiedemann*, TVG, Einl. Rn. 72, der zur Begründung anführt, dass die Gestaltung des sozialen Bereichs den Koalitionen durch Art. 9 Abs. 3 GG positiv verbürgt sei und damit notwendigerweise eine Einwirkung auf die nicht tarifgebundenen Arbeitnehmer und Arbeitgeber einhergehe.
Des weiteren wird auch die Ordnungsfunktion des Tarifvertragssystem für den Vorrang der Koalitionsbetätigungsfreiheit herangezogen, vgl. BVerfG v. 24.5.1977, 44, 322 (340 f.); BVerfG v. 1.3.1979, BVerfGE 50, 290 (367 f.); *Gamillscheg*, Die Differenzierung

Vorrang der Koalitionsbetätigungsfreiheit widerspricht jedoch dem Prinzip der Einheit der Verfassung und wird dem Stellenwert der negativen Koalitionsfreiheit im Rahmen des Tarifsystems und in der grundgesetzlichen Ordnung nicht gerecht. Die Koalitionsbetätigungsfreiheit darf gegenüber der negativen Koalitionsfreiheit nicht prinizipiell höher bewertet werden. Der Funktionsfähigkeit der Koalitionen ist vielmehr im Rahmen der Abwägung Rechnung zu tragen[686]. Dabei ist jedoch nicht ersichtlich, wie eine fehlende Vergleichsmaßstabseigenschaft im Rahmen der AGB-Kontrolle die Funktionsfähigkeit oder gar Existenz der Koalitionen gefährden sollte.

Die Effektivität der Tarifautonomie und die Funktionsfähigkeit der Koalitionen stellen keine Rechtsfertigungsgründe für die Annahme einer Maßstabseigenschaft des Tarifvertrags im Rahmen der AGB-Kontrolle dar.

bb) Keine rechtfertigenden Gründe des Allgemeinwohls

Ebenso wenig gibt es einen Grund des Allgemeinwohls, der die vorliegende Verletzung der negativen Koalitionsfreiheit zu rechtfertigen vermag. Das BVerfG hat zwar zum Beispiel im Zusammenhang mit Lohnabstandsklauseln und dem § 10 BUrlG einen Eingriff in die Koalitionsfreiheit mit dem Zweck der Bekämpfung der Massenarbeitslosigkeit gerechtfertigt[687]. Jedoch ist kaum ersichtlich, wie die AGB-Kontrolle am Maßstab des Tarifvertrags zum Abbau der Arbeitslosigkeit beitragen soll[688]. Im Gegenteil ist zu bedenken, dass eine erzwungene Ausrichtung des Außenseiterarbeitsvertrags am Tarifniveau zur Ausschaltung des Wettbewerbsfaktors der nicht tarifgebundenen Arbeitnehmer auf dem Arbeitsmarkt führen könnte. Ihnen würde die Möglichkeit genommen, sich durch untertarifliche Lohnforderungen auf dem Arbeitsmarkt interessant zu machen[689]. Somit scheidet eine Rechtfertigung unter beschäftigungspolitischen Gesichtspunkten aus.

Eventuell könnte der mit den Regelungen über die AGB-Kontrolle verfolgte Zweck des Ausgleichs gestörter Vertragsparität den gegebenen Eingriff rechtfertigen. So trifft den Richter eine Pflicht zur Inhaltskontrolle von Verträgen, die einen der beiden Vertragspartner ungewöhnlich stark belasten und das Ergebnis strukturell ungleicher Verhandlungsstärke sind. Das AGB-Recht soll u.a. die

---

nach der Gewerkschaftszugehörigkeit, S. 97; *Wonneberger*, Die Funktion der Allgemeinverbindlicherklärung von Tarifverträgen, S. 60 f.

686 *Ingelfinger*, Arbeitsgestaltung durch Betriebsnormen, S. 181. Ebenfalls für eine prinzipielle Gleichrangigkeit beider Grundrechte: *Dietlein*, AuR 1970, 200 (203).

687 BVerfG v. 27.4.1999, BVerfGE 100, 271; BVerfG v. 3.4.2001, BVerfGE 103, 293,

688 So *Bayreuther*, RdA 2003, 81 (83).

689 *Ingelfinger*, Arbeitsgestaltung durch Betriebsnormen, S. 190; *Annuß*, BB 2002, 458 (460); *Joost*, FS Ulmer, 1199 (1208).

Vertragsgerechtigkeit durch Schutz des gegenüber dem Verwender typischerweise unterlegenen Vertragspartners sichern[690]. Daraus ergibt sich aber nur, dass Allgemeine Geschäftsbedingungen überhaupt einer Inhaltskontrolle zu unterziehen sind, nicht jedoch, dass dabei Tarifverträge als Maßstab zu dienen haben. Die Verfassung verweist die Parteien eines Arbeitsvertrages zum Ausgleich gestörter Vertragsparität zunächst auf den Weg der Organisation in Verbänden, also auf den Weg der unmittelbaren Tarifgeltung. Will der Staat tarifvertragliche Regelungen auf Außenseiter erstrecken, muss er auf das ausdifferenzierte Mittel der Allgemeinverbindlicherklärung mit ihren formellen und materiellen Voraussetzungen zurückgreifen[691]. Um einen Zirkelschluss zu vermeiden, darf zudem aus dem verfolgten Zweck nicht auf die Zulässigkeit der Mittel geschlossen werden. Insofern scheidet eine Rechtfertigung auch unter diesem Gesichtspunkt aus.

cc) Zwischenfazit

Der bei der Annahme einer Maßstabseigenschaft des Tarifvertrags im Rahmen der AGB-rechtlichen Inhaltskontrolle herbeigeführte Eingriff in die negative Koalitionsfreiheit ließe sich nicht rechtfertigen[692].

c) Zwischenfazit

Verstünde man den Verweis des § 310 Abs. 4 S. 3 BGB auf § 307 Abs. 3 BGB dergestalt, dass er den Tarifvertrag zum Vergleichsmaßstab im Rahmen der Inhaltskontrolle macht, würde dies zu einer Verletzung der negativen Koalitionsfreiheit des Art. 9 Abs. 3 GG führen[693]. Eine solche Ansicht begegnet also fundierten verfassungsrechtlichen Bedenken[694].

---

690 *Bayreuther*, RdA 2003, 81 (83).

691 *Bayreuther*, RdA 2003, 81 (83 f.). Zu der Gefahr des „Unterlaufens" der Voraussetzungen der Allgemeinverbindlicherklärung nach § 5 TVG siehe 4. Teil B. III. 6.

692 Auch der Gleichbehandlungsgrundsatz des Art. 3 GG führt zu keinem anderen Ergebnis. So ergibt sich aus ihm keine Verpflichtung zur Gleichbehandlung nicht tarifgebundener und tarifgebundener Arbeitnehmer, vgl. *Hromadka*, NJW 2002, 2523 (2527); BAG v. 20.7.1960, AP Nr. 7 zu § 4 TVG.

693 Ebenso *Annuß*, BB 2002, 458 (460); *Lingemann*, NZA 2002, 181 (189); *Hromadka*, NJW 2002, 2523 (2527); *Berger-Delhey*, ZTR 2002, 66 (68); *Hadeler*, FA 2002, 66 (68); *Joost*, FS Ulmer, 1199 (1208); *Boudon*, ArbRB 2003, 150 (151); *Thüsing/Lambrich*, RdA 2002, 193 (196); *Lieb*, FS Ulmer, 1231 (1244); *Henssler*, RdA 2002, 129 (136); *ders.*, in: Dauner-Lieb/Konzen/Schmidt, Das neue Schuldrecht in der Praxis, 615 (638); *Singer*, RdA 2003, 194 (198); *Bartz*, AuA 2002, 62 (65); *Grobys*, DStR 2002, 1002 (1008); *Reichold*, ZTR 2002, 202 (206); *Tschöpe*, DB 2002, 1830 (1833); *Schlodder*, Der Arbeitsvertrag im

9. Fazit

Die schlichte Behauptung, das generelle Absehen von einer Preiskontrolle gelte nach der Schuldrechtsreform im Arbeitsrecht nicht mehr, da über § 310 Abs. 4 S. 3 BGB i.V.m. § 307 Abs. 3 BGB nun mit Tarifverträgen ein tauglicher Kontrollmaßstab vorliege[695], greift zu kurz. Die vorstehenden Ausführungen zeigen auf, dass dieser Ansicht ein ganzes Füllhorn an Gründen und Bedenken entgegensteht. Mag eine Entgeltkontrolle am Tarifniveau auch für sinnvoll gehalten werden[696], so dürfen die Befürworter einer solchen Entgeltkontrolle die bestehende Rechtslage nicht außer acht lassen. Auch zukünftig wird deshalb im Arbeitsrecht keine Entgeltkontrolle nach den Vorschriften des AGB-Rechts am Maßstab des Tarifvertrags erfolgen dürfen. Allein maßgebend bleiben vielmehr § 138 BGB, § 134 BGB, die Sonderregelung des § 10 BBiG und das Deliktsrecht in Form von § 823 Abs. 2 BGB i.V.m. § 291 StGB und § 826 BGB[697].

C. Angemessenheitskontrolle gemäß § 307 BGB

Mit der Frage nach dem Inhalt der arbeitsrechtlichen Besonderheiten im Sinne von § 310 Abs. 4 S. 2 BGB und der Problematik einer möglichen am Tarifniveau orientierten Entgeltkontrolle wurden zunächst zwei arbeitsrechtliche Spezifika der AGB-Kontrolle betrachtet. Nunmehr gilt es, sich der generellen Angemessenheitskontrolle gemäß § 307 BGB und ihrer Bedeutung für das Arbeitsrecht zu nähern.

§ 307 BGB fällt gegenüber den speziellen Klauselverboten der §§ 308, 309 BGB die Rolle eines Auffangtatbestandes zu. In § 307 Abs. 1 S. 1 BGB findet

---

neuen Schuldrecht, S. 215; *Lindemann*, Flexible Gestaltung von Arbeitsbedingungen nach der Schuldrechtsreform, S. 170; Kroiß/*Fell*, Klauselbuch Schuldrecht, § 3 Rn. 108; *Eckert/Wallstein*, Das neue Arbeitsvertragsrecht, S. 175 f.

694 Neben der Verletzung der negativen Koalitionsfreiheit aus Art. 9 Abs. 3 GG wird auch noch ein Verstoß gegen die Berufsfreiheit gem. Art. 12 Abs. 1 GG und die Arbeitsvertragsfreiheit nach Art. 2 und 12 GG gerügt, vgl. *Thüsing*, BB 2002, 2666 (2671); *Thüsing/Lambrich*, RdA 2002, 193 (196); *Bayreuther*, RdA 2003, 81 (83); *Grobys*, DStR 2002, 1005 (1008).

695 *Däubler*, NZA 2001, 1329 (1334 f.); *Lakies*, NZA-RR 2002, 337 (344).

696 *Lakies*, NZA-RR 2002, 337 (339), verweist beispielsweise darauf, dass die von Deutschland ratifizierte Europäische Sozialcharta in Art. 4 das Recht auf ein gerechtes Arbeitsentgelt anerkennt. Zudem sei eine staatliche Zurückhaltung nur plausibel, solange der strukturell unterlegene Vertragspartner ausreichend durch das Tarifvertragssystem geschützt sei. Aufgrund der faktisch zurückgehenden Tarifbindung sei dies jedoch nunmehr zweifelhaft.

697 So auch *Reichold*, ZTR 2002, 202 (206); *Tschöpe*, DB 2002, 1830 (1834); *Bayreuther*, RdA 2003, 81 (90); *Schlodder*, Der Arbeitsvertrag im neuen Schuldrecht, S. 215.

sich die Generalklausel, nach der eine Vertragsklausel unwirksam ist, falls sie den Vertragspartner des Verwenders entgegen den Geboten von Treu und Glauben unangemessen benachteiliget. Diese Generalklausel wird durch die – vorrangig zu prüfenden – Regelvermutungen des § 307 Abs. 2 BGB konkretisiert. Danach ist eine unangemessene Benachteiligung im Zweifel dann gegeben, wenn die fragliche Regelung mit den wesentlichen Grundgedanken der gesetzlichen Regelung, von der sie abweicht, nicht zu vereinbaren ist (§ 307 Abs. 2 Nr. 1 BGB) oder wenn die beanstandete Klausel die sich aus der Natur des Vertrages ergebenden wesentlichen Rechte und Pflichten derart einschränkt, dass die Erreichung des Vertragszwecks gefährdet ist (§ 307 Abs. 2 Nr. 2 BGB). Einen weiteren Sonderfall stellt das in § 307 Abs. 1 S. 2 BGB normierte Transparenzgebot dar, wonach sich eine unangemessene Benachteiligung auch daraus ergeben kann, dass eine Bestimmung nicht klar und verständlich ist.

I. Transparenzgebot gem. § 307 Abs. 1 S. 2 BGB

1. Allgemein

Das nunmehr in § 307 Abs. 1 S. 2 BGB ausdrücklich gesetzlich normierte Transparenzgebot gründet sich auf eine langjährige ständige Rechtsprechung[698] und bringt demnach für das AGB-Recht inhaltlich keine Änderung mit sich. Auch bisher vertrat der BGH bereits den Standpunkt, dass die Grundsätze von Treu und Glauben den Verwender Allgemeiner Geschäftsbedingungen verpflichten, die Rechte und Pflichten der Vertragsparteien eindeutig und verständlich zu formulieren[699]. Die Aufnahme in den Gesetzestext erfolgte in Umsetzung des Art. 5 S. 1 der Richtlinie 93/13/EWG, der bestimmt, dass Klauseln in Verbraucherverträgen klar und verständlich abgefasst werden müssen[700].

---

[698] Vgl. nur BGH v. 19.10.1999, NJW 2000, 651; BGH v. 12.6.2001, NJW 2001, 2635; BAG v. 26.5.1993, NJW 1994, 213.

[699] BGH v. 19.10.1999, NJW 2000, 651.

[700] Art. 5 S. 1 der Richtlinie lautet: „Sind alle dem Verbraucher in Verträgen unterbreiteten Klauseln oder einige dieser Klauseln schriftlich niedergelegt, so müssen sie stets klar und verständlich abgefasst sein."
Die nationalstaatliche Normierung erfolgte letztlich erst aufgrund einer Entscheidung des EuGH. Dieser forderte in einem Verfahren gegen die Niederlande eine ausdrückliche Umsetzung und stellte klar, dass dafür eine richtlinienkonforme Anwendung nationalen Rechts allein durch die Auslegung der Gerichte nicht genüge, vgl. EuGH v. 10.5.2001, NJW 2001, 2244.

Das Transparenzgebot ist Bestandteil der Angemessenheitskontrolle[701] und verpflichtet den Verwender von AGB, die sich aus dem Vertrag ergebenden Rechte und Pflichten möglichst klar und durchschaubar darzustellen. Das bedeutet nicht nur, dass eine Klausel in ihrer Formulierung verständlich sein soll, sondern auch, dass sie die mit ihr verbundenen wirtschaftlichen Nachteile und Belastungen so weit wie möglich verdeutlichen muss[702]. Mit dem Täuschungsverbot, dem Bestimmtheitsgebot und dem Verständlichkeitsgebot lassen sich verschiedene Einzelausprägungen des Transparenzgebots ausmachen[703]. Ob eine hinreichende Transparenz der AGB-Bestimmungen gegeben ist, richtet sich nach der Verständnismöglichkeit des typischerweise bei Verträgen der geregelten Art zu erwartenden Durchschnittskunden[704]. Eine bloße Unklarheit begründet noch nicht die Unwirksamkeit der entsprechenden Klausel. Vielmehr muss zu der Intransparenz noch die Gefahr einer inhaltlichen Benachteiligung des anderen Teils hinzutreten, was in der Regel aber unproblematisch der Fall sein dürfte[705]. Zudem dürfen die Anforderungen an eine transparente Vertragsgestaltung nicht überspannt werden[706]. Auslegungsbedürftigkeit bedeutet noch nicht zugleich Intransparenz[707] und das Transparenzgebot begründet auch keine allgemeine Rechtsbelehrungspflicht, die den Verwender praktisch zwingt, seine AGB

---

701 ErfK/*Preis*, §§ 305–310 BGB Rn. 44; *Gotthardt*, ZIP 2002, 277 (286).
Weick, JZ 2002, 442 (444), kritisiert diese Einordnung des Transparenzgebots in den Kontext der Angemessenheitskontrolle unter Hinweis auf die parallele Regelung zu überraschenden Klauseln in § 305c BGB. So sei die Verwerfung obskurer und undurchsichtiger Vertragstexte eigentlich keine Inhaltskontrolle, denn es gehe nicht darum, den Inhalt hinsichtlich des fairen Interessenausgleichs zwischen den Vertragsparteien zu bewerten, sondern darum, den anderen Vertragsteil nicht unklaren und unverständlichen Vertragsklauseln des Verwenders zu unterwerfen. Dies hätte sich seiner Meinung nach einleuchtender im Zusammenhang mit der Problematik lösen lassen, was Vertragsinhalt wird.

702 Palandt/*Heinrichs*, § 307 Rn. 17; Erman/*S.Roloff*, § 307 Rn. 20; BGH v. 12.6.2001, NJW 2001, 2635.

703 Palandt/*Heinrichs*, § 307 Rn. 21 ff.; Kroiß/*Fell*, Klauselbuch Schuldrecht, § 3 Rn. 66; *Hromodka*, NJW 2002, 2523 (2529).

704 Erman/*S.Roloff*, § 307 Rn. 21; Palandt/*Heinrichs*, § 307 Rn. 19, stellt auf den „aufmerksamen und sorgfältigen Teilnehmer am Wirtschaftsverkehr“ ab; ebenso *Hennrichs*, in: Dauner-Lieb/Heidel/Lepa/Ring, Das neue Schuldrecht in der anwaltlichen Praxis, § 6 Rn. 31.

705 Erman/*S.Roloff*, § 307 Rn. 22; Palandt/*Heinrichs*, § 307 Rn. 20, begründet dies mit dem Wortlaut des § 307 Abs. 3 S. 2 BGB, der neben § 307 Abs. 1 S. 2 BGB auch ausdrücklich § 307 Abs. 1 S. 1 BGB in Bezug nimmt und dadurch verdeutliche, dass nur eine kombinierte Anwendung beider Vorschriften die Klausel unwirksam machen könne. A.A.: *Hennrichs*, in: Dauner-Lieb/Heidel/Lepa/Ring, Das neue Schuldrecht in der anwaltlichen Praxis, § 6 Rn. 32: „Intransparente Klauseln sind gem. § 307 Abs. 1 S. 2 i.V.m. S. 1 per se, d.h. allein wegen ihrer Intransparenz unwirksam.“; BGH v. 5.11.1998, BGHZ 140, 25 (31).

706 ErfK/*Preis*, §§ 305–310 BGB Rn. 44; Palandt/*Heinrichs*, § 307 Rn.20; *Hennrichs*, in: Das neue Schuldrecht in der anwaltlichen Praxis, § 6 Rn. 31.

707 BGH v. 17.12.1998, NJW 1999, 942.

gleichsam mit einem Kommentar zu versehen[708]. Aus § 307 Abs. 3 S. 2 BGB folgt, dass das Transparenzgebot auch Geltung für die ansonsten von der Inhaltskontrolle ausgenommenen preis- und leistungsbeschreibenden sowie deklaratorischen Klauseln beansprucht[709].

2. Bedeutung für den arbeitsvertraglichen Bereich

Das Transparenzgebot hatte im Arbeitsrecht schon vor der teilweisen Aufhebung der AGB-rechtlichen Bereichsausnahme Bedeutung. Im Zusammenhang mit auflösenden Bedingungen befand das BAG, dass diese hinreichend bestimmt ausgestaltet sein müssen[710]. Ebenso unterwarf es Regelungen über freiwillige Sonderzuwendungen dem Transparenzgebot. Es stellte fest, dass eine Verpflichtung zur Rückzahlung von Gratifikationen „ausdrücklich und eindeutig sowie für den Arbeitnehmer überschaubar und klar geregelt werden muss"[711].

Aufgrund dieser bereits bestehenden Rechtspraxis im Arbeitsrecht wird teilweise geschlussfolgert, dass die nunmehr ausdrückliche Anwendbarkeit des in § 307 Abs. 2 S. 2 BGB verankerten Transparenzgebotes auf Arbeitsverträge keinerlei materiellrechtlichen Änderungen mit sich bringe, also in Zukunft keine strengeren Anforderungen an die Transparenz der Arbeitsverträge gestellt würden als schon bisher[712]. Dem ist aber skeptisch entgegenzuhalten, dass die ausdrückliche Aufnahme des Transparenzgebotes in den Gesetzestext bei gleichzeitiger Aufgabe der arbeitsrechtlichen Bereichsausnahme trotz bestehender Ansätze in der BAG-Rechtsprechung eher ein Indiz für eine Verschärfung der Transparenzkontrolle von Arbeitsverträgen darstellt[713].

In den folgenden beispielhaften arbeitsvertraglichen Regelungssituationen kann die Transparenz und damit die Möglichkeit des typischen Durchschnittsarbeitnehmers eingeschränkt sein, eine für ihn etwa bestehende nachteilige Wirkung einer Klausel ohne Einholung von Rechtsrat zu erkennen[714].

---

[708] ErfK/*Preis*, §§ 305–310 BGB Rn. 44; Palandt/*Heinrichs*, § 307 Rn.18; Ermann/*S.Roloff*, § 307 Rn. 22.

[709] So früher beispielsweise auch schon OLG Köln v. 23.8.2000, ZIP 2000, 1836. Zur Kritik zum missverständlichen Wortlaut und der unsauberen Verweisungstechnik des § 307 Abs. 3 S. 2 BGB vgl. *Weick*, JZ 2002, 442 (444).

[710] BAG v. 27.10.1988, NZA 1989, 643.

[711] Vgl. BAG v. 14.6.1996, AP Nr. 176 zu § 611 BGB Gratifikation; BAG v.26.6.1975, AP Nr. 86 zu § 611 BGB Gratifikation.

[712] So *Berger-Delhey*, ZTR 2002, 66 (68); *Lingemann*, NZA 2002, 181 (187); in dieser Tendenz auch *Thüsing*, BB 2002, 2666 (2672).

[713] Ebenso *Reichold*, ZTR 2002, 202 (205); *ders.*, RdA 2002, 321 (332); *Hadeler*, FA 2002, 66 (69); Kroiß/*Fell*, Klauselbuch Schuldrecht, § 3 Rn. 68.

[714] Für das allgemeine Zivilrecht: BGH v. 19.10.1999, NJW 2000, 651.

Eine Verletzung des *Verständlichkeitsgebots* steht dann zu befürchten, wenn ein verwirrendes Nebeneinander von diversen, sich auf das Arbeitsverhältnis beziehenden Regelungen vorherrscht. Ergeben sich die konkreten Rechte und Pflichten des Arbeitnehmers aus einem komplizierten Zusammenspiel von Arbeitsvertrag, allgemeiner Arbeitsordnung und ergänzenden Abreden statt aus einem einzelnen überschaubaren Vertragswerk, mag es dem durchschnittlichen Arbeitnehmer unter Umständen unmöglich sein, diese aus eigenen Kräften zu erkennen. Diese Gefahr erhöht sich, falls die entsprechenden Vereinbarungen zusätzlich noch durch ein „umständliches Juristendeutsch" geprägt sind[715]. Das Übernehmen von unbestimmten Rechtsbegriffen der Rechts- und Tarifsprache – wie der „wichtige Grund" – in den Vertragstext ist allerdings nicht zu beanstanden[716].

Das *Bestimmtheitsgebot* wird vorrangig durch die formularmäßige Vereinbarung von einseitigen Leistungsbestimmungrechten des Arbeitgebers berührt, deren Reichweite für den Arbeitnehmer bei Vertragsschluss nicht erkennbar sind[717]. Einseitige Bestimmungsrechte sind im Arbeitsrecht sowohl auf der Leistungs- als auch auf der Gegenleistungsseite von großer Bedeutung. Bei der Tätigkeit spielen z.B. *Versetzungsklauseln* und beim Entgelt *Änderungs- und Widerrufsvorbehalte* eine Rolle[718]. Das Transparenzgebot verlangt die möglichst genaue Angabe der Voraussetzungen, unter denen das Leistungsbestimmungsrecht ausgeübt werden kann[719]. Ist die Aufnahme aller in Frage kommenden Gründe in den Vertragstext mangels Vorhersehbarkeit nicht möglich – zumal die Transparenz wohl auch durch eine derartige „Endlosliste" beeinträchtigt würde –, so ist etwa die Anführung eines Beispiels für eine bestimmte Kategorie von Änderungsgründen angebracht, die eine zukünftige einseitige Vertragsanpassung rechtfertigen sollen, um dem Arbeitnehmer eine gewisse Orientierung zu

715 Kroiß/*Fell*, Klauselbuch Schuldrecht, § 3 Rn. 66; *Reichold*, ZTR 2002, 202 (205).

716 Zum allgemeinen Zivilrecht: BGH v. 2.2.1994, NJW 1994, 1004.

717 Nach BGH v. 19.10.1999, NJW 2000, 651, kann das Bestimmtheitsgebot verletzt sein, wenn für die Leistungsbestimmungsrecht nicht Anlass, Umfang und Grenzen festgelegt werden.

718 *Hromodka*, NJW 2002, 2523 (2529); *Vogel/Kümmel*, BWGZ 2002, 706 (707); Kroiß/*Fell*, Klauselbuch Schuldrecht, § 3 Rn. 66. Nach BAG v. 11.4.2006, BB 2006, 2194, verstößt eine formularmäßige Versetzungsklausel nicht allein deshalb gegen das Transparenzgebot, weil keine konkreten Versetzungsgründe genannt sind.

719 *Bayreuther*, NZA 2006 Beilage 1, 3 (12), hält bei einer Versetzungsklausel die Darstellung der Ausübungsgründe nicht für geboten. Der Arbeitnehmer müsse nur erkennen können, in welchem Maß sich sein Tätigkeitsbereich verändern könnte. In diesem Zusammenhang empfehlen *Gaul/Bonanni*, NZA 2006, 289 (293), in der vertraglichen Regelung selbst die räumlichen, hierarchischen und gegebenenfalls bereichsbezogenen Einsatzmöglichkeiten des Arbeitnehmers deutlich zu beschreiben.

bieten[720]. Das BAG hat eine Klausel verworfen, nach der Leistungen „jederzeit unbeschränkt“ widerruflich waren, weil sich aus der Regelung selbst nicht ergab, dass der Widerruf nicht ohne Grund erfolgen darf[721]. Die Anforderungen an einen wirksamen *Anrechnungsvorbehalt* sind geringer. Der Anrechnungsvorbehalt gibt dem Arbeitgeber das Recht, eine gewährte Zulage bei einer Erhöhung des Tarifentgelts zu kürzen. Eine Anrechnung erfolgt maximal im Umfang der Anhebung der tariflichen Vergütung. Deshalb führt die Anrechnung im Gegensatz zum Widerruf nicht zu einer Kürzung des Gesamtbruttoverdienstes. Das BAG hält einen Anrechnungsvorbehalt wegen der geringeren Eingriffsintensität daher auch dann für wirksam, wenn die Anrechnungsgründe nicht näher bestimmt sind[722].

Das Bestimmtheitsgebot ist ferner bei einem *Rücktrittsvorbehalt* in einem Vorvertrag zu beachten. Das BAG verlangt eine derart konkrete Angabe von Befreiungs- bzw. Rücktrittsgründen, dass der Durchschnittsarbeitnehmer ohne Schwierigkeiten feststellen kann, wann sich die andere Seite vom Vertrag lösen darf[723].

Im Zusammenhang mit einseitigen Leistungsbestimmungsrechten zeigt sich die Kollision des Arbeitnehmerinteresses an einer zweifelsfreien Kenntnis der gegenwärtigen, aber auch zukünftigen Arbeitsbedingungen mit dem durchaus berechtigten Arbeitgeberbedürfnis nach möglichen Flexibilisierungen. Dieses folgt aus der im Regelfall langen Laufzeit des Arbeitsverhältnisses, verbunden mit zum Zeitpunkt des Vertragsschlusses oftmals nicht voraussehbaren Änderungen der tatsächlichen Verhältnisse. Diese diametralen Interessen sind in einen angemessenen Ausgleich zu bringen[724].

---

720 *Hanau/Hromadka*, NZA 2005, 73 (75); *Moderegger*, ArbRB 2002, 210 (211); *Lindemann*, Flexible Gestaltung von Arbeitsbedingungen nach der Schuldrechtsreform, S. 183 ff.; *Stück*, DB 2006, 782; *v. Steinau-Steinrück/Oelkers*, NJW 2005, 321; *Maties*, DB 2005, 2689 (2692); *Bergwitz*, AuR 2005, 210 (216); *Schimmelpfennig*, NZA 2005, 603 (607); *Seel*, MDR 2005, 724; *Mückl*, Jura 2005, 688 (690); *Thüsing/Mengel*, Flexibilisierung von Arbeitsbedingungen und Entgelt, S. 25.

721 BAG v. 12.1.2005, NZA 2005, 465 (468); vgl.auch LAG Hamm v. 11.5.2004, NZA-RR 2004, 515 (518).

722 BAG v. 1.3.2006, BB 2006, 1282.

723 BAG v. 27.7.2005, DB 2005, 2823 (2824).

724 In diesem Zusammenhang stellt sich insbesondere die Frage nach der Anwendbarkeit des § 308 Nr. 4 BGB auf vorformulierte Widerrufsklauseln in Arbeitsverträgen. Das BAG v. 12.1.2005, NZA 2005, 465 und das LAG Hamm v. 11.5.2004, NZA-RR 2004, 515 bejahen eine entsprechende Anwendbarkeit des § 308 Nr. 4 BGB. Das LAG Hamm verweist dabei darauf, dass § 308 Nr. 4 BGB für Verträge jeder Art, also auch für Dauerschuldverhältnisse gelte. Das LAG Berlin v. 30.3.2004, NZA-RR 2005, 20 will hingegen die gerichtliche Kontrolle derartiger Widerrufsklauseln auch weiterhin auf eine reine Ausübungskontrolle beschränken. *Hanau/Hromadka*, NZA 2005, 73 (75), wollen entsprechende Widerrufsklauseln an der Generalklausel des § 307 BGB, aber nicht an § 308 Nr. 4 BGB messen. Die Regelung des § 308 Nr. 4 BGB sei auf Warenlieferungen und Werk-

Auch *Mehrarbeitsklauseln* sind hinsichtlich des Bestimmtheitsgebots kritisch zu begutachten. So kann der Arbeitnehmer bei der Vereinbarung einer pauschalen Überstundenabgeltung nicht erkennen, in welchem Umfang er Überstunden zu erbringen hat[725].

Bleibt noch das *Täuschungsverbot*, welches untersagt, die tatsächliche Rechtslage irreführend darzustellen. Ein Verstoß wäre diesbezüglich z.B. in der Aufzählung vertraglich festgelegter Gründe zur fristlosen Kündigung zu erblicken, die tatsächlich keinen wichtigen Grund im Sinne des § 626 BGB darstellen[726].

Eine Intransparenz kann nicht nur aus der sprachlichen, sondern auch aus der formalen Gestaltung des Vertrages resultieren. Ist eine Vertragsklausel zwar eindeutig und unmissverständlich formuliert, kann ihre systematische Verortung im Vertrag dennoch zu Unklarheiten führen[727]. Dies kann z.B. der Fall sein, wenn eine wichtige Regelung an unvermuteter und schwer auffindbarer Stelle – z.B. unter der Überschrift „Sonstiges“ – niedergeschrieben ist[728]. Aus Transparenzgründen müssen deshalb insbesondere Klauseln, die typischerweise arbeitnehmernachteilig sind, z.B. Vertragsstrafen oder Ausschlussklauseln, eindeutig bezeichnet und eventuell im Vertragswerk sogar durch Fettdruck, größeren Schriftgrad oder Ähnliches hervorgehoben werden[729].

Hinsichtlich der arbeitsvertraglichen *Bezugnahme* von Tarifverträgen ergeben sich mit Blick auf das Transparenzgebot zwei Problemlagen. Zum einen besteht bei einer Verweisung auf den „jeweils geltenden Tarifvertrag“ für den Arbeitnehmer die Gefahr, bei Vertragsschluss die zukünftigen Vertragsänderungen nicht abschätzen zu können. Die Wertung des § 2 Abs. 3 NachwG, der eine dynamische Verweisung auf Tarifverträge im Arbeitsvertrag sogar ausdrücklich vorsieht, spricht jedoch gegen die Annahme einer Verletzung des Transparenzgebots[730]. Zum anderen ermöglicht § 307 Abs. 3 S. 2 BGB die Transparenzkontrolle von Vertragsklauseln, die ansonsten nicht der AGB-rechtlichen Inhaltskontrolle unterliegen. Damit ist auch die Kontrolle von tariflichen Regelungen möglich, die für das Arbeitsverhältnis zwar nicht normativ gelten, aber durch eine konstitutive Verweisung zum Vertragsbestandteil gemacht wurden. Dies

---

leistungen zugeschnitten, also auf Verträge, deren Abwicklungsphase überschaubar sei. Deshalb passe sie nicht auf langfristig angelegte Arbeitsverhältnisse.

725 *Hümmerich*, NZA 2003, 753 (757); *Vogel/Kümmel*, BWGZ 2002, 706 (707); *v. Steinau-Steinrück/Oelkers*, NJW 2005, 321 f.; *Seel*, DB 2005, 1330 (1332); *Lindemann*, BB 2006, 826 (827).

726 So Kroiß/*Fell*, Klauselbuch Schuldrecht, § 3 Rn. 66.

727 Staudinger/*Coester*, § 9 AGBG Rn. 135; *Brandner*, in: Ulmer/Brandner/Hensen, AGBG, § 9 Rn. 91.

728 Für das allgemeine Zivilrecht: BGH v. 22.11.1995, NJW 1996, 455.

729 So Kroiß/*Fell*, Klauselbuch Schuldrecht, § 3 Rn. 68.

730 ErfK *Preis*, §§ 305–310 BGB Rn. 44; *Reichold*, ZTR 2002, 202 (205); siehe dazu auch *Oetker*, JZ 2002, 337 (340f).

kann dazu führen, dass die konstitutiv ins Arbeitsverhältnis einbezogene Tarifnorm aufgrund eines Transparenzverstoßes nicht Bestandteil des entsprechenden Arbeitsvertrages wird, während die selbe Tarifnorm bei den beiderseits tarifgebundenen Vertragsparteien Anwendung findet[731].

II. Konkretisierungen der Generalklausel - § 307 Abs. 2 BGB

§ 307 Abs. 2 BGB konkretisiert die Generalklausel des § 307 Abs. 1 S. 1 BGB, indem er zwei gesetzliche Regelbeispiele einer unangemessenen Benachteiligung nennt. Die dabei begründete Vermutung der Unwirksamkeit ist aber widerlegbar und entfällt, wenn eine Gesamtwürdigung aller Umstände ergibt, dass die fragliche Vertragsklausel den Kunden nicht unangemessen benachteiligt. § 307 Abs. 2 BGB nimmt dabei keine abgeschlossene Aufzählung von Tatbeständen vor und verbietet nicht den Rückgriff auf § 307 Abs. 1 S. 1 BGB. Formularmäßig vereinbarte Vertragsklauseln können vielmehr auch unmittelbar an dem Verbot der unangemessenen Benachteiligung entgegen den Geboten von Treu und Glauben i.S.d. § 307 Abs. 1 S. 1 BGB gemessen werden[732].

1. Unvereinbarkeit mit gesetzlicher Regelung - § 307 Abs. 2 Nr. 1 BGB

a) Allgemein

Nach § 307 Abs. 2 Nr. 1 BGB ist im Zweifel eine unangemessene Benachteiligung gegeben, wenn eine Klausel mit wesentlichen Grundgedanken der gesetzlichen Regelung unvereinbar ist. § 307 Abs. 2 Nr. 1 BGB wird damit dem von der Rechtsprechung entwickelten Grundsatz gerecht, dass den Vorschriften des dispositiven Rechts bei der Inhaltskontrolle von AGB eine Ordnungs- und Leitbildfunktion zukommt[733]. Hinter dieser Ordnungs- und Leitbildfunktion steht der Gedanke, dass das dispositive Recht für jeden Vertragstyp einen an der Gerechtigkeit orientierten Ausgleich der Interessen der Vertragspartner enthält[734].

Unter „gesetzlichen Regelungen" im Sinne von § 307 Abs. 2 Nr. 1 BGB versteht man alle Gesetze im formellen und materiellen Sinne, also auch Verord-

---

[731] *Lindemann*, Flexible Gestaltung von Arbeitsbedingungen nach der Schuldrechtsreform, S. 181 f.
Siehe dazu auch 3. Teil A. VII. 1. b) aa) (5).

[732] Kroiß/*Fell*, Klauselbuch Schuldrecht, § 3 Rn. 101; *Wolf*, in: Wolf/Horn/Lindacher, AGBG, § 9 Rn. 63.

[733] Palandt/*Heinrichs*, § 307 Rn. 25; BGH v. 21.12.1983, BGHZ 89, 206 (211).

[734] Erman/*S.Roloff*, § 307 Rn. 24.

nungs- und Gewohnheitsrecht. Vor dem Hintergrund, dass nicht alle Lebensbereiche gesetzlich umfassend geregelt sind, fallen unter diese Vorschrift auch die von Rechtsprechung und Lehre mittels Analogie und Rechtsfortbildung entwickelten ungeschriebenen Rechtsgrundsätze[735]. Keine „gesetzlichen Regelungen" in diesem Sinne sind allerdings die zwingenden Rechtsvorschriften, da sich ihre Verbindlichkeit gegenüber den vertraglichen Vereinbarungen bereits aus § 134 BGB ergibt[736].

Die Leitbildfunktion des dispositiven Rechts mutet auf den ersten Blick seltsam an: Kann von ihm „an sich" abgewichen werden, stellt es doch gleichzeitig wiederum die Grenze bei der Gestaltung vorformulierter Vertragswerke dar. Dieser scheinbare Widerspruch wird dadurch aufgelöst, dass die fragliche Klausel nur dann unangemessen ist, wenn sie von einem „wesentlichen Grundgedanken" der gesetzlichen Regelung abweicht[737]. Die Rechtsprechung sieht den wesentlichen Grundgedanken einer gesetzlichen Regelung berührt, wenn nicht nur von einer dem dispositiven Recht innewohnenden Zweckmäßigkeitsüberlegung, sondern von dem mit der gesetzlichen Regelung verbundenen Gerechtigkeitsgebot abgewichen wird[738]. Die Literatur betont den Zweck des § 307 Abs. 2 Nr. 1 BGB – den Schutz des Vertragspartners – und stellt darauf ab, ob die abbedungene Norm des dispositiven Rechts einem wesentlichen Schutzbedürfnis des Vertragspartners dient[739]. Zur Verdeutlichung seien zwei Beispiele aus dem Mietrecht genannt. Einer der wesentlichen Grundgedanken des Mietrechts ist die Tatsache, dass der Vermieter gemäß § 535 Abs. 1 S. 2 BGB verpflichtet ist, die Mietsache in dem zum vertragsgemäßen Gebrauch erforderlichen Zustand zu halten. Wird die Kostentragungspflicht für sämtliche Reparaturen der Mietsache formularmäßig dem Mieter aufgebürdet, ist dies folglich mit der gesetzlichen Wertung unvereinbar[740]. Hingegen ist die Übertragung der Pflicht zur Vornahme

---

735 BGH v. 21.12.1983, BGHZ 89, 206 (211); Erman/*S.Roloff*, § 307 Rn. 24; Palandt/*Heinrichs*, § 307 Rn. 26; *Brandner*, in: Ulmer/Brandner/Hensen, AGBG, § 9 Rn. 137.

736 Palandt/*Heinrichs*, § 307 Rn. 26; Staudinger/*Coester*, § 9 AGBG Rn. 170; a.A.: BGH v.19.9.1985, BGHZ 95, 362 (366); *Wolf*, in: Wolf/Horn/Lindacher, AGBG, § 9 Rn. 68; Erman/*S.Roloff*, § 307 Rn. 24, wonach zu den „gesetzlichen Regelungen" auch das zwingende Recht gehöre, soweit aus ihm für die Inhaltskontrolle relevante „wesentliche Grundgedanken" abgeleitet werden können. Die Anwendung der Inhaltskontrolle sei nicht dadurch ausgeschlossen, dass gegen zwingende Vorschriften verstoßende Klauseln auch nach § 134 BGB nichtig sind.

737 Kroiß/*Fell*, Klauselbuch Schuldrecht, § 3 Rn. 103.

738 BGH v. 25.6.1991, BGHZ 115, 38 (42); Kroiß/*Fell*, Klauselbuch Schuldrecht, § 3 Rn. 103; Palandt/*Heinrichs*, § 307 Rn. 27; *Medicus*, BGB AT, Rn. 429d; *Hennrichs*, in: Dauner-Lieb/Heidel/Lepa/Ring, Das neue Schuldrecht in der anwaltlichen Praxis, § 6 Rn. 46.

739 Erman/*S.Roloff*, § 307 Rn. 24; *Brandner*, in: Ulmer/Brandner/Hensen, AGBG, § 9 Rn. 133; *Wolf*, in: Wolf/Horn/Lindacher, AGBG, § 9 Rn. 72.

740 BGH v. 7.6.1989, BGHZ 108, 1 (6).

von Schönheitsreparaturen nicht unwirksam nach § 307 Abs. 2 Nr. 1 i.V.m. Abs. 1 BGB. Die Übernahme dieser Pflicht durch den Mieter benachteiligt diesen schon deshalb nicht unangemessen, weil sie in aller Regel bei der Kalkulation der Miete berücksichtigt ist[741].

b) Bedeutung für den arbeitsvertraglichen Bereich

Hinsichtlich des Arbeitsrechts fällt in diesem Zusammenhang der Mangel an dispositiven Rechtsvorschriften ins Auge. Zum einen handelt es sich vorwiegend um ein zwingend ausgestaltetes Arbeitnehmerschutzrecht, weshalb eine Abweichung ohnehin unwirksam und nicht an § 307 Abs. 2 Nr. 1 BGB zu messen ist. Zum anderen ist dieser Bereich auch nur lückenhaft kodifiziert[742]. Als Leitbild kommen insofern vorwiegend die dispositiven Vorschriften der §§ 611 ff. BGB in Betracht[743]. Ansonsten hilft die oben beschriebene Rechtsprechung zum allgemeinen Zivilrecht weiter, nach der unter den „gesetzlichen Regelungen" im Sinne von § 307 Abs. 2 Nr. 1 BGB auch ungeschriebene Rechtsgrundsätze zu verstehen sind. Im Arbeitsrecht sind deshalb zukünftig als gesetzliches Leitbild im Rahmen von § 307 Abs. 2 Nr. 1 BGB zum Beispiel die von der Rechtsprechung entwickelten Grundsätze im Zusammenhang mit der Arbeitnehmerhaftung[744] oder in Bezug auf den Begriff der Sozialauswahl im Rahmen von § 1 Abs. 3 KSchG[745] anzusehen[746].

Gegen eine Einordnung von Tarifverträgen als gesetzliche Regelungen im Sinne von § 307 Abs. 2 Nr. 1 BGB sprechen die bereits oben im Zusammenhang mit einer möglichen Entgeltkontrolle genannten rechtssystematischen und verfassungsrechtlichen Bedenken sowie der eindeutige Wille des Gesetzgebers[747].

---

741 BGH v. 30.10.1984, BGHZ 92, 363 (368).

742 Dazu auch *Thüsing*, BB 2002, 2666 (2671); *Reichold*, ZTR 2002, 202 (205); *Lingemann*, NZA 2002, 181 (188); *Gotthardt*, ZIP 2002, 277 (286); *Kittner*, Arbeitsrecht, § 15 Rn. 54; ErfK/*Preis*, §§ 305–310 Rn. 43; Kroiß/*Fell*, Klauselbuch Schuldrecht, § 3 Rn. 103.

743 *Gotthardt*, ZIP 2002, 277 (286); *Kittner*, Arbeitsrecht, § 15 Rn. 54.

744 BAG (GS) v. 25.9.1957, AP Nr. 4 zu §§ 898, 899 RVO; BAG (GS) v. 27.9.1994, AP Nr. 103 zu § 611 BGB Haftung des Arbeitnehmers.

745 BAG v. 21.9.2000, DB 2001, 1207; BAG v. 17.2.2000, AP Nr. 46 zu § 1 KSchG 1969 Soziale Auswahl; BAG v. 17.9.1998, AP Nr. 36 zu § 1 KSchG 1969 Soziale Auswahl.

746 Vgl. hierzu auch *Otto*, FS 50 Jahre BAG, 97 (104 f.); *Lindemann*, Flexible Gestaltung von Arbeitsbedingungen nach der Schuldrechtsreform, S. 167 f.; *Thüsing*, BB 2002, 2666 (2671); *Gotthardt*, ZIP 2002, 277 (286); ErfK/*Preis*, §§ 305–310 Rn. 43; *Schwirtzek*, NZA 2005, 437 (441).

747 Siehe 4. Teil B. III.
Ebenso beispielsweise Kroiß/*Fell*, Klauselbuch Schuldrecht, § 3 Rn. 103; *Lindemann*, Flexible Gestaltung von Arbeitsbedingungen nach der Schuldrechtsreform, S. 168 ff.; *Gotthardt*, ZIP 2002, 277 (286); *Thüsing*, BB 2002, 2666 (2671); a.A.: *Däubler*, NZA

Der teilweise geäußerten Vermutung, ein eigenständiger Anwendungsbereich des § 307 Abs. 2 Nr. 1 BGB sei im Arbeitsrecht nicht ersichtlich, soweit gesetzliche Regelungen berührt sind[748], kann unter Verweis auf die Problematik der formularmäßig vereinbarten arbeitsvertraglichen *Ausschlussklauseln* widersprochen werden. Ausschlussklauseln enthalten Fristen, mit deren Ablauf ein Anspruch oder ein sonstiges Recht erlischt, wenn es nicht rechtzeitig in der vorgesehenen Weise geltend gemacht wurde[749]. Ihre generelle Zulässigkeit im Arbeitsrecht ergibt sich zum einen aus ihrer anerkannten Funktion, den Arbeitsvertragsparteien noch vor Ablauf der gesetzlichen Verjährungsfrist Klarheit über die noch bestehenden Ansprüche zu beschaffen und dadurch Rechtsfrieden und Rechtssicherheit herzustellen[750]. Zum anderen zeigt § 202 BGB, dass der Gesetzgeber ausdrücklich von der Zulässigkeit der Abkürzung gesetzlicher Verjährungsfristen durch eine vertragliche Vereinbarung ausgeht[751].

Es lassen sich unterschiedliche Ausprägungen von Ausschlussklauseln ausmachen. Endet bei einer *einstufigen Ausschlussklausel* die Durchsetzbarkeit eines Anspruchs, wenn nicht innerhalb eines vereinbarten Zeitraumes eine Geltendmachung erfolgt, erfordert eine zweistufige Ausschlussklausel nach der form- und fristgerechten Geltendmachung beim Schuldner darüber hinaus, dass der Anspruch binnen einer weiteren Frist rechtshängig gemacht wird[752]. Des weiteren unterscheidet man einseitige Ausschlussklauseln, welche allein auf Seiten des Arbeitnehmers zu einem Rechtsverlust führen, von beidseitigen Ausschlussklauseln, bei denen sowohl Arbeitnehmer als auch der Arbeitgeber tätig werden müssen, um das Erlöschen ihrer Rechte zu verhindern[753].

Zweistufige Ausschlussklauseln verstoßen gegen § 309 Nr. 13 BGB. Diese Norm stellt für bestimmte Anzeigen und Erklärungen ein Verbot von über die Schriftform hinausgehenden Formerfordernissen auf. Mit der Pflicht zur Klageerhebung in der zweiten Stufe wird die Anzeige, einen Anspruch gegen den Arbeitgeber aus dem Arbeitsvertrag geltend zu machen, aber an eine strengere Form als die Schriftform gebunden. Es besteht kein Grund, erhöhte Formerfordernisse für rechtsvernichtende und rechtsgestaltende Erklärungen zu verbieten,

---

2001, 1329 (1334 f.); *Lakies*, NZA-RR 2002, 337 (344). Eine Maßstabseigenschaft von Tarifverträgen zumindest für möglich haltend: *Reinecke*, DB 2002, 583 (585).

748 So *Lingemann*, NZA 2002, 181 (188).

749 *Bauer*, NZA 1987, 440; *Nägele/Chwalisz*, MDR 2002, 1341; *Schmalenberg*, in: Tschöpe, Anwaltshandbuch Arbeitsrecht, 2 A Rn. 557.

750 *Roos/Perschke*, AiB 2004, 82; *Krause*, RdA 2004, 106 (111); *Boudon*, ArbRB 2003, 150 (153); *Schrader*, NZA 2003, 345 (350); *Nägele/Chwalisz*, MDR 2002, 1341 (1345); *Singer*, RdA 2003, 194 (200); Wiedemann/*Wank*, TVG, § 4 Rn. 724.

751 *Krause*, RdA 2004, 106 (111).

752 *Schrader*, NZA 2003, 345; *Nägele/Chwalisz*, MDR 2002, 1341 f.; *Hümmerich*, NZA 2003, 753 (755); *Vogel/Kümmel*, BWGZ 2002, 706 (708); MünchArbR/*Hanau*, § 75 Rn. 13.

753 *Hümmerich*, NZA 2003, 753 (754 f.); *Nägele/Chwalisz*, MDR 2002, 1341 f.

für Ausschlussklausel, die den Zeitraum zur Geltendmachung von Rechten abkürzen, aber zuzulassen. Eine zweistufige Ausschlussklausel ist deshalb zukünftig bereits wegen eines Verstoßes gegen § 309 Nr. 13 BGB unwirksam[754]. Das BAG sieht dies anders. Das Gericht betont, dass zweistufige Ausschlussfristen seit langem der im Arbeitsleben anerkanntermaßen besonders gebotenen raschen Klärung von Ansprüchen und der Bereinigung offener Streitpunkte dienen. Deshalb seien zweistufige Ausschlussfristen auch künftig zuzulassen[755].

Im Zusammenhang mit der Angemessenheitskontrolle gemäß § 307 Abs. 2 Nr. 1 BGB kann also eine Konzentration auf lediglich einstufige Ausschlussklauseln stattfinden.

Bevor § 307 Abs. 2 Nr. 1 BGB endgültig in den Mittelpunkt rückt, soll kurz auf eine mögliche Qualifizierung der Ausschlussklausel als überraschende Klausel im Sinne von § 305c Abs. 1 BGB eingegangen werden. Ausschlussklauseln sind in der arbeitsvertraglichen Praxis weit verbreitet. Sie finden sich in vielen Tarif- und Arbeitsverträgen und sind in den einschlägigen Handbüchern zur Arbeitsvertragsgestaltung[756] aufgeführt. Jeder Arbeitnehmer muss folglich bei Vertragsschluss davon ausgehen, dass ein vom Arbeitgeber vorgefertigtes Regelwerk, welches Bestandteil des Arbeitsvertrags werden soll, unter Umständen eine Ausschlussklausel enthält. Die Verwendung einer Ausschlussklausel ist im Arbeitsrecht demnach nicht ungewöhnlich und kann deshalb nicht per se als überraschend im Sinne von § 305c Abs. 1 BGB bezeichnet werden[757]. Etwas anderes kann sich allerdings aus der konkreten Vertragsgestaltung ergeben. Wird die Ausschlussklausel beispielsweise unter einer irreführenden Überschrift

---

754 So LAG Rheinland-Pfalz v. 17.8.2004, NZA-RR 2005, 242 (243); ArbG Frankfurt a.M. v. 13.8.2003, NZA-RR 2004, 238 (240); *Däubler*, NZA 2001, 1329 (1336); *Boudon*, ArbRB 2003, 150 (153); *Singer*, RdA 2003, 194 (201); *Sartorius/Rambach*, ZAP 2002, 541 (546); *Nägele/Chwalisz*, MDR 2002, 1341 (1343); *Hümmerich*, NZA 2003, 753 (755); *Reinecke*, BB 2005, 378 (382). Die Anwendbarkeit des § 309 Nr. 13 BGB im Arbeitsrecht prinzipiell ablehnend, bei einer Anwendbarkeit aber auch seine Verletzung durch eine zweistufige Ausschlussklausel bejahend: *Schrader*, NZA 2003, 345 (350). Eine Unwirksamkeit gemäß § 309 Nr. 13 BGB verneinend: ArbG Stralsund v. 27.4.2004, DB 2004, 1368 (1369); *Matthiessen/Shea*, DB 2004, 1366 (1368); *Schlodder*, Der Arbeitsvertrag im neuen Schuldrecht, S. 230; *Reinecke*, DB 2002, 583 (586); *Gotthardt*, ZIP 2002, 277 (284); *Thüsing/Leder*, BB 2005, 1563 (1564); *Preis/Roloff*, RdA 2005, 144 (147 ff.); *Zundel*, NJW 2006, 1237 (1238).

755 BAG v. 25.5.2005, DB 2005, 2136 (2137).

756 Beispielsweise *Preis*, Der Arbeitsvertrag, II A 150 Rn. 56; *Bauer/Lingemann/Diller/Haußmann*, Anwaltsformularbuch Arbeitsrecht, S. 40; *Schaub/Neef/Schrader*, Arbeitsrechtliche Formularsammlung, § 2 Rn. 39 und 72.

757 BAG v. 25.5.2005, DB 2005, 2136 (2137); BAG v. 28.9.2005, NZA 2006, 149 (151); *Schrader*, NZA 2003, 345 (349); *Singer*, RdA 2003, 194 (200); *Henssler*, RdA 2002, 129 (137); *ders.*, in: Dauner-Lieb/Konzen/Schmidt, Das neue Schuldrecht in der Praxis, 615 (644); *Henssler*/v. Westphalen, Praxis der Schuldrechtsreform, § 310 Rn. 23; vgl. auch BAG v. 13.12.2000, RdA 2002, 38 = DB 2001, 928 = AP Nr.2 zu § 241 BGB.

aufgeführt oder durch eine geringe Schriftgröße drucktechnisch geradezu „versteckt“, kann ihr durchaus ein Überraschungs- oder auch Überrumpelungseffekt zukommen[758].

Vor der Änderung der AGB-rechtlichen Bereichsausnahme war die Generalklausel des § 9 AGBG aufgrund der Regelung des § 23 Abs. 1 AGBG auf Arbeitsverträge nicht anwendbar. Arbeitsvertragliche Ausschlussklauseln wurden nur daraufhin überprüft, ob sie sittenwidrig i.S.v. § 138 BGB sind[759]. Das BAG wendete dabei seine zu tarifvertraglichen Ausschlussfristen entwickelten Grundsätze auch auf einzelvertragliche Arbeitsverträge an[760]. Es befand auch kurze Ausschlussfristen von zwei Monaten[761] oder auch nur einem Monat[762] unter Hinweis auf gleich lautende tarifvertragliche Regelungen für zulässig.

Unabhängig von der Frage, ob Tarifverträge in diesem Zusammenhang als Vergleichsmaßstab überhaupt geeignet sind[763], müssen sie unter der Geltung des § 307 Abs. 2 Nr. 1 BGB nunmehr als Maßstab ausscheiden[764], so dass die Rechtsprechung die Zulässigkeit sehr kurzer Ausschlussfristen in Einzelarbeitsverträgen zukünftig nicht mehr auf vergleichbar kurze Ausschlussfristen in Tarifverträgen stützen kann[765].

Vielmehr sind auch arbeitsvertragliche Ausschlussklauseln künftig am Leitbildcharakter der gesetzlichen Verjährungsfristen auszurichten[766]. Dabei hat das

---

758 So hielt beispielsweise BAG v. 29.11.1995, NZA 1996, 702 = AP Nr. 1 zu § 3 AGB-Gesetz, eine Ausschlussklausel in einem Formulararbeitsvertrag für unwirksam, der unter der Überschrift „Verschiedenes“ eine Betriebsordnung in Bezug nahm, in der wiederum unter dem Punkt „Lohnberechnung und Zahlung“ die betreffende Klausel aufgeführt wurde. Das BAG schrieb einer derartigen Ausschlussklausel einen Überrumpelungseffekt zu und ließ sie nicht Vertragsinhalt werden.

759 Vgl. dazu *Lakies*, AR-Blattei, SD. 35, Rn. 277; *Roos/Perschke*, AiB 2004, 82 (83).

760 BAG v. 24.3.1988, AP Nr. 1 zu § 241 BGB.

761 BAG v. 17.6.1997, AP Nr. 2 zu § 74b HGB.

762 BAG v. 13.12.2000, RdA 2002, 38 = DB 2001, 928 = AP Nr. 2 zu § 241 BGB.

763 Zu dieser Problematik siehe 4. Teil B. III. 3.

764 Siehe 4. Teil B. III. 9.

765 Ebenso *Gotthardt*, ZIP 2002, 277 (287). Undeutlich in diesem Zusammenhang: *Schrader*, NZA 2003, 345 (350), der feststellt, dass tarifübliche Regelungen, das heißt Regelungen, die über die Branchengrenzen hinweg üblicherweise in Tarifverträgen enthalten sind, auch in Arbeitsverträgen als angemessen zu betrachten seien.

766 *Henssler*/v. Westphalen, Praxis der Schuldrechtsreform, § 310 Rn. 23; *ders.*, in: Dauner-Lieb/Konzen/Schmidt, Das neue Schuldrecht in der Praxis, 615 (644); *ders.*, RdA 2002, 129 (137); *Gotthardt*, ZIP 2002, 277 (287); *Singer*, RdA 2003, 194 (201); *Däubler*, NZA 2001, 1329 (1337).
Das BAG bemühte bisher jedoch nicht primär das Verjährungsrecht als Vergleichsmaßstab, sondern zog zur Untermauerung der für zulässig gehaltenen kurzen vertraglichen Ausschlussfrist beispielsweise die zweiwöchige Ausschlussfrist des § 626 Abs. 2 BGB für die Kündigung aus wichtigem Grund, die einwöchige Frist zur Auflösung des Arbeitsverhältnisses gemäß § 12 S. 1 KSchG oder auch die dreiwöchige Frist zur Erhebung der Kündigungsschutzklage gemäß § 4 KSchG heran. Diese Ausschlussfristen betreffen je-

Verjährungsrecht im Zuge der Schuldrechtsreform ebenfalls Änderungen erfahren. Verjährten die Ansprüche von Arbeitnehmern bislang weitestgehend nach zwei Jahren (§ 196 Nr. 8 und 9 BGB a.F.), obwohl die regelmäßige Verjährungsfrist dreißig Jahre betrug, betrifft nunmehr beide Arbeitsvertragsparteien gleichermaßen die regelmäßige Verjährungsfrist von drei Jahren gemäß § 195 BGB. Somit wurde eine Verlängerung der Verjährungsfristen für Ansprüche des Arbeitnehmers und eine Gleichheit der Fristen im Arbeitsverhältnis herbeigeführt. Darüber hinaus tritt zu dem reinen Zeitablauf ein subjektives Element hinzu. Neben der Fälligkeit des Anspruchs bedarf es nunmehr nach § 199 Abs. 1 Nr. 2 BGB auch der Kenntnis bzw. der grob fahrlässigen Unkenntnis des Gläubigers von den anspruchsbegründenden Umständen. Dieser Subjektivierung der Verjährung wird nach § 199 Abs. 4 BGB durch eine maximale Fristlänge von zehn Jahren eine Obergrenze gesetzt.

Die dargelegten Änderungen des Verjährungsrechts verschieben die Grenzen, in deren Rahmen vorformulierte Ausschlussklauseln in Arbeitsverträgen zukünftig noch wirksam vereinbart werden können. Die mit der Änderung des Verjährungsrechts gewachsene Divergenz zwischen einmonatigen Ausschlussfristen und der gesetzlichen Verjährungsfrist von nunmehr drei Jahren weist darauf hin, dass derart kurze Ausschlussfristen in der Zukunft unzulässig sein dürften[767]. Der Gesetzgeber hielt es offensichtlich für nötig, dem Arbeitnehmer mehr

---

doch nicht den Verfall von Ansprüchen aus einem bestehenden Arbeitsverhältnis, sondern den durch die Kündigung in Frage gestellten Bestand des Arbeitsverhältnisses. Sie betreffen folglich einen anderen Lebenssachverhalt und haben einen anderen Geltungsgrund. Demzufolge sind sie in diesem Zusammenhang kein tauglicher Vergleichsmaßstab, vgl. dazu *Gotthardt*, ZIP 2002, 277 (287); *Singer*, RdA 2003, 194 (200).

Teilweise wird von der Literatur auch ein Vergleich mit der in § 611a Abs. 4 S. 2 BGB geregelten Mindestfrist von zwei Monaten für die Diskriminierungsentschädigung in Erwägung gezogen, vgl. *Henssler*/v.Westphalen, Praxis der Schuldrechtsreform, § 310 Rn. 24; *ders.*, in: Dauner-Lieb/Konzen/Schmidt, Das neue Schuldrecht in der Praxis, 615 (645); *ders.*, RdA 2002, 129 (137 f.) *Gotthardt*, ZIP 2002, 277 (287); *Singer*, RdA 2003, 194 (201).

Das ArbG Stralsund v. 27.4.2004, DB 2004, 1366, erklärte eine arbeitsvertraglich vorformulierte Ausschlussklausel, die keine Ausnahme für Ansprüche aus Vorsatzhaftung machte, wegen Verstoßes gegen § 307 Abs. 2 Nr. 1 BGB i.V.m. § 202 Abs. 1 BGB für unwirksam. Diese Vorgehensweise ist jedoch systematisch verfehlt. Die Regelung des § 202 Abs. 1 BGB stellt ein gesetzliches Verbot und kein dispositives Recht i.S.v. § 307 Abs. 2 Nr. 1 BGB dar, von welchem die Vertragsautonomie prinzipiell eine Abweichung zulassen würde. Die Unwirksamkeit obiger Ausschlussklausel folgt demnach bereits aus § 134 BGB, vgl. dazu auch *Matthiessen/Shea*, DB 2004, 1366 (1367).

767 Ebenso: *Krause*, RdA 2004, 106 (111); *Kraushaar*, AuR 2004, 374 (378); *Boudon*, ArbRB 2003, 150 (153); *Vogel/Kümmel*, BWGZ 2002, 706 (708); *Däubler*, NZA 2001, 1329 (1336 f.); *Henssler*/v. Westphalen, Praxis der Schuldrechtsreform, § 310 Rn. 23; *ders.*, in: Dauner-Lieb/Konzen/Schmidt, Das neue Schuldrecht in der Praxis, 615 (644 f.); *ders.*, RdA 2002, 129 (137); a.A.: *Reichold*, ZTR 2002, 202 (207), der auch nach neuem

Zeit für die Prüfung seiner Ansprüche zuzugestehen. Dieser Wille ist auch bei der AGB-rechtlichen Prüfung von Ausschlussklauseln zu beachten. Die Tatsache, dass das neue Verjährungsrecht nun einheitliche Verjährungsfristen für arbeitnehmer- und arbeitgeberseitige Ansprüche vorsieht[768], spricht dafür, in Klauseln, die nur eine einseitig die Arbeitnehmeransprüche betreffende Ausschlussfrist enthalten, eine unangemessene Benachteiligung im Sinne von § 307 Abs. 2 Nr. 1 BGB zu erblicken[769]. Nach Ansicht des BAG widersprechen eine einseitig den Arbeitnehmer treffende Erschwerung der Durchsetzung von Ansprüchen und der bei Fristversäumnis nur für den Arbeitnehmer vorgesehene völlige Anspruchsverlust einer ausgewogenen Vertragsgestaltung[770].

Die Einführung eines kenntnisabhängigen Verjährungsbeginns führt dazu, dass der subjektiven Erkennbarkeit der Ansprüche auch im Rahmen von Ausschlussklauseln eine höhere Bedeutung zuzumessen ist. Bei der Frage, ob diese den Arbeitnehmer unangemessen benachteiligen, wird somit auch von entscheidender Bedeutung sein, ob sie kenntnisunabhängige oder kenntnisabhängige Fristen enthalten[771]. Das BAG verweigerte einer Ausschlussfrist die Wirksamkeit, die nicht die Fälligkeit der Ansprüche berücksichtigte, sondern allein auf die Beendigung des Arbeitsverhältnisses abstellte[772]. Der Wertung des § 199 Abs. 1 Nr. 2 BGB sei in Ausschlussfristen dadurch Rechnung zu tragen, dass für den Fristbeginn die Fälligkeit der Ansprüche maßgebend sei. Der Begriff der Fälligkeit werde dabei von den Gerichten für Arbeitssachen unter Einbeziehung des Kenntnisstandes des Gläubigers und subjektiver Zurechnungsgesichtspunkte interessengerecht ausgelegt. Ein Anspruch werde demnach regelmäßig erst dann im Sinne der Ausschlussfrist fällig, wenn der Gläubiger ihn annähernd beziffern kann.

Recht eine kurze einmonatige Ausschlussfrist für vertretbar hält. Anders wiederum *Nägele/Chwalisz*, MDR 2002, 1341 (1347 f.), die Ausschlussklauseln im Arbeitsrecht nunmehr für generell unzulässig erachten, wenn sie in Einzelarbeitsverträgen vereinbart oder durch eine Teilverweisung auf eine tarifliche Ausschlussfrist in den Arbeitsvertrag einbezogen wurden. Ausschlussklausel stünden einem gerechten Ausgleich zwischen den Interessen der Arbeitsvertragsparteien entgegen und würden gegen den Grundgedanken der Verjährungsvorschriften verstoßen, so dass sie gemäß § 307 Abs. 2 Nr. 1 BGB unwirksam seien.

768 Insbesondere die dreißigjährige Verfährungsfrist für arbeitgeberseitige Ansprüche aus der früher gewohnheitsrechtlichen pVV und der ungerechtfertigten Bereicherung wurden aufgegeben.

769 Vgl. BAG v. 2.3.2004, NZA 2004, 853 (857); Kroiß/*Fell*, Klauselbuch Schuldrecht, § 3 Rn. 105; *Boudon*, ArbRB 2003, 150 (153); *Däubler*, NZA 2001, 1329 (1336).

770 BAG v. 31.8.2005, NZA 2006, 324 (326).

771 *Reichold*, ZTR 2002, 202 (207); *Däubler*, NZA 2001, 1329 (1337); *Henssler*, in: Dauner-Lieb/Konzen/Schmidt, Das neue Schuldrecht in der Praxis, 615 (645); *ders.*, RdA 2002, 129 (138).

772 BAG v. 1.3.2006 – 5 AZR 511/05, juris.

Sind kurze, nur einmonatige Ausschlussfristen mit dem neuen Recht nicht mehr vereinbar, stellt sich die Frage nach der noch zulässigen Mindestdauer einer Ausschlussfrist. Dabei ist einerseits zu berücksichtigen, dass kurze Ausschlussfristen durchaus eine lange Tradition haben. Sie rechtfertigen sich aus den technischen Notwendigkeiten der Industrie- und Wirtschaftsstruktur[773] und dienen dem – wie oben bereits dargelegt – berechtigten Interesse, noch vor Ablauf der Verjährungsfristen Klarheit über vorhandene Ansprüche zu gewinnen. Andererseits ist aber auch zu beachten, dass die sich aus dem Arbeitsverhältnis ergebenden Ansprüche nicht gerade von einer besonderen Überschaubarkeit geprägt sind. Eine zunehmende Zahl arbeitsrechtlicher Bestimmungen, die auf diverse Einzelgesetze verteilt sind, eine unübersichtliche Lohnstruktur, bei der neben die Festvergütung auch noch Provisionsansprüche, Ansprüche aus Prämien- und Akkordvergütung, auf Jahres- und Sonderzahlungen oder aus betrieblicher Altersversorgung treten können, und darüber hinaus auch noch komplizierte sozialversicherungsrechtliche Aspekte gestalten die Lage insgesamt unübersichtlich. Insofern kann nicht mehr ohne weiteres davon ausgegangen werden, dass jeder einzelne Arbeitnehmer aus seiner monatlichen – oftmals per EDV recht kompliziert erstellten – Gehaltsabrechnung ohne fremde Hilfe innerhalb kurzer Zeit seine ihm zustehenden Ansprüche ermitteln kann[774]. Als Orientierungspunkt kann die BGH-Rechtsprechung zur Verkürzung von Verjährungsfristen bei anderen Vertragstypen dienen. Hierbei lässt sich eine Tendenz des BGH ausmachen, eine Verkürzung der Verjährungsfristen auf drei Monate als unangemessene Benachteiligung zu verwerfen und sechsmonatige Verfallsfristen im Regelfall zu billigen[775]. In diese Richtung weist auch der letzte Entwurf eines Arbeitsvertragsgesetzes (ArbVGE) von 1992[776]. In § 159 Abs. 1 ArbVGE wird

---

[773] Wiedemann/*Wank*, TVG, § 4 Rn. 724.

[774] *Nägele/Chwalisz*, MDR 2002, 1341 (1347); *Henssler*, in: Dauner-Lieb/Konzen/Schmidt, Das neue Schuldrecht in der Praxis, 615 (645); *ders.*, RdA 2002, 129 (138); *Singer*, RdA 2003, 194 (201).

[775] BGH v. 14.4.1975, BGHZ 64, 238 = NJW 1975, 1318, hielt die Verkürzung einer Verjährungsfrist im Gesellschaftsvertrag einer Publikums-KG auf drei Monate angesichts einer fünfjährigen Verjährungsfrist im Aktien-, GmbH- und Genossenschaftsrecht für unwirksam. Des weiteren hat der BGH die AGB eines Frachtvertrages verworfen, die eine dreimonatige Ausschlussfrist für Schadensersatzansprüche vorsahen, vgl. BGH v. 20.3.1978, BGHZ 71, 167 = MDR 1978, 820.
BGH v. 19.5.1988, BGHZ 104, 292 = NJW 1988, 2888 = MDR 1988, 832, ließ die Verkürzung zweijähriger gesetzlicher Verjährungsfristen für Vergütungsansprüche des Transportunternehmers auf sechs Monate zu, nicht jedoch eine Verringerung auf drei Monate. Von BGH v. 12.10.1979, BGHZ 75, 218 = NJW 1980, 296, wurde die Abkürzung der vierjährigen Verjährung nach § 88 HGB auf sechs Monate für wirksam gehalten, wenn für den Beginn des Laufs der abgekürzten Frist die Kenntnis von der Anspruchsentstehung Voraussetzung ist.

[776] Vgl. Gutachten D zum 59. DJT mit dem Diskussionsentwurf des Arbeitskreises Deutsche Rechtseinheit im Arbeitsrecht, München 1992, dargestellt von *Däubler*, AuR 1992, 129 ff.

eine Abkürzung der Verjährungsfristen auf unter sechs Monate für unwirksam erklärt. Insofern scheint zukünftig eine sechsmonatige Ausschlussfrist in Arbeitsverträgen als unproblematisch angemessen im Sinne von § 307 Abs. 2 Nr. 1 BGB, wohingegen die äußerste Grenze zur unangemessenen Benachteiligung und damit zur Unwirksamkeit der Klausel bei einer Verkürzung der Verjährungsfristen auf drei Monate erreicht sein dürfte[777]. In den ersten zu dieser Frage ergangenen Gerichtsentscheidungen wurden eine drei[778]- und sogar eine zweimonatige[779] Ausschlussfrist für mit § 307 Abs. 2 Nr. 1 BGB vereinbar gehalten, sofern die Frist nicht leistungs- und erfolgsabhängige Vergütung oder Ansprüche betrifft, deren Entstehung für den Arbeitnehmer schwer zu überblicken ist. Das BAG verweist auf verhältnismäßig kurze Fristen zur Geltendmachung von Rechtspositionen in arbeitsrechtlichen Gesetzen[780]. Diese seien in ihrer Gesamtheit als im Arbeitsrecht geltende Besonderheiten gem. § 310 Abs. 4 Satz 2 BGB angemessen zu berücksichtigen, weshalb die Rechtsprechung des BGH zur zulässigen Länge von Ausschlussfristen nicht ohne weiteres übernommen werden könne. Im Ergebnis hält das BAG eine einzelvertragliche Ausschlussfrist von weniger als drei Monaten für unangemessen kurz[781].

Eine *Änderungsklausel*, nach welcher der Arbeitgeber eine andere als die vertraglich vereinbarte Tätigkeit einem Arbeitnehmer einseitig zuweisen kann, benachteiligt diesen jedenfalls dann unangemessen im Sinne von § 307 Abs. 2

---

777 *Hümmerich*, NZA 2003, 753 (756), hält neunmonatige Ausschlussfristen für unproblematisch und sechsmonatige für möglicherweise angemessen. *Schrader/Schubert*, NZA-RR 2005, 169 (174); *Kraushaar*, AuR 2004, 374 (379), halten Ausschlussfristen für unzulässig, die kürzer als sechs Monate sind. *Gotthardt*, ZIP 2002, 277 (287), sieht eine Spannweite von drei bis sechs Monaten, in deren Rahmen eine unangemessene Benachteiligung vorliegen könnte. *Krause*, RdA 2004, 106 (111); Kroiß/*Fell*, Klauselbuch Schuldrecht, § 3 Rn. 105; *Henssler*/v.Westphalen, Praxis der Schuldrechtsreform, 2. Auflage, 2003, § 310 Rn. 24; *ders.*, in: Dauner-Lieb/Konzen/Schmidt, Das neue Schuldrecht in der Praxis, 615 (645); *ders.*, RdA 2002, 129 (138); *Singer*, RdA 2003, 194 (201); *Müller*, BB 2005, 1333 (1338); *Zirnbauer*, FA 2006, 34 (36), sehen die Grenze zur Unangemessenheit bei einer Unterschreitung von einer dreimonatigen Verkürzung der Verjährungsfristen erreicht. *Grobys*, DStR 2002, 1002 (1006), sieht eine zweimonatige gegenseitige Ausschlussfrist als angemessen an. *Reichold*, ZTR 2002, 202 (207), hält auch nach neuem Recht eine kurze einmonatige Ausschlussfrist für vertretbar. *Nägele/Chwalisz*, MDR 2002, 1341 (1347 f.), erachten Ausschlussklauseln im Arbeitsrecht nunmehr generell für unzulässig.

778 LAG Rheinland-Pfalz v. 17.8.2004, NZA-RR 2005, 242 (243).

779 ArbG Frankfurt a.M. v. 13.8.2003, NZA-RR 2004, 238 (240), welches seine Entscheidung mit arbeitsrechtlichen Besonderheiten rechtfertigt, die es in der Regelung des § § 611a Abs. 4 S. 2 BGB und in der weiten Verbreitung zweimonatiger Ausschlussfristen in Tarifverträgen erblickt.

780 BAG v. 28.9.2005, NZA 2006, 149 (152), nennt die Fristen aus § 4 KSchG, § 17 TzBfG, § 611a Abs. 4 BGB, § 61b Abs. 1 ArbGG und § 81 Abs. 2 S. 2 Nr. 4 SGB IX.

781 BAG v. 25.5.2005, DB 2005, 2136 (2138); BAG v. 28.9.2005, NZA 2006, 149 (153); vgl. auch LAG Niedersachsen v. 18.3.2005, NZA-RR 2005, 401 (405).

Satz 1 BGB, wenn nicht gewährleistet ist, dass die Zuweisung eine mindestens gleichwertige Tätigkeit zum Gegenstand haben muss. In einer solchen Regelung sieht das BAG eine erhebliche Abweichung von dem durch § 2 KSchG gewährleisteten Grundgedanken des arbeitsrechtlichen Inhaltsschutzes[782].

Des weiteren kommt § 307 Abs. 2 Nr. 1 BGB Bedeutung zu im Zusammenhang mit Klauseln, welche das grundsätzlich vom Arbeitgeber zu tragende *Wirtschafts- bzw. Betriebsrisiko* vollständig auf den Arbeitnehmer abwälzen. § 615 BGB enthält diesbezüglich eine elementare Gerechtigkeitsvorstellung, die als wesentlicher Grundgedanke im Sinne von § 307 Abs. 2 Nr. 1 BGB zu begreifen ist. Eine gänzliche Abkehr von der gesetzlich vorgesehenen Risikoverteilung wäre mit diesem wesentlichen Grundgedanken nicht zu vereinbaren[783]. Das BAG untersagte eine vollständige Überbürdung der entsprechenden Risiken auf den Arbeitnehmer auch bisher schon, indem es derartige Vereinbarungen als sittenwidrig im Sinne von § 138 BGB verwarf[784]. Die gänzliche Übertragung des prinzipiell vom Arbeitgeber zu tragenden Entgeltrisikos auf den Arbeitnehmer durch eine vorformulierte Vertragsklausel, die beispielsweise bestimmt, dass der Arbeitnehmer seinen Lohnanspruch verliert, wenn er seine Arbeitsleistung aufgrund einer betriebstechnischen Störungen, etwa dem Defekt einer Produktionsmaschine, nicht erbringen kann, ist folglich nicht möglich[785]. Eine unzulässige Übertragung des Marktrisikos auf den Arbeitnehmer ist auch bei vorformulierten *Zielvereinbarungen* denkbar. Zielvereinbarungen dürften aber ohne weiteres zulässig sein, wenn bereits der fixe Lohnbestandteil die übliche Vergütung ausmacht. Ebenso dürfte zu entscheiden sein, wenn allein oder überwiegend leistungsabhängige Ziele vereinbart werden[786].

---

782 BAG v. 9.5.2006, NZA 2007, 145.

783 Zur Betroffenheit des § 307 Abs. 2 Nr. 1 BGB vgl. Palandt/*Weidenkaff*, § 615 BGB Rn. 5. Zur Unzulässigkeit der vollständigen Risikoüberwälzung vgl. MünchArbR/*Richardi*, § 14 Rn. 75; ErfK/*Preis*, § 615 BGB Rn. 8. *Rieble*, NZA 2000 Beilage 3, 34 (44), hat bereits vor der Schuldrechtsreform einen AGB-festen Kern des § 615 BGB ausgemacht, der entsprechend auf die Kontrolle Allgemeiner Arbeitsbedingungen durchschlage.
Zur teilweisen Abwälzung von Wirtschafts- und Betriebsrisiko auf den Arbeitnehmer siehe 4. Teil C. III. 2. c) dd).

784 Vgl. BAG v. 10.10.1990, AP Nr. 47 zu § 138 BGB = NJW 1991, 860, wonach eine arbeitsvertragliche Vergütungsregelung, die eine Verlustbeteiligung des Arbeitnehmers vorsieht, für sittenwidrig gemäß § 138 BGB gehalten wird.

785 Für den Bereich der gewerbsmäßigen Arbeitnehmerüberlassung folgt dies ausdrücklich aus § 11 Abs. 4 S. 2 AÜG, wonach das Recht des Leiharbeitnehmers auf Vergütung bei Annahmeverzug des Verleihers nicht durch Vertrag aufgehoben oder beschränkt werden kann.

786 *Riesenhuber/v.Steinau-Steinrück*, NZA 2005, 785 (791); *Moll*, FS 25 Jahre Arbeitsgemeinschaft Arbeitsrecht im DAV, 91 (109). Zu den rechtlichen Rahmenbedingungen von Zielvereinbarungen vgl. auch *Röder*, FS 25 Jahre Arbeitsgemeinschaft Arbeitsrecht im DAV, 139 ff.; *Hümmerich*, NJW 2006, 2294 ff.

Aufgrund der bereits erwähnten Leitbildfunktion des im Wege der Rechtsfortbildung entwickelten Systems der *Arbeitnehmerhaftung* könnten zukünftig haftungsverschärfende Klauseln, die sich etwa auf den Verschuldensgrad, den Bezugspunkt des Verschuldens oder den Umfang der Privilegierung beziehen, als eine unangemessene Korrektur des Gesetzes im Sinne des § 307 Abs. 2 Nr. 1 BGB einzuordnen sein[787].

2. Gefährdung des Vertragszwecks - § 307 Abs. 2 Nr. 2 BGB

a) Allgemein

Einen weiteren Regelfall für das Vorliegen einer unangemessenen Benachteiligung des Vertragspartners bei der Verwendung vorformulierter Vertragsbedingungen enthält § 307 Abs. 2 Nr. 2 BGB. Danach ist im Zweifel eine unangemessene Benachteiligung anzunehmen, wenn eine Bestimmung in Allgemeinen Geschäftsbedingungen wesentliche, sich aus der Natur des Vertrags ergebende Rechte und Pflichten so einschränkt, dass die Erreichung des Vertragszwecks gefährdet ist. Das Aushöhlungsverbot des § 307 Abs. 2 Nr. 2 BGB soll nach den gesetzgeberischen Vorstellungen diejenigen Fälle erfassen, in denen mangels einer einschlägigen gesetzlichen Regelung das dispositive Recht nicht als Prüfungsmaßstab für die Inhaltskontrolle zur Verfügung steht[788]. Die Natur des Vertrages wird vor allem durch den Vertragstyp, seinen wirtschaftlichen Zweck und die sonstigen vertragstypischen Ziele geprägt. Unter Berücksichtigung der für das AGB-Recht charakteristischen generell-überindividuellen Betrachtungsweise ist für die Gewinnung des vertragstypischen Leitbildes nicht auf die konkreten Wünsche und Ziele der Vertragsparteien im Einzelfall abzustellen, sondern auf die typischen Parteiinteressen und die berechtigten Vorstellungen und Erwartungen der beteiligten Verkehrskreise an einen Vertrag dieser Art[789]. Die wesentlichen Rechte und Pflichten eines Vertrages sind diejenigen, die die Voraussetzungen für die Vertragserfüllung schaffen und für die Erreichung des Vertragszwecks unentbehrlich sind[790]. Diese sind zunächst einmal die wechselseitigen Haupt- bzw. Kardinalpflichten. Anwendbar ist § 307 Abs. 2 Nr. 2 BGB aber auch dann, wenn eine formularmäßige Klausel Nebenpflichten aus-

787 Vgl. *Otto*, FS 50 Jahre BAG, 97 (104 f.). Der BGH hat bisher § 307 Abs. 2 Nr. 2 BGB als betroffen angesehen, wenn eine angemessene Risikoverteilung aufgrund einer Haftungsfreizeichnung zu Lasten des Vertragspartners aufgehoben wurde.

788 Erman/*S.Roloff*, § 307 Rn. 31; Palandt/*Heinrichs*, § 307 Rn. 31; Kroiß/*Fell*, Klauselbuch Schuldrecht, § 3 Rn. 109.

789 Erman/*S.Roloff*, § 307 Rn. 32.

790 BGH v. 23.2.1984, NJW 1985, 3016; BGH v. 11.11.1992, NJW 1993, 335.

höhlt, die für den jeweiligen Vertragspartner von erheblicher Bedeutung sind[791]. Darunter sind zum Beispiel auch Sorgfaltspflichten zu verstehen, die den Vertragspartner vor Schäden bewahren sollen, deren Beherrschung und Verhütung in den typischen Verantwortungsbereich des Verwenders fällt[792]. Es muss also keine Hauptleistungspflicht beeinträchtigt werden, damit der Tatbestand des § 307 Abs. 2 Nr. 2 BGB gegeben ist[793]. Die wesentlichen Rechte und Pflichten müssen derart eingeschränkt sein, dass es zu einer Gefährdung des Vertragszwecks kommt. Eine tatsächliche Beeinträchtigung muss aber nicht vorliegen[794].

b) Bedeutung für den arbeitsvertraglichen Bereich

Bei Arbeitsverträgen kann § 307 Abs. 2 Nr. 2 BGB insbesondere im Zusammenhang mit Klauseln von Bedeutung sein, die Einfluss auf die im Gegenseitigkeitsverhältnis stehende Arbeitspflicht des Arbeitnehmers nehmen. Diesbezüglich ist beispielsweise an eine – auch schon im Zusammenhang mit dem Transparenzgebot des § 307 Abs. 1 S. 2 BGB als problematisch erachtete[795] – *Direktionsrechtserweiterung* über die Grenzen des Vertrags hinaus zu denken. Ist es dem Arbeitgeber über eine solche Direktionsrechtserweiterung möglich, den Gegenstand der Arbeitspflicht völlig zu verändern, ist die Aushöhlung der im Arbeitsvertrag festgelegten Arbeitspflicht zu befürchten.

Ein weiteres Anwendungsbeispiel für § 307 Abs. 2 Nr. 2 BGB ist die *Freistellungsklausel*, die den Arbeitgeber berechtigt, den Arbeitnehmer im Falle einer Kündigung unter Fortzahlung der vertraglichen Bezüge bis zum Ablauf der Kündigungsfrist von der Arbeitsleistung freizustellen. Der Arbeitgeber kann somit einseitig die Hauptleistungspflicht des Arbeitnehmers suspendieren[796]. Die Erbringung der Arbeitsleistung ist jedoch nicht nur Bestandteil des arbeitsvertraglichen Synallagmas, sondern weist darüber hinaus auch einen persönlichkeitsrechtlichen Kern auf[797]. Das Arbeitsverhältnis dient nicht nur der Sicherung der wirtschaftlichen Existenzgrundlage des Arbeitnehmers, sondern auch seiner Selbstverwirklichung[798]. Die Suspendierung von der Arbeitsleistung greift folglich in das Persönlichkeitsrecht des Arbeitnehmers ein und stellt somit generell eine unangemessene Benachteiligung im Sinne von § 307 Abs. 2 Nr. 2 BGB

---

791 Palandt/*Heinrichs*, § 307 Rn. 31; Kroiß/*Fell*, Klauselbuch Schuldrecht, § 3 Rn. 109; *Wolf*, in: Wolf/Horn/Lindacher, AGBG, § 9 Rn. 89; BGH v. 20.6.1984, NJW 1985, 914.

792 Erman/*S.Roloff*, § 307 Rn. 33.

793 BGH v. 20.6.1984, NJW 1985, 914.

794 *Wolf*, in: Wolf/Horn/Lindacher, AGBG, § 9 Rn. 92.

795 Siehe 4. Teil C. I. 2.

796 *Vogel/Kümmel*, BWGZ 2002, 706 (709).

797 Vgl. BAG (GS) v. 27.2.1985, BAGE 48, 122 = NZA 1985, 702 = AP Nr. 14 zu § 611 BGB Beschäftigungspflicht.

798 *Junker*, Grundkurs ArbR, Rn. 8.

dar[799]. Gleichwohl bleibt zu beachten, dass die Rechtsprechung auch schützenswerte Interessen des Arbeitgebers anerkennt, die es ihm gestatten, den Arbeitnehmer freizustellen[800]. Hierbei sei zum Beispiel an die Gefahr des Geheimnisverrats, den Verdacht strafbarer Handlungen, allgemein den Wegfall der Vertrauensgrundlage oder an fehlende Einssatzmöglichkeiten bei Auftragsmangel oder Betriebsstilllegung gedacht[801]. Klauseln, die nicht nur eine generelle Freistellungsmöglichkeit des Arbeitgebers beinhalten, sondern diese auf das Vorliegen der erwähnten anerkannten Gründe der Rechtsprechung begrenzen, dürften damit auch weiterhin Bestand haben[802].

III. Die Generalklausel - § 307 Abs. 1 S. 1 BGB

1. Allgemein

Nach § 307 Abs. 1 S. 1 BGB sind AGB-Klauseln unwirksam, die den Vertragspartner des Verwenders entgegen den Geboten von Treu und Glauben unangemessen benachteiligen.

Zunächst einmal bedarf es also der Feststellung einer Benachteiligung. Diese ist gegeben, wenn die fragliche AGB-Bestimmung die Interessen des Vertragspartners für diesen nachteilig vom Gesetz abweichend regelt[803]. Ausgangspunkt der Betrachtung sind die Vorschriften des dispositiven Rechts, die ohne die zu überprüfende Klausel zur Geltung gelangen würden. Verglichen wird die Rechtslage ohne die in Zweifel gezogene AGB-Bestimmung mit der Rechtslage, die durch die Vereinbarung dieser fraglichen Vertragsbestimmung entsteht[804]. Dabei erfüllt nicht jede für den Vertragspartner unbequeme oder ungünstige

---

[799] *Vogel/Kümmel*, BWGZ 2002, 706 (709); *Hümmerich*, NZA 2003, 753 (762); im Ergebnis ebenso ArbG Berlin v. 4.2.2005, BB 2006, 559 und ArbG Stuttgart v. 18.3.2005, juris, die auf § 307 Abs. 2 Nr. 1 BGB abstellen. Der BGH sah im Bereich des Kaufrechts gleichfalls solche Klauseln als vertragszweckgefährdend an, die Modifizierungen der Hauptleistungspflichten beinhalteten, vgl. z.B. BGH v. 12.3.1987, NJW 1987, 1931 (1933).

[800] BAG (GS) v. 27.2.1985, BAGE 48, 122 = NZA 1985, 702 = AP Nr. 14 zu § 611 BGB Beschäftigungspflicht; BAG v. 4.6.1964, NJW 1964, 1918.

[801] Palandt/*Weidenkaff*, § 611 Rn. 120; *Ruhl/Kassebohm*, NZA 1995, 497 (501) m.w.N.

[802] Das ArbG Frankfurt v. 19.11.2003, DB 2004, 934, hält eine vom Arbeitgeber gestellte arbeitsvertragliche Freistellungsklausel i.d.R hingegen für unwirksam nach § 307 Abs. 2 Nr. 1 BGB. Eine andere Beurteilung sei nur bei zwingend entgegenstehenden betrieblichen oder persönlichen Gründen vorzunehmen. Ebenfalls kritisch zur Zulässigkeit derartiger Freistellungsklauseln: *Fischer*, NZA 2004, 233 ff; *Lelley/Kaufmann*, FA 2006, 7 (9).

[803] Erman/*S.Roloff*, § 307 Rn. 8.

[804] BGH v. 5.4.1984, NJW 1984, 2161; BGH v. 26.1.1994, NJW 1994, 1069; Staudinger/*Coester*, § 9 AGBG Rn. 71; Palandt/*Heinrichs*, § 307 Rn. 8.

Klausel den Tatbestand der Benachteiligung. Vielmehr muss die nachteilige Abweichung vom dispositiven Recht von einigem Gewicht sein[805].

Nicht jede den Vertragspartner in diesem Sinne benachteiligende Klausel zieht jedoch auch automatisch die Rechtsfolge der Unwirksamkeit nach sich. § 307 Abs. 1 S. 1 BGB qualifiziert die fragliche Klausel nur als unwirksam, wenn die Benachteiligung unangemessen ist. An der Forderung einer unangemessenen Benachteiligung für das Eintreten der Nichtigkeitsfolge zeigt sich der Regelungssinn des § 307 Abs. 1 S. 1 BGB: Der Verwender von Formularklauseln soll zur gerechten Ausgestaltung des Vertrages angehalten werden. Er soll bei der Abfassung seiner Vertragsklauseln nicht ausschließlich seine eigenen Interessen berücksichtigen, sondern auch die seines Vertragspartner im Blick haben[806]. Dementsprechend ist eine Klausel unangemessen, wenn der Verwender mit ihrer Hilfe versucht, missbräuchlich seine eigenen Interessen auf Kosten des Vertragsgegners durchzusetzen, ohne dessen Interessen ausreichend zu berücksichtigen und ihm einen angemessenen Ausgleich zuzugestehen[807]. Die Angemessenheit ist anhand einer umfassenden *Abwägung der Interessen* des Verwenders einerseits und des Vertragspartners andererseits zu beurteilen[808]. Als allgemeiner Maßstab für die Frage, ob ein angemessener Ausgleich gewährt wird, dient dabei der Verhältnismäßigkeitsgrundsatz. Eine vom Verwender eingeführte Formularklausel muss demzufolge einem legitimen Interesse des Verwenders dienen und die verwendete Klausel muss zur Erreichung dieses Zieles geeignet, erforderlich und unter Berücksichtigung der Interessen des Vertragspartners angemessen sein[809]. Ein anerkanntes Interesse des Verwenders ist zum Beispiel sein Interesse an einer einfachen Vertragsabwicklung, das sogenannte Rationalisierungsinteresse[810].

---

805 Es wäre auch widersinnig bei § 307 Abs. 1 S. 1 BGB eine völlige Übereinstimmung von Gesetz und AGB zu verlangen, da der Verwender mit Hilfe der AGB gerade eine vertragliche Regelung bezweckt, die von den gesetzlichen Bestimmungen abweicht. Deshalb sind unerhebliche Abweichungen von der gesetzlichen Regelung zu Lasten des Vertragspartners zulässig. Die Parteien werden durch § 307 Abs. 1 S. 1 BGB nicht zur Vereinbarung angemessener Bedingungen angehalten. Es sollen vielmehr unangemessene Bedingungen verhindert werden, vgl. Erman/*S.Roloff*, § 307 Rn. 8; Palandt/*Heinrichs*, § 307 Rn. 8; *Hromadka*, NJW 2002, 2523 (2527); BGH v. 7.10.1981, NJW 1982, 178.

806 Kroiß/*Fell*, Klauselbuch Schuldrecht, § 3 Rn. 114.

807 Ständige Rechtsprechung, vgl. nur BGH v. 20.4.2000, NJW-RR 2000, 1331; BGH v. 3.11.1999, NJW 2000, 1110.

808 Erman/*S.Roloff*, § 307 Rn. 8; Palandt/*Heinrichs*, § 307 Rn. 8; Staudinger/*Coester*, § 9 AGBG Rn. 71; BGH v. 3.11.1999, NJW 2000, 1110; BGH v. 21.2.1995, NJW-RR 1995, 1260.

809 Kroiß/*Fell*, Klauselbuch Schuldrecht, § 3 Rn. 114.

810 BGH v. 24.9.1980, NJW 1981, 118; BGH v. 10.1.1996, NJW 1996, 988; Erman/*S.Roloff*, § 307 Rn. 9 und 12; Kroiß/*Fell*, Klauselbuch Schuldrecht, § 3 Rn. 115, der darauf hin-

Bei der Prüfung der Angemessenheit ist eine *überindividuelle–generalisierende Betrachtungsweise* zu Grunde zu legen[811]. Maßgeblich ist dabei die typische Situation des durchschnittlichen Vertragspartners[812]. Unberücksichtigt bleiben demnach die konkreten Umstände des Einzelfalls, die konkrete Schutzbedürftigkeit des einzelnen Vertragspartners sowie dessen besondere Interessen. Ebenfalls unbedeutend ist, in welcher Weise sich die fragliche Klausel im konkreten Einzelfall auswirkt. Vielmehr ist entscheidend, welche Rechte nach dem Inhalt der Klausel geltend gemacht werden können und welche Folgen sich daraus bei genereller Betrachtung ergeben[813]. Diese generalisierende Betrachtungsweise folgt aus dem abstrakt-generellen Charakter der AGB[814]. Dabei ist die Berücksichtigung von Besonderheiten des jeweiligen Vertragstyps oder Unterschieden in den Interessenlagen nicht ausgeschlossen, soweit diese verallgemeinerungsfähig und typisierbar sind[815].

Bei Verbraucherverträgen wird dieser generell-überindividuelle Maßstab durch § 310 Abs. 3 Nr. 3 BGB dergestalt ergänzt, dass auch *konkret-individuelle Umstände* zu berücksichtigen sind[816].

2. Bedeutung für den arbeitsvertraglichen Bereich

a) Änderungsbedarf gegenüber früherer Rechtsprechung

Nachdem nunmehr § 307 Abs. 1 S. 1 BGB in dem durch § 310 Abs. 4 BGB vorgegebenem Rahmen auch im Arbeitsrecht Anwendung findet, sind Beeinträchtigungen eines rechtlich anerkannten Interesses des Arbeitnehmers durch die Verwendung vorformulierter Klauseln in Arbeitsverträgen als unangemessen zu bewerten, wenn sie nicht durch berechtigte Interessen des Arbeitgebers gerecht-

---

weist, dass ein derartiges Rationalisierungsinteresse im Arbeitsrecht gleichermaßen bestehe.

811 BGH v. 9.5.1996, NJW 1996, 2155; BGH v. 21.2.2001, NJW 2001, 3406; *Wolf*, in: Wolf/Horn/Lindacher, AGBG, § 9 Rn. 51; Palandt/*Heinrichs*, § 307 Rn. 4; *Hennrichs*, in: Dauner-Lieb/Heidel/Lepa/Ring, Das neue Schuldrecht in der anwaltlichen Praxis, § 6 Rn. 45.

812 Staudinger/*Coester*, § 9 AGBG Rn. 80; *Brandner*, in: Ulmer/Brandner/Hensen, AGBG, § 9 Rn. 78/80/106.

813 BGH v. 23.6.1988, ZIP 1988, 1126; Erman/*S.Roloff*, § 307 Rn. 5; Staudinger/*Coester*, AGBG, § 9 Rn. 81; ErfK/*Preis*, §§ 305–310 BGB Rn. 42.

814 Palandt/*Heinrichs*, § 307 Rn. 4.

815 BGH v. 8.1.1986, NJW 1986, 2102; Erman/*S.Roloff*, § 307 Rn. 5; Soergel/*Stein*, § 9 AGBG Rn. 10.

816 Zur Vereinbarkeit dieser „Kombinationslösung“ mit dem Gemeinschaftsrecht vgl. *Heinrichs*, NJW 1996, 2190, (2193).

fertigt sind oder durch gleichwertige Vorteile ausgeglichen werden[817]. Im Rahmen einer umfassenden Interessenabwägung ist zu prüfen, ob die dem Arbeitnehmer nachteilige Regelung zum Schutz legitimer Interessen des Arbeitgebers geeignet und erforderlich ist sowie die Verhältnismäßigkeit im engeren Sinne wahrt[818].

Die Rechtsprechung hat allerdings auch schon unter der Geltung der früheren Bereichsausnahme benachteiligende Klauseln in Arbeitsverträgen einer Güter- und Interessenabwägung nach Maßgabe des Verhältnismäßigkeitsgrundsatzes unterzogen und diese verworfen oder auf ein angemessenes Maß reduziert[819]. Dies geschah meist unter Rückgriff auf § 242 BGB[820] und § 315 BGB[821]. Aus diesem Umstand wird geschlussfolgert, dass mit der Aufhebung der Bereichsausnahme im Ergebnis keine Rechtsprechungsänderung verbunden sei. Es sei lediglich zu erwarten, dass die Rechtsprechung für ihre bisherige Angemessenheits- bzw. Billigkeitskontrolle nunmehr den § 307 Abs. 1 S. 1 BGB als neuen Anknüpfungspunkt anführen werde[822]. Dies folge auch daraus, dass bereits die Vorgängerregelung des § 307 Abs. 1 S. 1 BGB – der § 9 AGBG – nichts anderes darstellte als eine Positivierung des zivilrechtlichen Grundprinzips, dass eine unangemessene Benachteiligung des Vertragspartners entgegen den Geboten von Treu und Glauben nicht mehr vom Prinzip der Vertragsfreiheit gerechtfertigt ist[823].

Zwar bediente sich die bisherige Rechtsprechung der Arbeitsgerichte bei der Kontrolle von Arbeitsvertragsklauseln einer Angemessenheitskontrolle und Interessenabwägung, die mit derjenigen des § 307 Abs. 1 S. 1 BGB vergleichbar ist. Der bloße Hinweis, deshalb sei eine Fortführung der Rechtsprechung zu erwarten, greift jedoch zu kurz und erfasst nicht die volle Tragweite der Gesetzesän-

---

817 Vgl. *Thüsing*, BB 2002, 2666 (2671).

818 Siehe *Hromadka*, NJW 2002, 2523 (2527).

819 Vgl. beispielsweise BAG v. 6.5.1998, NZA 1999, 79 = NJW 1999, 443; BAG v. 16.3. 1994, AP Nr. 18 zu § 611 BGB Ausbildungsbeihilfe = DB 1994, 1726.

820 Siehe dazu 1. Teil C. II. 5.

821 Siehe dazu 1. Teil C. II. 4.

822 So *Grobys*, DStR 2002, 1002 (1006); *Berger-Delhey*, ZTR 2002, 66 (68); *Berkowsky*, AuA 2002, 11 (15); *Hümmerich*, NZA 2003, 753 (754); *Schlodder*, Der Arbeitsvertrag im neuen Schuldrecht, S. 206 f.; Kroiß/*Fell*, Klauselbuch Schuldrecht, § 3 Rn. 116; *Lingemann*, NZA 2002, 181 (188); auch *Henssler*, RdA 2002, 129 (135), hält es für möglich, dass die Arbeitsgerichte ihre bisherige Rechtsprechung im Ergebnis beibehalten; a.A.: *Annuß*, BB 2002, 458 (463), der es für nicht ausgeschlossen hält, dass sich die Arbeitsgerichte aufgrund der Gesetzesänderung zur Ausweitung ihrer Kontrolltätigkeit aufgerufen sehen.

823 *Schlodder*, Der Arbeitsvertrag im neuen Schuldrecht, S. 206 f.; *Richardi*, NZA 2002, 1057 (1059); *Reichold*, ZTR 2002, 202 (205). Konkret zur früheren Argumentation, bei § 9 AGBG handele es sich um die gesetzliche Konkretisierung eines allgemeinen zivilrechtlichen Grundprinzips: MünchArbR/*Richardi*, § 14 Rn. 74; *Preis*; Grundfragen der Vertragsgestaltung im Arbeitsrecht, S. 266; *Wolf*, RdA 1988, 270 (274).

derung und die Möglichkeiten, die sich durch diese ergeben. Zum einen hat sich durch das Schuldrechtsmodernisierungsgesetz das dispositive Recht und damit auch das gesetzliche Leitbild geändert, an dem sich die Bewertung der fraglichen Klauseln zu orientieren hat, so dass schon deshalb eine Rechtsprechungsänderung nicht ganz fernliegend ist[824]. Zum anderen ist an das heillose Durch- und Nebeneinander von Begründungsansätzen und Rechts-grundlagen zu erinnern, das die Rechtsprechung zur Inhaltskontrolle von Arbeitsverträgen vor der Gesetzesänderung prägte. Neben der erwähnten Heranziehung der § 242 BGB und § 315 BGB als Rechtsgrundlage für die Kontrolle wurde – wie oben bereits ausführlicher dargestellt[825] – beispielsweise eine Inhaltskontrolle unter dem Deckmantel der Auslegung durchgeführt oder im Rahmen des § 134 BGB nach einer „funktionswidrigen Vertragsgestaltung" gefragt. Dies führte durchaus zu einer uneinheitlichen Rechtsprechung[826] und war der Rechtsicherheit nicht gerade zuträglich. Durch die systematische Verortung der arbeitsvertraglichen Angemessenheitskontrolle in § 307 Abs. 1 S. 1 BGB werden diese unterschiedlichen Rechtsprechungsansätze in ein gemeinsames Flussbett gezwungen. Dies stellt eine dogmatische Verbesserung dar gegenüber der früheren Kontrolle anhand unterschiedlicher, an sich nicht passender Rechtsgrundlagen. Zudem ist damit auch eine Grundlage für die Entwicklung einer einheitlichen systematischen Leitlinie für die Arbeitsvertragskontrolle geschaffen worden. Rechtsprechung und Wissenschaft können diese Chance nutzen und von § 307 Abs. 1 S. 1 BGB ausgehend geeignete, allgemeingültige Kriterien für die arbeitsvertragliche Inhaltskontrolle erarbeiten[827].

Gelingt es auf diese Weise – um im obigen Bild zu bleiben –, Dämme entlang des Flussbetts zu errichten, wird der Strukturiertheit der gerichtlichen Arbeitsvertragskontrolle und damit auch der Rechtssicherheit ein großer Dienst erwiesen. Arbeitgeber dürften den Rahmen, innerhalb dessen sie sich bei der Ausgestaltung vorformulierter Arbeitsverträge bewegen können, klarer erkennen. Arbeitnehmern dürfte die Einschätzung leichter fallen, ob eine sie benachteiligende Vertragsklausel tatsächlich wirksam vereinbart werden konnte. Der Annahme, die teilweise Aufhebung der AGB-rechtlichen Bereichsausnahme für das Arbeitsrecht führe zu keiner spürbaren Veränderung, kann somit nicht gefolgt werden.

Bevor im Folgenden einige Kriterien dargestellt werden, die die arbeitsvertragliche Angemessenheitskontrolle gemäß § 307 Abs. 1 S. 1 BGB zukünftig

---

[824] *Henssler*/v. Westphalen, Praxis der Schuldrechtsreform, § 310 Rn. 20. Zu den Auswirkungen einer Änderung des gesetzlichen Leitbildes siehe die Ausführungen zur Wirksamkeit der Ausschlussklauseln, 4. Teil C. II. 1. b).

[825] Siehe 1. Teil C. II.

[826] So wird in der Gesetzesbegründung auch gerade die uneinheitliche Rechtsprechung als ein Auslöser für die Neuregelung bezeichnet, vgl. BT-Drs. 14/6857, S. 54.

[827] Diesen Gedanken ebenfalls aufwerfend: *Reichold*, ZTR 2002, 202 (205).

strukturieren können, ist noch zu klären, welcher Maßstab dabei generell angelegt werden muss.

b) Berücksichtigung konkret-individueller Umstände gemäß § 310 Abs. 3 Nr. 3 BGB

Nach § 310 Abs. 3 Nr. 3 BGB sind bei der Beurteilung, ob Bedingungen eines Verbrauchervertrags eine unangemessene Benachteiligung im Sinne von § 307 Abs. 1 und 2 BGB darstellen, auch die den Vertragsschluss begleitenden Umstände zu berücksichtigen. Aufgrund der fehlenden Verbrauchereigenschaft des Arbeitnehmers i.S.v. § 13 BGB scheidet eine direkte Anwendung dieser Regelung auf Arbeitsverträge aus[828]. Die jeweilige Situation von Verbraucher und Arbeitnehmer beim Vertragsschluß unter Zugrundelegung von Allgemeinen Geschäftsbedingungen ist aber von der gleichen Schutzbedürftigkeit geprägt, so dass eine analoge Heranziehung des § 310 Abs. 3 Nr. 3 BGB gerechtfertigt ist[829].

Der generell-abstrakte Maßstab des § 307 Abs. 1 BGB wird demnach durch die ebenfalls zu berücksichtigen konkret-individuellen Umstände des Vertragsschlusses ergänzt[830]. Die Umstände des Vertragsschlusses können dabei für sich allein nicht die Annahme einer unangemessenen Benachteiligung rechtfertigen. Nur wenn sich aufgrund einer abstrakt-generellen Betrachtung der Klausel Bedenken auftun, die jedoch noch nicht ihre Unwirksamkeit rechtfertigen, kann das Hinzuziehen konkret-individueller Umstände ausschlaggebend für die Qualifizierung der Klausel als unangemessen benachteiligend sein[831]. Die Berücksichtigung der besonderen Umstände des Einzelfalls kann die Beurteilung der Unangemessenheit dabei in beide Richtungen beeinflussen. Sie kann die Bedenken gegen eine Klausel verstärken, so dass diese als unwirksam verworfen wird. Sie

---

828 Siehe 3. Teil A. III. 2.

829 Siehe 3. Teil A. III. 4.

830 Der generell-abstrakte Prüfungsmaßstab des § 307 Abs. 1 BGB wird durch § 310 Abs. 3 Nr. 3 BGB nicht verdrängt, sondern erweitert, vgl. Erman/*S.Roloff*, § 310 Rn. 24; Palandt/*Heinrichs*, § 310 Rn. 19; ErfK/*Preis*, §§ 305–310 BGB Rn. 42; Däubler/*Dorndorf*, AGB-Kontrolle im Arbeitsrecht, § 310 BGB Rn. 22; *Thüsing*, BB 2002, 2666 (2673); *Lakies*, AR-Blattei, SD. 35, Rn. 162; *ders.*, BB 2004, 1903 (1906); *Stoffels*, NZA 2004 Beilage 1, 19 (23); Staudinger/*Coester*, § 9 AGBG Rn. 85; *Brandner*, in: Ulmer/Brandner/Hensen, AGBG, § 9 Rn. 177; *Brandner*, MDR 1997, 312 (314).

831 *Brandner*, in: Ulmer/Brandner/Hensen, AGBG, § 9 Rn. 178; *Horn*, in: Wolf/Horn/Lindacher, AGBG, § 24a Rn. 52; ErfK/*Preis*, §§ 305–310 BGB Rn. 42; *Lindemann*, Flexible Gestaltung von Arbeitsbedingungen nach der Schuldrechtsreform, S. 160. A.A.: Däubler/*Dorndorf*, AGB-Kontrolle im Arbeitsrecht, § 307 BGB Rn. 86, wonach es auf eine generalisierende Betrachtungsweise nicht mehr ankomme, wenn bereits die Würdigung der Einzelumstände zur Feststellung der Unangemessenheit der Klausel führt.

kann die Bedenken gegen die Klausel aber auch derart abschwächen, dass eine Anwendung des § 307 BGB entfällt. Demnach können sich die Begebenheiten des Einzelfalls auch zu Ungunsten des Arbeitnehmers auswirken, falls sie die Bedenken gegen eine für diesen nachteilige Klausel zerstreuen[832].

Die EG-Richtlinie über missbräuchliche Klauseln in Verbraucherverträgen, auf die die Regelung des § 310 Abs. 3 BGB zurückgeht, nennt in Erwägungsgrund 16 als zu berücksichtigende Einzelumstände u.a. beispielhaft das Kräfteverhältnis zwischen den Verhandlungspositionen der Parteien oder eine mögliche Einwirkung auf den Verbraucher, seine Zustimmung zur Aufnahme der Klausel in den Vertrag zu geben[833]. Das Kräfteverhältnis wird beispielsweise charakterisiert durch die Verhandlungsstärke, welche sich nicht zuletzt aus persönlichen Eigenschaften der Vertragspartner ergibt. Derartige Eigenschaften sind z.B. die Geschäftserfahrung, die Beurteilungsfähigkeit und die ebenfalls zu beachtenden intellektuellen Stärken und Schwächen des einzelnen[834]. Beim Arbeitsvertragsschluss mit einer geschäftserfahrenen Führungskraft, die zudem noch über spezielle Branchenkenntnisse verfügt, kann es durchaus an der rollenspezifischen Unterlegenheit des Arbeitnehmers fehlen, so dass die konkreten Einzelfallumstände für die Wirksamkeit einer fragwürdigen Klausel sprechen[835]. Ausschlaggebend kann zudem das Verhalten des Verwenders in der konkreten Situation des Vertragsschlusses sein. Überrumpelt der Arbeitgeber den Arbeitnehmer, nutzt er dessen geschäftliche Unerfahrenheit aus oder verschleiert er den wahren Vertragsinhalt, ist dies ein Indiz für das Vorliegen einer unangemessenen Benachteiligung[836].

---

832 OLG Frankfurt v. 17.11.2000, NJW-RR 2001, 780; Kroiß/*Fell*, Klauselbuch Schuldrecht, § 3 Rn. 101; ErfK/*Preis*, §§ 305–310 BGB Rn. 42; Palandt/*Heinrichs*, § 310 Rn. 21; Erman/*S.Roloff*, § 310 Rn. 25; *Lakies*, AR-Blattei, SD. 35, Rn. 163; *ders.*, BB 2004, 1903 (1906); Däubler/*Dorndorf*, AGB-Kontrolle im Arbeitsrecht, § 307 BGB Rn. 85; Staudinger/*Schlosser*, § 24a AGBG Rn. 55; *Horn*, in: Wolf/Horn/Lindacher, AGBG, § 24a Rn. 53.
Eine andere Ansicht lehnt hingegen eine für den Arbeitnehmer nachteilig wirkende Berücksichtigung der Einzelfallbegebenheiten ab, vgl. *Becker*, in: Bamberger/Roth, § 310 Rn. 20; zum Verbrauchervertrag bereits: *Michalski*, DB 1999, 677 (679); *Coester-Waltjen*, Jura 1997, 272 (274).

833 Richtlinie 93/13/EWG des Rates v. 5.4.1993, ABlEG Nr. L 95 v. 21.4.193, S. 29 ff.

834 ErfK/*Preis*, §§ 305–310 BGB Rn. 42; *ders.*, NZA 2003 Beilage 16, 19 (27); *Lindemann*, Flexible Gestaltung von Arbeitsbedingungen nach der Schuldrechtsreform, S. 162 f.; Erman/*S.Roloff*, § 310 Rn. 25; *Lakies*, AR-Blattei, SD. 35, Rn. 164; *ders.*, BB 2004, 1903 (1906); *Hjort/Bufalica*, Arbeitsverträge, S.71; *Brandner*, in: Ulmer/Brandner/Hensen, AGBG, § 9 Rn. 179; *Bunte*, DB 1996, 1389 (1390); *Schmidt-Salzer*, BB 1995, 1493 (1498).

835 *Lakies*, AR-Blattei, SD. 35, Rn. 165; *ders.*, BB 2004, 1903 (1906).

836 Kroiß/*Fell*, Klauselbuch Schuldrecht, § 3 Rn. 101; *Kittner*/Zwanziger, Arbeitsrecht, Handbuch für die Praxis, § 15 Rn. 57; Erman/*S.Roloff*, § 310 Rn. 25; Palandt/*Heinrichs*, § 310 Rn. 21; Däubler/*Dorndorf*, AGB-Kontrolle im Arbeitsrecht, § 307 BGB Rn. 85; *Lakies*,

c) Kriterien der Angemessenheitskontrolle von Arbeitsverträgen

Im Folgenden sollen Kriterien dargestellt werden, mit deren Hilfe eine Strukturierung der Angemessenheitskontrolle nach § 307 Abs. 1 S. 1 BGB erfolgen kann, so dass dem Rechtsanwender eine Orientierung geboten und der Rechtssicherheit ein Stück näher gekommen wird. Hierbei handelt es sich um Kriterien, die die typischen Interessenlagen der betroffenen Parteien im Sinne einer abstrakt-generellen Betrachtung berücksichtigen. Erst im Anschluss an eine derartige Betrachtung darf zur Ergänzung des Prüfungsmaßstabs von § 307 BGB auf die nach § 310 Abs. 3 Nr. 3 BGB analog berücksichtigungsfähigen Begleitumstände des Vertragsschlusses zurückgegriffen werden[837].

aa) Status des Arbeitnehmers

Die Arbeitnehmerschaft ist nicht als homogene Gruppe zu begreifen. Vielmehr lassen sich zum Beispiel bezogen auf die Stellung bzw. auf den Status der Arbeitnehmer im Betrieb oder Unternehmen Differenzierungen vornehmen, die im Rahmen der Angemessenheitskontrolle die Berücksichtigung der gruppenspezifischen Besonderheiten ermöglichen und somit dazu beitragen, eine interessengerechte Lösung zu finden.

Eine solche Differenzierung lässt sich zwischen Führungskräften und einfachen Arbeitnehmern ausmachen[838]. Führungskräfte erlangen typischerweise Kenntnis von wettbewerbsrelevanten Unternehmensinterna und befinden sich unter anderem deshalb in einem gesteigerten Vertrauensverhältnis gegenüber dem Arbeitgeber. Aus diesem Grund dürften sie mit Blick auf *Nebentätigkeits- und Wettbewerbsverboten* sowie Verschwiegenheitspflichten regelmäßig größere Einschränkungen hinnehmen müssen als der einfache Arbeitnehmer. Das BAG hat auch bisher schon die jeweilige Stellung des Arbeitnehmers berücksichtigt, indem es feststellte, dass Führungskräften weiterreichende Pflichten auferlegt werden können als anderen Arbeitnehmern[839].

AR-Blattei, SD. 35, Rn. 165; *ders.*, BB 2004, 1903 (1906); *Hjort/Bufalica*; Arbeitsverträge, S. 71; *Brandner*, in: Ulmer/Brandner/Hensen, AGBG, § 9 Rn. 179; *Bunte*, DB 1996, 1389 (1390).

[837] Siehe 3. Teil A. III. 4.

[838] So auch ErfK/*Preis*, §§ 305–310 BGB Rn. 46; *Hromadka*, FS Dieterich, 251 (269); *ders.*, NJW 2002, 2523 (2528); *Gotthardt*, ZIP 2002, 277 (286); *Lindemann*, AuR 2002, 81 (86); *dies.*, Flexible Gestaltung von Arbeitsbedingungen nach der Schuldrechtsreform, S. 218; *Thüsing*, BB 2002, 2666 (2671); Kroiß/*Fell*, Klauselbuch Schuldrecht, § 3 Rn. 116; *Reinecke*, NZA 2005, 953 (961).

[839] Vgl. BAG v. 30.1.1970, AP Nr. 24 zu § 133 f. GewO: In dieser Entscheidung nahm das BAG für eine Führungskraft ein weitgehendes Wettbewerbsverbot an. Ein Chemiker, der bei seinem früheren Arbeitgeber eineinhalb Jahre Betriebsleiter in mehreren Abteilungen

Führungskräfte verfügen typischerweise über größere Einflussmöglichkeiten auf den wirtschaftlichen Erfolg oder Misserfolg des Betriebs bzw. Unternehmens als der einfache Arbeitnehmer. Demzufolge scheint die Vereinbarung *flexibler Vergütungsbestandteile* – etwa eine Gewinnbeteiligung oder eine teilweise Auszahlung des Lohns auf Provisionsbasis – bei ihnen eher gerechtfertigt[840].

Zudem ist zu bedenken, dass sich Führungskräfte, insbesondere wenn es sich um rare Spezialisten handelt, gegenüber dem Arbeitgeber in einer weitaus besseren Verhandlungsposition befinden als sonstige Arbeitnehmer und deshalb prinzipiell eher in der Lage sind, Einfluss auf die Vertragsgestaltung zu nehmen.
Neben der Aufteilung der Arbeitnehmerschaft in Führungskräfte und sonstige Arbeitnehmer scheint auch eine Differenzierung zwischen außertariflichen Angestellten und tariflich geführten Arbeitnehmern denkbar. Als Begründung für die frühere Nichtanwendbarkeit der AGB-Kontrolle im Arbeitsrecht wurde der Umstand angeführt, dass sich bei problematischen Einheitsarbeitsbedingungen vielfach die Gewerkschaft einschalte und durch tarifvertragliche Regelungen Grenzen erwirke[841]. Dementsprechend könnte man argumentieren, dass der tarifvertraglich organisierte Arbeitnehmer im Rahmen der arbeitsvertraglichen Angemessenheitskontrolle eines geringeren Schutzes bedürfe, weil seine Interessen bereits durch die Gewerkschaft gewahrt werden. Ein derartiger Gedankengang ist aber bereits mit Blick auf die Gesetzesbegründung zum geänderten AGB-Recht zweifelhaft. Der Gesetzgeber unterwarf Arbeitsverträge gerade auch deshalb der AGB-Kontrolle, weil er den durch das Tarifvertragssystem gewährten Arbeitnehmerschutz nicht mehr für ausreichend hielt. Zudem ist durch die Gewerkschaftszugehörigkeit und die Möglichkeit einer Kompensation nachteiliger arbeitsvertraglicher Vereinbarungen durch tarifliche Regelungen nicht gewährleistet, dass die Arbeitsvertragsklausel den Arbeitnehmer nicht trotzdem unangemessen benachteiligt.

---

war und dem sodann das Betriebslabor unterstellt wurde, durfte demnach während der Karenzzeit nicht als einziger akademisch gebildeter Chemiker in ein Konkurrenzunternehmen mit etwa 400 Beschäftigten und zusammenhängenden Produktionsanlagen eintreten, obwohl das vertragliche Wettbewerbsverbot ihm nicht die Tätigkeit in einem Konkurrenzunternehmen schlechthin, sondern nur die Tätigkeit in bestimmten Produktionsgebieten untersagte.

Vgl. auch BAG v. 14.10.1970, AP Nr. 60 zu § 611 BGB Haftung des Arbeitnehmers, wonach die Stellung eines Angestellten, dem Einzelprokura erteilt ist und der die Geschäfte der Firma des Arbeitgebers nahezu selbstständig führt, nicht ohne Einfluss aus das Ausmaß seiner Sorgfaltspflicht, seines Pflichtenkreises und damit auch seiner Haftung ist.

840 Siehe dazu auch *Lindemann*, Flexible Gestaltung von Arbeitsbedingungen nach der Schuldrechtsreform, S. 205 f. / 220.

841 Siehe *Zöllner*, RdA 1989, 152 (157).

bb) Differenzierungen innerhalb der Arbeitgeberschaft

Im Rahmen der Angemessenheitskontrolle sind die Interessen beider Seiten abzuwägen, weshalb auch die Arbeitgeberseite genauer auf typisierbare Eigenheiten zu untersuchen ist. Allerdings ist dabei zu beachten, dass die AGB-Kontrolle in erster Linie dem Schutz des Vertragspartners dienen soll, welcher im Arbeitsvertragsrecht in der Regel der Arbeitnehmer sein wird. Das BAG betont diese Funktion der Inhaltskontrolle, indem es klarstellt, dass die Inhaltskontrolle lediglich einen Ausgleich für die einseitige Inanspruchnahme der Vertragsfreiheit durch den Klauselverwender schafft, aber nicht dem Schutz des Klauselverwenders vor den von ihm selbst eingeführten Formularbestimmungen dient[842]. Deshalb ist mit Blick auf die Auswirkungen der arbeitgeberseitigen Differenzierungsmöglichkeiten auf das Kontrollergebnis Zurückhaltung an den Tag zu legen. Die Annahme eines gesteigerten Schutzbedürfnisses einer bestimmten Arbeitgebergruppe ist bei der Abwägung zwar im Hinterkopf zu behalten, sie darf aber nicht allzu schwer ins Gewicht fallen.

Bezogen auf die generelle Leistungsfähigkeit und in Übereinstimmung mit gesetzlichen Wertungen ist ein Kleinunternehmer im Verhältnis zum Großkonzern als schutzbedürftiger zu begreifen[843]. Dies zeigt sich beispielhaft an den Regelungen des § 23 Abs. 1 KSchG und § 1 Abs. 1 BetrVG. Diese machen die Geltung der entsprechenden Kündigungsschutzvorschriften bzw. die Einrichtungsmöglichkeit von Betriebsräten von einer bestimmten Mindestanzahl an Beschäftigten abhängig.

Jungunternehmer, die sich im Existenzaufbau befinden, sind gegenüber sonstigen etablierten Unternehmen schutzbedürftiger[844]. Diese Wertung trifft das Gesetz exemplarisch in § 112a Abs. 2 BetrVG. Danach kann in den ersten vier Jahren nach Gründung des Unternehmens kein Sozialplan über die Einigungsstelle erzwungen werden.

Zudem ist auch eine Differenzierung entlang Branchengrenzen möglich[845]. So dürfte ein Hightechunternehmen ein höheres Geheimhaltungsinteresse aufweisen als ein Floristikbetrieb.

cc) Art des Arbeitsvertrages

In Bezug auf die Art des Arbeitsvertrags scheint es zwei Ansatzpunkte zu geben, die zu einer unterschiedlichen Beurteilung im Rahmen der Angemessenheits-

842 BAG v. 27.10.2005, NZA 2006, 257 (258).

843 *Thüsing*, BB 2002, 2666 (2671); *Hromadka*, FS Dieterich, 251 (260 f.); *ders.*, NJW 2002, 2523 (2528).

844 *Hromadka*, FS Dieterich, 251 (260 f.); *ders.*, NJW 2002, 2523 (2528).

845 *Thüsing*, BB 2002, 2666 (2671).

kontrolle Anlass geben können. Dies ist zum einen die vertraglich vereinbarte Laufzeit und zum anderen der zeitliche Umfang der Arbeitspflicht[846].

Die Dauer des Arbeitsverhältnisses kann insbesondere im Zusammenhang mit Flexibilisierungsinstrumenten wie einer *Versetzungsklausel* an Bedeutung gewinnen. Im Rahmen eines nur auf Monate befristeten Arbeitsverhältnisses ist die Gefahr einer unvorhersehbaren Veränderung der wirtschaftlichen Verhältnisse gering, wohingegen bei einem langfristigen oder unbefristeten Arbeitsverhältnis das durchaus berechtigte Anpassungsbedürfnis des Arbeitgebers an veränderte Rahmenbedingungen die Aufnahme von Flexibilisierungsklauseln in den Arbeitsvertrag rechtfertigen können. Je kürzer also die vorgesehene Laufzeit des Arbeitsvertrags, desto eher ist von der Unangemessenheit einer vorformulierten Flexibilisierungsklausel auszugehen[847].

Im Zusammenhang mit dem Umfang der geschuldeten Arbeitspflicht könnte man die Ansicht vertreten, dass Teilzeitbeschäftigte weniger schutzwürdig sind als Vollzeitbeschäftigte, da erstere die betreffende Tätigkeit oftmals als Nebentätigkeit ausüben und somit nicht den Großteil ihres Einkommens zur Existenzsicherung aus dieser Teilzeitbeschäftigung ziehen. Aufgrund der geringeren Bedeutung des Teilzeitarbeitsverhältnisses für die Existenzsicherung seien die Interessen der Teilzeitbeschäftigten im Rahmen der Angemessenheitskontrolle nicht von gleichem Gewicht wie die der Vollzeitbeschäftigten. Diese Ansicht würde jedoch den Umstand verkennen, dass Teilzeitbeschäftigte oftmals mehrere Beschäftigungen parallel ausüben und in der Zusammenschau jede dieser Tätigkeiten einen entscheidenden Beitrag zur Existenzsicherung leistet[848]. Zudem widerspräche sie der Rechtsprechung des BAG. Dieses sieht allein in der Tatsache, dass der Arbeitnehmer die Sicherung des Lebensunterhalts durch andere Tätigkeiten herbeiführt, kein zulässiges Kriterium für eine unterschiedliche Behandlung[849]. Das Diskriminierungsverbot des § 4 Abs. 1 TzBfG drückt dieselbe Wer-

---

[846] Siehe ErfK/*Preis*, §§ 305–310 BGB Rn. 46; *Lindemann*, Flexible Gestaltung von Arbeitsbedingungen nach der Schuldrechtsreform, S. 173 ff. Ebenfalls die „Art des Arbeitsvertrags" als ein im Rahmen der Angemessenheitskontrolle zu berücksichtigendes Kriterium nennen Kroiß/*Fell*, Klauselbuch Schuldrecht, § 3 Rn. 116 und *Gotthardt*, ZIP 2002, 277 (286), ohne dabei allerdings eine nähere Erläuterung vorzunehmen, welche Differenzierungen ein unterschiedliches Kontrollergebnis rechtfertigen und welche nicht. *Thüsing*, BB 2002, 2666 (2671), stellt in diesem Zusammenhang primär auf die Stellung des Arbeitnehmers ab, die sich aus der Art des Arbeitsvertrags ergebe.

[847] So auch *Preis*, Der Arbeitsvertrag, I C Rn. 77; *ders.*, Vertragsgestaltung, S. 313; *Lindemann*, Flexible Gestaltung von Arbeitsbedingungen nach der Schuldrechtsreform, S. 173 f.

[848] *Preis*, Grundfragen der Vertragsgestaltung im Arbeitsrecht, S. 314 ff.; ErfK/*Preis*, §§ 305–310 BGB Rn. 46, weist darauf hin, dass auch Teilzeitarbeitsverträge die Existenzgrundlage des Arbeitnehmers bilden können.

[849] BAG v. 1.11.1995, AP Nr. 45 zu § 2 BSchFG 1985.

tung aus[850]. Danach darf ein Teilzeitbeschäftigter wegen der Teilzeitarbeit nicht schlechter behandelt werden als ein vergleichbarer Vollzeitbeschäftigter, außer es liegen sachliche Gründe vor, die eine unterschiedliche Behandlung rechtfertigen können. Die Tatsache, dass eine Teilzeitbeschäftigung allein oftmals nicht die Grundlage zur Existenzsicherung darstellt, kann also nicht dazu führen, dass dem teilzeitbeschäftigten Arbeitnehmer im Rahmen der AGB-rechtlichen Angemessenheitskontrolle generell eine geringere Schutzbedürftigkeit zugesprochen wird als dem vollzeitbeschäftigten Arbeitnehmer. Vielmehr ist insbesondere bei einer etwaigen arbeitgeberseitigen Veränderung der Arbeitsdauer von einer höheren Schutzbedürftigkeit des Teilzeitarbeitnehmers auszugehen[851]. So stellte die Rechtsprechung klar, dass Teilzeitarbeitnehmer die Möglichkeit haben müssten, ihre Arbeitszeit voll zu verwerten[852]. Dies setzt jedoch eine zuverlässige Koordination verschiedener Teilzeitstellen woraus, welche wiederum nur bei gesicherten bzw. konstanten Arbeitszeiten möglich ist. Bei Vollzeitarbeit geht die Rechtsprechung hingegen davon aus, dass der Arbeitnehmer mit seinem Vollzeitarbeitsverhältnis seine gesamte Arbeitskraft verwertet, weshalb sie in diesem Bereich Arbeitszeitflexibilisierungen in größerem Umfang zulässt[853].

dd) Gesetzliche Risikoverteilung

Bei Klauseln, die die Risikoverteilung zwischen Arbeitgeber und Arbeitnehmer regeln, indem sie beispielsweise eine Verlustbeteiligung des Arbeitnehmers aufstellen, gewinnt die gesetzlich vorgesehene Risikoverteilung als Leitbild an Bedeutung.

Grundsätzlich trägt der Arbeitgeber das Risiko der Vergütungsleistung bei Wirtschafts- und Betriebsstörungen[854]. Das Wirtschaftsrisiko verwirklicht sich,

---

850 *Lindemann*, Flexible Gestaltung von Arbeitsbedingungen nach der Schuldrechtsreform, S. 174, zieht in diesem Zusammenhang ebenfalls eine Parallele zu § 4 Abs. 1 TzBfG.

851 Vgl. *Hromadka*, FS Dieterich, 251 (268 f.). Zu den Grenzen einer wirksamen Arbeitszeitflexibilisierung bei der Abrufarbeit nach § 12 Abs. 1 S. 1 TzBfG vgl. BAG v. 7.12.2005, DB 2006, 897 ff.; *Bauer/Günther*, DB 2006, 950 ff.; *Preis/Lindemann*, NZA 2006, 632 ff.; *Benecke*, AuR 2006, 337 (339); *Wisskirchen/Bissels*, NZA 2006, Beilage 1, 24 (28); *Schlichting*, AiB 2007, 15 f.; *Hohenstatt/Schramm*, NZA 2007, 238 ff.

852 BAG v. 12.12.1984, AP Nr. 6 zu § 2 KSchG 1969.

853 BAG v. 17.3.1988, AP Nr. 11 zu § 15 BAT; BAG v. 12.12.1990, AP Nr. 2 zu § 4 TVG Arbeitszeit.

854 Dies folgt für das Wirtschaftsrisiko aus dem allgemeinen Grundgedanken, dass jeder unabhängig von seinem Verschulden für seine finanzielle Leistungsfähigkeit einzustehen hat. Dieser Grundsatz wurde aus dem durch das Schuldrechtsmodernisierungsgesetz aufgehobenen § 279 BGB hergeleitet und spiegelt sich heute in § 275 BGB wieder, vgl. dazu

wenn der Arbeitnehmer zwar leisten kann bzw. leistet, die geleistete Arbeit für den Arbeitgeber jedoch wirtschaftlich nutzlos ist, weil beispielsweise ein Auftrags- oder Absatzmangel vorherrscht. Die Fortsetzung des Betriebes ist zwar technisch möglich, aber wirtschaftlich sinnlos[855]. Eine Betriebsstörung liegt vor, wenn der Arbeitgeber den leistungsfähigen und leistungsbereiten Arbeitnehmer ohne eigenes Verschulden nicht beschäftigen kann[856]. Der Arbeitgeber will die Arbeitsleistung zwar annehmen, kann dies aber beispielsweise aufgrund eines Stromausfalls nicht[857].

Eine vollständige *Abwälzung des Wirtschafts- bzw. Betriebsrisikos* auf den Arbeitnehmer ist schon mit Blick auf § 307 Abs. 2 Nr. 1 BGB nicht durchführbar[858].

Es sind aber auch vertragliche Vereinbarungen denkbar, die den Arbeitnehmer nicht vollständig mit den Betriebs- und Wirtschaftsrisiken belasten, sondern ihn anteilig an dem daraus letztlich resultierenden Entgeltrisiko beteiligen, indem sie z.B. eine Verringerung des Lohns für den Fall einer Betriebsstörung vorsehen. Derartige Klauseln sind – auch gerade unter Beachtung der Tatsache, dass § 615 BGB prinzipiell abdingbar ist – nicht von vorneherein als unangemessen zu verwerfen[859]. Sie sind einer Interessenabwägung nach § 307 Abs. 1 S. 1 BGB zu unterziehen, wobei weitere Kriterien der Angemessenheitskontrolle wie kompensierende Effekte[860] oder der Status des Arbeitnehmers[861] einzubeziehen sind. Je größer der typischerweise mit der Stellung des Arbeitnehmers verbundene Einfluss auf betriebliche Abläufe und wirtschaftliche Entscheidungen ist, desto eher wird eine teilweise Überbürdung des Entgeltrisikos als angemessen erscheinen können.

Im Zusammenhang mit *Widerrufsvorbehalten* hält das BAG die Verlagerung des Wirtschaftsrisikos auf den Arbeitnehmer für zulässig, soweit der widerrufli-

---

BGH v. 28.2.1989, NJW 1989, 1276; Palandt/*Heinrichs*, § 276 Rn. 28; Erman/*D.W.Belling*, § 615 Rn. 60; *Picker*, JZ 1979, 285 (293).
Die Einstandspflicht des Arbeitgebers bei Betriebsstörungen folgt nunmehr ausdrücklich aus § 615 S. 3 BGB. Diese Regelung entspricht der zuvor vom BAG entwickelten Betriebsrisikolehre, vgl. BAG v. 30.5.1963, AP Nr. 15 zu § 615 Betriebsrisiko; Staudinger/*Otto*, § 326 Rn. C 30; Staudinger/*Richardi*, § 615 Rn. 177 ff.

855 *Junker*, GK Arbeitsrecht, Rn. 288; Erman/*D.W.Belling*, § 615 Rn. 60; BAG v. 11.7.1990, AP Nr. 32 zu § 615 Betriebsrisiko.

856 BAG v. 11.7.1990, AP Nr. 32 zu § 615 Betriebsrisiko; Erman/*D.W.Belling*, § 615 Rn. 60.

857 *Junker*, GK Arbeitsrecht, Rn. 288.

858 Siehe dazu 4. Teil C. II.1. b).

859 Ebenso MünchArbR/*Richardi*, § 14 Rn. 75; *Lindemann*, Flexible Gestaltung von Arbeitsbedingungen nach der Schuldrechtsreform, S. 189; *Hanau*, ZIP 2005, 1661 (1662); a.A.: Erman/*D.W.Belling*, § 615 Rn. 3, der aufgrund des hohen Gerechtigkeitsgehalts des § 615 BGB bereits jede formularvertragliche Abweichung zum Nachteil des Arbeitnehmers als unangemessene Benachteiligung ansieht.

860 Siehe 4. Teil C. III. 2. c) ee) (1).

861 Siehe 4. Teil C. III. 2. c) aa).

che Anteil am Gesamtverdienst unter 25 bis 30 % liegt und der Tariflohn nicht unterschritten wird[862].

Im Arbeitsvertrag der in einer Schule eingesetzten Reinigungskraft kann nach der Rechtsprechung des BAG wirksam vereinbart werden, das Arbeitsverhältnis ruhe während der Schulferien. Ist das Reinigungsobjekt geschlossen und fallen tatsächlich keine Reinigungsarbeiten an, wälze der Arbeitgeber kein unabsehbares und oder speziell ihm übertragenes Risiko auf den Arbeitnehmer ab. Vielmehr gehe es um eine der Arbeitsleistung ensprechende Vergütungszahlung[863].

Neben dem Betriebs- und Wirtschaftsrisiko treten im Arbeitsverhältnis Haftungsrisiken auf. Bei der Überprüfung von vorformulierten Vertragsklauseln, die die Verteilung dieser Haftungsrisiken betreffen, sind im Rahmen der Angemessenheitskontrolle die von der Rechtsprechung zum Schutz des Arbeitnehmers entwickelten Grundsätze der Haftungsbeschränkung bei betrieblich veranlasster Tätigkeit[864] zu beachten[865].

ee) Der Vertrag in seiner Gesamtheit

Im Zentrum der Angemessenheitsprüfung steht die fragliche Klausel und die Frage, ob sie für sich genommen eine angemessene Regelung darstellt. Eine Beurteilung nach § 307 Abs. 1 BGB erfordert jedoch eine umfassende Interessenabwägung[866]. Um diese umfassende Interessenabwägung durchführen zu können, darf nicht nur die einzelne Klausel losgelöst vom Gesamtkontext des Vertrags betrachtet werden, sondern müssen vielmehr alle Klauseln in die Bewertung mit einfließen, die für den Fall relevante Parteiinteressen betreffen. Der Blick darf bei der Kontrolle keine Fixierung auf die isolierte Klausel erfahren. Es ist stattdessen eine Würdigung des gesamten Vertragsinhalts und der dadurch

---

862 BAG v. 12.1.2005, NZA 2005, 465 (467); BAG v. 11.10.2006, BB 2007, 109; vgl. dazu *Kort*, SAE 2005, 307 ff.; *Preis/Lindemann*, AuR 2005, 227 ff.

863 BAG v. 10.1.2007, NZA 2007, 384.

864 Auch als Regeln des innerbetrieblichen Schadensausgleich bezeichnet, vgl. *Junker*, GK Arbeitsrecht, Rn. 296; *Otto/Schwarze*, Die Haftung des Arbeitnehmers, S. 81 ff. Zur Entwicklung dieser Grundsätze in der Rechtsprechung, vgl. BAG (GS) v. 27.9.1994, AP Nr. 103 zu § 611 BGB Haftung des Arbeitnehmers; BAG (GS) v. 12.6.1992, AP Nr. 101 zu § 611 BGB Haftung des Arbeitnehmers; BGH (GmS) v. 21.9.1993, NJW 1994, 856; BAG (GS) v. 25.9.1957, AP Nr. 4 zu §§ 898, 899 RVO. Vgl. zur neueren Rechtsprechungsentwicklung auch *Otto*, FS 50 Jahre BAG, 97 ff.

865 Ebenso *Lindemann*, Flexible Gestaltung von Arbeitsbedingungen nach der Schuldrechtsreform, S. 197.

866 Siehe 4. Teil C. III. 1.

begründeten beiderseitigen Rechte und Pflichten vorzunehmen[867]. Aus einer derartigen Gesamtwürdigung kann die Unangemessenheit einer Klausel resultieren. Umgekehrt kann die Gesamtschau des Vertrags aber auch dazu führen, dass eine zweifelhafte Klausel dennoch als angemessen zu bewerten ist. Dies ist dann der Fall, wenn eine Klausel, die eine erhebliche Benachteiligung zur Folge hat, durch begünstigende Regelungen kompensiert wird[868]. Ersteres liegt hingegen vor, wenn sich Klauseln, die lediglich eine für sich allein noch hinnehmbare Benachteiligung enthalten, in ihrer Wirkung summieren[869].

(1) Kompensation

Die Kompensation einer an sich unangemessenen Klausel durch andere vorteilhafte Klauseln findet nur in gewissen Grenzen statt. Der Hinweis auf einen für den Arbeitnehmer insgesamt vorteilhaft Vertrag vermag eine unangemessene Klausel noch nicht auszugleichen[870]. Ebenso kann nicht jede beliebige, beispielsweise wirtschaftlich vorteilhafte Regelung zu Kompensationszwecken herangezogen werden. Vielmehr muss es sich bei den zu betrachtenden Klauseln um sachlich zusammengehörende Regelungen handeln, die zueinander in einem Wechselverhältnis stehen. Nur Regelungen, die in einem Zusammenhang stehen, vermögen den spezifischen Benachteiligungseffekt der fraglichen Klausel wieder aufzuheben bzw. zu neutralisieren[871]. Des weiteren muss die zur Kompensation herangezogene Regelung einen Vorteil von derartigem Gewicht enthalten, dass es gerechtfertigt erscheint, die nachteilige Klausel durch diesen Vorteil als ausgeglichen zu begreifen[872].

---

[867] BGH v. 17.1.1989, NJW 1989, 582; BGH v. 2.12.1992, NJW 1993, 532; ErfK/*Preis*, §§ 305–310 BGB Rn. 47; Erman/*S.Roloff*, § 307 Rn. 11; *Thüsing*, BB 2002, 2666 (2672); Kroiß/*Fell*, Klauselbuch Schuldrecht, § 3 Rn. 116; *Gotthardt*, ZIP 2002, 277 (286); *Lindemann*, AuR 2002, 81 (86).

[868] BGH v. 3.11.1999, NJW 2000, 1112 f.; Palandt/*Heinrichs*, § 307 Rn. 9.

[869] *Hromadka*, FS Dieterich, 251 (261); *ders.*, NJW 2002, 2523 (2528); *Thüsing*, BB 2002, 2666 (2672).

[870] *Hromadka*, FS Dieterich, 251 (262); *ders.*, NJW 2002, 2523 (2528).

[871] Ebenso: BGH v. 17.9.1987, BGHZ 101, 357; BGH v. 23.4.1991, BGHZ 114, 238; Staudinger/*Coester*, § 9 AGBG Rn. 91; *Brandner*, in: Ulmer/Brandner/Hensen, AGBG, § 9 Rn. 85; Palandt/ *Heinrichs*, § 307 Rn. 10; Erman/*S.Roloff*, § 307 Rn. 11; *Hromadka*, FS Dieterich, 251 (261); *ders.*, NJW 2002, 2523 (2528); *Lindemann*, Flexible Gestaltung von Arbeitsbedingungen nach der Schuldrechtsreform, S. 231 ff.
A.A., also für eine weitergehende Kompensationsmöglichkeit auch durch Klauseln, die mit der fraglichen Regelung nicht in einem sachlichen Zusammenhang stehen: BGH v. 29.2.1984, NJW 1985, 53; *v.Hoyningen-Huene*, Die Inhaltskontrolle nach § 9 AGB-Gesetz, Rn. 173.

[872] Staudinger/*Coester*, § 9 AGBG Rn. 91; *Brandner*, in: Ulmer/Brandner/Hensen, AGBG, § 9 Rn. 85.

Regelungskomplexe, die diese Voraussetzungen erfüllen und deshalb zur Wirksamkeit einer an sich unangemessen benachteiligenden Klausel führen, sind zum einen die Mankohaftung des Arbeitnehmers, deren Zulässigkeit von der Gewährung eines kompensatorischen finanziellen Ausgleichs – dem sogenannten *Mankogeld* – abhängt[873], und zum anderen die Vereinbarung einer strengeren Haftung bei Kraftfahrzeugunfällen gegen ein entsprechendes Kilometergeld[874]. Ein ausreichender sachlicher Zusammenhang in diesem Sinne besteht auch bei der Kopplung einer Verpflichtung zur Leistung von Überstunden mit einer Pauschale zur Abgeltung dieser Überstunden[875]. Eine Wechselbeziehung und damit eine Kompensation wird man jedoch zum Beispiel verneinen müssen, wenn als Ausgleich für eine weitreichende, für sich genommen unangemessene Direktionsrechtserweiterung eine kurze Ausschlussfrist für arbeitgeberseitige Ansprüche dienen soll. Klauseln, die gegen ein Klauselverbot ohne Wertungsmöglichkeit des § 309 BGB verstoßen, sind keiner Kompensation zugänglich, da das Gesetz für diesen Fall die Unwirksamkeit anordnet[876]. Teilweise wird die Kompensationsmöglichkeit auch noch dahingehend begrenzt, dass eine nachteilige Klausel nur durch eine ebenfalls vorformulierte Klausel ausgeglichen werden kann. Vorteilhafte Individualabreden seien dagegen nicht in der Lage, den durch eine vorformulierte Klausel herbeigeführten Nachteil zu neutralisieren. Die Berücksichtigung von Individualabreden widerspräche dem

---

873 BAG v. 17.9.1998, DB 1998, 2610; BAG v. 2.12.1999, BB 2000, 1146. Ausführlich zur Zulässigkeit von Mankoabreden nach der Schuldrechtsreform *Schwirtzek*, NZA 2005, 437 ff.

874 Zum Kilometergeld: BAG v. 8.5.1980, AP Nr. 6 zu § 611 BGB Gefährdungshaftung des Arbeitgebers.
Thüsing, BB 2002, 2666 (2672); ErfK/*Preis*, §§ 305–310 BGB Rn. 47; *Hromadka*, FS Dieterich, 251 (261 f.); *ders.*, NJW 2002, 2523 (2528) verweisen bezüglich einer zulässigen und wirksamen Kompensation auf die Rechtsprechung des BAG zu Rückzahlungsklauseln für Ausbildungskosten. Danach ist dem Arbeitnehmer die Bindung umso eher zuzumuten, je größer der mit der Ausbildung verbundene berufliche Vorteil ist. Als Kompensation für die Rückzahlungspflicht der Aus- bzw. Fortbildungskosten wird dabei die Tatsache angesehen, dass die Aus- bzw. Fortbildungsmaßnahme den Marktwert der Arbeitskraft des Arbeitnehmers erhöht hat, vgl. BAG v. 18.8.1976, AP Nr. 3 zu § 611 BGB Ausbildungsbeihilfe; BAG v. 16.3.1994, AP Nr. 18 zu § 611 BGB Ausbildungsbeihilfe = DB 1994, 1726; BAG v. 24.7.1991, AP Nr. 16 zu § 611 BGB Ausbildungshilfe. Bei der Annahme einer möglichen kompensatorischen Wirkung im Rahmen der Angemessenheitskontrolle gem. § 307 Abs. 1 BGB ist diesbezüglich jedoch Zurückhaltung geboten. Der erhöhte Marktwert, den der Arbeitnehmer durch seine gesteigerte Qualifikation erlangt, ist eine faktische Folge der Fortbildungsmaßnahme, die außerhalb des Vertrags liegt. Er beruht nicht auf einer weiteren Klausel des Arbeitsvertrags, die die nachteilige Rückzahlungsklausel neutralisiert.

875 *Preis*, Der Arbeitsvertrag, II M 20 Rn. 13 ff.; *Lindemann*, Flexible Gestaltung von Arbeitsbedingungen nach der Schuldrechtsreform, S. 231 ff.

876 Erman/*S. Roloff*, § 307 Rn. 11.

generellen Charakter der AGB[877]. Diese Ansicht vernachlässigt jedoch den Umstand, dass im Rahmen der Angemessenheitskontrolle des § 307 Abs. 1 BGB insbesondere nach einem gerechten Interessenausgleich gefragt wird. Dabei ist unbedeutend, ob dieser Interessenausgleich durch weitere vorformulierte Klauseln oder durch Individualvereinbarungen herbeigeführt wird. Der gesamte Vertragsinhalt, also auch die Individualabreden, sind bei der Angemessenheitsprüfung zu berücksichtigen[878]. Folglich kann sowohl eine vorformulierte Klausel als auch eine Individualabrede zur Kompensation der nachteiligen Regelung führen[879].

(2) Kumulation

Bei der Betrachtung des gesamten Vertragsinhalts kann es auch zu summierenden Effekten kommen, die eine für sich allein genommen zulässige Klausel durch das Zusammenwirken mit einer anderen Vertragsbestimmung zu einer insgesamt unangemessenen Regelung werden lassen[880]. Wie bei der Kompensation einer benachteiligenden Klausel durch eine vorteilhafte Regelung, ist auch bei der Kumulation mehrerer nachteiliger Klauseln zu einer unangemessen benachteiligenden Regelung ein sachlicher Zusammenhang bzw. eine Wechselbeziehung zwischen den einzelnen Klauseln nötig[881].

Folgt aus dem Zusammenspiel zweier Klauseln die Unangemessenheit der Regelung, so ist nicht nur eine der beiden Klauseln als unwirksam zu betrachten, sondern beide[882]. Denn zum einen ist es nicht Aufgabe des Gerichts, zu entscheiden, welche der beiden Klauseln weiterhin aufrechterhalten werden soll[883]. Zum anderen wäre das Aufrechterhalten einer der beiden Klauseln im Ergebnis eine

---

877 Erman/*S. Roloff*, § 307 Rn. 11.

878 BGH v. 2.12.1992, NJW 1993, 532; Palandt/*Heinrichs*, § 307 Rn. 9.

879 Ebenso *Brandner*, in: Ulmer/Brandner/Hensen, AGBG, § 9 Rn. 85; *Wolf*, in: Wolf/Horn/Lindacher, AGBG, § 9 Rn. 132.

880 BGH v. 2.12.1992, NJW 1993, 532; Palandt/*Heinrichs*, § 307 Rn. 9; Erman/*S. Roloff*, § 307 Rn. 11; *Brandner*, in: Ulmer/Brandner/Hensen, AGBG, § 9 Rn. 85; *Wolf*, in: Wolf/Horn/Lindacher, AGBG, § 9 Rn. 133; *Thüsing*, BB 2002, 2666 (2672); *Hromadka*, FS Dieterich, 251 (261); *ders.*, NJW 2002, 2523 (2528).

881 *Hromadka*, FS Dieterich, 251 (261); *ders.*, NJW 2002, 2523 (2528); Staudinger/*Coester*, § 9 AGBG Rn. 98. Dieser sachliche Zusammenhang wurde z.B. bejaht bei der Kombination von Anfangsrenovierung und Schönheitsreparaturen als Mieterpflichten, vgl. BGH v. 2.12.1992, NJW 1993, 532.

882 BGH v. 26.10.1994, NJW 1995, 254; Palandt/*Heinrichs*, § 307 Rn. 9; *Wolf*, in: Wolf/Horn/Lindacher, AGBG, § 9 Rn. 133.

883 *Wolf*, in: Wolf/Horn/Lindacher, AGBG, § 9 Rn. 133.

geltungserhaltende Reduktion und somit ein Verstoß gegen § 306 Abs. 2 BGB[884].

ff) Nähe zum arbeitsvertraglichen Synallagma

Im Rahmen der Angemessenheitsprüfung kann ferner zu berücksichtigen sein, inwieweit der Regelungsgehalt der fraglichen Klausel an das Synallagma des Arbeitsvertrags heranreicht[885].

Leistungsbestimmungsrechte des Arbeitgebers betreffen oftmals gerade die im Gegenseitigkeitsverhältnis stehenden Hauptleistungspflichten. Sie treten in der Form eines Widerrufsvorbehalts hinsichtlich bestimmter Entgeltanteile auf oder ermöglichen einseitige Änderungen der Arbeitszeit oder der vom Arbeitnehmer durchzuführenden Tätigkeit. Derartige Leistungsbestimmungsrechte ermächtigen den Arbeitgeber also, wesentliche Bestandteile des Arbeitsvertrags einseitig zu verändern und führen demzufolge zu einer Relativierung der Vertragsbindung[886]. Der Eingriff in das Synallagma kann dabei sogar dazu führen, dass das Äquivalenzverhältnis zwischen Leistung und Gegenleistung verschoben wird. Dies ist zum Beispiel der Fall, wenn sich der Arbeitgeber die Zuweisung einer höherwertigen bzw. höherqualifizierten Tätigkeit ohne gleichzeitige entsprechende Anhebung des Entgeltes vorbehält.

Gerade im zentralen Bereich des Entgelts und der geschuldeten Tätigkeit hat der Arbeitnehmer aber ein weitreichendes Interesse an gesicherten Vertragsbedingungen. Grundsätzlich dient ihm die Arbeit der Existenzsicherung, so dass er ein berechtigtes Bedürfnis daran hat, sich auf die getroffenen Vereinbarungen verlassen zu können und nicht die jederzeitige einseitige Änderung durch den Arbeitgeber fürchten zu müssen.

Diesen nachvollziehbaren Arbeitnehmerinteressen stehen aber Arbeitgeberinteressen gegenüber, die im Rahmen der Angemessenheitskontrolle nach § 307 Abs. 1 S. 1 BGB ebenfalls zu berücksichtigen sind. Die Einflussfaktoren auf das Arbeitsverhältnis sind vielfältig und ihre Entwicklung zum Zeitpunkt des Vertragsschlusses nicht gänzlich vorauszusehen und auch bei vorausschauender Vertragsgestaltung nicht abschließend zu erfassen. Der Arbeitsvertrag als Dauerschuldverhältnis bedarf deshalb im Laufe der Zeit einer An-

---

[884] So auch *Lindemann*, Flexible Gestaltung von Arbeitsbedingungen nach der Schuldrechtsreform, S. 234. Zum Verbot der geltungserhaltenden Reduktion und dessen Anwendung im Arbeitsrecht siehe 5. Teil B.

[885] Vgl. Kroiß/*Fell*, Klauselbuch Schuldrecht, § 3 Rn. 116; *Lindemann*, Flexible Gestaltung von Arbeitsbedingungen nach der Schuldrechtsreform, S. 198 ff.

[886] *Brandner*, in: Ulmer/Brandner/Hensen, AGBG, Anh. §§ 9–11 Rn. 470; *Preis*, FS Kissel, 879 (906); *Hidalgo/Rid*, BB 2005, 2686 (2689).

passung an geänderte Rahmenbedingungen[887]. Dem Arbeitgeber muss aus diesem Grund prinzipiell die Möglichkeit eingeräumt werden, das Unternehmen und damit auch Tätigkeit, Arbeitszeit und Lohnstruktur den wechselnden Erfordernissen des Marktes anzupassen[888]. Gelingt es dem Arbeitgeber, das Unternehmen durch die sinnvolle Wahrnehmung derartiger Flexibilisierungsmöglichkeiten zu konsolidieren, dient das Leistungs-bestimmungsrecht in letzter Konsequenz der Arbeitsplatzsicherung und damit dem Arbeitnehmerinteresse[889].

Einseitige Leistungsbestimmungsrechte sind deshalb auch im Bereich der im Gegenseitigkeitsverhältnis stehenden Leistungen nicht gänzlich als unangemessen zu verwerfen. Im Gegensatz zu Klauseln, die lediglich Nebenabreden oder nicht im Gegenseitigkeitsverhältnis stehende Leistungen betreffen[890], ist ihre Wirksamkeit aufgrund ihrer Relativierungswirkung bzgl. für den Arbeitnehmer höchstbedeutender Rechte und Pflichten aber an strengere Voraussetzungen zu knüpfen. Das BAG stellte diesbezüglich fest, dass der Arbeitnehmer des Schutzes gegen Vereinbarungen bedürfe, die dem Arbeitgeber entgegen § 315 Abs. 1 BGB das Recht zum einseitigen Widerruf nach freiem Ermessen oder gar nach Belieben einräumen und damit ermöglichen, das Gleichgewicht von Leistung und Gegenleistung unkontrolliert zu verändern[891]. Nach der Schuldrechtsreform lässt das BAG die Vereinbarung eines auf übertarifliche Leistungen bezogenen *Widerrufsvorbehalts* in einem Formulararbeitsvertrag nur zu, wenn der widerrufliche Anteil unter 25 bis 30 % der Gesamtvergütung liegt und der Widerruf nicht grundlos erfolgen soll[892]. Zudem verlangt das BAG, dass Widerrufsvorbehalte hinreichend konkret Voraussetzungen und Umfang der vorbehaltenen Änderungen nennen[893]. Für die Zukunft lässt sich festhalten, dass vorformulierte Leistungsbestimmungsrechte umso strengere Voraussetzungen erfüllen müssen, je näher sie an den Kernbereich des Arbeitsvertrags heranreichen bzw. je mehr

---

[887] *Zöllner*, RdA 1989, 152 (1601); *Hromadka*, FS Dieterich, 251 (266 f.); *Lindemann*, Flexible Gestaltung von Arbeitsbedingungen nach der Schuldrechtsreform, S. 199.
Der BGH v. 12.7.1989, WM 1989, 1729 (1731), erkennt bei langfristigen Vertragsverhältnissen ein Bedürfnis an, auf geänderte reagieren zu können Rahmenbedingungen, um das bei Vertragsschluss bestehende Verhältnis von Leistung und Gegenleistung über die gesamte Vertragsdauer im Gleichgewicht zu halten.

[888] *Hromadka*, FS Dieterich, 251 (266).

[889] *Lindemann*, Flexible Gestaltung von Arbeitsbedingungen nach der Schuldrechtsreform, S. 199 f., weist ebenfalls darauf hin, dass Flexibilisierungsmöglichkeiten des Arbeitgebers sowohl dem Arbeitgeber als auch dem Arbeitnehmer nützen können.

[890] Z.B. Sonderleistungen aus Anlass von Hochzeit oder Geburt, die nicht aufgrund der tatsächlich erbrachten Arbeitsleitung, sondern allein aufgrund des Bestehens des Arbeitsverhältnisses erbracht werden.

[891] So BAG v. 13.5.1987, AP Nr. 4 zu § 305 BGB Billigkeitskontrolle.

[892] BAG v. 12.1.2005, NZA 2005, 465 ff.

[893] *Ricken*, DB 2006, 1372 (1373), hält aufgrund dieser Anforderungen Widerrufsvorbehalte nicht mehr für geeignet, das Entstehen einer betrieblichen Übung zu vermeiden.

sie eine synallagmatische Pflicht betreffen und einschränken[894]. Die entsprechenden Klauseln müssen deshalb bei zunehmender Eingriffsreichweite, etwa bei der Versetzungsmöglichkeit auf einen geringerwertigen Arbeitsplatz, und bei wachsender Nähe zum Synallagma konkretere Angaben zu den die Änderung rechtfertigenden Gründen enthalten[895]. Je schwerwiegender der Eingriff in eine synallagmatische Leistungspflicht ist, den die fragliche Klausel ermöglicht, desto höher müssen die Interessen des Arbeitgebers einzuschätzen sein, die diesem Eingriff gegenüber stehen, damit noch von einer angemessenen Regelung auszugehen ist.

Je näher die fragliche Klausel in ihrer Wirkung an das Synallagma heranreicht, desto bedeutender, aber auch schwieriger ist die Abgrenzung zur kontrollfreien Hauptleistungsabrede. So sind Leistungsbeschreibungen, die Art, Umfang und Güte der geschuldeten Leistung festlegen, der gerichtlichen Angemessenheitskontrolle entzogen. Demgegenüber können Klauseln, die das Hauptleistungsversprechen einschränken, verändern, ausgestalten oder modifizieren, inhaltlich kontrolliert werden[896]. Das BAG sieht in der *befristeten Änderung* der synallagmatischen Pflichten aus dem Arbeitsverhältnis eine kontrollfähige Änderung des Hauptleistungsversprechens[897]. Eine befristete Erhöhung der regelmäßigen Arbeitszeit unterliege der Kontrolle nach den §§ 305 ff. BGB. Gegenstand der Kontrolle sei nicht die vereinbarte Erhöhung der Arbeitszeit und

---

[894] Nach *Preis*, Grundfragen der Vertragsgestaltung im Arbeitsrecht, S. 419 ff., sind umso höhere Anforderungen an die Klausel zu stellen, je wesentlicher die betreffende Leistung ist und je mehr in eine schützenswerte Position des Arbeitnehmers eingegriffen wird. Meiner Ansicht nach steigt dabei die Wesentlichkeit der betreffenden Leistung mit der Nähe zum Synallagma, so dass man *Preis* dahingehend verstehen kann, dass umso höhere Anforderungen an die Klausel zu stellen sind, je näher die betreffende Leistung an das Synallagma heranreicht.

[895] Dies forderte *Hromadka*, FS Dieterich, 251 (275), bereits vor der Schuldrechtsreform. *Lindemann*, Flexible Gestaltung von Arbeitsbedingungen nach der Schuldrechtsreform, S. 200 ff., nimmt hinsichtlich der an ein vorformuliertes Leistungsbestimmungsrecht zu stellenden Voraussetzungen eine Differenzierung nach der Einflussnahmemöglichkeit des Arbeitnehmers vor. Hat der Arbeitnehmer einen gewissen Einfluss auf Eintritt und Umfang der Änderungen, müsse die Klausel geringere Angemessenheitserfordernisse erfüllen als ein einseitiges Änderungsrecht ohne jegliche Einflussmöglichkeit. Bei letzterem sei eine Parallele zu den Voraussetzungen einer Änderungskündigung zu ziehen. Eine derartige Flexibilisierung synallagmatischer Leistungen sei nur wirksam, wenn die Klausel zum einen Gründe für die Ausübung enthält, die den dringenden betrieblichen Erfordernissen i.S.v. § 1 Abs. 2 KSchG genügen. Zum anderen müsse die Regelung das Erfordernis eines schlüssigen Sanierungskonzepts enthalten, ebenso wie eine Frist für die Ausübung, eine Begrenzung des Änderungszeitraums sowie eine Einschränkung des Änderungsumfangs auf die Änderung der tatsächlichen Verhältnisse.

[896] Vgl. 4. Teil B. I.

[897] BAG v. 27.7.2005, NZA 2006, 40 ff.; BAG v. 27.5.1992, EzA § 307 BGB 2002 Nr. 13.

damit der Umfang der vom Arbeitnehmer zu erbringenden Arbeitsleistung, sondern deren zeitliche Einschränkung durch die Befristung.

gg) Grundrechte als Bewertungshilfe

Die Grundrechte binden die Parteien im Privatrechtsverkehr nicht unmittelbar. Ein zivilrechtlicher Vertrag muss deshalb nicht unmittelbar die Grundrechte der anderen Partei wahren[898]. In ihrer Funktion als objektive Wertentscheidungen bzw. Grundsatznormen des Verfassungsgebers beeinflussen die Grundrechte jedoch auch das bürgerliche Recht. Demnach darf keine bürgerlich-rechtliche Vorschrift in Widerspruch zu den Grundrechten stehen und jede muss in ihrem Geiste ausgelegt werden[899]. Dies entspricht der herrschenden Lehre von der mittelbaren Drittwirkung, nach der insbesondere Generalklauseln sogenannte „Einbruchstellen" der Grundrechte in das bürgerliche Recht darstellen. Der Richter muss diese Generalklauseln im Lichte der Grundrechte auslegen[900]. Die Lehre der unmittelbaren Drittwirkung steht in engem Zusammenhang mit dem Schutzpflichtgedanken[901]. Dieser sieht in den Grundrechten nicht nur Abwehrrechte gegen staatliche Eingriffe, sondern auch eine Verpflichtung des Staates, Grundrechtsträger vor Eingriffen Dritter zu schützen[902]. Die Schutzgebotsfunktion der Grundrechte gewinnt insbesondere dann an Bedeutung, wenn der Zustand der faktischen Symmetrie zwischen den Vertragspartnern, von dessen Vorliegen der historische Gesetzgeber des Bürgerlichen Gesetzbuches ausgegangen ist, nicht gegeben ist. Die im Laufe der Zeit erfolgte gesellschaftliche und insbesondere industrielle Entwicklung hat dazu geführt, dass die faktische Symmetrie nicht mehr nur durch die staatliche Machtausübung, sondern auch durch die Ausübung privater wirtschaftlicher und sozialer Macht zumindest gefährdet, wenn nicht oftmals gar beseitigt wird. Entscheidet der Gesetzgeber in

---

898 Siehe BVerfG v. 23.4.1986, BVerfGE 73, 261; BAG (GS) v. 27.2.1985, BAGE 48, 122; BGH v. 14.2.1958, BGHZ 26, 349.
A.A. jedoch die früher vertretene Lehre von der unmittelbaren Drittwirkung der Grundrechte. Vgl. dazu: BAG v. 15.1.1955, AP Nr. 4 zu Art. 3 GG; BAG v. 29.6.1962, AP Nr. 25 zu Art. 12 GG; *Nipperdey*, Grundrechte und Privatrecht, S. 14 ff.; *Gamillscheg*, AcP 164 (1964), 385 (419 ff.); *Schwabe*, Die sogenannte Drittwirkung, S. 67 ff.; Steindorff, Persönlichkeitsschutz im Zivilrecht, S. 12 f.

899 BVerfG v. 23.4.1986, BVerfGE 73, 261; BAG v. 24.5.1989, JZ 1990, 139 (140); *Pieroth/Schlink*, Grundrechte Staatsrecht II, Rn. 173 ff.; *Erichsen*, Jura 1996, 527 (530).

900 Vgl. BVerfG v. 19.10.1993, BVerfGE 89, 214 = NJW 1994, 36; BAG v. 16.3.1994, AP Nr. 18 zu § 611 BGB Ausbildungsbeihilfe = DB 1994, 1726; ErfK/*Dieterich*, Art. 2 GG Rn. 34; *Otto*, Arbeitsrecht, Rn. 116 f.; *Richardi*, FS 100 Jahre Deutscher Arbeitsgerichtsverband, 537 (558); MünchArbR/*ders.*, § 10 Rn. 37; *Söllner*, NZA 1996, 897 (901).

901 *Canaris*, JuS 1989, 161 (163); *Oeter*, AöR 1994, 529 (549 ff.).

902 Vgl. BVerfGE v. 7.2.1990, AP Nr. 65 zu Art. 12 GG.

detaillierten Regelungen, wie er die Machtverhältnisse – gegebenenfalls in den verfassungsrechtlichen Grenzen auch asymmetrisch – gestalten möchte, ist die Rechtsprechung an diese Entscheidungen gebunden. Wo sie aber, wie bei Generalklauseln und unbestimmten Rechtsbegriffen, nicht derartig gebunden ist, verlangen die Grundrechte, Chancengleichheit durch die Herstellung faktischer Symmetrie zu wahren[903].

Auch § 307 Abs. 1 S. 1 BGB stellt eine derartige Generalklausel dar, weshalb im Rahmen der nach dieser Vorschrift vorzunehmenden Angemessenheitskontrolle die verfassungsrechtlichen Wertungen zu berücksichtigen sind[904]. So sind beispielsweise im Zusammenhang mit vorformulierten *Nebentätigkeitsverboten*[905] oder nachvertraglichen *Wettbewerbsverboten*[906] mögliche Einschränkungen der Berufsfreiheit nach Art. 12 Abs. 1 GG zu beachten. *Freistellungsklauseln* können mit Blick auf die aus dem Allgemeinen Persönlichkeitsrecht nach Art. 2 Abs. 1 GG i.V.m. Art. 1 Abs. 1 GG folgende Beschäftigungspflicht problematisch sein[907].

Im Rahmen der nach § 307 Abs. 1 BGB vorzunehmenden Angemessenheitskontrolle ist also darauf zu achten, ob der Arbeitgeber bei der Ausgestaltung des Vertrages die grundrechtliche Stellung des Arbeitnehmers im erforderlichen Maße in seine Vorüberlegungen mit einbezogen hat. Je sensibler der durch den Regelungsbereich der fraglichen Vertragsbedingung betroffene Grundrechtsbereich ist und je stärker diese Vertragsbedingung den Arbeitnehmer in seiner Grundrechtsausübung behindert, desto höhere Rechtfertigungsanforderungen sind an die Klausel zu stellen.

hh) Tarifvertrag als Bewertungshilfe

Fraglich ist, ob Tarifverträge im Rahmen des § 307 Abs. 1 BGB bei der Beurteilung der Angemessenheit einer vorformulierten Arbeitsvertragsklausel als Bewertungshilfe herangezogen werden können. Diese Frage ist zu trennen von der oben bereits verworfenen Einordnung des Tarifvertrags als „gesetzliche Regelung" im Sinne von § 307 Abs. 2 Nr. 1 BGB, die die Kontrolle des arbeitsver-

---

[903] BVerfG v. 19.10.1993, BVerfGE 89, 214 = NJW 1994, 36; *Hermes*, NJW 1990, 1764 (1767); *Hillgruber*, AcP 191 (1991), 69 (75); *Schlink*, Abwägung im Verfassungsrecht, S. 214 ff.; *Gaul/Khanian*, MDR 2006, 68 ff.

[904] Ebenso *Thüsing*, BB 2002, 2666 (2672); *Gotthardt*, ZIP 2002, 277 (286); ErfK/*Preis*, §§ 305–310 BGB Rn. 48; *Lindemann*, AuR 2002, 81 (86); *dies.*, Flexible Gestaltung von Arbeitsbedingungen nach der Schuldrechtsreform, S. 177 ff.

[905] *Lindemann*, Flexible Gestaltung von Arbeitsbedingungen nach der Schuldrechtsreform, S. 179; Preis/*Rolfs*, Der Arbeitsvertrag, II N 10 Rn. 33.

[906] *Thüsing*, BB 2002, 2666 (2672).

[907] Vgl. dazu schon oben im Zusammenhang mit § 307 Abs. 2 Nr. 2 BGB 4. Teil C. II. 2. b).

traglichen Entgelts am Tariflohnniveau ermöglichen würde[908]. Allerdings könnten die im Zusammenhang mit einer möglichen, am Tarifvertrag ausgerichteten Entgeltkontrolle geäußerten Bedenken, insbesondere die Betroffenheit der negativen Koalitionsfreiheit gemäß Art. 9 Abs. 3 GG[909] und die Kollision mit dem Institut der Allgemeinverbindlicherklärung gemäß § 5 TVG[910], auch einer Beachtung von Tarifnormen im Rahmen der Angemessenheitskontrolle nach § 307 Abs. 1 S. 1 BGB entgegenstehen.

Andererseits zeigt ein Blick in die Rechtsprechung, dass die Arbeitsgerichte auch bisher schon bei der Beurteilung gewisser Sachverhalte den Tarifvertrag als ein Kriterium unter mehreren herangezogen haben. Dies geschah etwa bei der Bestimmung der Angemessenheit der Auszubildendenvergütung gemäß § 10 BBiG[911] oder der Sittenwidrigkeit von Löhnen nach § 138 BGB[912]. Hieran zeigt sich auch der qualitative Unterschied zwischen der möglichen Rolle des Tarifvertrags bei § 307 Abs. 2 Nr. 1 BGB und der Funktion, die der Tarifvertrag im Rahmen der allgemeinen Angemessenheitskontrolle nach § 307 Abs. 1 S. 1 BGB einnehmen kann. Während bei einer nach § 307 Abs. 2 Nr. 1 BGB vorzunehmenden Kontrolle der Tarifvertrag ein absoluter Maßstab wäre, mit der Folge, dass es zu einer generell am Tarifvertrag ausgerichteten Inhaltskontrolle käme, ist die Tarifregelung im Rahmen von § 307 Abs. 1 S. 1 BGB nicht generell mit dem Begriff „angemessen" gleichzusetzen. Die Tarifregelung stellt hier keinen absoluten Maßstab dar, sondern ist nur ein möglicher Anhaltspunkt unter mehreren, der Aufschluss darüber geben kann, was in der im Einzelfall betroffenen Branche üblicherweise als angemessen betrachtet werden darf.

Insbesondere die verfassungsrechtlichen Bedenken gegen eine generelle Maßstabseigenschaft des Tarifvertrags im Rahmen von § 307 Abs. 2 Nr. 1 BGB sollten aber auch bei § 307 Abs. 1 S. 1 BGB zu einer vorsichtigen und restriktiven Heranziehung von Tarifnormen als Bewertungshilfe bei der Angemessenheitskontrolle anhalten. Ein Zurückgreifen auf Tarifnormen muss immer dann ausbleiben, wenn der durch die fragliche Klausel betroffene Lebenssachverhalt durch eine gesetzliche Vorschrift geregelt wurde. Die Regelungen des § 307 Abs. 2 Nr. 1 und Abs. 3 BGB zeigen, dass das AGB-Recht gesetzliche Regelungen prinzipiell als angemessen anerkennt. Von diesen gesetzlichen Vorschriften abweichende Tarifnormen zu einem Angemessenheitskriterium zu machen, würde deshalb den Wertungen des AGB-Rechts widersprechen. Aber auch wenn

---

908 Siehe 4. Teil B.

909 Siehe dazu 4. Teil B. III. 8.

910 Siehe dazu 4. Teil B. III. 6.

911 BAG v. 10.4.1991, DB 1991, 1524 = NZA 1991, 773 = AP Nr. 3 zu § 10 BBiG; BAG v. 11.10.1995, DB 1996, 1086 = NZA 1996, 698 = AP Nr. 6 zu § 10 BBiG. Siehe dazu auch schon 4. Teil B. II. 1.

912 BAG v. 1.4.1976, NJW 1976, 1958 = AP Nr. 34 zu § 138 BGB; BAG v. 4.2.1981, AP Nr. 45 zu § 242 BGB Gleichbehandlung. Siehe dazu auch 4. Teil B. II. 2.

keine gesetzliche Regelung vorhanden ist, ist bei der Heranziehung einer Tarifnorm zur Beurteilung der fraglichen Arbeitsvertragsklausel Vorsicht und Zurückhaltung walten zu lassen. Denn die den Tarifverträgen prinzipiell zugestandene Richtigkeitsgewähr wird bei der Anwendung auf Außenseiter und vor allem bei dem „Herausbrechen“ einzelner Regelung aus dem Gesamtkontext immer zweifelhafter[913]. Deshalb ist gründlich zu überlegen, ob die Tarifregelung isoliert betrachtet werden kann, ob sie in den Arbeitsvertragskontext sinnvoll und sachgerecht als Vergleichskriterium einbezogen werden kann und ob die Tarifnorm eine derartige tatsächliche Bedeutung für die einschlägige Branche hat, dass es gerechtfertigt erscheint, sie im Rahmen der generell-typisierenden Betrachtungsweise des § 307 Abs. 1 S. 1 BGB heranzuziehen[914]. Jedenfalls ist noch einmal zu betonen, dass die Tarifnorm in diesem Zusammenhang kein alleiniger, absoluter Angemessenheitsmaßstab ist, sondern nur als ein Kriterium unter vielen ergänzend herangezogen werden kann, um im Einzelfall eine Aussage über die Angemessenheit einer fraglichen Arbeitsvertragsklausel zu treffen.

ii) Kein Kriterium: Üblichkeit

Allein aus einer häufigen Verwendung bestimmter Klausel, die von einer Üblichkeit oder auch Verkehrssitte sprechen lässt, ist kein Rückschluss auf die Angemessenheit der betreffenden Klausel zu ziehen.

Man könnte zwar annehmen, die Branchenüblichkeit spreche dafür, dass sich ein Regelungstyp zwischen Angehörigen bestimmter Verkehrskreise durchgesetzt hat, weil auch die Seite des Vertragspartners – hier also die Arbeitnehmerseite – die Regelung als zweckmäßig und angemessen betrachte[915]. Ein solcher Rückschluss ist jedoch nicht zwingend. Gerade im Bereich Allgemeiner Geschäftsbedingungen ist eine Situation vorzufinden, in der der Verwender vorformulierter Klauseln aufgrund seiner strukturellen Überlegenheit und der spezifischen Funktion der Allgemeinen Geschäftsbedingungen als Grundlage vielfacher Vertragsabschlüsse in der Lage ist, auch missbräuchliche Klauseln weit zu verbreiten und sie somit üblich zu machen. Dieser Effekt wird dadurch unterstützt, dass Arbeitgeber häufig auf Vertragsmuster von Interessenverbänden zurückgreifen, wodurch die Verbreitung einer bestimmten Regelung noch weiter gefördert wird[916]. Die allgemein übliche Verwendung einer Klausel darf deshalb keinen Einfluss auf ihre inhaltliche Bewertung haben. Allein die Verkehrsüb-

---

[913] Siehe dazu 3. Teil A. VII. 1. b) aa) (3).

[914] Vgl. dazu *Bayreuther*, RdA 2003, 81 (85 ff.).

[915] So BGH v. 27.2.1985, NJW 1985, 2693; *Brandner*, in: Ulmer/Brandner/Hensen, AGBG, § 9 Rn. 118.

[916] Vgl. auch *Lindemann*, Flexible Gestaltung von Arbeitsbedingungen nach der Schuldrechtsreform, S. 209.

lichkeit einer unangemessenen Regelung macht sie noch nicht zu einer zulässigen Klausel[917]. Der Kontrollmaßstab des § 307 BGB ist einer unbilligen Verkehrssitte übergeordnet, so dass eine missbräuchliche Verkehrsübung die Unangemessenheit der fraglichen Klausel nicht ausschließt[918]. Die bloße Üblichkeit einer Regelung kann folglich im Rahmen des § 307 Abs. 1 BGB nicht als ein Indiz für die Angemessenheit einer betreffenden Klausel berücksichtigt werden.

Wenn die Rechtsprechung darauf hinweist, dass die Verkehrssitte im Rahmen der Interessenabwägung nach § 307 Abs. 1 BGB zu berücksichtigen ist[919], so muss dies dahingehend verstanden werden, dass die Verwendung einer Regelung entgegen der Üblichkeit dazu anhält, der fraglichen Klausel mit einer gesteigerten Skepsis zu begegnen[920].

jj) Kein Kriterium: Vergütungshöhe

In der Rechtsprechung des BAG finden sich Ansätze, die dazu verleiten könnten, die Höhe der Vergütung eines Arbeitnehmers als Rechtfertigung für eine zweifelhafte Vertragsklausel anzusehen[921]. So hat das BAG bei einem höheren Einkommen Widerrufsvorbehalte mit weitergehenden Einschnitten für zulässig gehalten als bei Arbeitsverhältnissen mit einem geringeren Einkommen[922]. Auch die Literatur befand vor der Schuldrechtsreform teilweise, dass umso größere Flexibilisierungsmöglichkeiten im Entgeltbereich bestehen, je höher die jeweilige Vergütung ist[923].

Ob die sich an der Höhe des Einkommens orientierende Rechtsprechung verallgemeinerungsfähig ist, erscheint aber schon deshalb fragwürdig, weil sie lediglich auf Widerrufsvorbehalte begrenzt blieb und keine anderen

[917] BGH v. 17.1.1989, NJW 1989, 582.

[918] Palandt/*Heinrichs*, § 307 Rn. 13; Erman/*S.Roloff*, § 307 Rn. 14.

[919] Vgl. BGH v 30.10.1984, BGHZ 92, 363 (368); BGH v. 7.6.1989, BGHZ 108, 1.

[920] Staudinger/*Coester*, § 9 AGBG Rn. 109, wertet die Verwendung einer Regelung entgegen der Verkehrssitte als ein Indiz für die Unangemessenheit.

[921] So Kroiß/*Fell*, Klauselbuch Schuldrecht, § 3 Rn. 116, der die Höhe des Entgelts - allerdings ohne nähere Begründung – als ein bei der Angemessenheitskontrolle zu berücksichtigendes Kriterium nennt.

[922] Vgl. BAG v. 28.5.1997, AP Nr. 36 zu § 611 BGB Arzt-Krankenhaus-Vertrag. Hier ordnete das BAG Chefärzte als sogenannte „Spitzenverdiener" ein, bei denen eine einseitige Absenkung der Vergütung auf bis zu 65 % der tariflichen Vergütung möglich sei.

[923] So z.B. *Hromadka*, FS Dieterich, 251 (272), der aber einschränkend darauf hinweist, dass die Entgeltflexibilisierung dort seine Grenzen finden muss, wo der Arbeitnehmer zum Mitunternehmer für schlechte Tage gemacht würde.

arbeitsvertraglichen Regelungsinhalte erfasste[924]. Insbesondere die Rechtsprechung des BGH zum sogenannten Preisargument lässt aber an der Bedeutung der Vergütungshöhe für die Angemessenheitskontrolle zweifeln. Danach ist die Berücksichtigung des Preises bei der Beurteilung von Vertragsbedingungen prinzipiell ausgeschlossen[925]. Die geringe Höhe des vom Vertragspartner zu entrichtenden Preises – also ein wirtschaftlicher Vorteil – vermag keine Rechtfertigung für eine unangemessene Klausel zu sein[926]. Das Preisargument verdiene schon deshalb keine Anerkennung, weil ein gerechter bzw. angemessener Preis nicht feststellbar sei[927]. Dies lässt sich auf die Situation des Arbeitsverhältnisses übertragen. Ein hohes Einkommen stellt hier den wirtschaftlichen Vorteil dar, der – für sich allein genommen – die Unangemessenheit einer Klausel noch nicht beseitigt. Wie bei der Ermittlung eines angemessenen Preises stößt auch die Frage nach einem angemessenen Arbeitslohn an Grenzen. So dürfte beispielsweise ein etwaiger objektiver Wert der Arbeit, sofern man diesen überhaupt ermitteln kann, wohl nicht immer auch mit dem auf dem Markt gezahlten Preis für Arbeit gleichzusetzen sein[928].

Darüber hinaus ist auch kein sachlicher Grund ersichtlich, der es rechtfertigen könnte, Arbeitnehmern im Rahmen der Angemessenheitskontrolle allein aufgrund eines höheren Einkommens tiefergehende Einschnitte in die Vertragsgerechtigkeit zuzumuten. Zwar dürfte ein höheres Einkommen regelmäßig konform gehen mit wachsender Entscheidungskompetenz und weitreichenderen Einblicken in die Unternehmensinterna. Doch für Vertragsbedingungen, die ihre Rechtfertigung aus diesen Umständen beziehen, ist der maßgebliche Anknüpfungspunkt der Aufgabenbereich des Arbeitnehmers und die sich daraus ergebende Stellung im Unternehmen, nicht aber dessen Einkommen[929]. Die Vergütungshöhe an sich ist demzufolge kein bei der Angemessenheitskontrolle nach § 307 Abs. 1 BGB weiterhelfendes Kriterium[930].

---

[924] Siehe dazu auch *Lindemann*, Flexible Gestaltung von Arbeitsbedingungen nach der Schuldrechtsreform, S. 221.

[925] BGH v. 29.10.1956, BGHZ 22, 90; BGH v. 29.9.1960, BGHZ 33, 216.

[926] BGH v. 29.10.1956, BGHZ 22, 90; BGH v. 16.11.1992, BGHZ 120, 216.

[927] Palandt/*Heinrichs*, § 307 Rn. 14; Erman/*S.Roloff*, § 307 Rn. 17.

[928] Vgl. zu den Problemen bei der Ermittlung eines angemessenen Lohnes 4. Teil B. III. 3. und *Lakies*, NZA-RR 2002, 337 (341).

[929] Vgl. dazu 4. Teil C. III. 2. c) aa).

[930] Ebenso *Lindemann*, Flexible Gestaltung von Arbeitsbedingungen nach der Schuldrechtsreform, S. 220 ff., die darauf hinweist, dass auch der Kündigungsschutz des KSchG unabhängig von einer bestimmten Einkommenshöhe eingreift.

kk) Fazit

Die vorstehend dargestellten zulässigen Kriterien sollen dazu beitragen, der Angemessenheitskontrolle nach § 307 Abs. 1 BGB Struktur zu verleihen und damit der Rechtssicherheit Vorschub zu leisten. Keinesfalls aber darf die Suche nach Kriterien ins Auffinden immer feingliedriger Unterteilungen weitergetrieben werden, da sich ihr positiver Effekt ansonsten ins Gegenteil verkehren könnte[931]. Eine allzu weitgehende Verästelung bzw. Differenzierung bei der Herausbildung von Kriterien birgt die Gefahr einer schematischen Lösung in sich. Der Fall würde nur noch „mathematisch" mit den aufgestellten Kriterien abgeglichen und in die entsprechende Schublade gesteckt werden, so dass der Blick für eine gründliche und intensive Angemessenheitskontrolle verstellt wäre.

d) Beispielhafte Anwendungsfälle

Ein möglicher Anwendungsfall für die Generalklausel des § 307 Abs. 1 S. 1 BGB sind die sogenannten *Gehaltsrückzahlungsklauseln*, welche dem Arbeitnehmer uneingeschränkt in allen Fällen einer Gehaltsüberzahlung den Entreicherungseinwand nach § 818 Abs. 3 BGB formularmäßig abschneiden. Die Überzahlung wird jedoch in den allermeisten Fällen auf einem von Arbeitgeber zu vertretenden Fehler beruhen. Der vollständige uneingeschränkte Ausschluss des Entreicherungseinwands erscheint deshalb unter dem Blickwinkel einer unzulässigen vollständigen Risikoabwälzung auf den Arbeitnehmer bedenklich[932].

Des weiteren wird § 307 Abs. 1 S. 1 BGB der Maßstab für Klauseln sein, die die *Abtretung von Vergütungsansprüchen* ausschließen[933]. Eine gefestigte Rechtsprechung zur Zulässigkeit derartiger Abtretungsverbote ist derzeit nicht existent. In der erstinstanzlichen Rechtsprechung wird die Ansicht vertreten, der Ausschluss der Abtretbarkeit behindere den Arbeitnehmer in seiner durch Art. 2 Abs. 1 GG garantierten Entfaltungsfreiheit. Dieses Grundrecht verbiete dem Arbeitgeber, dem Arbeitnehmer die teilweise Abtretung des ihm zustehenden Gehalts zu untersagen. Da die Banken häufig eine Gehaltsabtretung zur Vorausset-

[931] Vgl. *Boecken*, ZFA 2000, 379 (451), der insbesondere in der Untergliederung der Vertragspartner in unzählige Untergruppen eine erhebliche Hürde für die Entwicklung verbindlicher Maßstäbe sieht, da dadurch die Tür zu kaum mehr voraussehbaren Sonderrechten in Abhängigkeit von der jeweiligen Gruppenbildung geöffnet werde.

[932] *Hümmerich*, NZA 2003, 753 (764); *Preis*; Der Arbeitsvertrag, II A 80 Rn. 13 ff.; Kroiß/*Fell*, Klauselbuch Schuldrecht, § 3 Rn. 116; *Bieder*, DB 2006, 1318 (1320), die zudem darauf hinweisen, dass eine solche Gehaltsrückzahlungsklausel auch dem gesetzlichen Leitbild der §§ 818 Abs. 3, Abs. 4, 819 BGB widerspricht. Derartige Klauseln sind also auch mit Blick auf § 307 Abs. 2 Nr. 1 BGB problematisch. Siehe dazu auch ErfK/*Preis*, §§ 305-310 BGB Rn. 90.

[933] So *Hümmerich*, NZA 2003, 753 (754).

zung für den Abschluss eines Darlehensvertrags machen, könnte der Arbeitnehmer ansonsten in unzulässiger Weise an der Kreditaufnahme gehindert werden[934]. In der Literatur wird diese Argumentation als nicht überzeugend zurückgewiesen und Abtretungsverbote für wirksam gehalten[935].

Vorformulierte *Vertragsstrafeklauseln* unterliegen ebenfalls der Angemessenheitskontrolle nach § 307 Abs. 1 S. 1 BGB[936].

---

[934] So ArbG Hamburg v. 6.1.1977 – 12 Ca 203/76 n.V.

[935] Vgl. *Preis*, Der Arbeitsvertrag, II A 10 Rn. 4 ff.

[936] Siehe dazu ausführlich 6. Teil B. II. 2) c).

5. Teil: Rechtsfolge bei Nichteinbeziehung und Unwirksamkeit

Führt die Anwendung der vorausgehend dargestellten Regelungen, Maßstäbe und Kriterien des AGB-Rechts zur Nichteinbeziehung oder Unwirksamkeit einer vorformulierten Klausel, stellt sich im Anschluß die Frage nach den daraus resultierenden Rechtsfolgen. Diese ergeben sich aus dem sprachlich unverändert aus § 6 AGBG hervorgegangenen § 306 BGB.

A. Teilunwirksamkeit des Vertrages - § 306 Abs. 1 BGB

Nach der allgemeinen Regelung des § 139 BGB folgt aus der Nichtigkeit des Teils eines Rechtsgeschäfts im Zweifel die Nichtigkeit des ganzen Rechtsgeschäfts. § 306 Abs. 1 BGB als lex specialis zu § 139 BGB kehrt diese Auslegungsregel in ihr Gegenteil um. Danach bleibt der Vertrag grundsätzlich wirksam, auch wenn die AGB ganz oder teilweise nicht Vertragsbestandteil werden oder unwirksam sind. Der Vertrag wird gemäß § 306 Abs. 1 BGB einschließlich der unbedenklichen Teile der AGB ohne Rücksicht auf den tatsächlichen oder hypothetischen Parteiwillen kraft Gesetzes aufrechterhalten[937]. § 306 Abs. 1 BGB setzt dabei voraus, dass eine oder mehrere AGB-Klauseln an den Einbeziehungsvoraussetzungen (§§ 305 Abs. 2, 305c Abs. 1 BGB) scheitern oder aufgrund eines Verstoßes gegen die §§ 307 ff. BGB unwirksam sind, der lückenhafte Vertrag teilbar ist und ein ergänzungsfähiger Restvertrag bestehen bleibt[938].

Ein Grund für diese Abweichung vom Regelfall des § 139 BGB ist zunächst darin zu erblicken, dass der Regelungszweck des § 139 BGB im AGB-Recht nicht passt. § 139 BGB soll verhindern, dass den Parteien anstatt des von ihnen angestrebten Geschäfts ein Geschäft mit anderem Inhalt aufgedrängt wird. In einer Situation des einseitigen Stellens von Vertragsbedingungen bleibt dem Vertragspartner aber sowieso nur die Wahl, sich entweder im ganzen den AGB zu unterwerfen oder sie abzulehnen[939]. Hauptausschlaggebend ist aber die

---

[937] *Schmidt*, in: Ulmer/Brandner/Hensen, AGBG, § 6 Rn. 5; Erman/*S.Roloff*, § 306 Rn. 1; Palandt/*Heinrichs*, BGB, § 306 Rn. 1; *Rüthers/Stadler*, AT des BGB, § 21 Rn. 30; ErfK/ *Preis*, §§ 305-310 BGB Rn. 99; *Lakies*, AR-Blattei, SD. 35, Rn. 206; *Willemsen/Grau*, RdA 2003, 321 (323); *Annuß*, BB 2002, 458 (461);

[938] *Schmidt*, in: Ulmer/Brandner/Hensen, AGBG, § 6 Rn. 6 ff.; *Lindacher*, in: Wolf/Horn/Lindacher, AGBG, § 6 Rn. 53; Erman/*S.Roloff*, § 306 Rn. 4; Palandt/ *Heinrichs*, § 306 Rn. 2 f.

[939] Erman/*S.Roloff*, § 306 Rn. 1.

Schutzfunktion des AGB-Rechts zugunsten des Vertragspartners[940]. Die Annahme einer prinzipiellen Gesamtnichtigkeit missachtet das Schutzbedürfnis des Vertragspartners, dem in der Regel an der Aufrechterhaltung des Vertrages gelegen ist[941]. So würde es dem Zweck der AGB-Kontrolle, den Vertragspartner vor unangemessenen Vertragsbedingungen zu schützen, widersprechen, wenn dieser bei erfolgreicher Beanstandung einer Klausel damit rechnen müsste, dass dadurch der gesamte Vertrag in Frage gestellt wird[942].

Die von § 306 Abs. 1 BGB postulierte Teilunwirksamkeit war in der arbeitsvertraglichen Rechtsprechung auch schon vor der Schuldrechtsreform der Regelfall[943]. Eine andere Vorgehensweise, also eine aus der Unwirksamkeit einzelner Vertragsregelungen prinzipiell folgende Gesamtnichtigkeit des Arbeitsvertrages, widerspräche dem Schutzzweck des Arbeitsrechts[944]. Die Regelung des § 306 Abs. 1 BGB steht also im Einklang mit der bisherigen arbeitsgerichtlichen Praxis und hat demnach keinerlei Änderungen zur Folge[945].

B. Lückenfüllung nach § 306 Abs. 2 BGB

Bleibt bei Nichteinbeziehung oder Unwirksamkeit einzelner AGB-Klauseln der Restvertrag nach § 306 Abs. 1 BGB prinzipiell bestehen, stellt sich die Frage, wie die entstandenen Vertragslücken zu füllen sind. § 306 Abs. 2 BGB bestimmt diesbezüglich, dass sich in einer derartigen Situation „der Inhalt des Vertrags nach den gesetzlichen Vorschriften" richtet.

---

[940] Zur Schutzfunktion des AGB-Rechts siehe BGH v. 8.2.1978, BGHZ 70, 304 (310); BGH v. 30.6.1994, BGHZ 126, 326 (332).

[941] Palandt/*Heinrichs*, § 306 Rn. 1.

[942] Erman/*S.Roloff*, § 306 Rn. 1; *Schmidt*, in: Ulmer/Brandner/Hensen, AGBG, § 6 Rn. 5.

[943] Vgl. BAG v. 5.9.1995, NZA 1996, 700; BAG v. 18.9.1991, AP Nr. 14 zu § 339 BGB; BAG v. 9.9.1981, AP Nr. 117 zu Art. 3 GG.

[944] *Berger-Delhey*, ZTR 2002, 66 (68); *Hromadka*, NJW 2002, 2523 (2529); *Grobys*, DStR 2002, 1002 (1009); *Schlodder*, Der Arbeitsvertrag im neuen Schuldrecht, S. 237; *Lakies*, AR-Blattei, SD. 35, Rn. 206.

[945] Ebenso: *Kittner*/Zwanziger, Arbeitsrecht, Handbuch für die Praxis, § 8 Rn. 107; *Gotthardt*, ZIP 2002, 277 (288); *Lingemann*, NZA 2002, 181 (186); *Lakies*, AR-Blattei, SD. 35, Rn. 206; ErfK/*Preis*, §§ 305–310 Rn. 99; *Vogel/Kümmel*, BWGZ 2002, 706 (709); *Hadeler*, FA 2002, 66 (67).

I. Situation im allgemeinen Zivilrecht

1. Grundsatz: Dispositives Recht zur Lückenfüllung

Da bei Unvollständigkeit vertraglicher Regelungen im Zweifel ohnehin dispositives Recht eingreift, kommt dem Verweis des § 306 Abs. 2 BGB auf die gesetzlichen Regelungen eine rein klarstellende Funktion zu[946]. Unter gesetzlichen Regelungen im Sinne von § 306 Abs. 2 BGB sind vor allem solche Normen des dispositiven Rechts zu fassen, von denen die nicht einbezogenen oder unwirksamen AGB zugunsten des Verwenders abweichen sollten[947]. Darüber hinaus zählen zu den gesetzlichen Regelungen in diesem Zusammenhang auch die auf den geschriebenen Normen basierende Rechtsfortentwicklung der Rechtsprechung[948]. Zur Lückenfüllung kann somit auch auf die von der Rechtsprechung und Lehre entwickelten ungeschriebenen Rechtsgrundsätze zurückgegriffen werden[949].

2. Verbot der geltungserhaltenden Reduktion

a) Gründe für das Verbot der geltungserhaltenden Reduktion

Klauseln, die gegen die §§ 307 ff. BGB verstoßen, sind grundsätzlich insgesamt unwirksam. Eine sogenannte geltungserhaltende Reduktion, d.h. die Zurückführung einer im Kern zu billigenden, in der konkreten Ausgestaltung jedoch zu weit gefassten Klausel auf ihren gerade noch zulässigen Inhalt, ist unzulässig[950].

---

946 *Schmidt*, in: Ulmer/Brandner/Hensen, AGBG, § 6 Rn. 24.

947 *Schmidt*, in: Ulmer/Brandner/Hensen, AGBG, § 6 Rn. 26; Palandt/*Heinrichs*, § 306 Rn. 6; Erman/*S.Roloff*, § 306 Rn. 7.

948 Erman/*S.Roloff*, § 306 Rn. 7; *Schmidt*, in: Ulmer/Brandner/Hensen, AGBG, § 6 Rn. 26;

949 BGH v. 14.5.1996, NJW 1996, 2092; *Lindacher*, in: Wolf/Horn/Lindacher, AGBG, § 6 Rn. 14; Palandt/*Heinrichs*, § 306 Rn. 6.
So wird beispielsweise in Sicherungsverträgen die unwirksame ermessensabhängige Freigaberegelung durch die sich aus dem fiduziarischen Charakter der Abrede ergebenden ermessensunabhängigen Freigabeanspruch ersetzt, vgl. BGH GS v. 27.11.1997, BGHZ 137, 212.

950 St. Rspr. BGH v. 17.5.1982, BGHZ 84, 109 (115 ff.); BGH v. 3.11.1999, NJW 2000, 1110; BGH v. 14.11.2000, NJW-RR 2001, 342; Palandt/*Heinrichs*, Vorb. v. § 307 Rn. 8; Erman/*S.Roloff*, § 306 Rn. 8; *Schmidt*, in: Ulmer/Brandner/Hensen, AGBG, § 6 Rn. 14; *Lindacher*, in: Wolf/Horn/Lindacher, AGBG, § 6 Rn. 31; *Hennrichs*, in: Dauner-Lieb/Heidel/Lepa/Ring, Das neue Schuldrecht in der anwaltlichen Praxis, § 6 Rn. 56.; *Bunte*, NJW 1982, 2298 f.; *Neumann*, Geltungserhaltende Reduktion und ergänzende

Für dieses Verbot der geltungserhaltenden Reduktion finden sich Hinweise im Gesetzeswortlaut. Nach § 306 Abs. 2 BGB richtet sich der Inhalt des Vertrages soweit Regelungen in Allgemeinen Geschäftsbedingungen unwirksam sind „nach den gesetzlichen Vorschriften". In den §§ 307 – 309 BGB wird davon gesprochen, dass Bestimmungen, die nicht mit den Klauselverboten (§§ 308, 309 BGB) vereinbar oder unangemessen (§ 307 BGB) sind, „unwirksam" sind[951]. Entscheidender als das Wortlautargument ist jedoch der Umstand, dass die Zulassung einer geltungserhaltenden Reduktion sich nicht mit dem generalpräventiven Zweck des AGB-Rechts vertrüge. Ziel des Gesetzes ist es, von vorneherein auf einen angemessenen Inhalt der in der Praxis verwendeten und empfohlenen AGB hinzuwirken. Eine Zurückführung der Klausel auf einen gerade noch wirksamen Inhalt würde dem Verwender gestatten, risikolos von einseitig in seinem Interesse aufgestellten unangemessenen Klauseln Gebrauch zu machen. Er wäre damit von der Pflicht befreit, den Klauselinhalt in Übereinstimmung mit dem Gesetz zu bringen, da es im Streitfall Sache der Gerichte wäre, der beanstandeten Klausel eine rechtlich zulässige, dem Verwender jedoch möglichst günstige Gestalt zu geben. Der Verwender könnte unangemessene Klauseln zur Einschüchterung des Vertragspartners verwenden, da er einen spürbaren Nachteil nicht befürchten müsste. Das Verbot der geltungserhaltenden Reduktion bürdet dem Verwender das Risiko auf, dass die von ihm verwendeten unangemessenen Klauseln insgesamt kassiert werden und er nach dispositivem Recht behandelt wird. Dadurch wird er dazu angehalten, die Zulässigkeit seiner Formularbedingungen gründlich zu erwägen, so dass der Rechtsverkehr von vorneherein von unangemessenen Klauseln freigehalten wird. Das Verbot der geltungserhaltenden Reduktion beinhaltet folglich eine Disziplinierungs- und Präventivfunktion[952]. Hinzu tritt die aus dem Transparenzgebot folgende Forderung nach der

Auslegung von Allgemeinen Geschäftsbedingungen, S. 66 ff.; *Locher*, Das Recht der Allgemeinen Geschäftsbedingungen, S. 78.
Die Gegenansicht verweist auf die mangelnde Eindeutigkeit des Wortlauts des § 306 BGB und auf ein entsprechendes praktisches Bedürfnis an einer geltungserhaltenden Reduktion. Dieser stünden auch keine konstruktiven Bedenken entgegen, da auch sonst eine richterliche Herabsetzungsbefugnis anerkannt sei. Zudem lasse sich durch eine geltungserhaltende Reduktion vermeiden, dass dem Vertragspartner unerwartete und durch nichts zu rechtfertigende Vertragsgeschenke gemacht werden, vgl. MünchKomm/*Basedow*, § 6 AGBG Rn. 13 ff.; *Boemke-Albrecht*, Rechtsfolgen unangemessener Bestimmungen in Allgemeinen Geschäftsbedingungen, S. 38 ff. / 115 ff.; *Hager*, Gesetzes- und sittenkonforme Auslegung und Aufrechterhaltung von Rechtsgeschäften, S. 70 ff.; *Hager*, JZ 1996, 175 ff.; *Kötz*, BB 1982, 644 (645); *Canaris*, FS Steindorff, 519 (552 ff.).

951 BGH v. 17.5.1982, BGHZ 84, 109 (115 ff.).

952 BGH v. 17.5.1982, BGHZ 84, 109 (115 ff.); BGH v. 19.9.1983, NJW 1984, 48 (49); BGH v. 24.9.1985, BGHZ 19 (25 f.); BGH v. 3.11.1999, BGHZ 143, 103 (119); *Schmidt*, in: Ulmer/Brandner/Hensen, AGBG, § 6 Rn. 14; Palandt/*Heinrichs*, Vorb. v. § 307 Rn. 8; Erman/*S.Roloff*, § 306 Rn. 8; *Hennrichs*, in: Dauner-Lieb/Heidel/Lepa/Ring, Das neue Schuldrecht in der anwaltlichen Praxis, § 6 Rn. 56.

Möglichkeit des Vertragspartners, sich zuverlässig Informationen über die ihm aus dem vorformulierten Vertragsinhalt erwachsenen Rechte und Pflichten verschaffen zu können. Dem würde eine Situation nicht gerecht, in der der Verwender zunächst einmal ungefährdet überzogene Vertragsbedingungen aufstellen könnte und der Vertragspartner erst in einem Prozess den genauen Umfang seiner Rechte und Pflichten zuverlässig erführe. Zumal der Vertragspartner oftmals aus Unkenntnis von einer Klage absieht oder wegen des zu hohen Prozessrisikos eine gerichtliche Auseinandersetzung meidet[953]. Auch der in § 305c Abs. 2 BGB zum Ausdruck kommende Grundsatz, dass der Verwender die Nachteile aus einer unklar formulierten oder rechtlich zweifelhaften Klausel zu tragen hat, stützt das Verbot der geltungserhaltenden Reduktion[954]. Letztlich gilt es zu bedenken, dass durch die generelle Zulassung einer geltungserhaltenden Reduktion der gesetzlich vorgesehene Regelfall der Lückenfüllung durch dispositives Recht zur Ausnahme und somit die vom Gesetzgeber vorgenommene Rechtsfolgenanordnung konterkariert würde[955].

b) Ausnahmen vom Verbot der geltungserhaltenden Reduktion

In folgenden Fallgruppen schränkt die Rechtsprechung das Verbot der geltungserhaltenden Reduktion ein.

aa) Mitwirkung aller beteiligten Verkehrskreise

Das Verbot der geltungserhaltenden Reduktion gilt nach der Rechtsprechung nicht für Vertragswerke, die unter Mitwirkung der Repräsentanten der beteiligten Verkehrskreise zustande gekommen sind. Legen die Vertragsparteien ihren vertraglichen Beziehungen ein kollektiv ausgehandeltes Vertragswerk wie die Allgemeinen Deutschen Spediteurbedingungen (ADSp) oder die Allgemeinen Beförderungsbedingungen für den gewerblichen Güternahverkehr mit Kraftfahrzeugen (AGNB) als „fertig bereit liegende Rechtsordnung" zugrunde, so greift der Schutzzweck des AGB-Rechts, der in der Regel ein Verbot der geltungserhaltenden Reduktion rechtfertigt, nicht in gleicher Weise ein, weil kollektiv ausgehandelte Vertragswerke keine einseitige Interessenwahrung des Verwenders

---

953 BGH v. 17.5.1982, BGHZ 84, 109 (115 ff.); *Pauly*, JR 1997, 357 (358).

954 Darauf hinweisend: *Rüthers/Stadler*, AT des BGB, § 21 Rn. 31.

955 Dies richtigerweise anführend: *Schlodder*, Der Arbeitsvertrag im neuen Schuldrecht, S. 239.

bezwecken, sondern – sofern sie im ganzen zugrunde gelegt werden – einen einigermaßen ausgewogenen Interessenausgleich beinhalten[956].

bb) Vertrauensschutz

Eine weitere Ausnahme vom Verbot der geltungserhaltenden Reduktion macht der BGH bei formularmäßigen Bürgschaften oder Sicherungsabreden, die sich auf alle gegenwärtigen und künftigen Verbindlichkeiten des Hauptschuldners erstrecken und daher entweder als überraschende Klausel schon gar nicht Vertragsbestandteil werden (§ 305c Abs. 1 BGB) oder wegen unangemessener Benachteiligung des Vertragspartners unwirksam sind (§ 307 BGB). Trotz des Verstoßes gegen AGB-Recht erhält der BGH das Sicherungsrecht hinsichtlich derjenigen Verbindlichkeit aufrecht, die Anlass zur Übernahme der Haftung war, und zwar auch dann, wenn eine sprachliche Abtrennung dieses Regelungsteils nicht möglich ist[957]. Diese Vorgehensweise des BGH beruht auf einer Rechtsprechungsänderung. Während derartige weite Zweckerklärungen im Rahmen einer Bürgschaft zunächst für mit § 765 BGB vereinbar gehalten wurden, geht der BGH nunmehr davon aus, dass vom gesetzlichen Leitbild des § 767 Abs. 1 S. 3 BGB abgewichen wird, wenn sich jemand ohne Beschränkung für die künftigen Verbindlichkeiten eines anderen verbürgt[958].

Aus dieser Rechtsprechung wird teilweise eine allgemeine Rechtsregel geschlussfolgert, die besagt, dass das Verbot der geltungserhaltenden Reduktion einer vorsichtigen Einschränkung bedarf, wenn eine zum Zeitpunkt der Verwendung dem Stand der Rechtsprechung entsprechende Klausel im Zuge einer weiteren Perfektionierung der Inhaltskontrolle und einer damit einhergehenden Rechtsprechungsänderung unwirksam wird. Zwar werde das Vertrauen in die Kontinuität der Rechtsprechung grundsätzlich nicht geschützt. Die Zurückführung einer aufgrund einer unvorhersehbaren Änderung unwirksamen Klausel auf

---

[956] BGH v. 3.11.1994, BGHZ 127, 275 (281) (ADSp); BGH v. 4.5.1995, BGHZ 129, 323 (328) (AGNB); BGH v. 4.5.1995, BGHZ 129, 345 (349) (ADSp); Erman/*S. Roloff*, § 306 Rn. 9; *Pauly*, JR 1997, 357 (362); *Stoffels*, AGB-Recht, Rn. 607.
Im Ergebnis ebenfalls für eine teilweise Aufrechterhaltung von Regelungen in AGNB und ADSp, die gegen §§ 307 ff. BGB verstoßen: Palandt/*Heinrichs*, Vorb. v. § 307 Rn. 10, der der Begründung des BGH jedoch nicht folgt, sondern auf den Aspekt des Vertrauensschutzes setzt. *Schmidt*, in: Ulmer/Brandner/Hensen, AGBG, § 6 Rn. 15a, kritisiert ebenfalls die Begründung des BGH, da es mit der vertragsrechtlichen Natur von AGB-Bestimmungen nicht zu vereinbaren sei, ihnen einen gesetzesgleichen oder- ähnlichen Charakter beizumessen.

[957] BGH v. 13.11.1997, BGHZ 137, 153; BGH v. 18.5.1995, NJW 1995, 2553.

[958] BGH v. 18.5.1995, NJW 1995, 2553 (2556).

ein angemessenes Maß erscheine aber aus Gründen des Vertrauensschutzes angezeigt und auch sachgerecht[959].

cc) Fernliegende Auslegungsalternative

Die fragliche Klausel kann bestehen bleiben, wenn ihre Unwirksamkeit lediglich in untypischen, vom Verwender nicht bedachten oder nicht für regelungsbedürftig gehaltenen Ausnahmefällen zu Tage tritt. Grundlage für die Aufrechterhaltung einer Klausel, deren Unangemessenheit darauf beruht, dass ihr Wortlaut untypische Ausnahmefälle einschließt, ist jedoch genau genommen nicht eine Ausnahme vom Verbot der geltungserhaltenden Reduktion, da schon die gebotene an Sinn und Zweck orientierte Auslegung ergibt, dass diese Sondersituation von der Klausel nicht erfasst wird. Bereits aus diesem Grund ist für eine Unwirksamkeit der Klausel in diesem Zusammenhang kein Raum[960].

dd) Sachliche Teilbarkeit – sog. „blue-pencil-Test"

Die unter dem Stichwort „sachliche Teilbarkeit" vorgenommene teilweise Aufrechterhaltung einer Klausel stellt im Grunde genommen auch keine Ausnahme vom Verbot der geltungserhaltenden Reduktion dar. Dennoch dient bei Klauseln, die sprachlich zusammengefasste Bestimmungen enthalten, welche teils unwirksam und teils nicht zu beanstanden sind, die Aufrechterhaltung des zulässigen Teils ebenso wie die geltungserhaltende Reduktion dem Vermeiden von Vertragslücken[961]. Die Aufrechterhaltung des zulässigen Teils setzt die Teilbar-

---

[959] So Palandt/*Heinrichs*, Vorb. v. § 307 Rn. 10; Erman/*S.Roloff*, § 306 Rn. 9; Staudinger/*Schlosser*, § 6 AGBG Rn. 17a/b; Kritisch dazu *Schmidt*, in: Ulmer/Brandner/Hensen. AGBG, § 6 Rn. 13a/b, der in der BGH-Rechtsprechung keine geltungserhaltende Reduktion, sondern lediglich die Folge einer konsequenten Anwendung des früheren § 8 AGBG (jetzt § 307 Abs. 3 S. 1 BGB) sieht.

[960] *Schmidt*, in: Ulmer/Brandner/Hensen, AGBG, § 6 Rn. 15; Palandt/*Heinrichs*, Vorb. v. § 307 Rn. 9; *Rolfs*, FS Schwerdtner, 151 (165).

[961] Aus diesem Grund lehnt *Pauly*, JR 1997, 357 (362), das Lösungsmodell der sachlichen Teilbarkeit ab. Bei diesem Lösungsansatz würden regelmäßig die gleichen Ergebnisse erzielt wie bei Vornahme einer geltungserhaltenden Reduktion, weshalb ihm die gleichen methodischen Bedenken entgegen zu halten seien. Zudem sei nicht nachzuvollziehen, warum derjenige Verwender eventuell unangemessene Vorteile für sich herausschlagen dürfe, der ein besonderes sprachliches Geschick habe. Letztlich sei es nicht Aufgabe der Richter, durch mehr oder minder weitgehende Veränderungen des Klauseltextes nach eigenen Vorstellungen Recht zu schaffen.
Erman/*S.Roloff*, § 306 Rn. 11, fordert Zurückhaltung bei der Annahme von eigenständigen Regelungen, die einer getrennten Beurteilung zugänglich sind, um das Verbot der geltungserhaltenden Reduktion nicht aufzuweichen.

keit der Klausel voraus. Diese ist anzunehmen, wenn eine einzelne AGB-Bestimmung ihrem Wortlaut nach aus sich heraus verständlich und sinnvoll in einen inhaltlich zulässigen und in einen unzulässigen Regelungsteil trennbar ist[962]. Die unwirksame Bestimmung muss schlicht gestrichen werden können, ohne den Regelungsgehalt im Übrigen zu tangieren (sog. „blue-pencil-Test")[963]. Die Aufrechterhaltung des zulässigen Teils entspricht dem Schutzzweck der §§ 305 ff. BGB, wonach nur so viel an Elementen eines Klauselwerks zu verwerfen ist wie es dem jeweiligen Klauselverbot insbesondere unter teleologischen Gesichtspunkten entspricht[964]. Die Klausel muss zu diesem Zweck ihrem Wortlaut nach jedoch Anhaltspunkte dafür liefern, dass sie mehrere materiell selbständige Bestimmungen enthält. Es müssen selbständige Regelungen vorliegen, die lediglich äußerlich zusammengefasst sind. Ansonsten wäre die Streichung einzelner Regelungsteile ein Verstoß gegen das Verbot der geltungserhaltenden Reduktion. Es genügt nicht, dass einzelne zur Unangemessenheit führende Regelungsteile oder Worte gestrichen werden können[965]. Fügt sich der als wirksam anzusehende Klauselrest nicht mehr sinnvoll in das Gesamtgefüge des Vertrages ein oder ist der als unwirksam beanstandete Klauselteil gar von so einschneidender Bedeutung, dass von einer gänzlich neuen, von der bisherigen völlig abweichenden Vertragsgestaltung gesprochen werden muss, so ist die Klausel insgesamt zu verwerfen[966].

---

[962] BGH v. 18.4.1989, BGHZ 107, 185 (190); BGH v. 7.6.1989, BGHZ 108, 1 (12); BGH v. 10.11.1989, BGHZ 109, 197 (203); BGH v. 27.9.2000, NJW 2001, 292 (294).
Sinnvoll trennbar z.B.: Festlegung von Fristlänge und Fristbeginn, BGH v. 24.3.1988, NJW 1988, 2106; Regelungen zur Abnahme und zum Ausschluss der fiktiven Abnahme, BGH v. 10.10.1996, NJW 1997, 394.

[963] BGH v. 18.4.1989, BGHZ 107, 185 (190); BGH v. 7.6.1989, BGHZ 108, 1 (12); Palandt/*Heinrichs*, Vorb. v. § 307 Rn. 11; *Rolfs*, FS Schwerdtner, 151 (165); kritisch zum sog. „blue-pencil-Test" *Thüsing*, BB 2006, 661 ff.

[964] Staudinger/*Schlosser*, § 6 AGBG Rn. 15; *Willemsen/Grau*, RdA 2003, 321 (323).

[965] *Schmidt*, in: Ulmer/Brandner/Hensen, AGBG, § 6 Rn. 13; Erman/*S.Roloff*, § 306 Rn. 11; *Neumann*, Geltungserhaltende Reduktion und ergänzende Auslegung von Allgemeinen Geschäftsbedingungen, S. 93; a.A.: Staudinger/*Schlosser*, § 6 AGBG Rn. 15a; *Lindacher*, in: Wolf/Horn/Lindacher, AGBG, § 6 Rn. 43; *Willemsen/Grau*, RdA 2003, 321 (323). Vgl. auch BGH v. 28.5.1984, NJW 1984, 2816. Hier sah der BGH eine in einen Vertrag eingebettete unwiderrufliche Vollmacht gerade wegen der Unwiderruflichkeit als eine unangemessene Benachteiligung des Vertragspartners an und ließ nur das Wort „unwiderruflich" entfallen. Weitere Rechtsprechungsbeispiele, nach denen auch bloß einzelne Begriffe, die die Unwirksamkeit der Gesamtklausel bewirkt haben, gestrichen werden können, solange nur der wirksam bleibende Klauselrest einen verständlichen Sinn behält: BGH v. 7.10.1981, NJW 1982, 178 (181); BGH v. 31.10.1984, NJW 1985, 320 (326).

[966] BGH v. 16.1.1992, NJW 1992, 896 (897); BGH v. 28.5.1984, NJW 1984, 2816; BGH v. 18.4.1989, BGHZ 107, 185; Erman/*S.Roloff*, § 306 Rn. 11; a.A.: *Schmidt*, in: Ulmer/Brandner/Hensen AGBG, § 6 Rn. 12, der vertritt, dass die obige Ansicht die Möglichkeit

ee) Personale Teilbarkeit

Von der soeben beschriebenen „sachlichen Teilunwirksamkeit“ ist die „personale Teilunwirksamkeit“ zu trennen. Letztere betrifft den Fall, dass sich die Geltung einer Klausel auf beide Vertragsparteien erstreckt und sie gegenüber dem Vertragspartner wegen Verstoßes gegen §§ 307 ff. BGB unwirksam ist. In einer derartigen Situation ist nicht die Gesamtnichtigkeit der Klausel die Folge. Vielmehr bleibt die Klausel hinsichtlich ihres den Verwender belastenden Teils von der Inhaltskontrolle unberührt[967]. Zum einen knüpfen die §§ 307 ff. BGB schon ihrem Wortlaut nach die Unwirksamkeitsfolge nur an die unangemessene Benachteiligung des Vertragspartners[968]. Zum anderen besteht kein ersichtlicher Grund, den Verwender vor seinen eigenen Vertragsbedingungen zu schützen[969].

3. Ergänzende Vertragsauslegung zur Lückenfüllung

a) Zulässigkeit und Voraussetzungen der ergänzenden Vertragsauslegung

Lässt sich die mit dem Wegfall einer nach §§ 307 ff. BGB unwirksamen Klausel entstehende Lücke nicht durch dispositives Gesetzesrecht füllen und führt dies zu einem Ergebnis, dass den beiderseitigen Interessen nicht in vertretbarer Weise Rechnung trägt, so bedient sich die Rechtsprechung der ergänzenden Vertragsauslegung. Es wäre unbillig und widerspräche der Zielsetzung des AGB-Gesetzes, dem Vertragspartner des Verwenders einen Vorteil zu belassen, der das Vertragsgefüge einseitig zu seinen Gunsten verschiebt[970]. An die Stelle der unwirksamen Klausel tritt dann diejenige Gestaltungsmöglichkeit, die die Parteien bei Kenntnis der Unwirksamkeit der Klausel und bei sachgerechter Abwägung ihrer Interessen unter Berücksichtigung der Grundsätze von Treu und Glauben gewählt hätten[971].

---

außer Betracht lässt, den unvollständigen Vertragsteil nach § 306 Abs. 2 BGB oder durch richterliche Vertragsergänzung zu einer sinnvollen Regelung zu ergänzen.

967 Erman/*S.Roloff*, § 306 Rn. 15; Palandt/*Heinrichs*, Vorb. v. § 307 Rn. 12.

968 *Schmidt*, in: Ulmer/Brandner/Hensen, AGBG, § 6 Rn. 16.

969 BGH v. 30.10.1991, NJW 1991, 353 (354); OLG Düsseldorf v. 28.4.1999, NJW-RR 2000, 279 (284).

970 BGH v. 4.7.2002, ZIP 2002, 1690 (1692); BGH v. 3.11.1999, NJW 2000, 1110; BGH v. 13.11.1997, BGHZ 137, 153 (157); BGH v. 30.10.1984, BGHZ 92, 363 (370); BGH v. 1.2.1984, BGHZ 90, 69 (75 f.).

971 BGH v. 4.7.2002, ZIP 2002, 1690 (1692); BGH v. 13.11.1997, BGHZ 137, 153 (157); Erman/*S.Roloff*, § 306 Rn. 13; Palandt/*Heinrichs*, § 306 Rn. 7; *Stoffels*, AGB-Recht, Rn. 612 ff.

Die herrschende Meinung bejaht die Zulässigkeit der ergänzenden Vertragsauslegung zur Lückenfüllung bei Allgemeinen Geschäftsbedingungen[972].

Zum einen handelt es sich bei der ergänzenden Vertragsauslegung um ein anerkanntes Rechtsinstitut der allgemeinen Rechtsgeschäftslehre, welches nicht erst einer ausdrücklichen Zulassung durch das AGB-Recht bedarf[973]. Zum anderen findet die ergänzende Vertragsauslegung ihre Grundlage in den §§ 133, 157 BGB und stellt damit letztlich die Anwendung allgemeiner Rechtsregeln, mithin dispositiven Rechts dar[974].

Ausnahmsweise unzulässig ist die ergänzende Vertragsauslegung, wenn der Verwender bewusst unangemessene Klauseln verwendet oder er sich ihrer offensichtlichen Unwirksamkeit verschließt. Im Sinne des Grundsatzes der Eigenverantwortung des Verwenders ist in einem solchen Fall kein Raum für die das Verwenderinteresse berücksichtigende ergänzende Vertragsauslegung[975].

Die Möglichkeit einer ergänzenden Vertragsauslegung ist zudem auf den Individualprozess beschränkt. Sie scheidet aus bei dem auf Unterlassung gerichteten Verbandsprozess, da sich dort die Frage der Lückenfüllung des Einzelvertrages nicht stellt[976].

Grundlage für die Ergänzung des Vertragsinhalts ist der hypothetische Parteiwille[977]. Der generell-abstrakte Charakter der Allgemeinen Geschäftsbedingungen und der Umstand des einseitigen Stellens der Bedingungen durch den Verwender führen dazu, dass es eine konkrete Aushandlungssituation und einen damit zusammenhängenden konkreten gemeinsamen Parteiwillen oder gemeinsamen Regelungsplan hinsichtlich der

---

972 Erman/*S.Roloff*, § 306 Rn. 13 und *Pauly*, JR 1997, 357 (363) fordern jedoch einen bedachten Umgang mit dem Rechtsinstitut der ergänzenden Vertragsauslegung. Ziel dürfe nicht sein, die unwirksame Vertragsbestimmung so weit wie möglich aufrecht zu erhalten, so dass es zu einer geltungserhaltenden Reduktion „durch die Hintertür" käme.
Einige Stimmen in der Literatur lehnen die ergänzende Vertragsauslegung bei Allgemeinen Geschäftsbedingungen jedoch ab. Der generell-abstrakte Charakter der Allgemeinen Geschäftsbedingungen, der Zweck des AGB-Rechts und der abschließende, nur auf dispositives Recht verweisende Charakter des § 306 Abs. 2 BGB stünden einer ergänzenden Vertragsauslegung entgegen. Zudem verstieße sie gegen die Unklarheitenregelung des § 305c Abs. 2 BGB, vgl. *Niebling*, BB 1984, 1713 (1717); *Rüßmann*, BB 1987, 845; *E.Schmidt*, ZIP 1987, 1505 (1508 f.); *ders.*, JuS 1987, 929 (935); *Löwe*, BB 1984, 492 (494).

973 *Schmidt*, in: Ulmer/Brandner/Hensen, AGBG, § 6 Rn. 31/34.

974 BGH v. 30.10.1984, BGHZ 92, 363 (370); BGH v. 1.2.1984, BGHZ 90, 69 (75f); *Pauly*, JR 1997, 357 (363); *Bunte*, NJW 1984, 1145 (1147 f.); *Bechtold*, DB 1983, 539 (540); *Preis*, NZA 2003 Beilage 16, 19 (28); *Gotthardt*, ZIP 2002, 277 (289).

975 Erman/*S.Roloff*, § 306 Rn. 13; *Schmidt*, in: Ulmer/Brandner/Hensen, AGBG, § 6 Rn. 31/34.

976 *Schmidt*, in: Ulmer/Brandner/Hensen, AGBG, § 6 Rn. 36.

977 BGH v. 22.4.1953, BGHZ 9, 273 (278); BGH v. 4.5.1990, BGHZ 111, 214 (217 f.); Palandt/*Heinrichs*, § 157 Rn. 7.

einzelnen Regelungsgegenstände nicht gibt. Die Ermittlung des hypothetischen Parteiwillens kann demnach nicht anhand des konkreten Willens der Vertragsparteien erfolgen, weshalb einige Stimmen die Unzulässigkeit der ergänzenden Vertragsauslegung bei Allgemeinen Geschäftsbedingungen schlussfolgern[978]. Der generell-abstrakte Charakter zwingt jedoch nicht zu einer derartigen Konsequenz. Vielmehr ist diesem Umstand dadurch Rechnung zu tragen, dass der hypothetische Parteiwille anhand einer objektiv-generalisierenden Betrachtungsweise zu ermitteln ist[979]. Zur Lückenfüllung von Allgemeinen Geschäftsbedingungen im Wege der ergänzenden Vertragsauslegung ist somit ein objektiv-generalisierender, an den typischen Interessen beider Vertragsseiten ausgerichteter Maßstab zu bemühen[980].

Die ergänzende Vertragsauslegung darf nicht zu einer freien richterlichen Rechtsschöpfung führen. Sie ist an den Grundsatz der Privatautonomie gebunden, so dass für den zur Lückenfüllung objektiv zu ermittelnden hypothetischen Parteiwillen ausreichend Anhaltspunkte im Vertrag vorhanden sein müssen. Es ist dem Gericht verwehrt, den Parteien eine Regelung aufzudrängen, die es für angemessen hält. Die ergänzende Vertragsauslegung muss daher ausscheiden, wenn verschiedene Gestaltungsmöglichkeiten ernsthaft in Betracht kommen, die die Vertragsparteien anstelle der unwirksamen Klausel hätten wählen können, sich aber keine Anhaltspunkte für eine Präferenz der Vertragsparteien auffinden lassen[981].

---

978 So *Hart*, KritV 1989, 179 (189 ff.); *E.Schmidt*, ZIP 1987, 1505 (1508 f.); *ders.*, JuS 1987, 929 (935); *Rüßmann*, BB 1987, 845.

979 Erman/*S.Roloff*, § 306 Rn. 13; Soergel/*Stein*, § 6 AGBG Rn. 15; *Schlodder*, Der Arbeitsvertrag im neuen Schuldrecht, S. 240; *Pauly*, JR 1997, 357 (363).
Rolfs, FS Schwerdtner, 151 (165), meint sogar, dass bei vorformulierten Vertragsbedingungen in Ermangelung eines individuell zum Ausdruck gebrachten Vertragswillens des Vertragspartners die Feststellung eines hypothetischen Willens eher in Betracht komme als bei Individualvereinbarungen.

980 *Schmidt*, in: Ulmer/Brandner/Hensen, AGBG, § 6 Rn. 31; *Pauly*, JR 1997, 357 (363); *Lindemann*, Flexible Gestaltung von Arbeitsbedingungen nach der Schuldrechtsreform, S. 237; a.A.: *Schmitz/Vogel*, ZIP 2002, 1690 (1693), die befürchten, dass die Annahme eines objektiv-generalisierenden Maßstabs bei der ergänzenden Vertragsauslegung zum Verschwimmen der Grenze zur geltungserhaltenden Reduktion führt.

981 BGH v. 3.11.1999, NJW 2000, 1110; BGH v. 30.10.1984, BGHZ 92, 363 (370); BGH v. 1.2.1984, BGHZ 90, 69 (75 f.); Erman/*S.Roloff*, § 306 Rn. 13; *Hennrichs*, in: Dauner-Lieb/Heidel/Lepa/Ring, Das neue Schuldrecht in der anwaltlichen Praxis, § 6 Rn. 56; Rolfs, FS Schwerdtner, 151 (158); *Lakies*, AR-Blattei, SD. 35, Rn. 213; *Lindemann*, Flexible Gestaltung von Arbeitsbedingungen nach der Schuldrechtsreform, S. 236; *Hromadka*, FS Dieterich, 251 (278); *Wiesinger*, AuA 2002, 354 (356); a.A.: *Schmidt*, in: Ulmer/Brandner/Hensen, AGBG, § 6 Rn. 38; *Pauly*, JR 1997, 357 (363), die die ergänzende Vertragsauslegung auch bei Vorliegen mehrerer denkbarer Gestaltungsmöglichkeiten zulassen wollen.

Schließlich wird der ergänzenden Vertragsauslegung entgegen gehalten, dass sie hinsichtlich des Transparenzgebots problematisch sei, da die letztlich geltende Vertragsregelung bzw. die „Ersatzregelung" für den Vertragspartner nicht von vorneherein transparent sei[982]. Da aber eine ergänzende Vertragsauslegung im Zusammenhang mit der Substitution unwirksamer Formularbestimmungen grundsätzlich ohnehin nur bei Fehlen geeigneter dispositiver Vorschriften möglich ist, lässt sich auch bei ihrer Ablehnung dem Transparenzgebot nicht Rechnung tragen[983].

b) Verhältnis zur geltungserhaltenden Reduktion

Teilweise werden ergänzende Vertragsauslegung und geltungserhaltende Reduktion für funktionell voll vergleichbar gehalten[984]. Letztlich komme es deshalb oftmals gar nicht auf eine Entscheidung zwischen den beiden Rechtsinstituten an, da bei fehlendem dispositivem Recht die Lücke im Vertrag entweder im Wege der ergänzenden Auslegung durch eine angemessene Regelung ersetzt oder aber durch Rückführung der Klausel auf das Angemessene im Wege geltungserhaltender Reduktion geschlossen werde[985]. Der im Rahmen der ergänzenden Vertragsauslegung von Allgemeinen Geschäftbedingungen anzuwendende objektiv-generalisierende Maßstab lasse zudem die Grenzen zur geltungserhaltenden Reduktion derart verschwimmen, dass die Vornahme einer ergänzenden Vertragsauslegung gleichfalls gegen das Verbot der geltungserhaltenden Reduktion verstoße[986].

Die Annahme einer funktionell vollständigen Vergleichbarkeit und der damit einhergehenden Verzichtbarkeit auf eine Entscheidung zwischen geltungserhaltender Reduktion und ergänzender Vertragsauslegung beruht jedoch auf einer ungenauen Betrachtung der beiden Rechtsinstitute. Anders als die geltungserhaltende Reduktion beschränkt sich die ergänzende Vertragsauslegung nämlich nicht auf die Rückführung der Klausel auf das nach den AGB-Regeln gesetzliche Mindestmaß, sondern sucht nach einer für beide Vertragsseiten angemessenen Lösung[987]. Die im Wege der ergänzenden Vertragsauslegung gefundene angemessene Regelung kann zwar mit dem gesetzlich zulässigem Mindestmaß

---

982 So *Schmitz/Vogel*, ZIP 2002, 1690 (1694).

983 *Willemsen/Grau*, RdA 2003, 321 (325); *Schmidt*, in: Ulmer/Brandner/Hensen, AGBG, § 6 Rn. 34a.

984 *Häsemeyer*, FS Ulmer, 1097 (1103).

985 *Gotthardt*, ZIP 2002, 277 (289).

986 *Schmitz/Vogel*, ZIP 2002, 1690 (1693).

987 BGH v. 30.9.1998, BGHZ 139, 333 (339 f.); BGH v. 1.2.1984, BGHZ 90, 69 (75 f.); LAG Köln v. 1.2.2001, NZA-RR 2001, 461 (463); *Schmidt*, in: Ulmer/Brandner/Hensen, AGBG, § 6 Rn. 36; *Hönn*, ZfA 2003, 325 (343).

übereinstimmen. Zwingend ist dies jedoch nicht[988]. Ergänzende Vertragsauslegung und geltungserhaltende Reduktion verfügen über verschiedene Ansatzpunkte und unterschiedliche Wirkungsweisen. Dies ergibt sich bereits aus der prinzipiellen Subsidiarität der ergänzenden Vertragsauslegung gegenüber der Lückenschließung durch dispositive gesetzliche Vorschriften im AGB-Recht[989]. Zudem ist der Ausgangspunkt der geltungserhaltenden Reduktion die gesetzliche Regelung, an der sie sich zu orientieren hat, um den gerade noch zulässigen Inhalt der fraglichen Klausel zu bestimmen. Der Ansatzpunkt für die ergänzende Vertragsauslegung ist demgegenüber der hypothetische Parteiwille[990]. Methodisch verlangt die ergänzende Vertragsauslegung vom Rechtsanwender, den Konsens der Vertragsparteien unter Berücksichtigung des vertraglichen Sinnzusammenhangs und der billigenswerten Interessen gleichsam zu Ende zu denken und dadurch die von den Parteien akzeptierten Bewertungsgrundlagen auf die Vertragslücke auszudehnen[991]. Das Ergebnis der ergänzenden Vertragsauslegung ergibt sich somit nicht schematisch aus Normen, sondern leitet sich unter Berücksichtigung von Treu und Glauben aus dem Kontext des Regelungsplans der Vertragspartner bzw. ihrer Interessen ab[992]. Die ergänzende Vertragsauslegung ist damit nicht einseitig am Verwenderinteresse ausgerichtet, sondern strebt den beiderseitigen angemessenen Interessenausgleich an[993]. In der Wirkungsweise unterscheiden sich die beiden Rechtsinstitute dergestalt, dass im Rahmen der geltungserhaltenden Reduktion die Rückführung der fraglichen Klausel auf den gerade noch zulässigen Vertragsinhalt bereits auf der Tatbestandsebene vorgenommen wird, so dass eine Vertragslücke gar nicht erst entsteht. Die ergänzende Vertragsauslegung setzt aber eine solche Vertragslücke aufgrund einer wegen eines Verstoßes gegen die §§ 307 ff. BGB unwirksamen Klausel voraus, um dann auf der Rechtsfolgenseite zum Einsatz zu gelangen[994]. Die ergänzende Vertragsauslegung füllt somit eine Lücke mit neuem Leben, erhält aber nicht eine eigentlich unwirksame Klausel mit gerade noch zulässigem Inhalt aufrecht.

---

988 *Willemsen/Grau*, RdA 2003, 321 (325); *Rolfs*, FS Schwerdtner, 151 (165).

989 Zum Vorrang der Lückenfüllung durch dispositives Recht vgl. *Schmidt*, in: Ulmer/Brandner/Hensen, AGBG, § 6 Rn. 34.

990 BGH v. 22.4.1953, BGHZ 9, 273 (278); BGH v. 4.5.1990, BGHZ 111, 214 (217f); Palandt/*Heinrichs*, § 157 Rn. 7; Erman/*S.Roloff*, § 306 Rn. 13; *Schmidt*, in: Ulmer/ Brandner/Hensen, AGBG, § 6 Rn. 31.

991 *Willemsen/Grau*, RdA 2003, 321 (325); Soergel/*Wolf*, § 157 Rn. 104; *Larenz/Canaris*, Methodenlehre der Rechtswissenschaft, S. 121.

992 *Pauly*, JR 1997, 357 (363); *Willemsen/Grau*, RdA 2003, 321 (325).

993 BGH v. 22.1.1992, NJW 1992, 1164 (1165); Erman/*S.Roloff*, § 306 Rn. 13.

994 *Lindemann*, Flexible Gestaltung von Arbeitsbedingungen nach der Schuldrechtsreform, S. 236. Zur Notwendigkeit einer Regelungslücke als Voraussetzung der ergänzenden Vertragsauslegung allgemein: BGH v. 21.9.1994, BGHZ 127, 138 (142); BGH v. 17.4.2002, NJW 2002, 2310 (2311); Palandt/*Heinrichs*, § 157 Rn. 3.

Geltungserhaltende Reduktion und ergänzende Vertragsauslegung sind folglich zwei zu unterscheidende, unabhängige Rechtsinstitute, so dass aus dem Verbot der geltungerhaltenden Reduktion nicht auch zugleich die Unzulässigkeit der ergänzenden Vertragsauslegung geschlussfolgert werden kann[995]. Da beide Institute jedoch durchaus teilweise zu den selben Ergebnissen führen können, ist bei der Anwendung der ergänzenden Vertragsauslegung Vorsicht geboten, um nicht doch eine geltungserhaltende Reduktion „durch die Hintertür" einzuführen[996]. Ist zum Beispiel ein hypothetischer Parteiwille auch nach objektiv-generalisierender Betrachtungsweise nicht zu ermitteln, gehen die verbleibenden Zweifel in entsprechender Anwendung des § 305c Abs. 2 BGB zu Lasten des Verwenders und eine ergänzende Vertragsauslegung muss ausscheiden[997].

II. Situation im Arbeitsvertragsrecht

Im Folgenden gilt es zu klären, inwieweit das allgemeine Rechtsfolgensystem des AGB-Rechts nunmehr auch mit Blick auf das Arbeitsvertragsrecht zur Anwendung gelangt. Dazu ist zunächst die diesbezügliche frühere Rechtsprechung der Arbeitsgerichte zu betrachten.

---

995 *Häsemeyer*, FS Ulmer, 1097 (1105 ff.), lehnt hingegen sowohl die geltungserhaltende Reduktion als auch die ergänzende Vertragsauslegung als Mittel zur Herbeiführung der Rechtsfolge Teilunwirksamkeit ab. Die Teilunwirksamkeit beschränke die Privatautonomie, imdem statt eines Unwirksamkeitsverdikts eine bestimmte angemessene Regelung vorgegeben werde. Die Modifizierung der Unwirksamkeitsfolgen ersetze dispositives Recht durch zwingende richterrechtliche Vertragstypen und vernachlässige drittschützende Zwecke der Totalunwirksamkeit. Allein das „Alles-oder-Nichts-Prinzip" sei eine Entfaltungsgarantie für die Privatautonomie. A.A.: *Pauly*, JR 1997, 357 (361), setzt der Kritik an dem Prinzip der Teilunwirksamkeit den Hinweis entgegen, dass die §§ 134, 138, 307 BGB als Quelle richterliche Rechtsschöpfung anerkannt seien und der Richter zu einer Weiterentwicklung des Rechts nicht nur berechtigt, sondern unter Umständen sogar verpflichtet sei. Von einem unzulässigen Eingriff in die Privatautonomie könne keine Rede sein.

996 So *Pauly*, JR 1997, 357 (363). Erman/*S.Roloff*, § 306 Rn. 13, will die ergänzende Vertragsauslegung deshalb auch nur in solchen Fallgestaltungen billigen, in denen sie auch dem Interesse des Vertragspartners an sachgerechter Ausfüllung und Erhaltung des Vertrages dient, insbesondere wenn sich der Verwender mangels ergänzender Vertragsauslegung nach § 306 Abs. 3 BGB vom Vertrag lösen könnte. Soweit dagegen die ergänzende Vertragsauslegung zu einer Änderung des dispositiven Rechts zugunsten des Verwenders führt, sei sie auf bestimmte Sonderlagen zu begrenzen, in denen die gesetzliche Risikoverteilung für den Verwender bei voller Berücksichtigung der Interessen der anderen Seite typischerweise unangemessen ist.

997 So *Rolfs*, FS Schwerdtner, 151 (166).

1. Frühere Rechtsprechung der Arbeitsgerichte

Das BAG unterschied hinsichtlich der Rechtsfolgen von unwirksamen Vertragsklauseln nicht zwischen arbeitgeberseits vorformulierten Arbeitsverträgen und echten Individualvereinbarungen[998]. Mit dem Gesetz oder mit zwingenden Grundsätzen der Rechtsprechung unvereinbare Vertragsklauseln wurden größtenteils lediglich für „insoweit unwirksam“ erklärt, als sie die Grenze des Angemessenen überschritten, und auf das noch zulässige Maß reduziert[999]. Das BAG bediente sich also der geltungserhaltenden Reduktion. Prominentestes Beispiel dieser Rechtsprechung sind Ausbildungs- bzw. Fortbildungskosten[1000] und Gratifikationszahlungen[1001] betreffende Rückzahlungsklauseln. Ihre Unwirksamkeit aufgrund einer zu langen Bindungsdauer führte nicht zum Wegfall der gesamten Rückzahlungsvereinbarung, sondern zu einer Kürzung der Bindungsdauer auf ein noch zulässiges Maß. So hielt das BAG beispielsweise die fünfjährige Bindungsdauer einer Rückzahlungsklausel bzgl. Fortbildungskosten für unvereinbar mit dem aus Art. 12 Abs. 1 GG resultierenden Grundrecht des Arbeitnehmers auf freie Wahl des Arbeitsplatzes, erhielt die Klausel jedoch mit dem Inhalt einer dreijährigen Bindung mit linear fallender Erstattungspflicht aufrecht[1002].

Ähnlich argumentierte das BAG im Fall eines Arbeitnehmers, dem im Wege eines vertraglich vereinbarten Nebentätigkeitsverbots jede vom Arbeitgeber nicht genehmigte Nebentätigkeit untersagt war. Das Gericht sah in dieser Vertragsklausel eine Verletzung der durch Art. 12 Abs. 1 GG geschützten Berufsfreiheit und des sich aus Art. 2 Abs. 1 GG ergebenden Allgemeinen Persönlich-

---

998 Auf diesen Umstand hinweisend: *Dieterich*, RdA 1995, 129 (135); *Fastrich*, RdA 1997, 65 (75); *Rolfs*, FS Schwerdtner, 151 (154). Siehe dazu auch schon 3. Teil A. IV. 1.

999 Vgl. BAG v. 11.4.1984, DB 1984, 2411; BAG v. 15.12.1993, DB 1994, 1040; BAG v. 16.3.1994, AP Nr. 18 zu § 611 BGB Ausbildungsbeihilfe = DB 1994, 1726; BAG v. 6.12.1963, AP Nr. 28 zu § 611 BGB Gratifikation; Siehe auch *Preis*, Grundfragen der Vertragsgestaltung im Arbeitsrecht, S. 344 f.; *Rolfs*, FS Schwerdtner, 151 (154 f.); *Wisskirchen/Stühm*, DB 2003, 2225 (2227); *Söllner*, ZfA 2003, 145 (157).

1000 Betrage die Lehrgangsdauer zwei Monate, sei regelmäßig nur eine einjährige Bindungsdauer zulässig, vgl. BAG v. 15.12.1993, DB 1994, 1040 . Bei einer drei- bis viermonatigen Ausbildungsdauer komme eine Bindung von bis zu zwei Jahren in Betracht, vgl. BAG v. 6.9.1995, AP Nr. 23 zu § 611 BGB Ausbildungsbeihilfe = DB 1996, 532. Vgl. auch BAG v. 11.4.1984, DB 1984, 2411; BAG v. 6.9.1995, AP Nr. 23 zu § 611 BGB Ausbildungsbeihilfe = DB 1996, 532; BAG v. 16.3.1994, AP Nr. 18 zu § 611 BGB Ausbildungsbeihilfe = DB 1994, 1726; BAG v. 26.10.1994, DB 1995, 632; BAG v. 6.5.1998, NZA 1999, 79 = NJW 1999, 443; BAG v. 5.12.2002 AP Nr. 32 zu § 611 BGB Ausbildungsbeihilfe;

1001 BAG v. 6.12.1963, AP Nr. 28 zu § 611 BGB Gratifikation; BAG v. 7.9.1967, AP Nr. 61 zu § 611 BGB Gratifikation; BAG v. 22.2.1968, AP Nr. 64 zu § 611 BGB Gratifikation; BAG v. 14.6.1995, BAG AP Nr. 176 zu § 611 BGB Gratifikation.

1002 BAG v. 11.4.1984, DB 1984, 2411.

keitsrechts. Diese Grundrechte setzten der Vertragsfreiheit dort Grenzen, wo es an einem berechtigten Interesse des Arbeitgebers fehle. Statt das Nebentätigkeitsverbot vollständig zu verwerfen, legte das Gericht es dahingehend aus, dass es nur solche Nebentätigkeiten verbietet, an deren Unterlassung der Arbeitgeber ein berechtigtes Interesse habe[1003].

Ein weiteres Beispiel für eine geltungserhaltende Reduktion stellt die Herabsetzung einer unverhältnismäßig hohen Vertragsstrafe auf ein nach § 343 BGB angemessenes Maß dar[1004].

Teilweise entsagte das BAG aber auch einer geltungserhaltenden Reduktion und verwarf die fragliche Vertragsklausel vollständig[1005]. Hierbei handelte es sich jedoch größtenteils um unklare oder überraschende Klauseln. So hielt das BAG eine arbeitsvertragliche Klausel zur Rückzahlung des Weihnachtsgeldes für vollständig unwirksam, wenn sie weder Voraussetzungen für die Rückzahlungspflicht, noch einen eindeutig bestimmten Zeitraum für die Bindung des Arbeitnehmers festlegte[1006] und verwarf eine überraschende Ausschlussklausel im vollen Umfang[1007]. Derartige Verstöße gegen Unklarheitenregel und Überraschungsschutz stellen allerdings nicht den typischen Anwendungsfall einer geltungserhaltenden Reduktion dar. Statt eines zu weitgehenden Klauselinhalts verfügen sie über einen mehrdeutigen oder ungewöhnlichen Regelungsinhalt. Der Überraschungseffekt einer Klausel kann sich gar losgelöst vom Inhalt aus ihrer äußeren Gestaltung oder ihres Standortes im Vertrag ergeben. Eine geltungserhaltende Reduktion ist in einem solchen Fall von vorneherein nicht möglich.

Oftmals nahm das BAG – insbesondere bei Versetzungsklauseln[1008] und Widerrufsvorbehalten[1009] – keine Inhalts-, sondern eine Ausübungskontrolle vor. Die arbeitsgerichtliche Rechtsprechung zu vorformulierten Vertragsklauseln war in ihren Rechtsfolgen somit zwar durchaus uneinheitlich, wies aber doch einen ausgeprägten Hang zur geltungserhaltenden Reduktion auf[1010].

1003 BAG v. 26.8.1976, AP Nr. 68 zu § 626 BGB. Vgl. auch BAG v. 18.11.1988, AP Nr. 3 zu § 611 BGB Doppelarbeitsverhältnis; BAG v. 6.9.1990, AP Nr. 47 zu § 615 BGB.

1004 BAG v. 23.5.1984, AP Nr. 9 zu § 339 BGB; LAG Berlin v. 19.5.1980, AP Nr. 8 zu § 339 BGB; LAG Sachsen v. 25.11.1997, LAGE § 339 BGB Nr. 12.
Vor Inkrafttreten des heutigen § 4a EFZG wandte das BAG die geltungserhaltende Reduktion auch im Hinblick auf die Kürzung einer Weihnachtsgratifikation wegen Krankheiten oder Fehlzeiten an, vgl. BAG v. 15.2.1990, AP Nr. 15 zu § 611 BGB Anwesenheitsprämie.

1005 Zum Beispiel bei einem Änderungsvorbehalt hinsichtlich der Dauer der Arbeitszeit, BAG v. 12.12.1984, NZA 1985, 321.

1006 BAG v. 14.6.1995, AP Nr. 176 zu § 611 BGB Gratifikation.

1007 BAG v. 29.11.1995, AP Nr. 1 zu § 3 AGB-Gesetz = NZA 1996, 702.

1008 BAG v. 14.10.1984, NJW 1984, 381; BAG v. 22.5.1986, NZA 1987, 125; BAG v. 27.11. 1991, NZA 1992, 644.

1009 BAG v. 15.11.1995, NZA 1996, 603 = AP Nr. 20 zu § 1 TVG Tarifverträge: Lufthansa.

2. Situation nach der Schuldrechtsreform

Nach der Änderung der AGB-rechtlichen Bereichsausnahme erscheint es fragwürdig, ob das BAG seine soeben geschilderte Rechtsprechung, die durch die Anwendung des Prinzips der geltungserhaltenden Reduktion geprägt war, weiterhin dogmatisch begründbar fortführen kann.

a) Gründe für ein Verbot der geltungserhaltenden Reduktion auch im Arbeitsrecht

Für ein Verbot der geltungserhaltenden Reduktion im arbeitsvertraglichen Bereich sprechen die selben Gründen, die ein solches Verbot auch im allgemeinen Zivilrecht rechtfertigen. Vor allem ist dies der Schutzzweck der AGB-Regelungen, der ansonsten nur unzureichend erfüllt würde[1011]. Dem Arbeitgeber als typischen Verwender der vorformulierten Vertragsbedingungen darf nicht die Verantwortung und das Risiko für die Vertragsgestaltung abgenommen werden[1012]. Ansonsten würde er zur Verwendung unangemessener Klauseln ermutigt[1013]. Nur über die disziplinierende Wirkung eines prinzipiell vollkommenen Wegfalls der den Arbeitgeber begünstigenden Regelung ist es möglich, den Rechtsverkehr von vorneherein von unangemessenen Klauseln freizuhalten und dadurch dem Präventionsgedanken des AGB-Rechts gerecht zu werden[1014]. Nur über den Weg des Verbots der geltungserhaltenden Reduktion kann zudem dem Transparenzgedanken zugearbeitet werden, demzufolge es dem Arbeitnehmer

---

1010 *Preis*, NZA 2003 Beilage 16, 19 (27), spricht davon, dass die geltungserhaltende Reduktion ein Markenzeichen der BAG-Rechtsprechung war, die – je nach dogmatischem Standpunkt der Vertragskontrolle – mal angewendet wurde und dann auch wieder nicht angewendet wurde.
Ausführlicher zur früheren arbeitsgerichtlichen Arbeitsvertragskontrolle siehe 1. Teil C. II.

1011 BAG v. 4.3.2004, BB 2004, 1740 (1746); LAG Hamm v. 11.5.2004, NZA-RR 2004, 515 (519); ArbG Stralsund v. 27.4.2004, DB 2004, 1368 (1369); *Wisskirchen/Stühm*, DB 2003, 2225 (2227); *Wiesinger*, AuA 2002, 354 (356); Kroiß/*Fell*, Klauselbuch Schuldrecht, § 3 Rn. 121.

1012 *Schrader/Schubert*, NZA-RR 2005, 169 (173); *Gotthardt*, ZIP 2002, 277 (289); *Willemsen/Grau*, RdA 2003, 321 (322); *Wisskirchen/Stühm*, DB 2003, 2225 (2227); *Lakies*, AR-Blattei, SD. 35, Rn. 211; Kroiß/*Fell*, Klauselbuch Schuldrecht, § 3 Rn. 121; *Lindemann*, AuA 2002, 81 (87); *dies.*, Flexible Gestaltung von Arbeitsbedingungen nach der Schuldrechtsreform, S. 240; *Preis*, NZA 2003 Beilage 16, 19 (28); ErfK/*Preis*, §§ 305-310 Rn. 99; *Fenn*, FS Söllner, 333 (363 f.).

1013 *Hromadka*, NJW 2002, 2523 (2529); *Fenn*, FS Söllner, 333 (363 f.).

1014 *Singer*, RdA 2002, 194 (203 f.); *Willemsen/Grau*, RdA 2003, 321 (322); Kroiß/*Fell*, Klauselbuch Schuldrecht, § 3 Rn. 121; *Schlodder*, Der Arbeitsvertrag im neuen Schuldrecht, S. 239.

jederzeit möglich sein soll, sich zuverlässig Informationen über die ihm aus den vorformulierten Vertragsbedingungen erwachsenen Rechte und Pflichten zu verschaffen[1015]. Zudem sprechen der Wortlaut des § 306 Abs. 2 BGB[1016] sowie der Umstand, dass es nicht Aufgabe des Gerichts ist, den gerade noch zulässigen Inhalt einer Vertragsklausel zu ermitteln und auf diesem Weg dem Arbeitgeber Vertragshilfe zu leisten, gegen eine Anerkennung der geltungserhaltenden Reduktion im Arbeitsrecht[1017].

Die Anwendung des Verbots der geltungserhaltenden Reduktion auch im Arbeitsrecht ist letztlich nur die konsequente Umsetzung der gesetzgeberischen Intention, das Schutzniveau von Zivil- und Arbeitsrecht anzugleichen[1018]. Das BAG lehnt nunmehr folgerichtig die Herabsetzung einer unangemessen hohen Vertragsstrafe auf das angemessene Maß ab[1019]. Im Zusammenhang mit Ausschlussklauseln schließt das BAG eine geltungserhaltende Reduktion ebenfalls aus. Die Ausdehnung einer wegen unangemessener Kürze der Frist unwirksamen Ausschlussklausel auf eine gerade noch oder in jedem Fall zulässige Dauer komme nicht in Betracht[1020].

b) Keine andere Bewertung wegen „Besonderheiten des Arbeitsrechts"

Einige Stimmen führen Umstände an, welche als Besonderheiten des Arbeitsrechts im Sinne von § 310 Abs. 4 S. 2 BGB die Nichtanwendung des Verbots der geltungserhaltenden Reduktion im arbeitsvertraglichen Bereich rechtfertigen sollen.

Zu diesen Umständen wird beispielsweise der Charakter des Arbeitsvertrags als Dauerschuldverhältnis gezählt. Das Arbeitsverhältnis könne Jahrzehnte währen. Weder tatsächliche noch rechtliche Änderungen seien aber auf eine so lange Zeit absehbar. Der Arbeitgeber könne daher bei Vertragsschluss oft nicht wissen, wie sich eine bestimmte Vertragsklausel später entwickeln wird[1021]. Hinzu

---

[1015] *Willemsen/Grau*, RdA 2003, 321 (322); *Hromadka*, NJW 2002, 2523 (2529); *Schlodder*, Der Arbeitsvertrag im neuen Schuldrecht, S. 239.

[1016] So *Lindemann*, Flexible Gestaltung von Arbeitsbedingungen nach der Schuldrechtsreform, S. 240; *Thüsing*, BB 2002, 2666 (2674); *Wisskirchen/Stühm*, DB 2003, 2225 (2227).

[1017] *Lindemann*, AuA 2002, 81 (87).

[1018] Vgl. BT-Drs. 14/6857, S. 54.
Ohne nähere Begründung die Geltung des Verbots der geltungserhaltenden Reduktion auch im Arbeitsrecht annehmend: *Vogel/Kümmel*, BWGZ 2002, 706 (709); *Sartorius/Rambach*, ZAP 2002, 541 (546 f.); *Eckert*, PP 2002, 18 (19); *Dollmann*, ArbRB 2004, 122 (125).

[1019] BAG v. 4.3.2004, BB 2004, 1740 (1746).

[1020] BAG v. 25.5.2005, DB 2005, 2136 (2139); BAG v. 28.9.2005, NZA 2006, 149 (153).

[1021] *Willemsen/Grau*, RdA 2003, 321 (327); *Söllner*, ZfA 2003, 145 (158); *Hromadka*, NJW 2002, 2523 (2529); *Boecken*, ZfA 2000, 379 (451); *Bayreuther*, NZA 2004, 953 (954), bekomme, dass eine Vertragsanpassung beim Arbeitsvertrag durch die strengen Voraussetzungen einer Änderungskündigung nach § 2 KSchG erschwert werde[1022].

Des weiteren fehle dem Arbeitgeber aufgrund des geringen Umfangs dispositiven Rechts im Bereich des Arbeitsrechts ein gesichertes Leitbild für eine vom Gesetzgeber als ausgewogen erachtete Regelung, an der er sich bei der Vertragsgestaltung orientieren könnte. Der Arbeitgeber befinde sich bei der Formulierung der Vertragsbestimmungen quasi auf „schwankendem Boden", weshalb es nicht in jedem Falle sachgerecht sei, ihm zu Disziplinierungszwecken das Risiko der Totalunwirksamkeit aufzuerlegen[1023].

Neben der Behauptung, für eine geltungserhaltende Reduktion könne auch sprechen, dass eine bestimmte Regelung in ihrer reduzierten Form branchenspezifisch oder tarifüblich sei[1024], wird zudem angeführt, dass Formularbedingungen in Arbeitsverträgen zumeist Teil einer betrieblichen Ordnung seien. In dieser Funktion regelten sie nicht nur wie sonstige Allgemeine Geschäftsbedingungen bilaterale Konflikte zwischen Verwender und Gegenseite, sondern bezweckten auch den gerechten belegschaftsinternen Interessenausgleich. Die geltungserhaltende Reduktion bedeute daher nicht stets unangemessene Rücksicht auf jemanden, der versucht hat, sich unangemessene Vorteile zu verschaffen. Vielmehr kann sie unter Umständen zur wünschenswerten Erhaltung der Konsistenz sozial-organischer Normwerke führen.

Würde z.B. bei einer Rückzahlungsklauseln, die für eine Arbeitnehmergruppe eine angemessene und für eine andere eine unangemessen lange Bindungsdauer vorsieht, kraft des Verbots der geltungserhaltenden Reduktion die Rückzahlungspflicht der zweiten Gruppe ersatzlos entfallen und nicht ebenfalls von einer angemessenen Bindungsdauer abhängig gemacht, so liefe dies auf eine ungerechtfertigte Bevorzugung der zweiten vor der ersten Gruppe hinaus. Die Nichtigerklärung einer Klausel greife somit viel tiefer in die betriebliche Ordnung ein als die Zurückführung auf ein Maß, das auch den betrieblichen Erfordernissen gerecht werde[1025].

---

fürwortet deshalb zumindest eine vereinzelte Durchbrechung des Reduktionsverbots im Arbeitsrecht.

[1022] So *Hromadka*, NJW 2002, 2523 (2529); *ders.*, FS Dieterich, 251 (276); *Boecken*, ZfA 2000, 379 (451); *Willemsen/Grau*, RdA 2003, 321 (327).

[1023] *Söllner*, ZfA 2003, 145 (158); *Willemsen/Grau*, RdA 2003, 321 (328); *Hromadka*, NJW 2002, 2523 (2529). *Bayreuther*, NZA 2004, 953 (955), vertritt die Ansicht, dass aufgrund der nur wenigen dispositiven Normen im Arbeitsvertragsrecht eine gesicherte normative Ersatzordnung fehle, so dass eine einschränkungslose Übernahme des Verbots der geltungserhaltenden Reduktion ins Arbeitsrecht abzulehnen sei.

[1024] *Willemsen/Grau*, RdA 2003, 321 (327).

[1025] So *Reuter*, in: Eckert/Delbrück, Reform des deutschen Schuldrechts, 99 (112 f.); *Söllner*, ZfA 2003, 145 (159); *Willemsen/Grau*, RdA 2003, 321 (327).

Darüber hinaus sei zu bedenken, dass der Wegfall der gesamten fraglichen Klausel dem Arbeitnehmer oftmals nur „Steine statt Brot“ gäbe. So könne die vollständige Unwirksamkeit von Widerrufsvorbehalten oder Rückzahlungsvereinbarungen dazu führen, dass dem Arbeitgeber ein Festhalten an der Zusage freiwilliger Leistungen nach § 306 Abs. 3 BGB nicht mehr zumutbar sei. Die Unwirksamkeit von Änderungsvorbehalten bei Tätigkeit und Arbeitszeit würden zudem unausweichlich zu Änderungskündigungen führen. Das Verbot der geltungserhaltenden Reduktion gereiche dem Arbeitnehmer folglich nicht zwangsläufig zum Vorteil[1026].

Das Verbot der geltungserhaltenden Reduktion führe aber auch zu der Gefahr, dass arbeitgeberseitige Belange möglicherweise zu sehr vernachlässigt werden, wenn z.B. das Interesse des Arbeitgebers an der „Verwertung“ von ihm finanzierter Ausbildungskapazitäten bei der Ablehnung der Reduktion von Rückzahlungsklauseln mit überlanger Bindungsdauer auf ein zulässiges Maß nicht ausreichend berücksichtigt werden könne[1027]. Zudem sei die arbeitsvertragliche Situation durch ein mehrfaches Schutzniveau zugunsten des Arbeitnehmers gekennzeichnet, das einen weiteren Schutz durch das Verbot der geltungserhaltenden Reduktion entbehrlich mache. Die Wahrnehmung vertraglicher Anpassungs- bzw. Leistungsbestimmungsrechte unterliege einer der Klauselkontrolle nachgelagerten konkreten Ausübungskontrolle durch die Arbeitsgerichte anhand von § 106 GewO bzw. § 315 Abs. 1 BGB. Dadurch bestehe eine effektive „zweite Säule“ des Arbeitnehmerschutzes. Hinzu trete noch eine Einschränkung der Bestimmungsbefugnisse des Arbeitgebers durch Mitbestimmungsrechte des Betriebs- oder Personalrats. Ein vergleichbar stark ausgeprägtes Schutzniveau sei dem allgemeinen Vertragsrecht fremd[1028].

Aus all diesen als Besonderheiten des Arbeitsrechts im Sinne von § 310 Abs. 4 S. 2 BGB eingeordneten Umständen und der Annahme, dass die bisherige arbeitsgerichtliche Rechtsprechung auf durchaus billig erscheinenden Wertungen beruhe[1029], wird ein Kontinuitätsgebot der Rechtsprechung geschlussfolgert, welches die Fortsetzung der geltungserhaltenden Reduktion in der arbeitsvertraglichen Praxis zur Folge habe[1030].

Die Annahme eines derartigen Kontinuitätsgebots ist aber schon deshalb zu verwerfen, weil die bisherige arbeitsgerichtliche Rechtsprechung auf einer ande-

---

1026 *Schnitker/Grau*, BB 2002, 2120 (2126); *Hromadka*, NJW 2002, 2523 (2529); *ders.*, FS Dieterich, 251 (276). Ebenfalls auf die Gefahr des § 306 Abs. 3 BGB hinweisend: *Reinecke*, DB 2002, 583 (586).

1027 *Boecken*, ZfA 2000, 379 (451 f.).

1028 *Willemsen/Grau*, RdA 2003, 321 (327); *Bayreuther*, NZA 2004, 953 (954).

1029 *Thüsing*, BB 2002, 2666 (2674).

1030 *Lingemann*, NZA 2002, 181 (187); *Thüsing*, BB 2002, 2666 (2674); *Hadeler*, FA 2002, 66 (67). *Schnitker/Grau*, BB 2002, 2120 (2126), halten eine Fortführung der bisherigen Rechtsprechung für wünschenswert.

ren rechtlichen Grundlage beruht, nämlich der Nichtanwendbarkeit des früheren § 6 AGBG im Arbeitsrecht[1031]. Eine solche Kontinuität würde zudem die gesetzgeberische Intention, mit der Änderung der Bereichsausnahme zumindest eine teilweise Änderung der Rechtsprechung herbeizuführen[1032], konterkarieren[1033].

Zudem sind die soeben aufgeführten Umstände nicht als Besonderheiten im Sinne von § 310 Abs. 4 S. 2 BGB zu begreifen, die eine Ausnahme vom Verbot der geltungserhaltenden Reduktion rechtfertigen könnten[1034].

So streitet beispielsweise der Charakter des Arbeitsverhältnisses als unter Umständen Jahrzehnte währendes Dauerschuldverhältnis nicht für eine geltungserhaltende Reduktion unwirksamer Formularklauseln. Der Anpassungsbedarf der getroffenen Vereinbarungen an sich im Laufe der Zeit wandelnde tatsächliche und rechtliche Begebenheiten ist allen Dauerschuldverhältnissen, beispielsweise auch der Miete, gemein[1035]. Der BGH wendet das Verbot der geltungserhaltenden Reduktion aber auch bei Dauerschuldverhältnissen an[1036].

Die hohen Anforderungen an eine Änderungskündigung gemäß § 2 KSchG zeigen gerade, dass Änderungen der vertraglichen Konditionen nicht ohne Weiteres einseitig möglich sein sollen. Ließe man über eine Ablehnung des Verbots der geltungserhaltenden Reduktion aber eine gefahrlose Aufnahme weitgehender arbeitgeberseitiger Änderungsvorbehalte in die Arbeitsverträge zu, so unterliefe man diese gesetzgeberische Wertentscheidung. Die erschwerten Kündigungsmöglichkeiten sprechen sich so gesehen gerade gegen eine geltungserhaltende Reduktion aus[1037].

Der „schwankende Boden", auf dem sich der Arbeitgeber bei der Vertragsgestaltung angeblich befindet, wird durch die recht präzisen Vorgaben der Klauselverbote etwas befestigt[1038].

Gegen die Annahme arbeitsrechtlicher Besonderheiten spricht zudem die Tatsache, dass der BGH auch bisher schon bei Sachverhalten mit arbeitsrecht-

---

1031 LAG Hamm v. 11.5.2004, NZA-RR 2004, 515 (519); *Kittner*/Zwanziger, Arbeitsrecht, Handbuch für die Praxis, § 8 Rn. 108.

1032 Vgl. BT-Drs. 14/6857, S. 54.

1033 Ausführlicher zur Ablehnung des Kontinuitätsgebots siehe 4. Teil A. II.

1034 Diesbezüglich das Vorliegen von Besonderheiten des Arbeitsrechts ebenfalls ablehnend: *Singer*, RdA 2003,194 (203); ErfK/*Preis*, §§ 305-310 BGB Rn. 99; *Annuß*, BB 2002, 458 (462); *Lakies*, AR-Blattei, SD. 35, Rn. 209; *Rolfs*, FS Schwerdtner, 151 (159 f.); *Stoffels*, NZA 2005, 726 (727); *Wolf*, in: Dauner-Lieb/Henssler/Preis, Inhaltskontrolle im Arbeitsrecht, S. 34.

1035 So *Rolfs*, FS Schwerdtner, 151 (160); *Preis*, NZA 2003 Beilage Heft 16, 19 (28); *Gotthardt*, ZIP 2002, 277 (289); LAG Hamm v. 11.5.2004, NZA-RR 2004, 515 (519).

1036 Vgl. BGH v. 7.6.1989, BGHZ 108, 1; BGH v. 10.9.1997, BGHZ 136, 314.

1037 Im Ergebnis ebenso *Gotthardt*, ZIP 2002, 277 (289).

1038 *Gotthardt*, ZIP 2002, 277 (289).

lichen Bezügen das Verbot der geltungserhaltenden Reduktion angewendet hat[1039].

Des weiteren hätte die Zulassung der Zurückführung einer unangemessenen Klausel auf ein gesetzlich gerade noch zulässiges Niveau zur Folge, dass der rechtssuchende Arbeitnehmer im Rahmen einer entsprechenden Klage auf Feststellung der Unwirksamkeit der Klausel in aller Regel zumindest teilweise unterliegen würde. Dies wäre unvereinbar mit dem durch die Gesetzesänderung verfolgten Zweck, das Schutzniveau im Arbeitsrecht an dasjenige im Zivilrecht heranzuführen[1040].

Weitere als Besonderheiten des Arbeitsrechts titulierte Umstände, beispielsweise die Gefahr des § 306 Abs. 3 BGB oder die Störung der den betrieblichen Bedürfnissen dienenden allgemeinen Ordnung, werden vor allen Dingen ins Feld geführt, um der bei der Ablehnung der geltungserhaltenden Reduktion befürchteten Rechtsfolge einer Totalunwirksamkeit entgegen zu treten. Das Verbot der geltungserhaltenden Reduktion geht aber nicht einher mit einer zwangsläufigen Alles-oder-Nichts-Lösung. Wird z.B. aus der zu langen Bindungsdauer einer Rückzahlungsklausel ohne weiteren gedanklichen Zwischenschritt der vollständige Wegfall der Rückzahlungsverpflichtung geschlossen, so ist dies eine übereilte und gar falsche Vorgehensweise[1041]. Die obige Darstellung des Rechtsfolgensystems im allgemeinen Zivilrecht zeigt, dass das Rechtsinstitut der ergänzenden Vertragsauslegung hinzugezogen werden kann, falls eine Totalunwirksamkeit der Klausel bzw. das Beibehalten des lückenhaften Vertragswerks keine für beide Seiten interessengerechte Lösung darstellt[1042]. Das Verbot der geltungserhaltenden Reduktion hat also nicht den ersatzlosen Wegfall der Klausel um jeden Preis zur Folge[1043].

So hat das BAG im Zusammenhang mit einem unangemessenen Widerrufsvorbehalt eine ergänzende Vertragsauslegung aus Gründen des Vertrauensschutzes vorgenommen[1044]. Die fragliche Klausel war vor Inkrafttreten der Schuldrechtsreform vereinbart worden und genügte nicht den vom BAG nunmehr aufgestellten förmlichen Anforderungen an eine hinreichend konkrete Benennung der Widerrufsvoraussetzungen. Eine Anwendung des Verbots der geltungserhaltenden Reduktion hinsichtlich der Anforderungen an die Vertragsformulierung liefe auf eine echte Rückwirkung hinaus. Deshalb sei § 306 Abs. 2 BGB

[1039] Z.B. bei der Inhaltskontrolle einer Versorgungssatzung, vgl. BGH v. 30.9.1998, BGHZ 139, 333 (339).

[1040] Vgl. BT-Drs. 14/6857, S. 54.

[1041] So aber *Eckert*, PP 2002, 18 (19); *Sartorius/Rambach*, ZAP 2002, 541 (547).

[1042] Siehe 5. Teil B. I. 3.
Kritisch zur ergänzenden Vertragsauslegung im Arbeitsrecht: *Bayreuther*, NZA 2004, 953 (956).

[1043] So auch LAG Köln v. 1.2.2001, NZA-RR 2001, 461 (463).

[1044] BAG v. 12.1.2005, NZA 2005, 465 (468).

verfassungskonform auszulegen und anzuwenden. Da der Verwender bei Abschluss des Arbeitsvertrages die §§ 307 ff. BGB nicht berücksichtigen konnte und die Klausel nur deswegen unwirksam sei, weil sie in formeller Hinsicht den neuen Anforderungen nicht genüge, bedürfe es zur Schließung der entstandenen Lücke der ergänzenden Vertragsauslegung.

Das BAG greift auch zur ergänzenden Vertragsauslegung, wenn es eine Anwendung des Verbots der geltungserhaltenden Reduktion nicht für interessengerecht hält. Das Gericht verwarf bei einem Arbeitsvertrag über Abrufarbeit nach § 12 TzBfG die Arbeitszeitregelung, weil die vom Arbeitgeber abrufbare Arbeit mehr als 25 % der vereinbarten wöchentlichen Mindest-arbeitszeit betrug[1045]. Daraus folgte auch die Unwirksamkeit der vereinbarten Mindestarbeitszeit von 30 Wochenstunden. Zur Lückenfüllung wäre ein Rückgriff auf die gesetzliche Fiktion des § 12 Abs. 1 S. 3 TzBfG denkbar gewesen. Danach gilt eine Arbeitszeit von zehn Stunden als vereinbart, wenn die Dauer der wöchentlichen Arbeitszeit nicht vertraglich festgelegt ist. Eine Wochenarbeitszeit von zehn Stunden sah das BAG im konkreten Fall aber nicht als interessengerecht an, weil die Vertragsgestaltung und –durchführung zeigte, dass die Parteien offenkundig eine deutlich längere Mindestarbeitszeit wollten. Das Gericht kam daher über die ergänzende Vertragsauslegung zu einer regelmäßigen Arbeitszeit von 35 Stunden in der Woche.

Die oben dargestellten allgemeinen Ausnahmen vom Verbot der geltungserhaltenden Reduktion wie die sachliche Teilbarkeit gelten dabei auch für den arbeitsvertraglichen Bereich[1046]. So hat das BAG nur den Teil einer Vertragsstrafenklausel als unangemessen verworfen, der vorsah, dass bei einer fristlosen Kündigung seitens des Arbeitsgebers infolge eines schuldhaften vertragswidrigen Verhaltens des Arbeitnehmers der Arbeitnehmer eine Zahlung von einem Bruttomonatsgehalt an den Arbeitgeber zu leisten hat. Der restliche Teil der umfassenderen Vertragsstrafenregelungen, die auch Vertragsstrafen wegen Nichtantritts des Arbeitsverhältnisses oder bei Lösung des Arbeitsverhältnisses wegen Vertragsbruchs vorsah, sei nach dem „blue-pencil-test" verständlich und bleibe wirksam[1047].

Auch aus der Befürchtung eventuell unangemessener Rechtsfolgen lässt sich deshalb keine arbeitsrechtliche Besonderheit ableiten, die dem Verbot der geltungserhaltenden Reduktion entgegenstünde.

[1045] BAG v. 7.12.2005, DB 2006, 897 ff. = juris.

[1046] Kritisch dazu *Bayreuther*, NZA 2004, 953 (955 f.), der insbesondere im Zusammenhang mit der sog. grammatikalischen Teilbarkeit eine erhöhte Missbrauchsgefahr und Rechtsunsicherheit ausmacht.

[1047] BAG v. 21.4.2005, BB 2005, 2822 ff.; vgl. auch BAG v. 15.3.2005, NZA 2005, 682 ff., zur sprachlichen Teilbarkeit im Zusammenhang mit einem vorformulierten Schuldversprechen.

c) Rechtsfolgenfindung

Das Verbot der geltungserhaltenden Reduktion findet auch im arbeitsvertraglichen Bereich Anwendung. Besonderheiten des Arbeitsrechts i.S.v. § 310 Abs. 4 S. 2 BGB, die ein Abrücken von diesem Standpunkt erfordern könnten, sind nicht ersichtlich. Im Folgenden soll ein Überblick über die Rechtsfolgenfindung im Falle unwirksamer arbeitsvertraglicher Formularklauseln gegeben werden. Dabei ist zu unterscheiden, ob der von der fraglichen Vertragsklausel erfasste Sachverhalt in den Regelungsgehalt einer dispositiven Norm fällt oder nicht.

aa) Dispositive Norm existent

Ist der von der fraglichen Klausel betroffene Sachverhalt in einer dispositiven Norm geregelt, so rückt diese nach § 306 Abs. 2 BGB an die Stelle der unwirksamen Formularklausel. Für eine ergänzende Vertragsauslegung besteht bei Vorliegen einer dispositiven Norm kein Raum[1048]. Besonderheiten des Arbeitsrechts im Sinne von § 310 Abs. 4 S. 2 BGB, die trotz der gegebenen dispositiven Norm die Zurückführung auf das angemessene und nicht auf das damit nicht notwendig übereinstimmende gesetzlich zulässige Maß rechtfertigen könnten, sind nicht ersichtlich[1049]. Eine geltungserhaltende Reduktion scheidet demzufolge aus. Mit der Regelung des § 306 Abs. 2 BGB hat der Gesetzgeber eine klare Entscheidung dahingehend getroffen, dass bei Unwirksamkeit einer Formularklausel der von ihm für angebracht gehaltene und im Gesetzestext ausgedrückte Interessensausgleich als Ersatzordnung heranzuziehen ist. Die oben erwähnten Ausnahmen vom Verbot der geltungserhaltenden Reduktion gelten aber auch hier.

bb) Dispositive Norm nicht existent

Im Bereich des Arbeitsrechts ist die Zahl dispositiver Rechtsvorschriften gering, die an die Stelle einer unwirksamen Vertragsklausel treten könnten. Meistens handelt es sich um zwingende Normen, hinsichtlich derer keine AGB-Kontrolle, sondern eine Nichtigkeitsprüfung gemäß §§ 134, 138 BGB vorzunehmen ist,

---

[1048] BGH v. 4.7.2002, ZIP 2002, 1690 (1692) = NJW 2002, 3098 (3099); BGH v. 3.11.1999, NJW 2000, 1110; BGH v. 13.11.1997, BGHZ 137, 153 (157).

[1049] A.A. insbesondere *Willemsen/Grau*, RdA 2003, 321 (326), die bei Vorliegen von dispositiven Normen als mögliche „Lückenfüller" aufgrund von Besonderheiten des Arbeitsrechts eine Teilaufrechterhaltung der fragwürdigen Klausel für zulässig halten.

oder es gibt gar keine Vorschriften[1050]. Aus diesem Grund weist die Rechtsfolgenfindung bei Fehlen einer dispositiven Ersatznorm die größte praktische Bedeutung im arbeitsvertraglichen Bereich auf.

Ist eine den betreffenden Fall erfassende geschriebene dispositive Norm nicht existent, stellt sich die Frage, ob auch ungeschriebene Rechtsgrundsätze als dispositive Normen qualifiziert werden können und zur Lückenfüllung heranzuziehen sind. Für das allgemeine Zivilrecht ist dies generell anerkannt[1051]. Diese Ansicht wird teilweise ohne weiteres auf das Arbeitsrecht übertragen. Auch dort seien die entwickelten Rechtsprechungsgrundsätze zwecks Lückenfüllung dem dispositiven Recht gleichzustellen[1052], so dass z.B. an die Stelle einer zu langen Bindungsdauer im Rahmen von Rückzahlungsklauseln die von der Rechtsprechung entwickelte zulässige trete[1053]. Bei der Heranziehung von Richterrecht zur Lückenfüllung ist jedoch aus zwei Gründen Zurückhaltung geboten. Zum einen ist zu bedenken, dass das Richterrecht nur die unbedingt zu beachtenden Grenzen beschreibt und damit in seiner Funktion weniger ein Ersatz für fehlende dispositive Normen, sondern eher mit einseitig zwingendem Recht zu vergleichen ist, von dem zum Nachteil des Arbeitnehmers nicht abgewichen werden darf[1054]. So bestimmt das Richterrecht zu Rückzahlungsklauseln nur die zulässige Höchstbindung, nicht aber die Bindungslänge im Falle einer fehlenden Vereinbarung[1055]. Zum anderen würde auf diesem Wege dem berechtigterweise abgelehnten Kontinuitätsgebot doch zu Leben verholfen werden. Dies liefe auf eine Ignorierung des neuen Rechtszustands hinaus[1056].

Unter Beachtung dieser Bedenken dürfte das Fehlen einer geschriebenen dispositiven Norm in der Regel gleichsam den ersatzlosen Wegfall der unwirksamen Formularklausel bedeuten[1057]. Eine geltungserhaltende Reduktion scheidet nach der teilweisen Änderung der AGB-rechtlichen Bereichsausnahme

---

1050 Auf diese besondere Situation im Arbeitsrecht hinweisend: *Hadeler*, FA 2002, 66 (67); *Willemsen/Grau*, RdA 2003, 321 (324); *Kittner*/Zwanziger, Arbeitsrecht, Handbuch für die Praxis, § 8 Rn. 109; *Berger-Delhey*, ZTR 2002, 66 (68); *Gotthardt*, ZIP 2002, 277 (289); *Lakies*, AR-Blattei, SD. 35, Rn. 209; *Hümmerich*, NZA 2003, 753 (763); *Hromadka*, NJW 2002, 2523 (2529).

1051 BGH v. 14.5.1996, NJW 1996, 2092 (2093); BGH v. 12.7.1996, NJW 1996, 2786 (2788); *Lindacher*, in: Wolf/Horn/Lindacher, AGBG, § 6 Rn. 14; Palandt/*Heinrichs*, § 306 Rn. 6.

1052 So *Hönn*, ZfA 2003, 325 (343); *Boudon*, ArbRB 2003, 150 (153); *Hümmerich*, NZA 2003, 753 (763); *Vogel/Kümmel*, BWGZ 2002, 706 (709); *Preis*, NZA 2003 Beilage 16, 19 (28); *Gotthardt*, ZIP 2002, 277 (289).

1053 *Hromadka*, NJW 2002, 2523 (2529).

1054 *Rolfs*, FS Schwerdtner, 151 (161).

1055 *Thüsing*, BB 2002, 2666 (2674).

1056 *Kittner*/Zwanziger, Arbeitsrecht, Handbuch für die Praxis, § 8 Rn. 109.

1057 *Lakies*, AR-Blattei, SD. 35, Rn. 209.

aus[1058]. Besonderheiten des Arbeitsrechts im Sinne von § 310 Abs. 4 S. 2 BGB stehen dem Verbot der geltungserhaltenden Reduktion nicht entgegen[1059].

Stellt die Vertragslücke jedoch keine für beide Seiten interessengerechte, angemessene Lösung dar, so kann das Rechtsinstitut der ergänzenden Vertragsauslegung zur Lückenfüllung herangezogen werden[1060]. Ergänzende Vertragsauslegung und geltungserhaltende Reduktion unterscheiden sich in ihren gedanklichen Ansatzpunkten und in ihren Wirkungsweisen, so dass die Anwendung der ergänzenden Vertragsauslegung nicht mit dem Verbot der geltungserhaltenden Reduktion kollidiert[1061]. Im Rahmen der ergänzenden Vertragsauslegung findet auch die bisherige Rechtsprechung ihre Rolle als Auslegungshilfe. Die im Laufe der Jahre entwickelten Rechtsprechungsgrundsätze stellen eine allgemeine Lösung eines stets wiederkehrenden Interessengegensatzes dar und erfüllen damit die an eine ergänzende Vertragsauslegung im AGB-Bereich zu stellende Anforderung einer objektiv-generalisierenden Betrachtungsweise[1062]. Die Beachtung der früheren Rechtsprechung darf allerdings nicht deren automatische Übernahme bedeuten[1063]. Vielmehr ist sie unter strenger Rückkopplung an den hypothetischen Parteiwillen als nur ein Kriterium auf der Suche nach einer für beide Seiten angemessenen Lösung zu begreifen. Ansonsten würde der Umstand missachtet werden, dass die Rechtsprechung zur alten Rechtslage ergangen ist. Falls sich der hypothetische Parteiwille nicht ausfindig machen lässt, muss der Vertrag lückenhaft bleiben[1064].

d) Sonderfall: Salvatorische Klauseln

Die Vertragspraxis versucht die Rechtsfolgen des § 306 BGB abzufedern. Deshalb bedient sie sich sogenannter salvatorischer Klauseln. Diese sollen den AGB-Verwender vor den Rechtsnachteilen schützen, die ihm durch den ersatzlosen Wegfall unwirksamer Vertragsbestimmungen entstünden, indem sie die entsprechende Vertragsbestimmung möglichst weitgehend aufrechterhalten[1065].

Salvatorische Klauseln finden sich in unterschiedlichen Ausprägungen: *Ersetzungsklauseln* verpflichten die Vertragsparteien, rechtsunwirksame Bestim-

---

1058 Siehe 5. Teil B. II. 2. a).

1059 Siehe 5. Teil B. II. 2. b).

1060 Zur Zulässigkeit und den Voraussetzungen der ergänzenden Vertragsauslegung siehe 5. Teil B. I. 3. Kritisch zur ergänzenden Vertragsauslegung bei vorformulierten Arbeitsverträgen: *Bayreuther*, NZA 2004, 953 (956).

1061 Siehe 5. Teil B. I. 3. b).

1062 LAG Köln v. 1.2.2001, NZA-RR 2001, 461 (464); *Schmidt*, in: Ulmer/Brandner/Hensen, AGBG, § 6 Rn. 32; *Schlodder*, Der Arbeitsvertrag im neuen Schuldrecht, S. 242.

1063 *Kittner*/Zwanziger, Arbeitsrecht, Handbuch für die Praxis, § 8 Rn. 109.

1064 *Rolfs*, FS Schwerdtner, 151 (166).

1065 *Wisskirchen/Stühm*, DB 2003, 2225 (2227 f.); *Lakies*, AR-Blattei, SD. 35, Rn. 393.

mungen durch solche zu ersetzen, die dem von den Parteien ursprünglich verfolgten wirtschaftlichen Zweck am nächsten kommen[1066]. *Reduktionsklauseln* sollen eine unwirksame Regelung auf ein angemessenes Maß zurückführen und machen somit die geltungserhaltende Reduktion zur Regel[1067]. Beide haben das Ziel, die in § 306 Abs. 2 BGB vorgesehene Geltung des dispositiven Rechts zu verdrängen und damit das nach § 306 Abs. 1 und 2 BGB grundsätzlich den Verwender treffende Risiko der Nichteinbeziehung oder Unwirksamkeit vorformulierter Vertragsbedingungen zum Nachteil des Vertragspartners einzuschränken[1068].

Derartige Klauseln unterlaufen das Verbot der geltungserhaltenden Reduktion. Sie führen zu einer nach § 306a BGB verbotenen Umgehung des durch die AGB-Kontrolle gewollten Schutzes und sind deshalb im Bereich des Arbeitsrechts ebenso unzulässig wie dies auch im allgemeinen Zivilrecht der Fall ist[1069]. Dies gilt selbst dann, wenn die Klausel eine konkrete Ersatzregelung mit einem zulässigen Inhalt bereithält, der immer noch ungünstiger ist als das dispositive Recht. Auch diese Gestaltung umgeht die Regelung des § 306 Abs. 2 BGB[1070].

Gesetzesverweisende Klauseln, also Klauseln mit salvatorischen Zusätzen wie „soweit gesetzlich zulässig" oder „im Rahmen des rechtlich Zulässigen", verstoßen gegen das Verständlichkeits- bzw. Transparenzgebot und vermögen schon aus diesem Grund nicht, die Totalnichtigkeit der unwirksamen Klausel abzuwenden[1071].

Erhaltungs- oder Teilnichtigkeitsklauseln bestimmen, dass in Abweichung von § 139 BGB die Unwirksamkeit einzelner Vertragsklauseln die Fortgeltung des Vertrags im Übrigen unberührt lässt[1072] Dies entspricht der Rechtsfolge des

---

[1066] *Hümmerich*, NJW 2003, 753 (763); *Lakies*, AR-Blattei, SD. 35, Rn. 396.

[1067] *Hümmerich*, NJW 2003, 753 (763); *Lakies*, AR-Blattei, SD. 35, Rn. 396.

[1068] BGH NJW 1983, 159; ErfK/*Preis*, §§ 305-310 BGB Rn. 92; *Schmidt*, in: Ulmer/Brandner/ Hensen, § 6 Rn. 39.

[1069] Für eine Unzulässigkeit derartiger salvatorischer Klauseln nun auch im Arbeitsrecht: *Schmidt*, in: Ulmer/Brandner/Hensen, AGB-Recht, § 306 BGB Rn. 39; *Wisskirchen/Stühm*, DB 2003, 2225 (2228); ErfK/*Preis*, §§ 305-310 BGB Rn. 92; *Hümmerich*, NJW 2003, 753 (763f.); *Lakies*, AR-Blattei, SD. 35, Rn. 398; Kroiß/*Fell*, Klauselbuch Schuldrecht, § 3 Rn. 122; *Niemann*, Arbeitsvertraglicher Mischlohn, S. 120; ArbG Stralsund v. 27.4.2004, DB 2004, 1368 (1369). Vgl. zum allgemeinen Zivilrecht: *Schmidt*, in: Ulmer/Brandner/Hensen, § 6 Rn. 39.

[1070] ErfK/*Preis*, §§ 305-310 BGB Rn. 92; *Lakies* AR-Blattei, SD. 35, Rn. 398; Kroiß/*Fell*, Klauselbuch Schuldrecht, § 3 Rn. 122. Siehe zum allgemeinen Zivilrecht: BGH v. 29.11.1989, BGHZ 109, 240 (248); *Schmidt*, in: Ulmer/Brandner/Hensen, § 6 Rn. 40; *Fell*, ZIP 1987, 690 (692 f.).

[1071] BGH v. 20.1.1993, NJW 1993, 1061 (1062); BGH v. 12.10.1995, NJW 1996, 1407 (1408); ArbG Stralsund v. 27.4.2004, DB 2004, 1368 (1369); *Schmidt*, in: Ulmer/Brandner/Hensen, § 6 Rn. 14/40; Palandt/*Heinrichs*, Vor v § 307 Rn. 13; ErfK/*Preis*, §§ 305-310 BGB Rn. 92; *Lakies*, AR-Blattei, SD. 35, Rn. 394.

[1072] *Schmidt*, in: Ulmer/Brandner/Hensen, § 6 Rn. 39.

§ 306 Abs. 1 BGB und der bisherigen Rechtspraxis im Arbeitsrecht, wonach § 139 BGB nur ausnahmsweise zur Gesamtunwirksamkeit des Arbeitsvertrags führt. Derartige Klauseln sind somit zwar zulässig, aber ebenso überflüssig, da ihre Intention bereits durch § 306 Abs. 1 BGB erreicht wird[1073].

Salvatorische Klauseln dürften somit bei der Gestaltung von Formulararbeitsverträgen keine Rolle mehr spielen. Ihre individualvertragliche Vereinbarung ist demgegenüber weiterhin grundsätzlich möglich[1074].

C. Gesamtnichtigkeit wegen unzumutbarer Härte - § 306 Abs. 3 BGB

Falls das Festhalten an einem Vertrag auch unter Berücksichtigung der nach § 306 Abs. 2 BGB vorgesehenen Ergänzung eine unzumutbare Härte für eine Vertragspartei darstellt, ist er nach § 306 Abs. 3 BGB für die Zukunft insgesamt unwirksam. Maßgebend für die Beurteilung der unzumutbaren Härte ist dabei eine Interessenabwägung, in deren Rahmen nicht nur die nachteilige Veränderung der Austauschbedingungen für den Verwender, sondern auch das berechtigte Interesse des anderen Teils an der Aufrechterhaltung des Vertrages zu berücksichtigen ist. Relevanz kann zudem die Frage haben, ob die Unwirksamkeit der Klausel für den Verwender ohne weiteres vorhersehbar war[1075]. Aus dem Begriff „Festhalten" im Wortlaut des § 306 Abs. 3 BGB folgt, dass maßgeblicher Zeitpunkt für die Beurteilung der Unzumutbarkeit nicht der Zeitpunkt des Vertragsschlusses, sondern der Zeitpunkt der Geltendmachung der Ansprüche ist[1076]. Die Gesamtnichtigkeit des Vertrages tritt bei Vorliegen einer unzumutbaren Härte nicht kraft Gesetzes ein, sondern muss von der betroffenen Partei geltend gemacht werden[1077].

§ 306 Abs. 3 BGB ist aufgrund seiner Funktion als Ausnahmeregelung eng auszulegen[1078]. Weiterhin ist zu beachten, dass die Unwirksamkeit einer Vertragsklausel auf Seiten des Verwenders grundsätzlich zu einer Verschlechterung seiner Rechtsstellung führt. Dies spiegelt jedoch nur die in § 306 Abs. 1 BGB vorgesehene Risikoverteilung wider und kann deshalb für sich genommen

---

1073 *Schmidt*, in: Ulmer/Brandner/Hensen, AGB-Recht, § 306 BGB Rn. 39; ErfK*Preis*, §§ 305-310 BGB Rn. 92; *Lakies*, AR-Blattei, SD. 35, Rn. 395; *Hümmerich*, NJW 2003, 753 (763).

1074 ErfK/*Preis*, §§ 305-310 BGB Rn. 92; *Schmidt*, in: Ulmer/Brandner/Hensen, § 6 Rn. 41.

1075 BGH v. 22.2.2002, NJW-RR 2002, 1136; Erman/*S.Roloff*, § 306 Rn. 16; *Schmidt*, in: Ulmer/Brandner/Hensen, § 6 Rn. 42.

1076 BGH v. 14.5.1996, NJW 1996, 2092 (2094); Erman/*S.Roloff*, § 306 Rn. 18; *Schmidt*, in: Ulmer/Brandner/Hensen, § 6 Rn. 47.

1077 Erman/*S.Roloff*, § 306 Rn. 19; *Schmidt*, in: Ulmer/Brandner/Hensen, § 6 Rn. 48.

1078 BGH v. 23.1.1996, NJW 1996, 1213 (1216); BGH v. 14.5.1996, NJW 1996, 2092 (2094); Erman/*S.Roloff*, § 306 Rn. 16; Palandt/*Heinrichs*, § 306 Rn. 10.

noch nicht die Gesamtunwirksamkeit des Vertrages rechtfertigen. Hierfür ist vielmehr eine darüber hinausgehende tiefgreifende Äquivalenzstörung nötig[1079]. Im Arbeitsrecht kommt noch hinzu, dass eine zu leichtfertige Anwendung zu einem Unterlaufen der Kündigungsschutzbestimmungen führen könnte[1080], zumal anerkannt ist, dass bei einem Dauerschuldverhältnis die Berufung auf die Unzumutbarkeit gem. § 306 Abs. 3 BGB ausgeschlossen ist, wenn ein außerordentliches Kündigungsrecht besteht[1081]. § 306 Abs. 3 BGB wird deshalb im Arbeitsvertragsrecht nur sehr restriktiv anzuwenden sein[1082].

[1079] BGH v. 9.5.1996, NJW-RR 1996, 1009; BGH v. 22.2.2002, NJW-RR 2002, 1136; Erman/*S.Roloff*, § 306 Rn. 16; Palandt/*Heinrichs*, § 306 Rn. 11; *Schmidt*, in: Ulmer/ Brandner/Hensen, AGBG, § 6 Rn. 52; *Lingemann*, NZA 2002, 181 (187).

[1080] *Lakies*, AR-Blattei, SD. 35, Rn. 241; *Kittner*/Zwanziger, Arbeitsrecht, Handbuch für die Praxis, § 8 Rn. 110.

[1081] *Schmidt*, in: Ulmer/Brandner/Hensen, AGBG, § 6 Rn. 44; Staudinger/*Schlosser*, § 6 AGBG Rn. 22; *Lindacher*, in: Wolf/Horn/Lindacher, AGBG, § 6 Rn. 63.

[1082] *Kittner*/Zwanziger, Arbeitsrecht, Handbuch für die Praxis, § 8 Rn. 110, schlägt vor, eine unter § 306 Abs. 3 BGB fallende Situation unter Beachtung kündigungsschutzrechtlicher Anforderungen zu bewältigen: Prüfung zunächst einer Änderungskündigung, dann einer ordentlichen und ausnahmsweise außerordentlichen Beendigungskündigung. *Lakies*, AR-Blattei, SD. 35, Rn. 241, hält einen Anwendungsbereich des § 306 Abs. 3 BGB im Arbeitsrecht sogar für „kaum denkbar".

6. Teil: Anwendungsbeispiel: Vertragsstrafe

Die praktischen Auswirkungen der Aufnahme von Arbeitsverträgen in den Kreis der anhand §§ 305 ff. BGB zu überprüfender Schuldverhältnisse lassen sich am besten am Beispiel einer konkreten Vertragsklausel aufzeigen. Zu diesem Zweck bietet sich die Vertragsstrafenklausel an, zu deren Wirksamkeit unter der neuen Rechtslage bereits höchstrichterliche Rechtsprechung ergangen ist[1083].

A. Allgemein zur Vertragsstrafe im Arbeitsrecht

Vertragsstrafen sind in der Form des selbständigen oder des unselbständigen Strafversprechens anzutreffen. Die Vertragsstrafe im Sinne der §§ 339 ff. BGB wird für den Fall versprochen, dass der Schuldner seine Verbindlichkeit nicht oder nicht in gehöriger Weise erfüllt. Diese Form der Vertragsstrafe setzt also eine Verpflichtung zur Leistung, d.h. eine wirksame Hauptverpflichtung voraus (Akzessorietät), weshalb sie als unselbständig bezeichnet wird[1084]. Das *selbständige Strafversprechen* wird demgegenüber für den Fall vereinbart, dass jemand eine Handlung vornimmt oder unterlässt, zu deren Vornahme oder Unterlassung er rechtlich nicht verpflichtet ist, vgl. § 343 Abs. 2 BGB. Es fehlt demnach eine erzwingbare Hauptverbindlichkeit[1085]. In der Arbeitswelt sind Vertragsstrafevereinbarungen weit verbreitet und ein übliches Mittel der Vertragsgestaltung[1086], wobei sie im Regelfall *unselbständige Strafversprechen* darstellen[1087].

[1083] BAG v. 4.3.2004, BB 2004, 1740 ff.; BAG v. 21.4.2005, BB 2005, 2822 ff.; BAG v. 18.8. 2005, NZA 2006, 34 ff.

[1084] ErfK/*Müller-Glöge*, §§ 339-345 BGB Rn. 1; Schaub/Koch/*Linck*, Arbeitsrechtshandbuch, § 60 Rn. 1; Palandt/*Heinrichs*, Vorb. v. § 339 BGB, Rn. 1 f.; *Stoffels*, Der Vertragsbruch des Arbeitnehmers, S. 186; *Beissenkötter*, Arbeitsvertragsbruch durch den Arbeitnehmer – Schadensersatz und Vertragsstrafe, S. 66; *Preis/Stoffels*, AR-Blattei SD 1710, Rn.13.

[1085] ErfK/*Müller-Glöge*, §§ 339-345 BGB Rn. 2; Schaub/Koch/*Linck*, Arbeitsrechtshandbuch, § 60 Rn. 2; *Stoffels*, Der Vertragsbruch des Arbeitnehmers, S. 187 f.; *Beissenkötter*, Arbeitsvertragsbruch durch den Arbeitnehmer – Schadensersatz und Vertragsstrafe, S. 67.

[1086] Auf die erhebliche Praxisbedeutung der Vertragsstrafe verweisen *Däubler*/Dorndorf, AGB-Kontrolle im Arbeitsrecht, § 309 Nr. 6 BGB Rn. 4; *Lakies*, AR-Blattei, SD. 35, Rn. 412, *ders.*, in: Kittner/Zwanziger, Arbeitsrecht, Handbuch für die Praxis, § 79 Rn. 1; *Leder/Morgenroth*, NZA 2002, 952; *Thüsing/Bodenstedt*, AuR 2004. 369 (372); *Reinecke*, NZA 2004 Beilage 18, 27 (31); ErfK/*Müller-Glöge*, §§ 339-345 BGB Rn. 9; Preis/*Stoffels*, Der Arbeitsvertrag, II V 30 Rn. 1, der darauf hinweist, dass sich Vertragsstrafevereinbarungen in nahezu jedem vierten Arbeitsvertrag finden.

[1087] Ebenso *Hoß*, ArbRB 2002, 138 (140). Dennoch sind auch selbständige Strafversprechen im Arbeitsrecht denkbar. So werden selbstständige Strafversprechen z.B. vereinbart anlässlich von Vorverhandlungen für den Fall des Nichtabschlusses eines Arbeitsvertrags oder im Rahmen unbefristeter Arbeitsverhältnisse, wenn sie vor Ablauf einer bestimmten Zeit gekündigt werden, vgl. BAG v. 6.9.1989, AP Nr. 27 zu § 622 BGB.

Der Vertragsstrafe kommt eine „Doppelfunktion" zu. Zunächst einmal soll sie als eine Art privatrechtliches Druckmittel den Schuldner zur ordnungsgemäßen Vertragserfüllung anhalten (Präventivfunktion bzw. Erfüllungs- oder auch Leistungssicherungsfunktion). Tritt dennoch der Verletzungsfall ein, macht sie den Schadensnachweis entbehrlich und eröffnet dadurch dem Gläubiger die Möglichkeit einer erleichterten Schadloshaltung (Wiedergutmachungs- und Schadenspauschalierungsfunktion)[1088].

Im Bereich des Arbeitsrechts ist die Vertragsstrafe insbesondere von der Schadenspauschale und der Betriebsbuße abzugrenzen. Die *Schadenspauschale* hat allein den Zweck, dem Arbeitgeber den Nachweis eines Schadens zu erleichtern oder gar zu ersparen und weist deshalb kein Druckelement zur Erfüllungssicherung auf[1089]. Die *Betriebsbuße* hat einen Straf- und Sühnecharakter und soll als Disziplinarmaßnahme Verstöße gegen die kollektive Ordnung und Sicherheit im Betrieb ahnden[1090].

Vertragsstrafenvereinbarungen können sowohl kollektiv- als auch individualvertraglich getroffen werden, wobei derartige Vereinbarungen in Tarifverträgen[1091] oder Betriebsvereinbarungen[1092] eher selten anzutreffen sind. Der Regelfall und damit auch Schwerpunkt dieser Betrachtung ist die Aufnahme einer solchen Strafabrede in einen Formulararbeitsvertrag.

[1088] Zur Funktion der Vertragsstrafe vgl. BGH v. 18.11.1982, BGHZ 85, 305 (312 f.); BGH v. 23.6.1988, BGHZ 105, 24 (27); Palandt/*Heinrichs*, Vorb. v. § 339 Rn. 1; ErfK/*Müller-Glöge*, §§ 339-345 BGB Rn. 1; *Lakies*, in: Kittner/Zwanziger, Arbeitsrecht, Handbuch für die Praxis, § 79 Rn. 1; ErfK/*Preis*, §§ 305-310 BGB Rn. 95; *Herbert/Oberrath*, NZA 2004, 121 (125); *Gotthardt*, ZIP 2002, 277 (283 f.); *ders.*, Arbeitsrecht nach der Schuldrechtsreform, S. 112; *Joost*, FS Ulmer, 1199 (1204); *Conein-Eikelmann*, DB 2003, 2546; *Hoß*, ArbRB 2002, 138; *v. Koppenfels*, NZA 2002, 598; *Beissenkötter*, Arbeitsvertragsbruch durch den Arbeitnehmer – Schadensersatz und Vertragsstrafe, S. 69 ff.

[1089] Zur Abgrenzung der Vertragsstrafe von der Schadenspauschale vgl. ErfK/*Preis*, §§ 305-310 BGB Rn. 95; Herbert/Oberrath, NZA 2004, 121 (125); Schaub/Koch/*Linck*, Arbeitsrechtshandbuch, § 59 Rn. 1; *Gotthardt*, ZIP 2002, 277 (284); *ders.*, Arbeitsrecht nach der Schuldrechtsreform, S. 112; *v. Koppenfels*, NZA 2002, 598; Kroiß/*Fell*, Klauselbuch Schuldrecht, § 3 Rn. 74 ff.; *Beissenkötter*, Arbeitsvertragsbruch durch den Arbeitnehmer – Schadensersatz und Vertragsstrafe, S. 72 ff.

[1090] Zur Abgrenzung der Vertragsstrafe von der Betriebsbuße: ErfK/*Müller-Glöge*, §§ 339-345 BGB Rn. 6; *Lakies*, in: Kittner/Zwanziger, Arbeitsrecht, Handbuch für die Praxis, § 79 Rn. 21; *Stoffels*, Der Vertragsbruch des Arbeitnehmers, S. 59 ff.; *Thüsing/Bodenstedt*, AuR 2004. 369 (372).

[1091] In Tarifverträgen sind v.a. Regelungen denkbar, die Strafabreden ausschließen oder beschränken, vgl. ErfK/*Müller-Glöge*, §§ 339-345 BGB Rn. 29; Staudinger/*Rieble*, § 339 Rn. 81/82.

[1092] Zur Zulässigkeit von Vertragsstrafenvereinbarungen in Betriebsvereinbarungen, vgl. BAG v. 18.8.1987 AP Nr. 23 zu § 77 BetrVG 1972; BAG v. 9.4.1991 AP Nr. 1 zu § 77 BetrVG 1972 Tarifvorbehalt; BAG v. 6.8.1991 AP Nr. 52 zu § 77 BetrVG 1972; a.A.: *Richardi*, BetrVG, § 77 Rn. 113.

Vertragsstrafen finden sich im Arbeitsrecht vor allem zur Sicherung des Antritts der Arbeit und der Einhaltung der vertraglich vorgesehenen Kündigungsfrist[1093]. Sie sanktionieren darüber hinaus Pflichtverstöße, die den Arbeitgeber zur fristlosen Kündigung berechtigen[1094], sowie Verstöße gegen vertragliche[1095] oder nachvertragliche[1096] Wettbewerbsverbote. Arbeitsvertragliche Nebenpflichten können dabei nur bei einem berechtigten Interesse des Arbeitgebers mittels einer Vertragsstrafe abgesichert werden[1097]. Dies war bislang bei Verschwiegenheitsverpflichtungen des Arbeitnehmers anerkannt, so dass Vertragsstrafevereinbarungen für den Fall des Verstoßes gegen Geheimhaltungspflichten von Betriebs- und Geschäftsinterna[1098] in der Vertragspraxis anzutreffen sind. Eine entsprechende Vertragsklausel lautet z.B. wie folgt:

§ X Vertragsstrafe

(1) Nimmt der/die Mitarbeiter/in die Arbeit nicht oder verspätet auf, löst er/sie das Arbeitsverhältnis ohne Einhaltung der maßgeblichen Kündigungsfrist auf, verweigert er/sie vorübergehend die Arbeit oder wird das Unternehmen durch vertragswidriges Verhalten des/der Mitarbeiters/in zur außerordentlichen Kündigung veranlasst, so hat der/die Mitarbeiter/in an das Unternehmen eine Vertragsstrafe zu zahlen.

(2) Als Vertragsstrafe wird für den Fall der verspäteten Aufnahme der Arbeit sowie der vorübergehenden Arbeitsverweigerung ein Bruttotagesentgelt für jeden Tag der Zuwiderhandlung vereinbart, insgesamt jedoch nicht mehr als das in der gesetzlichen Mindestkündigungsfrist ansonsten erhaltene Arbeitsentgelt. Im Übrigen beträgt die Vertragsstrafe ein Bruttomonatsentgelt.

(3) Verstößt der/die Mitarbeiter/in gegen die Geheimhaltungsvereinbarung aus § ..., so gilt für jeden Fall der Zuwiderhandlung eine Vertragsstrafe in Höhe von ... EUR als vereinbart.

(4) Die Geltendmachung eines weitergehenden Schadens bleibt vorbehalten[1099].

1093 Vgl. BAG v. 18.9.1991, AP Nr. 14 zu § 339 BGB.

1094 Siehe BAG v. 23.5.1984, AP Nr. 9 zu § 339 BGB.

1095 LAG Berlin v. 19.5.1980, AP Nr. 8 zu § 339 BGB; BAG v. 21.5.1971, AP Nr. 5 zu § 339 BGB.

1096 BAG v. 21.5.1971, NJW 1971, 2007.

1097 *Hoß*, ArbRB 2002, 138.

1098 Vgl. BAG v. 15.12.1987, NZA 1988, 502.

1099 Vgl. Kroiß/*Fell*, Klauselbuch Schuldrecht, § 3 Rn. 80.

B. Zulässigkeit der formularvertraglichen Vertragsstrafenvereinbarung im Arbeitsvertrag

I. Situation vor der Schuldrechtsreform

Vor dem Inkrafttreten des Schuldrechtsmodernisierungsgesetzes hatten die Arbeitsgerichte in ständiger Rechtsprechung anerkannt, dass gegen die oben beschriebenen Vertragsstrafeklauseln keine rechtlichen Bedenken bestehen, wenn der Arbeitgeber mit ihnen die Einhaltung der vertraglichen Vereinbarungen durch den Arbeitnehmer sichern will[1100]. Wegen der damaligen Bereichsausnahme des § 23 Abs. 1 AGBG stand der Vertragsstrafenvereinbarung in einem Formulararbeitsvertrag auch nicht die direkte oder entsprechende Anwendung des § 11 Nr. 6 ABGB entgegen, der sich heute in der Regelung des § 309 Nr. 6 BGB wiederfindet[1101]. Im Rahmen einer Billigkeitskontrolle führten die Gerichte für die Zulässigkeit von Vertragsstrafevereinbarungen ins Feld, dass der Arbeitgeber mit ihnen berechtigterweise den Schadensnachweis ersetzen könne, der ihm bei einem Vertragsbruch oder sonstigen schweren Pflichtverletzung des Arbeitnehmers nur schwer oder überhaupt nicht möglich wäre, obwohl regelmäßig ein Schaden einträte[1102]. Diese Ansicht spiegelte sich auch in der h.M. der Literatur wider[1103].

Eine für zu hoch befundene Vertragsstrafe – gleichgültig, ob sie sich in einer Individualvereinbarung oder in einem Formularvertrag befand – wurde gem. § 343 BGB durch richterlichen Gestaltungsakt auf das angemessene Maß herabgesetzt[1104].

1100 Vgl. z.B. BAG v. 30.11.1994, NZA 1995, 695 = DB 1996, 432; BAG v. 23.5.1984, BAGE 46, 50 = NJW 1985, 91 = AP Nr. 9 zu § 339 BGB; BAG v. 5.2.1986, AP Nr. 12 zu § 339 BGB.

1101 BAG v. 23.5.1984, BAGE 46, 50 (55) = NJW 1985, 91 = AP Nr. 9 zu § 339 BGB; BAG v. 5.2.1986 = AP Nr. 12 zu § 339 BGB; LAG Berlin v. 19.5.1980, AP Nr. 8 zu § 339 BGB; LAG Baden-Württemberg v. 30.7.1985, LAGE § 339 BGB Nr. 1; LAG Köln v. 26.9.1989, LAGE § 339 BGB Nr. 4; LAG Sachsen v. 25.11.1997, LAGE § 339 BGB Nr. 12; a.A.: ArbG Herford v. 2.7.1981, NJW 1982, 1550; *Beissenkötter*, Arbeitsvertragsbruch durch den Arbeitnehmer – Schadensersatz und Vertragsstrafe, S. 110 ff.

1102 Beispielhaft: BAG v. 23.5.1984, BAGE 46, 50 = NJW 1985, 91 = AP Nr. 9 zu § 339 BGB.

1103 *Koller*, SAE 1985, 151 (157); MünchArbR/*Richardi*, § 14 Rn. 76; *Lohr*, MDR 2000, 429; *Pauly*, NZA 1997, 1030 (1034); *Engel*, Konventionalstrafen im Arbeitsvertrag, S. 110 ff.; *Stoffels*, Vertragsbruch des Arbeitnehmers, S. 210 f.; a.A.: *Stein*, BB 1985, 1402 (1403).

1104 BAG v. 27.5.1992, EzA § 339 BGB Nr. 8; BAG v. 23.5.1984, BAGE 46, 50 = NJW 1985, 91 = AP Nr. 9 zu § 339 BGB; LAG Berlin v. 19.5.1980, AP Nr. 8 zu § 339 BGB; LAG Baden-Württemberg v. 14.5.1963, AP Nr. 2 zu § 339 BGB; a.A. LAG Köln v. 26.9.1989, LAGE § 339 BGB Nr. 4.

II. Situation nach der Schuldrechtsreform

1. Prinzipielle Zulässigkeit

Die Vertragsstrafe ist ein vom Gesetzgeber in den §§ 339 ff. BGB zur Verfügung gestelltes besonderes Rechtsinstitut des Bürgerlichen Rechts und kann aufgrund der vorherrschenden Privatautonomie grundsätzlich auch in Arbeitsverträgen vereinbart werden[1105]. Allerdings kann dies nicht schrankenlos geschehen. Zunächst einmal hat sich die Vertragsstrafe an die allgemeinen Grenzen der guten Sitten (§ 138 BGB) und der gesetzlichen Vorschriften (§ 134 BGB) zu halten[1106]. An dieser Situation hat sich durch die Schuldrechtsreform keinerlei Änderung ergeben. Neu ist allerdings, dass neben diese allgemeinen Grenzen auch noch die Vereinbarungshürden der §§ 305 ff. BGB treten, die es im Folgenden zu betrachten gilt.

2. Grenzen der §§ 305 ff. BGB

a) Verbot überraschender Vertragsstrafeklauseln - § 305c Abs. 1 BGB

Nach § 305c Abs. 1 BGB werden überraschende Vertragsstrafeklauseln kein Vertragsbestandteil. Dieser Grundsatz war im Arbeitsrecht auch schon zur Zeit der Bereichsausnahme des § 23 Abs. 1 AGBG anerkannt[1107]. Wie bereits angeführt, ist die Verwendung von Vertragstrafen in der Arbeitswelt durchaus üblich, so dass ihnen nicht generell ein Überraschungscharakter im Sinne von § 305c

---

1105 BAG v. 23.6.1982, AP Nr. 4 zu § 5 BBiG; BAG v. 5.2.1986, AP Nr. 12 zu § 339 BGB; *Lakies*, in: Kittner/Zwanziger, Arbeitsrecht, Handbuch für die Praxis, § 79 Rn. 3; *Schlodder*, Der Arbeitsvertrag im neuen Schuldrecht, S. 223 f.; *Reichenbach*, NZA 2003, 309; *Herbert/Oberrath*, NZA 2004, 121 (125).

1106 *Schierbaum*, in: Berscheid/Kunz/Brand, Praxis des Arbeitsrechts, B. II. Rn. 2164; *Thüsing/Bodenstedt*, AuR 2004. 369 (371), insbesondere zum Verhältnis von § 138 BGB zu § 343 BGB.
Weitere inhaltliche Grenzen wie das Grundrecht der Berufsfreiheit nach Art.12 GG und das aus § 622 Abs. 6 BGB folgende Verbot der unzulässigen Kündigungserschwerung finden im Zusammenhang mit § 307 BGB Beachtung, vgl. 6. Teil B. II. 2. c).

1107 BAG v. 23.5.1984, BAGE 46, 50 = NJW 1985, 91 = AP Nr. 9 zu § 339 BGB; BAG v. 24.3.1988, AP Nr. 1 zu § 241 BGB; BAG v. 29.11.1995, AP Nr. 1 zu § 3 AGB-Gesetz = NZA 1996, 702; LAG Berlin v. 18.1.1993, LAGE § 4 KSchG Ausgleichsquittung Nr. 3; *Pauly*, NZA 1997, 1030 (1031); *Horn*, in: Wolf/Horn/Lindacher, AGBG, § 23 Rn. 40.

Abs. 1 BGB zugeschrieben werden kann[1108]. Ein für die Anwendung des § 305c Abs. 1 BGB erforderlicher Überrumpelungseffekt kann sich aber aus den Umständen des Einzelfalls ergeben, z.B. weil bei dem Arbeitnehmer im Laufe der Vertragsverhandlungen die begründete Annahme hervorgerufen wurde, dass der Vertrag keine Vertragsstrafe enthalte[1109], oder weil die äußere Gestaltung des Vertrags keine Vertragsstrafe vermuten lässt, da sich diese etwa unter der Überschrift „Verschiedenes" findet und weder durch die Überschrift noch durch eine drucktechnische Hervorhebung ohne weiteres erkennbar ist[1110].

b) Spezielles Klauselverbot des § 309 Nr. 6 BGB – Vertragsstrafe für den Fall des Vertragsbruchs

Der ohne inhaltliche Änderung aus dem § 11 Nr. 6 AGBG hervorgegangene § 309 Nr. 6 BGB verbietet die Vereinbarung einer Vertragsstrafe für bestimmte Fallgruppen. Für das Arbeitsvertragsrecht relevant ist dabei einzig das Vertragsstrafenverbot für den Fall, dass sich der andere Vertragsteil vom Vertrag löst[1111]. Seinem Wortlaut nach ist das Vertragsstrafenverbot des § 309 Nr. 6 BGB im Bereich des Arbeitsrechts damit auf die Situationen begrenzt, in denen sich der Arbeitnehmer ausdrücklich oder konkludent vom Arbeitsvertrag lossagt. Erfasst von § 309 Nr. 6 BGB sind folglich nur Vertragstrafen für den Fall des Vertragsbruchs, also für den Fall, dass ein Arbeitnehmer vorsätzlich oder rechtswidrig die Arbeit nicht aufnimmt oder das Arbeitsverhältnis vor Ablauf der vereinbar-

---

[1108] *Däubler*/Dorndorf, AGB-Kontrolle im Arbeitsrecht, § 309 Nr. 6 BGB Rn. 4; *Reichenbach*, NZA 2003, 309 (310).

[1109] *Reichenbach*, NZA 2003, 309 (310); *Leder/Morgenroth*, NZA 2002, 952 (953).

[1110] ArbG Bremen v. 30.1.2003, LAGE § 309 BGB 2002 Nr. 3; LAG Berlin v. 22.5.1997, NZA-RR 1998, 53; *Däubler*/Dorndorf, AGB-Kontrolle im Arbeitsrecht, § 309 Nr. 6 BGB Rn. 4; *Lakies*, AR-Blattei, SD. 35, Rn. 425; *ders*, in: Kittner/Zwanziger, Arbeitsrecht, Handbuch für die Praxis, § 79 Rn. 7; *Schierbaum*, in: Berscheid/Kunz/Brand, Praxis des Arbeitsrechts, B. II. Rn. 2179; *Thüsing/Leder*, BB 2004, 42 (44); *Söllner*, ZFA 2003, 145 (154); MünchKommBGB/*Müller-Glöge*, § 611 Rn. 1047.
Das LAG Schleswig-Holstein v. 2.2.2005, NZA-RR 2005, 351 ff., lehnt eine Überraschung bzw. Überrumpelung auch bei einer nicht besonders hervorgehobenen Vertragsstrafenregelung ab, wenn der gesamte Vertragstext ein einheitliches Schriftbild hat, keinerlei drucktechnische Hervorhebungen enthält, keine der im Einzelnen durchnummerierten Vertragsregelungen mit einer Überschrift versehen ist und die Vertragsstrafe auch nicht versteckt bei einer anderen Thematik eingeordnet ist. In diesem Fall müsse der Arbeitnehmer den Vertrag sowieso in seiner Gänze durchlesen, um den Inhalt zu erfassen. Er könne auf Grund der drucktechnischen Gestaltung keinerlei Erwartungshaltung an den Vertragsinhalt haben.

[1111] Die anderen Varianten des § 309 Nr. 6 BGB (Nichtabnahme oder verspätete Abnahme der Leistung, Zahlungsverzug) sind inhaltlich auf den Kauf und andere Umsatzgeschäfte gerichtet und deshalb im Arbeitsverhältnis ohne Bedeutung.

ten Vertragslaufzeit oder vor Ablauf der Kündigungsfrist ohne wichtigen Grund beendet[1112]. Vertragsstrafen, deren Verwirkung an die Verletzung anderweitiger Pflichten geknüpft ist, z.B. eine Vertragsstrafenvereinbarung im Zusammenhang mit einem Wettbewerbsverbot, fallen nicht in den Regelungsbereich des § 309 Nr. 6 BGB[1113]. Nach Ansicht des BAG gilt das Verbot des § 309 Nr. 6 BGB nach seinem ausdrücklichen Wortlaut auch nicht für Strafversprechen für den Fall, dass der Arbeitgeber durch schuldhaft vertragswidriges Verhalten des Arbeitnehmers zur fristlosen Kündigung des Arbeitsverhältnisses veranlasst wurde[1114]. Derartige Klauseln sind an der Generalklausel des § 307 BGB zu messen[1115].

Die Anwendbarkeit des § 309 Nr. 6 BGB im Arbeitsrecht ist Gegenstand einer kontroversen Diskussion, deren Meinungsspektrum von einer generellen Unanwendbarkeit des § 309 Nr. 6 BGB[1116] über die unbeschränkte Anwendbarkeit des § 309 Nr. 6 BGB und eines damit einhergehenden partiellen Verbots der vom Wortlaut der Regelung erfassten Strafabreden[1117] bis zu einer Ausdehnung

---

[1112] So die enge Auffassung vom Vertragsbruch, die nicht den Fall der vom Arbeitnehmer schuldhaft veranlassten vorzeitigen Beendigung des Arbeitsverhältnisses durch Kündigung des Arbeitgebers umfasst, vgl. BAG v. 18.9.1991, AP Nr. 14 zu § 339 BGB; *Singer*, RdA 2003, 194 (202).

[1113] *Däubler*/Dorndorf, AGB-Kontrolle im Arbeitsrecht, § 309 Nr. 6 BGB Rn. 12; *ders.*, NZA 2001, 1329 (1336); *Boudon*, ArbRB 2003, 150 (152); *Leder/Morgenroth*, NZA 2002, 952 (953); *Schierbaum*, in: Berscheid/Kunz/Brand, Praxis des Arbeitsrechts, B. II. Rn. 2169; *Schlodder*, Der Arbeitsvertrag im neuen Schuldrecht, S. 223 f.; a.A.: *v. Koppenfels*, NZA 2002, 598 (602); *Klevemann*, AIB 2002, 577 (582); *Lakies*, AR-Blattei, SD. 35, Rn. 415; *ders*, in: Kittner/Zwanziger, Arbeitsrecht, Handbuch für die Praxis, § 79 Rn. 20c, die im Wege eines „Erst-Recht-Schlusses" § 309 Nr. 6 BGB in entsprechender Anwendung auch auf Vertragsstrafen bezüglich anderer Pflichtverletzungen ausdehnen, um ein generelles Vertragsstrafenverbot für den Arbeitsvertrag herbeizuführen.

[1114] BAG v. 21.4.2005, BB 2005, 2822 (2823).

[1115] Siehe dazu 6. Teil B. II. 2. c). Mit Blick auf Vertragsstrafen zur Absicherung eines nachvertraglichen Wettbewerbsverbots verneint *Diller*, NZA 2005, 250 (254), unter Hinweis auf § 75c Abs. 1 S. 2 HGB eine Angemessenheitskontrolle nach § 307 BGB; a.A. *Koch*, RdA 2006, 28 ff., der nachvertragliche Wettbewerbsverbote und damit wohl auch Vertragsstrafen zur Absicherung nachvertraglicher Wettbewerbsverbote einer Angemessenheitskontrolle nach § 307 BGB unterziehen möchte.

[1116] So z.B. BAG v. 4.3.2004, BB 2004, 1740 ff.; ArbG Duisburg v. 14.8.2002, DB 2002, 1943; ArbG Freiburg v. 16.1.2003, LAGE § 309 BGB 2002 Nr. 2; *Schlodder*, Der Arbeitsvertrag im neuen Schuldrecht, S. 223 ff.; *Vogel/Kümmel*, BWGZ 2002, 706 (708); ErfK/*Preis*, §§ 305-310 BGB Rn. 93; Schaub/Koch/*Linck*, Arbeitsrechtshandbuch, § 60 Rn. 4; *Gotthardt*, ZIP 2002, 277 (283); *ders.*, Arbeitsrecht nach der Schuldrechtsreform, S. 111; *Hoß*, ArbRB 2002, 138 (142); *Lingemann*, NZA 2002, 181 (191); *Oberthür*, NZA 2003, 462 (465); *Brors*, DB 2004, 1778 ff.

[1117] So z.B. LAG Hamm v. 24.1.2003, DB 2003, 2549 ff. = AuA 2003, 54 f.; LAG Baden-Württemberg v. 10.4.2003, DB 2003, 2551 f.; Hessisches LAG v. 25.4.2003, AuR 2004, 273 = ZTR 2004, 325; Hessisches LAG v. 7.5.2003 – 2 Sa 53/03, n.V.; ArbG Bochum v.

des in § 309 Nr. 6 BGB enthaltenden Verbots auf eigentlich nicht erfasste Verwirkungstatbestände und somit einem generellen Vertragsstrafenverbot[1118] reicht.

Die Argumentation kreist dabei um das Für und Wider einer teleologischen Reduktion des § 309 Nr. 6 BGB, um das Vorliegen relevanter Besonderheiten des Arbeitsrechts im Sinne von § 310 Abs. 4 S. 2 BGB und um die Interessenlage der Arbeitsvertragsparteien.

aa) Argumente gegen die Anwendbarkeit des § 309 Nr. 6 BGB im Arbeitsrecht

(1) Teleologische Reduktion des § 309 Nr. 6 BGB

Die Befürworter der prinzipiellen Zulässigkeit von Vertragsstrafeklauseln, welche den arbeitnehmerseitigen Vertragsbruch erfassen, argumentieren unter anderem damit, dass die Regelung des § 309 Nr. 6 BGB auf den Arbeitsvertragsabschluss „nicht passe". Die Varianten der Nichtabnahme oder verspäteten Abnahme der Leistung sowie des Zahlungsverzugs würden zeigen, dass das Klauselverbot auf den zahlungspflichtigen Kunden zugeschnitten sei[1119]. Der Gesetzgeber habe die gleichlautende Vorgängervorschrift § 11 Nr. 6 AGBG geschaffen, um dem Missbrauch von Reuegeldern und Abstandssummen entgegenzuwirken, wobei er eine Situation ohne Schadensnachweisprobleme und mit ausreichenden Sanktionsmöglichkeiten vor Augen gehabt habe[1120]. Der Ver-

---

8.7.2002, NZA 2002, 978 ff.; ArbG Augsburg v. 8.4.2003, ArbRB 2004, 39 f.; ArbG Nienburg v. 23.1.2003, NZA-RR 2004, 73 f.; *Däubler*/Dorndorf, AGB-Kontrolle im Arbeitsrecht, § 309 Nr. 6 BGB Rn. 5 ff.; *ders.*, NZA 2001, 1329 (1336); *Schierbaum*, in: Berscheid/Kunz/Brand, Praxis des Arbeitsrechts, B. II. Rn. 2170; *Wiesinger*, AuA 2002, 354 (355); *Reinecke*, DB 2002, 583 (586); *Schuster*, AiB 2002, 274 (278); *Sartorius/Rambach*, ZAP 2002, 541 (546); *Herbert/Oberrath*, NZA 2004, 121 (126); *Hümmerich*, NZA 2003, 753 (762).

1118 *V. Koppenfels*, NZA 2002, 598 (602); *Klevemann*, AIB 2002, 577 (582); *Lakies*, AR-Blattei, SD. 35, Rn. 415; *ders*, in: Kittner/Zwanziger, Arbeitsrecht, Handbuch für die Praxis, § 79 Rn. 20c.

1119 *Stoffels*, NZA 2004 Beilage 1, 19 (20); ErfK/*Preis*, §§ 305–310 BGB Rn. 93; *ders.*, NZA 2003 Beilage 16, 19 (33); *Gotthardt*, ZIP 2002, 277 (283); *ders.*, Arbeitsrecht nach der Schuldrechtsreform, S. 111; *Lingemann*, NZA 2002, 181 (191 f.); *Seitz/Hülbach*, in: Tschöpe Anwaltshandbuch Arbeitsrecht, Teil 2D Rn. 41; *Henssler*, RdA 2002, 129 (138); *ders.*, in: Dauner-Lieb/Konzen/Schmidt, Das neue Schuldrecht in der Praxis, 615 (642); *Schlodder*, Der Arbeitsvertrag im neuen Schuldrecht, S. 225; *Reichold*, ZTR 2002, 202 (207); *Leder/Morgenroth*, NZA 2002, 952 (954); Kroiß/*Fell*, Klauselbuch Schuldrecht, § 3 Rn. 78.

1120 BT-Drs. 7/3919, S. 30; *Hensen*, in: Ulmer/Brandner/Hensen, AGBG, § 11 Nr. 6 Rn. 6; Lingemann, NZA 2002, 181 (192);

tragsbruch des Arbeitnehmers stelle aber keinen geringfügigen Verstoß dar, sondern verletze den Kern der arbeitsvertraglichen Pflichten, weshalb keine Missbrauchsgefahr vorläge[1121]. Zudem sei der Fall des arbeitnehmerseitigen Vertragsbruchs geradezu geprägt durch Schadensnachweisprobleme und einen Mangel an Sanktionsmöglichkeiten, der sich aus der fehlenden Durchsetzbarkeit des Anspruchs auf die Arbeitsleistung gem. § 888 Abs. 3 ZPO ergäbe. Somit treffe der die Regelung des § 309 Nr. 6 BGB tragende gesetzgeberische Gedanke auf Arbeitsverträge nicht zu. § 309 Nr. 6 BGB sei deshalb einer teleologischen Reduktion zu unterziehen, so dass er entgegen seines Wortlauts keine Anwendung auf Arbeitsverträge fände[1122].

(2) „Besonderheiten des Arbeitsrechts" i.S.v. § 310 Abs. 4 S. 2 BGB

Teilweise werden die bereits angesprochenen Schadensnachweisprobleme und fehlenden Sanktionsmöglichkeiten bei einem arbeitnehmerseitigen Vertragsbruch als arbeitsrechtliche Besonderheiten i.S.v. § 310 Abs. 4 S. 2 BGB angeführt, welche eine Nichtanwendbarkeit des § 309 Nr. 6 BGB rechtfertigen würden. Dieser Ansicht liegt ein weites Verständnis der arbeitsrechtlichen Besonderheiten zugrunde, das diesem Begriff auch tatsächliche und nicht-exklusive Umstände zuschreibt[1123].

Bei einem Vertragsbruch des Arbeitnehmers, beispielsweise in der Form des Nichtantritts der Arbeit, hat der Arbeitgeber prinzipiell einen Schadensersatzanspruch nach § 280 BGB und bei einer aufgrund des Vertragsbruchs erfolgten Arbeitgeberkündigung zudem aus § 628 Abs. 2 BGB. Nach Ansicht der Befürworter der Zulässigkeit einer Vertragsstrafe bestehe aber die besondere arbeitsrechtliche Situation, dass der durch den Vertragbruch konkret herbeigeführte Schaden nur unter größten Schwierigkeiten oder gar überhaupt nicht darstellbar und nachweisbar sei[1124]. Zum einen führe die Komplexität betrieblicher

---

1121 *Leder/Morgenroth*, NZA 2002, 952 (954); *Schlodder*, Der Arbeitsvertrag im neuen Schuldrecht, S. 225.

1122 *Stoffels*, NZA 2004 Beilage 1, 19 (20); ErfK/*Preis*, §§ 305–310 BGB Rn. 93; *Lingemann*, NZA 2002, 181 (191 f.); *Oberthür*, NZA 2003, 462 (465); *Thüsing/Leder*, BB 2004, 42 (46), stellen fest, dass die Regelung des § 310 Abs. 4 S. 2 BGB einer teleologischen Reduktion nicht entgegen steht. Die „arbeitsrechtlichen Besonderheiten" stellten nicht den ausschließlichen und einzigen Interpretationsgrundsatz des AGB-Rechts aus arbeitsrechtlicher Sicht dar. Die angemessene Berücksichtigung arbeitsrechtlicher Besonderheiten trete neben, nicht an die Stelle althergebrachter Auslegungsgrundsätze, die eine teleologische Reduktion des Wortlauts rechtfertigen können.

1123 Siehe dazu 4. Teil A. III. und IV.

1124 BAG v. 4.3.2004, BB 2004, 1740 (1745); LAG Hamm v. 7.5.2004, NZA-RR 2005, 128; ArbG Freiburg v. 16.1.2003, LAGE § 309 BGB 2002 Nr. 2.; ArbG Duisburg v. 14.8.2002, DB 2002, 1943; *Hoß*, ArbRB 2002, 138 (139); *Stoffels*, NZA 2004 Beilage 1, 19 (21); *Co-*

Organisation dazu, dass der Anteil eines jeden Arbeitnehmers am Gewinn des Unternehmens kaum bezifferbar sei[1125]. Des weiteren sei gerade unter dem Blickwinkel des rechtmäßigen Alternativverhaltens, etwa bei Erkrankung des Mitarbeiters, der notwendige Kausalzusammenhang zwischen Pflichtverletzung und Schaden nur sehr schwer darzulegen[1126]. Die schadensersatzrechtlichen und zivilprozessualen Beweiserleichterungen nach § 252 S. 2 BGB und § 287 ZPO stellten nur geringfügige Hilfen dar, so dass die Schadensersatzansprüche nach § 280 BGB und § 628 Abs. 2 BGB in der Praxis wertlos seien[1127].

Für die Vergangenheit erlischt der Anspruch auf die Arbeitsleistung als Primäranspruch nach § 275 Abs. 1 BGB, da es sich bei der Arbeitsleistung i.d.R. um eine absolute Fixschuld handelt, so dass mit Zeitablauf Unmöglichkeit eintritt. Die Arbeitsleistung ist aufgrund ihres höchstpersönlichen Charakters als unvertretbare Handlung im Sinne von § 888 Abs. 3 ZPO einzustufen. Dies führt dazu, dass der in die Zukunft gerichtete Erfüllungsanspruch zwar einklagbar, die Zwangsvollstreckung bezüglich der Verurteilung zur Arbeitsleistung aber ausgeschlossen ist[1128]. Das BAG und ein Großteil des Schrifttums sehen die fehlende Durchsetzbarkeit des Anspruchs auf die Arbeitsleistung ebenso wie die

---

nein-Eikelmann, DB 2003, 2546 (2548); *Burgmer*, AiB 2003, 189 (191); *Dollmann*, ArbRB 2004, 122 (125); *Schulte/Möller*, BuW 2003, 35 (36); Schaub/Koch/*Linck*, Arbeitsrechtshandbuch, § 60 Rn. 4; *Lingemann*, NZA 2002, 181 (191); *Seitz/Hülbach*, in: Tschöpe Anwaltshandbuch Arbeitsrecht, Teil 2D Rn. 41; *Henssler*, RdA 2002, 129 (138); *ders.*, in: Dauner-Lieb/Konzen/Schmidt, Das neue Schuldrecht in der Praxis, 615 (642); *Reichold*, ZTR 2002, 202 (207 f.); *Oberthür*, NZA 2003, 462 (465); ErfK/*Müller-Glöge*, §§ 339-345 BGB Rn. 19; *Bauer/Krieger*, SAE 2006, 11 (14).

1125 ArbG Freiburg v. 16.1.2003, LAGE § 309 BGB 2002 Nr. 2; ArbG Duisburg v. 14.8.2002, DB 2002, 1943; *Cordier*, AuA 2003, 20 (23), weist zudem darauf hin, dass die Schadensberechnung z.B. durch die in der Regel vorgesehene Anlernphase, in der der Beschäftigte noch nicht „rentabel" ist, noch komplizierter werde.

1126 *Hoß*, ArbRB 2002, 138 (139); *Seitz/Hülbach*, in: Tschöpe Anwaltshandbuch Arbeitsrecht, Teil 2 D Rn. 41.

1127 BAG v. 4.3.2004, BB 2004, 1740 (1745); *Dollmann*, ArbRB 2004, 122 (125); *Lingemann*, NZA 2002, 181 (191).

1128 So die im Arbeitsrecht vorherrschende Meinung, vgl. BAG v. 4.3.2004, BB 2004, 1740 (1744); Palandt/*Weidenkaff*, § 611 Rn. 19; Staudinger/*Richardi*, § 611 Rn. 350; *Heinze*, NZA 1994, 244 (249 f.). Als Argumente gegen die Vollstreckbarkeit von Arbeitsleistungen jeglicher Art werden zudem auch das Persönlichkeitsrecht des Arbeitnehmers aus Art. 2 Abs. 1 GG und das Verbot der Zwangsarbeit in Art. 12 Abs. 2 GG angeführt, vgl. *Griese*, in: *Küttner*, Personalbuch, Vertragsbruch Rn. 2.
Teilweise wird eine differenziertere Betrachtung vorgenommen, die betont, dass nicht zwangsläufig jede Arbeitsleistung eine unvertretbare Handlung nach § 888 ZPO darstelle. *Reichenbach*, NZA 2003, 309 (312), beispielsweise unterscheidet zwischen einfachen und höheren Diensten. Ist es demnach gleichgültig, welche Person die Leistung erbringt, liege eine nach § 887 ZPO vollstreckbare Handlung vor. Siehe dazu auch *Stoffels*, Der Vertragsbruch des Arbeitnehmers, S. 59 ff.; *Zieres*, Die zwangsweise Durchsetzung des Anspruchs auf Arbeitsleistung, S. 35 ff.

Nachweisprobleme als arbeitsrechtliche Besonderheit an, die die Zulässigkeit einer Vertragsstrafenvereinbarung rechtfertigt[1129].

Aufgrund der geschilderten Beweis- und Durchsetzungsschwierigkeiten sei die Vertragsstrafe das einzige taugliche Mittel im Arbeitsrecht, den Arbeitnehmer an den Vertrag zu binden und Schäden zu liquidieren[1130]. Darüber hinaus spreche auch die bisherige Üblichkeit des im Arbeitsrecht klassischen Druck- und Sicherungsmittels für ihre auch zukünftige Zulässigkeit. Ziel der Gesetzesänderung sei die Vereinheitlichung eventuell divergierender Kontrollmechanismen, aber nicht der Bruch mit einer gefestigten Rechtsprechung[1131].

Des weiteren werden gesetzliche Regelungen angeführt, die die besondere Situation im Arbeitsrecht und die rechtliche Akzeptanz von Vertragstrafeabreden auf diesem Gebiet verdeutlichen sollen. So sei beispielsweise § 75c HGB, der von der Möglichkeit der Vertragsstrafevereinbarungen zu Lasten von Handlungsgehilfen ausgeht, ein Indiz dafür, dass der Gesetzgeber die Notwendigkeit solcher Vereinbarungen in Arbeitverträgen generell anerkenne[1132]. § 5 Abs. 2 Nr. 2 BBiG verbietet Vertragsstrafen in Ausbildungsverträgen. Hieraus wird im Umkehrschluss gefolgert, dass derartige Klauseln in den übrigen Arbeitsverhältnisses zulässig seien, da es ansonsten eines ausdrücklichen Verbots für Ausbildungsverträge nicht bedurft hätte[1133].

[1129] BAG v. 4.3.2004, BB 2004, 1740 (1743); LAG Hamm v. 7.5.2004, NZA-RR 2005, 128; ArbG Freiburg v. 16.1.2003, LAGE § 309 BGB 2002 Nr. 2.; ArbG Duisburg v. 14.8.2002, DB 2002, 1943; *Leder/Morgenroth*, NZA 2002, 952 (955); *Schlodder*, Der Arbeitsvertrag im neuen Schuldrecht, S. 226 f.; *Seitz/Hülbach*, in: Tschöpe Anwaltshandbuch Arbeitsrecht, Teil 2D Rn. 41; ErfK/*Müller-Glöge*, §§ 339-345 BGB Rn. 12 u. 19; *Grobys*, DStR 2002, 1002 (1007); *Hoß*, ArbRB 2002, 138 (139/142); *Reichold*, ZTR 2002, 202 (207); Kroiß/*Fell*, Klauselbuch Schuldrecht, § 3 Rn. 78; *Singer*, RdA 2003, 194 (202); *Vogel/Kümmel*, BWGZ 2002, 706 (708).

[1130] *Hoß*, ArbRB 2002, 138 (139); *Reichold*, ZTR 2002, 202 (207); *Brors*, DB 2004, 1778 (1781).

[1131] ArbG Duisburg v. 14.8.2002, DB 2002, 1943; *Boudon*, ArbRB 2003, 150 (153); *Leder /Morgenroth*, NZA 2002, 952 (954).

[1132] BAG v. 4.3.2004, BB 2004, 1740 (1744); *Henssler*, RdA 2002, 129 (138); *ders.*, in: Dauner-Lieb/Konzen/Schmidt, Das neue Schuldrecht in der Praxis, 615 (642); ErfK/*Müller-Glöge*, §§ 339-345 BGB Rn. 11; *Schlodder*, Der Arbeitsvertrag im neuen Schuldrecht, S.223; *Stoffels*, NZA 2004 Beilage 1, 19 (21); *Preis*, NZA 2003 Beilage 16, 19 (33); *Gotthardt*, ZIP 2002, 277 (283); *ders.*, Arbeitsrecht nach der Schuldrechtsreform, S. 111. *Hönn*, ZFA 2003, 325 (337ff), sieht in § 75c HGB zwar keine Besonderheit des Arbeitsrecht, entnimmt dieser Regelung aber, dass die Vereinbarung von Vertragsstrafen für zumindest bestimmte Arbeitsverhältnisse Teil einer Institutsgewährleistung des Arbeitsvertrags seien.

[1133] BAG v. 4.3.2004, BB 2004, 1740 (1744); Schaub/Koch/*Linck*, Arbeitsrechtshandbuch, § 60 Rn. 4; *Henssler*, RdA 2002, 129 (138); *ders.*, in: Dauner-Lieb/Konzen/Schmidt, Das neue Schuldrecht in der Praxis, 615 (642); ErfK/*Müller-Glöge*, §§ 339-345 BGB Rn. 11; *Schlodder*, Der Arbeitsvertrag im neuen Schuldrecht, S. 223; *Stoffels*, NZA 2004 Beilage

(3) Interessenlage

Die Betrachtung von Arbeitnehmer- und Arbeitgeberinteressen zeige, dass es ein zu unterstützendes Bedürfnis für die prinzipielle Zulässigkeit von Vertragstrafevereinbarung zu Lasten des Arbeitnehmers für den Fall des Vertragsbruchs gebe. Der Arbeitnehmer sei in dieser Situation nicht schutzwürdig. Es liege an ihm, seine Hauptleistungspflichten zu erbringen und in der Regel gebe es auch kein schützenswertes Interesse am Vertragsbruch. Vielmehr werde dieser oftmals wegen anderweitiger besserer Verdienstmöglichkeiten begangen[1134]. Würde die Möglichkeit einer Vertragsstrafenvereinbarung fehlen, könne der Arbeitnehmer auch noch nach Abschluss des Arbeitsvertrages weitere Verhandlungen mit anderen potentiellen Arbeitgebern führen und sanktionslos Vertragsbrüche begehen oder gar einkalkulieren, wohingegen der Arbeitgeber auf den Arbeitnehmer festgelegt sei[1135]. Neben diese mangelnde Schutzwürdigkeit trete zudem noch die fehlende Schutzbedürftigkeit des Arbeitnehmers. Keinesfalls sei er so schutzbedürftig wie ein Verbraucher[1136]. Im Gegenteil sei im Verhältnis Arbeitnehmer – Arbeitgeber vorliegend sogar von einer „umgekehrten Disparität" auszugehen, da der Arbeitnehmer durch den unmittelbaren Beschäftigungsanspruch, den zwingenden Kündigungsschutz und der Regelung des § 615 BGB (Vergütung bei Annahmeverzug und bei Betriebsrisiko) ausreichend geschützt sei. Die Vertragsstrafe führe lediglich zur Herstellung der Parität[1137].

Der Arbeitgeber habe ein berechtigtes Interesse an der Vertragsstrafenvereinbarung. Er habe ein Bedürfnis nach zeitnaher Abwicklung von Personaleinstellungen[1138]. Er müsse eine nahtlose Dienstleistungserbringung gegenüber seinen Kunden sichern und eine entsprechende Einarbeitung des Nachfolgers ermöglichen[1139]. Die überraschende Lösung vom Vertrag durch den Arbeitnehmer

---

1, 19 (21); *Preis*, NZA 2003 Beilage 16, 19 (33); *Gotthardt*, ZIP 2002, 277 (283); *ders.*, Arbeitsrecht nach der Schuldrechtsreform, S. 111.

Als weitere Norm wird in diesem Zusammenhang die mittlerweile mit Wirkung zum 31.12.2002 aufgehobene gewerberechtliche Sondervorschrift des § 134 GewO genannt, die Verwirkungsabreden für den Fall des Vertragsbruchs zuließ, vgl. ErfK/*Müller-Glöge*, §§ 339-345 BGB Rn. 11; *Schlodder*, Der Arbeitsvertrag im neuen Schuldrecht, S. 223; *Stoffels*, NZA 2004 Beilage 1, 19 (21).

1134 BAG v. 4.3.2004, BB 2004, 1740 (1745); *Henssler*, RdA 2002, 129 (138); *ders.*, in: Dauner-Lieb/Konzen/Schmidt, Das neue Schuldrecht in der Praxis, 615 (642); *Singer*, RdA 2003, 194 (202).

1135 *Dollmann*, ArbRB 2004, 122 (125); *Conein-Eikelmann*, DB 2003, 2546 (2548).

1136 *Bartz*, AuA 2002, 62 (64); *Seitz/Hülbach*, in: Tschöpe Anwaltshandbuch Arbeitsrecht, Teil 2 D Rn. 42.

1137 *Schulte/Möller*, BuW 2003, 35 (36); *Seitz/Hülbach*, in: Tschöpe Anwaltshandbuch Arbeitsrecht, Teil 2D Rn. 42; *Leder/Morgenroth*, NZA 2002, 952 (955); *Oberthür*, NZA 2003, 462 (465).

1138 *Dollmann*, ArbRB 2004, 122 (125).

1139 BAG v. 4.3.2004, BB 2004, 1740 (1745).

nehme dem Arbeitgeber aber die Reaktionsmöglichkeit, um beispielsweise rechtzeitig eine Neueinstellung vorzunehmen, so dass es zu Störungen des ordnungsgemäßen Betriebsablaufs und Geschäftsgangs komme[1140].

Gleichwertige, ebenso interessengerechte Alternativen seien nicht vorhanden. Das Aushandeln von individuellen Vertragsstraferegelungen sei unpraktikabel und wegen der hohen Praxisanforderungen kaum durchführbar. Zudem entstünde dadurch ein Problem mit Blick auf die innerbetriebliche Gerechtigkeit[1141]. Eine Schadenspauschale sei unpraktikabel, weil der zu erwartende Schaden bei Vertragsabschluss nicht absehbar sei[1142].

bb) Argumente für die Anwendbarkeit des § 309 Nr. 6 BGB im Arbeitsrecht

(1) Keine teleologische Reduktion

Die Befürworter einer Anwendbarkeit des § 309 Nr. 6 BGB auf arbeitsvertragliche Vertragsstrafeklauseln lehnen eine teleologische Reduktion des speziellen Klauselverbots ab. Der Umstand, dass die anderen Varianten des § 309 Nr. 6 BGB nicht auf das Arbeitsrecht passen, rechtfertige keine teleologische Reduktion der nach dem eindeutigen Wortlaut einschlägigen Variante der Lösung vom Vertrag. Der frühere § 11 Nr. 6 AGBG habe uneingeschränkt auch für Dauerschuldverhältnisse wie Dienstverträge gegolten, so dass das Argument, die Regelung sei nur auf Verträge zum Zwecke des einmaligen Leistungsaustausches zugeschnitten, nicht überzeuge. Hätte der Gesetzgeber Dauerschuldverhältnisse vom Anwendungsbereich des Klauselverbots ausnehmen wollen, so hätte er dies deutlich machen müssen, wie bei § 308 Nr. 3 BGB und § 309 Nr. 1 BGB geschehen[1143]. Darüber hinaus rechtfertige die Tatsache, dass der Gesetzgeber bei der Schaffung einer abstrakt-generellen Regelung bestimmte Fallgruppen vor

---

1140 *Grobys*, DStR 2002, 1002 (1007).

1141 *Conein-Eikelmann*, DB 2003, 2546 (2548); *Brors*, DB 2004, 1778; *Leder/Morgenroth*, NZA 2002, 952 (955). *Hönn*, ZfA 2003, 325 (338), verweist auf die weite Auslegung des Begriffs der Vorformulierung und des Stellens in § 305 BGB, weshalb individualvertraglich vereinbarte Vertragsstrafen weitgehend ausscheiden würden.

1142 *Leder/Morgenroth*, NZA 2002, 952 (955).

1143 Hessisches LAG v. 25.4.2003, AuR 2004, 273 = ZTR 2004, 325; Hessisches LAG v. 7.5.2003 – 2 Sa 53/03, n.V.; LAG Hamm v. 24.1.2003, DB 2003, 2549 (2550); LAG Düsseldorf v. 8.1.2003, NZA 2003, 382 (384); *Lakies*, AR-Blattei, SD. 35, Rn. 417; *Lakies*, in: Kittner/Zwanziger, Arbeitsrecht, Handbuch für die Praxis, § 79 Rn. 20c; *Däubler*/Dorndorf, AGB-Kontrolle im Arbeitsrecht, § 309 Nr. 6 BGB Rn. 5; *Melot de Beauregard*, BB 2004, 1746 (1747); *Reinecke*, NZA 2004 Beilage 18, 27 (32 f.). Nach *Hönn*, ZfA 2003, 325 (337), ist fraglich, welcher einschränkende gesetzgeberische Zweck für eine teleologische Reduktion sprechen solle.

Augen hatte – hier den „Verwender“ auf der einen und den „Zahlungsschuldner“ auf der anderen Seite – nicht die Beschränkung auf diese. Vielmehr sei die Anwendung auf weitere Fälle als die der Regelung zugrundeliegenden eine typische Erscheinung des Kodifikationssystems[1144].

Die teleologische Reduktion stünde nach dieser Ansicht auch im Widerspruch zur gesetzgeberischen Intention. Die grundsätzliche Anwendbarkeit der AGB-Kontrollbestimmungen auf Arbeitsverträge sei eine bewusste Entscheidung des Gesetzgebers, die kautelarjuristischen Möglichkeiten im Arbeitsrecht zu beschränken[1145].

(2) Keine einschlägigen „Besonderheiten des Arbeitsrechts“

Die Vertreter eines engen Verständnisses der Besonderheiten des Arbeitsrechts – im Sinne einer Begrenzung auf rein rechtliche und exklusive Umstände[1146] – verneinen das Vorliegen derartiger Besonderheiten im Zusammenhang mit arbeitsvertraglichen Vertragsstrafeklauseln. Die Regelung des § 310 Abs. 4 S. 2 BGB führe deshalb nicht zur Nichtanwendbarkeit des § 309 Nr. 6 BGB.

Die aus § 888 Abs. 3 ZPO resultierende Nichtdurchsetzbarkeit des Anspruchs auf die Arbeitsleistung sei kein rein arbeitsrechtliches Phänomen, da diese Regelung auch für Dienstverträge gelte, weshalb sie keine Berücksichtigung i.R.v. § 310 Abs. 4 S. 2 BGB zu finden hätte[1147].

1144 So *Reichenbach*, NZA 2003, 309 (310).

1145 So lehnt BAG v. 4.3.2004, BB 2004, 1740 (1745), eine teleologische Reduktion ab, wenn es im Ergebnis auch mit anderer Begründung die Anwendbarkeit des § 309 Nr. 6 BGB verneint. Vgl. auch LAG Baden-Württemberg v. 10.4.2003, DB 2003, 2551; *Herbert/Oberrath*, NZA 2004, 121 (126).

1146 Zu dieser engen Auffassung siehe 4. Teil A. III. und IV.
Teilweise wird sogar angenommen, dass im Rahmen des § 309 BGB „Besonderheiten des Arbeitsrechts“ i.S.v. § 310 Abs. 4 S. 2 BGB von vorneherein nicht zu berücksichtigen seien, da es sich ausweislich der amtlichen Überschrift um „Klauselverbote ohne Wertungsmöglichkeit“ handele, vgl. *Klevemann*, AIB 2002, 577 (581).

1147 LAG Hamm v. 24.1.2003, DB 2003, 2549 (2550); LAG Baden-Württemberg v. 10.4. 2003, DB 2003, 2551 (2552); Hessisches LAG v. 25.4.2003, AuR 2004, 273 = ZTR 2004, 325; Hessisches LAG v. 7.5.2003 – 2 Sa 53/03, n.V.; *Herbert/Oberrath*, NZA 2004, 121 (126); *Klevemann*, AIB 2002, 577 (581); *Thüsing*, NZA 2002, 591 (694); *Reinecke*, NZA 2004 Beilage 18, 27 (33). Nach *Lakies*, in: Kittner/Zwanziger, Arbeitsrecht, Handbuch für die Praxis, § 79 Rn. 20c, sind praktische Schwierigkeiten bei der Geltendmachung des Anspruchs keine erhebliches Rechtsargument.
Däubler/Dorndorf, AGB-Kontrolle im Arbeitsrecht, § 309 Nr. 6 BGB Rn. 8, verweist zudem darauf, dass die hinter § 888 Abs. 3 ZPO stehende Wertentscheidung, persönliche Dienstleistungen nicht durch wirtschaftliche Druckmittel zu erzwingen, eher gegen als für die Zulässigkeit von Vertragsstrafen spreche. Diesbezüglich a.A.: *Reichenbach*, NZA 2003, 309 (310); *Brors*, DB 2004, 1778 (1779), die in der Zulässigkeit von Vertragsstra-

Dem Hinweis auf bestehende Schadensnachweisprobleme wird in zweierlei Hinsicht entgegengetreten. Zum einen seien diese Beweisprobleme keine Besonderheiten des Arbeitsrechts, da sie tatsächlicher Natur[1148] und auch bei anderen Schuldverhältnissen anzutreffen seien[1149]. Zum anderen wird nicht nur die rechtliche Einordnung der Schadensnachweisschwierigkeiten kritisiert, sondern auch deren tatsächliche Existenz in Zweifel gezogen. In der Praxis entstünde durch den Vertragsbruch des Arbeitnehmers oftmals gar kein Vermögensschaden beim Arbeitgeber, da dieser die Fehlzeiten des vertragsbrüchigen Arbeitnehmers durch Überstunden von Kollegen oder den Einsatz von auf niedriger Lohnbasis eingestellten Aushilfen ausgleichen könne. Der dabei getätigte finanzielle Aufwand bleibe hinter den beim vertragsbrüchigen Arbeitnehmer eingesparten Lohnkosten zurück[1150]. Insbesondere beim Fall des Nichtantritts der Arbeit sei zu beachten, dass der Arbeitnehmer in den ersten Wochen hätte eingearbeitet werden müssen. Er hätte eingewiesen und besonders kontrolliert werden müssen, so dass er seine Funktion noch nicht „gewinnbringend" hätte ausüben können[1151]. Entstünde doch einmal ein Schaden, so sei dieser durchaus bezifferbar. Eine Möglichkeit wäre z.B. die Besetzung der Arbeitsstelle durch einen Zeitarbeiter, so dass sich der finanzielle Aufwand genau taxieren ließe[1152]. Der

---

fen kein Unterlaufen des § 888 Abs. 3 BGB sehen, da die in § 888 Abs. 3 BGB ausgeschlossenen Zwangsmittel aufgrund der Möglichkeit der wiederholten Festsetzung und dem Fehlen einer Obergrenze eine andere Qualität aufweisen würden als die Vertragsstrafe. Im Ergebnis ebenso dieser Ansicht: BAG v. 4.3.2004, BB 2004, 1740 (1744); ErfK/*Müller-Glöge*, §§ 339-345 BGB Rn. 12; *Preis*, NZA 2003 Beilage 16, 19 (33).
ArbG Nienburg v. 23.1.2003, NZA-RR 2004, 73 (74), stellt fest, dass Vertragsstrafeklauseln keine „im Arbeitsrecht geltenden Besonderheiten" darstellen würden.
Eckert, PP 2002, 18 (21); *Sartorius/Rambach*, ZAP 2002, 541 (546), gehen ohne nähere Begründung von der Anwendbarkeit des § 309 Nr. 6 BGB im Arbeitsrecht aus.

1148 LAG Baden-Württemberg v. 10.4.2003, DB 2003, 2551 (2552); ArbG Bochum v. 8.7. 2002, NZA 2002, 978 (979); ArbG Augsburg v. 8.4.2003, ArbRB 2004, 39 (40); *Däubler*/Dorndorf, AGB-Kontrolle im Arbeitsrecht, § 309 Nr. 6 BGB Rn. 10; *Reichenbach*, NZA 2003, 309 (310); *Reinecke*, NZA 2004 Beilage 18, 27 (33).

1149 Hessisches LAG v. 25.4.2003, AuR 2004, 273 = ZTR 2004, 325; LAG Hamm v. 24.1. 2003, DB 2003, 2549 (2550); ArbG Augsburg v. 8.4.2003, ArbRB 2004, 39 (40); *Däubler*/Dorndorf, AGB-Kontrolle im Arbeitsrecht, § 309 Nr. 6 BGB Rn. 10; *Klevemann*, AIB 2002, 577 (581); *Reim*, JuS 2006, 120 (125).

1150 LAG Düsseldorf v. 8.1.2003, NZA 2003, 382 (383); *Däubler*/Dorndorf, AGB-Kontrolle im Arbeitsrecht, § 309 Nr. 6 BGB Rn. 10; vgl. auch ArbG Augsburg v. 8.4.2003, ArbRB 2004, 39 (40); ArbG Bochum v. 8.7.2002, NZA 2002, 978 (980).

1151 LAG Düsseldorf v. 8.1.2003, NZA 2003, 382 (383).

1152 *Hönn*, ZfA 2003, 325 (343); *Reichenbach*, NZA 2003, 309 (312). Daneben erleichtere § 287 ZPO die Schadensgeltendmachung, da der Arbeitgeber sich damit begnügen kann, dem Gericht Hinweise zu geben, die eine Schätzung der Schadenshöhe möglich machen, vgl. Hessisches LAG v. 25.4.2003, AuR 2004, 273 = ZTR 2004, 325; *Däubler*/Dorndorf, AGB-Kontrolle im Arbeitsrecht, § 309 Nr. 6 BGB Rn. 10.

Arbeitgeber sei durch § 628 Abs. 2 BGB und § 280 BGB ausreichend geschützt[1153]. Darüber hinaus könne er den Schadensnachweisschwierigkeiten auch mit der Vereinbarung einer Schadenspauschale entgegenwirken[1154].

Die als Indiz für eine generelle Zulässigkeit von Vertragstrafen im Arbeitsrecht angeführten § 75c HGB und § 5 Abs. 2 Nr. 2 BBiG[1155] regelten nur Teilbereiche und ließen deshalb keinen Rückschluss auf die Zulässigkeit von Vertragstrafen in anderen Bereichen zu. Dafür wäre eine geschlossene Kodifikation des gesamten Arbeitsrechts nötig, die aber nicht existiere[1156].

Der Hinweis auf die bisherige Üblichkeit von Vertragsstrafen[1157] sei schon deshalb nicht durchschlagend, da diese keine rechtliche Besonderheit sei[1158]. Des weiteren gründete sich die bisherige arbeitsgerichtliche Rechtsprechung nunmal auf die inzwischen nicht mehr geltende AGB-rechtliche Bereichsausnahme[1159]. Die Nichtanwendung des § 309 Nr. 6 BGB aufgrund des bloßen Hinweises auf eine bisherige Üblichkeit würde zudem den Geltungsanspruch der §§ 305 ff. BGB wieder aufgeben[1160].

(3) Interessenlage

Sprechen die Befürworter der prinzipiellen Zulässigkeit von Vertragsstrafeklauseln von einem berechtigten Interesse des Arbeitgebers an derartigen Vereinba-

---

Darüber hinaus wird angeführt, dass die „Doppelfunktion" der Vertragsstrafe überbetont werde. Vielmehr sei primärer Zweck der Vertragsstrafe die Sicherung des vertragskonformen Verhaltens, nicht aber die erleichterte Durchsetzung von Schadensersatzansprüchen. Deshalb könnten etwaige Schwierigkeiten bei der Schadensdarlegung nicht die Angemessenheit einer Strafabrede begründen, vgl. LAG Düsseldorf v. 8.1.2003, NZA 2003, 382 (383); *Däubler*/Dorndorf, AGB-Kontrolle im Arbeitsrecht, § 309 Nr. 6 BGB Rn. 10.

1153 Hessisches LAG v. 25.4.2003, AuR 2004, 273 = ZTR 2004, 325; Hessisches LAG v. 7.5. 2003 – 2 Sa 53/03, n.V.; *Herbert/Oberrath*, NZA 2004, 121 (126); *Schuster*, AiB 2002, 274 (278); widersprüchlich *Wiesinger*, AuA 2002, 354 (355).

1154 *Herbert/Oberrath*, NZA 2004, 121 (126).

1155 Siehe 6. Teil B. II 2. b) aa) (2).

1156 Hessisches LAG v. 7.5.2003 – 2 Sa 53/03, n.V.; LAG Hamm v. 24.1.2003, DB 2003, 2549 (2550); ArbG Bochum v. 8.7.2002, NZA 2002, 978 (980); *Däubler*/Dorndorf, AGB-Kontrolle im Arbeitsrecht, § 309 Nr. 6 BGB Rn. 10; *Hönn*, ZfA 2003, 325 (337).

1157 Siehe 6. Teil B. II. 2. b) aa) (2).

1158 Hessisches LAG v. 25.4.2003, AuR 2004, 273 = ZTR 2004, 325; Hessisches LAG v. 7.5. 2003 – 2 Sa 53/03, n.V.; LAG Hamm v. 24.1.2003, DB 2003, 2549 (2550); *Däubler*/Dorndorf, AGB-Kontrolle im Arbeitsrecht, § 309 Nr. 6 BGB Rn. 11.

1159 LAG Baden-Württemberg v. 10.4.2003, DB 2003, 2551 (2552); ArbG Bochum v. 8.7. 2002, NZA 2002, 978 (979); ArbG Augsburg v. 8.4.2003; ArbRB 2004, 39 (40).

1160 LAG Düsseldorf v. 8.1.2003, NZA 2003, 382 (384).
Ausführlicher zur Unbeachtlichkeit der „Üblichkeit" im Rahmen von § 310 Abs. 4 S. 2 BGB siehe 4. Teil A. II.

rungen, so sehen die Anhänger der Anwendbarkeit des § 309 Nr. 6 BGB die diesbezügliche Interessenlage mit anderen Augen.

Liege der Sinn einer Vertragsstrafenvereinbarung allgemein darin, dem Gläubiger sein Interesse an der Leistungshandlung des Schuldners zu sichern, so sei nicht erkennbar, dass die Interessenlage, die zur Vereinbarung einer Vertragsstrafe führt, im Arbeitsverhältnis hinreichend anders gestaltet sei als bei sonstigen Vertragsverhältnissen. Zwar sei das Interesse des Arbeitgebers an der Erbringung der Arbeitsleistung im Hinblick auf die von ihm zu verantwortende Betriebsorganisation groß, doch sei beispielsweise das Interesse eines Produktionsbetriebes an der Leistung eines Zulieferers nicht unbedingt geringer[1161].

Im Gegenteil spreche die Interessenlage eher für eine gesteigerte Schutzbedürftigkeit des Arbeitnehmers. Der Arbeitnehmer unterscheide sich vom sonstigen Dienstnehmer dadurch, dass er fremdbestimmte, weisungsabhängige Arbeit für einen anderen leiste. Vor diesem Hintergrund sei es widersinnig, wenn „Besonderheiten des Arbeitsrechts" Wertungen zu Lasten des Arbeitnehmers bedingen könnten. Arbeitsrechtliche Besonderheiten könnten sich allenfalls zu seinen Gunsten auswirken, weil er – anders als der freie Mitarbeiter des Dienstvertrags – viel stärker fremdbestimmt arbeite[1162].

Der Arbeitgeber habe hingegen kein berechtigtes Interesse an der Aufnahme von Vertragstrafeklauseln in den Arbeitsvertrag. Das Gesetz gebe ihm ausreichend andere angemessene und adäquate Reaktionsmöglichkeiten auf Pflichtverletzungen des Arbeitnehmers an die Hand, wie Schadensersatz, Abmahnung und Kündigung, mit denen er das Fehlverhalten des Arbeitnehmers sanktionieren könne. Dem Arbeitgeber darüber hinaus auch noch den Rückgriff auf eine Vertragsstrafe zu gewähren, würde dessen unangemessene Privilegierung bedeuten[1163].

1161 So *Joost*, FS Ulmer, 1199 (1204). Das ArbG Nienburg v. 23.1.2003, NZA-RR 2004, 73 (74), stellt ebenfalls fest, das sich Arbeitsvertragsverhältnisse hinsichtlich der Interessenlage bei der Vereinbarung von Vertragsstrafen nicht von sonstigen Vertragsverhältnissen unterscheiden, in denen Vertragsparteien zur Erbringung von Leistungen verpflichtet sind.

1162 *Klevemann*, AIB 2002, 577 (581f); vgl. auch *Koppenfels*, NZA 2002, 598 (600). Teilweise wird befürwortet, das Vertragsstrafenverbot des § 555 BGB für das Verhältnis Mieter/Vermieter entsprechend auf das Arbeitsrecht anzuwenden, da der Arbeitnehmer im Verhältnis zum Arbeitgeber genauso schutzbedürftig sei wie der Mieter im Verhältnis zum Vermieter, vgl. *Däubler*, Das Arbeitsrecht 2, Rn. 752, schon vor der Schuldrechtsreform. Dem wird aber richtigerweise mit dem Hinweis darauf entgegen getreten, dass das Mietrecht – im Gegensatz zum Arbeitsrecht – andere Korrektive vorsehe, die ein Vertragsstrafenverbot als hinnehmbar erscheinen lassen, z.B. das Vermieterpfandrecht. Falls der Mieter die Wohnung vor Ablauf der Kündigungsfrist räumt, könne der Vermieter zudem die ihm gleichwohl zustehenden Mietraten einklagen und sich schadlos halten, vgl. *Henssler*, RdA 2002, 129 (138); *ders.*, in: Dauner-Lieb/Konzen/Schmidt, Das neue Schuldrecht in der Praxis, 615 (642); *Popp*, NZA 1988, 455 (457).

1163 *Koppenfels*, NZA 2002, 598 (601); *Däubler*/Dorndorf, AGB-Kontrolle im Arbeitsrecht, § 309 Nr. 6 BGB Rn. 10. *Schuster*, AiB 2002, 274 (278), verneint ebenfalls ein

Mit der Unzulässigkeit von Vertragsstrafeklauseln, die den arbeitnehmerseitigen Vertragsbruch sanktionieren, würde des weiteren einer Missbrauchsgefahr bzw. unlauteren Geschäftspraktiken entgegen gewirkt. Die Praxis unseriöser Arbeitnehmerüberlassungsunternehmer, die darauf spekulieren, dass ein Großteil der vielfach ungelernten Arbeitnehmer die Arbeit von vornherein nicht antritt oder sie nach kürzester Zeit aufgibt und so die Vertragsstrafe verwirken, würde dadurch rechtswidrig[1164].

Abschließend wird die Intention des Gesetzgebers[1165] als Argument für die Anwendbarkeit des § 309 Nr. 6 BGB im Arbeitsrecht angeführt. Nur auf diese Weise ließe sich die bezweckte strengere Bindung an die Maßstäbe des AGB-Rechts und die angestrebte Angleichung des Schutzniveaus im Arbeitsrecht an das im übrigen Zivilrecht vorherrschende Niveau verwirklichen[1166].

cc) Stellungnahme

Die aus § 888 Abs. 3 ZPO folgende fehlende Durchsetzbarkeit des Anspruchs auf die Arbeitsleistung und die Schadensnachweisprobleme des Arbeitgebers sind arbeitsrechtliche Besonderheiten, die entgegen § 309 Nr. 6 BGB zu einer generellen Zulässigkeit von vorformulierten Vertragsstrafenabreden im Arbeitsrecht führen. Die Argumente gegen eine Berücksichtigung dieser Besonderheiten und für eine Anwendbarkeit des speziellen Klauselverbots nach § 309 Nr. 6 BGB beruhen auf einer zu restriktiven Auffassung des § 310 Abs. 4 S. 2 BGB. Unter den Besonderheiten des Arbeitsrechts sind nicht nur rechtliche, sondern auch tatsächliche Umstände zu verstehen. Es muss sich auch nicht um Begebenheiten handeln, die ausschließlich im arbeitsrechtlichen Bereich anzutreffen sind[1167]. Das BAG stützt seine Entscheidung, § 309 Nr. 6 BGB im arbeitsvertraglichen Bereich nicht anzuwenden, richtigerweise auf den Umstand, dass wegen § 888 Abs. 3 ZPO die Vertragsstrafe die einzig wirksame Sanktionsmöglichkeit darstellt, um zur Erfüllung der Hauptpflicht anzuhalten[1168].

Die aufgrund der Ableistung fremdbestimmter Tätigkeiten bestehende gesteigerte Schutzbedürftigkeit des Arbeitnehmers spricht nicht für eine Anwend-

---

berechtigtes Arbeitgeberinteresse. Selbst im Falle einer verhaltensbedingten arbeitgeberseitigen Kündigung seien kaum schützwürdige Interessen seitens des Arbeitgebers erkennbar. Letztendlich gehe es „nur" um ein zusätzliches Abstrafen des Arbeitnehmers, der sowieso alle negativen Konsequenzen zu tragen hätte.

1164 *Reinecke*, DB 2002, 583 (586), führt dieses Beispiel an.

1165 Vgl. BT-Drs. 14/6857, S. 54.

1166 LAG Hamm v. 24.1.2003, DB 2003, 2549 (2550); Hessisches LAG v. 25.4.2003, AuR 2004, 273 = ZTR 2004, 325; Hessisches LAG v. 7.5.2003 – 2 Sa 53/03, n.V.; ArbG Augsburg v. 8.4.2003, ArbRB 2004, 39 (40).

1167 Vgl. zum Begriff der Besonderheiten des Arbeitsrechts 4. Teil A.

1168 BAG v. 4.3.2004, BB 2004, 1740 (1743 f.); BAG v. 21.4.2005, BB 2005, 2822 (2823).

barkeit von § 309 Nr. 6 BGB. Es liegt am Arbeitnehmer, sich vertragsgerecht zu Verhalten. Er hat es selbst in der Hand, den Vertragsbruch zu vermeiden. Ebenso wenig spricht die Intention des Gesetzgebers für ein Verbot der Vertragsstrafe nach § 309 Nr. 6 BGB. So fordert gerade der Gesetzgeber die Berücksichtigung der hier ausschlaggebenden arbeitsrechtlichen Besonderheiten.

Vereinzelt wird die Zulässigkeit von Vertragsstrafenvereinbarungen in Abhängigkeit vom Status des Arbeitnehmers diskutiert. Es ließe sich darüber nachdenken, das Vertragsstrafenverbot des § 309 Nr. 6 BGB im Arbeitsrecht prinizipiell anzuwenden, es sei denn, der jeweilige Arbeitsvertrag betrifft „Dienste höherer Art“[1169]. Dies erscheint zunächst nicht allzu fernliegend, wenn man davon ausgeht, dass eine fehlende Vertragsstrafe nur denjenigen Arbeitnehmer dazu verleiten kann, einen sanktionslosen Vertragsbruch zur Einkommensverbesserung einzukalkulieren, der über eine entsprechende Vielzahl von Arbeitsplatzangeboten verfügt. Eine derartige Situation scheint nur bei aufgrund ihrer Qualifikation besonders „gefragten“ Arbeitnehmern gegeben zu sein. Allerdings liegt die Motivation zum Vertragsbruch nicht allein in einer höheren Vergütung.

[1169] In diese Richtung tendiert *Reinecke*, DB 2002, 583 (586), der es für nicht ausgeschlossen hält, dass die Rechtsprechung Vertragsstrafeklauseln bei „hoch besoldeten, besonders qualifizierten Arbeitnehmern“ für wirksam hält. In *Reinecke*, NZA 2004 Beilage 18, 27 ff., spricht er sich zwar für die generelle Unzulässigkeit formularmäßig vereinbarter Vertragsstrafen nach § 309 Nr. 6 BGB aus, betont aber gleichzeitig auch, dass bei „besonders wichtigen Arbeitnehmern, z.B. solchen in Schlüsselpositionen“ durchaus ein berechtigtes Arbeitgeberinteresse an derartigen Klauseln anzuerkennen sei. *Hönn*, ZFA 2003, 325 (339), folgert aus einer sich aus § 75c HGB ergebenden Institutsgewährleistung, dass „zumindest für bestimmte Arten von Arbeitsverhältnissen“ das Verbot des § 309 Nr. 6 BGB unanwendbar sei. *Reichenbach*, NZA 2003, 309 (312), rechtfertigt dies Ergebnis damit, dass das Vollstreckungsverbot des § 888 Abs. 3 ZPO, welches als Argument für die Zulässigkeit von Vertragsstrafeabreden herangezogen wird, nur für „höhere Dienste“ gelte, da nur diese „unvertretbare Handlungen“ im Sinne dieser Vorschrift seien. *Lakies*, AR-Blattei, SD. 35, Rn. 417, befürwortet zwar eigentlich die im Wege eines „Erst-Recht-Schlusses“ herbeigeführte generelle Unzulässigkeit aller vorformulierter arbeitsvertraglicher Vertragsstrafeabreden, komme es aber dennoch zu einer Anwendung des § 310 Abs. 4 S. 2 BGB auf § 309 Nr. 6 BGB, so fordert er, danach zu differenzieren, ob es sich um Arbeitsverträge über einfache Dienste oder solche über Dienste höherer Art handelt. Die Wirksamkeit einer Vertragsstrafenvereinbarung könne sich entgegen § 309 Nr. 6 BGB höchstens bei Arbeitsverträgen über Dienste höherer Art ergeben. In diese Richtung weist auch die Entscheidung des LAG Düsseldorf v. 8.1.2003, NZA 2003, 382 (384), wonach die Angemessenheit der Vertragstrafe im Arbeitsrecht im Wege einer Einzelfallbetrachtung des Arbeitgeberinteresses an der Erbringung der Arbeitleistung zu bestimmen sei. Ein maßgebendes Kriterium dabei sei die sich aus der Tätigkeit ergebende Position bzw. Funktion des Arbeitnehmers.
Thüsing/Leder, BB 2004, 42 (46), betonen zumindest die Vielgestaltigkeit des Rechtsinstruments Vertragsstrafe und werfen die daraus resultierende Frage auf, ob eine pauschale Anwendung des § 309 Nr. 6 BGB auf alle von seinem Wortlaut erfassten Vertragsstrafen tatsächlich angebracht sei.

Auch angenehmere Arbeitszeiten oder eine größere Betriebsnähe können dazu verleiten, den Arbeitsplatz vertragswidrig zu verlassen. Bei „einfacheren" Tätigkeiten kann zudem eher ein mangelndes Verantwortungsbewusstsein hinzukommen. Schließlich trifft die Differenzierung zwischen „höheren" und „einfacheren" Diensten in der Praxis auf kaum überwindbare Abgrenzungsschwierigkeiten. Das BAG stellt daher folgerichtig fest, dass ein Interesse des Arbeitgebers an einer Vertragsstrafenvereinbarung nicht nur bei Hochqualifizierten erkennbar ist. Eine derartige Differenzierung mag sich gruppentypisch allenfalls auf die Höhe der Vertragsstrafe auswirken[1170].

dd) Fazit

Das spezielle Klauselverbot des § 309 Nr. 6 BGB ist wegen entgegenstehender Besonderheiten des Arbeitsrechts nicht auf vorformulierte Vertragsstrafen im Arbeitsvertrag anwendbar.

c) Angemessenheitskontrolle nach § 307 BGB

Die fehlende Anwendbarkeit des § 309 Nr. 6 BGB stellt die entsprechenden Vertragsstrafenabreden aber nicht vollkommen kontrollfrei. Klauseln, die einen Vertragsbruch sanktionieren sollen, sind ebenso einer Angemessenheitskontrolle nach § 307 BGB zu unterziehen wie beispielsweise Vertragsstrafen zur Absicherung einer Geheimhaltungsverpflichtung , die schon nicht unter § 309 Nr. 6 BGB subsumiert werden können. Vorformulierte Vertragsstrafen sind demnach auf eine mögliche unangemessene Benachteiligung i.S.v. § 307 BGB zu untersuchen[1171].

Nach § 307 Abs. 2 Nr. 1 BGB ist eine derartige unangemessene Benachteiligung im Zweifel anzunehmen, wenn eine Bestimmung mit wesentlichen Grundgedanken der modifizierten gesetzlichen Regelung nicht zu vereinbaren ist. Derartige wesentliche Grundgedanken stellen im Zusammenhang mit Vertragsstrafenvereinbarungen das Verschuldenserfordernis des § 339 BGB und das Verbot der Kumulierung von Schadensersatz und Vertragsstrafe gem. § 340 Abs. 2

[1170] BAG v. 4.3.2004, BB 2004, 1740 (1745). Das ArbG Augsburg v. 8.4.2003, ArbRB 2004, 39 f., hatte einen Fall zu entscheiden, in dem ein zuvor über die Vermittlung eines Headhunters eingestellter Arbeitnehmer vertragsbrüchig wurde. Obwohl bei der Inanspruchnahme eines Headhunters davon auszugehen ist, dass der Arbeitnehmer besondere Qualifikationen aufwies, ging das ArbG Augsburg bei der Entscheidungsfindung nicht auf eine Differenzierung zwischen „höheren" und „einfachen" Diensten ein und befand die fragliche Vertragsstrafenvereinbarung für wirksam.

[1171] Vgl. *Tschöpe*, BB 2006, 213 (221) zu Vertragsstrafenvereinbarungen für den Fall nur erfolgsschwacher Arbeitsleistung.

BGB dar. Beide Vorschriften sind zwar dispositiver Natur, so dass sie im Wege von Individualvereinbarungen abbedungen werden können[1172], ihr Ausschluss in einem Formulararbeitsvertrag dürfte jedoch im Regelfall eine unangemessene Benachteiligung i.S.v. § 307 Abs. 2 Nr. 1 BGB darstellen[1173]. Somit kann in einem vorformulierten Arbeitsvertrag eine verschuldensunabhängige Vertragsstrafe nur bei Vorliegen besonders gewichtiger Gründe vereinbart werden[1174] und die Anrechnung der Vertragsstrafe auf einen Schadensersatzanspruch darf nicht ausgeschlossen werden[1175].

Das *Transparenzgebot* des § 307 Abs. 1 S. 2 BGB verpflichtet die Vertragsstrafenklausel zur Klarheit und Verständlichkeit, anderenfalls kann eine unzureichende Bestimmtheit der Vereinbarung auch zu einer unangemessenen Benachteiligung führen. Sowohl das strafbewehrte Verhalten als auch die verwirkte Strafe müssen hinreichend deutlich formuliert sein, damit der Arbeitnehmer unschwer erkennen kann, welches Verhalten in welcher Weise sanktioniert wird, und somit in der Lage ist, sich in seinem Verhalten darauf einzustellen[1176]. Dieser Grundsatz war bereits vor der Anwendbarkeit des § 307 Abs. 1 S. 2 BGB ein fester Bestandteil der arbeitsgerichtlichen Rechtsprechung[1177]. Nach der Schuldrechtsreform hat das BAG betont, globale Strafversprechen, die auf die Absicherung aller arbeitsvertraglichen Pflichten zielen, seien wegen Verstoßes gegen

---

[1172] Vgl. Palandt/*Heinrichs*, § 339 Rn. 3 und § 340 Rn. 3.

[1173] So *Reichenbach*, NZA 2003, 309 (313); ErfK/*Müller-Glöge*, §§ 339-345 BGB Rn. 32; *Lakies*, in: Kittner/Zwanziger, Arbeitsrecht, Handbuch für die Praxis, § 79 Rn. 16; *ders.*, AR-Blattei, SD. 35, Rn. 438; *Reinecke*, NZA 2004 Beilage 18, 27 (33); *Hauck*, NZA 2006, 816 (818). Dies entspricht auch der bisherigen Rechtsprechungspraxis des BGH: vgl. zu § 339 BGB BGH v. 28.9.1978, BGHZ 72, 174 (179) und zu § 340 BGB BGH v. 27.11.1974, BGHZ 63, 256 (259).

[1174] *Lingemann*, NZA 2002, 181 (191). Vgl. auch BGH v. 28.9.1978, BGHZ 72, 174 (179).

[1175] *Reichenbach*, NZA 2003, 309 (313).

[1176] *Schierbaum*, in: Berscheid/Kunz/Brand, Praxis des Arbeitsrechts, B. II. Rn. 2172; *Reichenbach*, NZA 2003, 309 (312 f.); *Lakies*, in: Kittner/Zwanziger, Arbeitsrecht, Handbuch für die Praxis, § 79 Rn. 9; *ders.*, AR-Blattei, SD. 35, Rn. 422 f.; *Hoß*, ArbRB 2002, 138 (140 f.); *Leder/Morgenroth*, NZA 2002, 952 (957); ErfK/*Müller-Glöge*, §§ 339-345 BGB Rn. 13; ErfK/*Preis*, §§ 305-310 BGB Rn. 94; *Hümmerich*, NZA 2003, 753 (762); *Däubler*/Dorndorf, AGB-Kontrolle im Arbeitsrecht, § 309 Nr. 6 BGB Rn. 15; *Gotthardt*, ZIP 2002, 277 (283); *Vogel/Kümmel*, BWGZ 2002, 706 (708); *Thüsing/Bodenstedt*, AuR 2004. 369 (373); *Nicolai*, FA 2006, 76 (78); Nach *Reinecke*, NZA 2004 Beilage 18, 27 (31), sind deshalb sog. globale Vertragsstrafeversprechen im Regelfall unzulässig. Kritisch gegenüber allzu hohen Bestimmtheitserfordernissen sind *Bauer/Krieger*, SAE 2006, 11 (13).

[1177] Das BAG hat dabei bislang die Formulierungen „Vertragsbruch“ oder „Nichterfüllung“ für im Wege der Auslegung hinreichend konkretisierbar und damit als ausreichend bestimmt angesehen, BAG v. 18.9.1991, AP Nr. 14 zu § 339 BGB; BAG v. 5.2.1986, AP Nr. 12 zu § 339 BGB.

das Bestimmtheitsgebot unwirksam. Die Regelung müsse erkennen lassen, welche konkreten Pflichten durch sie tatsächlich gesichert werden sollen[1178].

Eine unangemessene Benachteiligung i.S.v. § 307 Abs. 1 S. 1 BGB liegt insbesondere vor, wenn kein berechtigtes Interesse des Arbeitgebers an einer arbeitsvertraglichen Vertragsstrafenvereinbarung gegeben ist. Neben den bereits oben dargelegten Kriterien[1179], die im Rahmen der hier anzulegenden generalisierend-typisierenden Betrachtungsweise zur Bestimmung der Angemessenheit herangezogen werden können, kann die frühere BAG-Rechtsprechung in diesem Zusammenhang eine Rolle spielen[1180]. Dabei darf jedoch keine unreflektierte Übernahme der früheren Rechtsprechungsergebnisse erfolgen. Dies käme dem oben bereits abgelehnten Kontinuitätsgebot gleich, welches die Aufhebung der teilweisen AGB-rechtlichen Bereichsausnahme für das Arbeitsrecht konterkariert[1181]. Vielmehr sind ihr Indizien für das Vorliegen eines berechtigten Arbeitgeberinteresses zu entnehmen[1182]. Für ein berechtigtes Arbeitgeberinteresse kann demnach der Umstand ins Feld geführt werden, dass bei dem zu beurteilenden Sachverhalt typischerweise ein Schaden entsteht und der Nachweis dieses Schadens bzw. seiner Höhe nicht oder nur mit unverhältnismäßigem Aufwand nachzuweisen ist[1183]. Ferner ist das jeweilige Arbeitgeberinteresse an der Erbringung der Arbeitsleistung zu berücksichtigen[1184]. Ein berechtigtes Arbeitgeberinteresse ist jedoch von vornherein zu verneinen, wenn die Vertragsstrafe vorrangig zur bloßen Generierung neuer, vom Sachinteresse des Arbeitgebers losgelöster Geldforderungen eingesetzt wird[1185]. Bei einem schuldhaften vertragswidrigen Verhalten, das den Arbeitgeber zu einer fristlosen Kündigung veranlasst, wird der Interessenausgleich nach Ansicht des BAG in erster Linie durch die Möglichkeit der fristlosen Kündigung des Arbeitgebers herbeigeführt. Eine darüber hinausgehende Bestrafung des Arbeitnehmers durch die Vertragsstrafe könne nur durch Verletzung weiterer schutzwürdiger Interes-

---

1178 BAG v. 21.4.2005, BB 2005, 2822 (2824); BAG v. 18.8.2005, NZA 2006, 34 (37).

1179 Siehe 4. Teil C. III. 2. c).

1180 Ebenso *Lakies*, AR-Blattei, SD. 35, Rn. 427.

1181 Siehe dazu 4. Teil A. II.

1182 Weitergehend das BAG v. 4.3.2004, BB 2004, 1740 (1745), welches aus Schadensnachweisproblemen des Arbeitgebers generell dessen berechtigtes Interesse an der Vertragsstrafenvereinbarung folgert.

1183 Beispielhaft für die alte Rechtsprechung: BAG v. 23.5.1984, BAGE 46, 50 (55) = NJW 1985, 91 = AP Nr. 9 zu § 339 BGB. Zum berechtigten Arbeitgeberinteresse in diesem Zusammenhang vgl. auch: *Leder/Morgenroth*, NZA 2002, 952 (956); *Lakies*, in: Kittner/Zwanziger, Arbeitsrecht, Handbuch für die Praxis, § 79 Rn. 4; *ders.*, AR-Blattei, SD. 35, Rn. 427; *Däubler*/Dorndorf, AGB-Kontrolle im Arbeitsrecht, § 309 Nr. 6 BGB Rn. 14; *Thüsing/Bodenstedt*, AuR 2004. 369 (373).

1184 LAG Düsseldorf v. 8.1.2003, NZA 2003, 382 (384).

1185 BAG v. 4.3.2004, BB 2004, 1740 (1745); *Leder/Morgenroth*, NZA 2002, 952 (956); *Lakies*, AR-Blattei, SD. 35, Rn. 442; Preis/*Stoffels*, Der Arbeitsvertrag, II V 30 Rn. 29.

sen des Arbeitgebers gerechtfertigt sein, z.B. durch bestimmte Eigentums- oder Vermögensverletzungen durch den Arbeitnehmer[1186].

Eine *zu hohe Vertragsstrafe* stellt ebenfalls eine unangemessene Benachteiligung i.S.v. § 307 Abs. 1 S. 1 BGB dar und führt zur Unangemessenheit der Regelung[1187]. In diesem Zusammenhang drängt sich die Frage auf, ab welcher Höhe der vereinbarte Strafbetrag als unangemessen zu betrachten ist. Anders als bei der Herabsetzung einer bereits verwirkten Vertragsstrafe nach § 343 BGB, bei der eine Berücksichtigung der konkreten Umstände des Einzelfalls erfolgt, ist hier wiederum mit einer typisierenden Betrachtungsweise vorzugehen. Ausschlaggebend ist demnach ein beliebiger Arbeitnehmer oder eventuell eine Arbeitnehmergruppe, an die sich die fragliche Vertragsstrafe richten könnte[1188]. Die Strafe darf dabei nicht außer Verhältnis zum möglichen Schaden stehen[1189], wobei auch zu berücksichtigen ist, ob typischerweise nur ein geringer Schaden zu erwarten ist[1190]. Dies bedeutet allerdings nicht, dass aus dem Ausbleiben eines tatsächlichen Schadens unbedingt auf die Unwirksamkeit der Vertragsstrafenvereinbarung geschlossen werden kann, da der Vertragsstrafe vorrangiges Ziel die Druckausübung zur Einhaltung der Vertragspflichten ist[1191]. Neben der typischerweise zu erwartenden Schadenshöhe sind insbesondere im Fall des Vertragsbruchs die Bruttomonatsvergütung und die Länge der Kündigungsfrist weitere im Rahmen einer typisierend-generalisierenden Betrachtungsweise heranzuziehende Kriterien[1192]. Mit dem überwiegenden Teil von Rechtsprechung

---

[1186] BAG v. 21.4.2005, BB 2005, 2822 (2824).

[1187] BAG v. 4.3.2004, BB 2004, 1740 (1745); LAG Hamm v. 7.5.2004, NZA-RR 2005, 128; LAG Niedersachsen v. 23.1.2004, NZA-RR 2005, 65 (66); LAG Hamm v. 24.1.2003, DB 2003, 2549 (2551) = AuA 2003, 54 (55); *Thüsing/Leder*, BB 2004, 42 (45); *Hümmerich*, NZA 2003, 753 (762); *Lakies*, AR-Blattei, SD. 35, Rn. 440; *Stoffels*, NZA 2004 Beilage 1, 19 (27); *Leder/Morgenroth*, NZA 2002, 952 (957); *Däubler*/Dorndorf, AGB-Kontrolle im Arbeitsrecht, § 309 Nr. 6 BGB Rn. 14; ErfK/*Müller-Glöge*, §§ 339-345 BGB Rn. 17; *Reichenbach*, NZA 2003, 309 (313); *Schierbaum*, in: Berscheid/Kunz/Brand, Praxis des Arbeitsrechts, B. II. Rn. 2189.

[1188] BAG v. 4.3.2004, BB 2004, 1740 (1745); *Lakies*, AR-Blattei, SD. 35, Rn. 440 und Rn. 445; *Leder/Morgenroth*, NZA 2002, 952 (956); *Thüsing/Leder*, BB 2004, 42 (45); *Reichenbach*, NZA 2003, 309 (313).

[1189] *Lakies*, AR-Blattei, SD. 35, Rn. 442; *Leder/Morgenroth*, NZA 2002, 952 (956); *Reichenbach*, NZA 2003, 309 (313); *Thüsing/Bodenstedt*, AuR 2004, 369 (373),

[1190] BAG v. 4.3.2004, BB 2004, 1740 (1745).

[1191] BAG v. 4.3.2004, BB 2004, 1740 (1745); *Hoß*, ArbRB 2002,138 (141).

[1192] BAG v. 4.3.2004, BB 2004, 1740 (1745); *Lakies*, in: Kittner/Zwanziger, Arbeitsrecht, Handbuch für die Praxis, § 79 Rn. 19; *ders.*, AR-Blattei, SD. 35, Rn. 445; *Leder/Morgenroth*, NZA 2002, 952 (956); *Thüsing/Bodenstedt*, AuR 2004. 369 (373).
Die Position des Arbeitnehmers im Betrieb und das wirtschaftliche Risiko des Arbeitsgebers an der Eingehung des Arbeitsverhältnisses bzw. die daraus resultierende Schutzbedürftigkeit des Arbeitgebers sind weitere Kriterien, vgl. *Lakies*, AR-Blattei, SD. 35, Rn. 445; *Bartz*, AuA 2002, 62 (65); *Thüsing/Bodenstedt*, AuR 2004. 369 (373).

und Schrifttum ist dabei davon auszugehen, dass eine Vertragsstrafe im Regelfall nur bis zur Höhe der Bezüge für die Zeit der Mindestkündigungsfrist angemessen ist[1193]. Die einschlägige Kündigungsfrist verdeutlicht, in welchem zeitlichen Umfang der Arbeitgeber im Beendigungsfall noch Arbeitsleistungen vom Arbeitnehmer verlangen kann und welches Interesse er an der Arbeitsleistung hat[1194]. Mit dem vereinbarten Lohn haben die Arbeitsvertragsparteien den Wert der tatsächlichen Verwertungsmöglichkeit der Arbeitskraft selbst festgelegt. Begeht der Arbeitnehmer einen Vertragsbruch, so hält er genau diese Verwertungsmöglichkeit zurück, die der Arbeitgeber für die Zeit innerhalb der Kündigungsfrist einfordern könnte[1195]. In der Rechtsprechungspraxis hat sich herauskristallisiert, dass Vertragsstrafen in Höhe eines Bruttomonatsverdienstes als angemessen betrachtet werden können, falls nicht kürzere Kündigungsfristen – etwa im Rahmen eines Probearbeitsverhältnisses – einschlägig sind[1196]. Im Einzelfall kann die Strafhöhe den Bruttoverdienst für den Zeitraum der ein-

---

[1193] BAG v. 4.3.2004, BB 2004, 1740 (1746); LAG Schleswig-Holstein v. 2.2.2005, NZA-RR 2005, 351 (352); LAG Hamm v. 24.1.2003, DB 2003, 2549 (2551) = AuA 2003, 54 (55); *Thüsing/Leder*, BB 2004, 42 (45); *Cordier*, AuA 2003, 20 (22); *Bartz*, AuA 2002, 62 (65); *Brors*, DB 2004, 1778 (1779); *Reichenbach*, NZA 2003, 309 (313); *Schierbaum*, in: Berscheid/Kunz/Brand, Praxis des Arbeitsrechts, B. II. Rn. 2188; *Melot de Beauregard*, BB 2004, 1746 (1747); *Reinecke*, NZA 2004 Beilage 18, 27 (33).
Auf diese Art und Weise wird auch überwiegend die Grenze der Angemessenheit i.R.v. § 343 BGB bestimmt, vgl. MünchKommBGB/*Gottwald*, § 343 Rn. 17; *Schwerdtner*, FS Hilger u. Stumpf, 631 (644); *Heinze*, NZA 1994, 244 (251); *Popp*, NZA 1988, 455 (457); Schaub/Koch/*Linck*, Arbeitsrechtshandbuch, § 60 Rn. 15.

[1194] BAG v. 4.3.2004, BB 2004, 1740 (1746); *Lakies*, in: Kittner/Zwanziger, Arbeitsrecht, Handbuch für die Praxis, § 79 Rn. 19; *ders.*, AR-Blattei, SD. 35, Rn. 443.

[1195] *Brors*, DB 2004, 1778 (1779). Kritisch zur Orientierung am dem bis zum Ende der Kündigungsfrist zu zahlenden Bruttolohn: LAG Düsseldorf v. 8.1.2003, NZA 2003, 382 (385), wonach die Lohn- und Lohnnebenkosten die Belastungen des Arbeitgebers, nicht aber seine durch die Arbeitsleistung erlangten Vorteile widerspiegeln.

[1196] BAG v. 4.3.2004, BB 2004, 1740 (1745); LAG Schleswig-Holstein v. 2.2.2005, NZA-RR 2005, 351 (352); LAG Hamm v. 24.1.2003, DB 2003, 2549 (2551) = AuA 2003, 54 (55); LAG Baden-Württemberg v. 10.4.2003, DB 2003, 2551 (2552); LAG Sachsen v. 25.11.1997, LAGE § 339 BGB Nr.12; LAG Hamm v. 15.9.1997, LAGE § 625 BGB Nr. 5; LAG Köln v. 26.9.1989, LAGE § 339 BGB Nr. 4; LAG Baden-Württemberg v. 30.7.1985, LAGE § 339 BGB Nr. 1; LAG Berlin v. 19.5.1980, AP Nr. 8 zu § 339 BGB; ArbG Duisburg v. 14.8.2002, DB 2002, 1943; *Lakies*, in: Kittner/Zwanziger, Arbeitsrecht, Handbuch für die Praxis, § 79 Rn. 20; *ders.*, AR-Blattei, SD. 35, Rn. 446; *Däubler*/Dorndorf, AGB-Kontrolle im Arbeitsrecht, § 309 Nr. 6 BGB Rn. 14; ErfK/*Müller-Glöge*, §§ 339-345 BGB Rn. 17; ErfK/*Preis*, §§ 305-310 BGB Rn. 94; *Boudon*, ArbRB 2003, 150 (153); *Cordier*, AuA 2003, 20 (22); *Hümmerich*, NZA 2003, 753 (762); *Thüsing/Leder*, BB 2004, 42 (46); *Reichenbach*, NZA 2003, 309 (313), weist darauf hin, dass der Betrag von einem Monatsgehalt nicht als feste Größe, sondern maximal als Richtwert angesehen werden sollte, um dem Gebot der Verhältnismäßigkeit von Pflichtverletzung und Strafe genügen zu können.

schlägigen Kündigungsfrist auch übersteigen, wenn das Sanktionsinteresse des Arbeitgebers den Wert der Arbeitsleistung aufgrund besonderer Umstände typischerweise und generell übersteigt[1197]. Dies wird beispielsweise angenommen, wenn es um die Sicherung einer langfristigen Bindung geht[1198] oder wenn der Arbeitnehmer aufgrund seines Fachwissens am Arbeitsmarkt besonders gefragt ist und deshalb zu erwarten ist, dass ein Konkurrent die Strafe übernimmt[1199]. Bei Vertragsstrafen, die nicht den Fall des Vertragsbruchs sanktionieren, sondern andere Sachverhalte betreffen, beispielsweise der Sicherung eines Wettbewerbsverbots dienen, orientieren sich die Arbeitsgerichte nicht so streng an einem Bruttomonatsgehalt, sondern billigen dem Arbeitgeber grundsätzlich einen größeren Ermessensspielraum bei der Festsetzung der Vertragsstrafenhöhe zu[1200].

d) Rechtsfolgen

Verstößt eine Vertragsstrafenklausel gegen § 307 BGB, so ist sie unwirksam. Der restliche Arbeitsvertrag bleibt gem. § 306 Abs. 1 BGB bestehen[1201].

Eine genauere Betrachtung verdient in diesem Zusammenhang die Vereinbarung einer unangemessen hohen Vertragsstrafe. Die vor der Schuldrechtsreform anzutreffende arbeitsgerichtliche Praxis bestand darin, eine zu hohe Vertrags-

---

1197 BAG v. 4.3.2004, BB 2004, 1740 (1746); *Lakies*, in: Kittner/Zwanziger, Arbeitsrecht, Handbuch für die Praxis, § 79 Rn. 20; *ders.*, AR-Blattei, SD. 35, Rn. 446.

1198 ArbG Frankfurt v. 20.4.1999, NZA-RR 2000, 82; ErfK/*Preis*, §§ 305-310 BGB Rn. 94; *Hümmerich*, NZA 2003, 753 (762); *Thüsing/Bodenstedt*, AuR 2004. 369 (373).

1199 *Hoß*, ArbRB 2002, 138 (141); *Heinze*, NZA 1994, 244 (251). *Thüsing/Leder*, BB 2004, 42 (46), weisen ebenfalls auf ein „konkretes Fachwissen" hin, welches eine Einarbeitungs- bzw. Einweisungszeit entbehrlich mache und deshalb zu einer höheren Vertragsstrafe führen könne. *Melot de Beauregard*, BB 2004, 1746 (1747), erinnert an Situationen, in denen die Tätigkeit eines bereits eingearbeiteten Arbeitnehmers aufgrund dessen besonderer Kenntnisse oder Fähigkeiten für den Arbeitgeber mehr wert ist als das gezahlte Arbeitsentgelt.

1200 Dies betonen *Hoß*, ArbRB 2002, 138 (141); *Hümmerich*, NZA 2003, 753 (762); *Reinecke*, NZA 2004 Beilage 18, 27 (34).
Das BAG hat beispielsweise im Zusammenhang mit einem nachvertraglichen Wettbewerbsverbot eine Vertragsstrafe in der Höhe von sechs Bruttomonatsgehältern für jeden Fall der Zuwiderhandlung als wirksam anerkannt, vgl. BAG v. 25.10.1994 - 9 AZR 265/93, n.V.
Vgl. aber auch BAG v. 18.8.2005, NZA 2005, 34 (37), nach der Schuldrechtsreform. In dieser Entscheidung hält das BAG eine Vertragsstrafe für jeden Einzelfall eines Wettbewerbsverstoßes i.H.v. ein bis drei Monatsgehältern für eine unangemessene „Übersicherung".

1201 Ausführlicher zu den Rechtsfolgen bei Nichteinbeziehung und Unwirksamkeit von Vertragsklauseln siehe 5. Teil.

strafe – gleichgültig, ob sie sich in einer Individualvereinbarung oder in einem Formularvertrag befand – gem. § 343 BGB durch richterlichen Gestaltungsakt auf das angemessene Maß herabzusetzen[1202].

Die teilweise Aufhebung der arbeitsrechtlichen Bereichsausnahme im AGB-Recht zwingt zu einer differenzierten Betrachtung und Anwendung von § 343 BGB unter Einbeziehung des nunmehr auf Arbeitsverträge anzuwendenden § 307 BGB. Die Herabsetzungsmöglichkeit des § 343 BGB knüpft an bereits verwirkte, also wirksam vereinbarte Vertragsstrafen an. Die im Rahmen des § 343 BGB anzustellende Einzelfallbetrachtung ist auf Individualvereinbarungen zugeschnitten[1203]. Die Herabsetzung einer unangemessen hohen Strafe statt der Nichtigkeit der gesamten Vertragsstrafenvereinbarung scheint hier auch eher angebracht, da der Arbeitnehmer an der Vertragsgestaltung mitwirken konnte[1204]. § 307 BGB legt hingegen einen generalisierenden Maßstab an, der nicht erst zur Überprüfung der bereits verwirkten Strafe, sondern schon einen Schritt vorher zur Kontrolle einer wirksamen Vereinbarung herangezogen wird[1205]. § 343 BGB und § 307 BGB stellen zwei selbständig nebeneinander stehende Regelungen dar, die sich – auch aufgrund ihrer unterschiedlichen Maßstäbe – nicht ausschließen, sondern ergänzen[1206]. Jedoch geht die Rechtswirksamkeitskontrolle des § 307 BGB der Herabsetzungsmöglichkeit des § 343 BGB voraus. Eine in einem Formulararbeitsvertrag vereinbarte unangemessen hohe Vertragsstrafe ist nach § 307 Abs. 1 S. 1 BGB unwirksam und kann nicht nach § 343 BGB herabgesetzt werden. Eine derartige Verringerung der zu zahlenden Strafe widerspräche dem für Formularverträge aus § 306 Abs. 2 BGB folgenden

---

[1202] BAG v. 30.11.1994, NZA 1995, 695 = DB 1996, 432; BAG v. 27.5.1992, EzA § 339 BGB Nr. 8; BAG v. 23.5.1984, BAGE 46, 50 = NJW 1985, 91 = AP Nr. 9 zu § 339 BGB; LAG Berlin v. 19.5.1980, AP Nr. 8 zu § 339 BGB; LAG Baden-Württemberg v. 14.5.1963, AP Nr. 2 zu § 339 BGB; a.A.: LAG Köln v. 26.9.1989, LAGE § 339 BGB Nr. 4.

[1203] *Lakies*, AR-Blattei, SD. 35, Rn. 440 f.; *ders.*, in: Kittner/Zwanziger, Arbeitsrecht, Handbuch für die Praxis, § 79 Rn. 17; *Thüsing/Leder*, BB 2004, 42 (45); *Reichenbach*, NZA 2003, 309 (313); *Leder/Morgenroth*, NZA 2002, 952 (956); *Stoffels*, NZA 2004 Beilage 1, 19 (27); *Seitz/Hülbach*, in: Tschöpe Anwaltshandbuch Arbeitsrecht, Teil 2D Rn. 36; *Thüsing/Bodenstedt*, AuR 2004. 369 (373); *Reinecke*, NZA 2004 Beilage 18, 27 (33).

[1204] *Oberthür*, NZA 2003, 462 (465); *Seitz/Hülbach*, in: Tschöpe Anwaltshandbuch Arbeitsrecht, Teil 2 D Rn. 4.

[1205] *Lakies*, AR-Blattei, SD. 35, Rn. 440 f.; *Thüsing/Leder*, BB 2004, 42 (45); *Reichenbach*, NZA 2003, 309 (313); *Leder/Morgenroth*, NZA 2002, 952 (956); *Thüsing/Bodenstedt*, AuR 2004. 369 (371).
Ausführlicher zum Prüfungsmaßstab des § 307 BGB siehe 4. Teil C. III. 1.

[1206] Vgl. LAG Köln v. 26.9.1989, LAGE § 339 BGB Nr. 4; *Reichenbach*, NZA 2003, 309 (313); Preis/*Stoffels*, Der Arbeitsvertrag, II V 30 Rn. 31; *Wensing/Niemann*, NJW 2007, 401 (402).

Verbot der geltungserhaltenden Reduktion[1207]. Folgerichtig lehnt nunmehr auch das BAG die Herabsetzung einer unangemessen hohen Vertragsstrafe nach § 343 BGB ab und erklärt die fragliche Strafabrede stattdessen für unwirksam[1208].

III. Fazit

Das spezielle Klauselverbot des § 309 Nr. 6 BGB findet wegen arbeitsrechtlicher Besonderheiten keine Anwendung auf vorformulierte Vertragsstrafevereinbarungen in Arbeitsverträgen. Vertragsstrafen, die den arbeitnehmerseitigen Vertragsbruch sanktionieren, sind daher ebenso wie die übrigen vorformulierten Vertragsstrafeabreden einer Angemessenheitskontrolle nach § 307 BGB zu unterziehen.

Zu hohe Vertragsstrafen in Formulararbeitsverträgen sind keiner Mäßigung gem. § 343 BGB mehr zugänglich. Dies widerspräche dem im AGB-Recht herrschenden Verbot der geltungserhaltenden Reduktion[1209]. Zur Vermeidung von unangemessenen „Alles-oder-Nichts-Lösungen" ist aber an die Möglichkeit einer ergänzenden Vertragsauslegung zu denken[1210].

[1207] Vgl. zur Nichtanwendbarkeit des § 343 BGB bei vorformulierten Vertragsstrafe-vereinbarungen: LAG Hamm v. 7.5.2004, NZA-RR 2005, 128 (129); LAG Niedersachsen v. 23.1. 2004, NZA-RR 2005, 65 (66); LAG Hamm v. 24.1.2003, BB 2003, 2549 (2551); LAG Baden-Württtemberg v. 10.4.2003, BB 2003, 2551 (2552); ArbG Duisburg v. 14.8.2002, DB 2002, 1943; *Lakies*, AR-Blattei, SD. 35, Rn. 440 f.; *ders.*, in: Kittner/Zwanziger, Arbeitsrecht, Handbuch für die Praxis, § 79 Rn. 17; *Thüsing/Leder*, BB 2004, 42 (45); *Schierbaum*, in: Berscheid/Kunz/Brand, Praxis des Arbeitsrechts, B. II. Rn. 2189; *Brors*, DB 2004, 1778 (1781); *Hoß*, ArbRB 2002, 138 (142); *Hümmerich*, NZA 2003, 753 (762); ErfK/*Müller-Glöge*, §§ 339-345 BGB Rn. 17; *Däubler*/Dorndorf, AGB-Kontrolle im Arbeitsrecht, § 309 Nr. 6 BGB Rn. 14; *Leder/Morgenroth*, NZA 2002, 952 (956); *Stoffels*, NZA 2004 Beilage 1, 19 (27); *Seitz/Hülbach*, in: Tschöpe Anwaltshandbuch Arbeitsrecht, Teil 2 D Rn. 47; *Klevemann*, AIB 2002, 577 (582); *Dollmann*, ArbRB 2004, 122 (125); *Lingemann*, NZA 2002, 181 (191); *Oberthür*, NZA 2003, 462 (465); *Thüsing/Bodenstedt*, AuR 2004. 369 (373); *Reinecke*, NZA 2004 Beilage 18, 27 (33).
A.A: LAG Düsseldorf v. 8.1.2003, NZA 2003, 382; ArbG Freiburg v. 16.1.2003, LAGE § 309 BGB 2002 Nr. 2, die auch weiterhin eine Anwendung des § 343 BGB bei Vertragsstrafeklauseln für möglich halten. Ausführlich zum Verbot der geltungserhaltenden Reduktion siehe 5. Teil B. I. 2.

[1208] BAG v. 4.3.2004, BB 2004, 1740 (1746). Dadurch schließt sich das BAG der BGH-Rechtsprechung an, die auch speziell bei Vertragsstrafenregelungen eine geltungserhaltende Reduktion generell ablehnt, vgl. BGH v. 20.3.2003, NJW-RR 2003, 1056; BGH v. 23.1.2003, BGHZ 153, 311; BGH v. 20.1.2000, NJW 2000, 2106.

[1209] Siehe allgemein zum Verbot der geltungserhaltenden Reduktion 5. Teil B. I. 2.

[1210] Siehe dazu 5. Teil B. I. 3.

7. Teil: Ein Blick über die Grenze: Erkenntnisse für die deutsche Rechtslage aus Betrachtung der österreichischen AGB- und Arbeitsvertragskontrolle

Ein Blick über die Grenze in eine andere nationale Rechtsordnung vermag das Gespür für Problemlagen und entsprechende Lösungsoptionen der eigenen nationalen Rechtslage zu schärfen. Dabei wäre es nicht sinnvoll, die deutsche Rechtslage einem System der Vertragskontrolle gegenüberzustellen, das einer anderen Auffassung von Vertragsfreiheit folgt und bereits in den Grundzügen vom deutschen System abweicht. Denn es gilt, die Reibungspunkte des nach der Schuldrechtsreform vorliegenden deutschen Vertragskontrollsystems aufzuzeigen und entsprechende Lösungsvarianten zu erarbeiten, die systemkonform sein müssen. Hierzu bietet sich vielmehr der Vergleich mit einem Rechtssystem an, welches zunächst einmal dem deutschen Recht sehr ähnlich ist, dann aber doch teilweise andere Lösungswege geht. Aus diesem Grund soll ein Ausflug in das System der österreichischen AGB- und Arbeitsvertragskontrolle unternommen werden, da zwischen Österreich und Deutschland mit Augenmerk auf die Rechtslage „zwar vieles ähnlich, letztlich aber alles verschieden ist“[1211].

So hat sich auch in Österreich im direkten Anschluss an deutsche Theorie, Rechtsprechung und Gesetzgebung der Gedanke einer verschärften Inhaltskontrolle von Verträgen durchgesetzt[1212]. Hierbei wurde allerdings ein anderer Weg zur Verwirklichung dieser verschärften Kontrolle beschritten. Während in Deutschland mit dem AGBG Mitte der 70er Jahre eine geschlossene Kodifikation aller relevanten Bestimmungen für die Kontrolle vorformulierter Vertragsbedingungen prinzipiell jeden Vertragstyps geschaffen wurde, schlug sich die Forderung nach einer verschärften Kontrolle in der österreichischen Gesetzgebung in den – allerdings nur für Verbraucherverträge geltenden – Schutzbestimmungen des Konsumentenschutzgesetzes (öKSchG) aus dem Jahr 1979 und der im selben Zuge damals neu hinzugefügten Generalklausel des § 879 Abs. 3 Allgemeines Bürgerliches Gesetzbuch (ABGB) über die Inhaltskontrolle von Allgemeinen Geschäftsbedingungen nieder[1213].

1211 *Rebhahn*, ZEuP 2002, 436 (439).

1212 Vgl. *Kramer*, AcP 200 (2000), 365 (396).

1213 BGBl. Nr. 140/1979 Konsumentenschutzgesetz (KSchG); vgl. auch die entsprechende Regierungsvorlage (EB zur RV 744 Blg Nr. 14 GP 46) und den darauffolgenden Bericht des Justizausschusses (JAB 1223 Blg Nr. 14 GP 4).
Die Regelung lautet:
§ 879 ABGB
(1) Ein Vertrag, der gegen ein gesetzliches Verbot oder gegen die guten Sitten verstößt, ist nichtig.
(2) Insbesondere sind folgende Verträge nichtig:

Insbesondere diese seit 1979 im österreichischen Recht anzufindende Generalklausel, nach der Vertragsbestimmungen in Allgemeinen Geschäftsbedingungen jedenfalls nichtig sind, wenn sie unter Berücksichtigung aller Umstände des Falles einen Teil gröblich benachteiligen, weckt die Neugier des Betrachters. Zum einen ähnelt diese Regelung dem früheren § 9 Abs. 1 AGBG und jetzigen § 307 Abs. 1 BGB[1214], wonach eine Bestimmung in Allgemeinen Geschäftsbedingungen unwirksam ist, wenn sie den Vertragspartner des Verwenders entgegen den Geboten von Treu und Glauben unangemessen benachteiligt. Zum anderen unterscheidet sie sich aber von dieser deutschen Generalklausel dadurch, dass sie bereits vom Zeitpunkt ihrer Aufnahme in den Gesetzestext an auf Formulararbeitsverträge Anwendung fand[1215], wohingegen der § 9 Abs. 1 AGBG aufgrund der Bereichsausnahme des § 23 Abs. 1 AGBG im Arbeitsrecht nicht zur Geltung kam. Das Schuldrechtsmodernisierungsgesetz stellt demzufolge mit der Herbeiführung der Anwendbarkeit der nun in § 307 Abs. 1 BGB zu findenden Generalklausel auf vorformulierte Arbeitsverträge eine Rechtslage her, die in Österreich bereits seit dem Jahr 1979 Bestand hat. Dies lässt vermuten, dass die Betrachtung der diesbezüglichen österreichischen Erfahrungen in Rechtsprechung und Literatur Rückschlüsse auf die veränderte deutsche Rechtslage ermöglicht.

---

1. wenn etwas für die Unterhandlung eines Ehevertrages bedungen wird;
1a. wenn etwas für die Vermittlung einer medizinisch unterstützen Fortpflanzung bedungen wird;
2. wenn ein Rechtsfreund eine ihm anvertraute Streitsache ganz oder teilweise an sich löst oder sich einen bestimmten Teil des Betrages versprechen lässt, der der Partei zuerkannt wird;
3. wenn eine Erbschaft oder ein Vermächtnis, die man von einer dritten Person erhofft, noch bei Lebzeiten derselben veräußert wird;
4. wenn jemand den Leichtsinn, die Zwangslage, Verstandesschwäche, Unerfahrenheit oder Gemütsaufregung eines anderen dadurch ausbeutet, dass er sich oder einem Dritten für eine Leistung eine Gegenleistung versprechen oder gewähren lässt, deren Vermögenswert zu dem Werte der Leistung in auffallendem Missverhältnis steht.

(3) Eine in Allgemeinen Geschäftsbedingungen oder Vertragsformblättern enthaltene Vertragsbestimmung, die nicht eine der beiderseitigen Hauptleistungen festlegt, ist jedenfalls nichtig, wenn sie unter Berücksichtigung aller Umstände des Falles einen Teil gröblich benachteiligt.

1214 Auf die Ähnlichkeit dieser beiden Bestimmungen hinweisend: *Rebhahn*, FS Schnorr, 225 (238); *Schilcher*, in: Aicher/Holoubek, Der Schutz von Verbraucherinteressen, 99 (101). *Kletečka*, in: Aicher/Holoubek, Der Schutz von Verbraucherinteressen, 133 (137), bezeichnet § 9 AGBG als das „Pendant" zu § 879 Abs. 3 ABGB.

1215 *Rebhahn*, FS Schnorr, 225 (238), stellt fest, dass § 879 Abs. 3 ABGB für alle privatrechtlichen Verträge und demzufolge auch für Arbeitsverträge gelte. Die große Anzahl zwingender, vor allem einseitig zwingender Vorschriften im Arbeitsvertragsrecht erlaube keinen Gegenschluss auf die Unanwendbarkeit.

A. AGB-Kontrollsystem in Österreich – Gemeinsamkeiten und Unterschiede zur deutschen Rechtslage

Im österreichischen Recht existiert keine geschlossene Kodifikation der für die AGB-Kontrolle maßgebenden Vorschriften wie es das frühere deutsche AGBG darstellte, dessen Regelungen sich nun in den §§ 305 ff. BGB wiederfinden. Stattdessen sind allgemeine Regeln der AGB-Kontrolle im ABGB anzutreffen[1216], während das öKSchG Spezialvorschriften beinhaltet. Bevor auf die entsprechenden Regelungen näher eingegangen wird, soll noch ein kurzer Blick auf den Begriff der Allgemeinen Geschäftsbedingungen geworfen werden.

I. Begriff der Allgemeinen Geschäftsbedingungen

Zwar verwenden einschlägige Vorschriften wie §§ 864a und 879 Abs. 3 ABGB die Begriffe Allgemeine Geschäftsbedingungen und Vertragsformblätter, eine inhaltliche Differenzierung zwischen Allgemeinen Geschäftsbedingungen einerseits und Vertragsformblättern andererseits wird nach einhelliger Meinung jedoch für entbehrlich gehalten, da das Gesetz Vertragsformblätter und Allgemeine Geschäftsbedingungen gleich behandelt[1217].

Eine Definition von Allgemeinen Geschäftsbedingungen sucht man in den österreichischen Gesetzen und den entsprechenden Materialien vergeblich[1218]. Deshalb greift das Schrifttum teilweise auf die deutsche Begriffsbestimmung zurück, welche sich nunmehr in § 305 Abs. 1 BGB befindet[1219].

[1216] Z.B. §§ 879 Abs. 3 und 864a ABGB, die durch das öKSchG 1979 neu in das ABGB aufgenommen wurden, siehe BGBl. Nr.140/1979. Ausführlicher zu diesen Vorschriften 7. Teil A. II. und III. 1.

[1217] *Krejci*, Handbuch zum KSchG, S. 100; *ders.*, in: Rummel, Kommentar zum ABGB, § 879 Rn. 232; *Kletečka*, in: Aicher/Holoubek, Der Schutz von Verbraucherinteressen, 133 (134).

[1218] Darauf hinweisend: *Kosesnik-Wehrle/Lehofer/Mayer*, KSchG Kurzkommentar, § 879 Abs. 3 ABGB Rn. 4; *Deixler-Hübner*, Konsumentenschutz, S. 69; *Kletečka*, in: Aicher/Holoubek, Der Schutz von Verbraucherinteressen, 133 (134).

[1219] *Mayrhofer*, JBL 1993, 174 (175); *Rummel*, Kommentar zum ABGB, § 864a Rn. 1; *Kletečka*, in: Aicher/Holoubek, Der Schutz von Verbraucherinteressen, 133 (134); *Krejci*, in: Rummel, Kommentar zum ABGB, § 879 Rn. 232.

II. Einbeziehungskontrolle

In Deutschland und Österreich haben Allgemeine Geschäftsbedingungen den selben Geltungsgrund wie sonstige Vertragsbestimmungen: Sie gelten nur kraft Parteivereinbarung, wobei diese ausdrücklich oder schlüssig erfolgen kann[1220].

Obwohl eine die Einbeziehung regelnde Vorschrift wie der deutsche § 305 Abs. 2 BGB in Österreich fehlt[1221], werden Allgemeine Geschäftsbedingungen auch hier von vornherein nicht Vertragsinhalt, wenn ein deutlicher Hinweis auf die betreffenden Allgemeinen Geschäftsbedingungen unterbleibt oder für den Vertragspartner aus anderen Gründen keine zumutbare Möglichkeit der Kenntnisnahme besteht[1222].

Nach § 864a ABGB[1223] werden Bestimmungen ungewöhnlichen Inhalts in Allgemeinen Geschäftsbedingungen nicht Vertragsinhalt, wenn sie für den Partner des Aufstellers nachteilig sind, er nach den Umständen und dem äußeren Erscheinungsbild des Vertrags nicht mit ihnen zu rechnen brauchte und er auf sie nicht besonders hingewiesen worden ist[1224]. Diese österreichische *Ungewöhnlichkeitsregel* ähnelt dem deutschen Überraschungsschutz nach § 305c Abs. 1 BGB. Zwar ist nach dem Wortlaut des § 864a ABGB der Schwerpunkt bei der Bestimmung der Ungewöhnlichkeit des Klauselinhalts eher bei einer objektiven Betrachtung zu sehen, wohingegen in der deutschen Lehre und Rechtsprechung zu § 305c Abs. 1 BGB einheitlich mehr auf das Überraschungsmoment für den Kunden abgestellt wird („so ungewöhnlich, dass..."). Jedoch werden auch für § 305c Abs. 1 BGB objektive Ungewöhnlichkeit und

---

1220 *Rummel*, Kommentar zum ABGB, § 864a Rn. 2/2a; *Koziol*, Grundriss des bürgerlichen Rechts, Band I, S. 117; *Barta*, Zivilrecht, S. 211; *Mayrhofer*, JBL 1993, 94; *Eissler*, Die EU-Richtlinie über missbräuchliche Klauseln in Verbraucherverträgen im deutsch-österreichischen Rechtsvergleich, S. 56 ff.; *Krejci*, in: Bundesministerium für Umwelt, Jugend und Familie (Hrsg.), Konsumentenpolitisches Jahrbuch 1988-1989, 85 (96).

1221 Diesbezügliche Regelungen finden sich nur in Sondervorschriften wie dem § 73 Abs. 1 GewO, wonach der Gewerbetreibende, der regelmäßig AGB verwendet, diese in den für den Verkehr mit Kunden bestimmten Geschäftsräumen ersichtlich zu machen hat.

1222 *Filzmoser/Kopecky/ Pircher/Zach*, Allgemeine Geschäftsbedingungen, S. 9; *Barta*, Zivilrecht, S. 211; *Koziol*, Grundriss des bürgerlichen Rechts, Band I, S. 118; *Zankl*, Bürgerliches Recht, S. 19; *Mayrhofer*, JBL 1993, 94 (95).
Rummel, Kommentar zum ABGB, § 864a Rn. 2a, bemerkt in diesem Zusammenhang jedoch kritisch an, dass das Erfordernis der Möglichkeit der Kenntnisnahme bei ausdrücklicher oder sonst hinreichend deutlicher Unterwerfung des Partners ohne eine gesetzliche Regelung wie sie der deutsche § 305 Abs. 2 BGB darstellt nur schwer zu rechtfertigen sei.

1223 Eingeführt durch das öKSchG 1979, vgl. BGBl. Nr. 140/1979.

1224 Eingehender zum Regelungsgehalt des § 864a ABGB: *Rummel*, Kommentar zum ABGB, § 864a Rn. 1 ff.; *Deixler-Hübner*, Konsumentenschutz, S. 71 f.; *Fialka*, in: DACH: Europäische Anwaltsvereinigung (Hrsg.), Allgemeine Geschäftsbedingungen in der europäischen Rechtspraxis, 161 (169 f.); *Eissler*, Die EU-Richtlinie über missbräuchliche Klauseln in Verbraucherverträgen im deutsch-österreichischen Rechtsvergleich, S. 56 ff.

subjektiver Überraschungseffekt gesondert geprüft, während die österreichische Rechtsprechung dem Überraschungsmoment im Ergebnis mehr Gewicht beilegt als der objektiven Ungewöhnlichkeit, so dass die Standpunkte im Ergebnis konvergieren[1225].

Die Kontrolle des Inhalts einer Vertragsbestimmung setzt dessen Ermittlung voraus[1226]. Deshalb sind Allgemeine Geschäftsbedingungen in Deutschland wie in Österreich vor der Durchführung einer Inhaltskontrolle zunächst auszulegen. In beiden Ländern ist dabei grundsätzlich eine objektive Auslegung heranzuziehen. Allgemeine Geschäftsbedingungen sind so auszulegen, wie sie sich einem durchschnittlichen Angehörigen aus dem angesprochenen Adressatenkreis erschließen[1227].

In Deutschland gehen dabei gem. § 305c Abs. 2 BGB Zweifel zu Lasten des Verwenders. Diese *Unklarheitenregel* findet sich im österreichischen Recht in § 915 Hs. 2 ABGB wieder, wonach eine undeutliche Äußerung bei zweiseitig verbindlichen Verträgen zum Nachteile desjenigen erklärt wird, der sich derselben bedient hat. Der Unterschied liegt im Geltungsbereich der Normen. § 305c Abs. 2 BGB nimmt ausdrücklich Bezug auf Allgemeine Geschäftsbedingungen. § 915 Hs. 2 ABGB gilt hingegen auch außerhalb der AGB-Interpretation. Den breitesten Anwendungsbereich hat § 915 Hs. 2 ABGB jedoch auch bei der Auslegung von AGB[1228]. Hier dient die Unklarheitenregel dem Schutz des Kunden, da der Verwender durch diese dazu angehalten wird, seine Geschäftsbedingungen klar abzufassen und eine Täuschung seines Vertragspartners zu vermeiden[1229].

III. Inhaltskontrolle

1. Generalklausel

Eingangs des Kapitels wurde bereits angesprochen, dass die österreichische Generalklausel der AGB-Kontrolle in § 879 Abs. 3 ABGB der deutschen Generalklausel des § 307 Abs. 1 BGB sehr ähnelt. Teilweise wird § 307 Abs. 1 BGB

[1225] So *Rummel*, Kommentar zum ABGB, § 864a Rn. 5, zum Verhältnis § 864a ABGB zu § 3 AGBG bzw. dem jetzigen § 305c Abs. 1 BGB.

[1226] *Kosesnik-Wehrle/Lehofer/Mayer*, KSchG Kurzkommentar, § 879 Abs. 3 ABGB Rn. 10.

[1227] Österreich: *Kosesnik-Wehrle/Lehofer/Mayer*, KSchG Kurzkommentar, § 879 Abs. 3 ABGB Rn. 10; *Rummel*, Kommentar zum ABGB, § 864a Rn. 13.
Deutschland: Palandt/*Heinrichs*, § 305c Rn. 15/16.

[1228] *Rummel*, Kommentar zum ABGB, § 915 Rn. 4.

[1229] *Koziol*, Grundriss des bürgerlichen Rechts, Band I, S. 121; *Eissler*, Die EU-Richtlinie über missbräuchliche Klauseln in Verbraucherverträgen im deutsch-österreichischen Rechtsvergleich, S. 60.

deshalb gar als „Pendant“ zu § 879 Abs. 3 ABGB bezeichnet[1230]. Diese Ähnlichkeit zeigt sich beispielsweise darin, dass beide Generalklauseln die vertraglichen Hauptleistungen von der Kontrolle ausnehmen[1231], wobei in der österreichischen Literatur bei der Abgrenzung der die Hauptleistung festlegenden Vertragsbestimmungen von den Nebenbestimmungen eine Orientierung an der deutschen Rechtslage befürwortet wird[1232].

Nichtsdestotrotz bestehen aber auch Unterschiede. § 879 Abs. 3 ABGB ist auf alle privatrechtlichen Vertragskonstellationen anwendbar[1233]. § 307 BGB findet hingegen aufgrund der Bereichsausnahme des § 310 Abs. 4 S. 1 BGB keine Anwendung bei Verträgen auf dem Gebiet des Erb-, Familien- und Gesellschaftsrecht. Im deutschen Recht modifiziert § 310 Abs. 3 Nr. 2 BGB die Anwendbarkeit des § 307 BGB bei Verbraucherverträgen dahingehend, dass er auch dann eingreift, wenn die vorformulierten Vertragsbedingungen nur zur einmaligen Verwendung bestimmt sind. Im österreichischen Recht fehlt eine vergleichbare Regelung. Allerdings führt eine europarechtskonforme Anwendung des § 879 Abs. 3 ABGB zur selben Rechtslage. Da von der Richtlinie über missbräuchliche Vertragsklauseln in Verbraucherverträgen sämtliche vorformulierten Vertragsbedingungen umfasst werden, die nicht im einzelnen ausgehandelt wurden (vgl. Art. 3 Abs. 1), hat die Inhaltskontrolle nach § 879 Abs. 3 ABGB auch bei jenen Verbraucherverträgen zu erfolgen, die nur für einen bestimmten Einzelfall vorformuliert wurden[1234]. Im Zusammenhang mit dem Anwendungsbereich beider Generalklauseln ist insbesondere der schon oben angeführte Umstand interessant, dass § 879 Abs. 3 ABGB bereits seit seiner Einfüh-

---

1230 So *Kletečka*, in: Aicher/Holoubek, Der Schutz von Verbraucherinteressen, 133 (137), für den früheren § 9 AGBG, der in § 307 BGB aufgegangen ist.

1231 Österreich: *Kosesnik-Wehrle/Lehofer/Mayer*, KSchG Kurzkommentar, § 879 Abs. 3 ABGB Rn. 6 ff.; *Krejci*, in: Rummel, Kommentar zum ABGB, § 879 Rn. 237; Schwimann/*Apathy*, Praxiskommentar zum ABGB, Band 5, § 879 Rn. 31.
Deutschland: Palandt/*Heinrichs*, § 307 Rn. 57 und 4. Teil C. III. 1.

1232 So *Krejci*, Handbuch zum KSchG, S. 150 f.; *Kletečka*, in: Aicher/Holoubek, Der Schutz von Verbraucherinteressen, 133 (137); vgl. auch *Eissler*, Die EU-Richtlinie über missbräuchliche Klauseln in Verbraucherverträgen im deutsch-österreichischen Rechtsvergleich, S. 59.

1233 *Deixler-Hübner*, Konsumentenschutz, S. 70; *Rebhahn*, FS Schnorr, 225 (238).

1234 So *Kosesnik-Wehrle/Lehofer/Mayer*, KSchG Kurzkommentar, § 879 Abs. 3 ABGB Rn. 5/37; vgl. dazu auch *Kletečka*, in: Aicher/Holoubek, Der Schutz von Verbraucherinteressen, 133 (137 ff.).
Darüber hinaus wird eine generelle Ausdehnung des § 879 Abs. 3 ABGB auf einseitig für den individuellen Fall vorformulierter Vertragstexte befürwortet, da auch in solchen Fällen, wenn der Vertragspartner keinen Einfluss auf die Gestaltung des Vertragstextes nehmen konnte, eine vergleichbare Ungleichgewichtslage wie bei der Verwendung von Allgemeinen Geschäftsbedingungen vorliegen kann, vgl. dazu *Krejci*, in: Rummel, Kommentar zum ABGB, § 879 Rn. 236; *Kosesnik-Wehrle/Lehofer/Mayer*, KSchG Kurzkommentar, § 879 Abs. 3 ABGB Rn. 37.

rung im Jahr 1979 für Arbeitsverträge einschlägig ist, wohingegen die Vorgängerregelung des § 307 BGB – der § 9 AGBG – aufgrund der früheren Bereichsausnahme des § 23 Abs. 1 AGBG im Arbeitsrecht nicht anzuwenden war.

Beide Generalklausel fügen sich von ihrer jeweiligen systematischen Stellung her unterschiedlich ins juristische Gesamtgefüge ein. § 307 BGB ist Teil eines geschlossenen Regelungskomplexes, welcher sich explizit der Problematik der Verwendung Allgemeiner Geschäftsbedingungen widmet. Bis zur Schuldrechtsreform fand sich die entsprechende Generalklausel gar in einem Sondergesetz wieder, welches erst im Rahmen der angesprochenen Reform in das BGB integriert wurde. In Österreich ist die Generalklausel der AGB-Kontrolle hingegen als dritter Absatz des allgemeinen Verbots der gesetzes- und sittenwidrigen Verträge installiert worden (vgl. § 879 Abs. 1 ABGB). § 879 Abs. 3 ABGB kommt damit die Aufgabe zu, den sich generell mit Gesetzes- und Sittenwidrigkeit befassenden § 879 Abs. 1 ABGB zu konkretisieren[1235].

Auch bei den Voraussetzungen der Unwirksamkeitsfolge tun sich Unterschiede auf. Sind Regelungen in Allgemeinen Geschäftsbedingungen nach § 307 Abs. 1 S. 1 BGB unwirksam, wenn sie den Vertragspartner entgegen den Geboten von Treu und Glauben „unangemessen" benachteiligen, so fordert § 879 Abs. 3 ABGB für diese Rechtsfolge eine „gröbliche" Benachteiligung. Enthält § 307 Abs. 2 BGB Beispiele für eine unangemessene Benachteiligung, z.B. die Abweichung von wesentlichen Grundgedanken des dispositiven Rechts gem. § 307 Abs. 2 S. 1 BGB, so fehlt der österreichischen Generalklausel eine vergleichbare Regelung.

Letzteres erklärt sich allerdings daraus, dass der österreichische Gesetzgeber es für selbstverständlich hielt, dass die Benachteiligung am dispositiven Recht zu messen sei, weshalb ein diesbezüglicher Hinweis im Gesetzestext als überflüssig angesehen wurde[1236].

Die durch eine Vertragsklausel entstehende Benachteiligung ist „unangemessen" i.S.v. § 307 Abs. 1 S. 1 BGB, wenn der Verwender mit ihrer Hilfe versucht, missbräuchlich seine eigenen Interessen auf Kosten des Vertragspartners durchzusetzen, ohne dessen Interessen ausreichend zu berücksichtigen und ihm einen angemessenen Ausgleich zuzugestehen[1237]. Die Angemessenheit ist anhand einer umfassenden Abwägung der Interessen des Verwenders einerseits und des Ver-

---

[1235] So *Barta*, Zivilrecht, S. 406; *Krejci*, Privatrecht, S. 68, betont die „Verwandtschaft" zwischen dem Wuchertatbestand des § 879 Abs. 2 Nr. 4 ABGB und § 879 Abs. 3 ABGB.

[1236] Siehe JAB 1223 Blg Nr. 14 GP 4 S. 5.
Ähnlich verhält es sich mit der „Gefährdung des Vertragszwecks". Auch ohne ausdrückliche Regelung wie dem deutschen § 307 Abs. 2 Nr. 2 BGB ist in Österreich anerkannt, dass eine gröbliche Benachteiligung vorliegt, wenn durch eine Klausel die Erreichung des Vertragszwecks vereitelt oder zumindest gefährdet wird, vgl. *Kosesnik-Wehrle/ Lehofer/ Mayer*, KSchG Kurzkommentar, § 879 Abs. 3 ABGB Rn. 22.

[1237] Ständige Rechtsprechung, vgl. nur BGH v. 20.4.2000, NJW-RR 2000, 1331; BGH v. 3.11.1999, NJW 2000, 1110.

tragspartners andererseits zu beurteilen[1238]. Als allgemeiner Maßstab für die Frage, ob ein angemessener Ausgleich gewährt wird, dient dabei der Verhältnismäßigkeitsgrundsatz. Eine vom Verwender eingeführte Formularklausel muss demzufolge einem legitimen Interesse des Verwenders dienen und zur Erreichung dieses Zieles geeignet, erforderlich und unter Berücksichtigung der Interessen des Vertragspartners angemessen sein[1239].
„Gröblichkeit" der Benachteiligung i.S.v. § 879 Abs. 3 ABGB bedeutet hingegen nicht bloß „Unangemessenheit"[1240]. Überall dort, wo es keine dispositivrechtlichen Maßstäbe für die vom Gesetzgeber gewünschte Interessenwertung gibt, wo die Parteien also in ihrer Rechtsgestaltung ebenso frei sind wie bei der Konzipierung der Hauptleistungen, entspricht die Gröblichkeit der Benachteiligung i.S.v. § 879 Abs. 3 ABGB der Auffälligkeit des Leistungswertmissverhältnisses i.S.v. § 879 Abs. 2 Nr. 4 ABGB. Eine gröbliche Benachteiligung ist dann anzunehmen, wenn die dem Vertragspartner zugedachte Rechtsposition in einem auffallenden Missverhältnis zur vergleichbaren Rechtsposition des anderen steht[1241]. Sofern es jedoch um Abweichungen vom dispositiven Recht geht, der Gesetzgeber demnach selbst sagt, welche Rechtsposition er dem einzelnen im Zweifel zuordnet, ist eine etwas strengere Beurteilung angebracht: Hier ist die „Gröblichkeit" doch eher i.S.v. „Unangemessenheit" zu verstehen. Eine Benachteiligung ist dann bereits „gröblich", wenn eine Angemessenheitsprüfung ergibt, dass es keine sachliche Rechtfertigung für die Abweichung vom dispositiven Recht gibt[1242].

Somit bleibt festzuhalten, dass bei beiden Generalklauseln zur Bestimmung der „Unangemessenheit" bzw. der „Gröblichkeit" eine Interessenabwägung vor-

---

[1238] Erman/*S.Roloff*, § 307 Rn. 8; Palandt/*Heinrichs*, § 307 Rn. 8; Staudinger/*Coester*, § 9 AGBG Rn. 71; BGH v. 3.11.1999, NJW 2000, 1110; BGH v. 21.2.1995, NJW-RR 1995, 1260.

[1239] Kroiß/*Fell*, Klauselbuch Schuldrecht, § 3 Rn. 114.

[1240] *Krejci*, in: Rummel, Kommentar zum ABGB, § 879 Rn. 242; vgl. auch *ders.*, JBL 1981, 245 (248 f.), wo darauf hingewiesen wird, dass schon vom allgemeinen Sprachgebrauch her eine gröbliche Benachteiligung schwerer wiegt als eine bloß unangemessene.

[1241] *Krejci*, in: Rummel, Kommentar zum ABGB, § 879 Rn. 242; *ders.*, JBL 1981, 245 (248 ff.); Schwimann/*Apathy*, Praxiskommentar zum ABGB, Band 5, § 879 Rn. 30; *Dittrich/Tades*, ABGB, I. Band, § 879 E 628; *Kletečka*, in: Aicher/Holoubek, Der Schutz von Verbraucherinteressen, 133 (145); *Kosesnik-Wehrle/Lehofer/Mayer*, KSchG Kurzkommentar, § 879 Abs. 3 ABGB Rn. 20; *Eissler*, Die EU-Richtlinie über missbräuchliche Klauseln in Verbraucherverträgen im deutsch-österreichischen Rechtsvergleich, S. 59; *Rebhahn*, FS Schnorr, 225 (237).

[1242] *Krejci*, in: Rummel, Kommentar zum ABGB, § 879 Rn. 242; *ders.*, JBL 1981, 245 (248 ff.); *Dittrich/Tades*, ABGB, I. Band, § 879 E 627; *Kletečka*, in: Aicher/Holoubek, Der Schutz von Verbraucherinteressen, 133 (145); *Kosesnik-Wehrle/Lehofer/Mayer*, KSchG Kurzkommentar, § 879 Abs. 3 ABGB Rn. 17; *Eissler*, Die EU-Richtlinie über missbräuchliche Klauseln in Verbraucherverträgen im deutsch-österreichischen Rechtsvergleich, S. 59; *Rebhahn*, FS Schnorr, 225 (237).

genommen wird. Beim praktisch relevanten Fall der Abweichung vom dispositiven Recht gleichen sich die jeweiligen nationalen Maßstäbe zudem an, indem jeweils eine Angemessenheitsprüfung i.S.d. Verhältnis-mäßigkeitsgrundsatzes die Frage nach der Wirksamkeit der fraglichen Vertragsklausel beantworten soll. Letztlich ist bei beiden Regelungen auch eine objektive bzw. abstrakt-generalisierende Betrachtungsweise zugrunde zu legen[1243].

Obwohl der Wortlaut der Regelungen teilweise differiert, sind die Unterschiede im Prüfungsmaßstab somit in zentralen Punkten marginal. Der obigen These, dass § 879 Abs. 3 ABGB dem § 307 BGB im Sinne eines „Pendants" ähnele, kann deshalb nur zugestimmt werden[1244].

2. Transparenzgebot

§ 6 Abs. 3 öKSchG bestimmt in Umsetzung des in Art. 5 S. 1 der EU-Richtlinie über missbräuchliche Klauseln in Verbraucherverträgen enthaltenen Transparenzgebots, dass eine Vertragsbestimmung in Allgemeinen Geschäftsbedingungen oder Vertragsformblättern unwirksam ist, falls sie unklar oder unverständlich abgefasst ist. In Deutschland erfolgte die Umsetzung der Richtlinienvorgabe durch die Regelung des § 307 Abs. 1 S. 2 BGB[1245].

Obwohl beide Regelungen damit der Umsetzung europäischer Vorgaben dienen, unterscheiden sie sich im Anwendungsbereich. § 307 Abs. 1 S. 2 BGB findet unter Beachtung der Bereichsausnahme des § 310 Abs. 4 BGB prinzipiell auf jeglichen Vertragstyp Anwendung, sobald sich der Vertragsgestalter Allgemeiner Geschäftsbedingungen bedient, also auch bei Arbeitsverträgen. § 6 Abs. 3 öKSchG knüpft sein Eingreifen gem. § 1 Abs. 1 öKSchG an das Vorliegen eines Verbrauchervertrages. Die Anwendung auf Arbeitsverträge ist durch § 1

1243 Österreich: Hier ist eine objektiv das Missverhältnis der Rechtspositionen (Äquivalenzstörung) und die „verdünnte Willensfreiheit" des Vertragspartners berücksichtigende Interessenabwägung vorzunehmen, vgl. *Kosesnik-Wehrle/Lehofer/Mayer*, KSchG Kurzkommentar, § 879 Abs. 3 ABGB Rn. 12; OGH v.13.4.1983 SZ 56/62 = EvBl 1983/129 = HS 14.640 = JBL 1983, 534.
Deutschland: BGH v. 9.5.1996, NJW 1996, 2155; BGH v. 21.2.2001, NJW 2001, 3406; *Wolf*, in: Wolf/Horn/Lindacher, AGBG, § 9 Rn. 51; Palandt/*Heinrichs*, § 307 Rn. 4; *Hennrichs*, in: Das neue Schuldrecht in der anwaltlichen Praxis, § 6 Rn. 45.

1244 Diesbezüglich Zweifel hervorrufen kann auch nicht der in § 879 Abs. 3 ABGB enthaltene, in § 307 Abs. 1 BGB aber fehlende Hinweis auf die „Berücksichtigung aller Umstände des Falles". So sind auch in Deutschland im Rahmen eines Individualprozesses die Umstände des konkreten Vertragsverhältnisses zwischen den Parteien am generellen Prüfungsmaßstab zu messen, z.B. insoweit als es um die Eigenarten eines bestimmten Geschäftstypus geht, vgl. *Wolf*, in: Wolf/Horn/Lindacher, AGBG, § 9 Rn. 53/113.

1245 Vgl. ausführlich zur Regelung des § 307 Abs. 1 S. 2 BGB 4. Teil C. I.

Abs. 4 öKSchG explizit ausgeschlossen[1246]. Kommt das Transparenzgebot des § 307 Abs. 1 S 2 BGB gem. § 310 Abs. 3 Nr. 2 BGB bei Verbraucherverträgen auf vorformulierte Vertragsbedingungen auch dann zur Anwendung, wenn diese nur zur einmaligen Verwendung bestimmt sind, fehlt eine derartige Regelung beim österreichischen Transparenzgebot. § 6 Abs. 3 öKSchG knüpft den Einsatz des Transparenzgebots ausdrücklich an das kumulative Vorliegen von Verbrauchervertrag und Allgemeinen Geschäftsbedingungen. Der Anwendungsbereich des § 6 Abs. 3 öKschG ist somit enger als der des § 307 Abs. 1 S. 2 BGB.

Folglich verwundert es nicht, dass in Österreich Bestrebungen auftauchen, den Geltungsbereich des § 6 Abs. 3 öKSchG im Wege der Analogie zu erweitern[1247].

Teilweise fordert die österreichische Literatur, bei der Anwendung des § 6 Abs. 3 öKSchG solle eine Orientierung an der deutschen Rechtsprechung zum Transparenzgebot erfolgen, da diese greifbare Fallgruppen entwickelt habe, während die österreichische Rechtsprechung uneinheitlich sei und in ihrer Kontrollintensität eine zu starke Zurückhaltung an den Tag lege[1248]. Dem wird jedoch warnend entgegen gehalten, dass die unterschiedlichen Anwendungsbereiche von § 307 Abs. 1 S. 2 BGB einerseits und § 6 Abs. 3 öKSchG andererseits dazu anhalten sollten, die umfangreiche deutsche Rechtsprechung und Literatur zum Transparenzgebot zumindest nicht unbesehen auf die österreichische Situation zu übertragen[1249].

3. Klauselkatalog

Das öKSchG enthält in § 6 Abs. 1 und Abs. 2 eine Aufzählung unzulässiger Vertragsklauseln, die dem Katalog der Klauselverbote der deutschen §§ 308 und 309 BGB ähnelt[1250]. Den beiden Regelungen liegt jedoch ein unterschiedliches

---

1246 Ausführlicher zu § 1 Abs. 4 öKSchG 7. Teil A. III. 3.

1247 *Schilcher*, in: Aicher/Holoubek, Der Schutz von Verbraucherinteressen, 99 (124 ff.), sieht die Notwendigkeit der analogen Erweiterung des § 6 Abs. 3 öKSchG über das Verbrauchergeschäft hinaus.

1248 So *Schilcher*, in: Aicher/Holoubek, Der Schutz von Verbraucherinteressen, 99 (101 ff.), der die österreichische Rechtsprechung insbesondere im Bereich der Kontrolle der Ermessenstransparenz für unterentwickelt hält.

1249 So *Rummel*, Kommentar zum ABGB, § 864a Rn. 10a.

1250 Nach *Eissler*, Die EU-Richtlinie über missbräuchliche Klauseln in Verbraucherverträgen im deutsch-österreichischen Rechtsvergleich, S. 70, sind viele Bestimmungen des § 6 öKSchG den früheren §§ 10 und 11 des deutschen AGBG – also den Vorgängerregelungen der jetzigen §§ 308 und 309 BGB – nachempfunden: So ähnelt z.B. § 6 Abs. 1 Nr. 2 öKSchG, der fingierte Erklärungen zum Inhalt hat, der Regelung des § 308 Nr. 5 BGB. Als weiteres Beispiel für Ähnlichkeiten seien die beiden Vorschriften § 6 Abs. 1 Nr. 9

Grundkonzept zugrunde. Das öKSchG geht vom Grundtatbestand des Verbrauchergeschäfts und die §§ 305 ff. BGB vom Grundtatbestand der AGB-Verwendung aus[1251]. Aus diesen differierenden Ausgangspunkten folgt ein unterschiedlicher Anwendungsbereich. § 6 Abs. 1 öKSchG erklärt bestimmte Vertragsbestimmungen bei Verbraucherverträgen ohne Rücksicht darauf, ob sie in Allgemeinen Geschäftsbedingungen enthalten oder sonst vereinbart sind, für nichtig. Somit kann in Österreich auch bei individuell ausgehandelten Klauseln die Unzulässigkeit die Folge sein. Nach § 6 Abs. 2 öKSchG sind bestimmte Vertragsbestimmungen in Verbraucherverträgen ungültig, wenn sie in Allgemeinen Geschäftsbedingungen enthalten sind, aber wirksam, wenn sie im einzelnen ausgehandelt wurden. Die Klauselverbote der §§ 308 und 309 BGB gelten unter Beachtung der Bereichsausnahme des § 310 Abs. 4 BGB zunächst einmal für alle privatrechtlichen Verträge ohne Begrenzung auf Verbraucherverträge. Nach § 310 Abs. 1 S. 1 BGB finden die §§ 308 und 309 BGB allerdings keine Anwendung, sobald Allgemeine Geschäftsbedingungen gegenüber einem Unternehmer verwendet werden, so dass auch im deutschen Recht Verbraucherverträge den häufigsten Anwendungsfall der Klauselverbote ausmachen dürften. Allerdings bleibt das Eingreifen der Klauselverbote in Deutschland geknüpft an das Vorliegen von Allgemeinen Geschäftsbedingungen bzw. bei Verbraucherverträgen gem. § 310 Abs. 3 Nr. 2 BGB an das Gegebensein von – wenn auch nur für den Einzelfall gedachten – vorformulierten Vertragsbestimmungen. Indem § 6 Abs. 1 öKSchG auch bei individuell ausgehandelten Vertragsbestimmungen eingreift, stellt diese österreichische Vorschrift also eine in die Vertragsfreiheit tiefer einschneidende Regelung dar.

Seit der im Wege der deutschen Schuldrechtsreform vorgenommenen Änderung der AGB-rechtlichen Bereichsausnahme gelten die Klauselverbote des §§ 308 und 309 BGB unter der Beachtung der „Besonderheiten des Arbeitsrechts“ i.S.v. § 310 Abs. 4 S. 2 Hs. 1 BGB auch für Arbeitsverträge[1252]. In Österreich schließt § 1 Abs. 4 öKSchG Arbeitsverträge ausdrücklich vom Anwendungsgebiet des öKSchG und damit auch vom Klauselkatalog des § 6 Abs. 1 und Abs. 2 öKSchG aus. Teilen der österreichischen Literatur ist dieser Umstand Anlass für intensive Kritik, welche an der Begründung für die Ausnahmeregelung des § 1 Abs. 4 öKSchG ansetzt. So soll sich der Anwendungsausschluss für das Arbeitsrecht dadurch rechtfertigen, dass das Arbeitsrecht viel speziellere und eingehendere Schutzbestimmungen enthalte,

---

öKSchG und § 309 Nr. 7 BGB genannt, die sich beide gegen sogenannte Freizeichnungsklauseln wenden.

[1251] *Krejci*, in: Bundesministerium für Umwelt, Jugend und Familie (Hrsg.), Konsumentenpolitisches Jahrbuch 1988-1989, 85 (91); *Eissler*, Die EU-Richtlinie über missbräuchliche Klauseln in Verbraucherverträgen im deutsch-österreichischen Rechtsvergleich, S. 70.

[1252] Ausführlich zur Regelung des § 310 Abs. 4 S. 2 Hs. 1 BGB siehe 4. Teil A.

die eine Geltung des öKSchG im Arbeitsvertragsrecht überflüssig erscheinen lassen[1253]. Dieser Gedanke treffe nach Ansicht der Kritiker jedoch nicht zu. Das Arbeitsrecht befasse sich i.d.R. mit Arbeitnehmerrechten, über die das öKSchG nichts aussage, während umgekehrt das öKSchG Rechtspositionen betreffe, die nicht im Arbeitsrecht geregelt seien. Zudem fänden sich durchaus Regelungen im öKSchG, die auch im Verhältnis Arbeitgeber und Arbeitnehmer zugunsten des Arbeitnehmers nützlich wären. So sei z.B. denkbar, dass zwischen den Arbeitsvertragsparteien ein Kompensationsverbot zulasten des Arbeitnehmers vereinbart wird oder der Arbeitsvertrag Freizeichnungsklauseln zugunsten des Arbeitgebers enthält. Dass das Arbeitsrecht in derartigen Fällen bereits Schutzmaßnahmen zugunsten des Arbeitnehmers enthalte, könne ebensowenig behauptet werden wie das Fehlen eines entsprechenden Schuzzbedürfnisses bei den Arbeitnehmern. Es finde sich kein sachlicher Grund, Arbeitnehmern Schutzpositionen zu versagen, die das öKSchG für sonstige unterlegene Verhandlungs- bzw. Vertragspartner bereithält, nur weil Arbeitnehmer im Rahmen des Arbeitsrechts in anderen Belangen den Schutz des Gesetzes genießen[1254].

Die Klauselverbote des § 6 öKSchG dienen als Konkretisierungsmaßstäbe für die Generalklausel der gröblichen Benachteiligung des § 879 Abs. 3 ABGB. Sie haben auch über die Verbraucherverträge hinaus Bedeutung, weil sie erkennen lassen, welche Vertragsregelungen der Gesetzgeber für ungültig erachtet, wenn einander ungleich starke Vertragspartner gegenüberstehen[1255]. Eine undifferenzierte Übernahme der Wertungen des § 6 öKSchG widerspräche jedoch dem System des öKSchG, welches die direkte Anwendung der Klauselverbote nun einmal nur für Verbraucherverträge vorsieht. Deshalb ist nur von einer mittelbar wirkenden Konkretisierungsfunktion des § 6 öKSchG auf die Generalklausel des § 879 Abs. 3 ABGB auszugehen[1256]. Dies entspricht in etwa der Rolle, die die Klauselverbote der § 308 und § 309 BGB gem. § 310 Abs. 1 S. 2

[1253] EB zur RV 744 Blg Nr.14 GP 46 S. 17.

[1254] Aus diesen Gründen fordert *Krejci*, in: Bundesministerium für Umwelt, Jugend und Familie (Hrsg.), Konsumentenpolitisches Jahrbuch 1988-1989, 85 (101), die ersatzlose Streichung des § 1 Abs. 4 öKSchG; vgl. auch schon *ders.*, Handbuch zum KSchG, S. 242 ff.; ebenfalls Kritik übend: *Eissler*, Die EU-Richtlinie über missbräuchliche Klauseln in Verbraucherverträgen im deutsch-österreichischen Rechtsvergleich, S. 68.

[1255] *Deixler-Hübner*, Konsumentenschutz, S. 63; *Dittrich/Tades*, ABGB, I. Band, § 879 E 630; *Kosesnik-Wehrle/Lehofer/Mayer*, KSchG Kurzkommentar, § 879 Abs. 3 ABGB Rn. 33.

[1256] *Krejci*, in: Rummel, Kommentar zum ABGB, § 879 Rn. 244; *ders.*, in: Bundesministerium für Umwelt, Jugend und Familie (Hrsg.), Konsumentenpolitisches Jahrbuch 1988-1989, 85 (93); *ders.*, JBL 1981, 245 (252); *Kosesnik-Wehrle/Lehofer/Mayer*, KSchG Kurzkommentar, § 879 Abs. 3 ABGB Rn. 34.

BGB im Rahmen der Angemessenheitsprüfung von gegenüber Unternehmern verwendeten Allgemeinen Geschäftsbedingungen einnehmen[1257].

IV. Rechtsfolge

Ist eine Vertragsklausel ungewöhnlich i.S.v. § 864a ABGB, so fehlt es bereits von Anfang an an einer wirksamen Vereinbarung und der Vertrag gilt ohne sie[1258]. Dies entspricht mit Blick auf die Überraschungsregelung des § 305c Abs. 1 BGB der deutschen Rechtslage[1259].

Weder das ABGB noch das öKSchG enthalten eine eindeutige Rechtsfolgenanordnung für den Fall, dass AGB-Bestandteile aufgrund eines Verstoßes gegen § 879 Abs. 3 ABGB oder § 6 öKSchG unzulässig sind[1260]. Eine dem deutschen § 306 BGB verwandte Regelung fehlt im österreichischen Recht. Regelt in Deutschland § 306 Abs. 1 BGB, dass im Regelfall lediglich die fragliche Vertragsklausel unwirksam ist, während der restliche Vertrag im Übrigen wirksam bleibt[1261], so ist diese Rechtsfolge der Teilnichtigkeit in Österreich auch ohne derartige gesetzliche Regelung anerkannt. Die Nichtigkeit erfasst auch dort nur die ungerechte Klausel, nicht aber den Rest des Vertrages[1262].

Bei der Frage nach dem Schicksal der unangemessenen bzw. gröblich benachteiligen Vertragsklausel ergibt sich jedoch ein nicht unbedeutender Unterschied. Während in Deutschland die herrschende Auffassung eine Zurückführung der betreffenden Klausel auf das gerade noch zulässige Maß ablehnt[1263], spricht sich in Österreich die herrschende Meinung in Rechtsprechung und Literatur für eine derartige geltungserhaltende Reduktion aus[1264]. Gröblich benachteiligende Vertragsbestimmungen sind demnach nur insoweit nichtig wie

---

1257 Vgl. dazu Palandt/*Heinrichs*, § 307 Rn. 41.

1258 *Rummel*, Kommentar zum ABGB, § 864a Rn. 9.

1259 Siehe Palandt/*Heinrichs*, § 305c Rn. 2.

1260 Auf dieses Problem hinweisend: *Fitz*, FS Schnorr, 645 (646).

1261 Siehe dazu ausführlicher 5. Teil A.

1262 *Krejci*, in: Rummel, Kommentar zum ABGB, § 879 Rn. 255; *Barta*, Zivilrecht, S. 212; *Koziol*, Grundriss des bürgerlichen Rechts, Band I, S. 120; *Schwarz/Löschnigg*, Arbeitsrecht, S. 267; *Rebhahn*, FS Schnorr, 225 (244).

1263 Ausführlich zum Verbot der geltungserhaltenden Reduktion in Deutschland siehe 5. Teil B. I. 2.

1264 Vgl. OGH v. 13.4.1983 SZ 56/62 = EvBL 1983/129 = HS 14.640 = JBl 1983, 534; OGH v. 17.6.1986 RdW 1987, 10 = EvBl 1987/41; *Kosesnik-Wehrle/Lehofer/Mayer*, KSchG Kurzkommentar, § 879 Abs. 3 ABGB Rn. 94; *Krejci*, in: Rummel, Kommentar zum ABGB, § 879 Rn. 256; *ders.*, in: Bundesministerium für Umwelt, Jugend und Familie (Hrsg.), Konsumentenpolitisches Jahrbuch 1988-1989, 85 (108); *ders.*, JBL 1981, 245 (255); *Dittrich/Tades*, ABGB, I. Band, § 879 E 665; Schwimann/*Apathy*, Praxiskommentar zum ABGB, Band 5, § 879 Rn. 38.

die Gröblichkeit ihrer Nachteiligkeit reicht[1265]. Die geltungserhaltende Reduktion zu verbieten, hieße den naheliegenden Vertragswillen des Verwenders der AGB zu missachten[1266]. Teile der österreichischen Literatur stellen sich dieser Auffassung jedoch entgegen. Unter anderem wird darauf hingewiesen, dass der Richter nicht Sachwalter des AGB-Verwenders sei und die geltungserhaltende Reduktion ein risikofreies Verwenden unzulässiger Klauseln ermögliche, weshalb der Verwender nicht zur interessengerechten, angemessenen Vertragsgestaltung angehalten werde. Deshalb sei die geltungserhaltende Reduktion abzulehnen[1267]. Streit und Argumentation gleichen sich somit in Deutschland und Österreich. Jedoch hat sich jeweils die gegenteilige Meinung als herrschend durchgesetzt.

V. Fazit

Die vom Gesetzgeber vorgegebenen AGB-Kontrollsysteme von Österreich und Deutschland weisen bereits auf den ersten Blick eine sehr ähnliche Grundstruktur auf. Beide verfügen über Überraschungs- und Auslegungsregeln. Beide beinhalten einen Katalog verbotener Klauseln und eine Generalklausel. Erst bei näherem Hinsehen stößt man auf Unterschiede. Die unterschiedlichen Grundkonzepte, die den jeweiligen Klauselkatalogen zugrunde liegen, führen dazu, dass die österreichischen Klauselverbote teils tiefer in die Vertragsfreiheit eingreifen, weil sie auch für Individualverträge gelten, teils aber auch mehr Freiheiten gewähren, da sie generell nur bei Verbraucherverträgen Anwendung finden. Betrachtet man die Grundtendenz beider Systeme, so ist der AGB-Verwender in Österreich weniger strengen Restriktionen unterworfen als in Deutschland. Nähert sich der Maßstab des § 879 Abs. 3 ABGB bei der Abweichung vom dispositiven Recht zwar der im § 307 Abs. 1 BGB genannten „Angemessenheit"

1265 Dies gilt jedoch nur für den Individualprozess. Im Unterlassungsprozess nach § 28 öKSchG wird auch in Österreich eine geltungserhaltende Reduktion für nicht zulässig gehalten. Auf eine etwaige teilweise Zulässigkeit der beanstandeten Klausel könne dort keine Rücksicht genommen werden, vgl. *Krejci*, in: Rummel, Kommentar zum ABGB, § 879 Rn. 256.

1266 So *Krejci*, in: Bundesministerium für Umwelt, Jugend und Familie (Hrsg.), Konsumentenpolitisches Jahrbuch 1988-1989, 85 (108).

1267 Gegen die geltungserhaltende Reduktion in Österreich wenden sich: *Deixler-Hübner*, Konsumentenschutz, S. 61; *Fitz*, FS Schnorr, 645 (647 ff.); *Iro*, RdW 1983, 7; *Bydlinski*, ÖBA 1987, 690 (705); *Lehofer/Mayer*, in: Bundesministerium für Umwelt, Jugend und Familie (Hrsg.), Konsumentenpolitisches Jahrbuch 1988-1989, 111 (116); *Rebhahn*, FS Schnorr, 225 (244). *Kletečka*, in: Aicher/Holoubek, Der Schutz von Verbraucherinteressen, 133 (146), lehnt die geltungserhaltende Reduktion zumindest im Bereich einer evidenten Rechtslage ab. Zum problematischen Verhältnis von geltungserhaltender Reduktion und Transparenzgebot, vgl. *Tschaler*, ÖJZ 1998, 281 (290 f.).

an, so fordert der Wortlaut zunächst doch eine „gröbliche“ Benachteiligung ein, um eine Vertragsklausel als nichtig betrachten zu können. Damit ist die Hürde, die eine fragliche Klausel nehmen muss, um als zulässig angesehen zu werden, prinzipiell niedriger ausgestaltet als in Deutschland. Hinzu kommen die unterschiedlichen Rechtsfolgen. Während in Deutschland von einem Verbot der geltungserhaltenden Reduktion ausgegangen wird, erhält die h.M. in Österreich die fragwürdige Vertragsklausel in ihrem noch zulässigen Maße aufrecht, wodurch sie dem Verwender das Vertragsgestaltungsrisiko abnimmt.

Diese Tendenz findet sich auch mit Blick auf Formulararbeitsverträge, die in Österreich zwar der Generalklausel unterfallen, nicht aber den speziellen Klauselverboten. In Deutschland sind Formulararbeitsverträge nach der diesbezüglichen Aufhebung der Bereichsausnahme nunmehr hingegen sowohl an der Generalklausel als auch – wenn auch mit der Einschränkung des § 310 Abs. 4 S. 2 BGB – an den speziellen Klauselverboten zu messen.

Trotz dieser Unterschiede verspricht die Betrachtung der österreichischen Rechtsprechung zur Arbeitsvertragskontrolle dem deutschen Rechtsanwender wertvolle Erkenntnisse. Denn es bleibt zu untersuchen, wie die österreichische Rechtsprechung mit einer Rechtslage umgegangen ist, die seit der Schuldrechtsreform auch in Deutschland gegeben ist: Der Anwendbarkeit der AGB-rechtlichen Generalklausel auf Arbeitsverträge.

B. Richterliche Kontrollpraxis kritischer Arbeitsverträge in Österreich – Vergleich mit deutscher Rechtsprechung

Nach der Darstellung des vom österreichischen Gesetzgeber vorgegebenen theoretischen Rahmens für die Kontrolle von Allgemeinen Geschäftsbedingungen stellt sich nunmehr die Frage, wie Arbeitsvertragsklauseln von der österreichischen Rechtsprechung behandelt werden. Dieser Frage wird anhand drei exemplarisch herausgegriffener Klauseln nachgegangen: Ausschluss- bzw. Verfallsklausel, Rückzahlungsvereinbarung bzgl. Ausbildungskosten und Vertragsstrafenklausel. Dem Blick auf die österreichische Judikatur folgt die Gegenüberstellung der deutschen Rechtslage.

I. Ausschlussklausel

1. Österreich

Eine ausdrückliche gesetzliche Bestimmung über die Zulässigkeit von Ausschlussklauseln bzw. Verfallsvereinbarungen besteht nicht. Die Rechtsprechung bejaht jedoch grundsätzlich deren Zulässigkeit für Ansprüche aus dem Arbeitsvertrag, zumal es den Parteien nach § 1502 ABGB grundsätzlich freisteht, auch eine kürzere als die gesetzliche Verjährungsfrist[1268] zu vereinbaren. Voraussetzung für die Wirksamkeit einer derartigen Verfallsvereinbarung ist aber, dass sie nicht gegen zwingende Bestimmungen verstößt und nicht sittenwidrig i.S.d. § 879 Abs. 1 ABGB ist. Sittenwidrigkeit wird dabei regelmäßig dann angenommen, wenn die Verfallsklausel die Geltendmachung von Ansprüchen ohne sachlichen Grund übermäßig erschwert[1269]. Die generelle Eignung einer Verfallsfrist, die Geltendmachung von Ansprüchen ohne sachlichen Grund übermäßig zu erschweren, ist nicht einzelfallorientiert, sondern allgemein und nach objektiven Kriterien zu beurteilen. Der Zweck der Verfallsklausel, dem Beweisnotstand zu begegnen, in welchem sich der Arbeitgeber bei verspäteter Geltendmachung befinden könnte, ist dem Erfordernis gegenüberzustellen, dem Arbeitnehmer eine entsprechende Zeitspanne zur Klärung der Sach- und Rechtslage einzuräumen[1270]. Aus dieser Überlegung heraus verneinte die Rechtsprechung wiederholt die Sittenwidrigkeit von Fristen mit der Dauer von zumindest drei Monaten, während häufig Fristen unter drei Monaten als bedenklich erachtet wurden, weil sie zur Beschaffung von Unterlagen, zur Einholung von Erkundigungen und zur Geltendmachung von Ansprüchen nicht genügend Zeit lassen würden[1271].

Ist die Herausbildung dieser 3-Monatsgrenze zwar im Zusammenhang mit Verkürzungen der Verjährungsfristen durch Kollektivverträge erfolgt, so sieht die Rechtsprechung jedoch keinen Grund, warum eine derartige Regelung nicht auch im entsprechenden Rahmen durch einen Einzelvertrag erfolgen könne[1272].

[1268] Nach § 1486 Nr. 5 ABGB beträgt die Verjährungsfrist für Entgeltansprüche 3 Jahre.

[1269] OGH v. 13.11.2002, infas 3/2003, 69 (70); OGH v. 28.11.2001, infas-Sammelband 2002, A 46 = DRdA 2003, 35 (36); OGH v. 12.7.2000, infas-Sammelband 2001, A 9 = RdW 2001, 40 (41); OGH v. 21.10.1999, DRdA 2001, 60 (61) = SAE 11.953 = ZAS 2000/Judikaturbeilage, 9; OGH v. 26.11.1997, DRdA 1998, 264 (265); OGH v. 29.8.1990, SAE 10.889; OGH v. 14.9.1988, Sozialpolitik und Arbeitsrecht Nr. 1/1990, 17; ASG Wien v. 22.1.1997, SAE 11.552; siehe auch *Krejci*, in: Rummel, Kommentar zum ABGB, § 879 Rn. 181c; kritisch, insb. bzgl. unabdingbarer Ansprüche: *Eypeltauer*, DRdA 2001, 23 ff.

[1270] OGH v. 23.1.2004, infas 4/2004, 92 f. = RdW 2004, 432 (433) = ecolex 2004, 388.

[1271] Zu dieser 3-Monatsgrenze vgl. m.w.N.: OGH v. 23.1.2004, infas 4/2004, 92 f. = RdW 2004, 432 (433) = ecolex 2004, 388; OGH v. 21.10.1999, DRdA 2001, 60 (61) = SAE 11.953 = ZAS 2000/Judikaturbeilage, 9; *Gagawczuk/Krapf*, Arbeitsrechtliche Ansprüche von A-Z, Entgelt Rn. 73; *Rauch*, Arbeitsrecht für Arbeitgeber, S. 65.
OGH v. 12.7.2000, infas-Sammelband 2001, A 9 = RdW 2001, 40 (41), hält im Zusammenhang mit einem Anspruch auf Überstundenentlohnung ausnahmsweise auch einmal eine nur 2 Monate betragende Verfallsklausel für zulässig, da es hier im Allgemeinen keiner aufwendigen Beschaffung von Unterlagen, keiner Erkundigungen und keiner Rechtsauskünfte bedarf.

[1272] OGH v. 21.10.1999, DRdA 2001, 60 (61) = SAE 11.953 = ZAS 2000/Judikaturbeilage, 9.

Zu kurze Verfallsfristen sind einer geltungserhaltenden Reduktion zugänglich[1273].

Im Zusammenhang mit dieser Rechtsprechung fällt auf, dass der OGH in seinen Entscheidungen pauschal von Einzelverträgen spricht. Eine explizite Unterscheidung in Individual- oder Formularverträge unterbleibt[1274]. Zu dieser Auffälligkeit passt die Tatsache, dass eine Überprüfung der Verfalls- bzw. Ausschlussklauseln ausschließlich am allgemeinen Maßstab der Sittenwidrigkeit nach § 879 Abs. 1 ABGB erfolgt. Die AGB-rechtliche Generalklausel des § 879 Abs. 3 ABGB wird von der Rechtsprechung im Zusammenhang mit (Formular-) Arbeitsverträgen nicht in ihre Erwägungen eingebunden[1275].

2. Deutschland

Die Vereinbarung von Ausschlussfristen in Arbeitsverträgen ist in Deutschland im Rahmen der Vertragsfreiheit grundsätzlich zulässig[1276]. Für eine eingehendere Analyse der Zulässigkeit solcher Ausschlussklauseln wird auf Ausführungen an früherer Stelle verwiesen[1277]. Hier wird noch einmal das Wichtigste zusammengefasst.

[1273] OGH v. 13.11.2002, infas 3/2003, 69 (70), wendet diese geltungserhaltende Reduktion im Sinne einer Teilnichtigkeit auf die von der Verfallsklausel betroffenen unterschiedlichen Ansprüche an. So hält das Gericht die im zu entscheidenden Fall vorliegende sechswöchige Verfallsfrist für Entgeltansprüche für unwirksam, hinsichtlich des Anspruchs auf Ausstellung eines Dienstzeugnisses jedoch im Wege einer geltungserhaltenden Reduktion für wirksam, da das Verlangen eines Arbeitnehmers nach Ausstellung eines Arbeitszeugnisses durch die Einhaltung einer Sechswochenfrist nicht übermäßig erschwert werde.
OGH v. 23.1.2004, infas 4/2004, 92 f. = RdW 2004, 432 (433) = ecolex 2004, 388, deutet eine geltungserhaltende Reduktion aber auch im Sinne einer Ausdehnung der zu kurzen Verfallsfrist auf den noch zulässigen Zeitraum an. Nachdem das Gericht eine Verfallsfrist von einem Monat für zu kurz und deshalb sittenwidrig befunden hat, stellt es fest, dass es aufgrund der im vorliegenden Fall bloß geringfügigen Überschreitung der Einmonatsfrist dahingestellt bleiben könne, ob stattdessen eine dreimonatige Frist nötig gewesen wäre oder eine nur zweimonatige Frist ausgereicht hätte.

[1274] Vgl. z.B. OGH v. 23.1.2004, infas 4/2004, 92 f. = RdW 2004, 432 (433) = ecolex 2004, 388, wo nur allgemein von einer „einzelvertraglichen Vereinbarung“ gesprochen wird; OGH v. 21.10.1999, DRdA 2001, 60 (61) = SAE 11.953 = ZAS 2000/Judikaturbeilage, 9, spricht vom „Spieler“- und „Einzelvertrag“, ohne diesen näher zu qualifizieren.

[1275] Vgl. ebenfalls OGH v. 23.1.2004, infas 4/2004, 92 f. = RdW 2004, 432 (433) = ecolex 2004, 388; OGH v. 21.10.1999, DRdA 2001, 60 (61) = SAE 11.953 = ZAS 2000/ Judikaturbeilage, 9.

[1276] *Gotthardt*, in: Henssler/Willemsen/Kalb, Anh. §§ 305-310 BGB Rn. 9; *Preis*, Der Arbeitsvertrag, II A 150 Rn. 14.

[1277] Siehe 4. Teil C. II. 1. b).

a) Rechtslage vor der Schuldrechtsreform

Die Generalklausel des § 9 AGBG war aufgrund der Bereichsausnahme des § 23 Abs. 1 AGBG auf Arbeitsverträge nicht anwendbar. Arbeitsvertragliche Ausschlussklauseln wurden nur daraufhin überprüft, ob sie sittenwidrig i.S.v. § 138 BGB sind[1278]. Das BAG wendete dabei seine zu tarifvertraglichen Ausschlussfristen entwickelten Grundsätze auch auf einzelvertragliche Arbeitsverträge an[1279]. Der Zweck der Ausschluss- bzw. Verfallsklausel, den Arbeitsvertragsparteien schnell Klarheit über die noch bestehenden Ansprüche zu verschaffen, um dadurch Rechtsfrieden und Rechtssicherheit herzustellen, sei auch hier anzuerkennen, so dass kurze Ausschlussfristen von zwei Monaten[1280] oder auch nur einem Monat[1281] unter Hinweis auf gleich lautende tarifvertragliche Regelungen für zulässig befunden wurden.

b) Rechtslage nach der Schuldrechtsreform

Der Tarifvertrag ist kein tauglicher Prüfungsmaßstab i.S.d. § 307 BGB für Arbeitsvertragsklauseln, so dass eine Orientierung am Tarifvertrag bei der Frage nach der Angemessenheit von vorformulierten einzelvertraglichen Ausschlussklauseln nunmehr ausscheidet[1282]. Vielmehr dienen nun gesetzliche Regelungen als Leitbild i.S.d. § 307 Abs. 2 Nr. 1 BGB. Hierbei ist an die gesetzlichen Verjährungsfristen zu denken, die in § 195 BGB für Vergütungsansprüche eine dreijährige Regelverjährung vorsehen[1283]. In Anlehnung an die BGH-Rechtsprechung zur Verkürzung von Verjährungsfristen kristallisiert sich dabei die Grenze zur Unangemessenheit bei einer Mindestfrist von drei Monaten heraus[1284]. So hält das BAG eine einzelvertragliche Ausschlussfrist von weniger als

---

1278 Vgl. dazu *Lakies*, AR-Blattei, SD. 35, Rn. 277; *Roos/Perschke*, AiB 2004, 82 (83).

1279 BAG v. 24.3.1988, AP Nr. 1 zu § 241 BGB.

1280 BAG v. 17.6.1997, AP Nr. 2 zu § 74b HGB.

1281 BAG v. 13.12.2000, RdA 2002, 38 = DB 2001, 928 = AP Nr. 2 zu § 241 BGB.

1282 *Gotthardt*, in: Henssler/Willemsen/Kalb, Anh. §§ 305-310 BGB Rn. 9; *ders.*, ZIP 2002, 277 (287); Däubler/*Dorndorf*, AGB-Kontrolle im Arbeitsrecht, § 310 BGB Rn. 97. Allgemein zur Untauglichkeit des Tarifvertrags als Prüfungsmaßstab i.R.d. § 307 BGB 4. Teil B. III.

1283 *Henssler*/v. Westphalen, Praxis der Schuldrechtsreform, § 310 Rn. 23; *ders.*, in: Das neue Schuldrecht, 615 (644); *ders.*, RdA 2002, 129 (137); *Gotthardt*, ZIP 2002, 277 (287); *Singer*, RdA 2003, 194 (201); *Däubler*, NZA 2001, 1329 (1337).

1284 Der BGH hat eine sechsmonatige Verjährungsfrist nicht beanstandet, vgl. BGH v. 4.5. 1995, BGHZ 129, 323. Eine Verkürzung von Verjährungsfristen auf drei Monate hat er jedoch regelmäßig als unangemessene Benachteiligung verworfen, vgl. BGH v. 19.5. 1988, BGHZ 104, 292. Ebenfalls diese Mindestfrist von drei Monaten befürwortend: *Lakies*, AR-Blattei, SD. 35, Rn. 286; Däubler/*Dorndorf*, AGB-Kontrolle im Arbeitsrecht,

drei Monaten für unangemessen kurz[1285]. Eine zu kurz bemessene Frist kann unter der Geltung des aus § 306 Abs. 2 BGB gefolgerten Verbots der geltungserhaltenden Reduktion nun vom Gericht nicht mehr auf die gerade noch zulässige Fristdauer angehoben werden[1286].

3. Fazit

Die in der österreichischen Rechtsprechung herausgebildete Mindestgrenze für eine zulässige Ausschlussfrist in Arbeitsverträgen deckt sich mit der von der überwiegenden Meinung in Deutschland für Formulararbeitsverträge nach der Schuldrechtsreform befürworteten. Sie liegt bei drei Monaten. Dies mag auf den Umstand zurückzuführen sein, dass in beiden Ländern nunmehr die gesetzlichen Verjährungsfristen als Leitbild herangezogen werden und die Verjährungsfrist für Entgeltansprüche jeweils bei drei Jahren liegt (§ 1486 Nr. 5 ABGB bzw. § 195 BGB).

Mit Ausnahme dieses Umstandes weist die österreichische Rechtsprechung jedoch mehr Ähnlichkeiten mit der vor der Schuldrechtsreform ergangenen BAG-Rechtsprechung auf. Es wird bzw. wurde jeweils eine allgemeine Sittenwidrigkeitskontrolle vorgenommen, in deren Rahmen die für Tarifverträge geltenden Maßstäbe auch auf Einzelarbeitsverträge Anwendung finden bzw. fanden. Sowohl die frühere BAG-Rechtsprechung als auch die heutige OGH-Rechtsprechung lassen eine Differenzierung nach individuell vereinbarten oder vorformulierten Arbeitsverträgen vermissen und erachten eine geltungserhaltende Reduktion für zulässig. Dies verwundert, da im österreichischen Recht mit § 879 Abs. 3 ABGB eine auf Formulararbeitsverträge anwendbare Generalklausel der AGB-Kontrolle existiert, die eigentlich zu einer Differenzierung zwischen Individual- und Formulararbeitsvertrag anhält und einen gegenüber § 879 Abs. 1 ABGB für den speziellen Fall der Verwendung von vorformulierten Vertragsbedingungen modifizierten Prüfungsmaßstab beinhaltet.

---

§ 310 BGB Rn. 97; *Gotthardt*, in: Henssler/Willemsen/Kalb, Anh. §§ 305-310 BGB Rn. 9; ErfK*Preis*, §§ 194-218 BGB Rn. 49a. Ausführlicher zu dieser Grenzziehung und zu den dabei zu berücksichtigen Abwägungsgesichtspunkten 4. Teil C. II. 1. b).

[1285] BAG v. 25.5.2005, DB 2005, 2136 (2138); BAG v. 28.9.2005, NZA 2006, 149 (153); vgl. auch LAG Niedersachsen v. 18.3.2005, NZA-RR 2005, 401 (405).

[1286] Darauf hinweisend: *Preis*, Der Arbeitsvertrag, II A 150 Rn. 40.

II. Rückzahlungsklausel bzgl. Ausbildungskosten

1. Österreich

Der Arbeitgeber hat aus betriebswirtschaftlichen Gründen ein gewichtiges Interesse an qualifizierten Mitarbeitern. Eine Verbesserung der Mitarbeiterqualifikation erfordert aber regelmäßig eine gute und häufig kostspielige Ausbildung. Lässt der Arbeitgeber dem Arbeitnehmer eine solche Ausbildung zuteil werden, besteht die Gefahr, dass bei einer Arbeitnehmerkündigung diese Ausbildung Konkurrenzunternehmen zugute kommt und sich die Investition in die Ausbildung seines Mitarbeiters nicht amortisiert. Diesen möglichen Vermögensschaden sollen Rückzahlungsklauseln verhindern. Durch die Verpflichtung des Arbeitnehmers zur Rückerstattung der Ausbildungskosten für den Fall der von ihm verursachten Auflösung des Arbeitsverhältnisses innerhalb einer bestimmten Zeit nach Beendigung der Ausbildung soll dem Arbeitnehmer der Anreiz zu in der Regel einkommensverbesserndem „job-hopping" genommen werden[1287].

Derartige Rückzahlungsklauseln werden von österreichischer Rechtsprechung und Literatur grundsätzlich als zulässig erachtet[1288]. Die Vereinbarung dürfe lediglich das dem Arbeitnehmer zustehende Kündigungsrecht nicht unzumutbar beschränken und nicht gegen die guten Sitten verstoßen. Ein Verstoß gegen die guten Sitten wird dabei dann angenommen, wenn die Interessenabwägung eine grobe Verletzung rechtlich geschützter Interessen ergibt, z.B. wenn dem Ausgebildeten das alleinige und beachtliche finanzielle Risiko der Ausbildung aufgebürdet wird oder wenn die Erfüllung der Verpflichtung eine unverhältnismäßig große Belastung bedeutet[1289]. Im Rahmen der Abwägung ist die durch die Rückzahlungspflicht gegebene wirtschaftliche Kündigungsbeschränkung dem für den Arbeitnehmer mit der Ausbildung verbundenen wirtschaftli-

---

1287 *Resch*, Kritische Klauseln im Arbeitsvertrag, 39 (41); *ders.*, DRdA 1993, 8; *ders.*, ecolex 1990, 429.

1288 OGH v. 20.2.2002, infas-Sammelband 2002 A 62; OGH v. 9.5.2001, wbl 2002, 174 ff. = infas-Sammelband 2001 A 90 = RdW 2002, 234 f. = SAE 12.100; OGH v. 21.12.2000, DRdA 2001, 555 ff.= RdW 2001, 301 = SAE 12.067; OGH v. 16.11.1994, RdW 1995, 152 = SAE 11.336; OGH v. 17.1.1990, Sozialpolitik und Arbeitsrecht Nr.1/1991, 19 = DRdA 1991, 55; OGH v. 2.9.1987, DRdA 1990, 222 ff.; LG Graz v. 25.9.1990, ZAS 1991 /Judikaturbeilage, 10 = SAE 10.883; LG Innsbruck v. 21.9.1989, ZAS 1990/Judikaturbeilage, 6; *Resch*, Kritische Klauseln im Arbeitsvertrag, 39 (43); *Rauch*, Arbeitsrecht für Arbeitgeber, S. 62 f.; *Kallab/Ullmann*, Arbeitsrecht, S. 50; *Krejci*, in: Rummel, Kommentar zum ABGB, § 879 Rn. 181e.

1289 OGH v. 20.2.2002, infas-Sammelband 2002 A 62; OGH v. 9.5.2001, wbl 2002, 174 (175) = infas-Sammelband 2001 A 90 = RdW 2002, 234 = SAE 12.100; OGH v. 21.12.2000, DRdA 2001, 555 (557) = RdW 2001, 301 = SAE 12.067; ASG Wien v. 7.12.2001, SAE 12.177.

chen Vorteil gegenüberzustellen. Es ist folglich zu fragen, inwieweit die betreffende Ausbildung den Wert des Arbeitnehmers am Arbeitsmarkt erhöht und ihm somit bessere Erfolgschancen und Verdienstmöglichkeiten eröffnet hat[1290]. Rückforderbar sind dementsprechend generell nur Kosten für eine Ausbildung, die über ein bloßes Anlernen hinausgeht. Es muss sich um eine Ausbildung handeln, die Spezialkenntnisse theoretischer oder praktischer Art vermittelt, die allgemein angewendet auch in anderen Unternehmen verwertet werden können und dem Arbeitnehmer bessere Verdienstmöglichkeiten schaffen[1291].

Die Sittenwidrigkeit einer Rückzahlungsklausel kann sich auch aus ihrer zu langen Bindungsdauer ergeben. Als allgemeine Obergrenze der Bindung in zeitlicher Hinsicht erachtete die Rechtsprechung zunächst grundsätzlich eine Frist von drei Jahren als zulässig[1292]. Eine Überschreitung dieser Dreijahresgrenze bedarf demnach besonderer sie rechtfertigender Arbeitgeberinteressen wie sehr hohe Ausbildungskosten[1293] oder eine besonders lukrative Verwertungsmöglichkeit auf dem Arbeitsmarkt[1294]. In der jüngeren OGH-Rechtsprechung ist allerdings die Tendenz auszumachen, im Regelfall auch eine Fünfjahresfrist zu tolerieren[1295].

Erstattungsfähig sind nur die tatsächlich aufgewendeten Kosten. Erfolgt im Rahmen der Rückzahlungsklausel eine ziffernmäßige Festlegung der Ausbildungskosten, so ist dies als Pauschalierung im Sinne einer Höchstgrenze zu sehen, die deshalb nur die tatsächlich aufgewendeten Ausbildungskosten umfassen darf[1296]. Je länger das Arbeitsverhältnis nach der absolvierten Ausbildung gedauert hat, umso geringer soll der zurückzuzahlende Betrag vereinbart werden. Die Höhe der Rückzahlung soll daher so geregelt werden, dass sie mit dem Zeitablauf nach Abschluss der Ausbildung kontinuierlich sinkt[1297].

1290 OGH v. 21.12.2000, DRdA 2001, 555 (557) = RdW 2001, 301 = SAE 12.067; OGH v. 15.9.1994, ecolex 1994, 835; OGH v. 11.8.1993, DRdA 1994, 247 (249) = SAE 11.101; OGH v. 8.7.1992, SAE 11.043.

1291 OGH v. 5.3.1997, SAE 11.577; OGH v. 17.1.1990, Sozialpolitik und Arbeitsrecht Nr. 1/1991, 19 = DRdA 1991, 55; LG Innsbruck v. 4.7.1994, SAE 11.223; KG Loeben v. 5.10.1992, SAE 11.046.

1292 OGH v. 17.1.1990, Sozialpolitik und Arbeitsrecht Nr. 1/1991, 19 = DRdA 1991, 55; LG Graz v. 25.9.1990, ZAS 1991 / Judikaturbeilage, 10 = SAE 10.883. Ebenso eine Höchstgrenze von drei Jahren befürwortend: *Krejci*, in: Rummel, Kommentar zum ABGB, § 879 Rn. 181e; *Kallab/Ullmann*, Arbeitsrecht, S. 51.

1293 OGH v. 11.8.1993, DRdA 1994, 247 ff. = SAE 11.101.

1294 OGH v. 11.6.1997, RdW 1998, 97 = ecolex 1997, 958.

1295 Vgl. OGH v. 21.12.2000, DRdA 2001, 555 (557) = RdW 2001, 301 = SAE 12.067; OGH v. 11.6.1997, RdW 1998, 97 = ecolex 1997, 958, wonach eine Bindungsdauer von fünf Jahren „nicht unüblich" sei.

1296 OGH v. 15.9.1994, ecolex 1994, 835; LG Graz v. 25.9.1990, ZAS 1991/Judikaturbeilage, 10 = SAE 10.883; *Resch*, Kritische Klauseln im Arbeitsvertrag, 39 (45); *Rauch*, Arbeitsrecht für Arbeitgeber, S. 63.

1297 So *Rauch*, Arbeitsrecht für Arbeitgeber, S. 63.

Eine Rückzahlungsklausel ist auch sittenwidrig, wenn der Arbeitnehmer auf den Bedingungseintritt keinen, einen nur geringen oder zumindest keinen alleinigen Einfluss hat[1298]. Liegt der Grund für die Auflösung des Arbeitsverhältnisses in der Sphäre des Arbeitgebers, ist es unbillig, vom Arbeitnehmer auch noch die Ausbildungskosten zurückzuverlangen[1299].

Verstößt eine Rückzahlungsvereinbarung gegen das Verbot der Sittenwidrigkeit, zieht dies eine vom Arbeitnehmer geltend zu machende Teilnichtigkeit nach sich. Rechtsfolge ist dann die Vertragsanpassung auf ein noch nicht sittenwidriges Ausmaß, wobei die Vertragsanpassung in einer Herabsetzung der Bindungsdauer, aber auch in einer Reduktion des Rückersatzbetrags erfolgen kann[1300]. Die österreichische Rechtsprechung legt die fragliche Rückzahlungsvereinbarung unter Hinzuziehung des § 914 ABGB dahingehend aus, dass sie im Hinblick auf die Höhe des zu ersetzenden Betrages redlicherweise nur derart verstanden werden kann, dass bei einem vorzeitigen Ausscheiden des Arbeitnehmers eine Aliquotierung der Ausbildungskosten stattzufinden hat[1301]. Im Ergebnis nimmt die Rechtsprechung damit bei sittenwidrigen Klauseln eine geltungserhaltende Reduktion vor.

Mit Blick auf die generelle Anwendbarkeit des § 879 Abs. 3 ABGB fällt auch bei der Betrachtung der österreichischen Rechtsprechung zu Rückzahlungsklauseln auf, dass eine Auseinandersetzung mit der Frage, ob ein Formulararbeitsvertrag oder eine individuelle Rückzahlungsvereinbarung vorliegt, nicht stattfindet[1302]. Eine mögliche Heranziehung der AGB-rechtlichen Generalklausel des § 879 Abs. 3 ABGB wird dementsprechend nicht in Erwägung gezogen. Die Orientierung erfolgt allein an dem allgemeinen Sittenwidrigkeitsverbot des § 879 Abs. 1 ABGB, angereichert durch grundrechtliche Aspekte wie der Freiheit der Berufswahl und der Erwerbstätigkeit[1303] gem. 18 StGG[1304].

1298 OGH v. 26.10.1985, ZAS 1987, 124; LG Innsbruck v. 21.9.1989, ZAS 1990/Judikaturbeilage, 6; *Resch*, Kritische Klauseln im Arbeitsvertrag, 39 (47).

1299 So *Kallab/Ullmann*, Arbeitsrecht, S. 51.

1300 OGH v. 11.8.1993, DRdA 1994, 247 (250) = SAE 11.101; *Resch*, in: *Resch*, Kritische Klauseln im Arbeitsvertrag, 39 (52); *ders.*, DRdA 1993, 8 (20).

1301 Vgl. z.B. OGH v. 2.9.1987, DRdA 1990, 222 (224).

1302 Vgl. z.B. OGH v. 20.2.2002, infas-Sammelband 2002 A 62; OGH v. 11.8.1993, DRdA 1994, 247 ff. = SAE 11.101.

1303 OGH v. 21.12.2000, DRdA 2001, 555 (559) = RdW 2001, 301 = SAE 12.067; *Resch*, Kritische Klauseln im Arbeitsvertrag, 39 (44).
In ecolex 1990, 429 (432), kritisiert *Resch*, dass es der OGH-Rechtsprechung für ihre feine und auch relativ strengen Grenzlinie der Zulässigkeit an einer positivrechtlichen Grundlage fehle. *Resch* sieht diese im dem dem Arbeitnehmer einseitig zwingend eingeräumten Kündigungsrecht (vgl. § 1158 Abs. 4 i.V.m. § 1164 ABGB und § 20 i.V.m. § 40 öAngG).

1304 Staatsgrundgesetz vom 21.12.1867 über die allgemeinen Rechte der Staatsbürger für die im Reichsrate vertretenen Königreiche und Länder. Gem. Art. 149 Abs. 1 Bundesverfassungsgesetz gilt das Staatsgrundgesetz als österreichisches Verfassungsgesetz.

2. Deutschland

a) Rechtslage vor der Schuldrechtsreform

Das BAG hat Vereinbarungen über die Rückzahlung von Ausbildungs- oder Fortbildungskosten im Falle einer vorzeitigen Beendigung des Arbeitsverhältnisses durch den Arbeitnehmer grundsätzlich für zulässig erachtet[1305]. Es nahm aber einen Verstoß gegen die arbeitsplatzbezogene Berufswahlfreiheit des Arbeitnehmers nach Art. 12 Abs. 1 GG und gegen Treu und Glauben gem. § 242 BGB an, wenn derartige Vereinbarungen zu Zahlungsverpflichtungen im Sinne einer faktischen Kündigungsbeschränkung führten. Eine Belastung des Arbeitnehmers mit Ausbildungskosten musste demnach bei verständiger Betrachtung einerseits dem billigenswerten Interesse des Arbeitgebers entsprechen. Andererseits musste der Arbeitnehmer mit der Aus- und Fortbildungsmaßnahme eine angemessene Gegenleistung für die Rückzahlungsverpflichtung erhalten haben. Insgesamt musste ihm die Erstattungspflicht zuzumuten sein. Das war nach der BAG-Rechtsprechung auf Grund einer auf den Zeitpunkt des Vertragsschlusses bezogenen Güter- und Interessenabwägung unter Heranziehung aller Umstände des Einzelfalls zu ermitteln[1306].

Dabei war insbesondere zu fragen, ob dem Arbeitnehmer durch die Aus- bzw. Weiterbildung ein geldwerter Vorteil erwuchs[1307]. Dieser konnte beispielsweise in einer Verbesserung der Chancen des Arbeitnehmers auf dem Arbeitsmarkt[1308] oder der Schaffung von realistischen beruflichen Aufstiegsmöglichkeiten[1309] liegen. Je besser der Stand des Arbeitnehmers am allgemeinen Arbeitsmarkt oder im bisherigen Unternehmen durch die Bildungsmaßnahme war, umso eher war dem Arbeitnehmer eine Kostenbeteiligung zuzumuten[1310].

Art. 18 StGG: „Es steht jedermann frei, seinen Beruf zu wählen und sich für denselben auszubilden, wie und wo er will."

1305 Vgl. BAG v. 29.6.1962, BAGE 13, 168; BAG v. 30.11.1994, BAGE 78, 356.

1306 BAG v. 30.11.1994, BAGE 78, 356; BAG v. 6.5.1998, NZA 1999, 79 = NJW 1999, 443; BAG v. 6.9.1995, AP Nr. 23 zu § 611 BGB Ausbildungsbeihilfe = DB 1996, 532; BAG v. 16.3.1994, AP Nr. 18 zu § 611 BGB Ausbildungsbeihilfe = BAG, DB 1994, 1726; BAG v. 21.11.2001, AP Nr. 31 zu § 611 Ausbildungsbeihilfe; BAG v. 12.12.2002, BuW 2004, 526 (527f).

1307 BAG v. 18.8.1976, NJW 1977, 973; BAG v. 6.9.1995, AP Nr. 23 zu § 611 BGB Ausbildungsbeihilfe = DB 1996, 532.

1308 BAG v. 11.4.1990, BB 1990, 2052.

1309 BAG v. 18.8.1976, NJW 1977, 973.

1310 BAG v. 24.7.1991, NZA 1992, 211; BAG v. 16.3.1994, AP Nr. 18 zu § 611 BGB Ausbildungsbeihilfe = BAG, DB 1994, 1726; *Krause-Thiel*, BuW 2004, 123; *Hennige*, NZA-RR 2000, 617 (622); *Huber/Blömeke*, BB 1998, 2157.

Erstattungsfähig waren generell nur Kosten für eine Maßnahme, die über eine bloße Einschulung bzw. Einarbeitung hinausging[1311]. Eine Rückzahlungsverpflichtung kam also insbesondere dann in Betracht, wenn der Arbeitnehmer die erlangten Kenntnisse und Fähigkeiten auch außerhalb des Betriebs des ausbildenden Arbeitgebers verwerten konnte[1312].

Die zulässige Bindungsdauer der Rückzahlungsvereinbarung stand im Verhältnis zu Umfang und Dauer der Bildungsmaßnahme, da die Dauer der Maßnahme Rückschlüsse auf die vom Arbeitgeber aufgewandten Kosten ermöglichte und vor allem als starkes Indiz für die Qualität der erworbenen Qualifikation betrachtet wurde[1313]. Aus dieser Überlegung heraus hat das BAG gewisse Richtlinien zur Beurteilung eines angemessenen Verhältnisses zwischen Fortbildungsmaßnahme und Bindungsdauer herausgearbeitet, welche jedoch als Orientierung und nicht als starres Schema zu begreifen waren[1314]. Demnach ließ eine bis zu zwei Monaten dauernde Fortbildungsmaßnahme eine Bindung von einem Jahr zu[1315], bei drei bis vier Monaten waren es schon zwei Jahre[1316] und eine Fortbildungsdauer von sechs bis zwölf Monaten vermochte eine Bindungsdauer von drei Jahren zu rechtfertigen[1317]. Bei einer mehr als zweijährigen Dauer der Fortbildung hat das BAG auch eine Bindungsdauer von fünf Jahren für zulässig gehalten[1318].

Bezüglich der Höhe der Rückzahlung galt, dass der Arbeitgeber nur den Betrag zurückverlangen konnte, den er tatsächlich aufgewandt hat, höchstens jedoch den vereinbarten Betrag[1319]. Im Übrigen war für die Interessenabwägung die Staffelung des Rückzahlungsbetrages zeitanteilig zur Bindungsdauer ein mitentscheidender Gesichtspunkt. Die Rechtsprechung hielt eine Rückzahlungsvereinbarung tendenziell eher dann für wirksam und zumutbar, wenn sich die Rückzahlungsverpflichtung des Arbeitnehmers nach bestimmten Zeitabschnitten innerhalb des Bindungszeitraums zeitanteilig verringerte[1320].

Im Rahmen der Interessenabwägung spielte auch der die Rückzahlungspflicht auslösende Tatbestand eine wichtige Rolle. Eine wirksame Rückzahlungsverpflichtung lag in der Regel nur dann vor, wenn der Arbeitnehmer das

---

[1311] LAG Düsseldorf v. 29.3.2001, NZA-RR 2002, 292.

[1312] BAG v. 16.3.1994, AP Nr. 18 zu § 611 BGB Ausbildungsbeihilfe = DB 1994, 1726.

[1313] BAG v. 16.3.1994, AP Nr. 18 zu § 611 BGB Ausbildungsbeihilfe = DB 1994, 1726; BAG v. 6.9.1995, AP Nr. 23 zu § 611 BGB Ausbildungsbeihilfe = DB 1996, 532.

[1314] *Thüsing*, in: Henssler/Willemsen/Kalb, § 611 BGB Rn. 468.

[1315] BAG v. 15.12.1993, DB 1994, 1040.

[1316] BAG v. 6.9.1995, AP Nr. 23 zu § 611 BGB Ausbildungsbeihilfe = DB 1996, 532.

[1317] BAG v. 11.4.1984, DB 1984, 2411; BAG v. 23.4.1986, NZA 1986, 741.

[1318] BAG v. 19.6.1974, AP Nr. 1 zu § 611 BGB Ausbildungsbeihilfe; BAG v. 12.12.1979, AP Nr. 4 zu § 611 BGB Ausbildungsbeihilfe.

[1319] BAG v. 16.3.1994, AP Nr. 18 zu § 611 BGB Ausbildungsbeihilfe = DB 1994, 1726.

[1320] Vgl. BAG v. 23.4.1986, NZA 1986, 741; BAG v. 16.3.1994, AP Nr. 18 zu § 611 BGB Ausbildungsbeihilfe = DB 1994, 1726.

Arbeitsverhältnis von sich aus beendete, dieses auf seine Veranlassung beendet wurde oder der Arbeitnehmer die Beendigung zu vertreten hatte. Ausschlaggebend war demnach, ob es auf Grund eines aus der Sphäre des Arbeitnehmers stammenden Umstandes zur Beendigung des Arbeitsverhältnisses kam[1321].

Vereinbarten die Arbeitsvertragsparteien eine unzulässig lange Bindungsdauer oder einen unangemessen hohen Rückzahlungsbetrag, führte dies nach der bisherigen BAG-Rechtsprechung nicht zur Unwirksamkeit der Rückzahlungsvereinbarung insgesamt. Vielmehr führte die Rechtsprechung die fraglichen Klauseln auf das noch vertretbare Maß zurück[1322]. Es kam also zu einer sog. geltungserhaltenden Reduktion.

b) Rechtslage nach der Schuldrechtsreform

Formularmäßig vereinbarte Rückzahlungsklauseln unterliegen nunmehr dem Prüfungsmaßstab des § 307 BGB. Die oben dargestellten Gesichtspunkte und Kriterien der vom BAG unter Berufung auf § 242 BGB vorgenommenen Interessenabwägung können als Abwägungsgesichtspunkte im Rahmen der Angemessenheitskontrolle nach § 307 BGB übernommen werden[1323]. Die Tatbestandsmerkmale des § 307 Abs. 1 S. 1 BGB finden sich bereits in den Grundsätzen der bisherigen Rechtsprechung wieder. Die von § 307 Abs. 1 S. 1 BGB geforderte Benachteiligung des Arbeitnehmers liegt in seiner Belastung mit der Rückzahlungsverpflichtung. Das weitere Tatbestandsmerkmal der Unangemessenheit ist mit Hilfe einer Interessenabwägung zu ermitteln, die der vom BAG bisher schon geforderten Interessenabwägung entspricht: Das Interesse des Arbeitgebers an einer Amortisierung seiner aufgewendeten Bildungskosten ist dem Interesse des Arbeitnehmers an einer nicht durch wirtschaftliche Kündigungsbeschränkungen eingeschränkten Arbeitsmarktmobilität entgegenzuhalten. Schließlich bezieht sich § 307 Abs. 1 S. 1 BGB auf das Gebot von Treu und Glauben, welches über § 242 BGB die Grundlage der bisherigen Rechtsprechung war[1324]. Die vom BAG entwickelten Leitlinien für eine zulässige Bindungsdauer haben ihre Gültigkeit durch die Schuldrechtsreform folglich nicht eingebüßt.

1321 BAG v. 6.5.1998, NZA 1999, 79 = NJW 1999, 443; BAG v. 5.7.2000, AP Nr. 29 zu § 611 BGB Ausbildungsbeihilfe.

1322 BAG v. 16.3.1994, NZA 1994, 937; BAG v. 15.5.1985, AP Nr. 9 zu § 611 BGB Ausbildungsbeihilfe; BAG v. 11.4.1984, DB 1984, 2411.

1323 *Gotthardt*, in: Henssler/Willemsen/Kalb, Anh. §§ 305-310 BGB Rn. 20; *Lakies*, AR-Blattei, SD. 35, Rn. 374; Däubler/*Dorndorf*, AGB-Kontrolle im Arbeitsrecht, § 307 Rn. 106; vgl. dementsprechend die ersten Urteile zu Rückzahlungsklauseln nach der Schuldrechtsreform: BAG v. 11.4.2006, BB 2006, 2134; LAG Baden-Württemberg v. 26.7.2005 – 22 Sa 91/04, juris; LAG Schleswig-Holstein v. 25.5.2005, BB 2006, 560.

1324 Däubler/*Dorndorf*, AGB-Kontrolle im Arbeitsrecht, § 307 BGB Rn. 107-109.

Zu beachten ist freilich, dass die frühere Rechtsprechung die Einzelfallumstände in ihre Abwägungsüberlegungen mit einbezog[1325], während nunmehr i.R.v. § 307 BGB ein generalisierender Maßstab zugrunde zu legen ist[1326].

Liefert die bisherige Rechtsprechung zwar Anhalts- und Orientierungspunkte für die Angemessenheitsprüfung nach § 307 BGB, so ist die Rechtsfolgenfindung aber einer gravierenden Änderung unterworfen. Eine geltungserhaltende Reduktion ist nach dem nunmehr anzuwendenden AGB-Recht unzulässig. Unangemessene Rückzahlungsklauseln sind deshalb nach § 307 Abs. 1 BGB insgesamt unwirksam und nicht anzupassen[1327]. Das BAG hat folgerichtig eine Klausel, die eine Rückzahlungsverpflichtung unabhängig vom Grund der Beendigung vorsah, nicht dahingehend ausgelegt, dass sie nur für den Fall gilt, dass das Arbeitsverhältnis durch den Arbeitnehmer selbst oder wegen eines von ihm zu vertretenen Grundes durch den Arbeitgeber beendet wird[1328].

3. Fazit

Zwar haben die OGH-Rechtsprechung und die frühere Rechtsprechung des BAG zwei unterschiedliche Ausgangspunkte. Der OGH stellt auf das Verbot der Sittenwidrigkeit ab, wobei gegen die guten Sitten i.S.v. § 879 Abs. 1 ABGB ebenso wie in Deutschland nach § 138 Abs. 1 BGB verstößt, was dem Rechtsgefühl aller billig und gerecht Denkenden widerspricht[1329]. Das BAG bemüht hingegen die Gebote von Treu und Glauben. Inhaltlich gleichen sich die jeweiligen Rechtsprechungsgrundsätze jedoch auffällig. Beide Gerichte nehmen eine Interessenabwägung vor, die geprägt ist durch das Kriterium einer eventuell unzumutbaren Kündigungsbeschränkung, der kein kompensierender Arbeitnehmervorteil in Form eines durch die Ausbildung gesteigerten Marktwertes gegenübersteht. Die zulässige Höchstbindungsdauer nähert sich jeweils der Fünfjahresgrenze an, auch wenn das BAG bezüglich der Bindungsintensität ein feinmaschigeres Netz an Orientierungslinien herausgearbeitet hat als der OGH. Beide Gerichte führen bzw. führten im Fall einer unzulässigen Rückzahlungs-

---

1325 Vgl. BAG v. 6.9.1995, AP Nr. 23 zu § 611 BGB Ausbildungsbeihilfe = DB 1996, 532; BAG v. 16.3.1994, AP Nr. 18 zu § 611 BGB Ausbildungsbeihilfe = DB 1994, 1726.

1326 Däubler/*Dorndorf*, AGB-Kontrolle im Arbeitsrecht, § 307 BGB Rn. 110. Dieser generalierende Maßstab wird durch die analoge Anwendung von § 310 Abs. 3 Nr. 3 BGB um die Berücksichtigung konkret-individueller Umstände ergänzt, vgl. 4. Teil C. III. 2. b).

1327 *Lakies*, AR-Blattei, SD. 35, Rn. 391; Däubler/*Dorndorf*, AGB-Kontrolle im Arbeitsrecht, § 307 BGB Rn. 134; *Thüsing*, in: Henssler/Willemsen/Kalb, § 611 BGB Rn. 468; *Gotthardt*, in: Henssler/Willemsen/Kalb, Anh. §§ 305-310 BGB Rn. 20. In Erwägung zu ziehen ist aber die von der geltungserhaltenden Reduktion zu unterscheidende ergänzende Vertragsauslegung, vgl. 5. Teil B. I. 3.

1328 BAG v. 11.4.2006, BB 2006, 2134.

1329 *Dittrich/Tades*, ABGB, I. Band, § 879 E 54; Palandt/*Heinrichs*, § 138 Rn. 2.

klausel eine geltungserhaltende Reduktion durch. Beide Gerichte unterscheiden bzw. unterschieden in ihren Urteilen nicht, ob es sich um Formular- oder Individualarbeitsverträge handelt. Während das BAG aufgrund der Bereichsausnahme des § 23 Abs. 1 AGBG hierfür auch keine Veranlassung sah, diskutiert das OGH trotz genereller Anwendbarkeit des § 879 Abs. 3 ABGB keine Kontrolle der fragwürdigen Rückzahlungsklauseln an der AGB-rechtlichen Generalklausel.

Hierin ist schließlich auch der Unterschied der OGH-Rechtsprechung zur neuen Rechtslage in Deutschland zu sehen. Zwar wird das BAG seine in früheren Urteilen herausgearbeiteten Abwägungsgesichtspunkte wie aufgezeigt in die Prüfung des § 307 BGB übernehmen können. Die Geltung des AGB-Rechts für Arbeitsverträge hält aber nunmehr zu einer Differenzierung zwischen Individual- und Formularverträgen an. Ein entscheidender Unterschied liegt zudem auch hier in der unter AGB-Recht zu praktizierenden Rechtsfolgenfindung im Fall einer unzulässigen Klausel. Die vom OGH vorgenommene geltungserhaltende Reduktion ist dem BAG zukünftig verschlossen.

III. Vertragsstrafeklauseln

1. Österreich

Unter einer Vertragsstrafe versteht man die Vereinbarung einer Leistung, die der Schuldner dem Gläubiger für den Fall der Nichterfüllung oder nicht gehörigen Erfüllung verspricht[1330]. Das österreichische Recht regelt die Vertragsstrafe in § 1336 ABGB. Im Bereich des Arbeitsrechts werden Vertragsstrafeklauseln insbesondere für die Fälle vereinbart, dass der Arbeitnehmer sein Arbeitsverhältnis ohne Vorliegen eines wichtigen Grundes vorzeitig löst oder aus seinem Verschulden entlassen wird. Des weiteren sanktionieren sie regelmäßig das Zuwiderhandeln gegen eine vereinbarte Konkurrenzklausel[1331]. Auch eine Geheimnisschutzklausel, mit der dem Arbeitnehmer die Pflicht auferlegt wird, auch nach der Beendigung des Arbeitsverhältnisses Unternehmensgeheimnisse zu wahren, kann durch eine Vertragsstrafe abgesichert werden[1332]. Die Vertragsstrafe weist eine Doppelfunktion auf. Zum einen dient sie als Druckmittel gegen den Schuldner, um ihn zu einem vertragsgerechten Verhalten zu veranlassen. Zum anderen ist sie zugleich Pauschalierung des Schadens-

[1330] *Beck-Mannagetta*, ÖJZ 1991, 185.
Ausführlicher zu Begriff, Sinn und Zweck der Vertragsstrafe siehe 6. Teil A.

[1331] Hierfür sehen die §§ 36 ff. AngG Sonderregelungen vor.

[1332] *Rauch*, Arbeitsrecht für Arbeitgeber, S. 86.

ersatzes, wodurch sie etwaigen Schadensnachweisproblemen entgegentritt[1333]. Sie ist insofern akzessorisch, als sie die Gültigkeit der zugrundeliegenden Verpflichtung voraussetzt, deren Erfüllung sie sichern soll[1334].

Die Vereinbarung einer Vertragsstrafe ist mit Blick auf den Grundsatz der Privatautonomie grundsätzlich zulässig[1335]. Die allgemeine Gestaltungsgrenze des rechtsgeschäftlichen Verkehrs ist dabei aber einzuhalten, weshalb die österreichische Rechtsprechung Vertragsstrafen an der allgemeinen Sittenklausel des § 879 Abs. 1 ABGB misst[1336]. Die Sittenwidrigkeit der Vertragsstrafe kann sich insbesondere aus der jedes vernünftige Maß übersteigenden Höhe der vereinbarten Strafsumme ergeben. Die Höhe der Vertragsstrafe ist danach sittenwidrig, wenn der den tatsächlichen Schaden übersteigende Teil des zu zahlenden Betrages die wirtschaftliche Existenz des Verpflichteten vernichten bzw. seine wirtschaftliche Bewegungsfreiheit zumindest sehr einschränken würde oder wenn ein unbegründeter Vermögensvorteil für den Gläubiger gegeben wäre[1337].

Eine wegen Sittenwidrigkeit überhöhte Vertragsstrafe ist nicht als ganzes nichtig, sondern nur bezüglich des Übermaßes[1338]. Auf Einwendung des Schuldners, welche nicht ein explizites Mäßigungsbegehren erfordert, sondern bereits im bloßen Bestreiten des Anspruchs zu erblicken ist[1339], mäßigt das Gericht die Vertragsstrafe gem. § 1336 Abs. 2 ABGB auf das noch zulässige Maß[1340]. Bei der Ausübung seines richterlichen Mäßigungsrechts hat das Gericht die Interessen der Vertragsparteien gegeneinander abzuwägen. Es ist also zu einer Billigkeitsentscheidung aufgerufen, deren maßgeblichen Kriterien vom Einzelfall abhängen und daher nicht taxativ fassbar sind[1341]. Laut Rechtsprechung sind dabei vor allem die Höhe des entstandenen Schadens im Verhältnis zur Höhe der ver-

---

[1333] OGH v. 29.6.1999, ÖJZ 1999, EvBl 206; OGH v. 28.1.1999, SAE 11.821; *Reissner*, ZAS 1994, 127 (131); *Rauch*, Arbeitsrecht für Arbeitgeber, S. 86; *Beck-Mannagetta*, ÖJZ 1991, 185.

[1334] *Reissner*, ZAS 1994, 127 (131); *Beck-Mannagetta*, ÖJZ 1991, 185 (189).

[1335] *Krejci*, in: Rummel, Kommentar zum ABGB, § 879 Rn. 181i; *Beck-Mannagetta*, ÖJZ 1991, 185 (188).

[1336] Vgl. z.B. OGH v. 28.1.1999, SAE 11.821; OGH v. 11.6.1997, DRdA 1997, 506 = SAE 11.620; *Reissner*, ZAS 1994, 127 (133).

[1337] Vgl. *Beck-Mannagetta*, ÖJZ 1991, 185 (189).

[1338] *Beck-Mannagetta*, ÖJZ 1991, 185 (189).

[1339] OLG Linz v. 6.5.1997, SAE 11.560; LG St. Pölten v. 16.4.1999, ZAS 2000 Judikaturbeilage, 3; LG St. Pölten v. 22.3.1999, ZAS 1999 Judikaturbeilage, 35.

[1340] OGH v. 26.6.2002, infas-Sammelband 2002 A 103; OGH v. 28.1.1999, SAE 11.821; OGH v. 11.6.1997, DRdA 1997, 506 = SAE 11.620; OGH v. 8.7.1992, DRdA 1993, 237 ff.; OGH v. 4.4.1990, Sozialpolitik und Arbeitsrecht Nr.3/1991, 7 = SAE 10.854; OGH v. 20.12.1989, Sozialpolitik und Arbeitsrecht Nr. 2/1991, 16; OLG Wien v. 3.12.1997, SAE 11.679; OLG Linz v. 6.5.1997, SAE 11.560; *Rauch*, Arbeitsrecht für Arbeitgeber, S. 86; *Reissner*, ZAS 1994, 127 (132).

[1341] So *Rauch*, Arbeitsrecht für Arbeitgeber, S. 84; *Reissner*, ZAS 1994, 127 (133); *ders.*, DRdA 1993, 237 (242).

einbarten Vertragsstrafe, die wirtschaftlichen oder sozialen Verhältnisse des Arbeitnehmers, insbesondere seine Einkommens- und Vermögensverhältnisse, sowie ferner Art und Ausmaß seines Verschuldens an der Vertragsverletzung zu berücksichtigen[1342]. Der tatsächliche Schaden bildet die Untergrenze der Mäßigung[1343]. Dies bedeutet jedoch nicht, dass die Verwirkung der Vertragsstrafe vom Eintritt eines Schadens abhängt. Steht die Höhe des tatsächlichen Schadens nicht fest, hat dies nur zur Folge, dass der wirkliche Schaden als Mäßigungskriterium unberücksichtigt zu bleiben hat[1344].

Erneut nimmt der OGH bei der Kontrolle zweifelhafter Arbeitsvertragsbedingungen keine Unterscheidung zwischen Individual- oder Formularverträgen vor. § 879 Abs. 3 ABGB bleibt bei der Kontrolle außen vor[1345]. Entscheidender Maßstab ist wiederum die Sittenwidrigkeit nach § 879 Abs. 1 ABGB. Über die Mäßigung der zu hohen Vertragsstrafe nach § 1336 Abs. 2 ABGB wird eine Rechtsfolge im Sinne der geltungserhaltenden Reduktion herbeigeführt.

2. Deutschland

Eine Auseinandersetzung mit der Zulässigkeit arbeitsvertraglicher Vertragsstrafeklauseln in Deutschland ist oben bereits erfolgt. Auf die dortigen ausführlichen Ausführungen wird an dieser Stellen verwiesen[1346]. Hier werden die für den Vergleich relevanten Ergebnisse zusammengefasst.

[1342] OGH v. 26.6.2002, infas-Sammelband 2002 A 103; OGH v. 4.4.1990, Sozialpolitik und Arbeitsrecht Nr. 3/1991, 7 = SAE 10.854; OGH v. 20.12.1989, Sozialpolitik und Arbeitsrecht Nr. 2/1991, 16; LG St.Pölten v. 16.4.1999, ZAS 2000 Judikaturbeilage, 3; OLG Wien v. 3.12.1997, SAE 11.679; *Rauch*, Arbeitsrecht für Arbeitgeber, S. 84; *Mayrhofer*, Arbeitsrecht 2003/2004, S. 257; *Reissner*, DRdA 1993, 237 (242).

[1343] OGH v. 26.6.2002, infas-Sammelband 2002 A 103; OGH v. 4.4.1990, Sozialpolitik und Arbeitsrecht Nr. 3/1991, 7 = SAE 10.854; LG St.Pölten v. 16.4.1999, ZAS 2000 Judikaturbeilage, 3.

[1344] OGH v. 11.6.1997, DRdA 1997, 506 = SAE 11.620; OGH v. 20.12.1989, Sozialpolitik und Arbeitsrecht Nr. 2/1991, 16; OLG Wien v. 3.12.1997, SAE 11.679.

[1345] Anders urteilte der OGH relativ kurz nach Einführung des § 879 Abs. 3 ABGB im Zusammenhang mit einer im Rahmen eines Leasingvertrags formularmäßig vereinbarten Vertragsstrafe. In OGH v. 13.4.1983, JBL 1983, 534 ff. = HS 14.655, maß er diese an der AGB-rechtlichen Generalklausel des § 879 Abs. 3 ABGB.

[1346] Siehe 6. Teil B.

a) Rechtslage vor der Schuldrechtsreform

Das BAG ging von einer grundsätzlichen Zulässigkeit von arbeitsvertraglichen Vertragsstrafevereinbarungen aus, sofern der Arbeitgeber mit ihnen die Einhaltung der vertraglichen Pflichten durch den Arbeitnehmer sichern wollte[1347]. Das BAG unterwarf diese Vereinbarungen einer Billigkeitskontrolle, wobei es regelmäßig ein berechtigtes Arbeitgeberinteresse in dem Umstand erblickte, dass der Arbeitgeber mit der Vertragsstrafe berechtigterweise den Schadensnachweis ersetzen könne, der ihm bei einem Vertragsbruch oder sonstigen schweren Pflichtverletzung des Arbeitnehmers nur schwer oder überhaupt nicht möglich wäre, obwohl regelmäßig ein Schaden einträte[1348]. Ein berechtigtes Arbeitgeberinteresse war nach Ansicht des Gerichts jedoch von vornherein zu verneinen, wenn die Vertragsstrafe vorrangig zur bloßen Generierung neuer, vom Sachinteresse des Arbeitgebers losgelöster Geldforderungen eingesetzt wurde[1349].

Eine für zu hoch erachtete Vertragsstrafe – gleichgültig, ob sie sich in einer Individualvereinbarung oder in einem Formularvertrag befand – wurde gem. § 343 BGB durch richterlichen Gestaltungsakt unter Berücksichtigung der konkreten Umstände des Einzelfalls auf das angemessene Maß herabgesetzt[1350].

b) Rechtslage nach der Schuldrechtsreform

Neben den allgemeinen Vereinbarungsgrenzen der §§ 134, 138 BGB finden nunmehr auch die §§ 305 ff. BGB auf vorformulierte Vertragsstrafevereinbarungen Anwendung. Die Rechtsprechung ist somit zur Differenzierung zwischen individuell vereinbarten und vorformulierten Vertragsstrafen angehalten. Eine weitere Differenzierungsnotwendigkeit ergibt sich aus der Existenz des speziellen Klauselverbots des § 309 Nr. 6 BGB. Vertragsstrafen, die an den Tatbestand des Vertragsbruchs anknüpfen, also für den Fall vereinbart werden, dass ein Ar-

---

1347 Vgl. z.B. BAG v. 30.11.1994, NZA 1995, 695 = DB 1996, 432; BAG v. 23.5.1984, BAGE 46, 50 (54) = NJW 1985, 91 = AP Nr. 9 zu § 339 BGB; BAG v. 5.2.1986, AP Nr. 12 zu § 339 BGB.

1348 Beispielhaft: BAG v. 23.5.1984, BAGE 46, 50 (55) = NJW 1985, 91 = AP Nr. 9 zu § 339 BGB.

1349 Siehe dazu: BAG v. 4.3.2004, BB 2004, 1740 (1745); *Leder/Morgenroth*, NZA 2002, 952 (956); *Lakies*, AR-Blattei, SD. 35, Rn. 442; Preis/*Stoffels*, Der Arbeitsvertrag, II V 30 Rn. 29.

1350 BAG v. 30.11.1994, NZA 1995, 695 = DB 1996, 432; BAG v. 27.5.1992, EzA § 339 BGB Nr. 8; BAG v. 23.5.1984, BAGE 46, 50 = NJW 1985, 91 = AP Nr. 9 zu § 339 BGB; LAG Berlin v. 19.5.1980, AP Nr. 8 zu § 339 BGB; LAG Baden-Württemberg v. 14.5.1963, AP Nr. 2 zu § 339 BGB; a.A.: LAG Köln v. 26.9.1989, LAGE Nr. 4 zu § 339 BGB.

beitnehmer vorsätzlich oder rechtswidrig die Arbeit nicht aufnimmt oder das Arbeitsverhältnis vor Ablauf der vereinbarten Vertragslaufzeit oder vor Ablauf der Kündigungsfrist ohne wichtigen Grund beendet[1351], unterfallen dem Wortlaut nach § 309 Nr. 6 BGB. Vertragsstrafen, deren Verwirkung an die Verletzung anderweitiger Pflichten geknüpft ist, z.B. eine Vertragsstrafenvereinbarung im Zusammenhang mit einem Wettbewerbsverbot, fallen hingegen nicht in den Regelungsbereich des § 309 Nr. 6 BGB[1352]. Derartige Klauseln sind an der Generalklausel des § 307 BGB zu messen.

Die Anwendbarkeit des § 309 Nr. 6 BGB ist allerdings umstritten[1353]. Teilweise wird vertreten, § 309 Nr. 6 BGB generell nicht auf Arbeitsverträge anzuwenden, da dieser auf zahlungspflichtige Kunden zugeschnitten sei und deshalb „nicht passe"[1354]. Andere wiederum stützen sich auf den Wortlaut der Regelung und fordern ein generelles Eingreifen des § 309 Nr. 6 BGB bei entsprechenden arbeitsvertraglichen Vertragsstrafeklauseln[1355]. Die überzeugenderen Argumente sprechen gegen eine Anwendung des § 309 Nr. 6 BGB auf Arbeitsverträge. Das BAG sieht richtigerweise in dem Vollstreckungsverbot des § 888 Abs. 3 BGB eine arbeitsrechtliche Besonderheit i.S.v. § 310 Abs. 4 S. 2 BGB, die für die

---

[1351] So die enge Auffassung vom Vertragsbruch, die nicht den Fall der vom Arbeitnehmer schuldhaft veranlassten vorzeitigen Beendigung des Arbeitsverhältnisses durch Kündigung des Arbeitgebers umfasst, vgl. BAG v. 18.9.1991, AP Nr. 14 zu § 339 BGB; *Singer*, RdA 2003, 194 (202).

[1352] *Däubler*/Dorndorf, AGB-Kontrolle im Arbeitsrecht, § 309 Nr. 6 BGB Rn. 12; *ders.*, NZA 2001, 1329 (1336); *Boudon*, ArbRB 2003, 150 (152); *Leder/Morgenroth*, NZA 2002, 952 (953); *Schierbaum*, in: Berscheid/Kunz/Brand, Praxis des Arbeitsrechts, B. II. Rn. 2169; *Schlodder*, Der Arbeitsvertrag im neuen Schuldrecht, S. 223 f.; a.A.: *v. Koppenfels*, NZA 2002, 598 (602); *Klevemann*, AIB 2002, 577 (582); *Lakies*, AR-Blattei, SD. 35, Rn. 415; *ders*, in: Kittner/Zwanziger, Arbeitsrecht, Handbuch für die Praxis, § 79 Rn. 20c, die im Wege eines „Erst-Recht-Schlusses" § 309 Nr. 6 BGB in entsprechender Anwendung auch auf Vertragsstrafen bezüglich anderer Pflichtverletzungen ausdehnen wollen, um ein generelles Vertragsstrafenverbot für den Arbeitsvertrag herbeizuführen.

[1353] Vgl. dazu ausführlich 6. Teil B. II. 2. b).

[1354] *Stoffels*, NZA 2004 Beilage 1, 19 (20); ErfK/*Preis*, §§ 305–310 BGB Rn. 93; *ders.*, NZA 2003 Beilage 16, 19 (33); *Gotthardt*, ZIP 2002, 277 (283); *ders.*, Arbeitsrecht nach der Schuldrechtsreform, S. 111; *Lingemann*, NZA 2002, 181 (191 f.); *Seitz/Hülbach*, in: Tschöpe Anwaltshandbuch Arbeitsrecht, Teil 2 D Rn. 41; *Henssler*, RdA 2002, 129 (138); *ders.*, in: Dauner-Lieb/Konzen/Schmidt, Das neue Schuldrecht in der Praxis, 615 (642); *Schlodder*, Der Arbeitsvertrag im neuen Schuldrecht, S. 225; *Reichold*, ZTR 2002, 202 (207); *Leder/Morgenroth*, NZA 2002, 952 (954); Kroiß/*Fell*, Klauselbuch Schuldrecht, § 3 Rn. 78.

[1355] Hessisches LAG v. 25.4.2003, AuR 2004, 273 = ZTR 2004, 325; Hessisches LAG v. 7.5.2003 – 2 Sa 53/03, n.V.; LAG Hamm v. 24.1.2003, DB 2003, 2549 (2550); LAG Düsseldorf v. 8.1.2003, NZA 2003, 382 (384); *Lakies*, AR-Blattei, SD. 35, Rn. 417; *ders.*, in: Kittner/Zwanziger, Arbeitsrecht, Handbuch für die Praxis, § 79 Rn. 20c; *Däubler*/Dorndorf, AGB-Kontrolle im Arbeitsrecht, § 309 Nr. 6 BGB Rn. 5; *Melot de Beauregard*, BB 2004, 1746 (1747); *Reinecke*, NZA 2004 Beilage 18, 27 (32 f.).

grundsätzliche Zulässigkeit derartiger Vertragsstrafen spricht[1356]. Demzufolge sind auch Vertragsstrafen wegen eines arbeitnehmerseitigen Vertragsbruchs einer Angemessenheitskontrolle nach § 307 BGB zu unterziehen.

Im Rahmen der nach § 307 Abs. 1 S. 1 BGB vorzunehmenden Angemessenheitskontrolle kann den durch die BAG-Rechtsprechung entwickelten Kriterien Indizcharakter für das Vorliegen eines berechtigten Arbeitgeberinteresses zukommen[1357].

Eine in einem Formulararbeitsvertrag vereinbarte unangemessen hohe Vertragsstrafe ist nunmehr nach § 307 Abs. 1 S. 1 BGB unwirksam und kann nicht nach § 343 BGB herabgesetzt werden. Eine derartige Verringerung der zu zahlenden Strafe widerspräche dem für Formularverträge aus § 306 Abs. 2 BGB folgenden Verbot der geltungserhaltenden Reduktion[1358].

3. Fazit

Die OGH-Rechtsprechung ähnelt den in Deutschland zur alten Rechtslage gesprochenen Urteilen. Die Möglichkeit der zulässigen Vereinbarung von Vertragsstrafen wird prinzipiell nicht in Abrede gestellt. Die eigentliche Überprüfung der Vertragsstrafe setzt erst an der vereinbarten Höhe an. Wird die Strafe für zu hoch erachtet, mäßigt der OGH bzw. mäßigte das BAG die Strafe auf das noch zulässige Maß. Eine Unterscheidung zwischen Individual- und Formularverträgen wird bzw. wurde nicht vorgenommen.

Die neue Rechtslage in Deutschland unterscheidet sich von der OGH-Rechtsprechung hingegen dadurch, dass nunmehr bei vorformulierten Vertragsstrafevereinbarungen bereits die Frage nach einer wirksamen Vereinbarung in das Zentrum der Prüfung rückt. Eine zu hohe Strafe führt – entgegen dem Vorgehen in Österreich – nicht zu einer Mäßigung, sondern aufgrund des nun anzuwendenden Verbots der geltungserhaltenden Reduktion zur Unwirksamkeit der Klausel.

C. Fazit

Betrachtet man die OGH-Rechtsprechung zu arbeitsvertraglichen Verfallsfristen bzw. Ausschlussklauseln[1359], so scheinen sich daraus inhaltliche Erkenntnisse für die unter der Geltung der §§ 305 ff. BGB zu erwartende Rechtsprechung in

---

[1356] BAG v. 4.3.2004, BB 2004, 1740 ff. Siehe dazu ausführlicher 6. Teil B. II. 2. b) cc).

[1357] Siehe dazu 6. Teil B. II. 2. c).

[1358] BAG v. 4.3.2004, BB 2004, 1740 (1746). Ausführlich zum Verbot der geltungserhaltenden Reduktion siehe 5. Teil B. II. 2. a).

[1359] Siehe 7. Teil B. I. 1.

Deutschland zu ergeben. Der OGH orientiert sich bei seiner Überprüfung der fraglichen Ausschlussklauseln an den gesetzlich vorgegebenen Verjährungsfristen und arbeitet dabei eine Mindestgrenze von drei Monaten heraus. Dies entspricht den Erwartungen der in Deutschland h.M. an die zukünftigen Zulässigkeitskriterien für im Arbeitsvertrag vorformulierte Ausschlussklauseln[1360].

Größtenteils gleicht die OGH-Rechtsprechung jedoch in Inhalt und dogmatischem Vorgehen der noch auf der Rechtslage vor der Schuldrechtsreform basierenden BAG-Rechtsprechung: Eine Differenzierung zwischen individuell vereinbarten oder vorformulierten arbeitsvertraglichen Bestimmungen findet nicht statt. Für unzulässig befundene Vertragsbestimmungen werden nicht vollumfänglich verworfen, sondern im noch zulässigem Maße aufrecht erhalten. Vor allen Dingen aber orientiert sich die gerichtliche Vertragskontrolle an allgemeinen Maßstäben wie der Sittenwidrigkeit (§ 879 Abs. 1 ABGB). Die AGB-rechtliche Generalklausel wird nicht bemüht.

Erklärt sich dieser Umstand in der früheren BAG-Rechtsprechung problemlos aus der für das Arbeitsrecht einstmals gegebenen Bereichsausnahme des AGB-Rechts (§ 23 Abs. 1 AGBG), so verwundert er doch mit Blick auf die österreichische Rechtslage.

Die Vorgehensweise der österreichischen Gerichte ist deshalb teilweise auch der Kritik der Literatur ausgesetzt, welche an das Vorbringen von Teilen der deutschen Literatur bezüglich der früheren BAG-Rechtsprechung erinnert[1361]. Vereinzelt wird dabei explizit gefordert, den AGB-Bestimmungen mehr Bedeutung im Rahmen der österreichischen Arbeitsvertragskontrolle einzuräumen[1362].

Der österreichische Gesetzgeber gibt seinen nationalen Gerichten jedenfalls ein AGB-Kontrollsystem an die Hand, welches in zentralen Punkten dem System ähnelt, das sich im deutschen Recht nunmehr in den §§ 305 ff. BGB findet[1363]. Insbesondere liegt mit § 879 Abs. 3 ABGB eine AGB-rechtliche Generalklausel vor, die bereits seit ihrer Einführung im Jahr 1979 auf Arbeitsverträge anwendbar ist[1364]. Über die Gründe dafür, warum § 879 Abs. 3 ABGB in der österreichischen Rechtsprechung und Literatur zum Arbeitsrecht kaum

---

1360 Siehe 4. Teil C. II. 1. b).

1361 *Welser*, DRdA 1991, 1 (5 f.); *Schindler*, in: Resch, Kritische Klauseln im Arbeitsvertrag, 55 (67 ff.), kritisieren z.B. die OGH-Rechtsprechung zu Widerrufsvorbehalten, welche eine schwankende und unvorhersehbare Judikatur sei, die die Anwendung derartiger Vereinbarungen zu einem „unkalkulierbaren Vabanquespiel" mache. Die Heranziehung von „Billigkeit" oder einer „Fürsorgepflicht" seien wenig aussagekräftig.

1362 *Kallab*, DRdA 2000, 187 f., fordert beispielsweise, dass sich im arbeitsgerichtlichen Verfahren intensiver mit der Frage der Vertragserrichtung und in diesem Zusammenhang mit dem Schutz vor Überrumpelung oder gar Übertölpelung gem. § 864a ABGB auseinandergesetzt wird

1363 Siehe 7. Teil A.

1364 Siehe 7. Teil A. III. 1.

eine relevante Rolle spielt, lassen sich nur Mutmaßungen anstellen. Zum einen mangelt es dem österreichischen AGB-Recht an einer geschlossenen Kodifikation. Zum anderen ist die AGB-rechtliche Klausel von ihrer Stellung im Gesetz her als Annex zur allgemeinen Sittenwidrigkeitsklausel ausgestaltet worden. Diese beiden Umstände könnten dazu führen, dass dem Rechtsanwender die eigenständige Bedeutung des AGB-Rechts und ihrer Generalklausel eventuell nicht im angebrachten Maße vor Augen geführt wird. Im Arbeitsrecht kommt zudem noch die Bereichsausnahme des § 1 Abs. 4 öKSchG hinzu, welche das Arbeitsrecht vom Anwendungsbereich der speziellen Klauselverbote ausnimmt. Dies führt unter Umständen ebenfalls zu einer mangelnden Sensibilität für eine AGB-Kontrolle im österreichischen Arbeitsrecht.

Möglicherweise wird die in Deutschland erfolgte teilweise Aufhebung der AGB-rechtlichen Bereichsausnahme die österreichische Rechtsprechung zur Arbeitsvertragskontrolle beeinflussen. Bereits jetzt ist nicht von der Hand zu weisen, dass in Österreich eine gewisse Orientierung an der deutschen Rechtslage erfolgt. So wird beispielsweise zur Begriffsbestimmung von Allgemeinen Geschäftsbedingungen auf die deutsche Definition zurückgegriffen[1365] oder bei der Abgrenzung zwischen Haupt- und Nebenbestimmung ein Ausrichten an der deutschen Rechtsprechung empfohlen[1366]. Der Umstand, dass Formulararbeitsverträge in Deutschland nun weitreichender dem AGB-Recht unterworfen sind als im österreichischen Recht, da in Deutschland z.B. auch die speziellen Klauselverbote bei entsprechenden Verträge eingreifen, könnte dazu führen, dass nunmehr auch in Österreich eine Tendenz zur verstärkten Beachtung und Heranziehung AGB-rechtlicher Normen i.R.d. Arbeitsvertragskontrolle ausgelöst wird. Die deutsche Rechtsänderung könnte z.B. die österreichische Literaturforderung nach der Aufhebung der Bereichsausnahme des § 1 Abs. 4 öKSchG[1367] forcieren.

Welche Erkenntnisse lassen sich aber aus der dargestellten OGH-Rechtsprechung für die deutsche Rechtslage gewinnen? Da der OGH § 879 Abs. 3 ABGB nicht beachtet, lassen sich aus der österreichischen Rechtsprechung keine inhaltlichen Prognosen für die im Einzelfall zu erwartende BAG-Rechtsprechung unter der nunmehr auch im Arbeitsrecht gegebenen Geltung des § 307 BGB ge-

---

1365 *Mayrhofer*, JBL 1993, 174 (175); *Rummel*, Kommentar zum ABGB, § 864a Rn. 1; *Kletečka*, in: Aicher/Holoubek, Der Schutz von Verbraucherinteressen, 133 (134); *Krejci*, in: Rummel, Kommentar zum ABGB, § 879 Rn. 232.

1366 So *Krejci*, Handbuch zum KSchG, S.150 f.; *Kletečka*, in: Aicher/Holoubek, Der Schutz von Verbraucherinteressen, 133 (137); vgl. auch *Eissler*, Die EU-Richtlinie über missbräuchliche Klauseln in Verbraucherverträgen im deutsch-österreichischen Rechtsvergleich, S. 59.

1367 Vgl. *Krejci*, in: Bundesministerium für Umwelt, Jugend und Familie (Hrsg.), Konsumentenpolitisches Jahrbuch 1988-1989, 85 (101); *ders.*, Handbuch zum KSchG 1981, S.242 ff.; *Eissler*, Die EU-Richtlinie über missbräuchliche Klauseln in Verbraucherverträgen im deutsch-österreichischen Rechtsvergleich, S. 68.

winnen. Vielmehr drängt sich eine grundlegende Schlussfolgerung auf. Bedient sich die österreichische Rechtsprechung bei der Arbeitsvertragskontrolle nicht der eigentlich anwendbaren AGB-rechtlichen Bestimmungen, so zeigt dies, dass sich dogmatische Ungenauigkeiten in der Rechtsprechung nicht einfach durch die Einführung einer potentiellen Rechtsgrundlage für eine vom Gesetzgeber angestrebte Vertragskontrolle beheben lassen. Das deutsche AGB-Recht enthält zudem Regelungen wie § 310 Abs. 4 S. 2 BGB, der die Beachtung arbeitsrechtlicher Besonderheiten fordert, die es ermöglichen, die Formulararbeitsverträge größtenteils aus seinem Anwendungsbereich herauszunehmen. Dies wird teilweise auch befürwortet, indem man ein Kontinuitätsgebot für die arbeitsrechtliche Rechtsprechung statuiert[1368]. Es besteht also durchaus die Möglichkeit, dass trotz der nun gegebenen prinzipiellen Anwendbarkeit des AGB-Rechts auf Formulararbeitsverträge ihre gerichtliche Kontrolle – ähnlich wie in Österreich – an den AGB-rechtlichen Bestimmungen vorbeiläuft. Die im Rahmen der Schuldrechtsreform erfolgte teilweise Aufhebung der arbeitsrechtlichen Bereichsausnahme bliebe damit faktisch wirkungslos. Das österreichische Beispiel schärft die Sinne für diese Gefahr und hält dazu an, bei der Anwendung der AGB-Regelungen die mit der Aufhebung der Bereichsausnahme verbundene gesetzgeberische Intention strengsten zu beachten, um den gesetzlichen Bestimmungen zu ihren erhofften Wirkungen zu verhelfen.

Der Vergleich mit der österreichischen AGB- und Arbeitsvertragskontrolle verdeutlicht zudem die enorme Bedeutung der jeweiligen Rechtsfolgenanordnung. Sowohl das österreichische AGB-Recht als auch der OGH in seiner Rechtsanwendung gehen von der Zulässigkeit einer geltungserhaltenden Reduktion aus[1369]. In Deutschland ist diese im AGB-Recht und damit nun auch bei der Kontrolle von Formulararbeitsverträgen verboten[1370]. Gleichen sich die Abwägungskriterien deutscher und österreichischer Gerichte bei der Beurteilung zweifelhafter Klauseln, so führt erst die jeweils unterschiedliche Rechtsfolgenfindung zu den entscheidenden Differenzen im Beurteilungsergebnis. Ein „Aufweichen“ des Verbots der geltungserhaltenden Reduktion im Arbeitsvertragsrecht unter Hinweis auf ein etwaiges Kontinuitätsgebot oder mögliche arbeitsrechtliche Besonderheiten würde die Aufhebung der AGB-rechtlichen Bereichsausnahme und die damit bezweckte Anhebung des Schutzniveaus an entscheidender Stelle unterlaufen.

[1368] Siehe 4. Teil A. II.
[1369] Siehe 7. Teil A. IV.
[1370] Siehe dazu 5. Teil B. II. 2. a).

8. Teil: Fazit

Abschließend werden an dieser Stelle die wichtigsten Teilergebnisse im Überblick dargestellt, bevor es gilt, ein Gesamtfazit zu ziehen.

A. Teilergebnisse

1. Im Regelfall werden Arbeitsverträge als Formularverträge geschlossen, die der Definition der Allgemeinen Geschäftsbedingungen in § 305 Abs. 1 S. 1 BGB unterfallen und daher einer AGB-Kontrolle anhand der §§ 305 ff. BGB zugänglich sind.

2. Der Arbeitnehmer handelt beim Abschluss eines Arbeitsvertrages nicht als Verbraucher i.S.v. § 13 BGB. Einer derartigen Verbrauchereigenschaft des Arbeitnehmers stehen die unterschiedlichen Schutzrichtungen von Arbeitnehmerschutz und Verbraucherschutz im Allgemeinen und der Sinn und Zweck des § 13 BGB im Besonderen entgegen. Der Arbeitsvertrag ist somit kein Verbrauchervertrag. Eine Herbeiführung der Kontrollmodifikationen des § 310 Abs. 3 BGB durch eine direkte Anwendung dieser Norm scheidet demnach aus. Mit Blick auf die Ratio des § 310 Abs. 3 BGB und begrenzt auf die spezielle Situation des Vertragsschlusses unter AGB-Verwendung ist die jeweilige Schutzbedürftigkeit von Arbeitnehmer und Verbraucher aber vergleichbar, so dass eine analoge Anwendung des § 310 Abs. 3 BGB zu befürworten ist.

3. Individuell ausgehandelte Arbeitsverträge unterliegen nicht den §§ 305 ff. BGB. Sie bleiben aber dennoch weiterhin einer gerichtlichen Inhaltskontrolle ausgesetzt. Dies folgt zum einen daraus, dass der Arbeitnehmer auf den Arbeitsplatz existentiell angewiesen ist. Dieser Umstand steht selbst bei einem individuellen Aushandeln der Vertragsbedingungen im Regelfall der Annahme einer Verhandlungsparität entgegen. Zum anderen würde die Aufgabe einer Inhaltskontrolle derartiger Verträge dem mit der Änderung der AGB-rechtlichen Bereichsausnahme verfolgten Zweck der Erweiterung des Arbeitnehmerschutzes zuwiderlaufen. Individuell ausgehandelte Arbeits-verträge sind dabei weder direkt noch analog an den Maßstäben der §§ 307 ff. BGB zu messen. Erst recht muss die Anwendung strengerer Maßstäbe unterbleiben. Die Inhaltskontrolle individuell ausgehandelter Arbeitsverträge darf nicht das Schutzniveau der AGB-Kontrolle erreichen. Ansonsten würde die vom Gesetzgeber vorgenommene Differenzierung zwischen vorformulierten und ausgehandelten Arbeitsverträgen missachtet.

4. Vorformulierte Nebenbestimmungen in einem Aufhebungsvertrag unterliegen den §§ 305 ff. BGB. Ein generelles Verhandlungsgleichgewicht zwischen Arbeitnehmer und Arbeitgeber beim Abschluss eines Aufhebungsvertrages kann nicht angenommen werden. Ist aber im Einzelfall eine Fallgestaltung gegeben, deren Umstände typischerweise für ein Gleichgewicht zwischen den Verhandlungspartnern sprechen, kann dies über die Regelung des § 310 Abs. 4 S. 2 Hs. 1 BGB dazu führen, dass ein weniger strenger Kontrollmaßstab anzulegen ist.

5. Austauschverträge außerhalb des Arbeitsvertrags, insbesondere Darlehens-, Miet- und Kaufverträge zwischen Arbeitgeber und Arbeitnehmer, unterliegen ohne weiteres dem AGB-Recht. Diese sogenannten Mitarbeiterverträge sind im Regelfall Verbraucherverträge, so dass § 310 Abs. 3 BGB direkt Anwendung findet. Die Sonderregelung des § 310 Abs. 4 S. 2 BGB, die zur Beachtung der „Besonderheiten des Arbeitsrechts“ anhält, greift hingegen nicht bei derartigen Austauschverträgen.

6. Tarifverträge unterliegen nach § 310 Abs. 4 S. 1 BGB nicht den Regeln der AGB-Kontrolle. Die Tarifautonomie und die Annahme einer Richtigkeitsgewähr des Tarifvertrags rechtfertigen eine Freistellung von der AGB-Kontrolle. Zudem werden Tarifverträge nicht in der Form von Allgemeinen Geschäftsbedingungen vereinbart.
   Wird in einem Einzelarbeitsvertrag ein Tarifvertrag in Bezug genommen, so sind die entsprechenden Regelungen nur dann nicht an den §§ 307 ff. BGB zu messen, wenn auf einen fachlich, geographisch und zeitlich generell einschlägigen Tarifvertrag im Ganzen verwiesen wird. Nur bei einer solchen Globalverweisung kann die Angemessenheit der Regelungen vermutet werden. Die Einbeziehungs- und Transparenzkontrolle der in Bezug genommenen tarifvertraglichen Regelungen bleibt aber auch dann möglich, wenn die Inhaltskontrolle im Übrigen ausgeschlossen ist. Von der Kontrolle der in Bezug genommenen Kollektivregelungen ist die Kontrolle der Bezugnahmeklausel selbst zu unterscheiden. Bezugnahmeklauseln sind insbesondere an dem Verbot überraschender Klauseln (§ 305c Abs. 1 BGB), der Unklarheitenregel (§ 305c Abs. 2 BGB) und dem Transparenzgebot (§ 307 Abs. 1 S. 2 BGB) zu messen.

7. Betriebsvereinbarungen sind nach § 310 Abs. 4 S. 1 BGB vom Anwendungsbereich der AGB-Kontrolle ausgeschlossen. Dies bedeutet jedoch nicht die Unzulässigkeit jeglicher andersartiger inhaltlicher Überprüfung von Betriebsvereinbarungen. Da die Bereichsausnahme des § 310 Abs. 4 S. 1 BGB eine Angemessenheitskontrolle von Betriebsvereinbarungen verhindern möchte, muss die Kontrollintensität bei Betriebsvereinbarun-

gen aber hinter der Intensität der AGB-Kontrolle zurückbleiben. Eine Fortsetzung der bisherigen gerichtlichen Kontrolle, die sich vor allem auf § 75 BetrVG stützt, ist unter diesen Umständen nicht ausgeschlossen.

8. Kirchliche Arbeitsvertragsordnungen bzw. –richtlinien unterliegen entgegen dem Wortlaut von § 310 Abs. 4 S. 1 BGB nicht der AGB-Kontrolle. Dies folgt aus dem Gleichstellungsgebot von kirchlichen Arbeitsvertragsrichtlinien und Tarifverträgen, welches sich aus der Verfassungsgarantie des kirchlichen Selbstbestimmungsrechts gem. Art. 140 GG i.V.m. Art. 137 Abs. 3 WRV ergibt. Zudem spricht ein „Erst-Recht-Schluss" für die Erstreckung der Bereichsausnahme auf kirchliche Arbeitsvertragsrichtlinien. Wenn der Gesetzgeber entgegen der vorangegangen Rechtsprechung des BAG Betriebsvereinbarungen von der Inhaltskontrolle freistellt, dann muss dies erst recht für die Regelungen des Dritten Weges gelten, die bereits in der bisherigen Rechtsprechung weitestgehend der Inhaltskontrolle entzogen waren.

9. Die Berücksichtigung arbeitsrechtlicher Besonderheiten nach § 310 Abs. 4 S. 2 BGB kann sowohl den Vorgang zur Feststellung einer unangemessenen Benachteiligung i.S.v. § 307 Abs. 1 BGB beeinflussen als auch zu einer Modifikation der speziellen Klauselverbote der §§ 308, 309 BGB führen. Dem steht auch nicht entgegen, dass es sich ausweislich der amtlichen Überschrift bei § 309 BGB um Klauselverbote ohne Wertungsmöglichkeit handelt. Der Regelung des § 310 Abs. 4 S. 2 BGB kann keine generelle und unreflektierte Übernahme der bisherigen arbeitsgerichtlichen Rechtsprechung zur Inhaltskontrolle von Arbeitsverträgen im Sinne eines Kontinuitätsgebots entnommen werden. Der Begriff der „im Arbeitsrecht geltenden Besonderheiten" umfasst nicht nur rechtliche und exklusive Umstände, sondern auch tatsächliche Gegebenheiten und solche Besonderheiten, die sich das Arbeitsrecht eventuell auch mit anderen Rechtsgebieten teilt. Unter den zu beachtenden Besonderheiten sind nicht nur Eigentümlichkeiten innerhalb des Arbeitsrechts, sondern auch diejenigen Besonderheiten des Arbeitsrechts zu verstehen, die dieses Rechtsgebiet von anderen Rechtsgebieten unterscheidet. § 310 Abs. 4 S. 2 BGB verlangt nur die „angemessene" Berücksichtigung der Besonderheiten des Arbeitsrechts. Das bloße Vorhandensein einer im Arbeitsrecht geltenden Besonderheit führt nicht automatisch zu einer Abänderung des AGB-rechtlichen Prüfungsmaßstabs. Vielmehr ist im Rahmen eines Abwägungsprozesses zu fragen, ob die jeweilige Besonderheit von einem solchen Gewicht ist, dass eine Modifizierung des allgemeinen Prüfungsmaßstabs des AGB-Rechts notwendig erscheint.

10. Die von § 310 Abs. 4 S. 3 BGB angeordnete Gleichstellung von Tarifverträgen mit Rechtsvorschriften im Sinne des § 307 Abs. 3 BGB führt nicht dazu, dass Tarifverträge zukünftig als Maßstab der AGB-rechtlichen Angemessenheitskontrolle heranzuziehen sind. Eine AGB-rechtliche Entgeltkontrolle am Tarifniveau findet nicht statt. Neben weiteren Bedenken steht eine derartige Überprüfung des vereinbarten Lohnes vor allem im Widerspruch zur negativen Koalitionsfreiheit gem. Art. 9 Abs. 3 GG.

11. Das in § 307 Abs. 1 S. 2 BGB normierte Transparenzgebot fand in der Rechtsprechung des BAG auch schon vor der Änderung des AGB-Rechts Anwendung. Die ausdrückliche Aufnahme des Transparenzgebots in den Gesetzestext bei gleichzeitiger Aufgabe der generellen arbeitsrechtlichen Bereichsausnahme sollte aber zu einer gesteigerten Sensibilität der Arbeitsgerichte für diesen Problemkreis und damit zu einer Verschärfung der Transparenzkontrolle von Arbeitsverträgen führen. Mit dem Transparenzgebot in der Ausprägung des Bestimmtheitsgebotes kollidieren beispielsweise einseitige Leistungsbestimmungsrechte, deren Reichweite für den Arbeitnehmer bei Vertragsschluss nicht erkennbar sind. Die Unwirksamkeit solcher Klauseln kann etwa durch die Angabe eines Beispiels für eine bestimmte Kategorie von Änderungsgründen vermieden werden, die eine zukünftige einseitige Vertragsanpassung rechtfertigen sollen.

12. Die Regelung des § 307 Abs. 2 Nr. 1 BGB konkretisiert die Generalklausel des § 307 Abs. 1 S. 1 BGB, indem sie bestimmt, dass im Zweifel eine unangemessene Benachteiligung gegeben ist, wenn eine Klausel mit wesentlichen Grundgedanken der gesetzlichen Regelung unvereinbar ist. Mit Blick auf Arbeitsverträge ist § 307 Abs. 2 Nr. 1 BGB insbesondere bei Ausschlussklauseln von Bedeutung. Der vom BAG früher zur Rechtfertigung kurzer Ausschlussfristen herangezogene Hinweis auf vergleichbare tarifliche Regelungen muss nunmehr ausscheiden, da Tarifverträge keinen tauglichen Maßstab i.R.d. AGB-Kontrolle darstellen. Vielmehr verlangt § 307 Abs. 2 Nr. 1 BGB eine Orientierung am gesetzlichen Leitbild der Verjährungsvorschriften. Diese Verjährungsvorschriften haben durch die Schuldrechtsreform ebenfalls eine Änderung erfahren. Die Verjährungsfrist für Ansprüche des Arbeitnehmers hat sich verlängert. Unter diesen Umständen sind kurze, nur ein- oder zweimonatige Ausschlussfristen als unangemessen zu betrachten. Unter Beachtung der BGH-Rechtsprechung zur Verkürzung von Verjährungsfristen dürfte die äußerste Grenze zur Unwirksamkeit der Klausel zukünftig bei einer Verkürzung der Verjährungsfrist auf drei Monate erreicht sein.

13. Die Generalklausel des § 307 Abs. 1 S. 1 BGB verlangt, die Angemessenheit einer Vertragsklausel anhand einer umfassenden Abwägung der Interessen des Verwenders einerseits und des Vertragspartners andererseits zu beurteilen. Dieser Grundgedanke einer Verhältnismäßigkeitsprüfung war der bisherigen arbeitsgerichtlichen Rechtsprechung nicht fremd. Die dogmatische Verortung der Angemessenheitskontrolle in § 307 Abs. 1 S. 1 BGB bündelt aber die diversen Kontrollansätze, die die arbeitsgerichtliche Rechtsprechung bislang durchzogen haben. Sie bietet die Möglichkeit zur Entwicklung einer einheitlichen systematischen Leitlinie der Arbeitsvertragskontrolle. Durch die Herausarbeitung allgemeingültiger Kriterien bietet sich die Chance, ein „Mehr" an Rechtssicherheit zu schaffen. Solche Kriterien einer abstrakt-generellen Betrachtung sind z.B. der jeweilige Status des Arbeitnehmers und die Art des Arbeitsvertrags. Untaugliche Kriterien stellen hingegen die jeweilige Vergütungshöhe und die Üblichkeit einer Klausel dar. Erst im Anschluss an eine generell-abstrakte Betrachtung können aufgrund der analogen Anwendung des § 310 Abs. 3 Nr. 3 BGB konkret-individuelle Umstände des Vertragsschlusses den über-individuellen Maßstab ergänzen.

14. Werden Allgemeine Geschäftsbedingungen ganz oder teilweise nicht Vertragsbestandteil oder sind sie unwirksam, so bestimmt § 306 Abs. 1 BGB unter Abkehr von der allgemeinen Regel des § 139 BGB, dass der restliche Vertrag grundsätzlich wirksam bleibt. Diese Rechtsfolge entspricht der schon bisher geltenden Rechtspraxis im Arbeitsrecht. So widerspräche die Gesamtnichtigkeit des Arbeitsvertrags dem Schutzzweck des Arbeitsrechts. Das aus § 306 Abs. 2 BGB gefolgerte Verbot der geltungserhaltenden Reduktion gilt nunmehr auch im Arbeitsvertragsrecht. Führt der vollständige Wegfall der unangemessenen Klausel jedoch zu keiner für beide Seiten interessengerechten, angemessenen Lösung, so kann das Rechtsinstitut der ergänzenden Vertragsauslegung zur Lückenfüllung herangezogen werden. Ergänzende Vertragsauslegung und geltungserhaltende Reduktion unterscheiden sich in ihren gedanklichen Ansatzpunkten und in ihren Wirkungsweisen, so dass die Anwendung der ergänzenden Vertragsauslegung nicht mit dem Verbot der geltungserhaltenden Reduktion kollidiert. Im Rahmen der ergänzenden Vertragsauslegung findet die bisherige Rechtsprechung der Arbeitsgerichte ihre Rolle als Auslegungshilfe. Salvatorische Klauseln unterlaufen das Verbot der geltungserhaltenden Reduktion und sind deshalb in Formulararbeitsverträgen unzulässig.

15. Das spezielle Klauselverbot des § 309 Nr. 6 BGB findet wegen arbeitsrechtlicher Besonderheiten keine Anwendung auf vorformulierte

Vertragsstrafenvereinbarungen in Arbeitsverträgen. Vertragsstrafen, die den arbeitnehmerseitigen Vertragsbruch sanktionieren, sind daher ebenso wie die übrigen Vertragsstrafeabreden in Arbeitsverträgen einer Angemessenheitskontrolle nach § 307 BGB zu unterziehen. Hierbei kann insbesondere eine zu hohe Vertragsstrafe zur Unangemessenheit der Regelung führen. Die Rechtswirksamkeitskontrolle des § 307 BGB geht dabei der Herabsetzungsmöglichkeit des § 343 BGB voraus. Ist eine unangemessen hohe Vertragsstrafe nach § 307 Abs. 1 S. 1 BGB un-wirksam, so kann sie nicht nach § 343 BGB herabgesetzt werden. Eine derartige Verringerung der zu zahlenden Strafe widerspräche dem für Formularverträge aus § 306 Abs. 2 BGB folgenden Verbot der geltungserhaltenden Reduktion.

B. Gesamtfazit

Indem der Gesetzgeber die Arbeitsverträge der AGB-Kontrolle unterstellte, beendete er das Durcheinander an verfassungsrechtlicher, arbeitsvertragsspezifischer und allgemein zivilrechtlicher Kontrollgrundlagen, welches in der Rechtsprechung des BAG zur Inhaltskontrolle von Arbeitsverträgen vorherrschte. In der Vergangenheit deckten sich Kontrollgrundlage und Kontrollwirklichkeit oftmals nicht. Vielmehr näherte sich die Kontrollpraxis der Arbeitsgerichte dem Begriff der Inhaltskontrolle an, obwohl die für die Vertragskontrolle jeweils herangezogenen Rechtsgrundlagen eine derartige Vorgehensweise nicht rechtfertigten. Durch die Verortung der arbeitsvertraglichen Inhaltskontrolle bei § 307 BGB wird dieser dogmatisch unsaubere Zustand beendet. Kontrollgrundlage und Kontrollwirklichkeit stehen wieder im Einklang. Zudem bietet die Abkehr von der Vielfalt möglicher Kontrollgrundlagen hin zur Verankerung der Arbeitsvertragskontrolle im AGB-Recht die Chance zu mehr Rechtssicherheit. Der juristische Kampf um die richtige dogmatische Verankerung ist obsolet. Eine weitere Rechtsfortbildung ohne gesichertes Fundament wird unterbunden. Rechtsprechung und Literatur können sich nunmehr darauf konzentrieren, anhand der §§ 305 ff. BGB konkrete und einheitliche Maßstäbe zu entwickeln, welche dem Rechtsanwender Orientierung bei der Gestaltung von Arbeitsverträgen bieten.

Dieser Chance steht aber auch eine Gefahr gegenüber. So sind dem AGB-Recht Regelungen immanent, die neue Rechtsunsicherheiten begünstigen. Seit jeher ist das AGB-Recht von Wertungsmöglichkeiten durchdrungen. Dies ist auch zwingend notwendig, da nur auf diese Weise faire und gerechte Lösungen erreichbar sind, die so weit wie möglich auf den typisierten Einzelfall eingehen. Andererseits bieten diese Wertungsmöglichkeiten aber auch Gelegenheit, den Arbeitsvertrag der AGB-Kontrolle wieder weitestgehend zu entziehen. Dies verdeutlicht insbesondere die Regelung des § 310 Abs. 4 S. 2 BGB, wonach die arbeitsrechtlichen Besonderheiten zu berücksichtigen sind. Die vorangehende Darstellung der Rechtslage mit Blick auf vorformulierte Vertragsstrafenvereinbarungen hat verdeutlicht, welche unterschiedlichen Rechtsfolgen bzw. praktischen Auswirkungen das AGB-Recht ermöglicht, je nachdem in welche Richtung das Wertungspotential genutzt wird. Bis sich in den vielen Einzelfragen eine einheitliche Linie herausgebildet hat, besteht eine Rechtsunsicherheit fort. Der vorgenommene Vergleich mit der österreichischen Arbeitsvertragskontrolle sollte dabei die Sinne für die Gefahr schärfen, dass die Inhaltskontrolle von Arbeitsverträgen auch zukünftig an den AGB-rechtlichen Bestimmungen vorbeiläuft. Trotz prinzipieller Anwendbarkeit des AGB-Rechts ignoriert die österreichische Rechtsprechung diese Regelungen, wenn sie Inhalte von Arbeitsverträgen kontrolliert. Dies zeigt letztlich auf, in welcher Form der Gesetzgeber gerade bei der Schaffung von Rechtsgrundlagen, denen ein Wertungspotential inne ist, in der Umsetzung darauf angewiesen ist, dass sich die Rechtsanwender seiner Intention bzw. seinem Grundkonzept anschließen.

Dies führt zu der Frage nach der Intention, die der Gesetzgeber mit der teilweisen Aufhebung der arbeitsrechtlichen Bereichsausnahme verfolgt hat. Schließlich stellt die Nichtanwendung der AGB-rechtlichen Bestimmungen auf Arbeitsverträge nur dann eine Gefahr dar, wenn ihre Anwendung sinnvoll ist und einer nachvollziehbaren Grundidee folgt. Ziel des Gesetzgebers war es, das Schutzniveau im Arbeitsrecht an das im Zivilrecht vorherrschende anzunähern. Diese Zielsetzung impliziert fälschlicherweise, dass ein zuvor niedriges Schutzniveau im Arbeitsrecht durch die Gesetzesänderung angehoben wurde. Zum einen hatte das BAG durchaus ein auf die arbeitsrechtlichen Spezifika zugeschnittenes Vertragskontrollsystem entwickelt, welches nicht zwangsläufig ein niedrigeres Schutzniveau aufwies als es dem sonstigen Vertragspartner des allgemeinen Zivilrechts zuteil wurde. Zum anderen erfolgte aber auch keine Anhebung des klassischen, durch zwingende Arbeitnehmerschutzrechte geprägten Arbeitnehmerschutzes. Stattdessen wurde das Arbeitsvertragsrecht einem anderen Schutzsystem zugeführt: Im AGB-Recht steht nicht der Status des Arbeitnehmers als solcher im Vordergrund, sondern seine Rolle als Vertragspartner. Anknüpfungspunkt für die AGB-Kontrolle ist nicht die soziale Abhängigkeit einer Vertragspartei von der anderen. Zwar stellt die Verhandlungsdisparität ein kontrollauslösendes Moment dar, welches ihre Ursache ohne Zweifel auch in sozialen Abhängigkeiten findet. Eine Funktion der AGB-Kontrolle liegt aber auch darin, Vertragsparteien zu schützen, die vorformulierte Vertragsbedingungen nicht aufgrund einer strukturellen Unterlegenheit hinnehmen, sondern aus einer Kosten-Nutzen-Betrachtung heraus vom Verlangen nach einer Verhandlung über die vorformulierten Bedingungen absehen. Der Gesetzgeber folgte damit – womöglich ohne sich darüber im klaren zu sein – einem in der Arbeitswelt zu beobachtendem Phänomen. Das Bild des Arbeitnehmers befindet sich im Wandel. Das Arbeitsverhältnis ist nicht mehr geprägt durch ein auf Abhängigkeit und Fürsorge basierendes Herrschaftsverhältnis. Der Arbeitnehmer wird zunehmend in der Rolle des selbständigen „Mit-Arbeiters“ als Vertragspartner gesehen. Diese Entwicklung geht einher mit einem Drang nach Flexibilisierung und Deregulierung im Arbeitsrecht, der einen Trend zur „soft regulation“ ausgelöst hat. Kollektive Bestimmungen werden zunehmend durch individuelle Vereinbarungen verdrängt, das heißt, eine zunehmende Anzahl an Unternehmen steht ohne eine Tarifbindung oder Betriebsverfassung dar, während der Arbeitsvertrag als Flexibilisierungseinheit an Bedeutung gewinnt. Löst die unmittelbare Vereinbarung zwischen Arbeitgeber und Arbeitnehmer die Regelung im Kollektivvertrag ab, so darf dabei nicht vergessen werden, dass der Arbeitnehmer dem Arbeitgeber bis auf Einzelfälle in der Verhandlungssituation nicht auf Augenhöhe begegnen wird. Das Arbeitsverhältnis wird oftmals seine Existenzgrundlage darstellen und die Möglichkeit, seine Arbeitskraft anzubieten, einer regionalen Restriktion unterliegen. Beim Abschluss der individuellen Vereinbarung bleibt ihm auch nicht die Gelegenheit, seine Verhandlungsposition durch den Beitritt zu einem Kollektivverband zu verbessern. Deshalb braucht der Vorgang der Flexibilisierung, der gekennzeichnet ist durch einen Übergang vom Status zum Vertrag, Sicherheit und Stabilität als Rahmenbedingungen. Dabei kann es nicht darum gehen, möglicherweise überkommene Schutzmechanismen des Arbeitsrechts zu erhalten, sondern lediglich darum, an der Schnellstraße der Flexibilisierung Leitplanken anzubringen, die das Beschreiten juristischer Irrwege verhindern. Der AGB-Kontrolle kann in dieser Flexibilisierungsphase, in der dem Arbeitsvertrag mehr Gewicht zukommt als früher, diese wichtige Stabilisierungs- und Sicherungsfunktion zukommen. Darüber hinaus kann die AGB-Kontrolle der Gefahr eines „race-to-the-bottom“ entgegentreten, die wächst, wenn nunmehr im Arbeitsrecht verstärkt auf die Herausarbeitung von Klauselvertragswerken im Bereich des Einzelarbeitsvertrags gesetzt wird. Unter diesen Gesichtspunkten ist die Einbeziehung des Arbeitsvertrags in die AGB-Kontrolle durchaus sinnvoll, auch wenn die vom Gesetzgeber genannte Zielsetzung der Schutzniveauangleichung zunächst einmal in die Irre führt.

Die Integration der Arbeitsvertragskontrolle in das AGB-Recht hat die Diskussion über die systematische Verankerung des Arbeitsrechts aufflammen lassen. Aus der Gesetzesänderung lässt sich aber nicht der Schluss ziehen, dass das Arbeitsrecht seinen Status als Sonderprivatrecht verloren hat. Mit Sicherheit stellt der Umstand, dass Arbeitsverträge nunmehr den für prinzipiell alle schuldrechtlichen Verträge geltenden Regeln der AGB-Kontrolle unterworfen sind, eine Annäherung an das allgemeine Zivilrecht dar. Seine Sonderstellung hat das Arbeitsrecht aber nicht verloren. Dies zeigt sich z.B. daran, dass die unterschiedlichen Schutzmechanismen von Verbraucherrecht einerseits und Arbeitsrecht andererseits – wie gezeigt – verhindern, dass der Arbeitnehmer als solcher nicht als Verbraucher im Sinne von § 13 BGB einzuordnen ist. Der Gesetzgeber selbst hat zudem Regelungen getroffen, die der Annahme, dass Arbeitsrecht sei ins allgemeine Zivilrecht zurückgekehrt, entgegenstehen. Gesetzliche Neuregelungen im allgemeinen Teil des BGB sind für das Arbeitsrecht durch Sonderregelungen aufgehoben. So erhält beispielsweise § 619a BGB im Leistungsstörungsrecht die Grundsätze der Arbeitnehmerhaftung aufrecht. Die Regelung des Betriebsrisikos in § 615 S. 3 BGB stellt ein weiteres Indiz dafür dar, dass der Arbeitsvertrag auch zukünftig nicht mit einem allgemeinen Austauschvertrag gleichzusetzen ist. Schließlich hat der Gesetzgeber auch im AGB-Recht mit der Besonderheitenregelung des § 310 Abs. 4 S. 2 BGB die Sonderstellung des Arbeitsrechts betont.

Literaturverzeichnis

Andelewski, Utz Aeneas, Staatliche Mindestarbeitsbedingungen, Berlin 2001.

Annuß, Georg, § 242 als Fundament eines allgemeinen Kündigungsschutzes?, BB 2001, S. 1898 – 1902.

ders., AGB-Kontrolle im Arbeitsrecht: Wo geht die Reise hin?, BB 2002, S. 458 – 463.

ders., Grundstrukturen der AGB-Kontrolle von Arbeitsverträgen, BB 2006, S. 1333 – 1339.

Armbrüster, Christian / Wiese, Volker, Die Folgen der Schuldrechtsreform für vor dem 1.1.2002 begründete Dauerschuldverhältnisse, DStR 2003, S. 334 – 342.

Arnim, Hans-Herbert v., Die Verfallbarkeit von betrieblichen Ruhegeldanwartschaften, Heidelberg 1970.

Bamberger, Heinz Georg / Roth Herbert, Kommentar zum Bürgerlichen Gesetzbuch, Band 1 (§§ 1 – 610), München 2003.

Barta, Heinz, Zivilrecht: Einführung und Grundriss, Wien 2000.

Bartz, Alexander, „AGB"-Kontrolle nun auch im Arbeitsrecht, AuA 2002, S. 62 – 65.

Bauer, Jobst-Hubertus, Beiderseitige und einseitige Ausschlussfristen, NZA 1987, S. 440 – 441.

ders, Neue Spielregeln für Aufhebungs- und Abwicklungsverträge durch das geänderte BGB?, NZA 2002, S. 169 – 173.

ders., Arbeitsrechtliche Aufhebungsverträge, Handbuch, 7. Auflage, München 2004.

Bauer, Jobst-Hubertus / Arnold, Christian, AGB-Kontrolle von Vorstandsverträgen, ZIP 2006, S. 2337 – 2345.

Bauer, Jobst-Hubertus / Günther, Jens, Heute lang, morgen kurz – Arbeitszeit nach Maß!, DB 2006, S. 950 – 952.

Bauer, Jobst-Hubertus / Kock, Martin, Arbeitsrechtliche Auswirkungen des neuen Verbraucherschutzrechts, DB 2002, S. 42 – 46.

Bauer, Jobst-Hubertus / Krieger, Steffen, AGB-Kontrolle und kein Ende – Weshalb sich Arbeitgeber nicht durch Vertragsstrafenvereinbarungen vor vertragswidrigem Verhalten von Arbeitnehmern schützen dürfen, SAE 2006, S. 11 – 16.

Bauer, Jobst-Hubertus / Lingemann, Stefan / Diller, Martin / Haußmann, Katrin, Anwaltsformularbuch Arbeitsrecht, Köln 2001.

Bayreuther, Frank, Anmerkungen zu BAG v. 26.9.2001 – 4 AZR 544/00, DB 2002, S. 1005 – 1010.

ders., Die Rolle des Tarifvertrags bei der AGB-Kontrolle von Arbeitsverträgen, RdA 2003, S. 81 – 91.
ders., Das Verbot der geltungserhaltenden Reduktion im Arbeitsrecht, NZA 2004, S. 953 – 956.
ders., Was schuldet der Arbeitnehmer? – Möglichkeiten und Grenzen einer vertraglichen Ausgestaltung der Leistungspflicht des Arbeitnehmers, NZA 2006, Sonderbeilage zu Heft 10, S. 3 – 13.
Bechtold, Rainer, Unwirksamkeit der Tagespreisklausel in einzelnen Kfz-Verträgen?, DB 1983, S. 539 – 541.
Beck-Mannagetta, Margarethe, Probleme der Konventionalstrafe, ÖJZ 1991, S. 185 – 192.
Becker, Friedrich, Zur Inhaltskontrolle von Allgemeinen Arbeitsbedingungen, NJW 1973, S. 1913 – 1918.
Becker, Michael, Vertragsfreiheit, Vertragsgerechtigkeit und Inhaltskontrolle, WM 1999, S. 709 – 718.
Beissenkötter, Bernhard, Arbeitsvertragsbruch durch den Arbeitnehmer, Schadensersatz und Vertragsstrafe, Münster 1997.
Benecke, Martina, Der verständige Arbeitgeber, RdA 2004, S. 147 – 152.
dies., Flexibilisierungsklauseln im Arbeitsrecht und AGB-Kontrolle, AuR 2006, S. 337 – 342.
Bengelsdorf, Peter, Der arbeitsrechtliche Aufhebungsvertrag, ZfA 1995, S. 229 – 269.
Berger-Delhey, Ulf, Oft scheint der Teufel an der Tür zu klopfen, und es ist doch nur der Schornsteinfeger – Arbeitsrecht und Schuldrechtsreform, ZTR 2002, S. 66 – 69.
Bergwirtz, Christoph, Zur Wirksamkeit von Widerrufsvorbehalten in Formulararbeitsverträgen, AuR 2005, S. 210 – 216.
Berkowsky, Wilfried, Was ändert die Reform im Arbeitsrecht?, AuA 2002, S. 11 – 16.
Berscheid, Dieter / Kunz, Jürgen / Brand, Jürgen, Praxis des Arbeitsrechts, 2. Auflage, Hamm 2003.
Biedenkopf, Kurt Hans, Grenzen der Tarifautonomie, Karlsruhe 1964.
Bieder, Marcus, Überzahlung von Arbeitsentgelt und formularvertraglicher Ausschluss des Entreichungseinwands, DB 2006, S. 1318 – 1322.
Birnbaum, Christian, Was sind die „im Arbeitsrecht geltenden Besonderheiten"?, NZA 2003, S. 944 – 950.
Blomeyer, Wolfgang, Die Billigkeitskontrolle der abändernden Betriebsvereinbarung über betriebliche Ruhegelder, JA 1987, S. 926 – 934.
Boecken, Winfried, Die Entwicklung des arbeitsrechtlichen Schrifttums im Jahre 1999, ZfA 2000, S. 379 – 566.
Boemke, Burkhard, Höhe der Verzugszinsen für Entgeltforderungen des Arbeitnehmers, BB 2002, S. 96 f.

Boemke-Albrecht, Burkhard, Rechtsfolgen unangemessener Bestimmungen in Allgemeinen Geschäftsbedingungen, München 1989.
Bork, Reinhard, Allgemeiner Teil des Bürgerlichen Gesetzbuchs, Tübingen 2001.
Boudon, Ulrich, AGB-Kontrolle – neue Regeln für den Entwurf von Arbeitsverträgen, ArbRB 2003, S. 150 – 153.
Brandenburg, Hans-Friedrich, Die teleologische Reduktion, Göttingen 1983.
Brandner, Hans Erich, Maßstab und Schranken der Inhaltskontrolle bei Verbraucherverträgen, MDR 1997, S. 312 – 315.
Brockhaus, Friedrich Arnold (Begr.), Die Enzyklopädie, 23. Band, 20. Auflage, Mannheim 1999
Brors, Christiane, Das Widerrufsrecht des Arbeitnehmers – Neue Überschneidungen des Zivil- und Arbeitsrechts?, DB 2002, S. 2046 – 2048.
dies., „Neue" Probleme bei arbeitsvertraglichen Vertragsstrafeklauseln?, DB 2004, S. 1778 – 1781.
dies., Zweifelhafte Zulässigkeit der gestaffelten individualvertraglichen Verweisung auf die Zeitarbeitstarifverträge der Christlichen Gewerkschaften und des DGB, BB 2006, S. 101 – 105.
Bundesminister für Arbeit und Sozialordnung (Hrsg.), Entwurf eines Arbeitsgesetzbuches – Allgemeines Arbeitsvertragsrecht, Bonn 1977.
Bunte, Hermann-Josef, Zur Teilunwirksamkeit von AGB-Klauseln, NJW 1982, S. 2298 f.
ders., Inhaltskontrolle notariell beurkundeter Verträge, ZIP 1984, S. 1313 – 1318.
ders., Ergänzende Vertragsauslegung bei Unwirksamkeit von AGB-Klauseln, NJW 1984, S. 1145 – 1150.
ders., Die EG-Richtlinie über missbräuchliche Klauseln in Verbraucherverträgen und ihre Umsetzung durch das Gesetz zur Änderung des AGB-Gesetzes, DB 1996, S. 1389 – 1393.
Burgmer, Christoph, Anmerkungen zu ArbG Duisburg v. 14.8.2002 – 3 Ca 1676/02, AiB 2003, S. 189 – 191.
Bydlinski, Franz, Juristische Methodenlehre und Rechtsbegriff, Wien 1982.
Bydlinski, Peter, Einreden des Bürgen, ÖBA 1987, S. 690 – 708.

Canaris, Claus-Wilhelm, Grundrechte und Privatrecht, AcP 184 (1984), S. 201 – 246.
ders., Grundrechtswirkungen und Verhältnismäßigkeitsprinzip in der richterlichen Anwendung und Fortbildung des Privatrechts, JuS 1989, S. 161 – 172.
ders., Gesamtunwirksamkeit und Teilgültigkeit rechtsgeschäftlicher Regelungen, in: Festschrift für Steindorff (1990), S. 519 – 571.

Clemens, Fabian, Anmerkungen zu ArbG Hamburg v. 1.8.2002 – 15 Ca 48/02, ZGS 2003, S. 79 – 80.
Coester, Michael, Anmerkungen zu BAG v. 12.1.2000 – 7 AzR 48/99, SAE 2001, S. 222 – 225.
ders., Inhaltskontrolle von Arbeitsverträgen, Jura 2005, S. 251 – 256.
Coester-Waltjen, Dagmar, Änderungen im Recht der Allgemeinen Geschäftsbedingungen, Jura 1997, S. 272 – 275.
Conein-Eikelmann, Karin, Erste Rechtsprechung zur Wirksamkeit von Vertragsstrafeabreden nach der Schuldrechtsreform, DB 2003, S. 2546 – 2548.
Cordier, Andreas, Kündigung vor Arbeitsantritt, AuA 2003, S. 20 – 23.

Däubler, Wolfgang, Ein Arbeitsvertragsgesetz?, AuR 1992, S. 129-137.
ders., Das Arbeitsrecht, Bd. 1, Leitfaden für Arbeitnehmer, 15. Auflage, Hamburg 1998.
ders., Das Arbeitsrecht, Bd. 2, Leitfaden für Arbeitnehmer, 11. Auflage, Hamburg 1998.
ders., Die Auswirkungen der Schuldrechtsmodernisierung auf das Arbeitsrecht, NZA 2001, S. 1329 – 1337.
ders., BGB-Kompakt, München 2002.
ders., Zielvereinbarungen und AGB-Kontrolle, ZIP 2004, S. 2209 – 2214.
Däubler, Wolfgang / Dorndorf, Eberhard, AGB-Kontrolle im Arbeitsrecht, Kommentierung zu den §§ 305 bis 310 BGB, München 2004.
Däubler, Wolfgang / Kittner, Michael / Klebe, Thomas (Hrsg.), Betriebsverfassungsgesetz, Kommentar für die Praxis, 10. Auflage, Frankfurt am Main 2006.
Dauner-Lieb, Barbara, Verbraucherschutz durch Ausbildung eines Sonderprivatrechts für Verbraucher, Berlin 1983.
Dauner-Lieb, Barbara / Heidel, Thomas / Lepa, Manfred / Ring, Gerhard, Das neue Schuldrecht in der anwaltlichen Praxis, Bonn 2002.
Dauner-Lieb, Barbara / Henssler, Martin / Preis, Ulrich (Hrsg.), Inhaltskontrolle im Arbeitsrecht, Zwischen Zivilrecht und arbeitsrechtlichen Besonderheiten, Baden-Baden 2006.
Dauner-Lieb, Barbara / Konzen, Horst / Schmidt, Karsten (Hrsg.), Das neue Schuldrecht in der Praxis, Akzente – Brennpunkte – Ausblick, München 2003.
Deinert, Olaf, Neugestaltung der Arbeitsvertragsgrundlagen in Einrichtungen der evangelischen Kirchen über den 3. Weg, ZTR 2005, S. 461 – 479.
Deixler-Hübner, Astrid, Konsumentenschutz: Rechtsgrundlagen – Rechtsdurchsetzung, 2. Auflage, Wien 1997.
Derleder, Peter, Der Konsument seines Arbeitsplatzes – Zum Verhältnis von Verbraucherrecht und Arbeitsrecht, AuR 2004, S. 361 – 368.

Diehn, Thomas, AGB-Kontrolle von arbeitsrechtlichen Verweisungsklauseln, NZA 2004, S. 129 – 135.

Dieterich, Thomas, Grundgesetz und Privatautonomie im Arbeitsrecht, RdA 1995, S. 128 – 136.

Dieterich, Thomas / Hanau, Peter / Preis, Ulrich / Schaub, Günter (Hrsg.), Erfurter Kommentar zum Arbeitsrecht, 7. Auflage, München 2007.

Dieterich, Thomas / Neef, Klaus / Schwab, Brent, Arbeitsrecht-Blattei.

Dietlein, Max, Zum verfassungsrechtlichen Verständnis der positiven und negativen Koalitionsfreiheit, AuR 1970, S. 200 – 206.

Diller, Martin, Nachvertragliche Wettbewerbsverbote und AGB-Recht, NZA 2005, S. 250 – 254.

Dittrich, Robert / Tades, Helmuth (Hrsg.), Allgemeines Bürgerliches Gesetzbuch, Wien 2003.

Dollmann, Bernd, Vertragsstrafen in vorformulierten Arbeitsverträgen – Rechtsprechungsstand und Praxisfolgen, ArbRB 2004, S. 122 – 125.

Dorndorf, Eberhard, Besonderheiten des Arbeitsrechts nach § 310 Abs. 4 BGB, in: Festschrift 50 Jahre Bundesarbeitsgericht (2004), S. 19 – 30.

Dreher, Meinrad, Der Verbraucher – Das Phantom in den opera des europäischen und deutschen Rechts?, JZ 1997, S. 167 – 178.

Duden, Konrad / Külz, Helmut R. / Ramm, Thilo / Scharnberg, Reinhold / Zeidler, Wolfgang, Gerechtigkeit in der Industriegesellschaft, Rechtspolitischer Kongress der SPD vom 5., 6. und 7. Mai 1972 in Braunschweig, Dokumentation, Karlsruhe 1972.

Dürig, Günter, Grundrechte und Zivilrechtsprechung, in: Festschrift für Nawiasky (1956), S. 157 – 190.

Dütz, Wilhelm, Arbeitsgerichtliche Überprüfung von kollektiven kirchlichen Arbeitsrechtsregelungen, in: Festschrift für Listl (1999), S. 573 – 585.

Eckert, Michael, Reform des Schuldrechts: Allgemeine Geschäfts-/Arbeitsbedingungen, PP 2002, S. 18 – 21.

Eckert, Michael / Wallstein, Caroline, Das neue Arbeitsvertragsrecht, Vertragsgestaltung nach der Schuldrechtsreform und dem AGB-Recht, München 2002.

Eich, Rolf-Achim, Die Vorzugsstellung des Verbandstarifvertrags auf dem Markt privatautonomer Rechtsquellen, NZA 2006, S. 1014 – 1021.

Eissler, Isabel, Die EU-Richtlinie über missbräuchliche Klauseln in Verbraucherverträgen im deutsch-österreichischen Rechtsvergleich, Wien 1996.

Engel, Oliver, Konventionalstrafen im Arbeitsrecht, Bayreuth 1990.

Erichsen, Hans-Uwe, Die Drittwirkung der Grundrechte, Jura 1996, S. 527 – 533.

Ernst, Falk, Aufhebungsverträge zur Beendigung von Arbeitsverhältnissen, München 1993.

Ernst, Wolfgang / Zimmermann, Reinhard (Hrsg.), Zivilrechtswissenschaft und Schuldrechtsreform, Tübingen 2001.

Erman, Walter (Begr.), Bürgerliches Gesetzbuch, Handkommentar, Band II, 10. Auflage, Köln 2000.

ders., Bürgerliches Gesetzbuch, Handkommentar, Band I, 11. Auflage, Köln 2004.

Etzel, Gerhard, Tarifordnung und Arbeitsvertrag, NZA 1987, Sonderbeilage zu Heft 1, S. 19 – 31.

Eypeltauer, Ernst, Wider den vereinbarten Verfall zwingender Arbeitnehmeransprüche bei aufrechtem Arbeitsverhältnis, DRdA 2001, S. 23 – 29.

Fabricius, Fritz / Kraft, Alfons / Wiese, Günther u.a., Betriebsverfassungsgesetz, Gemeinschaftskommentar, Band II: §§ 74 – 132 mit Kommentierung des BetrVG 1952, 8. Auflage, Neuwied 2005.

Fastrich, Lorenz, Richterliche Inhaltskontrolle im Privatrecht, München 1992.

ders., Inhaltskontrolle im Arbeitsrecht nach der Bürgschaftsentscheidung des Bundesverfassungsgerichts vom 19.10.1993, RdA 1997, S. 65 – 80.

Fell, Wolfgang, Hintereinandergeschaltete Allgemeine Geschäftsbedingungen, ZIP 1987, S. 690 – 693.

Fenn, Herbert, Formulararbeitsverträge, gesamteinheitliche Arbeitsbedingungen und das AGBG, in: Festschrift für Söllner (2000), S. 333 – 365.

Fenski, Martin, Ausschlussklauseln in Allgemeinen Arbeitsbedingungen, AuR 1979, S. 168 – 173.

Fialka, Georg, Grundsätzliche Abgrenzungsfragen im Zusammenhang mit AGB aus österreichischer Sicht, in: DACH – Europäische Anwaltsvereinigung eingetragener Verein (Hrsg.), Allgemeine Geschäftsbedingungen in der europäischen Rechtspraxis, Wien 1997, S. 161 – 182.

Fiebig, Andreas, Der Arbeitnehmer als Verbraucher, DB 2002, S. 1608 – 1610.

Filzmoser, Friedrich / Kopecky, Heinrich / Pircher, Andreas / Zach, Wolfgang, Allgemeine Geschäftsbedingungen – Mustertexte und Erläuterungen, Wien 1998.

Fischer, Ulrich, Die formularmäßige Abbedingung des Beschäftigungsanspruchs des Arbeitnehmers während der Kündigungsfrist, NZA 2004, S. 233 – 237.

Fitting, Karl / Kaiser, Heinrich / Heither, Friedrich / Engels, Gerd / Schmidt, Ingrid, Betriebsverfassungsgesetz mit Wahlordnung, Handkommentar, 23. Auflage, München 2006.

Fitz, Hanns, Zur „geltungserhaltenden Reduktion“ überschießender AGB-Klauseln, in: Festschrift für Schnorr (1988), S. 645 – 654.

Fleischer, Holger, Informationsasymmetrie im Vertragsrecht: eine rechtsvergleichende und interdisziplinäre Abhandlung zu Reichweite und Grenzen vertragsschlussbezogener Aufklärungspflichten, München 2001.

Franz, Einiko, Der Abschluss eines Aufhebungsvertrags, Frankfurt am Main 2006.

Friese, Birgit, Arbeitgeberpflicht: Der Nachweis der Vertragsbedingungen, AuA 2003, S. 16 – 20.

Fritzsche, Sebastian, Die Vereinbarkeit des Arbeitnehmer-Entsendegesetzes sowie der erfassten Tarifverträge mit höherrangigem Recht, Frankfurt am Main 2001.

Fromm, Erwin, Vom (Un)Geist der Gesetze – Das Schuldrechtsmodernisierungsgesetz (SMG) und das Arbeitsrecht, AuR 2005, S. 177 – 178.

Gagawczuk, Walter / Krapf, Günter, Arbeitsrechtliche Ansprüche von A-Z, 2. Auflage, Wien 2002.

Gamillscheg, Franz, Die Grundrechte im Arbeitsrecht, AcP 164 (1964), S. 386 – 445.

ders., Die Differenzierung nach der Gewerkschaftszugehörigkeit, Berlin 1966.

ders., Anmerkungen zu BAG v. 16.11.1967 – 5 AZR 157/67, AP Nr. 63 zu § 611 BGB Gratifikation.

ders., Arbeitsrecht, Band I, Arbeitsvertragsrecht und Arbeitsschutzrecht, 8. Auflage, München 2000.

Gaul, Björn, Bezugnahmeklausel – zwischen Inhaltskontrolle und Nachweisgesetz, ZfA 2003, S. 75 – 101.

Gaul, Björn / Bonanni, Andrea, Betriebsübergreifende Sozialauswahl und die Bedeutung von Versetzungsklauseln, NZA 2006, S. 289 – 293.

Gaul, Björn / Khanian, Frederic Mirza, Zulässigkeit und Grenzen arbeitsrechtlicher Regelungen zur Beschränkung von Nebentätigkeiten, MDR 2006, S. 68 – 71.

Gaul, Björn / Otto, Björn, Das Widerrufsrecht bei Aufhebungsverträgen – Konsequenzen der Änderung verbraucherrechtlicher Vorschriften im BGB, DB 2002, S. 2049 f.

Geißler, Markus, Die Privatautonomie im Spannungsfeld sozialer Gerechtigkeit, JuS 1991, S. 617 – 623.

Gotthardt, Michael, Arbeitsrecht nach der Schuldrechtsreform, München 2002.

ders., Der Arbeitsvertrag auf dem AGB-rechtlichen Prüfstand, ZIP 2002, S. 277– 289.

Grobys, Marcel, AGB-Kontrolle von Arbeits- und Dienstverträgen nach dem Schuldrechtsmodernisierungsgesetz, DStR 2002, S. 1002 – 1009.

Gumbert, Jobst, Inhaltskontrolle von Formulararbeitsverträgen und „Allgemeinen Arbeitsbedingungen“, BB 1974, S. 139 – 142.

Hadeler, Indra, Auswirkungen der Schuldrechtsreform auf das Arbeitsrecht, FA 2002, S. 66 – 72.

Hager, Johannes, Der lange Abschied vom Verbot der geltungserhaltenden Reduktion, JZ 1996, S. 175 – 179.
ders., Gesetzes- und sittenkonforme Auslegung und Aufrechterhaltung von Rechtsgeschäften, München 1983.
Hammer, Ulrich, Die Rechtsqualität kirchlicher Arbeitsvertragsordnungen im Spiegel der BAG-Rechtsprechung, AuR 2002, S. 49 – 58.
Hanau, Peter, Neueste Rechtsprechung zum flexiblen Arbeitsverhältnis: Erfurter Allerlei oder neues Rezept?, ZIP 2005, S. 1661 – 1667.
ders., Die Rechtsprechung des BAG zur arbeitsvertraglichen Bezugnahme auf Tarifverträge, NZA 2005, S. 489 – 494.
Hanau, Peter / Adomeit, Klaus, Arbeitsrecht, 14. Auflage, Neuwied 2007.
Hanau, Peter / Hromadka, Wolfgang, Richterliche Kontrolle flexibler Entgeltregelungen in Allgemeinen Arbeitsbedingungen, NZA 2005, S. 73 – 78.
Hanau, Peter / Preis, Ulrich, Der Arbeitsvertrag, Praxis – Kommentar – Muster, Loseblattsammlung, Neuwied 1994.
Häsemeyer, Ludwig, Geltungserhaltende oder geltungszerstörende Reduktion, in: Festschrift für Ulmer (Jahr 2003), S. 1097 - 1108.
Hart, Dieter, Zivilrechtspraxis zwischen Vertragskonsolidierung und Vertragsrechtsfortbildung, KritV 1989, S. 179 – 200.
Hauck, Friedrich, Die Vertragsstrafe im Arbeitsrecht im Lichte der Schuldrechtsreform, NZA 2006, S. 816 – 819.
Heckelmann, Dieter, Anmerkungen zu BAG v. 3.5.1979 – 2 AZR 679/77 – Ausgleichsquittung – Verzicht auf Kündigungsschutzklage, SAE 1980, S. 118 – 123.
Heinrichs, Helmut, Das Gesetz zur Änderung des AGB-Gesetzes, NJW 1996, S. 2190 – 2197.
Heinze, Meinhard, Konventionalstrafe und andere Sanktionsmöglichkeiten in der arbeitsrechtlichen Praxis, NZA 1994, S. 244 – 251.
Hennige, Susanne, Kurzkommentar zu BAG v. 12.1.2000 – 7 AzR 48/99, EWiR 2000, S. 807 f.
dies., Rückzahlung von Aus- und Fortbildungskosten, NZA-RR 2000, S. 617 – 625.
Henssler, Martin, Arbeitsrecht und Schuldrechtsreform, RdA 2002, S. 129 – 140.
Henssler, Martin / Westphalen, Friedrich Graf von, Praxis der Schuldrechtsreform, Köln 2002.
dies., Praxis der Schuldrechtsreform, 2. Auflage, Köln 2003.
Henssler, Martin / Willemsen, Heinz-Josef / Kalb, Heinz-Jürgen, Arbeitsrecht Kommentar, Köln 2004.
Herbert, Manfred / Oberrath, Jörg-Dieter, Rechtsprobleme des Nichtvollzugs eines abgeschlossenen Arbeitsvertrags, NZA 2004, S. 121 – 129.

Hermes, Georg, Grundrechtsschutz durch Privatrecht auf neuer Grundlage?, NJW 1990, S. 1764 – 1768.
Herschel, Wilhelm, Tarifdispositives Richterrecht, RdA 1975, S. 332 – 340.
Heß, Burkhard, Die Übergangsregelungen zum Schuldrechtsmodernisierungsgesetz, DStR 2002, S. 455 – 461.
Hidalgo, Martina / Rid, Claudia, Wie flexibel können Zielbonussysteme sein?, BB 2005, S. 2686 – 2691.
Hildebrandt, Reinhard, Disparität und Inhaltskontrolle im Arbeitsrecht, Göttingen 1987.
Hillgruber, Christian, Grundrechtsschutz im Vertragsrecht, AcP 191 (1991), S. 69 – 86.
Hjort, Jens Peter / Bufalica, Andreas, Arbeitsverträge, Frankfurt am Main 2003.
Hohenstatt, Klaus-Stefan / Schramm, Nils, Neue Gestaltungsmöglichkeiten zur Flexibilisierung der Arbeitszeit, NZA 2007, S. 238 – 245.
Holtkamp, Werner, Der Arbeitnehmer als Verbraucher?, AuA 2002, S. 250 – 254.
Hönn, Günther, Kompensation gestörter Vertragsparität, München 1982.
ders., Wirksamkeitskontrolle als Instrument des allgemeinen Privatrechts zur Bewältigung von Ungleichgewichtslagen, JZ 1983, S. 677 – 688.
ders., Inhaltskontrolle von Gesellschaftsverträgen, JA 1987, S. 337 – 344.
ders., Zu den „Besonderheiten" des Arbeitsrechts, ZfA 2003, S. 325 – 359.
Horn, Norbert, Die richterliche Kontrolle von Entgeltklauseln nach dem AGB-Gesetz am Beispiel der Kreditwirtschaft, WM 1997, Sonderbeilage zu Heft 11, S. 1 – 23.
Hoß, Axel, Zulässigkeit von Vertragsstrafen im Arbeitsrecht, ArbRB 2002, S. 138 – 142.
Hoyningen-Huene, Gerrick von, Die Billigkeit im Arbeitsrecht, München 1978.
ders., Die Inhaltskontrolle nach § 9 AGB-Gesetz, Heidelberg 1991.
Hromadka, Wolfgang, Inhaltskontrolle von Arbeitsverträgen, in: Festschrift für Dieterich (1999), S. 251 – 278.
ders., Schuldrechtsmodernisierung und Vertragskontrolle im Arbeitsrecht, NJW 2002, S. 2523 – 2530.
Huber, Rainer / Blömeke, Hans-J., Rückzahlung von Fortbildungskosten im Arbeitsverhältnis, BB 1998, S. 2157 – 2160.
Hueck, Alfred / Nipperdey, Hans Carl, Lehrbuch des Arbeitsrechts, Zweiter Band, Kollektives Arbeitsrecht, Erster Halbband, 7. Auflage, Frankfurt 1963.
Hümmerich, Klaus, Erweiterte Arbeitnehmerrechte durch Verbraucherschutz, AnwBl 2002, S. 671 – 681.
ders., Gestaltung von Arbeitsverträgen nach der Schuldrechtsreform, NZA 2003, S. 753 – 764.

ders., Aufhebungs- und Abwicklungsvertrag in einem sich wandelnden Arbeitsrecht, NJW 2004, S. 2921 – 2931.
ders., Alea iacta est – Aufhebungsvertrag kein Haustürgeschäft, NZA 2004, S. 809 – 817.
ders., Der Verbraucher-Geschäftsführer – Das unbekannte Wesen, NZA 2006, S. 709 – 713.
ders., Zielvereinbarungen in der Praxis, NJW 2006, S. 2294 – 2299.
Hümmerich, Klaus / Holthausen, Joachim, Der Arbeitnehmer als Verbraucher, NZA 2002, S. 173 – 178.

Ingelfinger, Helmar, Arbeitsplatzgestaltung durch Betriebsnormen, Berlin 1996.
Iro, Gert, Teilwirksamkeit gröblich benachteiligender AGB-Klauseln „soweit gesetzlich zulässig"?, RdW 1987, S. 7.

Jobs, Friedhelm, Gerichtliche Billigkeitskontrolle bei abändernden Betriebsvereinbarungen?, AuR 1986, S. 147 f.
Joost, Detlev, Allgemeine Geschäftsbedingungen und Arbeitsvertrag, in: Festschrift für Ulmer (2003), S. 1199 – 1210.
ders., Vertragsstrafen im Arbeitsrecht – Zur Inhaltskontrolle von Formularverträgen im Arbeitsrecht, ZIP 2004, S. 1981 – 1986.
ders., Betrachtungen zur Inhaltskontrolle vorformulierter Arbeitsverträge, in: Festschrift 50 Jahre Bundesarbeitsgericht (2004), S. 49 – 58.
Joussen, Jacob, Arbeitsrecht und Schuldrechtsreform, NZA 2001, S. 745 – 751.
Junker, Abbo, Über den richtigen Weg zu angemessenen Arbeitsbedingungen, NZA 2006, Sonderbeilage zu Heft 24, S. 147 – 152.
ders., Grundkurs Arbeitsrecht, 6. Auflage, München 2007.

Kallab, Thomas, Arbeitsrechtliche Vertragsformblätter – Anwendbarkeit des § 864a ABGB, DRdA 2000, S. 187 – 188.
Kallab, Thomas / Ullmann, Erich, Arbeitsrecht, Ein Ratgeber in Frage und Antwort, 8. Auflage, Wien 2001.
Kania, Thomas, Die arbeitsvertragliche Bezugnahme auf Tarifverträge bei Veränderungen der tariflichen Strukturen im Betrieb, NZA 2000, Sonderbeilage zu Heft 3, S. 45 – 50.
Kirchhof, Ferdinand, Private Rechtssetzung, Berlin 1987.
Kittner, Michael / Zwanziger, Bertram, Arbeitsrecht, Handbuch für die Praxis, 2. Auflage, Frankfurt am Main 2003.
Klebeck, Ulf, Unklarheiten bei arbeitsvertraglicher Bezugnahmeklausel, NZA 2006, S. 15 – 21.
Kletečka, Andreas, Inhaltskontrolle im Vertragsrecht, in: Aicher, Josef / Holoubek, Michael (Hrsg.), Der Schutz von Verbraucherinteressen, Wien 2000, S. 133 – 148.

Klevemann, Joachim, Anmerkungen zu ArbG Bochum v. 8.7.2002 – 3 Ca 1287/02 – Vertragsstrafen in vorformulierten Arbeitsverträgen, AiB 2002, S. 577 – 582.

Koch, Eckart / Stübing, Jürgen, Kommentar zum Gesetz zur Regelung des Rechts der Allgemeinen Geschäftsbedingungen, Neuwied 1977.

Koch, Jens, Das nachvertragliche Wettbewerbsverbot im einseitig vorformulierten Arbeitsvertrag, RdA 2006, S. 28 – 33.

Köhler, Helmut, Bürgerliches Gesetzbuch, Allgemeiner Teil, 30. Auflage, München 2006.

Koller, Ingo, Anmerkungen zu BAG v. 23.5.1984 – 4 AZR 129/82, SAE 1985, S. 151 – 158.

Koppenfels, Katharina von, Vertragsstrafen im Arbeitsrecht nach der Schuldrechtsmodernisierung, NZA 2002, S. 598 – 602.

Kort, Michael, Anmerkungen zu BAG v. 12.1.2005 – 5 AZR 364/04, SAE 2005, S. 307 – 314.

Kosesnik-Wehrle, Heinz / Lehofer, Hans Peter / Mayer, Gottfried, Konsumentenschutzgesetz, Kurzkommentar, Wien 1997.

Kötz, Hein, Die Rückwirkung von Unterlassungsurteilen gemäß §§ 13 ff. AGB-Gesetz, BB 1982, S. 644 – 648.

ders., Der Schutzzweck der AGB-Kontrolle – Eine rechtsökonomische Skizze, JuS 2003, S. 209 – 214.

Koziol, Helmut, Grundriss des bürgerlichen Rechts, Band I: Allgemeiner Teil, Sachenrecht, Familienrecht, 11. Auflage, Wien 2000.

Kramer, Ernst A., Der Einfluss des BGB auf das schweizerische und österreichische Privatrecht, AcP 200 (2000), S. 365 – 400.

Krause, Rüdiger, Vereinbarte Ausschlussfristen (Teil 2), RdA 2004, S. 106 – 121.

Krause-Thiel, Anette, Zur Rückzahlung von Fortbildungskosten durch den Arbeitnehmer in der ambulanten Pflege, BuW 2004, S. 123 – 124.

Kraushaar, Bernhard, Zulässigkeit und Länge einzelvertraglicher Ausschlussfristen nach der Reform des Schuldrechts, AuR 2004, S. 374 – 379.

Krebs, Peter, Die große Schuldrechtsreform, DB 2000, Sonderbeilage zu Heft Nr. 48, S. 1 – 28.

ders., Verbraucher, Unternehmer oder Zivilperson, DB 2002, S. 517 – 520.

Krejci, Heinz, Über „gröblich benachteiligende" Nebenbestimmungen in Allgemeinen Geschäftsbedingungen und Vertragsformblättern (§ 879 Abs. 3 ABGB) – Fortsetzung und Schluss, JBL 1981, S. 245 – 255.

ders., Handbuch zum Konsumentenschutzgesetz, Wien 1981.

ders., Zehn Jahre Konsumentenschutz, in: Bundesministerium für Umwelt, Jugend und Familie (Hrsg.), Konsumentenpolitisches Jahrbuch 1988 – 1989: Verbraucherrecht, Verbraucherpolitik Band 5, S. 85 – 109.

ders., Heinz, Privatrecht, 5. Auflage, Wien 2002.

Kreutz, Peter, Kritische Gedanken zur gerichtlichen Billigkeitskontrolle von Betriebsvereinbarungen, ZfA 1975, S. 65 – 84.
Kroiß, Ludwig (Hrsg.), Klauselbuch Schuldrecht, Beraten und Formulieren nach neuem Recht, Bonn 2003.
Küttner, Wolfdieter (Hrsg.), Personalbuch, 13. Auflage, München 2006.

Lakies, Thomas, Inhaltskontrolle von Vergütungsvereinbarungen im Arbeitsrecht, NZA-RR 2002, S. 337 – 344.
ders., AGB-Kontrolle von Rückzahlungsvereinbarungen über Weiterbildungskosten, BB 2004, S. 1903 – 1909.
ders., AGB-Kontrolle: Ausschlussfristen vor dem Aus?, NZA 2004, S. 569 – 576.
ders., AGB-Kontrolle im Arbeitsrecht (Kontrolle vorformulierter Arbeitsvertragsinhalte), AR-Blattei SD 35.
Larenz, Karl / Canaris, Claus-Wilhelm, Methodenlehre der Rechtswissenschaft, 3. Auflage, Berlin 1995.
Larenz, Karl / Wolf, Manfred, Allgemeiner Teil des Bürgerlichen Rechts, 9. Auflage, München 2004.
Leder, Tobias / Morgenroth, Sascha, Die Vertragsstrafe im Formulararbeitsvertrag, NZA 2002, S. 952 – 957.
dies., Die Besonderheiten des Arbeitsrechts im allgemeinen Zivilrecht, NJW 2004, S. 2797 – 2799.
Lehofer, Hans Peter / Mayer, Gottfried, Anforderungen an eine KSchG-Novelle – Anregungen aus der Praxis, in: Bundesministerium für Umwelt, Jugend und Familie (Hrsg.), Konsumentenpolitisches Jahrbuch 1988 – 1989: Verbraucherrecht, Verbraucherpolitik Band 5, S. 111 – 135.
Leisner, Walter, Grundrecht und Privatrecht, München 1960.
Lelley, Jan Tibor / Kaufmann, Mathias, AGB-Kontrolle von Arbeitsverträgen, FA 2006, S. 7 – 10.
Lieb, Manfred, Sonderprivatrecht für Ungleichgewichtslagen? Überlegungen zum Anwendungsbereich der sogenannten Inhaltskontrolle privatrechtlicher Verträge, AcP 178 (1978), S. 196 – 226.
ders., AGB-Recht und Arbeitsrecht nach der Schuldrechtsmodernisierung, in: Festschrift für Ulmer (2003), S. 1231 – 1244.
ders., Arbeitsrecht, 8. Auflage, Heidelberg 2003.
Lieberwirth, Rolf, Latein im Recht, 4. Auflage, Berlin 1996.
Lindemann, Viola, Neuerungen im Arbeitsrecht durch die Schuldrechtsreform, AuR 2003, S. 81 – 86.
dies., Flexible Gestaltung von Arbeitsbedingungen nach der Schuldrechtsreform, Köln 2003.
dies., Einseitige Leistungsbestimmungsrechte auf dem Prüfstand, AuR 2004, S. 201 – 208.

dies., Entgeltpauschalisierungsabreden für geleistete Überstunden, BB 2006, S. 826 – 828.

Lingemann, Stefan, Allgemeine Geschäftsbedingungen und Arbeitsvertrag, NZA 2002, S. 181 – 192.

Linnenkohl, Karl / Tente, Elke, Lohnwucher - kein Kavaliersdelikt, AuA 2001, S. 25 f.

Locher, Horst, Das Recht der Allgemeinen Geschäftsbedingungen, 3. Auflage, München 1997.

Lohr, Martin, Vertragsstrafen im Arbeitsverhältnis, MDR 2000, S. 429 – 436.

Lorenz, Stephan / Riehm, Thomas, Lehrbuch zum neuen Schuldrecht, München 2002.

Löwe, Walter, Anmerkungen zu BGH v. 1.2.1984 – VIII ZR 54/83, BB 1984, S. 492 – 495.

Löwe, Walter / Westphalen, Friedrich Graf von / Trinkner, Reinhold, Großkommentar zum AGB-Gesetz, Band II (§§ 10 – 30), 2 Auflage, Heidelberg 1983.

Löwisch, Manfred, Zweifelhafte Folgen des geplanten Leistungsstörungsrechts für das Arbeitsvertragsrecht, NZA 2001, S. 465 – 467.

Löwisch, Manfred / Rieble, Volker, Tarifvertragsgesetz, Kommentar, 2. Auflage, München 2004.

Mankowski, Peter, Kurzkommentar zu ArbG Frankfurt/O. v. 29.5.2002 – 6 Ca 500/02, EWiR 2003, S. 15 f.

Maties, Martin, Freiwilligkeits- und Widerrufsvorbehalte in Arbeitsverträgen und bei der betrieblichen Übung, DB 2005, S. 2689 – 2695.

Matthiesen, Michael / Shea, Dennis, Wirksamkeit von tariflichen und arbeitsvertraglichen Ausschlussklauseln nach der Schuldrechtsreform, DB 2004, S. 1366 – 1368.

May, Matthias, Die verfassungsmäßige Zulässigkeit der Bindung von Außenseitern durch Tarifverträge, Frankfurt am Main 1989.

Mayrhofer, Heinrich, Überlegungen zum Recht der Allgemeinen Geschäftsbedingungen (2. Teil), JBL 1993, S. 174 – 183.

Mayrhofer, Karl, Arbeitsrecht für die betriebliche Praxis 2003/2004, Wien 2003.

Medicus, Dieter, Allgemeiner Teil des BGB, 9. Auflage, Heidelberg 2006.

Melot de Beauregard, Paul, Kommentar zu BAG v. 4.3.2004 – 8 AZR 196/03, BB 2004, S. 1746 f.

Michalski, Lutz, Die Berücksichtigung von vertragsabschlußbegleitenden Umständen nach § 24a Nr. 3 AGB-Gesetz, DB 1999, S. 677 – 680.

Moderegger, Christian, Möglichkeiten der Kürzung oder Streichung von Zulagen – Neuerungen nach der Schuldrechtsreform, ArbRB 2002, S. 210 – 213.

Molitor, Erich, Anmerkungen zu BAG v. 10.5.1962 – 5 AZR 452/61, Weihnachtsgratifikation – Rückzahlungsvorbehalt, SAE 1962, S. 180 f.

Moll, Wilhelm, AGB-Kontrolle von Änderungs- und Bestimmungsklauseln in Entgeltregelungen, in: Festschrift zum 25-jährigen Bestehen der Arbeitsgemeinschaft Arbeitsrecht im Deutschen Anwaltverein (2006), S. 91 – 111.

Mook, Klaus-Georg, Einseitig vorformulierte Rechtswahlklauseln in Arbeitsverträgen, DB 1987, S. 2252 – 2256.

Mückl, Patrick, Die nachträgliche Gesetzeswidrigkeit von Widerrufsvorbehalten – Zur Anwendung der §§ 305 ff. BGB auf (Alt-)Arbeitsverträge, Jura 2005, S. 688 – 694.

Müller, Hans-Peter, Noch einmal: AGB-Kontrolle von vertraglichen Ausschlussfristen nach der Schuldrechtsreform, BB 2005, S. 1333 – 1338.

Müller, Thomas /Hauck, Bernhard H., Lohnwucher nach § 138 Abs. 2 BGB bei untertariflicher Zahlung, FA 2001, S. 198 – 201.

Müller, Wolfgang / Eckey, Wolfgang / Drosdowski, Günther (Hrsg.), Duden, Bedeutungswörterbuch, 2. Auflage, Mannheim 1985.

Müller-Glöge, Rudi, Zur Umsetzung der Nachweisrichtlinie in nationales Recht, RdA 2001, Sonderbeilage zu Heft 5, S. 46 – 56.

Müller-Vollbehr, Gerd, Teilzeitarbeit und kirchliche Arbeitsverhältnisse, NZA 2002, S. 1341 – 1348.

Nägele, Stefan, Wucher - ein arbeitsrechtliches Problem, BB 1997, S. 2162 f.

Nägele, Stefan / Chwalisz, Partizia, Schuldrechtsreform – Das Ende arbeitsvertraglicher Ausschlussfristen, MDR 2002, S. 1341 – 1348.

Natzel, Ivo, Schutz des Arbeitnehmers als Verbraucher?, NZA 2002, S. 595 – 597.

Nebendahl, Mathias, Die Zulässigkeit von Entwicklungsklauseln in Chefarztverträgen nach dem Schuldrechtsmodernisierungsgesetz, in: Festschrift zum 25-jährigen Bestehen der Arbeitsgemeinschaft Arbeitsrecht im Deutschen Anwaltverein (2006), S. 113 – 137.

Neumann, Johannes, Geltungserhaltende Reduktion und ergänzende Auslegung von Allgemeinen Geschäftsbedingungen, Baden-Baden 1988.

Nicolai, Andrea, Anwendbarkeit des AGB-Gesetzes auf „nichtarbeitsrechtliche Beziehungen“ zwischen Arbeitgeber und Arbeitnehmer?, ZIP 1995, S. 359 – 366.

dies., Die Gestaltung arbeitsvertraglicher Vertragsstrafenvereinbarungen, FA 2006, S. 76 – 79.

Niebling, Jürgen, Die Schranken der Inhaltskontrolle nach § 8 AGB-Gesetz, BB 1984, S. 1713 – 1718.

Niemann, Jan-Malte, Arbeitsvertraglicher Mischlohn: Quotelungskontrolle nach § 307 BGB, Frankfurt am Main 2005.

Nipperdey, Hans Carl, Grundrecht und Privatrecht, Kölner Universitätsreden 24, Krefeld 1961.

Oberthür, Nathalie, Die Entschädigungsregelung im internationalen Spielertransfer, NZA 2003, S. 462 – 468.
Oeter, Stefan, „Drittwirkung" der Grundrechte und die Autonomie des Privatrechts, AöR 1994, S. 529 – 563.
Oetker, Hartmut, Arbeitsvertragliche Bezugnahme auf Tarifverträge und AGB-Kontrolle, in: Festschrift für Wiedemann (2002), S. 383 – 400.
ders., Dynamische Verweisungen in Allgemeinen Geschäftsbedingungen als Rechtsproblem, JZ 2002, S. 337 – 342.
Olzen, Dirk / Wank, Rolf, Die Schuldrechtsreform, Eine Einführung, Köln 2002.
Ossenbühl, Fritz, Tarifautonomie und staatliche Gesetzgebung, Bonn 2000.
Ott, Sieghart, Das neue Schuldrecht – Überleitungsvorschriften und Verjährung, MDR 2002, S. 1 – 5.
Otto, Hansjörg, Die Änderung von Entlohnungssystemen – Kollektiv- und individualrechtliche Aspekte, in: Festschrift für Stahlhacke (1995), S. 395 – 416.
ders., Zur Interaktion zwischen Bundesverfassungsgericht und Arbeitsgerichts barkeit – Erfahrungen und Erwartungen, in: Festschrift für Zöllner (1998), S. 879 – 898.
ders., Arbeitsrecht, 3. Auflage, Berlin 2003.
ders., Neujustierung der Risikoverteilung bei der Arbeitnehmerhaftung – Insbesondere Arbeitnehmerverschulden und Versicherung, in: Festschrift 50 Jahre BAG (2004), S. 97 – 121.
ders., Tarifzensur und Arbeitskampf, in: Festschrift für Konzen (2006), S. 663 – 686.
Otto, Hansjörg / Schwarze, Roland, Die Haftung des Arbeitnehmers, 3. Auflage, Karlsruhe 1998.

Pahlke, Armin, Kirche und Koalitionsrecht, Tübingen 1983.
ders., Der „Dritte Weg" der Kirchen im Arbeitsrecht, NJW 1986, S. 350 – 356.
Palandt, Otto (Begr.), Bürgerliches Gesetzbuch, Kommentar, 66. Auflage, München 2007.
ders., Bürgerliches Gesetzbuch, Kommentar, 64. Auflage, München 2005.
Pauly, Holger, Die geltungserhaltende Reduktion: Dogmatische Bedenken und vorhandene Wertungswidersprüche, JR 1997, S. 357 – 363.
ders., Analoge Anwendung des AGB-Gesetzes auf Formulararbeitsverträge?, NZA 1997, S. 1030 – 1031.
Pick, Eckhardt, Zum Stand der Schuldrechtsmodernisierung, ZIP 2001, S. 1173 – 1181.
Picker, Eduard, Betriebsrisikolehre und Arbeitskampf, JZ 1979, S. 285 – 294.

Pieroth, Bodo / Schlink, Bernhard, Grundrechte, Staatsrecht II, 22. Auflage, Heidelberg 2006.

Popp, Gerfried Josef, Schadensersatz und Vertragsstrafe bei Arbeitsvertragsbruch, NZA 1988, S. 455 – 458.

Preis, Bernd, Abschied von der Ausgleichsquittung?, AuR 1979, S. 97 – 109.

Preis, Ulrich, Auslegung und Inhaltskontrolle von Ausschlussfristen in Arbeitsverträgen, ZIP 1989, S. 885 – 900.

ders., Grundfragen der Vertragsgestaltung im Arbeitsrecht, Neuwied 1993.

ders., Anrechnung und Widerruf über- und außertariflicher Entgelte – vertragsrechtlich betrachtet, in: Festschrift für Kissel (1994), S. 879 – 913.

ders., Arbeitsvertragliche Verweisungen auf Tarifverträge, in: Festschrift für Wiedemann (2002), S. 425 – 448.

ders., Arbeitsrecht, Verbraucherschutz und Inhaltskontrolle, NZA 2003, Sonderbeilage zu Heft 16, S. 19 – 33.

ders., Das erneuerte BGB und das Bundesarbeitsgericht, in: Festschrift 50 Jahre Bundesarbeitsgericht (2004), S. 123 – 146.

ders. (Hrsg.), Der Arbeitsvertrag, Handbuch der Vertragspraxis und –gestaltung, 2. Auflage, Köln 2005.

Preis, Ulrich / Bender, Wolfgang, Die Befristung einzelner Arbeitsbedingungen – Kontrolle durch Gesetz oder Richterrecht?, NZA-RR 2005, S. 337 – 345.

Preis, Ulrich / Lindemann, Viola, Anmerkungen zu BAG v. 12.1.2005 – 5 AZR 364/04, AuR 2005, S. 227 – 232.

dies., Änderungsvorbehalte – Das BAG durchschlägt den gordischen Knoten, NZA 2006, S. 632 – 638.

Preis, Ulrich / Roloff, Sebastian, Die Inhaltskontrolle vertraglicher Ausschlussfristen, RdA 2005, S. 144 – 159.

Preis, Ulrich / Stoffels, Markus, Vertragsstrafe, AR-Blattei SD 1710.

Przytulla, F.-M., Formulararbeitsverträge, AGB-Gesetz und das Rechtsstaatsgebot, NZA 1998, S. 521 – 525.

Raiser, Ludwig, Das Recht der allgemeinen Geschäftsbedingungen, unveränderter Neudruck der 1. Auflage von 1935, Bad Homburg von der Höhe 1961.

Rauch, Thomas, Arbeitsrecht für Arbeitgeber, 3. Auflage, Wien 2004.

Rebhahn, Robert, Zur Überwälzung des Wirtschaftsrisikos auf den Arbeitnehmer bei Arbeit auf Abruf, in: Festschrift für Gerhard Schnorr (1988), S. 225 – 249.

ders., Ziele und Probleme der Arbeitsrechtsvergleichung in Europa, ZEuP 2002, S. 436 – 465.

Rebmann, Kurt / Säcker, Franz Jürgen / Rixecker, Roland, Münchener Kommentar zum Bürgerlichen Gesetzbuch, Band 1, Allgemeiner Teil (§§ 1 - 240), AGB-Gesetz, 4. Auflage, München 2001.

dies., Münchener Kommentar zum Bürgerlichen Gesetzbuch, Band 2a, Schuldrecht Allgemeiner Teil (§§ 241 - 432), 4. Auflage, München 2003.
dies., Münchener Kommentar zum Bürgerlichen Gesetzbuch, Band 4, Schuldrecht Besonderer Teil II, 4. Auflage, München 2005.
Reichel, Michael, Die Auslegung arbeitsvertraglicher Bezugnahmeklauseln bei überraschenden Tarifentwicklungen unter Berücksichtigung der Schuldrechtsreform, AuR 2003, S. 366 – 369.
Reichenbach, Sandy Bernd, Konventionalstrafe für den vertragsbrüchigen Arbeitnehmer, NZA 2003, S. 309 – 313.
Reichold, Hermann, Grundlagen und Grenzen der Flexibilisierung im Arbeitsvertrag, RdA 2002, S. 321 – 333.
ders., Anmerkungen zum Arbeitsrecht im neuen BGB, ZTR 2002, S. 202 – 209.
ders., Arbeitnehmerschutz und/oder Verbraucherschutz bei der Inhaltskontrolle des Arbeitsvertrags?, in: Festschrift 50 Jahre Bundesarbeitsgericht (2004), S. 153 – 175.
Reim, Uwe, Arbeitnehmer und/oder Verbraucher, DB 2002, S. 2434 – 2438.
ders., Wirksamkeit von Vertragsklauseln in Formulararbeitsverträgen, JuS 2006, S. 120 - 126.
Reinecke, Gerhard, Vertragskontrolle im Arbeitsverhältnis, NZA 2000, Sonderbeilage zu Heft 3, S. 23 – 33.
ders., Kontrolle allgemeiner Arbeitsbedingungen nach dem Schuldrechtsmodernisierungsgesetz, DB 2002, S. 583 – 587.
ders., Vertragskontrolle im Arbeitsrecht nach der Schuldrechtsreform – Eine Zwischenbilanz, NZA 2004, Sonderbeilage zu Heft 18, S. 27 – 38.
ders., Die gerichtliche Kontrolle von Ausschlussfristen nach dem Schuldrechtsmodernisierungsgesetz, BB 2005, S. 378 – 383.
ders., Flexibilisierung von Arbeitsentgelt und Arbeitsbedingungen nach dem Schuldrechtsmodernisierungsgesetz, NZA 2005, S. 953 – 961.
ders., Schutz des Arbeitnehmers im Betriebsrentenrecht: Informationspflichten des Arbeitgebers und Kontrolle von Versorgungsvereinbarungen, DB 2006, S. 555 – 563.
ders., Vertragliche Bezugnahme auf Tarifverträge in der neueren Rechtsprechung des Bundesarbeitsgerichts, BB 2006, S. 2637 – 2645.
Reissner, Gert-Peter, Anmerkungen zu OGH v. 13.1.1993 – 9 Ob A 260/92, ZAS 1994, S. 127 – 133.
ders., Mäßigung einer Konventionalstrafe bei Konkurrenzklausel, DRdA 1993, S. 237 – 243.
Resch, Reinhard, Vereinbarungen über Ausbildungskostenrückersatz, ecolex 1990, S. 429 – 432.
ders., Grenzen für Vertragsklauseln über den Rückersatz von Ausbildungskosten, DRdA 1993, S. 8 – 20.

ders., Klauseln über den Rückersatz von Ausbildungskosten, in: Resch (Hrsg.), Kritische Klauseln im Arbeitsvertrag, Wien 2004, S. 39 – 53.

Reuter, Dieter, Möglichkeiten und Grenzen einer Deregulierung des Arbeitsrechts, in: Festschrift für Wiedemann (2002), S. 449 – 491.

ders., Die Integration des Verbraucherschutzrechts in das BGB, in: Eckert, Jörn/ Delbrück, Jost (Hrsg.), Reform des Schuldrechts, Kieler Rechtswissenschaftliche Abhandlungen, Band 38, Baden-Baden 2003, S. 99 – 113.

ders., Inhaltskontrolle im Arbeitsrecht (§ 310 Abs. 4 BGB), in: Festschrift 50 Jahre Bundesarbeitsgericht (2004), S. 177 – 196.

Richardi, Reinhard, Kollektivgewalt und Individualwille bei der Gestaltung des Arbeitsverhältnisses, München 1968.

ders., Grundprobleme der kollektiven Koalitionsfreiheit, ZfA 1970, S. 85 – 96.

ders., Auslegung und Kontrolle von Arbeitsverträgen und Betriebsvereinbarungen in der Rechtsprechung des Bundesarbeitsgerichts, in: Festschrift zum 100jährigen Bestehen des Deutschen Arbeitsgerichtsverbandes (1994), S. 537 – 572.

ders., Arbeitsrecht in der Kirche, 4. Auflage, München 2003.

ders., Gestaltung der Arbeitsverträge, NZA 2002, S. 1057 – 1064.

Richardi, Reinhard / Thüsing, Gregor / Annuß, Georg, Betriebsverfassungsgesetz mit Wahlordnung, Kommentar, 10. Auflage, München 2006.

Richardi, Reinhard/ Wlotzke, Otfried, Münchener Handbuch zum Arbeitsrecht, Band 1, Individualarbeitsrecht 2. Auflage, München 2000.

dies., Münchener Handbuch zum Arbeitsrecht, Band 2, Individualarbeitsrecht II, 2. Auflage, München 2000.

dies., Münchener Handbuch zum Arbeitsrecht, Band 3, Kollektives Arbeitsrecht, 2. Auflage, München 2000.

dies., Münchener Handbuch zum Arbeitsrecht, Ergänzungsband, Individualarbeitsrecht, 2. Auflage, München 2001.

Richter, Karin / Richter, Klaus, Aufhebungsvertrag – Möglichkeiten und Grenzen der Rechtskontrolle, AiB 1988, S. 140 – 146.

Ricken, Oliver, Betriebliche Übung und Vertragskontrolle im Arbeitsrecht, DB 2006, S. 1372 – 1373.

Rieble, Volker, Arbeitsmarkt und Wettbewerb – Der Schutz von Vertrags- und Wettbewerbsfreiheit im Arbeitsrecht, Berlin 1996.

ders., Flexible Gestaltung von Entgelt und Arbeitszeit im Arbeitsvertrag, NZA 2000, Sonderbeilage zu Heft 3, S. 34 – 44.

Rieble, Volker / Klebeck, Ulf, Tarifwechsel ins Handwerk, BB 2006, S. 885 – 891.

Rieble, Volker / Klumpp, Steffen, Widerrufsrecht des Arbeitnehmer-Verbrauchers?, ZIP 2002, S. 2153 – 2161.

Riesenhuber, Karl / Steinau-Steinrück, Robert von, Zielvereinbarungen, NZA 2005, S. 785 – 793.

Ring, Gerhard, Die Integration des AGB-Gesetzes in das BGB infolge der Schuldrechtsreform, BuW 2003, S. 69 – 76.
Ritter, Thomas, AGB-Kontrolle kirchlicher Arbeitsvertragsrichtlinien?, NZA 2005, S. 447 – 449.
Röder, Gerhard, Fallstricke bei der Gestaltung zielvereinbarungsgestützter Vergütungssysteme, in: Festschrift zum 25-jährigen Bestehen der Arbeitsgemeinschaft Arbeitsrecht im Deutschen Anwaltverein (2006), S. 139 – 154.
Rolfs, Christian, Das Verbot geltungserhaltender Reduktion im Arbeitsvertragsrecht, in: Festschrift für Schwerdtner (2003), S. 151 – 167.
Roloff, Sebastian, Vertragsänderungen und Schriftformklauseln, NZA 2004, S. 1191 – 1198.
Roos, Bernd / Perschke, Holger, Einzelvertragliche und tarifliche Ausschlussfristen / Verfallfristen, AiB 2004, S. 82 – 88.
Roth, Wulf-Henning, Europäischer Verbraucherschutz und BGB, JZ 2001, S. 475 – 490.
Röttger, Robert, Die Kernbereichslehre im Recht der Personenhandelsgesellschaften, Heidelberg 1989.
Ruhl, Marion / Kassebohm, Kristian, Der Beschäftigungsanspruch des Arbeitnehmers, NZA 1995, S. 497 – 503.
Rummel, Peter (Hrsg.), Kommentar zum Allgemeinen Bürgerlichen Gesetzbuch, 1. Band, §§ 1 – 1174, 3. Auflage, Wien 2000.
Rüßmann, Helmut, Die „ergänzende Auslegung" Allgemeiner Geschäftsbedingungen, BB 1987, S. 843 – 848.
Rüthers, Bernd / Stadler, Astrid, Allgemeiner Teil des BGB, 14. Auflage, München 2006.

Sartorius, Ulrich / Rambach, Peter, Auswirkungen der Schuldrechtsreform auf das Arbeitsrecht, ZAP 2002, S. 541 – 548.
Sachs, Michael (Hrsg.), Grundgesetz-Kommentar, 3. Auflage, München 2003.
Säcker, Franz-Jürgen, Grundprobleme der kollektiven Koalitionsfreiheit, Düsseldorf 1969.
ders., Gruppenautonomie und Übermachtkontrolle im Arbeitsrecht, Schriften zum Sozial- und Arbeitsrecht, Band 8, Berlin 1972.
Schaub, Günter / Neef, Klaus / Schrader, Peter, Arbeitsrechtliche Formularsammlung, 8. Auflage, München 2004.
Schaub, Günter / Koch, Ulrich / Linck, Rüdiger, Arbeitsrechtshandbuch, Systematische Darstellung und Nachschlagewerk für die Praxis, 11. Auflage, München 2005.
Schielke, Christian, Kostentragung bei der Lohnpfändung, BB 2007, S. 378 – 380.

Schilcher, Bernd, Das Transparenzgebot im Vertragsrecht, in: Aicher, Josef/ Holoubek, Michael (Hrsg.), Der Schutz von Verbraucherinteressen, Wien 2000, S. 99 – 131.
Schimmelpfennig, Hans-Christoph, Inhaltskontrolle eines formularmäßigen Änderungsvorbehalts, NZA 2005, S. 603 – 610.
Schindler, René, Widerrufsklauseln und einseitige Änderungsrechte, in: Resch (Hrsg.), Kritische Klauseln im Arbeitsvertrag, Wien 2004, S. 55 – 77.
Schleusener, Axel Aino, Zur Widerrufsmöglichkeit von arbeitsrechtlichen Aufhebungsverträgen nach § 312 BGB, NZA 2002, S. 949 – 952.
Schlichting, Birgit, Die Zeiten ändern sich! Arbeit auf Abruf nach einer neuen BAG-Entscheidung, AiB 2007, S. 15 – 16.
Schliemann, Harald, Zur arbeitsgerichtlichen Kontrolle kollektiver Regelungen, in: Festschrift für Hanau (1999), S. 577 – 606.
Schlink, Bernhard, Abwägung im Verfassungsrecht, Berlin 1976.
Schlodder, Antje, Der Arbeitsvertrag im neuen Schuldrecht, Heidelberg 2004.
Schlosser, Peter, Allgemeine Geschäftsbedingungen, Jura 1980, S. 380 – 389.
Schlosser, Peter / Coester-Waltjen, Dagmar / Graba, Hans-Ulrich, Kommentar zum Gesetz zur Regelung des Rechts der Allgemeinen Geschäftsbedingungen, Bielefeld 1977.
Schmalenberg, Werner, Befristung von einzelnen Vertragsbedingungen, in: Festschrift zum 25-jährigen Bestehen der Arbeitsgemeinschaft Arbeitsrecht im Deutschen Anwaltverein (2006), S. 156 – 170.
Schmidt, Eike, AGB-Gesetz und Schuldvertragsrecht des BGB, ZIP 1987, S. 1505 – 1509.
ders., Grundlagen und Grundzüge der Inzidentkontrolle allgemeiner Geschäftsbedingungen nach dem AGB-Gesetz, JuS 1987, S. 929 – 936.
Schmidt, Karsten (Hrsg.), Münchener Kommentar zum Handelsgesetzbuch, Band 1 (§ 1 – 104), München 1996.
Schmidt-Salzer, Joachim, Transformation der EG-Richtlinie über missbräuchliche Klauseln in Verbraucherverträgen in deutsches Recht und AGB-Gesetz, BB 1995, S. 733 – 740.
ders., Transformation der EG-Richtlinie über missbräuchliche Klauseln in Verbraucherverträgen vom 5.4.1993 in deutsches Recht und AGB-Gesetz: Einzelfragen, BB 1995, S. 1493 – 1499.
Schmitz, Claus / Vogel, Olrik, Anmerkungen zu BGH v. 4.7.2002 – VII ZR 502/99, ZIP 2002, S. 1690 – 1694.
Schnitker, Elmar / Grau, Tobias: Klauselkontrolle im Arbeitsvertrag – Zur Vereinbarkeit von Änderungs-, Anpassungs- und Widerrufsvorbehalten mit dem Recht der Allgemeinen Geschäftsbedingungen, BB 2002, S. 2120 – 2126.
Scholz, Rupert, Vergabe öffentlicher Aufträge nur bei Tarifvertragstreue?, RDA 2001, S. 193 – 199.

Schrader, Peter, Neues zu Ausschlussfristen, NZA 2003, S. 345 – 351.
Schrader, Peter / Schubert, Jens M., Grundsätze der Inhaltskontrolle arbeitsvertraglicher Vereinbarungen (Teil 1): Tätigkeit, Arbeitszeit und Vergütung, NZA-RR 2005, S. 169 – 224.
dies., Grundsätze der Inhaltskontrolle arbeitsvertraglicher Vereinbarungen (Teil 2): Gestaltung des Arbeitsverhältnisses, Vertragsstrafe und Ausschlussfristen, NZA-RR 2005, S. 225 – 237.
Schubert, Claudia, Ist der Außenseiter vor der Normsetzung durch die Tarifvertragsparteien geschützt?, RdA 2001, S. 199 – 207.
Schulte, Jens / Möller, Björn, Zulässigkeit von formularmäßig vereinbarten Vertragsstrafen in Arbeitsverträgen, BuW 2003, S. 35 f.
Schuster, Norbert, Arbeits- und Aufhebungsverträge auf dem Prüfstand, AiB 2002, S. 274 – 280.
Schüren, Peter, Tarifgeltung für Außenseiter? – „No Taxation without Representation!“, RdA 1988, S. 138 – 149.
Schwabe, Jürgen, Die sogenannte Drittwirkung der Grundrechte, München 1971.
Schwarz, Eckard, Überraschungskontrolle nach § 3 ABGB im Arbeitsrecht?, BB 1996, S. 1434 – 1437.
Schwarze, Roland, Der Betriebsrat im Dienst der Tarifvertragsparteien, Berlin 1991.
ders., Praktische Handhabung und dogmatische Einordnung des Nachweisgesetzes, ZfA 1997, S. 43 – 66.
Schwerdtner, Peter, Fürsorgetheorie und Entgelttheorie im Recht der Arbeitsbedingungen, Heidelberg 1970.
ders., Anmerkungen zu BAG v. 4.2.1976 – 5 AZR 83/75, AP Nr. 40 zu § 242 BGB Gleichbehandlung.
ders., Grenzen der Vereinbarungsfähigkeit von Vertragsstrafen im Einzelarbeitsverhältnis, in: Festschrift für Hilger und Stumpf (1983), S. 631 – 656.
Schwimann, Michael (Hrsg.), Praxiskommentar zum ABGB samt Nebengesetzen, Band 5 §§ 859 – 1089 ABGB, WucherG, UN-Kaufrecht, 2. Auflage, Wien 1997.
Schwirtzek, Thomas, Mankoabreden nach der Schuldrechtsreform – Zurück in die Zukunft!, NZA 2005, S. 437 – 443.
Seel, Henning, Wirksamkeit von Überstundenregelungen in Formulararbeitsverträgen, DB 2005, S. 1330 – 1333.
ders., Arbeitvertrag – Wirksamkeit eines Widerrufsvorbehalts, MDR 2005, S. 724 – 725.
Seibert, Ulrich, Auslegung und Inhaltskontrolle arbeitsvertraglicher Verweisungen, NZA 1985, S. 730 – 733.
Singer, Reinhard, Arbeitsvertragsgestaltung nach der Reform des BGB, RdA 2003, S. 194 – 204.

Soergel, Hans Theodor (Begr.), Bürgerliches Gesetzbuch, Band 3, Schuldrecht II, 12. Auflage, Stuttgart 1991.
ders., Bürgerliches Gesetzbuch, Band 2, Allgemeiner Teil 2, 13. Auflage, Stuttgart 1999.
ders., Bürgerliches Gesetzbuch, Band 2a, Allgemeiner Teil 3, 13. Auflage, Stuttgart 2002.
Söllner, Alfred, Einseitige Leistungsbestimmung im Arbeitsverhältnis, Mainz 1966.
ders., Arbeitsrecht, Stuttgart 1969.
ders., Anmerkungen zu BAG v. 19.6.1970 – 3 AZR 402/69, AP Nr. 144 zu § 242 BGB Ruhegehalt.
ders., Grenzen des Tarifvertrags, NZA 1996, S. 897 – 906.
ders., Zur Anwendung der gesetzlichen Vorschriften über Allgemeine Geschäftsbedingungen im Arbeitsrecht, ZfA 2003, S. 145 – 161.
Söllner, Alfred / Waltermann, Raimund, Grundriss des Arbeitsrechts, 14. Auflage, München 2007.
Spengler, Erhard, Die Rechtsprechung zum Arbeitsrecht in kirchlichen Angelegenheiten – insbesondere zur Loyalitätspflicht der kirchlichen Mitarbeiter, NZA 1987, S. 833 – 839.
Spindler, Helga, Lohnwucher – ein neues Rechtsproblem, AuR 1999, S. 296 – 298.
Staudinger, Julius von, Kommentar zum Bürgerlichen Gesetzbuch, Gesetz zur Regelung des Rechts der Allgemeinen Geschäftsbedingungen (AGBG), 13. Bearbeitung, Berlin 1998.
ders., Kommentar zum Bürgerlichen Gesetzbuch (§§ 328 – 359), Neubearbeitung, Berlin 2004.
ders., Kommentar zum Bürgerlichen Gesetzbuch (§§ 315 – 326), Neubearbeitung, Berlin 2004.
ders., Kommentar zum Bürgerlichen Gesetzbuch (§§ 611 – 615), Neubearbeitung, Berlin 2005.
Stein, Axel, Arbeitsvertragsbruch und formularmäßige Vertragsstrafe, BB 1985, S. 1402 f.
Steinau-Steinrück, Robert von, BB-Kommentar zu LAG Schleswig-Holstein v. 24.9.2003 – 3 Sa 6/03, BB 2004, S. 608 – 612.
Steinau-Steinrück, Robert von / Hurek, Christoph R., Die im Arbeitsrecht geltenden Besonderheiten – Der Nebel lichtet sich!, NZA 2004, S. 965 – 967.
Steinau-Steinrück, Robert von / Oelkers, Felix, AGB-Kontrolle von Arbeitsverträgen – Neue Erkenntnisse, NJW 2005, S. 321 – 322.
Steindorff, Ernst, Persönlichkeitsschutz im Zivilrecht, Heidelberg 1983.
Stoffels, Markus, Der Vertragsbruch des Arbeitnehmers, Heidelberg 1994
ders., Schranken der Inhaltskontrolle, JZ 2001, S. 843 – 849.

ders., Gesetzlich nicht geregelte Schuldverträge – Rechtsfindung und Inhaltskontrolle, Tübingen 2001.
ders., AGB-Recht, München 2003.
ders., Vertragsgestaltung nach der Schuldrechtsreform – eine Zwischenbilanz, NZA 2004, Sonderbeilage zu Heft 1, S. 19 – 28.
ders., Altverträge nach der Schuldrechtsreform – Überlegungen zum Vertrauensschutz im Arbeitsvertragsrecht, NZA 2005, S. 726 – 730.
Stück, Volker, Verschlechternde Änderung und Vereinheitlichung freiwilliger Sozialleistungen am Beispiel von Jubiläumsleistungen, DB 2006, S. 782 – 785.

Teichmann, Arndt, Die Gesetzesumgehung, Göttingen 1962.
Thiele, Wolfgang, Anmerkungen zu BAG v. 4.7.1972 – 3 AZR 477/71, SAE 1974, S. 158 f.
ders., Zur gerichtlichen Überprüfung von Tarifverträgen und Betriebsvereinbarungen, in: Festschrift für Larenz (1973), S. 1043 – 1062.
Thüsing, Gregor, Anmerkungen zu BAG v. 6.11.1996 – 5 AZR 334/95, EzA Nr. 16 zu § 611 BGB Ausbildungshilfe.
ders., 20 Jahre „Dritter Weg" – Rechtsnatur und Besonderheiten der Regelung kirchlicher Arbeitverhältnisse, RdA 1997, S. 163 – 170.
ders., Der Dritte Weg – seine Grundlagen und seine Zukunft, ZTR 1999, S. 298 – 302.
ders., Das Arbeitsrecht in der Kirche – ein Nachtrag der aktuellen Entwicklung, NZA 2002, S. 306 – 313.
ders., Was sind die Besonderheiten des Arbeitsrechts?, NZA 2002, S. 591 – 597.
ders., Inhaltskontrolle von Formulararbeitsverträgen nach neuem Recht, BB 2002, S. 2666 – 2674.
ders., Gedanken zur Vertragsautonomie im Arbeitsrecht, in: Festschrift für Wiedemann (2002), S. 559 – 585.
ders., Angemessenheit durch Konsens, RdA 2005, S. 257 – 270.
ders., Inhaltskontrolle kirchlicher Arbeitsvertragsrichtlinien, ZTR 2005, S. 507 – 515.
ders., Unwirksamkeit und Teilbarkeit unangemessener AGB, BB 2006, S. 661 – 664.
Thüsing, Gregor / Bodenstedt, Kai, Vertragstrafen im Profifußball, AuR 2004, S. 369 – 374.
Thüsing, Gregor / Lambrich, Thomas, Arbeitsvertragliche Bezugnahme auf Tarifnormen – Verbandsaustritt, Verbandswechsel, Betriebsübergang, RdA 2002, S. 193 – 213.
dies., AGB-Kontrolle arbeitsvertraglicher Bezugnahmeklauseln – Vertragsgestaltung nach der Schuldrechtsreform, NZA 2002, S. 1361 – 1370.

Thüsing, Gregor / Leder, Tobias, Neues zur Inhaltskontrolle von Formulararbeitsverträgen, BB 2004, S. 42 – 47.

dies., Gestaltungsspielräume bei der Verwendung vorformulierter Arbeitsvertragsbedingungen – Allgemeine Grundsätze, BB 2005, S. 938 – 945.

dies., Gestaltungsspielräume bei der Verwendung vorformulierter Arbeitsver tragsbedingungen – Besondere Klauseln, BB 2005, S. 1563 – 1570.

Thüsing, Gregor / Mengel, Anja, Flexibilisierung von Arbeitsbedingungen und Entgelt, München 2005

Tschaler, Thomas, Zur Statthaftigkeit der Klausel „soweit gesetzlich zulässig", ÖJZ 1998, S. 281 – 291.

Tschöpe, Ulrich, Anwaltshandbuch Arbeitsrecht, 3. Auflage, Köln 2003.

ders., „Low Performer" im Arbeitsrecht, BB 2006, 213 – 221.

Ulmer, Peter, Das AGB-Gesetz: ein eigenständiges Kodifikationswerk, JZ 2001, S. 491 – 497.

Ulmer, Peter / Brandner, Hans Erich / Hensen, Horst-Diether / Schmidt, Harry, AGB-Gesetz, Kommentar zum Gesetz zur Regelung des Rechts der Allgemeinen Geschäftsbedingungen, 9. Auflage, Köln 2001.

dies., AGB-Recht, Kommentar zu den §§ 305 – 310 BGB und zum Unterlassungsgesetz, 10. Auflage, Köln 2006.

Ulrici, Bernhard, Betriebliche Übung und AGB-Kontrolle, BB 2005, S. 1902 – 1905.

Vogel, Jörg / Kümmel, Tanja, Inhaltskontrolle von Arbeitsverträgen nach der Schuldrechtsreform – Auswirkungen auf die arbeitsvertragliche Praxis der Gemeinden, BWGZ 2002, S. 706 – 709.

Wagenitz, Thomas, Die personellen Grenzen der Tarifmacht, Frankfurt am Main 1972.

Walter, Torsten, Anmerkungen zu BAG, Beschluss v. 7.3.2001 – GS 1/00, AiB 2002, S. 380 – 382.

Weber, Ulrich / Ehrich, Christian / Burmester, Antje, Handbuch der arbeitsrechtlichen Aufhebungsverträge, 3. Auflage, Köln 2002.

Wedde, Peter, Schuldrechtsmodernisierungsgesetz – Auswirkungen auf das Arbeitsrecht, AiB 2002, S. 267 – 273.

Welser, Rudolf, Widerrufsvorbehalt und Teilkündigungsvereinbarung bei entgeltwerten Leistungen des Arbeitgebers, DRdA 1991, S. 1 – 8.

Weick, Günter, Schuldrechtsreform, Transparenz und Gesetzgebungstechnik, JZ 2002, S. 442 – 445.

Wellenhofer-Klein, Marina, Strukturell ungleiche Verhandlungsmacht und Inhaltskontrolle von Verträgen, ZIP 1997, S. 774 – 781.

Wensing, Hans-Hubert / Niemann, Jan-Malte, Vertragsstrafen in Formulararbeitsverträgen: § 307 BGB neben § 343 BGB?, NJW 2007, S. 401 – 405.
Westhoff, Stefan, Die Inhaltskontrolle von Arbeitsverträgen, Düsseldorf 1975.
Wiesinger, Kai, Altverträge auf dem Prüfstand, AuA 2002, S. 354 – 359.
Wiedemann, Herbert, Die deutschen Gewerkschaften – Mitgliederverband oder Berufsorgan?, RdA 1969, S. 321 – 336.
ders., Inhaltskontrolle vorformulierter Verträge, in: Festschrift für Kummer (1980), S. 175 – 188.
ders., Der Gesellschaftsvertrag der Personengesellschaften, WM 1990, Sonderbeilage zu Heft Nr. 51/52, Seiten 1 – 30.
ders., Anmerkungen zu BVerfG v. 7.2.1990 –BzR 26/84, JZ 1990, S. 695 – 697.
ders., Tarifvertragsgesetz, Kommentar, 7. Auflage, München 2007.
Willemsen, Heinz-Josef / Grau, Timon, Geltungserhaltende Reduktion und „Besonderheiten des Arbeitsrechts" – Zu den Rechtsfolgen unzulässiger Klauseln in Formulararbeitsverträgen, RdA 2003, S. 321 – 328.
Wisskirchen, Gerlind / Bissels, Alexander, Arbeiten, wenn Arbeit da ist – Möglichkeiten und Grenzen der Vereinbarungsbefugnis zur Lage der Arbeitszeit, NZA 2006, Sonderbeilage zu Heft 10, S. 24 – 34.
Wisskirchen, Gerlind / Stühm, Thomas, Anspruch des Arbeitgebers auf Änderung von unwirksamen Klauseln in alten Arbeitsverträgen?, DB 2003, S. 2225 – 2230.
Witt, Alexander, Keine AGB-Kontrolle tariflicher Regelungen?, NZA 2004, S. 135 – 138.
Wolf, Ernst, Das Arbeitsverhältnis – Personenrechtliches Gemeinschaftsverhältnis oder Schuldverhältnis?, Marburg 1970.
Wolf, Manfred, Rechtsgeschäftliche Entscheidungsfreiheit und vertraglicher Interessenausgleich, Tübingen 1970.
ders., Inhaltskontrolle von Arbeitsverträgen am Beispiel der Befristung einzelner Arbeitsbedingungen, RdA 1988, S. 270 – 276.
ders., Die Vorformulierung als Voraussetzung der Inhaltskontrolle, in: Festschrift für Brandner (1996), S. 299 – 309.
Wolf, Manfred / Horn, Norbert / Lindacher, Walter, AGB-Gesetz, Kommentar, 4. Auflage, München 1999.
Wolf, Manfred / Pfeiffer, Thomas, Der richtige Standort des AGB-Rechts innerhalb des BGB, ZRP 2001, S. 303 – 306.
Wolff, Alexander, Aufhebungs- und Abwicklungsverträge – Neue Spielregeln, AuA 2003, S. 15 – 17.
Wonneberger, Wolfgang, Die Funktion der Allgemeinverbindlicherklärung von Tarifverträgen, Heidelberg 1992.

Zachert, Ulrich, Vereinigungsfreiheit/Koalitionsfreiheit, AR-Blattei SD 1650.1.
Zankl, Wolfgang: Bürgerliches Recht: Kurzlehrbuch, 2. Auflage, Wien 2004.

Zerres, Thomas, Bürgerliches Recht, 2. Auflage, Heidelberg 1996.

Ziemann, Werner, AGB-Kontrolle von vorformulierten Entgeltklauseln im Arbeitsrecht ?, FA 2002, S. 312 – 315.

Zieres, Matthias, Die zwangsweise Durchsetzung des Anspruchs auf Arbeitsleistung, Frankfurt am Main 2001.

Zirnbauer, Ulrich, Das BAG und das neue Schuldrecht, FA 2006, S. 34 –36.

Zoller, Edgar, Dogmatik, Anwendungsprobleme und die ungewisse Zukunft des Vorrangs individueller Vertragsvereinbarungen vor Allgemeinen Geschäftsbedingungen (§ 4 AGBG), JZ 1991, S. 850 – 855.

Zöllner, Wolfgang, Die Rechtsnatur der Tarifnormen nach deutschem Recht, Wien 1966.

ders., Privatautonomie und Arbeitsverhältnis, AcP 176 (1976), S. 221 – 246.

ders., Immanente Grenzen arbeitsvertraglicher Regelungen, RdA 1989, S. 152 – 162.

ders., Regelungsspielräume im Schuldvertragsrecht, AcP 196 (1996), S. 1 – 36.

Zöllner, Wolfgang / Loritz, Karl-Georg, Arbeitsrecht, 5. Auflage, München 1998.

Zundel, Frank, Wirksamkeit arbeitsvertraglicher Klauseln insbesondere unter dem Aspekt der AGB-Kontrolle, NJW 2006, S. 1237 – 1242.

Zwanziger, Bertram, Arbeitsrechtliche Aufhebungsverträge und Vertragsfreiheit, DB 1991, S. 982 – 984.

Schriften zum Arbeitsrecht und Wirtschaftsrecht

Herausgegeben von Abbo Junker

- Band 1 Christoph-N. Lerche: Der Europäische Betriebsrat und der deutsche Wirtschaftsausschuß. Eine vergleichende Analyse der betrieblichen Mitwirkung der Arbeitnehmer vor dem Hintergrund der Globalisierung der Märkte. 1997.
- Band 2 Christian Walter Mecke: Zur rechtlichen Verbindlichkeit kollektiver Vereinbarungen in England. 1997.
- Band 3 Katja Francke: Die betriebliche Mitwirkung der Arbeitnehmer in Belgien. Unter Berücksichtigung vergleichender Aspekte zum deutschen Betriebsverfassungsrecht. 1997.
- Band 4 Christian Schulze: Die Zulässigkeit einstweiliger Verfügungen gegen Betriebsänderungen. 1998.
- Band 5 Stefan Miersch: Die Rechtsfolgen mitbestimmungswidriger Maßnahmen für das Arbeitsverhältnis. Eine zivilrechtsdogmatische Untersuchung. 1998.
- Band 6 Heike Wegner: Internationaler Verbraucherschutz beim Abschluß von Timesharingverträgen: § 8 Teilzeitwohnrechtegesetz. 1998.
- Band 7 Julia Wichmann: Dienstleistungsfreiheit und grenzüberschreitende Entsendung von Arbeitnehmern. 1998.
- Band 8 Johann-Volker Peter: Société par actions simplifiée (S.A.S.). Die Vereinfachte Aktiengesellschaft in Frankreich, eine Rechtsform für die Kooperation von Unternehmen. 1999.
- Band 9 Sylvia Schnelle: Der Europäische Betriebsrat in Spanien. Zugleich eine Einführung in das spanische Recht der Arbeitnehmervertretung. 1999.
- Band 10 Viktoria Bornhagen: Die Zumutbarkeit als Rechtsgedanke im Arbeitsrecht. 1999.
- Band 11 Thorsten Schacht: Der Übereilungsschutz beim arbeitsrechtlichen Aufhebungsvertrag. Arbeitnehmerschutz bereits de lege lata? 2000.
- Band 12 Marcus Hellmann: Immobilienkauf nach spanischem Recht. 1999.
- Band 13 Nicolaus Johannes Ehinger: Die juristischen Personen des öffentlichen Rechts als herrschende Unternehmen. 2000.
- Band 14 Alexander Lentz: Das kollektive Arbeitsrecht der Republik Südafrika. Eine Untersuchung mit Bezügen zum deutschen Recht. 2000.
- Band 15 Michaela Brunssen: Der Arbeitgeberverbandswechsel. Tarifrechtliche und arbeitskampfrechtliche Konsequenzen. 2000.
- Band 16 Morten Petersenn: Das Recht des Grundstückskaufs in Südafrika. 2000.
- Band 17 Stefan Krüger: Die umwandlungsrechtliche Haftungsregelung bei der Betriebsaufspaltung und ihre Analogiefähigkeit. 2001.
- Band 18 Jürgen Kitzinger: Der GmbH-Geschäftsführer zwischen Arbeits- und Gesellschaftsrecht. Im Blickpunkt: Zuständigkeit der Arbeitsgerichte. 2001.
- Band 19 Anja Ruge: Die Lohnersatzansprüche ehemaliger Zwangsarbeiter gegen deutsche Industrieunternehmen. 2001.
- Band 20 Michael Knoll: Die Sozialauswahl im Arbeitsrecht. 2001.
- Band 21 Britta Albrecht: Mediation im Arbeitsrecht. Individualarbeitsrecht und Betriebsverfassungsrecht. 2001.
- Band 22 Annusch Barten: Das System der Arbeitnehmervertretung in Frankreich. 2001.
- Band 23 Diane Westera: Der Wiedereinstellungsanspruch nach wirksamer Kündigung. 2001.

Band 24 Kristin Doerlich: Die Tariffähigkeit der Gewerkschaft. Eine Analyse der Mächtigkeitsrechtsprechung des Bundesarbeitsgerichts im Lichte neuerer Erfahrungen. 2002.

Band 25 Tina Witten: Vertragsgestaltung und Gesetzesbindung im Recht der Zeitarbeit. 2002.

Band 26 Martin Hellfeier: Die Leistungszeit im Arbeitsverhältnis. Eine Untersuchung zum Fixschuldcharakter der Arbeitspflicht und zu den Folgen ihrer Nichterfüllung. 2003.

Band 27 Almut Maulshagen: Betriebliche Arbeitskampfregelungen. 2003.

Band 28 Maren Band: Tarifkonkurrenz, Tarifpluralität und der Grundsatz der Tarifeinheit. 2003.

Band 29 Manuela Schulz: Der Bereitschaftsdienst in öffentlich-rechtlich organisierten Krankenhäusern. Eine rechtliche Bewertung. 2003.

Band 30 Felix Benedikt: Die Kürzung von Tariflöhnen zur Sanierung. Eine verfassungskonforme Auslegung des § 3 III TVG entsprechend § 626 BGB. 2003.

Band 31 Tim Kaden: Individuelle Bündnisse für Arbeit und Günstigkeitsprinzip. 2003.

Band 32 Simone Kreiling: Die Erstreckung betrieblicher und betriebsverfassungsrechtlicher Tarifnormen auf Außenseiter. 2004.

Band 33 Carsten Beck: Betriebliche Mitbestimmung und Kündigungsschutz. Die Funktionen betrieblicher Mitbestimmung im und deren Einfluß auf den Kündigungsschutz nach dem KSchG. 2004.

Band 34 Jost Eder: Die Regelungsabrede als Alternative zur Betriebsvereinbarung bei der Gestaltung materieller Arbeitsbedingungen. 2004.

Band 35 Christian Pfab: Wirkungsweise und Reichweite tarifvertraglicher Öffnungsklauseln. 2004.

Band 36 Julia Amlang: Die unternehmerische Entscheidungsfreiheit bei „betriebsbedingten Kündigungen" im europäischen Rechtsvergleich. Kündigung aus wirtschaftlichen Gründen in Deutschland, Frankreich, Spanien, Großbritannien und Schweden. 2005.

Band 37 Alida Milthaler: Das Fragerecht des Arbeitgebers nach den Vorstrafen des Bewerbers. 2006.

Band 38 Doreen Peter: Nebentätigkeiten von Arbeitnehmern. Interessenkollisionen von Arbeitgebern und Arbeitnehmern. 2006.

Band 39 Julia V. C. Bartlog: Das Verhältnis von Gesetz und Tarifvertrag. 2006.

Band 40 Michael Fuhlrott: Der geschädigte Arbeitnehmer. Zur Verfassungsmäßigkeit des Ausschlusses von Schmerzensgeld in der Unfallversicherung sowie zur Herleitung der Haftung bei Eigenschäden im Hinblick auf das Verschuldensprinzip. 2006.

Band 41 Femke Reinecke: Leistungsbestimmung des Arbeitnehmers. 2006.

Band 42 Maria M. Bausback: Der Bestandsschutz des Arbeitsverhältnisses auf europäischer und internationaler Ebene. Entwicklungen vom Mittelalter bis zur Gegenwart. Teil 1 / Teil 2. 2007.

Band 43 Jens Günther: AGB-Kontrolle von Arbeitsverträgen. Analyse der deutschen Rechtslage nach der Schuldrechtsreform und vergleichende Betrachtung des österreichischen Kontrollsystems. 2007.

www.peterlang.de